CCNA ICND1
Authorized Self-Study Guide

한글 2판

Interconnecting Cisco Network Devices,
Part 1 (ICND1) 2/e

스티브 맥커리 지음
최용호, 김성호 옮김

옮긴이

최용호 현재, bapn.com과 itville.co.kr을 운영하는 (주)러닝스페이스의 대표이사로 있으며, 한국외국어대학교 경영정보대학원에서 소프트웨어공학을 전공했다. 역서로는 『Hacking Exposed-J2EE & Java』(사이버출판사, 2003), 『CCNA Self-Study: ICND』(피어슨에듀케이션코리아, 2004), 『CCNP1: Advanced Routing』(피어슨에듀케이션코리아, 2006), 『CCNP Self-Study: BCMSN』(피어슨에듀케이션코리아, 2007) 외에 20여 종이 있다.

김성호 현재, 글로벌 물류 회사의 네트워크 및 보안 담당자로 있으며, 정보통신공학을 전공했다. CCNA에서 CCIE 라우팅/보안에 이르기까지 다양한 강의 및 저술 활동을 했으며, 최근에는 무선랜과 Voice에 큰 관심을 갖고 있다. 역서로는 『CCNA Self-Study: ICND』(피어슨에듀케이션코리아, 2004)와 『CCNP1: Advanced Routing』(피어슨에듀케이션코리아, 2006) 등이 있다.

CCNA ICND1 Authorized Self-Study Guide, 한글 2판
Interconnecting Cisco Network Devices, Part 1 (ICND1) 2/e

2판 1쇄 인쇄 2009년 7월 10일
2판 1쇄 발행 2009년 7월 17일

지은이   스티브 맥커리
옮긴이   최용호, 김성호
발행인   오용진
발행처   (주)피어슨에듀케이션코리아
등 록   제13-579호(1999. 3. 31.)

판매처   (주)호평BSA
전 화   (02)725-9470(주문 및 고객지원)
팩 스   (02)725-9473
e-mail   hopyung9470@naver.com

값 27,000원

ISBN 978-89-450-7716-5
ISBN 89-450-7716-2

Authorized translation from the English language edition, entitled INTERCONNECTING CISCO NETWORK DEVICES, PART 1 (ICND1): CCNA EXAM 640-802 AND ICND1 EXAM 640-822, 2nd Edition, 9781587054624 by MCQUERRY, STEPHEN, published by Pearson Education, Inc, publishing as Cisco Press, Copyright © 2008

All rights reserved. No part of this book may be reproduced or transmitted in any form or by any means, electronic or mechanical, including photocopying, recording or by any information storage retrieval system, without permission from Pearson Education, Inc.

KOREAN language edition published by PEARSON EDUCATION KOREA LTD, Copyright © 2009

Printed in Seoul, KOREA

이 책은 피어슨에듀케이션코리아가 시스코 프레스(Cisco Press)와 정식 계약하여 번역한 책으로, 이 도서의 어느 부분도 인쇄, 복제, 제본 등 기타 판권 소유에 위배되는 행위를 할 수 없습니다.

지은이 소개
About the Author

스티브 맥커리(Steve McQuerry, CCIE #6108)는 시스코 시스템즈(Cisco Systems)의 컨설팅 및 시스템 엔지니어로서 데이터센터 아키텍처를 주로 다루고 있다. 스티브는 미국 중서부에 있는 엔터프라이즈 고객들이 데이터센터 아키텍처의 계획을 수립하는 일에 컨설턴트로서 참여했다. 스티브는 1991년 이후부터 인터네트워킹 커뮤니티의 회원으로 활동하고 있으며, 노벨, 마이크로소프트, 시스코의 여러 자격증을 취득한 바 있다. 시스코에서 일하기 전에 글로벌 널리지(Global Knowledge)에서 시스코 기술과 자격증에 관련된 과정을 설계하고 직접 강의도 했었다.

기술 감수자 소개
About the Technical Reviewers

매슈 C. 브뤼셀(Matthew C. Brussel)은 현재 트레이닝 캠프(Training Camps)에서 MCSE: Security 2003, MCDST XP, A+, Net+, Security+, CCNA, CCDA 등을 취득하기 위한 자격증 훈련 과정을 맡고 있다. 대학에서 IT, 경제학, 회계학을 공부한 후에 지난 20년 동안 IT 컨설턴트, 프리 세일즈 엔지니어, IT 강사로서 활동해 왔다. 지난 10년 동안은 일반 과정의 강사 및 자격증 부트 캠프의 강사로서 일해 왔다. 또한 매슈는 자체 제작 교재나 시험 대비용 학습서 개발에 참여해 왔고, 다양한 기술 저서나 편집 프로젝트에도 참여하고 있다. 그 전에 매슈는 10여 년 넘게 로드아일랜드 주의 포츠머스, 코네티컷 주의 스탬퍼드와 그리니치, 뉴욕 시티에서 IT 컨설턴트로서 일했다. 현재, 미 전역의 트레이닝 캠프에서 강의를 하고 있으며, 집은 센트럴 플로리다에 있다. 그가 현재 취득한 자격증은 70개가 넘으며, MCT, MCSE 2003: Security and Messaging, CCNA, CCDA, A+, Network+, I-Net+, Security+, CTT+(Written) 등을 보유하고 있다. 그의 메일 주소는 MattBrussel@gmail.com이다.

타미 데이-올서티(Tami Day-Orsatti)는 CCSI, CCDP, CCNP, CISSP, ECI, EMCPA, MCT, MCSE: 2000/2003 Security를 보유하고 있으며, T^2 IT 트레이닝에서 IT 네트워킹, 보안, 데이터 스토리지 분야를 가르치고 있다. 그녀는 시스코, $(ISC)^2$, EMC, 마이크로소프트 과정을 담당하고 있다. IT 사업 분야의 경력은 23년이며, 그동안 다양한 종류의 조직(민간 기업, 시나 연방 정부, DoD)에서 일했고, 그곳에서 복잡한 전산 환경을 설계하고 구축하는 프로젝트를 관리하고, 네트워크나 보안 기술 부문의 주요 부문을 맡았다. 그녀는 $(ISC)^2$, ISSA, SANS 같은 조직의 회원으로도 활동하고 있다.

기술 감수자 소개

케빈 월리스(Kevin Wallace, CCIE #7945)는 시스코의 풀타임 공인 강사다. 시스코 네트워킹 부문에서 18년 동안 일한 케빈은 네트워크 설계 전문가로서 월트 디즈니 월드 리조트 개발에 참여했고, 이스턴 켄터키 대학의 네트워크 관리자로서 일했다. 케빈은 켄터키 대학에서 전기공학을 전공했다. 그는 CCVP, CCSP, CCNP, CCDP도 갖고 있으며, 시스코 IP 통신과 보안 분야의 여러 자격증을 보유하고 있다. 이 외에, 『CCNP Video Mentor』, 『Voice over IP First-Step』, 『Cisco Voice over IP』(2nd Ed.)의 저자이기도 하다.

헌사

Dedications

이 책을 나의 가족에게 바친다. 시간이 갈수록 더욱더 사랑할 수밖에 없는 벡키의 지원과 이해에 감사한다. 케이티, 너의 근면은 항상 나를 놀라게 하는구나. 네 인생의 다음 단계로 넘어갈 준비를 할 때 네 목표가 무엇인지 기억하고 열심히 노력하면 그 목표를 이룰 수 있다는 사실을 잊지 않기 바란다. 로건, 너는 할 수 없는 일이 있다는 것을 결코 믿지 않았다. 그 열정과 정신을 간직하고 있으면 무엇이든지 이룰 수 있을 것이다. 카메론, 너의 예리한 호기심은 나를 동심에 머물게 한단다. 무언가를 이해하고 배울 때 너의 그 호기심을 활용하면 노력한 만큼 얻을 수 있을 것이다.

감사의 글
Acknowledgments

이 책이 출판되기까지 많은 사람들이 작업에 참여했으며, 이 지면을 빌어 작업에 참여한 모든 이에게 감사한다.

ICND 과정 개발자들에게 감사한다. 이 책에 나오는 대부분의 내용은 ICND 과정 개발자들이 들인 깊은 노고의 산물이다. 또한 기술 감수자인 타미 데이-올서티, 케빈 윌리스, 매슈 브뤼셀에게 감사한다. 이들은 책의 내용을 살펴보면서 기술적으로 일관되지 않은 점이 없는지를 찾아줬다.

시스코 프레스의 출판 전문가들에게 감사한다. 이들은 1998년부터 필자가 글을 쓰는 즐거움과 명예를 누릴 수 있도록 해 준 사람들이다. 시스코 프레스에서 다시 글을 쓸 기회를 준 브렛 바토에게 감사한다. 그리고 3년의 공백기를 깨고 글을 다시 쓰는 필자에게 글을 쓰는 방법을 다시금 일깨워준 크리스 클리블랜드에게 감사한다. 이 작업은 자전거를 타는 것만큼 쉬운 일은 절대로 아니다. 작업 일정을 챙겨주고 짓궂은 농담을 받아준 지니 베스 먼로에게 감사한다. 또한 케빈 켄트와 존 에드워즈에게 감사한다. 이들은 분명 네트워크 산업 부문에서 최고다.

직장 상사인 다린 토머슨에게 감사한다. 그는 필자가 여유 시간에 이 작업을 진행하는 동안 필자의 다른 모든 프로젝트를 그대로 지켜주는 신뢰를 보내줬다. (그런데, 시스코에 여유 시간이 있었던가?)

고객, 동료, 수강생들에게 감사한다. 그들의 질문, 충고, 논쟁이 없었다면 필자는 계속 공부하지 않았을 것이고, 공부한 내용을 다른 사람들에게 전달하는 방법도 고민하지 못했을 것이다.

가족에게 감사한다. 이 작업과 다른 작업이 진행되는 동안 그들은 인내하고 이해해 줬다. 무엇보다 하나님께 감사한다. 하나님은 도전적이고 자극적인 전문 분야에서 일하는 데 필요한 능력과 재능, 그리고 기회를 주시는 분이다.

차례

머리말 21
옮긴이 머리말 26

CHAPTER 1 | 소규모 네트워크 구축

이 장의 학습 목표 ································· 29
네트워킹 기능 ································· 30
    네트워크란 무엇인가? ································· 30
    네트워크의 공통된 물리적 구성요소 ································· 31
    네트워크 구성도 분석 ································· 32
    자원 공유 기능과 이점 ································· 34
    네트워크 사용자 애플리케이션 ································· 35
    네트워크에서 사용자 애플리케이션의 영향 ································· 36
    네트워크의 특징 ································· 38
    물리적 토폴로지와 논리적 토폴로지 ································· 39
    버스 토폴로지 ································· 41
    스타 토폴로지와 확장 스타 토폴로지 ································· 42
    링 토폴로지 ································· 44
    메시 토폴로지와 부분 메시 토폴로지 ································· 45
    인터넷 연결 ································· 47
    네트워킹 기능 요약 ································· 48

차례

네트워크 보안 · 48
- 네트워크 보안의 필요성 · 49
- 네트워크 보안 요구사항의 균형적인 수용 · 52
- 반대자, 해커 동기, 공격 유형 · 53
- 일반적인 위협 완화 · 55
- 네트워크 보안 요약 · 58
- 참고문헌 · 58

호스트 통신 모델 · 59
- OSI 참조 모델 · 60
- 데이터 통신 과정 · 63
- 피어 통신 · 67
- TCP/IP 프로토콜 스택 · 69
- OSI 모델 대 TCP/IP 스택 · 70
- 호스트 통신 모델 요약 · 71

TCP/IP의 인터넷 계층 · 72

IP 네트워크 어드레싱 · 73
- IP 주소 클래스 · 75
- 네트워크 주소와 브로드캐스트 주소 · 78
- 공개 IP 주소와 사설 IP 주소 · 83
- 주소 고갈 · 84
- 동적인 호스트 설정 프로토콜 · 88
- DNS · 90
- 호스트의 IP 주소를 결정하기 위해 공통의 호스트 툴 사용 · 90
- TCP/IP의 인터넷 계층 요약 · 93

TCP/IP의 트랜스포트 계층과 애플리케이션 계층 · 94
- 트랜스포트 계층 · 94
- TCP/IP 애플리케이션 · 98
- 트랜스포트 계층 기능 · 99
- TCP/IP의 트랜스포트 계층과 애플리케이션 계층 요약 · 117

패킷 전달 과정 · 118
- 1계층 장비와 그 기능 · 118
- 2계층 장비와 그 기능 · 119
- 2계층 어드레싱 · 119
- 3계층 장비와 그 기능 · 120

9

3계층 어드레싱 ··· 120
2계층 어드레싱과 3계층 어드레싱의 매핑 ································· 121
ARP 테이블 ·· 122
호스트 대 호스트 패킷 배달 ·· 123
기본 게이트웨이의 기능 ·· 133
네트워크를 지나가는 두 호스트 사이의 경로 결정
  – 일반적인 호스트 툴 사용 ··· 134
패킷 배달 과정 요약 ··· 139

이더넷의 이해 ··· 139

LAN의 정의 ·· 140
LAN의 구성요소 ·· 141
LAN의 기능 ·· 142
LAN의 크기 ·· 142
이더넷 ··· 143
이더넷 LAN 표준 ··· 144
이더넷에서 CSMA/CD의 역할 ·· 145
이더넷 프레임 ··· 147
이더넷 프레임 어드레싱 ·· 148
이더넷 주소 ·· 149
MAC 주소와 16진수 ·· 150
이더넷의 이해 요약 ·· 150

이더넷 LAN 연결 ··· 151

이더넷 NIC ··· 151
이더넷 매체와 연결 요건 ·· 152
연결 매체 ·· 152
UTP 케이블 ·· 154
UTP 구축 ··· 156
이더넷 LAN 연결 요약 ·· 160

이 장의 요약 ··· 161

복습문제 ·· 162

CHAPTER 2 | 이더넷 LAN

이 장의 학습 목표 ·· 175
공유 LAN의 문제점 ·· 175
    이더넷 LAN 세그먼트 ·· 176
    LAN 세그먼트 확장 ·· 177
    충돌 ·· 178
    충돌 도메인 ·· 179
    이더넷 LAN 요약 ·· 180

패킷 전달 과정 분석 ·· 181
    2계층 어드레싱 ·· 181
    3계층 어드레싱 ·· 181
    호스트 대 호스트 패킷 전달 ·· 182
    패킷 전달 과정 분석 요약 ·· 188

시스코 IOS 소프트웨어 운용 ·· 188
    시스코 IOS 소프트웨어의 특징과 기능 ································ 189
    네트워크 장비 설정 ·· 189
    외부 설정 방법 ·· 190
    시스코 IOS CLI의 기능 ·· 193
    실행 모드 들어가기 ·· 194
    CLI에서 키보드 도움말 ·· 195
    고급 편집 명령어 ·· 197
    명령어 히스토리 ·· 199
    시스코 IOS 소프트웨어 운용 요약 ···································· 201

스위치 시작 ·· 202
    카탈리스트 스위치의 물리적인 시작 ································ 202
    스위치 LED ·· 203
    스위치의 내부 부트업 결과 보기 ·· 205
    스위치에 로그인하기 ·· 207
    명령어 라인에서 스위치 설정 ·· 208
    스위치의 초기 시작 상태 보기 ·· 209
    MAC 주소 테이블 관리 ·· 212
    스위치 시작 요약 ·· 214

스위치 보안 · 214
- 물리적 위협과 환경적 위협 · 215
- 패스워드 보안 설정 · 215
- 로그인 배너 설정 · 217
- 텔넷과 SSH 접근 · 218
- 포트 보안 설정 · 219
- 미사용 포트 보호 · 222
- 스위치 보안 요약 · 223

스위칭 이점 극대화 · 223
- 마이크로단편화 · 223
- 듀플렉스 통신 · 224
- 엔터프라이즈 네트워크에서 다른 매체 속도가 필요한 이유 · 229
- 이더넷 LAN의 물리적 이중화 · 229
- STP를 이용한 루프 해결 · 232
- 스위칭 이점 극대화 요약 · 233

스위치 이슈 문제 해결 · 234
- 계층적 접근 방법 사용 · 234
- 매체 이슈 파악 및 해결 · 234
- 액세스 포트 이슈 확인 및 해결 · 236
- 명령어 설정 이슈 확인 및 해결 · 236
- 스위치 이슈 문제 해결 요약 · 237

이 장의 요약 · 237

복습문제 · 238

CHAPTER 3 | 무선 LAN

이 장의 학습 목표 · 249

무선 네트워크 · 249
- WLAN 서비스를 위한 비즈니스 사례 · 249
- WLAN과 LAN의 차이점 · 251
- 무선 주파수 전송 · 252

WLAN의 표준 지정 기관 ·············· 253
ITU-R 로컬 FCC 무선 ·············· 254
802.11 표준 비교 ·············· 256
Wi-Fi 인증 ·············· 257
무선 네트워크 요약 ·············· 258

WLAN 보안 ·············· 259
무선 LAN 보안 위협 ·············· 259
보안 위협 완화 ·············· 260
무선 LAN 보안의 진화 ·············· 261
무선 클라이언트 ·············· 263
WLAN에서의 802.1x 동작 ·············· 264
WPA와 WPA2 모드 ·············· 264
WLAN 보안 요약 ·············· 266

WLAN 구축 ·············· 266
802.11 토폴로지 기본 원칙 ·············· 266
BSA 무선 토폴로지 ·············· 268
무선 토폴로지 데이터 전송률 ·············· 270
AP 설정 ·············· 272
무선 네트워크 구축 단계 ·············· 273
무선 클라이언트 ·············· 273
무선 네트워크 문제 해결 ·············· 274
WLAN 구축 요약 ·············· 276

이 장의 요약 ·············· 276

복습문제 ·············· 277

CHAPTER 4 | LAN 연결

이 장의 학습 목표 ·············· 283

라우팅의 기능 ·············· 284
라우터 ·············· 284
경로 결정 ·············· 285

라우팅 테이블 ··· 287
　　정적 경로, 동적 경로, 직접 연결 경로, 기본 경로 ····················· 288
　　동적 라우팅 프로토콜 ··· 289
　　라우팅의 기능 요약 ··· 293

2진수 계산 ··· 294
　　10진수 시스템과 2진수 시스템 ··· 294
　　2의 배수 ··· 296
　　10진수에서 2진수로 변환 ·· 297
　　2진수에서 10진수로 변환 ·· 298
　　2진수 계산 요약 ·· 299

네트워크 어드레싱 계획 세우기 ··· 299
　　서브네트워크 ·· 299
　　사용 가능한 서브넷 및 호스트 개수 계산 ······························· 303
　　말단 시스템에서 서브넷 마스크를 이용하는 방법 ··················· 307
　　라우터에서 서브넷 마스크를 이용하는 방법 ··························· 308
　　서브넷 마스크 운영 기술 ··· 311
　　서브넷 마스크 계산 ··· 312
　　네트워크 어드레싱 계획 수립 ·· 313
　　C 클래스 예 ··· 315
　　B 클래스 예 ··· 317
　　A 클래스 예 ··· 318
　　네트워크 어드레싱 계획 수립 요약 ··· 320

시스코 라우터 시작 ·· 321
　　시스코 라우터 초기 설정 ··· 321
　　시스코 라우터 초기 셋업 ··· 322
　　시스코 라우터에 로그인하기 ·· 330
　　라우터 초기 설정 상태 보여주기 ··· 333
　　시스코 라우터 시작 요약 ··· 335

시스코 라우터 설정 ·· 335
　　시스코 라우터 설정 모드 ··· 335
　　CLI를 이용한 시스코 라우터 설정 ··· 338
　　시스코 라우터 인터페이스 설정 ·· 339
　　시스코 라우터 IP 주소 설정 ·· 341
　　인터페이스 설정 확인 ··· 342
　　시스코 라우터 설정 요약 ··· 347

패킷 전달 과정 분석 · 348
- 2계층 어드레싱 · 348
- 3계층 어드레싱 · 348
- 호스트 대 호스트 패킷 전달 · 349
- show ip arp 명령어 이용 · 356
- 시스코 IOS 도구에서 제공하는 명령어 이용 · 358
- 패킷 전달 과정 분석 요약 · 359

시스코 라우터 보안 · 359
- 물리적 위협과 환경적 위협 · 360
- 패스워드 보안 설정 · 360
- 로그인 배너 설정하기 · 361
- 텔넷과 SSH 접근 · 362
- 시스코 라우터 보안 요약 · 363

시스코 SDM · 363
- 시스코 SDM 개요 · 364
- 시스코 SDM을 지원하기 위한 라우터 설정 · 366
- More 링크 · 369
- 설정 개요 · 369
- 시스코 SDM 마법사 기능 · 371
- 시스코 SDM 요약 · 372

시스코 라우터를 DHCP 서버로 이용 · 372
- DHCP 이해하기 · 373
- 시스코 라우터를 DHCP 서버로 이용 · 374
- 시스코 SDM을 이용한 DHCP 서버 기능 활성화 · 374
- DHCP 서버 기능 모니터링 · 377
- 시스코 라우터를 DHCP 서버로 이용 요약 · 378

원격 장비 접속 · 379
- 텔넷이나 SSH를 이용해 연결하기 · 379
- 텔넷 연결 대기와 재연결 · 381
- 텔넷 세션 종료 · 382
- 연결 상태를 확인하는 다른 방법 · 383
- 원격 장비 접속 요약 · 386

이 장의 요약 · 386

복습문제 · 387

CHAPTER 5 | WAN 연결

이 장의 학습 목표 ········· 404

WAN 기술 ········· 404
    WAN이란 무엇인가? ········· 404
    WAN이 필요한 이유 ········· 406
    WAN과 LAN의 차이점 ········· 407
    WAN 접근과 OSI 참조 모델 ········· 408
    WAN 장비 ········· 409
    WAN 케이블링 ········· 410
    WAN에서 라우터의 역할 ········· 412
    WAN 데이터 링크 계층 프로토콜 ········· 413
    WAN 통신 링크 옵션 ········· 414
    WAN 기술 요약 ········· 415

인터넷 연결 활성화 ········· 415
    패킷 교환 통신 링크 ········· 416
    DSL ········· 417
    케이블 ········· 420
    인터넷: 가장 큰 WAN ········· 421
    DHCP 서버에서 인터넷 주소 획득 ········· 422
    NAT와 PAT 소개 ········· 423
    내부 출발지 주소 변환 ········· 426
    DHCP 클라이언트와 PAT 설정 ········· 429
    DHCP 클라이언트 설정 검증 ········· 433
    NAT 설정과 PAT 설정 검증 ········· 434
    인터넷 연결 활성화 요약 ········· 434

정적 라우팅 활성화 ········· 435
    라우팅 개요 ········· 436
    정적 경로와 동적 경로의 비교 ········· 437
    정적 경로 설정 ········· 437
    기본 경로 전달 설정 ········· 440
    정적 경로 설정 검증 ········· 441
    정적 라우팅 활성화 요약 ········· 441

시리얼 캡슐화 설정 ·· 442
   회선 교환 통신 링크 ··· 442
   PSTN ·· 443
   점 대 점 통신 링크 ·· 445
   HDLC 프로토콜 ··· 448
   HDLC 캡슐화 설정 ··· 449
   PPP 프로토콜 ·· 449
   시리얼 캡슐화 설정 검증 ·· 453
   프레임 릴레이 ·· 454
   ATM과 셀 교환 방식 ··· 456
   시리얼 캡슐화 설정 요약 ·· 457

RIP 활성화 ··· 458
   동적 라우팅 프로토콜 개요 ··· 458
   클래스풀 라우팅 프로토콜과 클래스리스 라우팅 프로토콜 ··················· 463
   거리 벡터 경로 선택 ··· 464
   RIP의 특징 ·· 466
   RIPv1과 RIPv2의 비교 ·· 466
   동적 라우팅 설정 작업 ·· 467
   RIP 설정 ··· 467
   RIP 설정 검증 ··· 468
   RIP 설정 장애처리 ··· 471
   RIP 활성화 요약 ·· 472

이 장의 요약 ··· 473
복습문제 ·· 474

CHAPTER 6   네트워크 환경 관리

이 장의 학습 목표 ·· 487
네트워크에서 네이버 찾기 ·· 487
   CDP ·· 488
   CDP에서 획득되는 정보 ·· 489
   CDP 구현 ··· 490

show cdp neighbors 명령어 사용 ·· 491
CDP 모니터링 및 관리 ··· 492
환경의 네트워크 맵 생성 ··· 495
네트워크에서 네이버 찾기 요약 ·· 496

시스코 라우터 시작과 설정 관리 ··· 497
라우터의 부팅 단계 ··· 497
라우터의 내부 구성요소 ··· 498
시스코 IOS 이미지와 설정 파일의 위치 지정 및 로딩 방법 ·············· 500
설정 레지스터 ·· 503
시스코 라우터 시작과 설정 관리 요약 ··· 506

시스코 장비 관리 ·· 507
시스코 IOS 파일 시스템과 장비 ·· 507
시스코 IOS 이미지 관리 ·· 509
장비 설정 파일 관리 ··· 513
시스코 IOS 복사 명령어 ·· 515
시스코 장비에서 show 명령어와 debug 명령어 사용 ······················ 518
시스코 장비 관리 요약 ··· 521

이 장의 요약 ··· 522

복습문제 ··· 522

부록: 복습문제 정답 531
찾아보기 548

이 책에 사용한 아이콘
Icons Used in This Book

명령어 구문 규약
Command Syntax Conventions

이 책에 나오는 명령어 구문의 표현에 사용된 규약은 IOS 명령어 레퍼런스에 사용된 것과 동일하다. 여기서 사용되고 있는 규약을 정리하면 아래와 같다.

- 볼드체는 보이는 글자 그대로 입력되는 명령어나 키워드를 나타낸다. 실제 설정 예나 화면 출력(일반적인 명령어 구문 제외)에서 볼드체는 사용자가 직접 입력한 명령어를 가리킨다 (예: show 명령어).
- 이탤릭체는 실제 값을 넣어야 하는 인수를 가리킨다.
- 수직선(|)은 둘 중 하나를 선택해야 하는 요소들을 구분하며, 각 요소는 상호 배타적인 성격을 띤다.
- 대괄호([])는 옵션 요소를 나타낸다.
- 중괄호({})는 필수 선택사항을 나타낸다.
- 대괄호 안의 중괄호([{}])는 옵션 요소에서 필수 선택사항을 가리킨다.

머리말

Foreword

시스코의 셀프 스터디 시리즈는 인터네트워킹 기술의 유지 및 향상과 CCC 시험 준비에 탁월한 자가 학습 지침서다. 전 세계에 널리 알려져 있는 CCC는 네트워크 전문가와 네트워크 전문 업체 대표들이 그 가치를 인정하는 자격증이다.

시스코 프레스의 시험 인증 가이드와 시험 준비 자료를 이용하면 전문가가 알아야 할 지식과 정보를 접할 수 있고, 새로운 기술을 얻을 수 있다. 이 자료를 인터네트워킹 기술 향상에 사용하거나 시험 준비 과정에 활용할 수 있으며, 어떻게 사용하든지 실무 전문가가 알아야 할 각종 지식과 정보를 얻을 수 있다.

시스코 자격증 및 훈련 팀이 함께 개발한 시스코 프레스의 책은 시스코에서 공인한 유일한 자습서다. 이들 책에 있는 시험 준비 자료를 이용하면 시험에 나오는 개념과 내용을 완벽하게 이해할 수 있다.

세계 각지에 있는 CLSP에서 공인 교육, 이러닝, 랩, 시뮬레이션을 이용할 수 있으며, 이에 대해 더 자세히 알고 싶으면 http://www.cisco.com/go/training을 방문하기 바란다.

본 가이드를 통해 시험 준비와 전문 능력 개발을 이루고, 이 책이 독자 여러분의 소중한 장서가 되기를 소망한다.

시스코의 학습 개발 센터장
드류 로젠

서론

Introduction

1970년대 초, PC가 도입되면서 기업들은 업무 공간에서 기술을 더 많이 이용하고 활용하는 방안을 찾게 됐다. 1980년대에 LAN, 파일 공유, 인쇄 공유 기술이 나오면서 분산 컴퓨터는 이제 더 이상 그냥 지나가는 추세가 아님이 확고해졌다. 1990년대로 넘어오면서 컴퓨터 가격이 하락하고 인터넷과 같은 혁신적인 서비스가 나오면서 전 세계의 모든 사람은 컴퓨터 서비스에 연결할 수 있게 됐다. 이후 전산 서비스의 규모가 커지고 더 많은 곳으로 확장됐다. 펀치 카드나 그린바 페이퍼는 사람들의 뇌리에서 사라져 갔으며, 새로운 세대를 살아가는 컴퓨팅 전문가들은 새로운 대세가 된 분산 기술의 운용 능력을 갖출 것을 요청받기에 이르렀다. 컴퓨팅 전문가들은 새로운 이슈와 문제에 대처해야 했으며, 그 중 가장 복잡한 것은 다른 시스템과 장비를 서로 연결함과 동시에 호환성까지 확보하는 일이었다.

오늘날 데이터 네트워킹 분야에서 가장 크게 직면하고 있는 해결 과제는 여러 장비의 프로토콜과 사이트를 연결하는 것이며, 단순한 연결만 하는 것이 아니라 효과성 및 최종 사용자의 편이성도 극대화해야 한다는 점이다. 물론, 이 모든 것을 이루는 데 있어서 비용 효과성도 당연히 확보해야 한다. 시스코는 다양한 제품을 공급하고 있으며, 네트워크 관리자와 분석가는 이 제품들을 사용해 인터네트워킹에서 직면하고 있는 다양한 문제를 해결할 수 있을 것이다.

시스코는 네트워킹 전문가가 이 힘든 작업을 수행하는 데 있어 필요한 지식을 확보할 수 있도록 하기 위한 노력의 일환으로서 일련의 과정과 인증을 개발했으며, 인터네트워킹 전문가는 이 과정과 인증을 통해 자신의 능력이 어느 정도인지 확인할 수 있다. 네트워킹 전문가는 이들 과정을 통해서 기본적인 인터네트워킹 기술을 학습하고, 시스코 제품의 설치 및 설정에 필요한 기술도 배울 수 있다. 인증 시험은 다양한 수준의 인터네트워킹을 수행하는 데 요구되는 기술력을 확보하고 있는지 확인하는 방식으로 설계되어 있다. 시스코 인증은 세 단계로 나뉘며, 첫 번째는 어소시에이트 단계로 CCNA가 이에 해당되며, 두 번째는 프로페셔널 단계로 CCNP를 취득하면 된다. 마지막은 엑스퍼트 단계로 CCIE를 받으면 된다.

ICND1 과정은 CCNA를 준비하는 데 있어 권장되는 두 가지 교육 과정 중 하나다. 이 책은 ICND 과정의 셀프 스터디, 즉 자습서로 스위치와 라우터로 구성된 인터네트워크의 기반 지식을 견고히 하는 데 도움이 된다. 이 책에서는 회사의 인터네트워크를 운용하기 위해 시스코 스위치와 라우터를 설정할 때 필요한 개념, 명령어, 실습 내용을 제시한다. 이 책을 읽고 나면 가장 많이 사용되는 라우팅 및 라우티드 프로토콜이 적용된 LAN과 WAN 인터페이스를 사용하는 멀티스위치, 멀티라우터, 멀티그룹 인터네트워크의 구축에 필요한 기본 개념과 설정 절차를 모두 체득할 수 있을 것이다. ICND1에는 시스코 제품의 설치 및 설정을 위해서 네트워크 관리자가 알고 있어야 하는 설치 및 설정 정보가 수록되어 있다.

이 책은 총 두 부분으로 이뤄진 개론 수준의 시리즈 중 첫 번째에 해당되며, 3년의 인터네트워킹 경력을 갖고 있거나, 인터네트워킹의 기본 개념에 익숙하거나, TCP/IP 프로토콜을 기본적으로 알고 있는 사람들이 읽기에 적절한 책이다. 이 자습서는 CCNA 인증을 준비하는 사람들을 대상으로 만들어졌지만 중소규모의 업무용 네트워크를 구축하고 관리해야 하는 네트워크 관리자가 봐도 유용하도록 구성되어 있다. 중규모와 엔터프라이즈 규모 회사에서 헬프 데스크 업무를 담당하는 네트워크 지원 요원 역시 이 책에서 유용한 내용을 얻을 수 있다. 마지막으로, 시스코의 고객이나 채널 리셀러와 시스코 제품을 새로 접하면서 인터네트워킹 산업으로 진입하려는 네트워크 기술자 역시 이 책에서 많은 도움을 얻을 것이다.

목표

이 책의 목표는 두 가지다. 첫째, 이 책은 640-822(ICND1) 시험과 640-802(CCNA) 시험의 ICND1 부분에 포함된 주제를 학습하기 위한 자습서다. 둘째, 이 책을 읽을 경우 인증 자체를 준비하는 것 외에 스위치, 라우터, 관련 프로토콜 및 기술을 사용하는 데 필요한 지식을 얻을 수 있다. 이 책을 읽고 CCNA 인증을 취득한 사람은 인터네트워킹 환경에서의 시스코 장비 선택, 연결, 설정 작업을 처리할 수 있다. 특히, 이 책에서는 라우팅과 2계층 스위칭을 사용하여 네트워크에서 데이터를 전송하는 것에 관련된 기본 단계와 과정을 다루고 있다.

> **NOTE**
>
> CCNA 인증을 받으려면 ICND1 시험과 ICND2 시험에 모두 합격하거나 ICND1과 ICND2의 모든 주제를 테스트하는 CCNA 시험에 합격해야 한다.

CCNA 인증에 관해 추가 정보를 원하면 http://www.cisco.com/web/learning/index.html을 방문하기 바란다. 시스코 인증 시험의 응시 일정을 잡으려면 피어슨 뷰 (http://www.pearsonvue.com/cisco/)에서 신청하기 바란다.

본문 구성

이 책은 여섯 개 장으로 구성되어 있다. 많은 장이 이전 장의 내용을 토대로 설명되므로 순서대로 읽는 것이 좋다.

- 1장, '소규모 네트워크 구축'에서는 기본 네트워크의 운용 원리를 설명한다. 이 장에서는 이 책의 다른 장들을 이해하는 데 도움이 될 내용을 전반적으로 다룬다.

- 2장, '이더넷 LAN'에서는 LAN의 운용과 설정 방법을 설명한다. 그리고 LAN에서 직면하는 문제들을 논의하고, 2계층 스위칭에서 이들 문제를 해결하기 위해 네트워크 장비를 어떻게 사용하는지도 설명한다.

- 3장, '무선 LAN'에서는 네트워크 연결 범위를 무선으로 어떻게 확장하는지를 설명한다. 이 장에서는 무선 LAN 시스템에 영향을 미치는 드라이버와 표준을 설명한다. WLAN 보안 이슈와 위협 완화 방법에 대해서도 논의한다.

- 4장, 'LAN 연결'에서는 라우터가 인터네트워크의 여러 네트워크를 어떻게 연결시키는지 그 방법을 설명한다. 또한 IP 어드레싱 번호 규약과 라우팅 설정 방법을 설명한다.

- 5장, 'WAN 연결'에서는 넓은 지역에 걸쳐 있는 사이트의 연결 방법을 설명한다. DSL과 케이블 서비스 외에 점 대 점 링크를 사용하는 연결 방법을 논의한다. 또한 NAT의 설정 방법도 설명한다.

- 6장, '네트워크 환경 관리'에서는 시스코 네트워크 토폴로지의 레이아웃을 설정하기 위해서 시스코 IOS 명령어를 어떻게 사용하는지 그 방법을 설명한다. 또한 라우터 기동 관리 방법을 설명하고, IOS 설정 파일과 시스코 IOS 이미지의 사용 방법도 논의한다.
- 부록, '복습문제 정답'에는 각 장의 마지막에 있는 복습문제의 정답을 정리해 뒀다.

특징

이 책은 라우터나 스위치의 설정 방법을 더 자세히 전달하기 위해 라우터와 스위치의 실제 실행 결과를 보여준다. 본문에는 많은 예제, 그림, 참고를 배치해 뒀다. 이 외에 네트워킹 개념의 이해에 도움이 되는 표준, 문서, 책, 웹 사이트 정보를 많이 제시했다. 그리고 각 장의 마지막에는 시스코 시스템즈 공인 강사가 준비한 복습문제가 있으며, 이 문제를 풀면서 해당 장에서 배운 내용을 잘 이해하고 있는지 테스트해 볼 수 있다.

> **NOTE***
> 이 책에서 사용한 운영체제는 라우터의 경우 시스코 IOS 소프트웨어 릴리스 12.4이고, 카탈리스트 2960의 경우 시스코 IOS 소프트웨어 릴리스 12.2다.

옮긴이 머리말

Preface

IT는 여전히 분열을 계속하면서 발전하고 있다. IT를 이루고 있는 분야는 데이터베이스, 프로그래밍, 네트워크, 보안, 서버 머신, 스토리지, 운영체제, 4GL, 그래픽, 게임, 압축, 그리드, 임베디드, 무선, 음성, RFID 등 실로 다양하고도 많다. 이 한 분야에 들어가면 또 세부 분야를 많이 열거할 수 있다. 분야가 많지만 모든 분야의 이론 및 실제 구현에 있어 공통으로 적용할 수 있는 관조가 있다. 바로 '나누고', '합치고', '연결하는' 것이다.

데이터베이스의 행(row), 열(column), 레코드(record)는 정보를 나누어서 효율적이고 효과적으로 표현하고 전달하기 위해 사용된다. 또한 나눔과 동시에 합쳐서 하나의 개체를 표현한다. 나누거나 합쳐진 것을 연결하기 위해서 관계(relationship)라는 개념을 사용한다. 프로그래밍을 살펴보자. 개발자들은 기능을 단순화해 함수(function)나 객체(object)를 만들고, 컴포넌트(component)도 만든다. 논리적으로 모듈(module)을 만들고, 이들을 적절하게 합쳐서 완전한 기능을 갖춘 애플리케이션을 개발한다. 정의되어 있는 함수를 연결시키고 참조하기 위해 헤더 파일을 만들고 컴파일을 한다. 더 나아가서 개발 공정 전체를 통합적으로 연결하기 위하여 방법론(methodology)을 만들어서 적용한다.

이 책의 주제인 네트워크 분야를 살펴보자. 허브, 스위치, 라우터, 도메인, 스테이션, 케이블, 프로토콜, VLAN을 자세히 살펴보면 모두 나누고, 합치고, 연결하기 위한 장비이거나 개념이다. 캡슐화, VLSM, 라우팅 테이블, 액세스 리스트, NAT 같은 개념이 어려워 보이지만 나누고 합치고 연결하는 작업을 '어떻게', 더 잘 할 수 있는지 고민하다가 나온 개념과 방법에 불과하며, 그 이상도 그 이하도 아니다. 역자가 여기서 '그 이상도 그 이하도 아니다' 라는 표현을 쓴 이유는 두 가지다. 첫째, 두려워할 필요가 없다. 즉, 가만히 들여다보면 금방 이해할 수 있고, 또 더 나아가서 지속적으로 연구하다 보면 새로운 개념이나 이론을 여러분 스스로 만들 수 있다. 둘째, IT 기술, 범위를 좁혀서 네트워크 기술이 계속 발전하고 있다는 것이다. 나누고 합치고 연결하는 과정 속에서 분열하면서 계속 발전하고 있다. 충돌 도메인 문제를 누군가가 발견했을 것이다. 이 문제를 발견한 사람이나 다른 사람이 포트들을 이렇게 나누고 저렇게 합치고 또 적절하게 연결하다가 충돌 도메인 문제를 해결했을 것이다. 그러다가 VLAN이라는 개념도 제시됐을 것이다. 이러한 발견과 제시는 분열의 원동력으로서 네트워크 엔지니어를 꿈꾸거나 이미 네트워크 엔지니어라고 생각하는 이들이 그 분열의 중심에 서 있다고 볼 수 있다. 이 꿈을 현실화하는 가운데 우리는 또 무언가를 나누고, 합치고, 연결하는 작업을 해야 한다.

최근의 화두는 통합이다. 여기저기 나누어진 것을 어떻게 다시 잘 합치고 연결해서 비용을 절감하고 최대의 생산성을 확보할 것인가 고민하면서 엔지니어들이 노력하고 있다. 또 몇 년이 지나면 합쳐진 것을 어떻게 다시 나누고 연결해서 지금과 동일한 문제, 즉 비용 절감과 생산성 향상을 이룰 것인가 고민할지도 모른다. 이것은 비단 지금의 상황만은 아니다. 메인프레임 시절부터 클라이언트 서버 시대를 거쳐 지금에 이르러, 기존에 진행되고 있는 유비쿼터스와 그리드 컴퓨팅 시대가 생활화되더라도 동일하게 적용되고 진행될 것이다. 이 가운데 기술은 여전히 발전하고 있으며, 발전하는 기술을 바라보는 혹은 몸담고 있는, 아니면 이제 발을 담그려는 이들에게는 여전히 도전해야 할 대상과 꿈이 있으며, 비전이 있으며, 또한 기술의 성장만큼이나 개인에게 무한한 성장의 가능성이 있다. 이 진행형 속에서 여전히 분열하고 성장하는 청년의 열정을 잃지 않고 도전했으면 하는 바람이다.

이 책이 단순한 자습서나 수험서를 넘어서 네트워크를 잘 알고, 성장해 나가는 네트워커들에게 필요한 기본서가 될 수 있기를 바란다.

끝으로, 피어슨에듀케이션의 김정준 님에게 무한한 감사를 드리며, 교열과 편집과 인쇄에 참여하신 분들에게도 감사한다. 또한 기도로 힘을 주는 아내와 꼭 세월만큼 커 가는 딸 지혜에게 무한한 사랑을 전한다. 무엇보다 힘과 지혜와 능력을 주시는 하나님께 찬양을 드린다.

옮긴이 최용호

이 장에서 배울 내용은 다음과 같다.

- 이 장의 학습 목표
- 네트워킹 기능
- 네트워크 보안
- 호스트 통신 모델
- TCP/IP의 인터넷 계층
- IP 네트워크 어드레싱
- TCP/IP의 트랜스포트 계층과 애플리케이션 계층
- 패킷 전달 과정
- 이더넷의 이해
- 이더넷 LAN 연결
- 이 장의 요약
- 복습문제

CHAPTER 1

소규모 네트워크 구축

네트워크를 구축할 때 처리해야 할 작업과 갖춰야 할 구성요소가 많을 수 있다. 컴퓨터 네트워크의 구축 방법을 이해하는 데는 네트워크 통신이 기본적으로 어떻게 이뤄지는지를 알고 있느냐가 최대 관건이다. 복잡한 네트워크를 구축하기 위해서는 간단한 점 대 점 네트워크의 물리적 요소와 논리적 요소를 먼저 이해해야 한다. 네트워크 전문가가 되려면 네트워크의 구축 이유와 네트워크 설계에 프로토콜이 사용되는 이유를 알아야 한다. 이 장에서는 네트워킹의 기본 개념을 살펴보고 네트워킹 기술을 폭넓게 아는 데 필요한 기본 개념을 설명한다.

이 장의 학습 목표

이 장을 다 읽고 나면 간단한 점 대 점 네트워크를 구축할 수 있으며 네트워크 구성요소와 기능을 설명할 수 있다. 1장의 학습 목표는 다음과 같다.

- 컴퓨터 네트워크의 이점과 작동 방법을 설명한다.
- 네트워크에서 일어날 수 있는 공통된 위협과 위협 완화 방법을 설명한다.
- 호스트 사이의 통신을 제어하는 OSI와 TCP/IP를 비교 설명한다.
- IP 주소 분류와 호스트의 주소 획득 방법을 설명한다.
- 신뢰성 있는 연결을 수립하기 위해 TCP가 사용되는 과정을 설명한다.
- 호스트 사이의 패킷 전달 과정을 설명한다.
- OSI 모델의 1계층과 2계층에서 이더넷이 어떻게 작동되는지를 설명한다.
- 이더넷 LAN의 연결 방법을 설명한다.

네트워킹 기능

네트워킹 기능을 이해하려면 네트워크의 기본적인 요소에 익숙해질 필요가 있다. 이 장에서는 네트워크를 설명하기 위해 컴퓨터와 네트워크의 기본 개념을 소개한다. 그리고 네트워크의 특징, 속성, 기능, 이점 등을 설명한다. 또한 이 장에서는 OSI 참조 모델, 데이터 통신 용어와 개념, 오늘날 대부분의 컴퓨터 네트워크에서 사실상의 표준으로 사용되는 TCP/IP 프로토콜을 설명한다. 마지막으로, 점 대 점 시리얼 네트워크에서 두 대의 PC를 연결해 본다.

네트워크란 무엇인가?

컴퓨터 네트워크의 구축 방법을 이해함에 있어 가장 먼저 해야 할 일은, 네트워크가 무엇인지를 정의하고 네트워크가 사업 목적에 도움을 주기 위해 어떻게 사용되는지를 이해하는 것이다. 네트워크는 컴퓨터나 서버처럼 종단에 위치하는 시스템과 네트워크 장비가 서로 연결되어 있는 집합체로서, 이 구성요소들이 서로 통신할 수 있어야 한다.

네트워크는 가정, 소규모 사무실, 대규모 엔터프라이즈 등의 다양한 환경에서 데이터를 운반한다. 대규모 엔터프라이즈의 경우에는 많은 지점이 서로 통신할 수 있어야 한다. 네트워크를 구성하는 지점으로 어떤 것이 있는지 살펴보자.

- **본사**: 본사는 네트워크를 통해서 모든 사람이 연결되고 수많은 기업 정보가 있는 곳이다. 본사에는 업무를 처리하기 위해 네트워크에 접속하는 수백 혹은 수천 명의 사람이 있을 수 있다. 본사에는 다수의 네트워크가 연결되어 있고, 이들 네트워크가 건물의 여러 층으로 뻗어 있거나 여러 건물로 구성된 캠퍼스를 맡고 있을 수 있다.
- **원격지**: 다수의 원격 접속 장소에서 본사로 연결하거나 원격지끼리 서로 연결하기 위해 네트워크를 사용한다.
  - **지사**: 지사 사무실에서 본사보다 작은 규모의 사람들이 네트워크를 통해 일을 하거나 서로 대화한다. 회사의 일부 정보가 지사에 저장되어 있고 지사에 프린터 같은 로컬 네트워크 자원이 있을 수 있지만 정보에 접근하려면 본사에 직접 연결해야 한다.
  - **가정 사무실**: 개인이 집에서 일할 때 이 집을 가정 사무실이라고 한다. 가정 사무실에서 일하는 사람은 정보에 접근하거나 파일 서버 같은 네트워크 자원을 사용하기 위해 본사나 지사에 연결할 수 있어야 한다.
  - **모바일 사용자**: 본사나 지사에 있을 때 혹은 출장 중일 때 본사 네트워크에 접속한다. 모바일 사용자는 현재 위치하고 있는 곳에서 네트워크에 접속해야 한다.

[그림 1-1]은 사용자가 업무용 애플리케이션으로 연결하기 위해 사용할 수 있는 공통된 네트워크의 위치를 보여주고 있다.

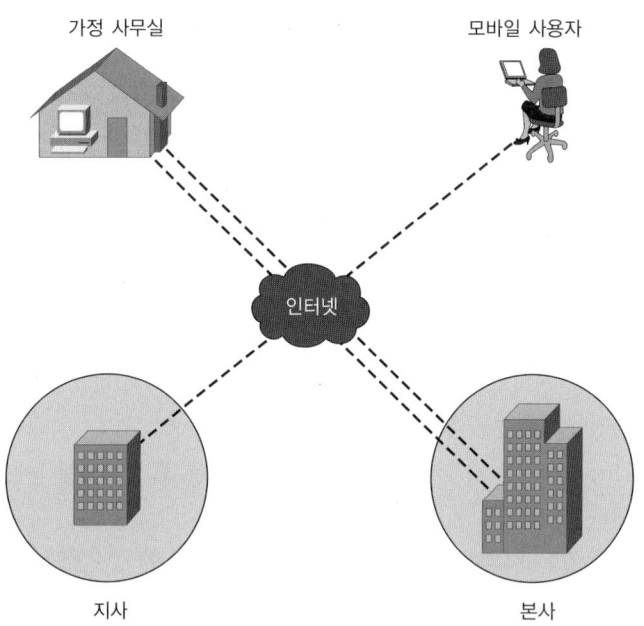

▲ 그림 1-1 네트워크 위치

종류나 위치에 따라 네트워크를 여러 가지로 분류할 수 있다. 가정이나 가정 사무실에 있는 네트워크를 통해서 인터넷으로 접속할 수 있고, 정보를 찾을 수 있고, 상품을 주문할 수 있으며, 친구에게 메시지를 보낼 수도 있다. 일하고 있는 소규모 사무실의 네트워크가 사무실에 있는 다른 컴퓨터나 프린터와 연결되어 있을 수 있다. 대규모 엔터프라이즈에 있는 많은 컴퓨터, 프린터, 스토리지 장비, 서버가 넓은 지역에 있는 여러 부서와 통신하고 정보를 저장할 수 있다. 네트워크는 많은 공통 구성요소를 공유한다.

네트워크의 공통된 물리적 구성요소

물리적 구성요소는 컴퓨터 네트워크를 구성하기 위해 서로 연결된 하드웨어 장비다. 네트워크 규모에 따라 구성요소의 개수와 크기가 달라지지만, 대부분의 컴퓨터 네트워크는 [그림 1-2]와 같은 구성요소로 이뤄진다.

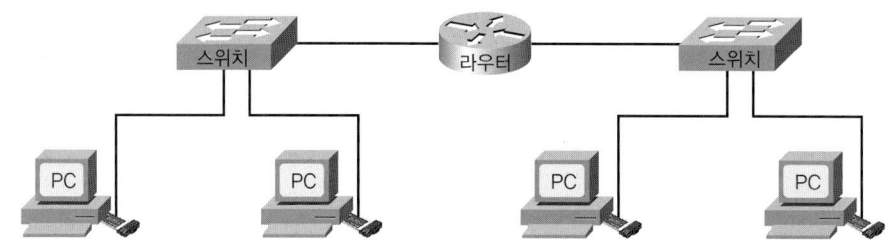

▲ 그림 1-2 네트워크 공통 구성요소

컴퓨터 네트워크를 구성하는 물리적 구성요소를 크게 네 가지로 나눌 수 있다.

- PC: 네트워크의 종단에 위치하며 데이터를 송신하고 수신한다.
- 상호 연결 장비: 상호 연결 장비의 구성요소는 네트워크의 한 지점에서 다른 지점으로 데이터를 이동시킨다. 여기에 속하는 구성요소는 다음과 같다.
  - NIC(network interface card)는 컴퓨터에서 만들어진 데이터를 로컬 네트워크에서 전송될 수 있는 형식으로 변환한다.
  - 케이블이나 무선 매체 같은 네트워크 매체를 통해서 네트워크의 한 장비에서 다른 장비로 신호가 전송된다.
  - 커넥터는 매체의 연결 지점이 된다.
- 스위치: 스위치는 종단 시스템을 네트워크에 연결시키고, 로컬 네트워크 안에서 데이터를 전달하는 기능을 수행한다.
- 라우터: 라우터는 네트워크를 서로 연결하고 네트워크 사이에서 최상의 경로를 선택한다.

네트워크 구성도 분석

컴퓨터 네트워크를 설계하고 설명할 때 물리적인 구성요소와 이 구성요소들의 연결 방법을 표현하기 위해서 그림이나 구성도를 사용한다.

네트워크 구성도에는 설계 계획, 참조, 장애처리를 위해 네트워크에 관련된 정보를 표현하는 공통 기호가 사용된다. 사용되는 정보의 양과 해당 정보의 세부사항은 조직마다 다르다. 일반적으로 네트워크 토폴로지는 선과 아이콘으로 표현된다. [그림 1-3]은 전형적인 네트워크 구성도다.

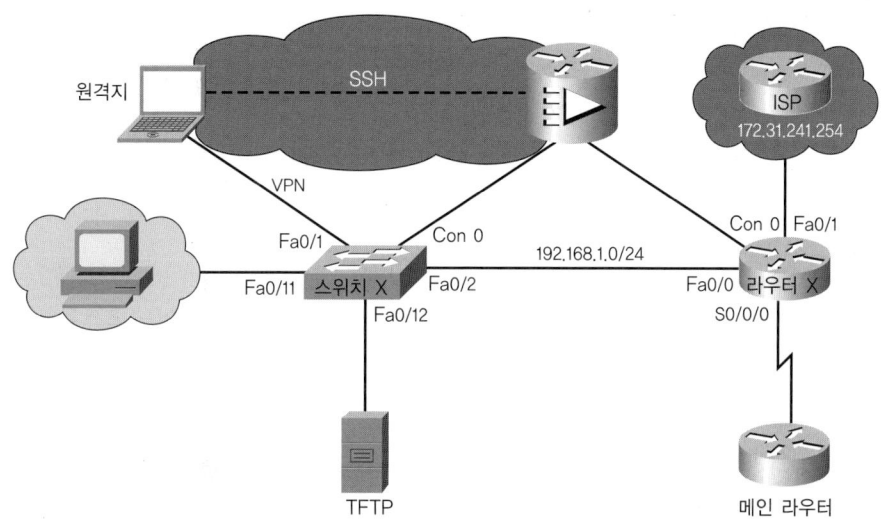

▲ 그림 1-3 전형적인 네트워크 구성도

이 구성도에 사용된 기호를 살펴보자.

- 구름은 인터넷이나 WAN을 나타낸다.
- 화살표가 있는 원기둥은 라우터다.
- 화살표가 있는 직사각형 상자는 워크그룹 스위치다.
- 타워형 PC는 서버다.
- 랩톱이나 컴퓨터와 모니터는 최종 사용자 PC를 나타낸다.
- 실선은 이더넷 링크다.
- Z 모양의 실선은 시리얼 링크다.

네트워크 구성도에는 공간이 허락하는 한 다른 정보가 들어갈 수 있다. 예를 들어 시리얼 인터페이스는 S0/0/0의 형식으로, 패스트 이더넷 인터페이스는 Fa0/0의 형식으로 장비의 인터페이스를 표현할 수 있다. 또한 10.1.1.0/24와 같은 형식으로 세그먼트의 네트워크 주소를 나타낼 수 있는데, 여기서 10.1.1.0은 네트워크 주소고 /24는 서브넷 마스크다.

자원 공유 기능과 이점

오늘날 기업에서 컴퓨터 네트워크의 주된 기능은 데이터와 애플리케이션을 공유해서 업무 프로세스를 단순화하고 매끄럽게 만드는 것이다. 최종 사용자는 네트워크를 통해 정보와 하드웨어 자원을 공유한다. 사용자와 공통 데이터를 서로 연결함으로써 기업은 자원을 더 효율적으로 사용할 수 있다. 컴퓨터 네트워크에서 공유되는 주요 자원을 정리하면 다음과 같다.

- **데이터와 애플리케이션**: 네트워크에 연결된 사용자들은 파일, 심지어 소프트웨어 애플리케이션 프로그램도 공유할 수 있으며, 이를 통해서 데이터를 더 쉽게 사용하고 업무 프로젝트에서의 협업을 더 효율적으로 진행할 수 있다.

- **물리적 자원**: 카메라 같은 입력 장비와 프린터 같은 출력 장비를 포함해서 각종 자원을 공유할 수 있다.

- **네트워크 스토리**: 오늘날 사용자는 네트워크에 있는 스토리지를 다양한 방법으로 사용할 수 있다. DAS(direct attached storage)는 물리적 스토리지를 PC나 공유 서버에 직접 연결한다. NAS(network attached storage)의 경우에 특수한 네트워크 어플라이언스를 통해 스토리지를 사용할 수 있다. 마지막으로 SAN(storage area network)은 스토리지 장비의 네트워크를 제공한다.

- **백업 장비**: 또한 네트워크에는 여러 컴퓨터에서 전송되어 온 파일을 중앙집중식으로 저장하는 테이프 드라이브 같은 백업 장비도 포함된다. 또한 아카이브 용량, 사업 연속성, 재해 복구에 네트워크 스토리지를 활용할 수 있다.

[그림 1-4]에 공통된 공유 자원을 정리해 뒀다.

네트워크에 연결된 사용자가 누릴 수 있는 이점은 일상적인 업무에 공유 자원을 사용함으로써 파일 공유, 인쇄, 데이터 저장 등의 운용 업무를 효율적으로 처리할 수 있다는 것이다. 이러한 효율성은 결국 비용 절감과 생산성 향상으로 이어진다.

최근 몇 년 동안에 네트워킹에 노출된 장비에 아무나 접근할 수 있게 되면서 주의가 요구되고 있다. '사이버 파괴 행위'로 인해 최종 시스템과 네트워크 장비가 훼손됐고, 이에 네트워크 보안에 대한 필요성이 한층 더 강화됐다.

네트워킹 기능

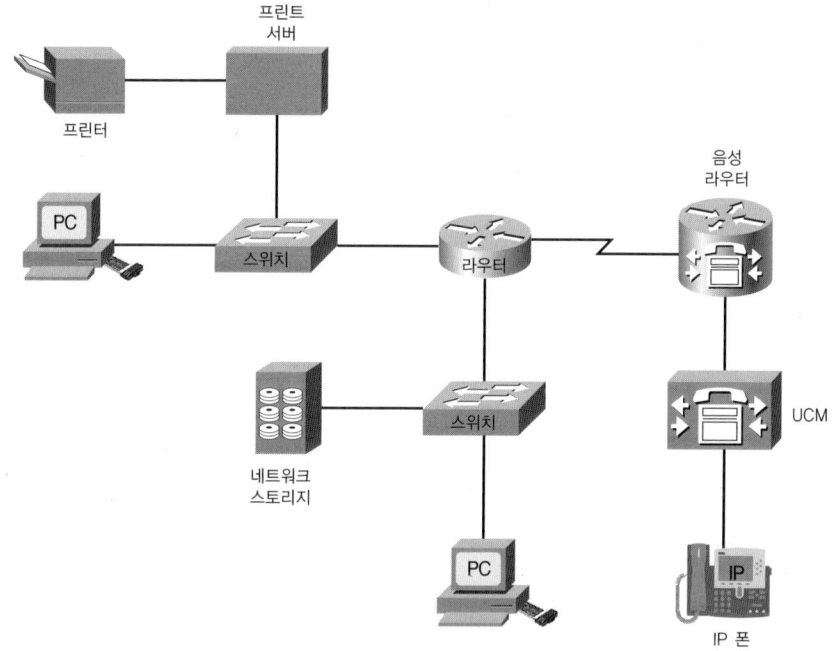

▲ 그림 1-4 공유 자원

네트워크 사용자 애플리케이션

데이터 네트워크에 있는 자원을 이용하려면 통신 메커니즘을 아는 애플리케이션이 있어야 한다. 네트워크 환경에서 사용할 수 있는 애플리케이션이 매우 많지만 거의 모든 사용자가 사용할 수 있는 애플리케이션은 일부에 불과하다.

일반적인 네트워크 사용자 애플리케이션은 다음과 같다.

- **이메일**: 대부분의 네트워크 사용자는 이메일을 유용하게 사용한다. 사용자는 메시지나 파일 형태로 된 정보를 네트워크에 있는 다양한 사람들과 나눌 수 있다. 이메일 프로그램으로는 마이크로소프트의 아웃룩과 퀄컴의 유도라를 들 수 있다.

35

- **웹 브라우저**: 사용자는 웹 브라우저를 통해 인터넷에 접근할 수 있다. 인터넷에는 많은 정보가 있으며 가정이나 기업 사용자는 이 정보를 이용해 생산성을 향상시킨다. 현재 인터넷에서는 판매자와 소비자 사이의 대화, 주문 및 주문 처리, 정보 검색이 일상적으로 이뤄지며, 이를 통해서 시간 절감과 생산성 향상이 이뤄진다. 가장 일반적으로 사용되는 브라우저로 마이크로소프트 인터넷 익스플로러, 넷스케이프 내비게이터, 모질라, 파이어폭스가 있다.

- **인스턴트 메시징**: 인스턴트 메시징은 개인의 사용자 공간에서 시작됐지만, 얼마 지나지 않아서 기업에게도 많은 이점을 제공하게 됐다. 현재 AOL이나 야후에서 제공하는 많은 인스턴트 메시징 애플리케이션은 기업 사용자에게 꼭 필요한 데이터 암호화나 로깅 기능을 제공한다.

- **협업**: 네트워크에 협업자가 있을 때 개인이나 그룹이 함께 작업하는 것도 매우 유용하다. 가령, 연간 보고서나 사업 계획의 독립된 부분을 여러 사람이 나누어 작성할 때 각 개인은 데이터 파일을 어느 한곳으로 전송하거나 워크그룹 소프트웨어 애플리케이션을 사용해서 문서를 새로 만들고 수정할 수 있다. 잘 알려진 협업 소프트웨어 프로그램 중 하나로 로터스 노츠가 있다. 최근에 많이 사용되고 있는 웹 기반의 협업 애플리케이션으로는 위키가 있다.

- **데이터베이스**: 네트워크 사용자는 데이터베이스를 사용해서 스토리지 장비 같은 곳에 정보를 저장할 수 있으며, 네트워크의 다른 사용자는 선택된 정보를 적절한 형식으로 쉽게 검색할 수 있다. 오늘날 기업에서 가장 많이 사용되는 데이터베이스로는 오라클과 마이크로소프트 SQL 서버가 있다.

네트워크에서 사용자 애플리케이션의 영향

사용자 애플리케이션의 핵심은 사용자들이 다양한 종류의 소프트웨어를 사용해서 서로 연결된다는 점이다. 기업이 일상적인 업무 과정의 일부로서 이 애플리케이션을 활용하면서 애플리케이션이 돌아가는 네트워크는 기업의 중요한 일부분이 됐다. 사용자 애플리케이션과 네트워크 사이에는 특별한 관계가 존재한다. 애플리케이션은 네트워크 성능에 영향을 미칠 수 있으며, 네트워크 성능이 애플리케이션에 영향을 미칠 수도 있다. 따라서 사용자 애플리케이션과 네트워크 사이에서 어떤 일이 일어나는지 이해해야 한다. [그림 1-5]는 여러 종류의 애플리케이션이 어떻게 작동하는지를 묘사하고 있다.

▲ 그림 1-5 애플리케이션 상호작용

네트워크에서 실행되는 애플리케이션과 네트워크 사이에 상호작용이 일어나야 할 때 대역폭은 중요한 고려사항이다. FTP, TFTP, 재고 업데이트 등의 배치 애플리케이션은 단순히 대량 데이터를 한 시스템에서 다른 시스템으로 옮기기 위해서만 네트워크를 사용했으며, 이러한 경우에 사용자가 시작 명령을 내리면 작업이 끝날 때까지 소프트웨어에서 모든 작업을 처리하고 중간에 사람이 직접 개입하지 않아도 된다. 이와 같이 사람과 시스템 사이의 상호작용이 거의 없는 경우, 대역폭이 중요하기는 하지만 결정적이지는 않다. 애플리케이션의 작업 완료에 걸리는 시간이 너무 과도하지 않은 이상, 대역폭에 실제로 신경을 쓸 필요가 없다.

ERP(Enterprise Resource Planning) 소프트웨어와 같은 상호대화형 애플리케이션은 재고 조회나 데이터베이스 업데이트 등의 작업을 수행하며, 이러한 작업을 수행하기 위해서는 사용자와 시스템 사이의 상호작용이 많이 요구된다. 사용자는 서버에 여러 종류의 정보를 요청한 다음에 회신을 기다린다. 이러한 종류의 애플리케이션에서 대역폭은 더 중요하다. 왜냐하면 응답이 느리면 사용자는 참지 못하기 때문이다. 그러나 애플리케이션 응답이 순전히 네트워크의 대역폭에만 의존하지는 않는다. 서버나 스토리지 장비도 일정 부분 영향을 미친다. 그러나 네트워크에 문제가 있는 경우에 QoS(quality of service)를 이용해서 대역폭 문제를 다소 완화할 수 있다.

네트워크에 크게 영향을 미칠 수 있는 또 다른 종류의 애플리케이션으로 실시간 애플리케이션이 있다. 상호대화형 애플리케이션과 마찬가지로, VoIP 같은 실시간 애플리케이션이나 화상 애플리케이션에서는 사용자와의 상호작용이 많다. 전송되는 정보량 때문에 대역폭이 중요하다. 이 외에 VoIP나 화상 애플리케이션에서는 시간도 중요하기 때문에 네트워크 지연도 중요하다. 지연 편차도 애플리케이션에 영향을 미칠 수 있다. 적절한 대역폭을 확보해야 하지만 QoS도 필수적으로 갖춰야 한다. VoIP와 화상 애플리케이션에 가장 높은 우선순위가 부여돼야 한다.

오늘날 최종 사용자는 VoIP로 변환할 때 얼마나 많은 돈이 절감될 수 있으며 네트워크에 VoIP 라우터를 도입할 때 설치가 얼마나 쉬운지 알려주는 광고를 자주 보게 된다. 이것이 홈 네트워크에서는 사실이지만 소규모 사무실 네트워크에서는 문제를 일으킬 수 있다. 애플리케이션이 너무 느리게 실행돼서 사용할 수 없는 상황에서 누군가가 전화를 하면 음성 품질이 떨어진다. 이러한 종류의 시스템은 인터넷에 대한 대역폭을 충분히 제공하지 못하며 적절한 QoS도 지원하지 못한다.

네트워크를 제대로 설계한다면 이 두 가지 문제를 모두 극복할 수 있다.

네트워크의 특징

다양한 네트워크 설계를 설명하고 비교하는 데는 많은 특징이 사용된다. 네트워크 구축 방법을 결정할 때 네트워크에서 실행될 애플리케이션과 함께 각 특징을 고려해야 한다. 최상의 네트워크를 구축하려면, 이 특징들을 균형 있게 적용하는 일이 핵심이다.

네트워크 성능과 구조에 따라 네트워크를 설명하고 비교할 수 있으며, 그 요소는 다음과 같다.

- **속도**: 속도는 네트워크에서 데이터가 얼마나 빨리 전송되는가를 나타내는 수단이다. 정확한 용어는 데이터 속도(data rate)다.
- **비용**: 네트워크 구성요소, 설치, 유지보수에 들어가는 비용이다.
- **보안**: 보안은 네트워크에서 전송되는 데이터를 포함해서 네트워크가 얼마나 안전한지를 나타내는 요소다. 보안은 중요하면서 지속적으로 발전하는 주제다. 네트워크에 영향을 미치는 어떤 작업을 수행할 때마다 보안을 고려해야 한다.
- **가용성**: 가용성은 필요할 때 네트워크가 사용될 가능성을 나타내는 측정 수단이다. 1년

365일, 1주 7일, 1일 24시간이라고 할 때 가용성은 1년 동안 실제로 사용될 시간을 1년의 총 시간으로 나눈 다음에 100을 곱해서 백분율로 산정된다.

예를 들어, 네트워크 장애로 인해 1년에 15분 동안 네트워크를 사용할 수 없을 경우에 가용성을 다음과 같이 계산하면 된다.

([1년을 분으로 환산한 값 − 다운 시간] / [1년을 분으로 환산한 값]) × 100 = 가용성(단위: 백분율)

([525600 − 15] / [525600]) × 100 = 99.9971

- **확장성**: 사용자 수와 데이터 전송 요구사항이 늘어날 때 네트워크가 이를 얼마나 잘 수용할 수 있는지를 나타낸다. 네트워크가 현재 요구사항에 맞도록 설계되고 최적화된 경우에 네트워크가 성장하면서 새로운 요구를 충족시키려고 하면 비용이 많이 들고 확장 작업도 어려울 수 있다.
- **신뢰성**: 신뢰성은 네트워크를 구성하고 있는 구성요소(라우터, 스위치, PC 등)의 독립성을 나타낸다. 신뢰성은 흔히 장애 가능성, 즉 MTBF(mean time between failure)로 측정된다.
- **토폴로지**: 네트워크에는 두 종류의 토폴로지가 있다. 물리적 토폴로지는 케이블, 네트워크 장비, 최종 시스템(PC나 서버)이 배치에 따라 결정되고, 논리적 토폴로지는 데이터 신호가 물리적 토폴로지를 지나가는 경로다.

이러한 특징과 속성을 바탕으로 여러 네트워킹 솔루션을 비교할 수 있다. 비즈니스 프로세스에서 네트워크가 중요해지면서 많은 네트워크 설계에서 보안, 가용성, 확장성, 신뢰성이 핵심이 됐다.

물리적 토폴로지와 논리적 토폴로지

신뢰성과 확장성이 갖춰진 네트워크를 구축하려면 물리적 토폴로지와 논리적 토폴로지를 확보해야 한다. 토폴로지는 장비(케이블링 포함)와 주 경로 및 백업 경로(데이터 전송에 사용) 사이에 사용되는 상호 연결 방법을 정의한다. 앞에서 언급한 것처럼 각 유형의 네트워크에는 물리적 토폴로지와 논리적 토폴로지가 모두 있다.

물리적 토폴로지

네트워크의 물리적 토폴로지는 장비와 케이블링의 물리적인 배치를 이룬다. 설치될 케이블링 종류에 맞게 적절한 토폴로지를 갖춰야 한다. 따라서 물리적 토폴로지를 이해하려면 케이블링 종류를 잘 알아야 한다. 물리적 토폴로지는 크게 세 가지로 나눌 수 있다.

- 버스(bus): 컴퓨터와 기타 네트워크 장비가 하나의 라인으로 함께 케이블링된다.
- 링(ring): 컴퓨터와 기타 네트워크 장비가 모두 연결되어 원을 이룬다. 즉, 첫 번째 장비와 마지막 장비가 연결된다. 단일 링 토폴로지와 이중 링 토폴로지로 분류된다.
- 스타(star): 중앙의 케이블링 장비가 컴퓨터와 기타 네트워크 장비에 연결된다. 스타 토폴로지와 확장 스타 토폴로지로 분류된다.

[그림 1-6]은 네트워킹에 사용된 물리적 토폴로지 일부를 보여준다.

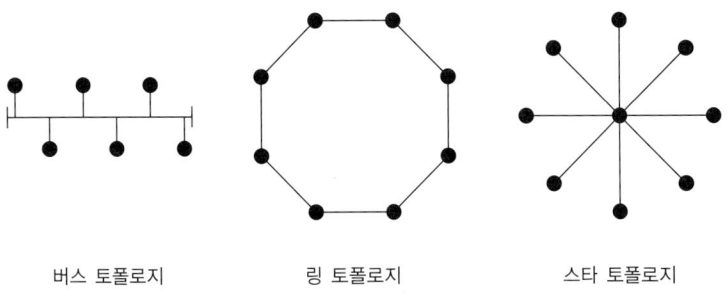

    버스 토폴로지   링 토폴로지   스타 토폴로지

▲ **그림 1-6** 공통된 물리적 토폴로지

논리적 토폴로지

네트워크의 논리적 토폴로지는 신호가 네트워크의 한 지점에서 다른 지점으로 이동하기 위해 사용하는, 즉 데이터가 네트워크 매체에 접근해서 패킷이 전송되는 방법을 이르는 말이다.

네트워크의 물리적 토폴로지와 논리적 토폴로지가 같을 수 있다. 예를 들어, 물리적으로 선형 버스 모양의 네트워크에서 데이터는 케이블을 따라 이동한다. 이 네트워크는 물리적 버스 토폴로지와 논리적 버스 토폴로지를 갖는다.

반면에 한 네트워크의 물리적 토폴로지와 논리적 토폴로지가 전혀 다를 수 있다. 예를 들어, 케이블 세그먼트가 모든 컴퓨터를 중앙 허브에 연결시키는 스타 모양의 물리적 토폴로지의 논리적 토폴로지가 링일 수 있다. 링에서 데이터는 한 컴퓨터에서 다음 컴퓨터로 이동하며, 허브 내부에서 신호는 한 포트에서 다른 포트로 이동해서 연결은 논리적으로 링을 이룬다. 따라서 물리적 레이아웃을 살펴봄으로써 데이터가 네트워크에서 이동하는 방법을 예측할 수 있다.

스타 토폴로지는 오늘날 가장 일반적인 LAN 구축 토폴로지다. 이더넷은 물리적 버스나 물리적 스타에서 논리적 버스 토폴로지를 사용한다. 이더넷 허브는 논리적으로 버스 토폴로지이면서 물리적으로는 스타 토폴로지인 예다.

[그림 1-7]은 네트워킹에 사용된 논리적 토폴로지를 예로 보여준다.

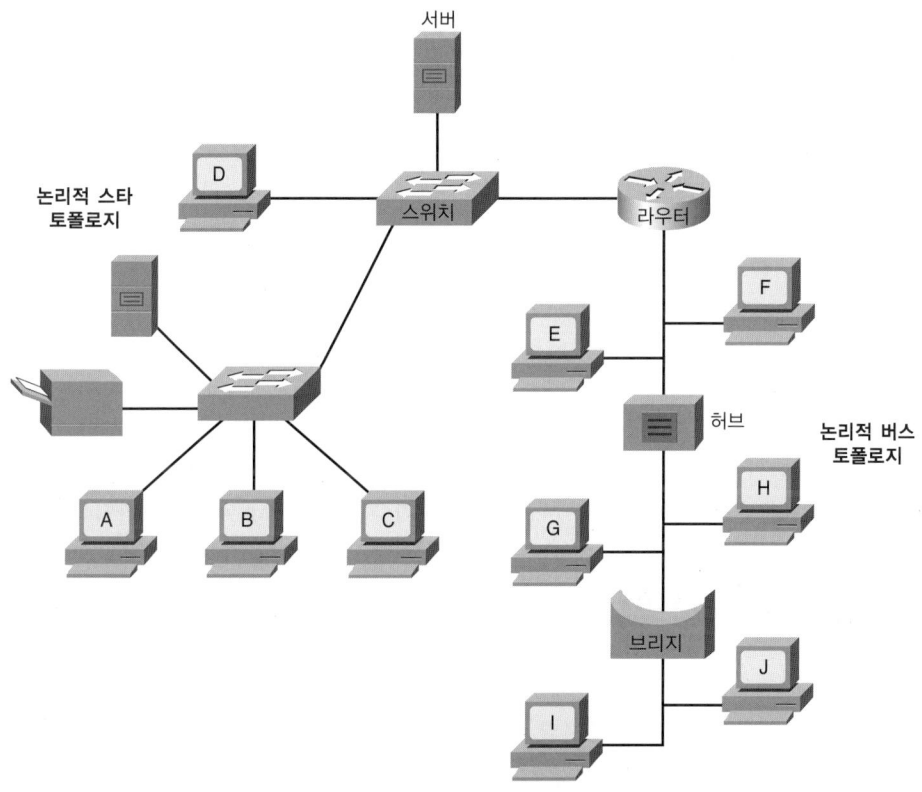

▲ 그림 1-7 일반적인 논리적 토폴로지

버스 토폴로지

일반적으로 버스 토폴로지를 선형 버스(linear bus)라고 하며, 버스 토폴로지의 모든 장비는 하나의 케이블에 의해 효과적으로 연결된다.

[그림 1-8]과 같이 버스 토폴로지에서 케이블은 도시를 지나가는 버스 노선처럼 한 컴퓨터

에서 다음 컴퓨터로 연결되어 지나간다. 메인 케이블 세그먼트의 끝에는 터미네이터가 있으며, 터미네이터는 회선의 끝에 도달한 신호를 받아들인다. 터미네이터가 없을 경우에 데이터를 표현하는 전기 신호는 선의 끝에서 반사돼서 네트워크 에러를 일으킨다. 물리적 버스 토폴로지의 예로서 씩넷(Thicknet) 이더넷 케이블이 있으며, 씩넷 이더넷 케이블이 설치된 건물의 여러 지점에는 케이블을 연결하는 특별한 장비가 있다. 그런데 이 방법은 이제 더 이상 사용되지 않는다. 논리적 버스 토폴로지의 예로는 이더넷 허브를 들 수 있다.

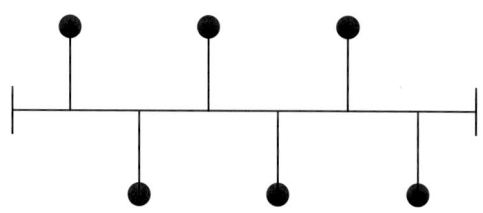

▲ 그림 1-8 버스 토폴로지

스타 토폴로지와 확장 스타 토폴로지

스타 토폴로지는 이더넷 LAN에서 가장 널리 사용되는 물리적 토폴로지다. 주된 네트워크 장비에 기타 네트워크 장비를 추가로 연결하기 위해 스타 네트워크가 확장될 수 있으며, 이러한 토폴로지를 확장 스타 토폴로지라고 한다. 다음 절들에서는 스타 토폴로지와 확장 스타 토폴로지를 설명한다.

스타 토폴로지

스타 토폴로지는 자전거 바퀴처럼 생겼다. 중앙의 연결 지점에 허브, 스위치, 라우터 같은 장비가 배치되며, 모든 케이블링 세그먼트가 이 중앙 지점으로 모인다. 네트워크의 각 장비는 자체 케이블에 의해 중앙 장비로 연결된다.

구축 비용 면에서 물리적 스타 토폴로지가 물리적 버스 토폴로지보다 더 비싸지만 비용 이상의 가치가 있다. 각 장비가 자체 선에 의해 중앙 장비로 연결되기 때문에 특정 케이블에 문제가 있을 경우에 해당 장비만 영향을 받고 네트워크의 나머지 부분은 정상적으로 작동한다. 이 장점은 중요하며, 이 때문에 거의 모든 이더넷 LAN이 물리적 스타 토폴로지로 설계되고 있다. [그림 1-9]는 모든 전송이 하나의 지점을 지나가는 스타 토폴로지다.

네트워킹 기능

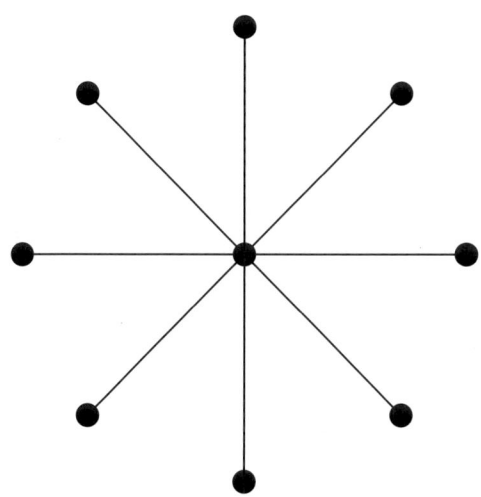

▲ 그림 1-9 스타 토폴로지

확장 스타 토폴로지

확장 스타 토폴로지는 WAN, 엔터프라이즈, 캠퍼스 LAN 등의 계층형 설계에 주로 사용된다. [그림 1-10]은 확장 스타 토폴로지를 그림으로 표현한 것이다.

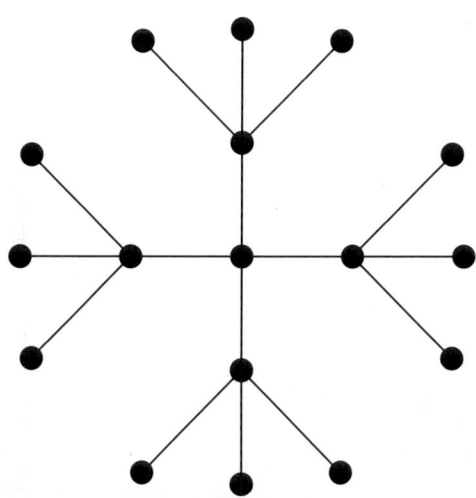

▲ 그림 1-10 확장 스타 토폴로지

순수한 확장 스타 토폴로지의 문제점은 중앙에 있는 지점에 장애가 생기면 네트워크의 많은 부분이 고립될 수 있다는 것이다. 이러한 이유로 인해 대부분의 확장 스타 토폴로지는 이중화 방식으로 연결된다. 이렇게 하면 장비 장애 시 발생하는 고립 문제를 막을 수 있다.

링 토폴로지

이름에서 알 수 있듯이 링 토폴로지의 모든 장비는 링이나 원의 형태로 연결된다. 물리적 버스 토폴로지와 달리 링 모양의 토폴로지에는 시작이나 끝이 없다. 데이터는 논리적 버스 토폴로지와 다른 방법으로 전송된다. 링 토폴로지에서는 '토큰(token)'이 링을 돌아다니다가 각 장비에서 멈춘다. 데이터를 전송하려는 장비는 데이터와 목적지 주소를 토큰에 추가한다. 그런 다음에 토큰은 링을 돌아다니며, 이는 목적지 장비를 찾을 때까지 계속된다. 그러다가 목적지를 만나면 토큰에서 데이터가 떨어진다. 이 방법의 장점은 데이터 패킷 충돌이 일어나지 않는다는 것이다. 두 종류의 링 토폴로지가 있는데, 바로 단일 링과 이중 링이다.

단일 링 토폴로지

단일 링 토폴로지에서 네트워크의 모든 장비는 하나의 케이블을 공유하며, 데이터는 한 방향으로만 전송된다. 각 장비는 네트워크로 데이터를 전송하기 위해 자기 차례를 기다린다. 그런데 단일 링에서 장애가 생기면 전체 링의 작동이 멈춘다. [그림 1-11]은 단일 링 토폴로지에서 트래픽 흐름이 어떻게 진행되는지를 보여준다.

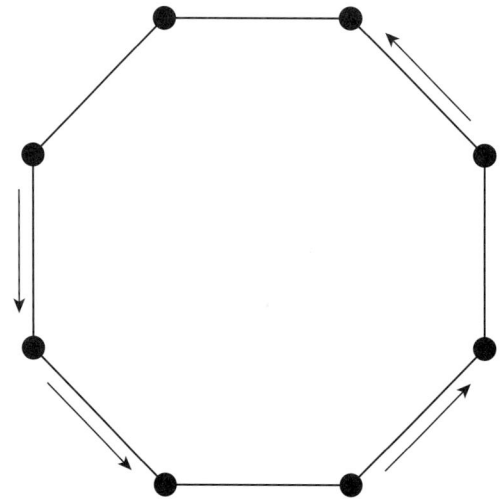

▲ **그림 1-11** 단일 링 토폴로지의 트래픽 흐름

이중 링 토폴로지

이중 링 토폴로지에서 데이터는 두 개의 링에 의해 양방향에서 전송된다. 이렇게 설정하면 이중화가 이뤄진다. 즉, 한 개의 링에 문제가 있어도 데이터는 다른 링에 의해 전송된다. [그림 1-12]는 전형적인 이중 링 토폴로지에서 데이터 흐름이 어떻게 진행되는지를 보여 준다.

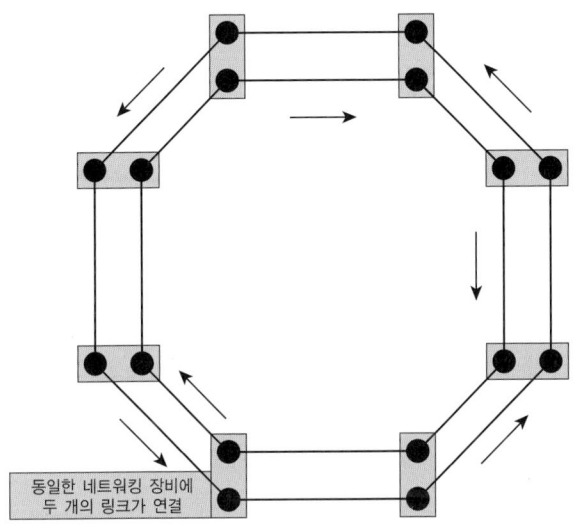

▲ 그림 1-12 이중 링 토폴로지에서의 트래픽 흐름

메시 토폴로지와 부분 메시 토폴로지

스타 토폴로지와 유사한 종류의 토폴로지로 메시 토폴로지가 있다. 메시 토폴로지는 스타 토폴로지에 있는 장비 사이에서 이중화를 이룬다. 필요한 이중화 수준에 따라서 네트워크는 완전 메시가 되거나 부분 메시가 될 수 있다. 메시 토폴로지는 네트워크 가용성과 신뢰성 개선에 도움을 준다. 그러나 이는 비용 증가와 확장성 제한으로 이어질 수 있다. 따라서 메시 토폴로지를 구성할 때는 신중히 고려해야 한다.

완전 메시 토폴로지

완전 메시 토폴로지는 이중화와 장애 대비용으로 모든 장비(나 노드)를 서로 연결한다. 완전 메시 토폴로지로 구성하면 비용이 많이 들고 구축하기도 어렵다. 그러나 이 방법이 장애에 대해 가장 뛰어난 대비책이다. 왜냐하면 어떤 곳이든 한 링크에 장애가 생기더라도 네트워크의 도달성에 영향을 미치지 않기 때문이다.

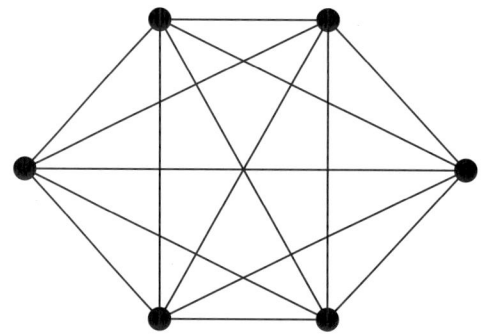

▲ 그림 1-13 완전 메시 토폴로지

부분 메시 토폴로지

부분 메시 토폴로지에서는 모든 장비가 완전 메시로 구성되지 않고 최소한 하나의 장비가 다른 모든 장비와 다중으로 연결된다. 이 방법을 이용하면 모든 장비를 메시로 구성하는 것보다 비용이 줄어들고, 네트워크 설계자는 가장 중요한 노드들을 선택해서 그 노드들을 서로 연결할 수 있다.

[그림 1-14]는 부분 메시 토폴로지의 한 예다.

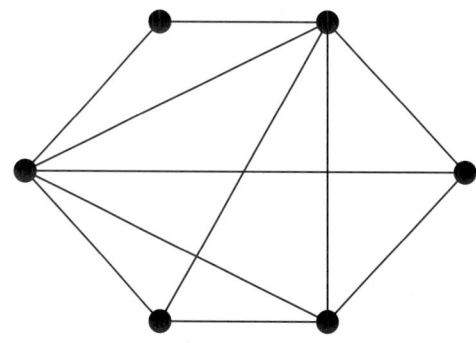

▲ 그림 1-14 부분 메시 토폴로지

인터넷 연결

오늘날 사업을 진행함에 있어서 또 다른 핵심 요소로 인터넷 연결을 들 수 있다. 인터넷 연결은 WAN 연결이다. 그러나 중소규모의 컴퓨터 네트워크에서는 인터넷 연결을 위해 다양한 방법과 토폴로지를 사용할 수 있다.

소규모 사무실을 인터넷에 연결하는 일반적인 방법은 세 가지가 있다. DSL(digital subscriber line)에서는 신호 전달 인프라로서 기존의 전화선을 사용한다. 케이블은 CATV(cable television) 인트라를 사용한다. 시리얼은 전통적인 디지털 로컬 루프를 사용한다.

DSL과 케이블의 경우에 인입 라인은 모뎀에서 끝나며, 모뎀은 인입 디지털 인코딩을 라우터에서 처리되는 디지털 형식으로 변환한다. 시리얼의 경우에 이 작업은 CSU/DSU (channel service unit/digital service unit)에 의해 처리된다. 세 경우 모두에서 디지털 출력은 CPE(customer premises equipment)의 일부인 라우터로 전송된다. [그림 1-15]는 세 연결 방법에서 어떤 장비가 배치되는지를 보여준다.

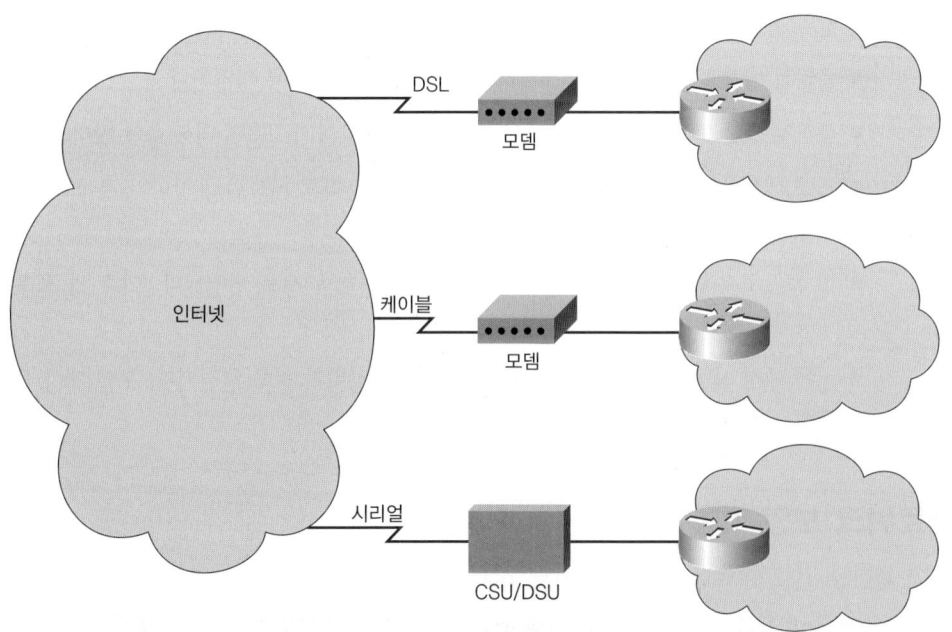

▲ 그림 1-15 일반적인 인터넷 연결 방법

네트워킹 기능 요약

이 절의 주된 목적은 컴퓨터 네트워크의 핵심 구성요소가 무엇이고, 기업에서 네트워크가 어떻게 사용되는지를 이해하는 데 있다. 핵심사항을 정리하면 다음과 같다.

- 네트워크는 컴퓨터 장비가 연결되어 있는 모음으로서 이 장비들은 집, 소규모 사무실, 엔터프라이즈 환경에서 데이터를 주고받는다.
- 컴퓨터 네트워크를 구성하는 물리적 구성요소는 크게 네 가지로 나뉘며, 컴퓨터, 상호 연결 장비, 스위치, 라우터가 그것이다.
- 컴퓨터 네트워크에서 공유되는 주요 자원으로 데이터, 애플리케이션, 물리적 자원, 스토리지 장비, 백업 장비가 있다.
- 가장 공통된 네트워크 사용자 애플리케이션으로 이메일, 웹 브라우저, 인스턴트 메시징, 협업, 데이터베이스가 있다.
- 네트워크 성능 및 구조로 네트워크를 구분할 수 있으며, 관련 용어로 속도, 비용, 보안, 가용성, 확장성, 신뢰성, 토폴로지가 있다.
- 물리적 토폴로지는 물리적 장비의 배선 레이아웃을 나타내고, 논리적 토폴로지는 네트워크 안의 장비에서 정보 흐름이 어떻게 진행되는지를 나타낸다.
- 물리적 버스 토폴로지에서는 하나의 케이블이 모든 장비를 연결한다.
- 물리적 스타 토폴로지에서 네트워크의 각 장비는 자체 케이블에 의해 중앙 장비로 연결된다.
- 스타 네트워크가 확장돼서 메인 네트워킹 장비에 다른 네트워킹 장비가 추가로 연결될 때 이를 확장 스타 토폴로지라고 한다.
- 링 토폴로지에서 모든 호스트는 링이나 원의 형태로 서로 연결된다. 이중 링 토폴로지는 이중화를 위해 보조 링을 제공한다.
- 전체 메시 토폴로지에서는 이중화를 위해 모든 장비가 서로 연결되며, 부분 메시 토폴로지에서는 일부 장비만 다중으로 연결된다.

네트워크 보안

보안은 모든 네트워크 설계의 기본 요소다. 네트워크 계획 수립, 구축, 운영 시 강력한 보안 정책이 얼마나 중요한지 이해해야 한다. 강력한 네트워크 보안 정책을 확보하는 일은 얼마나 중요한가? CSI(Computer Security Institute)는 'Computer Crime and Security

Survey'에서 미국의 컴퓨터 범죄가 어떤 영향을 미치고 있는지를 보고했다. 이 보고서를 작성하는 데 참가한 주요 단체는 샌프란시스코 FBI 컴퓨터 침입 대응팀이었다. 미국에 있는 기업, 정부 조직, 연방 기구, 의료 센터, 대학에서 컴퓨터 보안을 담당하고 있는 700명 이상이 이 설문에 참여했으며, 그들의 응답을 분석한 결과 이 보고서에서는 컴퓨터 범죄와 그 밖의 정보 보안에서 발생하는 위협이 계속 늘어나고 있으며, 이에 대처하기 위한 비용 부담도 증가하고 있다고 발표했다.

보안 위협으로부터 조직을 보호함에 있어서 효과적인 보안 정책을 수립하고 적용하는 단계가 가장 중요하다. 네트워크 자원을 보호하기 위해 이뤄지는 모든 활동의 가장 기본이 효과적인 보안 정책이다.

네트워크 보안의 필요성

과거에 해커는 컴퓨터 통신의 복잡한 내부구조를 알고 취약점을 파악해서 공격하는 기술력이 매우 뛰어난 프로그래머였다. 그러나 오늘날 거의 모든 사람은 인터넷에서 툴을 다운로드 받아서 이를 사용함으로써 해커가 될 수 있다. 이 정교한 공격 툴과 일반적으로 열려 있는 네트워크로 인해 네트워크 보안과 동적인 보안 정책의 필요성이 증대되어 있다.

외부 공격으로부터 네트워크를 보호하는 가장 쉬운 방법은 네트워크를 외부 세계로부터 완전히 차단하는 것이다. 폐쇄형 네트워크에서는 알려져서 신뢰할 만한 곳이나 사이트로만 연결 서비스를 제공한다. 따라서 폐쇄형 네트워크는 개방형 네트워크로 연결되지 않는다. [그림 1-16]은 폐쇄형 네트워크의 한 예를 보여준다.

폐쇄형으로 설계된 네트워크는 인터넷으로 연결되지 않기 때문에 인터넷 공격으로부터 안전할 것이다. 그러나 내부 위협은 여전히 존재한다. 샌프란시스코 캘리포니아의 CSI는 네트워크 오용의 60~80%가 엔터프라이즈 내부에서 일어난다고 보고 있다.

오늘날 기업 네트워크는 인터넷과 기타 공개 네트워크에 접근해야 한다. 대부분의 네트워크는 [그림 1-17]에서 볼 수 있는 것처럼 여러 개의 액세스 포인트를 통해서 공개 네트워크와 기타 사설 네트워크로 연결된다. 이와 같은 개방형 네트워크를 보호하는 일은 중요하다.

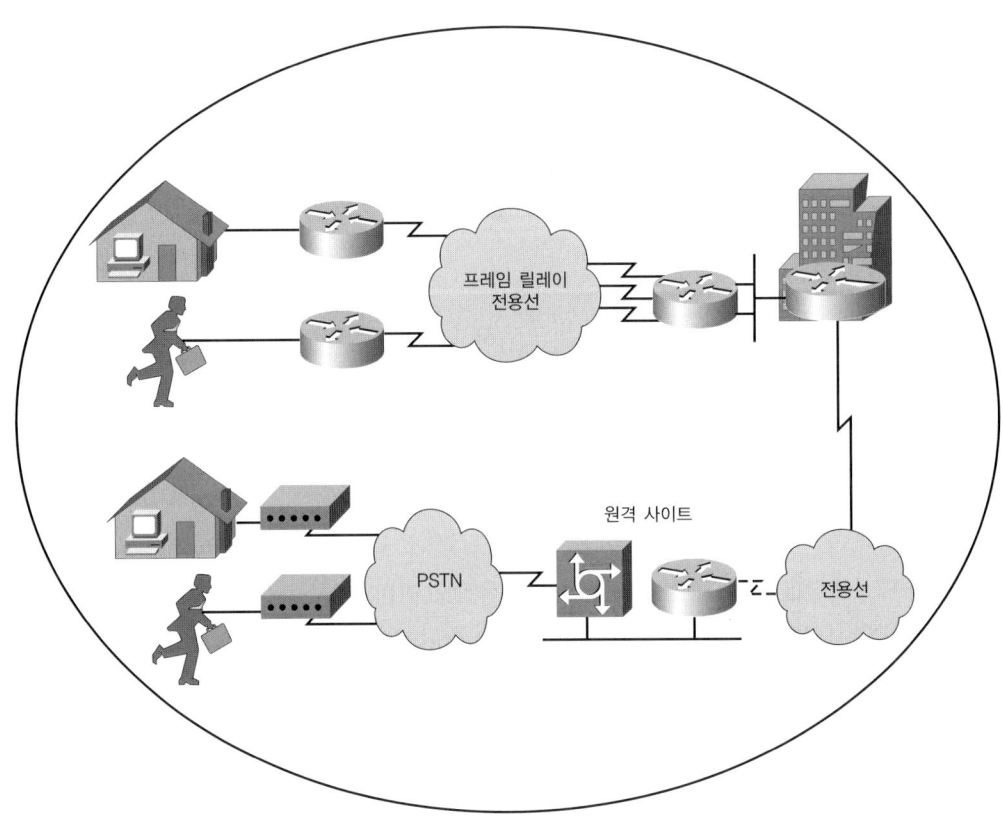

▲ 그림 1-16 폐쇄형 네트워크

앞에서 언급했듯이, 보안 확보에 있어 한 가지 난제는 컴퓨터 기술이 전혀 없거나 아주 조금만 있어도 네트워크를 쉽게 해킹할 수 있다는 점이다. [그림 1-18]은 해킹 툴이 더 정교해지고, 별다른 기술 없이도 이 해킹 툴을 사용할 수 있게 됨에 따라 개방형 네트워크에 대한 위협이 증가하고 있음을 보여주고 있다.

네트워크 보안

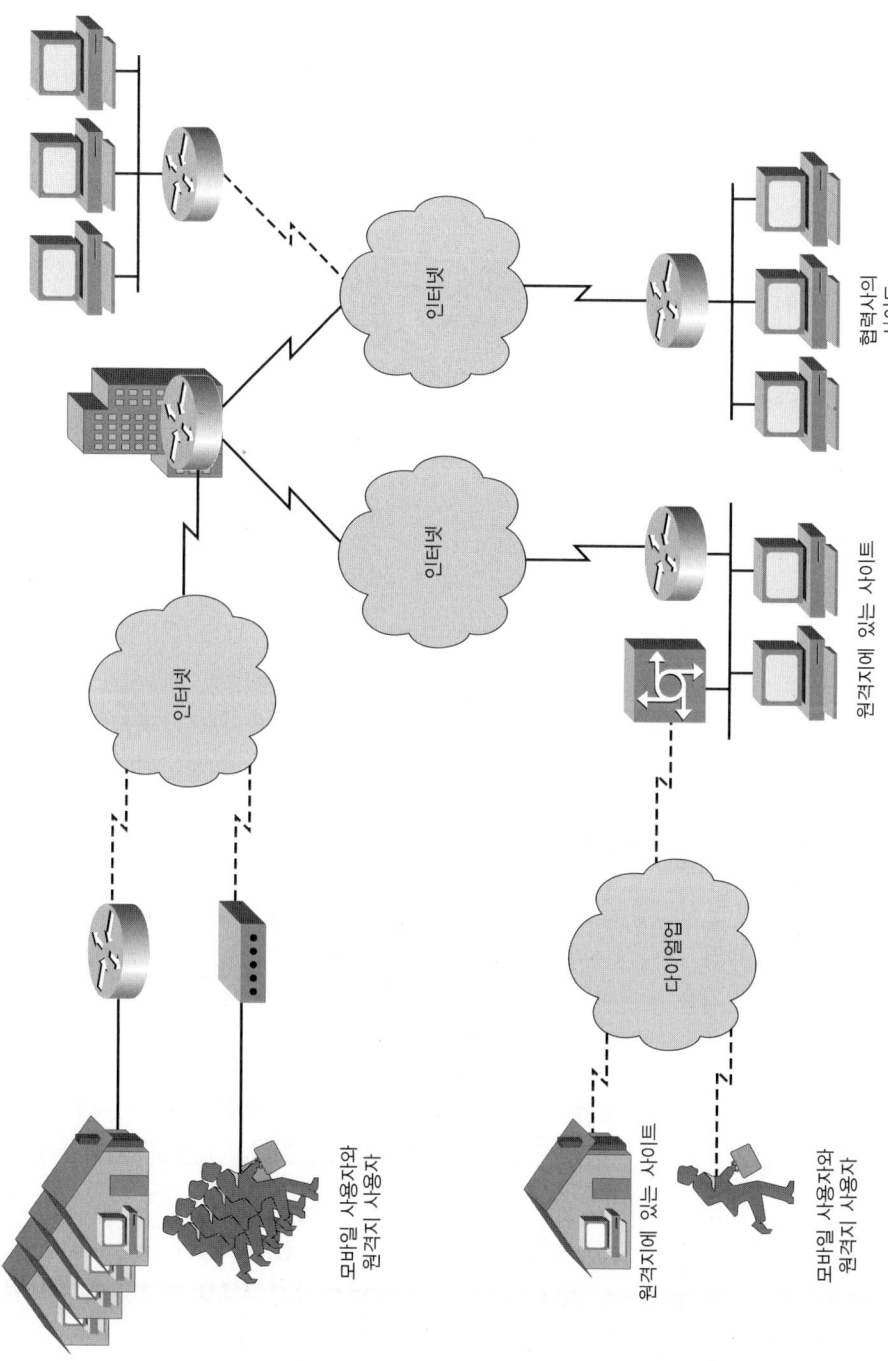

▲ 그림 1-17 개방형 네트워크

Chapter 1 _ 소규모 네트워크 구축

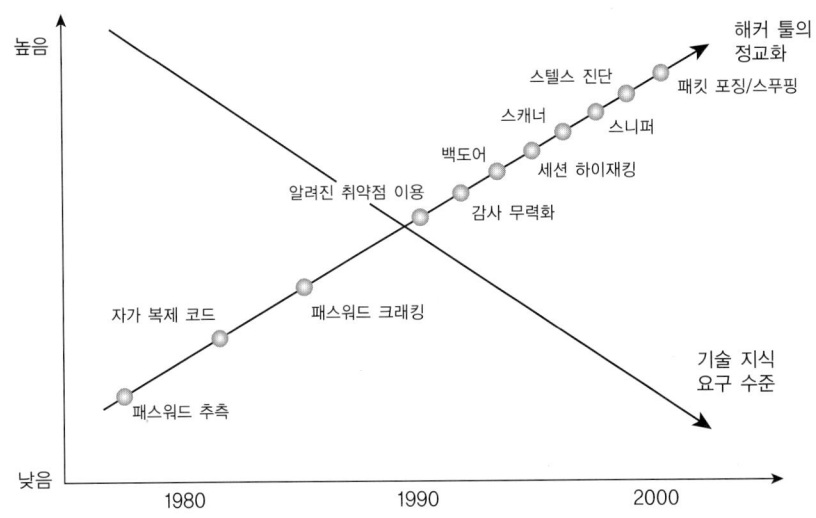

▲ 그림 1-18 해킹 스킬 메트릭스

지난 20년 동안 대규모 개방형 네트워크가 발달하면서 보안 위협이 매우 증가했다. 해커는 더 많은 네트워크 취약점을 파악해냈고, 해킹 지식이 없거나 조금만 있어도 사용할 수 있는 애플리케이션을 쉽게 구할 수 있다. 또한 네트워크 장애처리, 유지보수, 최적화를 위해 만들어진 애플리케이션을 악의적으로 사용할 수 있으며 이는 심각한 위협이 되고 있다.

네트워크 보안 요구사항의 균형적인 수용

개방형 네트워크에서는 사업상 증가하는 요구사항을 지원하고 정보에 자유롭게 접근해야 한다. 반면에 기밀, 개인, 전략적 사업 정보도 보호해야 한다. 보안에 있어서 문제는 이 두 가지 요구사항의 균형점을 찾는 일이다. [그림 1-19]는 사업 가치 확대와 보안 위험 증대 사이의 관계를 보여준다.

네트워크 관리와 구축에 있어서도 보안이 필요해지고 있다. 많은 기업의 생존이, 네트워크 자원에 개방적으로 접근할 수 있게 하면서도 데이터와 자원을 최대한 보호하는 데 달려 있다고 해도 과언이 아니다. 전자상거래의 중요성이 높아지고 민감한 데이터가 안전하지 않은 공개 네트워크로 지나가야 할 필요성이 높아지면서 전사적인 네트워크 보안 정책을 개발하고 구현할 필요성이 높아지고 있다. 보안 인프라상에서 네트워크를 변경할 때 네트워크 보안 정책을 수립하는 것이 첫 번째 단계다.

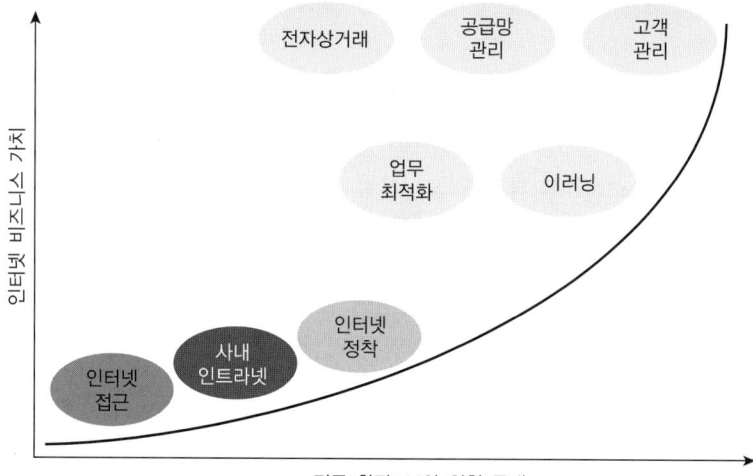

▲ 그림 1-19 보안 위험 증가

인터넷이 도입되면서 기업은 고객, 공급업체, 협력사, 직원과 더 강한 관계를 맺게 됐고, 전자상거래가 도입되면서 기업의 경쟁이 더 급박하고 치열해졌다. 그 가운데에 새로운 전자상거래, 공급망 관리, 고객 관리, 업무 최적화, 이러닝 애플리케이션이 새로 만들어졌다. 이러한 애플리케이션은 전체 프로세스를 하나로 연결하고 개선했으며, 이익과 사용자 만족도는 높이면서 비용을 감소시켰다.

엔터프라이즈 네트워크 관리자가 네트워크를 더 많은 사용자와 애플리케이션에 개방함에 따라 네트워크는 더 많은 위험에 노출됐고, 이로 인해 보안 요구사항이 높아졌다. 결국 보안은 모든 전자상거래 전략의 기본 요소로 들어가게 됐다.

전자상거래에는 연속성, 용량, 성능이 지속적으로 증가하는 특징이 있으며, 이를 뒷받침해야 하는 미션 크리티컬 네트워크가 필수적으로 갖춰져야 한다. 또한 네트워크가 멀티서비스 환경에 통합됨에 따라 음성, 화상, 데이터 트래픽을 모두 처리할 수 있어야 한다.

반대자, 해커 동기, 공격 유형

정보나 정보 시스템에 대한 공격을 방어하기 위해서 조직은 다음과 같은 세 가지 위협을 정의해야 한다.

- **반대자**: 잠재적인 반대자로 민족주의자, 테러리스트, 범죄자, 해커, 불만 직원, 회사의 경쟁사가 있다.
- **해커의 동기**: 해커의 동기로는 정보 수집, 지적 재산권 절도, DoS(denial of service), 회사나 고객의 난처함, 주요 대상 시스템을 부당하게 이용하는 도전 의식 등이 있다.
- **공격의 유형**: 공격 유형을 대화의 수동 모니터링, 적극적인 네트워크 공격, 인접 공격, 내부 침입자에 의한 이기적인 이용, 서비스 제공업체를 통한 공격으로 분류할 수 있다.

해커에게 있어 정보 시스템과 네트워크는 매력적인 공격 대상이며, 다양한 해커로부터의 위협적인 공격에 대항할 수 있어야 한다. 시스템은 위해를 최소화할 수 있어야 하고 공격 발생 시 이에 신속하게 대처할 수 있어야 한다.

공격의 유형

다섯 가지 유형의 공격이 있다.

- **수동 공격(passive attack)**: 수동 공격으로는 트래픽 분석, 비보호 통신의 모니터링, 낮은 등급으로 암호화된 트래픽의 해독, 패스워드 같은 인증 정보 캡처 등이 있다. 공격자는 네트워크 운용 상태를 수동적인 방식으로 가로채서 그 다음에 어떤 일이 일어날지를 파악한다. 공격자는 수동 공격을 통해서 사용자 몰래 어떤 정보나 데이터 파일을 얻어낼 수 있다. 그 예로는 신용카드번호나 의료 파일 같은 개인 정보 유출을 들 수 있다.
- **능동 공격(active attack)**: 능동 공격에서는 보안 기능을 차단하거나 파괴해서 악성 코드를 심거나 정보를 훔치거나 수정한다. 그리고 능동 공격은 네트워크 백본에 가해져서 전송 중인 정보를 이용하거나 특정 지점에 전자적으로 침투한다. 이렇게 침투한 다음에 인가받은 원격 사용자를 공격한다. 이러한 능동 공격에 의해 데이터 파일 노출, DoS, 데이터 변경 등이 일어난다.
- **인접 공격(close-in attack)**: 인접 공격은 네트워크, 시스템, 설비에 가까이 있는 사람에 의해 이뤄지며, 이 공격에 의해 정보, 수정, 수집, 접근 거부가 일어난다. 물리적인 접근은 은밀하게 이뤄지거나 공개적으로 이뤄진다.
- **내부자 공격(insider attack)**: 내부자 공격은 악의적일 수도 있고 악의적이 아닐 수도 있다. 악의적인 내부자는 정보를 도청하거나, 훔치거나, 손상시킨다. 그리고 부정적인 방법으로 정보를 사용하거나 다른 공인 사용자가 접근하지 못하도록 만든다. 악의적이지 않은 공격이 발생하는 이유는 업무를 수행할 때의 부주의, 지식 부족, 내부 모함 때문이다.

- **배포 공격(distributed attack)**: 배포 공격에서는 제작이나 배포 중인 하드웨어나 소프트웨어를 악의적으로 수정한다. 이러한 공격에 의해서 제품에 백도어 같은 악의적인 코드가 유입되고, 이로 인해 얼마 후 정보나 시스템 기능에 악의적인 접근이 이뤄진다.

일반적인 위협 완화

네트워크 장비가 부정확하고 불완전하게 설치된 경우에 심각한 결과로 이어지는 보안 위협이 일어날 수 있다. 소프트웨어를 이용한 보안 수단만으로는 잘못된 설치로 인해 발생하는 네트워크 위험을 방지할 수 없다. 이후의 절들에서는 시스코 라우터와 스위치에서 발생하는 일반적인 보안 위협을 완화할 수 있는 방법을 설명한다.

물리적 설치

하드웨어 위협으로 라우터나 스위치 하드웨어가 물리적으로 손상될 수 있다. 미션 크리티컬 시스코 네트워크 장비가 와이어링 클로짓이나 최소한의 시설 요건을 갖춘 전산실이나 통신실에 위치할 수 있다.

- 장비가 있는 방에 잠금 장치가 있어서 인가된 사람만 접근할 수 있어야 한다.
- 보안이 갖춰진 접근 지점 외의 장소나 천장, 연단, 창문, 배관을 통해서 장비가 있는 방으로 접근할 수 없어야 한다.
- 가능하면 전자적인 접근 통제 시스템을 사용해서 보안 시스템에 의해 기록이 남도록 하거나 보안 관리자에 의해 모니터링될 수 있도록 한다.
- 가능하면 보안 요원이 자동 녹화되는 보안 카메라를 통해서 활동을 모니터링할 수 있도록 한다.

극한 온도(혹서나 혹한)나 극한 습도(너무 습하거나 너무 건조)와 같은 환경상의 위협도 완화돼야 한다. 시스코 네트워크 장비에 대한 환경적인 위험을 제한하기 위해 다음에 제시된 조치를 취한다.

- 장비가 있는 방에 온도와 습도 제어 시스템을 갖춘다. 제품 매뉴얼에 따라 시스코 네트워크 장비에 맞는 환경적 상태가 유지되고 있는지 항상 점검한다.
- 장비가 있는 방에 전자기장적인 간섭을 일으키는 원인을 제거한다.
- 가능하면 장비가 있는 방의 환경적 상태를 원격에서 모니터링하고 경보 시스템을 갖춘다.

전압 스파이크, 낮은 공급 전압(절전), 무조건 전력(노이즈), 정전 등의 전기적 위협을 제한하기 위해 다음에 제시된 가이드라인을 준수해야 한다.

- 미션 크리티컬 시스코 네트워크 장비에 대해 UPS(uninterruptible power supply) 시스템을 설치한다.
- 미션 크리티컬 전원 공급장치용 보조 발전기를 설치한다.
- 제조업체에서 제안한 예방 유지보수 일정에 따라 UPS나 발전기 시험 및 유지보수 절차 계획을 수립하고 실시한다.
- 주요 장비에 예비 전원 공급장치를 설치한다.
- 전원 공급장치와 장비단에서 전원 관련 상태를 모니터링하는 경보 체제를 갖춘다.

유지보수 위협으로는 주요 전기 장치의 부적절한 취급, ESD(electrostatic discharge), 주요 예비 부품 부족, 잘못된 케이블링, 부실한 라벨링 등이 있다. 유지보수 관련 위협의 범위는 매우 넓어서 많은 항목이 포함된다. 유지보수 관련 위협을 막기 위해 아래에 제시된 규칙을 따르기 바란다.

- 모든 장비 케이블링에 라벨을 정확하게 붙이고, 우연한 손상, 차단, 부정확한 종단을 막기 위해서 장비 랙에 대한 케이블링을 보호한다.
- 랙과 천장의 연결 혹은 랙과 랙의 연결에 배선관을 사용한다.
- 내부 라우터와 스위치 장비 요소를 교체하거나 작업할 때 ESD 절차를 따른다.
- 비상용 주요 예비 부품의 재고를 확보한다.
- 콘솔 포트에 연결된 콘솔을 그냥 두지 않는다. 스테이션을 다 사용하고 나면 관리 인터페이스에서 항상 로그오프한다.
- 장비가 있는 방에 잠금 장치가 있다고 해서 장비가 절대적으로 안전하다고 생각하지 마라. 어떤 방도 100% 안전하지 않다는 점에 유의하기 바란다. 일단 침입자가 들어오면 그는 터미널에 연결하고 시스코 라우터나 스위치의 콘솔 포트까지 모두 연결할 것이다.

정찰 공격

정찰은 시스템, 서비스, 취약점을 인가받지 않은 상태에서 살펴보는 행위다. 정찰을 정보 수집이라고도 하며, 대개 실제 접근이나 DoS 공격에 앞서 이뤄진다. 먼저 악의적인 공격자는 살아 있는 IP 주소를 파악하기 위해 공격 대상 네트워크로 ping을 보낸다. 그런 다음에 살아 있는 IP 주소에서 어떤 서비스나 포트가 작동 중인지를 파악한다. 여기서 얻은 정보를 토대로 공격 대상 호스트에서 작동 중인 애플리케이션과 OS의 종류와 버전을 파악하기 위해 포트로 질의를 보낸다.

도둑에게 있어서 정찰은 다소 추론적이다. 도둑은 정찰을 통해 취약점이 있을 만한 집을 조사한다. 이 조사를 통해서 사람이 없는 집을 찾거나 문이나 창문이 쉽게 열리는 집이 있는지를 찾는다. 많은 경우에 네트워크 침입자는 정찰을 통해 취약점이 있는 서비스를 찾아뒀다가 나중에 침입 가능성이 높을 때 실제로 침입한다.

접속 공격

접속 공격에서는 인증 서비스, FTP 서비스, 웹 서비스에서 알려진 취약점을 이용해서 웹 계정, 중요한 정보가 있는 데이터베이스, 기타 민감한 정보에 접근한다.

패스워드 공격

패스워드 공격에서는 사용자 계정, 패스워드, 혹은 둘 다를 알아내기 위한 작업을 반복적으로 시도한다. 이와 같은 반복적인 시도를 무차별 대입 공격(brute-force attack)이라고 한다. 패스워드 공격은 트로이 목마 프로그램, IP 스푸핑, 패킷 스니퍼 등의 방법을 통해 이뤄진다.

패스워드가 평문으로 저장되어 있다는 점에서 보안 위험이 생긴다. 이러한 위험을 극복하기 위해 패스워드를 암호화해야 한다. 대부분의 시스템에서 패스워드는 단방향 해시를 생성하는 암호화 알고리즘을 통해 처리된다. 단방향 해시를 원문으로 되돌릴 수 없다. 대부분의 시스템은 인증 도중에 단방향 해시로 저장된 패스워드를 복호화하지 못한다. 로그인 과정이 진행되는 동안에 계정과 패스워드를 입력하고, 패스워드 암호화 알고리즘에서는 단방향 해시를 생성한다. 알고리즘에서는 이 해시와 시스템에 저장되어 있는 해시를 비교한다. 두 해시가 동일하면 알고리즘은 적절한 패스워드가 입력된 것으로 가정한다.

어떤 알고리즘을 통해서 패스워드를 넘기면 패스워드 해시가 일어난다는 점을 기억하기 바란다. 해시는 암호화된 패스워드가 아니다. 오히려 알고리즘의 결과물이다. 해시의 강점은 해시 값이 원래의 사용자 정보와 패스워드 정보와만 다시 만들어질 수 있으며, 해시에서 원래의 정보를 검색하기가 불가능하다는 점에 있다. 이러한 강점 때문에 패스워드 인코딩에 해시를 사용한다. 최종 인증 시 평문 패스워드가 아닌 해시가 계산되고 비교된다.

패스워드 공격 위협을 완화하려면 다음의 가이드라인을 준수한다.

- 사용자가 여러 시스템에서 동일한 패스워드를 사용하지 않도록 한다. 대부분의 사용자는 접근하는 모든 시스템의 패스워드를 똑같이 한다.
- 로그인 실패가 몇 회 이상이면 계정을 막는다. 이렇게 하면 계속되는 패스워드 입력 시도를 방지할 수 있다.
- 평문으로 된 패스워드를 사용하지 않는다. OTP(one-time password)나 암호화된 패스워드를 사용한다.
- 강력한 패스워드를 사용한다. 강력한 패스워드라 함은 8글자 이상이고, 여기에 대문자, 소문자, 숫자, 특수문자가 포함되는 경우다. 최근 들어서 많은 시스템이 강력한 패스워드를 지원하며, 강력한 패스워드만 허용하기도 한다.

네트워크 보안 요약

모든 컴퓨터 네트워크에서 보안은 중요한 부분이다. 네트워크를 구축할 때 강력한 보안 정책은 기본이다. 강력한 보안 정책을 구축할 때 고려해야 할 조건을 정리하면 다음과 같다.

- 공격 툴이 정교해지고 네트워크가 개방형이 되면서 내부 공격과 외부 공격으로부터 조건을 보호하기 위해 네트워크 보안 정책과 인프라를 높여야 될 필요성이 생겼다.
- 조직은 전자상거래, 법적 이슈, 정부 정책에 따라 네트워크 보안 니즈를 수립해야 한다. 네트워크에 보안 인프라를 갖춤에 있어 가장 먼저 네트워크 보안 정책을 수립해야 한다.
- 정보 보증 전략이 네트워크 인프라에 영향을 미친다.
- 네트워크 장비에 대해 물리적 설치 보안을 확보하는 일이 매우 중요하다.
- 네트워크 장비는 통제된 접근 방법과 강력한 패스워드를 통해서 패스워드 공격으로부터 보호돼야 한다.

참고문헌

네트워크 보안에 관한 추가 정보를 얻으려면 다음의 정보를 참고한다.

- 이곳에 있는 많은 내용은 정부 기관에서 제공하는 문서에서 가져온 것이다.
- IATFF(Information Assurance Technical Framework Forum)는 NSA(National Security Agency)가 후원하는 조직으로서 정보 보증 문제의 해결책을 찾는 일이 주된 업무다. IATFF

의 URL은 http://www.iatf.net이다.

호스트 통신 모델

OSI(Open Systems Interconnection) 참조 모델은 네트워크 프로세스의 작동 방법을 정의하고, 네트워크의 다양한 구성요소와 데이터 전송 방법을 정의하는 데 도움을 주기 위해 만들어졌다. 한 호스트가 다른 호스트와 어떻게 통신하는지 이해하려면 OSI 모델의 구조와 목적을 알아야 한다. 이 절에서는 OSI 모델을 소개하고, 각 계층을 설명한다. OSI 모델은 프로토콜 구축 프레임워크를 제공하고 네트워크 통신 관련 프로세스를 이해하는 데 도움을 주기 위한 참조 모델이지 그 자체가 통신 표준이 아니라는 점을 염두에 두기 바란다.

> **NOTE***
>
> 이 절에서는 OSI 프로토콜이 아닌 OSI 참조 모델을 설명한다.

컴퓨터나 컴퓨터 네트워크를 서로 연결할 때는 어떤 종류의 연결 방법, 운영체제, 네트워크 서비스가 사용되는지에 상관없이 이 장비들의 통신을 위해서는 몇 가지 규칙이 있어야 하며, 그 밖의 통신 시스템과 마찬가지로 이 규칙에 의해 통신 처리 방법이 관리된다. 또한 통신이 일어나는 매체도 있어야 한다. 예를 들어, 언어에는 기본 단어를 사용해서 문장을 구성하는 규칙이 있다. 언어가 사용돼서 구두 통신이 이뤄지고, 구두 통신이 이뤄질 때는 매체로 공기가 사용되고, 문서 통신이 이뤄질 때는 종이가 매체로 사용된다.

대부분의 언어에는 단어의 조합 방법과 구어체나 문어체로 어떻게 작성되는지를 명시하는 규칙이 있다. 많은 서양 언어에서 단어는 왼쪽에서 오른쪽으로 작성되지만 일부 언어에서는 단어가 오른쪽에서 왼쪽으로 작성되거나 위에서 아래로 작성되기도 한다. 효과적인 통신을 위해서는 단어를 읽는 방법과 읽는 순서를 알아야 한다.

조직에 있는 다양한 컴퓨터와 운영체제의 제조회사는 다르며, 여러 종류의 프로그램이 사용된다. 그러나 이 시스템이 서로 통신을 시작하면 데이터 통신을 위해 공통의 규칙을 사용해야 한다. 시스템이 서로 대화하는 방법을 정의한 규칙을 **프로토콜(protocol)**이라고 한다.

시스템 사이의 통신 경로를 수립하기 위해 많은 인터네트워킹 프로토콜이 사용될 수 있으며, 각 프로토콜이 제공하는 기능은 매우 유사하다. ISO(International Organization for Standardization)는 데이터 통신 프로토콜을 구축하는 데 필요한 공통의 개방된 규칙을 수립하는 방법을 제공하기 위해 OSI 참조 모델을 만들었다.

다음 절에서는 OSI 참조 모델과 TCP/IP 프로토콜 스택의 목적을 설명한다. 또한 OSI 참조 모델에서 데이터 통신을 촉진하는 방법도 학습한다.

OSI 참조 모델

OSI 참조 모델은 네트워크 통신과 관련된 주요 모델이다. 초창기에 LAN, MAN, WAN이 구축될 때는 많은 점에서 혼란스러웠다. 1980년대 초반 네트워크 수와 규모가 크게 늘어나면서, 기업들은 네트워킹 기술을 활용하면 비용을 절감하고 생산성을 향상시킬 수 있다는 사실을 깨달았다. 그래서 네트워크를 추가하고 기존의 네트워크를 확장했다. 네트워크 추가 및 확장 속도는 새로운 네트워크 기술과 제품 도입 속도만큼 빨랐다.

1980년대 중반으로 접어들면서 기업들은 네트워크를 확장함에 있어서 어려움에 직면하기 시작했다. 다른 명세와 구축 시스템을 사용하는 여러 네트워크가 서로 통신하기가 더 어려워졌다. 기업들은 자사의 전용 네트워킹 시스템(개발, 소유, 통제가 자사에서만 가능한 시스템)을 포기해야 한다는 사실을 깨달았다.

> **NOTE***
> 컴퓨터 산업에서 전용(proprietary)의 반대말은 개방(open)이다. 전용은 특정 기술의 활용에 관련된 모든 것을 한 회사나 소규모 그룹의 회사가 모두 통제한다는 말이다. 이에 반해 개방은 특정 기술의 활용에 관련된 모든 것이 일반에게 무료로 공개되어 있다는 뜻이다.

ISO는 상호 호환되지 않고 서로 통신할 수 없는 네트워크 문제를 해결하기 위해 여러 네트워크 시스템을 조사했다. 조사 결과, IOS는 벤더들이 호환성과 상호 운용성을 갖춘 네트워크를 만드는 데 도움을 줄 만한 모델을 하나 만들었다.

1984년에 발표된 OSI 참조 모델은 ISO에서 만든 기술 체계다. 벤더들은 OSI 표준을 이용해서 전 세계 여러 기업에서 개발되고 있는 다양한 네트워크 기술 사이에서 호환성과 상호 운용성을 확보했다. 다른 모델들이 있지만 오늘날 대부분의 네트워크 벤더들은 자사의 제품을 OSI 참조 모델과 연계시키고 있으며, 특히 제품 사용법을 고객들에게 교육할 때 OSI 참조 모델을 활용한다. OSI 모델은 네트워크에서 데이터를 송신하고 수신하는 원리를 가르칠 때 가장 유용한 수단이다.

OSI 참조 모델에는 7개의 계층이 있으며, 이를 [그림 1-20]에서 확인할 수 있다. 각 계층은 네트워크의 특정 기능을 나타낸다. 네트워킹 기능을 이렇게 나누는 것을 계층화(layering)라고 한다. OSI 참조 모델은 각 계층에서 일어나는 네트워크 기능을 정의한다. 더 나아가서 OSI 참조 모델은 네트워크에서 정보가 어떻게 이동하는지를 이해하는 수단이 된다. 이 외에도 OSI 참조 모델은 응용 프로그램(예: 스프레드시트)에서 출발한 데이터가 네트워크 매체를 지나 다른 컴퓨터에 있는 응용 프로그램까지 어떻게 가는지를 설명한다. 이때 송신자와 수신자가 다른 네트워크 매체로 연결되어 있더라도 OSI 참조 모델을 적용하면 데이터 전달 방법을 이해할 수 있다.

▲ 그림 1-20 OSI 참조 모델

네트워크를 7개 계층으로 나누면 다음과 같은 이점이 있다.

- **복잡성 감소:** 네트워크 통신을 더 작고 더 간단한 부분으로 나눈다.
- **인터페이스 표준화:** 네트워크 구성요소를 표준화함으로써 네트워크 구성요소를 여러 벤더가 개발하고 지원할 수 있다.
- **모듈식 공학 촉진:** 다른 종류의 네트워크 하드웨어와 소프트웨어가 서로 통신할 수 있다.
- **상호 운용 기술 보장:** 한 계층의 변경으로 인해 다른 계층이 영향받지 않으므로 개발 속도를 향상시킬 수 있다.

- **진화 가속**: 다른 구성요소에 영향을 미치거나 프로토콜 전체를 다시 작성하지 않고 개별 구성요소를 효과적으로 업데이트하거나 개선할 수 있다.
- **교수와 학습 단순화**: 네트워크 통신을 더 작은 구성요소로 나눔으로써 학습 용이성을 높인다.

OSI 참조 모델의 경우에 컴퓨터 사이의 정보 이동에 관련된 계층은 7개로 나뉜다.

각 계층에서 제공하는 기능에 의해 프로그램은 데이터를 출발지에서 목적지로 이동시킨다. 다음 절들에서는 OSI 참조 모델의 각 계층을 간략하게 설명한다.

7계층: 애플리케이션 계층

애플리케이션 계층은 사용자에게 가장 근접한 계층이다. 사용자 애플리케이션은 이 계층을 통해 네트워크 서비스를 제공받는다. 이 계층이 OSI의 나머지 계층과 다른 점은 OSI 참조 모델의 외부에 있는 애플리케이션으로만 서비스를 제공하고 OSI의 다른 계층으로는 서비스를 제공하지 않는다는 것이다. 애플리케이션 계층은 통신 대상과의 통신이 가능한지를 확인하고, 에러 복구 절차 동의 및 데이터 무결성 통제를 동기화하고 수립한다.

6계층: 프레젠테이션 계층

프레젠테이션 계층은 한 시스템의 애플리케이션 계층에서 전송한 정보가 다른 시스템의 애플리케이션 계층에서 읽힐 수 있도록 한다. 예를 들어, 한 PC 프로그램이 다른 컴퓨터와 통신하면서 동일한 문자를 표현하기 위해서 한 프로그램은 EBCDIC(extended binary coded decimal interchange code)를 사용하고 다른 프로그램은 ASCII를 사용한다. 필요한 경우에 프레젠테이션 계층은 공통 형식을 사용해서 여러 데이터 형식을 상호 번역할 수 있다.

5계층: 세션 계층

통신하는 두 호스트 사이의 세션 수립, 관리, 종료를 맡아서 처리한다. 세션 계층은 세션 계층의 서비스를 프레젠테이션 계층으로 제공한다. 또한 세션 계층은 두 호스트의 프레젠테이션 계층 사이의 대화를 동기화하고 데이터 교환을 관리한다. 예를 들어, 웹 서버에 많은 사용자가 있으면 특정 시간에 많은 통신 프로세스가 열린다. 따라서 어느 경로에서 어느 사용자가 통신하는지 추적하는 일은 중요하다. 세션 계층은 세션 규제 외에도 효율적인 데이터 전송과 서비스 분류에 필요한 준비를 하며, 세션 계층, 프레젠테이션 계층, 애플리케이션 계층 문제의 예외 보고 기능도 제공한다.

4계층: 트랜스포트 계층

트랜스포트 계층은 전송 호스트의 시스템에서 데이터를 세그먼트로 나눈 다음에 수신 호스트의 시스템에서 세그먼트로 나뉜 데이터를 데이터 스트림으로 재조립한다. 예를 들어, 어떤 조직의 사용자가 한 곳에서 대용량 파일을 회사의 다른 곳으로 전송할 수 있으며, 이때 파일의 신뢰성 확보가 중요하다. 따라서 트랜스포트 계층은 파일을 작은 세그먼트로 쪼개서 전송한다. 이렇게 하면 전송 문제 발생 가능성이 적어진다.

트랜스포트 계층과 세션 계층 간의 경계를 응용 프로토콜과 데이터 흐름 프로토콜의 경계로 볼 수 있다. 즉, 애플리케이션, 프레젠테이션, 세션 계층은 응용 이슈와 관련이 있는 데 반해서 하위 4개 계층은 데이터 전송 이슈와 관련이 있다.

트랜스포트 계층에서 제공하는 데이터 전송 서비스는 상위 계층과 전송 시스템을 맡는다. 특히 두 호스트 사이의 전송 신뢰성 같은 이슈가 트랜스포트 계층에서 처리된다. 통신 서비스를 제공함에 있어서 트랜스포트 계층은 가상 회선을 수립하고, 유지하고, 적절하게 종료시킨다. 전송 에러 탐지와 복구 및 정보 흐름 제어를 통해서 서비스 신뢰성을 확보할 수 있다.

3계층: 네트워크 계층

네트워크 계층은 지리적으로 분리된 네트워크에 있는 두 호스트 시스템 사이에서 연결 확보 및 경로 선택을 담당한다. 인터넷이 성장하면서 전 세계 각지에서 정보에 접근하는 사용자 수가 늘어났으며, 이와 관련된 연결을 네트워크 계층에서 관리한다.

2계층: 데이터 링크 계층

데이터 링크 계층은 데이터의 전송용 서식 지정 방법과 네트워크 접근 제어 방법을 정의한다. 데이터 링크 계층은 공식 매체에서 장비들 사이의 통신 방법을 정의하며, 장비 사이의 어드레싱과 통제 시그널링도 처리한다.

1계층: 물리 계층

물리 계층은 최종 시스템 사이의 물리적 링크 가동, 유지, 가동 중단에 관련된 전기적, 기계적, 절차적, 기능적 명세를 정의한다. 전압 수준, 전압 변경 시점, 물리적 데이터 전송 속도, 최대 전송 거리, 물리적 커넥터, 이와 유사한 속성들이 물리적 계층 명세에 의해 정의된다.

데이터 통신 과정

네트워크에서 모든 통신은 출발지에서 시작해 목적지로 전송된다. OSI 참조 모델의 모든 계층 혹은 일부 계층을 사용하는 네트워킹 프로토콜은 장비들 사이에서 데이터를 이동시킨다. 7계층은 애플리케이션과 통신하는 프로토콜의 일부고, 1계층은 매체와 통신하는 프로토콜의 일부임을 기억하기 바란다. 데이터 프레임은 프로토콜 계층이 있기 때문에 네트워크를 가로질러 지나갈 수 있다. 네트워크의 한 장비에서 데이터를 이동시키는 과정이 이뤄지려면, 애플리케이션에서 시작해 프로토콜 스택 아래로 정보를 넘기면서 모델의 각 계층에 적절한 헤더를 추가해야 한다. 데이터를 스택에 따라 아래로 넘기고 헤더와 트레일러를 추가하는 이러한 과정을 캡슐화(encapsulation)라고 한다. 데이터가 캡슐화되고 네트워크를 가로질러 지나간 후에 데이터를 수신한 장비는 추가됐던 정보를 제거한다. 이때 스택을 따라 데이터를 위로 보내서 적절한 애플리케이션까지 넘기는 방법을 헤더에 있는 메시지에 의해 지시받는다.

데이터 캡슐화는 네트워크에서 중요한 개념이다. 각 장비에는 같은 기능을 수행하는 계층, 즉 **동등 계층**(peer layer)이 있으며, 동등 계층은 어드레싱이나 제어 정보 등 중요한 매개변수를 교환한다.

캡슐화가 추상적인 개념인 것 같지만 실제로는 매우 단순하다. 다른 도시에 사는 친구에게 커피 머그잔을 보낸다고 가정하자. 머그잔을 어떻게 보낼 수 있겠는가? 기본적으로 머그잔은 육로나 항공편으로 수송될 것이다. 직접 갖다 줄 수도 있지만 그렇게 하지 않는다고 가정하자. 그렇다면 택배 서비스에 이를 맡겨야 할 것이며, 자주 사용하는 택배 업체를 불러서 머그잔을 보낼 수 있다. 그러나 이것이 전부가 아니다. 그 과정을 하나씩 정리해 보자.

- 1단계   머그잔을 박스에 포장한다.
- 2단계   택배 직원이 박스를 어디로 보내야 할지 알 수 있도록 박스에 주소 라벨을 붙인다.
- 3단계   박스를 택배 직원에게 넘긴다.
- 4단계   택배 회사에서 최종 목적지로 박스를 보낸다.

이 과정은 프로토콜 스택이 네트워크에서 데이터를 전송하기 위해 사용하는 캡슐화 방법과 비슷하다. 박스가 도착한 후에 친구는 위에 제시된 과정을 거꾸로 밟아간다. 택배 직원에게서 박스를 받고, 박스를 누가 보냈는지 확인하기 위해서 라벨을 읽고, 마지막으로 박스를 개봉해서 머그잔을 꺼낸다. 캡슐화 과정의 반대 과정을 캡슐화 해제(de-encapsulation) 과정이라고 한다. 캡슐화 과정과 캡슐화 해제 과정을 다음 절에서 살펴본다.

캡슐화

앞 절에서 논의했듯이, 네트워크에서 캡슐화는 머그잔을 보내는 과정과 비슷하다. 커피 머그잔을 친구에게 보내는 대신에 애플리케이션 정보를 한 장비에서 다른 장비로 전송할 수 있다. 네트워크에 전송된 정보를 데이터(data) 혹은 데이터 패킷(data packet)이라고 한다.

캡슐화에서는 데이터를 네트워크에서 전송하기 전에 데이터와 이의 전송에 필요한 정보를 함께 싼다. 따라서 데이터가 OSI 참조 모델의 계층을 따라 아래로 이동할 때 OSI의 각 계층은 하위 계층으로 데이터를 넘기기 전에 데이터에 헤더(와 트레일러)를 추가한다. 헤더와 트레일러에는 네트워크 장비와 수신 장비에 대한 제어 정보가 들어 있으며, 이 정보를 통해서 데이터를 제대로 전달하고 수신자에 의한 데이터 번역이 제대로 이뤄질 수 있다.

[그림 1-21]은 캡슐화가 어떻게 일어나는지를 설명한다. 이는 데이터가 계층을 따라 지나가는 방법을 보여준다. 데이터 캡슐화 과정을 단계별로 정리하면 다음과 같다.

- 1단계   사용자 데이터가 애플리케이션으로부터 애플리케이션 계층으로 전송된다.
- 2단계   애플리케이션 계층이 애플리케이션 계층 헤더(7계층 헤더)를 사용자 데이터에 추가한다. 7계층 헤더와 원래의 사용자 데이터는 하나의 데이터가 돼서 아래 계층인 프레젠테이션 계층으로 넘어간다.
- 3단계   프레젠테이션 계층은 수신한 데이터에 프레젠테이션 계층 헤더(6계층 헤더)를 추가한다. 그런 다음에 이를 세션 계층으로 내려 보낸다.
- 4단계   세션 계층은 세션 계층 헤더(5계층 헤더)를 데이터에 추가한다. 그런 다음에 이를 트랜스포트 계층으로 내려 보낸다.
- 5단계   트랜스포트 계층은 트랜스포트 계층 헤더(4계층 헤더)를 데이터에 추가한다. 그런 다음에 이를 네트워크 계층으로 내려 보낸다.
- 6단계   네트워크 계층은 네트워크 계층 헤더(3계층 헤더)를 데이터에 추가한다. 그런 다음에 이를 데이터 링크 계층으로 내려 보낸다.
- 7단계   데이터 링크 계층은 수신한 데이터에 데이터 링크 계층 헤더와 트레일러(2계층 헤더와 트레일러)를 추가한다. 일반적으로 2계층 트레일러는 FCS(frame check

sequence)며, 수신 장비는 FCS를 이용해서 데이터에 에러가 있는지를 파악한다. 그런 다음에 데이터를 아래의 물리 계층으로 보낸다.

8단계   물리 계층은 비트를 네트워크 매체로 보낸다.

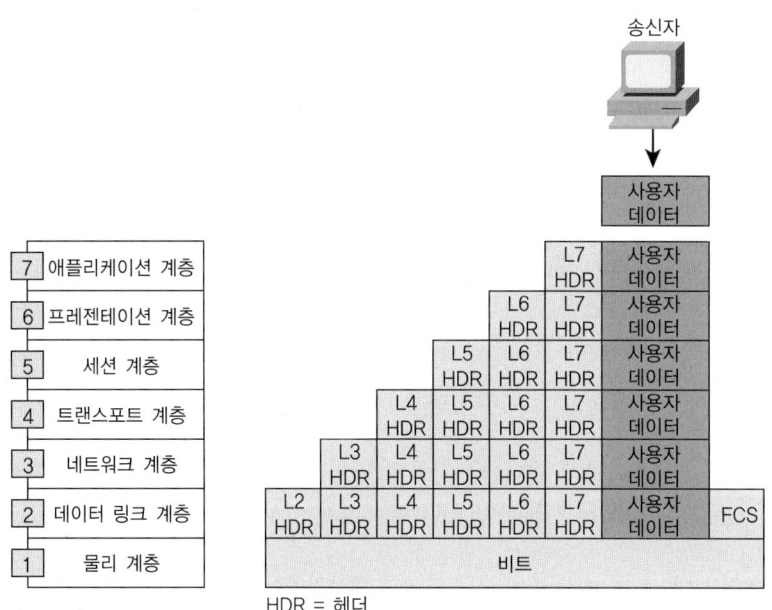

▲ 그림 1-21 데이터 캡슐화

캡슐화 해제

원격 장비가 일련의 비트를 수신할 때 원격 장비의 물리 계층은 이 비트를 데이터 링크 계층으로 넘긴다. 데이터 링크 계층은 다음에 제시된 과정대로 캡슐화 해제 과정을 진행한다.

1단계   데이터에 에러가 있는지 여부를 파악하기 위해 데이터 링크 트레일러(FCS)를 검사한다.

2단계   데이터에 에러가 있으면 해당 데이터를 버린다.

3단계   데이터에 에러가 없으면 데이터 링크 계층은 데이터 링크 헤더에 있는 제어 정보를 읽고 판독한다.

4단계   데이터 링크 헤더와 트레일러를 벗겨낸 다음에 나머지 데이터를 네트워크 계층으로 넘긴다. 이때 데이터 링크 헤더의 제어 정보를 이용한다.

나머지 계층에서도 위와 비슷하게 캡슐화 해제 과정이 진행되며, 이를 [그림 1-22]에서 확인할 수 있다.

캡슐화 해제 과정에서는 패키지의 목적지 주소가 어디인지 파악한 다음에 패키지의 내용을 열 것인지 버릴 것인지를 결정한다.

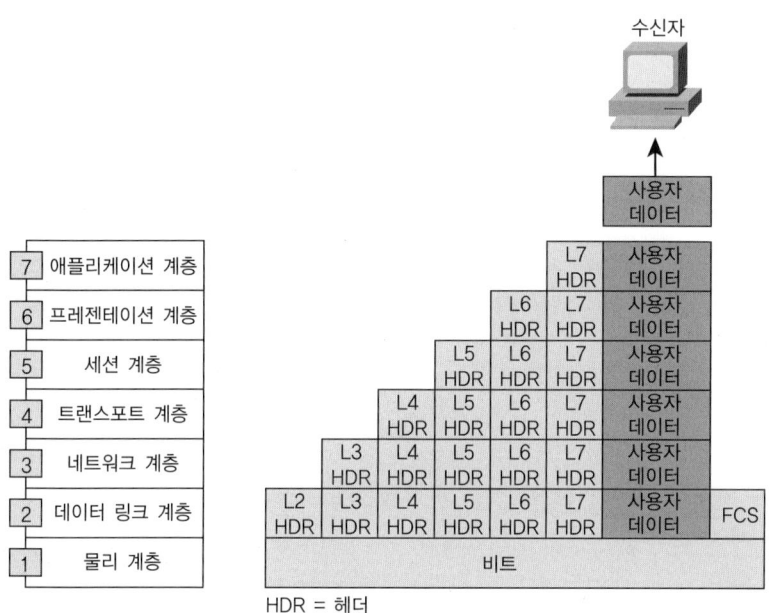

▲ 그림 1-22 캡슐화 해제

피어 통신

데이터가 출발지에서 목적지로 가기 위해서 출발지의 OSI 참조 모델 계층은 목적지의 상대 계층과 통신해야 한다. 이러한 유형의 통신을 피어 대 피어 통신(peer-to-peer communication)이라고 한다. 피어 대 피어 통신이 진행되는 동안에 각 계층의 프로토콜은 피어 계층 사이에서 PDU(protocol data unit)라고 하는 정보를 교환한다. 이를 [그림 1-23]에서 확인할 수 있다.

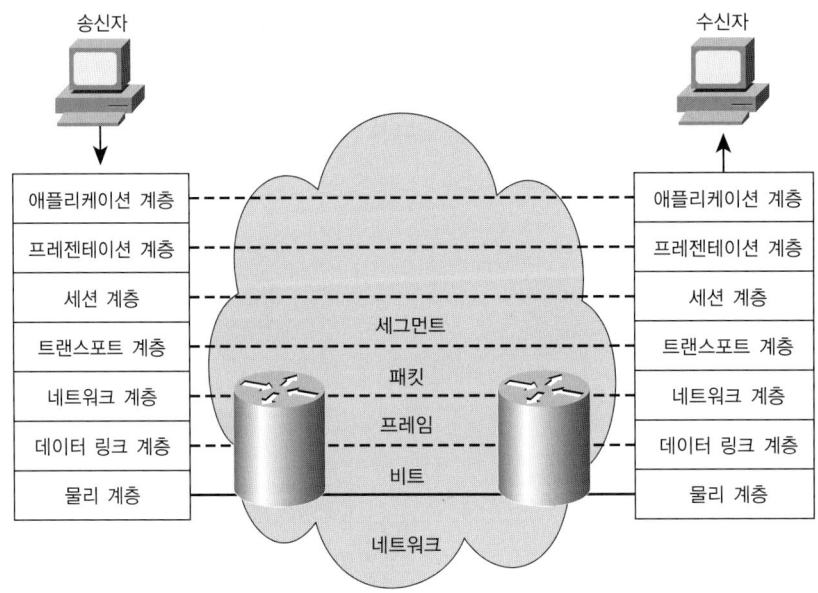

▲ 그림 1-23 피어 대 피어 통신

네트워크에서 데이터 패킷은 출발지에서 시작해서 목적지로 간다. 각 계층은 OSI에서 아래쪽에 있는 계층의 서비스 기능에 의존한다. 이 서비스를 제공하기 위해 하위 계층은 상위 계층에서 온 PDU를 데이터 필드에 두려고 캡슐화를 사용한다. 그런 다음에 기능 수행을 위해 계층에서 필요로 하는 헤더를 추가한다. 데이터가 OSI 참조 모델의 7계층에서 5계층으로 내려갈 때 헤더가 추가된다. 4계층 PDU에서 묶여진 데이터를 세그먼트(segment)라고 한다.

네트워크 계층은 트랜스포트 계층으로 서비스를 제공하고, 트랜스포트 계층은 인터네트워크 하위 시스템으로 데이터를 제시한다. 네트워크 계층은 데이터를 인터네트워크로 이동시키기 위해 데이터를 캡슐화하고 헤더를 붙여서 데이터그램(L3PDU)을 생성한다. 헤더에는 전송에 필요한 정보, 즉 출발지와 목적지의 논리적 주소가 포함된다.

데이터 링크 계층은 네트워크 계층에 서비스를 제공하기 위해 네트워크 계층 데이터그램을 프레임에 캡슐화한다(L2PDU). 프레임 헤더에는 물리적 주소가 포함되며, 이 물리적 주소는 데이터 링크 기능 수행에 필요하다. 프레임 트레일러에는 FCS가 들어간다.

물리 계층은 데이터 링크 계층에 서비스를 제공하며, 1계층에서 매체(일반적으로 선) 전송을 위해 데이터 링크 프레임을 1과 0(비트) 형식으로 인코딩한다.

허브, 스위치, 라우터 등의 네트워크 장비는 하위 3개 계층에서 작동한다. 허브는 1계층, 스위치는 2계층, 라우터는 3계층 장비다.

TCP/IP 프로토콜 스택

TCP/IP 스위트는 OSI 참조 모델과 비슷한 계층형 모델이다. 이 이름은 두 개의 독립된 프로토콜인 TCP(Transmission Control Protocol)와 IP(Internet Protocol)가 결합되어 만들어졌다. 이는 계층으로 나뉘며, 각 계층은 데이터 통신 과정 중에 특수한 기능을 수행한다.

OSI 모델과 TCP/IP 스택을 만든 조직은 다르지만, 만든 시기는 거의 비슷하다. 이 둘을 만든 주된 목적은 데이터 전송에 관여하는 구성요소의 조직화와 구성요소가 통신을 이루기 위한 수단을 얻기 위해서다.

일반적으로 OSI 참조 모델이 널리 알려져 있지만 역사적으로나 기술적으로 인터넷의 개방형 표준은 TCP/IP 프로토콜 스택이다. [그림 1-24]의 TCP/IP 프로토콜 스택은 OSI 참조 모델과 약간 다르다.

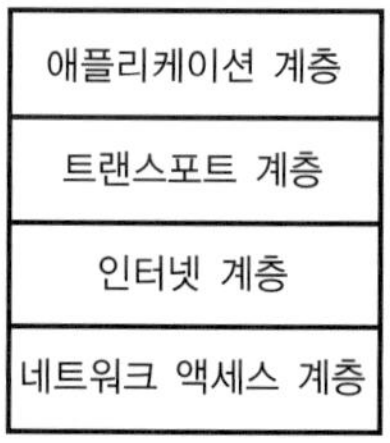

| 애플리케이션 계층 |
| 트랜스포트 계층 |
| 인터넷 계층 |
| 네트워크 액세스 계층 |

◀ 그림 1-24 TCP/IP 프로토콜 스택

TCP/IP 프로토콜 스택은 네 계층으로 이뤄져 있다. TCP/IP 프로토콜 스택에 있는 일부 계층의 이름이 OSI 참조 모델에 있는 일부 계층과 동일하다. 그러나 수행하는 기능은 다르다. TCP/IP 스택의 각 계층을 잠깐 살펴보자.

- **애플리케이션 계층**: 애플리케이션 계층은 상위 레벨 프로토콜을 다룬다. 이 계층에서는 표현, 인코딩, 다이얼로그 통제 등의 이슈가 포함된다. TCP/IP 모델에서는 애플리케이션에

관련된 모든 이슈를 하나의 계층으로 결합하고, 데이터가 다음 계층으로 넘어가기에 적합한 형태로 만든다.

- **트랜스포트 계층**: 트랜스포트 계층은 신뢰성, 흐름 제어, 에러 검출의 QoS 이슈를 다룬다. 이에 해당되는 TCP는 네트워크 통신의 신뢰성을 제공한다.
- **인터넷 계층**: 인터넷 계층의 목적은 네트워크에서 출발지 데이터그램을 전송하고 이것이 경로에 상관없이 목적지에 도달하도록 만드는 것이다.
- **네트워크 액세스 계층**: 이 계층의 이름은 광범위하고 다소 혼란스럽다. 이를 호스트 투 네트워크 계층이라고도 한다. 여기에는 LAN과 WAN 프로토콜이 포함되며, OSI의 물리 계층과 데이터 링크 계층의 모든 세부사항도 포함된다.

OSI 모델 대 TCP/IP 스택

TCP/IP 프로토콜 스택과 OSI 참조 모델에는 비슷한 점도 있고 다른 점도 있다. [그림 1-25]는 두 모델을 비교하고 있다.

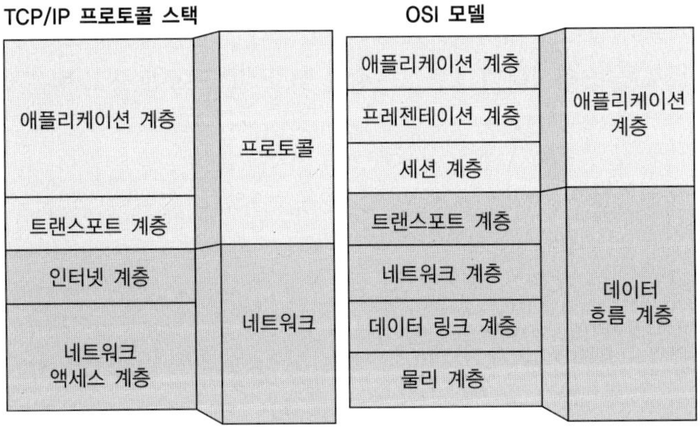

▲ 그림 1-25 OSI 모델과 TCP/IP의 비교

두 모델의 비슷한 점을 정리하면 다음과 같다.

- 두 모델 모두에 애플리케이션 계층이 있다. 물론 서비스는 다르다.
- 두 모델 모두에 트랜스포트 계층과 네트워크 계층이 있다.

- 두 모델 모두 회선 교환 기술이 아닌 패킷 교환 기술을 기반으로 한다(회선 교환 기술의 예로 아날로그 전화 통화를 들 수 있다).

TCP/IP 프로토콜 스택과 OSI 참조 모델의 차이점은 다음과 같다.

- TCP/IP는 프레젠테이션 계층과 세션 계층을 애플리케이션 계층으로 합했다.
- TCP/IP는 OSI 데이터 링크 계층과 물리 계층을 네트워크 액세스 계층으로 합했다.

TCP/IP 프로토콜은 인터넷이 개발되면서 만들어진 표준이므로 TCP/IP 프로토콜 스택은 프로토콜에 강점이 있다. 반면에 OSI 참조 모델은 가이드로서 사용될 뿐 네트워크 자체가 OSI 참조 모델로 만들어지지는 않는다.

호스트 통신 모델 요약

호스트 통신 모델의 핵심 내용을 요약하면 다음과 같다.

- OSI 참조 모델은 각 계층에서 일어나는 네트워크 기능을 정의한다.
- 물리 계층은 최종 시스템 사이에서 물리적 링크의 가동, 유지, 가동 해제에 대한 전기적, 기계적, 절차적, 기능적 명세를 정의한다.
- 데이터 링크 계층은 전송을 위한 데이터 서식 지정 방법을 정의한다.
- 네트워크 계층은 지리적으로 떨어져 있는 네트워크에 있는 두 호스트 시스템을 연결하고 경로를 선택한다.
- 트랜스포트 계층은 송신 호스트의 시스템에서 온 데이터를 세그먼트로 만들어서 수신 호스트의 시스템에서 데이터 스트림으로 다시 조립한다.
- 세션 계층은 두 통신 호스트 사이의 세션을 수립, 관리, 종료한다.
- 프레젠테이션 계층은 한 시스템의 애플리케이션 계층에서 전송된 정보가 다른 시스템의 애플리케이션 계층에서 읽힐 수 있도록 한다.
- 애플리케이션 계층은 이메일, 파일 전송, 웹 서비스 등의 네트워크 서비스를 사용자 애플리케이션으로 제공한다.
- 네트워크에서 전송된 정보를 데이터나 데이터 패킷이라고 한다. 한 컴퓨터에서 다른 컴퓨터로 데이터를 전송해야 할 경우에 데이터는 캡슐화라는 과정을 거쳐서 하나의 패키지로 만들어진다.

- 원격 장비가 일련의 비트를 수신할 때 연결 장비에 있는 물리 계층은 데이터 비트를 프로토콜 스택 위로 넘긴다. 이 과정을 캡슐화 해제라고 한다.
- 현재 TCP/IP는 가장 널리 사용되는 프로토콜이다. 그렇게 된 이유는 여러 가지가 있다. 어드레싱 체계가 유연하고, 대부분의 OS나 플랫폼에서 사용할 수 있고, 툴이나 유틸리티가 많으며, 인터넷 연결에 적합하기 때문이다.
- TCP/IP 스택은 네트워크 액세스 계층, 인터넷 계층, 트랜스포트 계층, 애플리케이션 계층으로 이뤄져 있다.
- OSI 참조 모델과 TCP/IP 스택은 구조와 기능이 비슷하다. 즉, OSI 모델의 물리 계층, 데이터 링크 계층, 네트워크 계층, 트랜스포트 계층과 비슷한 구조와 기능을 TCP/IP에서 제공한다. OSI 참조 모델은 TCP/IP 스택의 애플리케이션 계층을 세 개의 독립된 계층으로 나눈다.

TCP/IP의 인터넷 계층

TCP/IP 프로토콜 스택에 네트워크 계층 프로토콜과 트랜스포트 계층 프로토콜이 있다. 인터네트워킹 계층은 데이터 패킷의 라우팅을 담당하며, 이때 네트워크의 장비 식별을 위해 IP 주소를 사용한다. 네트워크에 연결되어 있는 컴퓨터, 라우터, 프린터, 기타 장비에는 자체의 고유한 IP 주소가 있으며, 이 주소를 이용해 데이터 패킷 라우팅이 이뤄진다.

각 IP 주소의 구조는 특수하며 다양한 클래스의 IP 주소가 있다. 이 외에 IP 어드레싱 시스템에서 서브네트워크와 서브넷 마스크가 고유한 역할을 수행하며, 여러 라우팅 기능과 프로토콜이 IP 주소를 사용해서 한 네트워크 노드에서 다른 네트워크 노드로 데이터를 전송한다.

IP 주소를 만드는 계산법, 특정 라우팅 목적에 맞게 만들어진 IP 주소 클래스, 공개 IP 주소와 사설 IP 주소 등 IP 어드레싱과 관련해 다양한 특징이 있다. 또한 두 종류의 IP 주소가 있는데 하나는 IPv4(IP version 4)이고 다른 하나는 IPv6(IP version 6)이다. 현재 32비트의 IPv4 주소가 일반적으로 사용되지만, 128비트의 IPv6도 사용되고 있으며 시간이 지나면서 더 널리 사용되는 주소가 될 것이다. 여기서는 32비트 IPv4 어드레싱을 주로 설명하며, 꼭 필요할 때만 IPv6을 설명할 것이다.

최종 시스템은 처음에 IP 주소 정보를 어떻게 얻는가? IP 주소 정보를 수동으로 할당할 수 있지만 이렇게 하면 확장성에 대처할 수 없으며 배치나 유지보수에 있어서도 장벽으로 남는다. 이에 IP 주소 정보를 자동 할당하는 프로토콜이 개발돼서 발전했으며, 이제는 최종 사용자가 개입하지 않더라도 기본적인 주소 할당 기능을 제공한다. 이번 절에서는 IP 주소 프로토콜이 어떻게 기능하는지를 설명한다.

IP 네트워크 어드레싱

우편물의 효율적인 배달을 위해서 집이나 회사의 위치를 식별할 주소를 사용하는 것처럼 네트워크에 있는 특정 장비의 위치를 식별하기 위해 IP 주소를 사용한다. 이는 데이터의 정확한 전송과 깊은 관련이 있다. IP 어드레싱을 이해하려면 여러 가지 특징을 알아야 한다. IP 주소를 만드는 계산 방법, 특수한 라우팅 목적을 위한 IP 주소의 클래스, 공개 IP 주소와 사설 IP 주소 등을 알아야 한다.

IP 주소를 구성하는 방법과 네트워크에서의 IP 주소 운용 방법을 학습하면 3계층 인터네트워킹 장비에서 데이터가 TCP/IP를 사용해서 전송되는 방법을 이해할 수 있다. 네트워크에서 패킷을 라우팅하기 위해, TCP/IP 프로토콜 스위트는 IP 주소(IP address)라고 하는 32비트의 논리적 주소를 사용한다. 인터페이스에 있는 각 장비의 IP 주소는 고유하다.

TCP/IP 인터넷 계층의 헤더는 IP 헤더(IP header)다. [그림 1-26]은 IP 헤더의 레이아웃이다.

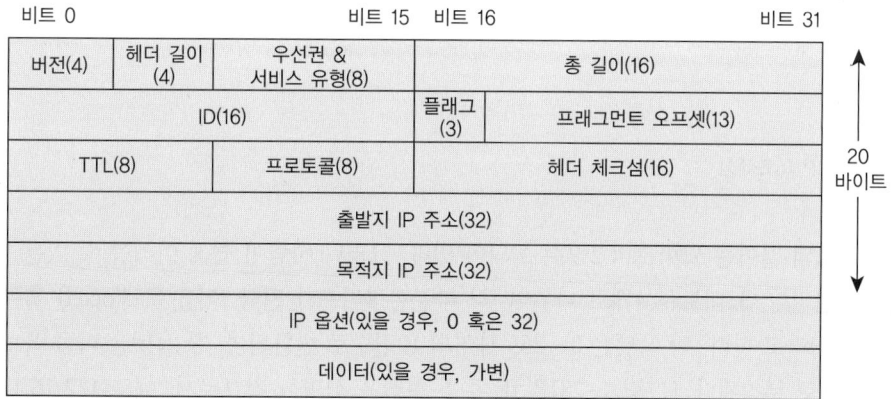

▲ 그림 1-26 IP 헤더

각 IP 데이터그램이 이 IP 헤더를 전송하며, IP 헤더에는 출발지 IP 주소와 목적지 IP 주소가 있으며, 이는 출발지와 목적지 네트워크와 호스트를 나타낸다.

IP 주소는 계층적이며, 이는 두 부분으로 구성된다.

- 순서상 상위, 즉 좌측에 있는 비트는 네트워크 주소 부분(네트워크 ID)에 해당된다.
- 순서상 하위, 즉 우측에 있는 비트는 호스트 주소 부분(호스트 ID)에 해당된다.

회사 인터네트워크의 모든 물리적 LAN이나 가상의 LAN은 하나의 네트워크로 보이며, 회사의 각 호스트가 어딘가로 접촉할 수 있으려면 그 전에 이 네트워크에 도달해야 한다. 각 LAN은 고유한 네트워크 주소를 갖는다. 이 네트워크에 속한 호스트들은 동일한 비트를 공유하지만 각 호스트는 나머지 비트에서 고유한 값을 가짐으로써 여타의 호스트와 구별된다. 이는 한 도로를 따라 지어져 있는 집들의 주소에서 거리 번호는 동일하지만 각 집의 번호가 고유한 것과 같은 원리다.

[그림 1-27]은 한 인터네트워크의 IP 어드레싱 체계의 예다.

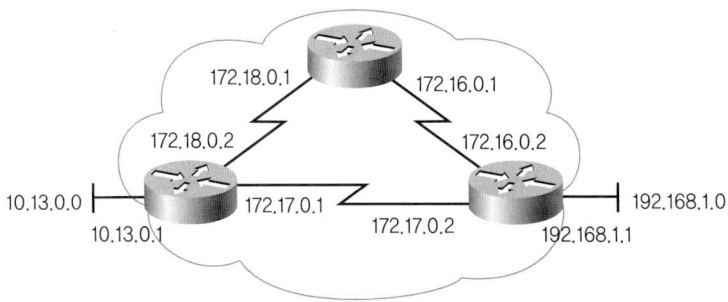

▲ 그림 1-27 IP 어드레싱

IP 주소의 길이는 32비트며 2진수로 되어 있다. 그러나 사람이 쉽게 이해할 수 있는 형식으로 표현된다. 32비트는 4개로 나뉘며, 각 부분은 8비트가 된다. 이를 **옥텟**(octet) 혹은 바이트(byte)라고 한다. 각 옥텟은 0~255 사이의 10진수로 변환되며, 한 옥텟은 다음 옥텟과 점(dot)으로 분리된다. [그림 1-28]은 IP 주소 형식을 설명한 것으로서, 예로 172.16.122.204를 사용했다.

IP 네트워크 어드레싱

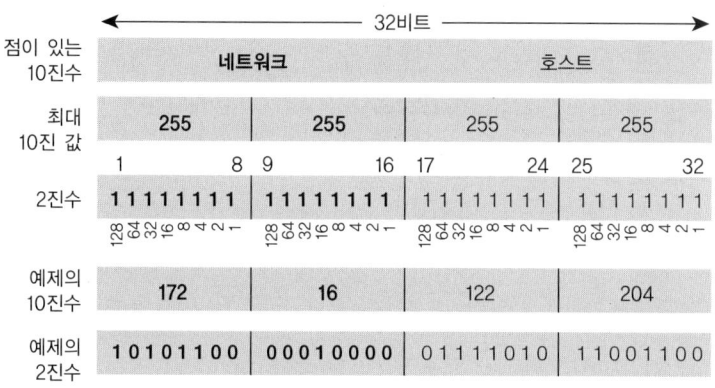

▲ 그림 1-28 IP 주소 형식

IP 주소 형식은 점이 있는 10진수 표기법(dotted decimal notation)으로 알려져 있다. [그림 1-28]은 32비트의 2진수 값을 점이 있는 10진수 주소로 표현하는 방법을 보여준다.

- 예제 주소: 172.16.122.204
- 옥텟의 각 비트에는 2진수 가중치(128, 64, 32, 16, 8, 4, 2, 1)가 적용되며, 모든 비트가 1일 경우에 그 합은 255가 된다.
- 한 옥텟의 최소 10진 값은 0이다. 이렇게 되려면 모든 비트가 0이어야 한다.
- 한 옥텟의 최대 10진 값은 255다. 이렇게 되려면 모든 비트가 1이어야 한다.

많은 컴퓨터의 네트워크 주소가 동일할 수 있지만 네트워크 주소와 호스트 주소를 결합하면 네트워크에 연결된 모든 장비가 고유하게 식별될 수 있다.

IP 주소 클래스

IP 주소가 처음에 개발됐을 때 주소에 클래스는 없었다. 왜냐하면 학교, 군대, 연구소에 있는 컴퓨터에 대해 254개의 네트워크가 충분하다고 여겨졌기 때문이다.

네트워크 수가 늘어나면서 규모가 다른 네트워크에 맞추고, 네트워크의 식별에 도움을 주기 위해서 클래스(class)라고 하는 범주로 IP 주소를 나눴다. 클래스를 [그림 1-29]에서 설명하고 있다.

	8비트	8비트	8비트	8비트
A 클래스:	네트워크	호스트	호스트	호스트
B 클래스:	네트워크	네트워크	호스트	호스트
C 클래스:	네트워크	네트워크	네트워크	호스트

D 클래스: 멀티캐스트

E 클래스: 연구용

▲ 그림 1-29 주소 클래스

IP 주소를 클래스에 할당하는 것을 클래스풀 어드레싱(classful addressing)이라고 한다. 주소 할당은 ARIN(American Registry for Internet Numbers)에 의해 관리된다. 네트워크 번호에 대해 더 자세히 알고 싶다면 http://www.arin.net을 참고하기 바란다.

다섯 개의 IP 주소 클래스가 있으며, 간략하게 살펴보면 다음과 같다.

- A 클래스: A 클래스 주소 범주는 매우 큰 네트워크를 지원하기 위해 설계됐다. A 클래스 주소는 네트워크 주소 지정에 첫 번째 옥텟만 사용한다. 나머지 세 옥텟은 호스트 주소에 사용된다.

  A 클래스 주소의 첫 비트는 항상 0이다. 따라서 최소 표현 수는 00000000(10진수 0)이고, 최대 표현 수는 01111111(10진수 127)이다. 그러나 이 두 네트워크 번호인 0과 127은 예약되어 있어서 네트워크 주소로 사용될 수 없다. 첫 번째 옥텟이 1~126 사이의 숫자로 시작하는 주소는 모두 A 클래스에 속한 주소다.

  > **NOTE***
  > 127.0.0.0 네트워크는 루프백 테스팅(라우터나 로컬 머신이 자신에게 패킷을 전송하기 위해 이 주소 사용)용으로 예약되어 있다. 따라서 이 번호는 네트워크에 할당될 수 없다.

- B 클래스: B 클래스 주소 범주는 중대규모 네트워크를 지원하기 위해 설계됐다. B 클래스 주소는 네 옥텟 중 두 개를 사용해 네트워크 주소를 나타낸다. 다른 두 옥텟은 호스트 주소를 나타낸다.

B 클래스 주소의 첫 옥텟의 처음 두 비트는 항상 2진수 10이다. 나머지 6비트에는 1이나 0이 들어갈 수 있다. 따라서 B 클래스 주소로 표현될 수 있는 최소 숫자는 10000000(10진수 128)이며, 최대 표현 수는 10111111(10진수 191)이다. 첫 옥텟의 시작 숫자가 128~191인 주소는 B 클래스 주소다.

- **C 클래스**: C 클래스 주소 범주는 원래의 주소 클래스 중에서 가장 일반적으로 사용된다. 이 주소 범주는 소규모 네트워크를 지원하기 위해 설계됐다.

  C 클래스 주소는 2진수 110으로 시작한다. 따라서 최소 표현 수는 11000000(10진수 192)이고, 최대 표현 수는 11011111(10진수 223)이다. 첫 옥텟이 192~223 사이의 수로 시작하는 주소는 C 클래스 주소가 된다.

- **D 클래스**: D 클래스 주소 범주는 IP 주소에서의 멀티캐스팅을 활성화하기 위해 만들어졌다. 멀티캐스트 주소는 목적지 주소가 있는 패킷을 미리 정의된 IP 주소 그룹으로 보내는 고유한 네트워크 주소다. 따라서 하나의 스테이션이 단일의 데이터그램 스트림을 여러 수신지로 동시에 전송할 수 있다.

  다른 주소 범주처럼 D 클래스의 주소 범주에도 수학적인 제약 요인이 있다. D 클래스 주소의 처음 4비트는 1110이어야 한다. 따라서 D 클래스 주소의 첫 옥텟의 범위는 11100000(224)~11101111(239)이어야 한다. 첫 옥텟이 224~239 사이의 숫자로 시작하는 IP 주소는 D 클래스 주소가 된다.

  [그림 1-30]에 설명된 것처럼 D 클래스 주소(멀티캐스트 주소)의 네트워크 번호의 범위는 224.0.0.0~239.255.255.255다.

- **E 클래스**: E 클래스 주소 범주가 정의되어 있지만 IETF(Internet Engineering Task Force)는 이 클래스에 속한 주소를 자체 연구용으로 예약해 뒀다. 따라서 어떤 E 클래스 주소도 인터넷에서 사용되고 있지 않다. E 클래스 주소의 처음 4비트는 1111로 지정되어 있다. 따라서 E 클래스 주소의 첫 옥텟의 범위는 11110000(240)~11111111(255)이다.

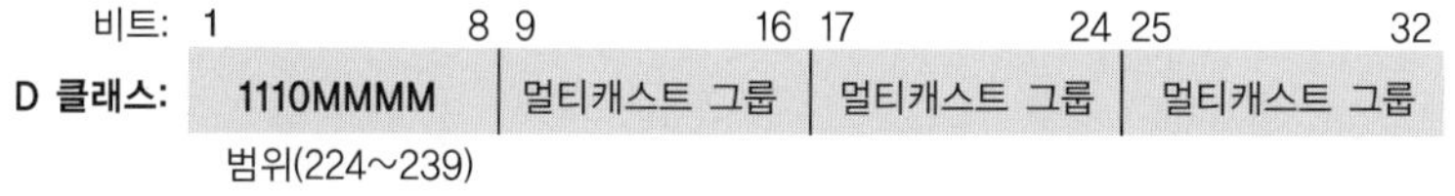

비트:	1	8 9	16 17	24 25	32
D 클래스:	1110MMMM	멀티캐스트 그룹	멀티캐스트 그룹	멀티캐스트 그룹	
	범위(224~239)				

▲ 그림 1-30 멀티캐스트 주소

각 클래스에서 IP 주소는 네트워크 주소(네트워크 ID)와 호스트 주소(호스트 ID)로 나뉜다. 네트워크 번호와 호스트 번호는 클래스마다 다르다. 각 주소의 시작 부분에 있는 비트나 비트열(고순위 비트)을 보고 주소의 클래스를 알 수 있다. 이를 [그림 1-31]에서 알 수 있다.

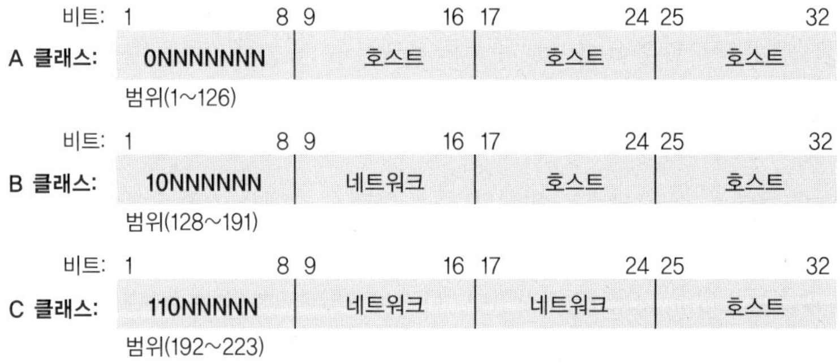
비트: 1 8 9 16 17 24 25 32
A 클래스:
0NNNNNNN
호스트
호스트
호스트
범위(1~126)
비트: 1 8 9 16 17 24 25 32
B 클래스:
10NNNNNN
네트워크
호스트
호스트
범위(128~191)
비트: 1 8 9 16 17 24 25 32
C 클래스:
110NNNNN
네트워크
네트워크
호스트
범위(192~223)

▲ **그림 1-31** 주소 분류

[그림 1-31]은 첫 옥텟의 비트로 주소 클래스를 식별하는 방법을 보여준다. 라우터는 주소의 네트워크 부분을 해석하기 위해 일치해야 하는 비트가 얼마인지 파악하려고 앞에 있는 비트들을 사용한다. [표 1-1]은 A 클래스, B 클래스, C 클래스의 특징을 나열한 것이다.

▼ **표 1-1** IP 주소 클래스

A 클래스 주소	B 클래스 주소	C 클래스 주소
첫 비트는 0이다.	처음 두 비트는 10이다.	처음 세 비트는 110이다.
네트워크 번호의 범위: 1.0.0.0 ~126.0.0.0	네트워크 번호의 범위: 128.0.0.0 ~191.255.0.0	네트워크 번호의 범위: 192.0.0.0 ~223.255.255.0
사용 가능한 네트워크의 개수: 127개(1~126 사용 가능; 127은 예약)	사용 가능한 네트워크의 개수: 16,384개	사용 가능한 네트워크의 개수: 2,097,152개
호스트 부분에 사용 가능한 값의 개수: 16,777,216개*	호스트 부분에 사용 가능한 값의 개수: 65,536개*	호스트 부분에 사용 가능한 값의 개수: 256개*

* 사용 가능한 호스트의 개수는 사용 가능한 전체 호스트 수보다 두 개 적다. 왜냐하면 호스트 부분은 0이 될 수 없고, 모두 1이 될 수도 없기 때문이다.

네트워크 주소와 브로드캐스트 주소

특정 IP 주소는 예약되어 있어서 네트워크의 개별 장비에 할당될 수 없다. 네트워크 자체를 나타내는 네트워크 주소(network address)와 네트워크의 모든 장비로 패킷을 브로드캐스팅하는 데 사용되는 브로드캐스트 주소(broadcast address)가 예약 주소에 해당된다.

호스트 비트의 모든 자리에 2진수 0이 들어 있는 IP 주소는 네트워크 주소로 예약되어 있다. 따라서 A 클래스 네트워크인 10.0.0.0은 해당 네트워크의 IP 주소로서 10.1.2.3 호스트를 포함한다. 라우터는 목적지 네트워크 위치를 찾기 위해 IP 경로 테이블을 검색할 때 네트워크 IP 주소를 사용한다. B 클래스 네트워크 예인 172.16.0.0은 해당 네트워크의 IP 주소가 된다. 이를 [그림 1-32]에서 알 수 있다.

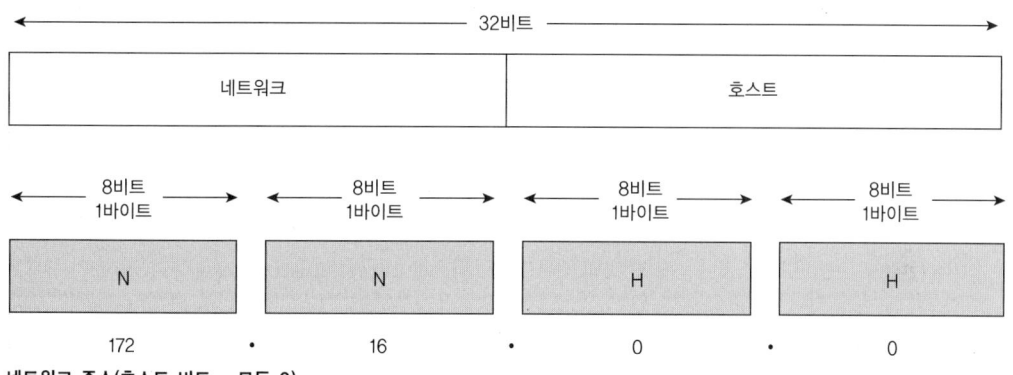

▲ **그림 1-32** 네트워크 주소

B 클래스 네트워크의 처음 두 옥텟에 들어가는 10진수는 할당된다. 뒤의 두 옥텟에는 0이 들어간다. 왜냐하면 뒤의 두 옥텟은 호스트 번호로서 네트워크에 연결된 장비에 사용되기 때문이다. 예제로 든 IP 주소인 172.16.0.0은 네트워크 주소로 예약되어 있어서 어떤 장비의 주소로 사용되지 않는다. 172.16.0.0 네트워크에 있는 장비의 IP 주소 예로 172.16.16.1이 있다고 가정하자. 여기서 172.16은 네트워크 주소 부분이고 16.1은 호스트 주소 부분이다.

데이터를 네트워크의 모든 장비로 보내고 싶으면 네트워크 브로드캐스트 주소를 사용하면 된다. 브로드캐스트 IP 주소는 호스트 부분이 모두 2진수 1로 채워진다. 이에 대한 예를 [그림 1-33]에서 볼 수 있다.

172.16.0.0 네트워크에서 뒤의 16비트는 호스트 필드(즉, 주소의 호스트 부분)가 된다. 그리고 네트워크의 모든 장비로 전송되는 브로드캐스트에는 목적지 주소로 172.16.255.255가 포함된다.

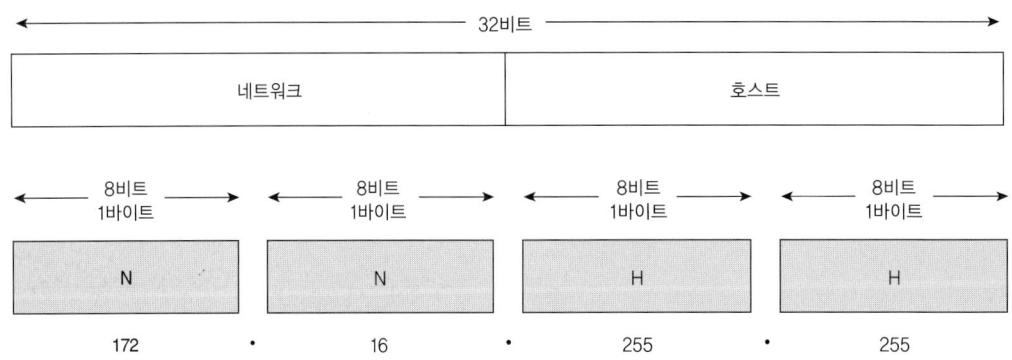

네트워크 주소(호스트 비트 = 모두 0)

▲ 그림 1-33 네트워크 브로드캐스트 주소

네트워크 브로드캐스트를 다이렉티드 브로드캐스트(directed broadcast)라고도 한다. 네트워크 브로드캐스트의 라우팅이 가능하다. 왜냐하면 라우팅 테이블의 최장 일치 부분이 네트워크 비트와 일치할 것이기 때문이다. 호스트 비트는 알려지지 않은 것이므로 라우터는 메이저 172.16.0.0 네트워크의 멤버인 모든 인터페이스로 전달 작업을 수행할 것이다. 다이렉티드 브로드캐스트를 사용해서 라우티드 네트워크에 DoS 공격을 할 수 있다. 그러나 이는 시스코 라우터의 기본 특징이 아니다.

IP 장비가 네트워크의 모든 장비와 통신하기를 원하면 목적지 주소를 모두 1(255.255.255.255)로 잡고 패킷을 전송한다. 예를 들어, 호스트가 자신의 네트워크 번호를 모르고, RARP(Reverse Address Resolution Protocol)나 DHCP 같은 서버에 네트워크 번호를 물을 경우에 다이렉티드 브로드캐스트 주소를 사용할 수 있다. 이러한 형식의 브로드캐스트는 라우팅될 수 없다. 왜냐하면 RFC 1812에서는 모든 네트워크 브로드캐스트의 전달을 금지하고 있기 때문이다. 이러한 이유로 인해 모든 네트워크 브로드캐스트를 로컬 브로드캐스트(local broadcast)라고 한다. 왜냐하면 브로드캐스트가 LAN 세그먼트나 VLAN에 로컬로 머무르기 때문이다.

IP 주소의 네트워크 부분을 네트워크 ID라고도 한다. 네트워크의 호스트는 동일한 네트워크의 장비와 직접적으로만 통신할 수 있기 때문에 네트워크 ID는 중요하다. 호스트가 다른 네트워크 ID에 할당된 인터페이스가 있는 장비와 통신해야 할 경우에 네트워크 사이에서 데이터를 라우팅할 수 있는 3계층 인터네트워킹 장비가 필요하다. 이 원칙은 장비가 동일한 물리적 매체 세그먼트나 VLAN을 공유할 때도 동일하게 적용된다.

라우터는 네트워크 ID를 이용해서 패킷을 적절한 네트워크 세그먼트로 보낸다. 그리고 라우터는 패킷을 캡슐화한 2계층 프레임을 네트워크의 특정 호스트로 전달할 때 호스트 ID를 사용한다. 결과적으로, IP 주소와 MAC 주소가 매핑되며, 이는 라우터가 프레임을 어드레싱하기 위해 진행하는 2계층 과정에서 필요한 것이다.

네트워크에서 IP 주소 할당과 관련하여 정해진 가이드라인이 있다. 먼저 각 장비나 인터페이스는 0이 아닌 호스트 번호를 가져야 한다. [그림 1-34]는 IP 주소가 할당된 장비와 라우터를 보여준다.

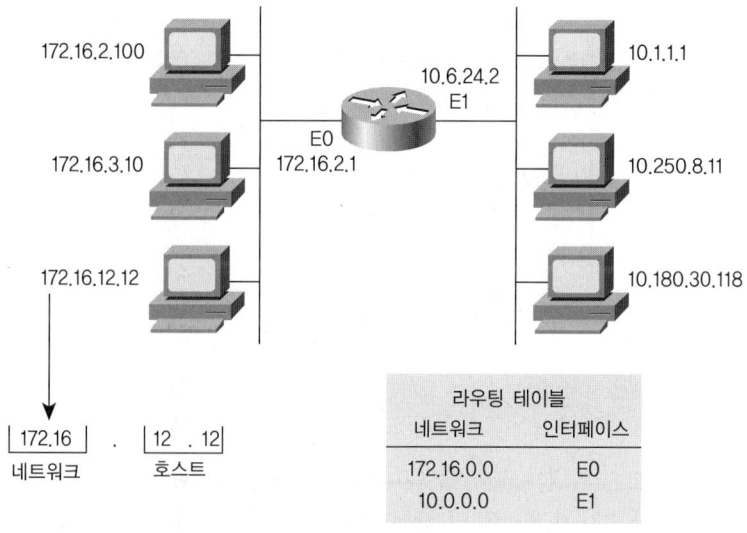

▲ **그림 1-34** 호스트 주소

각 선은 네트워크 주소로 식별된다. 네트워크 주소가 값으로 할당되지 않지만 예측할 수 있다. 값이 0(예: 172.16.0.0)이라는 것은 '해당 네트워크'나 '선 자체'를 의미한다. 이는 각 네트워크를 식별하기 위해 라우터가 사용하는 정보다. 라우팅 테이블에는 네트워크 주소나 선 주소에 대한 엔트리가 들어 있다. 일반적으로 호스트에 관한 정보는 들어 있지 않다.

네트워크 부분을 확인하면 네트워크에서 사용할 수 있는 호스트의 총 개수를 파악할 수 있다. 네트워크 부분 외의 나머지 주소 비트에서 사용 가능한 1과 0 조합을 모두 합한 다음에 2를 빼면 된다. 2를 빼야 하는 이유는 비트가 모두 0인 주소는 네트워크 주소고, 비트가 모두 1인 주소는 네트워크 브로드캐스트용이기 때문이다.

다음의 공식을 사용하면 동일한 결과를 얻을 수 있다.

$$2^N - 2 \text{ (N: 호스트 부분의 비트 수)}$$

[그림 1-35]는 B 클래스 네트워크인 172.16.0.0을 설명한다. B 클래스 네트워크에서 16비트는 호스트 부분에 사용된다. $2^N - 2$(이 경우에 $2^{16} - 2 = 65,534$) 공식을 적용하면 사용 가능한 호스트 수가 65,534개임을 알 수 있다.

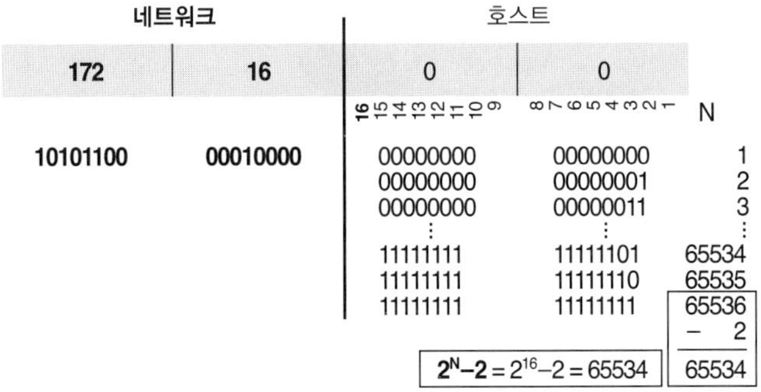

▲ 그림 1-35 가용 호스트 주소 확인

모든 클래스풀 주소에는 네트워크 부분과 호스트 부분만 있다. 인터네트워크의 라우터는 네트워크에만 관심이 있고 내부 호스트의 상세 정보는 필요로 하지 않는다. 172.16.0.0 네트워크로 주소가 지정된 모든 데이터그램은 주소의 세 번째 옥텟과 네 번째 옥텟에 상관없이 동일한 것으로 간주된다.

각 클래스가 허용하는 호스트 수는 고정되어 있다. A 클래스 네트워크에서 첫 번째 옥텟은 네트워크에 할당되고 나머지 세 옥텟은 호스트에 할당된다. 각 네트워크의 첫 번째 호스트 주소(모두 0)는 네트워크 주소로 예약되고, 각 네트워크의 마지막 호스트 주소(모두 1)는 브로드캐스트에 예약된다. A 클래스 네트워크의 최대 호스트 수는 $2^{24} - 2$(예약되어 있는 네트워크 주소와 브로드캐스트 주소는 제외)개, 즉 16,777,214개가 된다.

B 클래스 네트워크에서 처음 두 옥텟은 네트워크에 할당되고, 뒤의 두 옥텟은 호스트에 할당된다. B 클래스 네트워크의 최대 호스트 수는 $2^{16} - 2$개, 즉 65,534개다.

C 클래스 네트워크에서 처음 세 옥텟이 네트워크에 할당된다. 마지막 옥텟이 호스트에 할당돼서, 최대 호스트 수는 $2^8 - 2$개, 즉 254개다.

로컬 브로드캐스트와 다이렉티드 브로드캐스트가 특수한 네트워크 주소인 것처럼, 루프백 주소와 같은 특수한 호스트 주소도 있다. 루프백 주소는 호스트에서 TCP/IP 스택을 테스트하는 데 사용된다. 루프백 주소는 127.0.0.1이다.

또 다른 특수한 호스트 주소로는, 시작할 때 정적으로 혹은 동적으로 어떤 IP 주소도 설정되지 않았을 때 할당되는 자동 설정 IP 주소가 있다. IPv4 링크 로컬 주소(RFC 3927)를 지원하는 호스트는 프리픽스가 169.254.X.X/16인 주소를 생성한다. 이 주소는 로컬 네트워크 연결에만 사용되며, 많은 경고 메시지를 보여준다. 그리고 여기에 속한 주소는 라우팅되지 않는다. DHCP가 적용된 경우에 호스트가 주소를 획득하지 못할 때 이 주소를 볼 수 있다.

공개 IP 주소와 사설 IP 주소

일부 네트워크는 인터넷을 통해 서로 연결되지만, 어떤 네트워크는 사설로 연결된다. 따라서 이 두 종류의 네트워크를 지원하기 위해서 공개 IP 주소와 사설 IP 주소가 필요하다.

인터넷 안전성은 공개적으로 사용할 수 있는 네트워크 주소가 고유한지에 직접 영향을 받는다. 따라서 주소의 고유성을 확보하기 위한 메커니즘이 필요하다. 이를 주관하는 조직은 원래 InterNIC(Internet Network Information Center)였지만, IANA(Internet Assigned Numbers Authority)가 InterNIC의 업무를 이어받았다. IANA는 공개적으로 사용되는 주소가 중복되지 않도록 IP 주소 공급을 신중하게 관리하고 있다. 공개 IP 주소가 중복되면 인터넷의 안정성이 떨어지고 데이터그램이 엉뚱한 네트워크로 갈 수 있다.

IP 주소나 주소 블록을 얻으려면 ISP(Internet service provider)와 계약해야 한다. ISP는 관할 당국이나 지역 책임 당국으로부터 할당받은 범위에 속한 주소를 조직에게 할당한다. 아래의 관할이나 지역 책임 당국은 IANA에서 관리된다.

- APNIC(Asia Pacific Network Information)

- ARIN(American Registry for Internet Numbers)
- RIPE NCC(Réseaux IP Europens Network Coordination Centre)

인터넷이 빠르게 성장하면서 공개 IP 주소가 고갈되기 시작했는데, 이 문제를 해결하기 위해서 CIDR(classless interdomain routing)이나 IPv6 등의 새로운 어드레싱 체계가 개발됐다. CIDR과 IPv6에 대해서는 아래의 '주소 고갈' 절에서 논의할 것이다.

인터넷 호스트의 IP 주소는 전 세계적으로 고유해야 하지만 인터넷에 연결되지 않은 사설 호스트도 해당 사설 네트워크에서 유효한 주소를 사용할 수 있다. 물론 해당 사설 네트워크 안에서 사설 주소가 고유해야 할 것이다. 많은 사설 네트워크가 공개 네트워크와 함께 사용되고 있기 때문에 사설 IP 주소도 일정한 규칙에 따라 관리될 필요가 생겼다. 이에 IETF는 사설 및 내부 사용을 위해 RFC 1918에 세 블록의 IP 주소(1개의 A 클래스 네트워크, 16개의 B 클래스 네트워크, 256개의 C 클래스 네트워크)를 정의했다. [표 1-2]에 설명되어 있듯이, 이 세 범위에 속한 주소는 인터넷 백본으로 라우팅되지 않는다. 인터넷 라우터는 RFC 1918에 정의되어 있는 사설 주소를 버리도록 설정된다.

▼ 표 1-2 사설 IP 주소

클래스	RFC 1918의 내부 주소 범위
A	10.0.0.0~10.255.255.255
B	172.16.0.0~172.31.255.255
C	192.168.0.0~192.168.255.255

비공개 인트라넷의 주소를 지정해야 할 경우에 전 세계적으로 고유한 주소 대신에 사설 주소를 사용할 수 있다. 사설 주소를 사용해서 인터넷에 네트워크를 연결하고 싶다면 사설 주소를 공개 주소로 해석해야 한다. 이 해석 과정을 NAT(Network Address Translation)라고 한다. 라우터도 NAT를 수행하는 네트워크 장비에 해당된다.

주소 고갈

인터넷이 성장하면서 IP 주소에 대한 수요가 크게 늘어났다. 이번 절에서는 이러한 수요와 관련된 IPv4의 특징을 설명한다.

IP 네트워크 어드레싱

TCP/IP가 1980년대에 처음 소개됐을 때 그 당시의 관점에서 적절한 확장성에 해당하는 2레벨의 어드레싱 체계를 갖췄다. TCP/IP의 아키텍트는 자신이 만드는 프로토콜이 전 세계의 정보, 전자상거래, 오락을 망라하는 네트워크를 뒷받침할 것이라고 예측하지 못했다. IPv4가 20여 년 전에는 확장에 문제가 없는 어드레싱 전략을 제공했지만 최근에 와서는 주소 할당의 비효율성에 직면하고 있다.

A 클래스와 B 클래스의 주소는 IPv4 주소 공간의 75%를 차지한다. 그러나 그 비율에 비해서 상대적으로 적은 수의 조직(17,000개 미만)에게 A 클래스 네트워크 번호나 B 클래스 네트워크 번호가 할당될 수 있다. C 클래스 네트워크 주소는 A 클래스와 B 클래스 주소보다 훨씬 더 많다. 그런데 40억 개의 IP 주소 중에서 12.5%만 C 클래스에 해당된다. 이를 [그림 1-36]에서 확인할 수 있다.

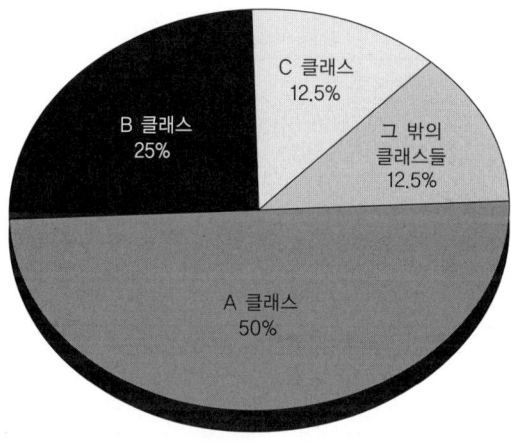

▲ 그림 1-36 IP 주소 할당

불행하게도 C 클래스 주소에서 제공할 수 있는 호스트 개수는 254개로 제한되며, 이는 A 클래스나 B 클래스를 확보할 수 없는 대규모 조직의 필요를 충족시키지 못하는 수준이다.

IETF는 1992년에 이미 두 가지 특별한 상황을 인지했다.

- B 클래스 주소 범주가 거의 고갈 상태에 이르렀으며, 할당되지 않은 나머지 IPv4 네트워크 주소가 얼마 남지 않았다.

- 인터넷 규모가 빠르고 지속적으로 성장함에 따라 더 많은 C 클래스 네트워크가 인터넷에 사용되면서, 넘쳐나는 새로운 네트워크 정보에 인터넷 라우터가 효과적으로 대처하는 일이 위협을 받게 됐다.

지난 20년 동안 32비트 주소 공간이 사용될 수 있는 효율성을 개선하기 위해 IPv4의 확장판이 많이 개발됐다.

이 외에도 훨씬 더 큰 확장성을 제공하는 IPv6이 정의되고 개발됐다. IPv6 주소는 128비트 2진 값으로서 32개의 16진수로 표시될 수 있다. 이는 3.4×10^{38}개의 IP 주소를 제공한다. IPv6은 미래에 인터넷이 성장하면서 그에 따라 필요한 주소를 충분히 제공한다. [표 1-3]은 IPv4 주소와 IPv6 주소를 비교한 것이다.

▼ 표 1-3 IPv6 주소

버전	IPv4	IPv6
옥텟 수	4옥텟	16옥텟
주소의 2진 표현	11000000.10101000.11001001.01110001	11010001.11011100.11001001.01110001.11010001.11011100.11001001.01110001.11010001.11011100.11001001.01110001.11010001.11011100.11001001.01110001
주소의 표기	192.168.201.113	A524:72D3:2C80:DD02:0029:EC7A:002B:EA73
가용 주소의 총 개수	4,294,467,295개의 IP 주소	3.4×10^{38}개의 IP 주소

여러 해가 지나면서 그 속도가 느리기는 하지만 IPv6을 채택하는 네트워크가 늘어나고 있다. 종국에 가서는 IPv6이 유력한 인터네트워크 프로토콜로서 IPv4를 대체할 것이다.

부족한 공개 IP 주소 문제를 해결하기 위한 또 다른 방법으로 다른 종류의 라우팅이 있다. CIDR은 인터넷을 위한 새로운 어드레싱 체계로서 이전의 A, B, C 클래스 주소 체계에서 허용하던 것보다 더 효율적인 IP 주소 할당을 가능케 한다.

1993년에 처음 도입되고 1994년에 배포된 CIDR은 다음에 제시된 방법에 따라 IPv4의 확장성과 효율성을 크게 개선했다.

- CIDR은 더 유연하면서 낭비가 더 적은 체계로 클래스풀 어드레싱을 개선했다.

- CIDR은 슈퍼네팅(supernetting)이라고 하는 향상된 경로 집합 기능을 제공했다. 인터넷이 성장함에 따라 인터넷의 라우터는 모든 라우팅 정보를 저장하기 위해 큰 메모리 테이블을 필요로 한다. 슈퍼네팅을 사용하면 여러 개의 라우팅 정보 엔트리를 하나의 엔트리로 결합하고 요약함으로써 라우터 메모리 테이블의 크기를 줄이는 데 도움을 준다. 이렇게 되면 라우터 메모리 테이블의 크기를 줄이고 테이블 룩업 속도를 향상시킬 수 있다.

CIDR 네트워크 주소는 다음과 같이 된다.

$$192.168.54.0/23$$

192.168.54.0은 네트워크 주소 자체며, /23은 처음 23비트가 주소의 네트워크 부분이라는 뜻이다. 뒤의 9비트는 특수한 호스트 주소용으로 남겨 둔다. CIDR을 사용하면 여러 개의 클래스풀 네트워크를 단일의 더 큰 네트워크로 모으거나 결합할 수 있다. 이와 같은 집합에 의해 IP 라우팅 테이블에 필요한 엔트리의 수를 줄이고, 네트워크에서 더 많은 수의 호스트를 확보할 수 있다. 그 다음의 더 큰 클래스풀 주소 그룹에서 네트워크 ID를 사용하지 않고도 이 두 장점을 이룰 수 있다.

CIDR 방법을 사용할 경우에 254개 이상의 호스트 주소가 필요하면 65,534개의 호스트를 제공하는 B 클래스 주소 전체를 낭비하지 않고 /23 주소를 할당할 수 있다.

[그림 1-37]은 CIDR의 사용 방법을 예시한 것이다. XYZ 회사가 관리 당국이 아닌 ISP에 주소 블록을 요청한다. ISP는 XYZ의 요구를 평가해서 자체의 CIDR 블록에서 주소 공간을 일부 떼어서 XYZ 회사에게 할당한다. 지역 당국이 정부, 서비스 제공업체, 엔터프라이즈, 기타 조직에게 CIDR 블록을 할당할 수도 있다.

이번 예제에서 ISP는 192.168.0.0/16 주소 블록을 갖고 있다. ISP는 192.168.0.0/16 주소를 인터넷 연결용으로만 사용한다(물론 이 주소 블록은 실제로 많은 C 클래스 네트워크로 구성되어 있다). ISP는 192.168.0.0/16 주소 블록 안의 더 작은 192.168.54.0/23 주소 블록을 XYZ 회사에게 할당한다. 이 할당에 의해 XYZ 회사는 510개($2^9 - 2 = 510$)의 호스트를 만들 수 있는 네트워크를 확보하게 되며, XYZ 회사는 더 작은 서브넷을 더 만들어서 할당받은 네트워크를 더 작게 만들 수도 있다.

서비스 제공업체는 클래스리스 시스템의 주소 공간을 관리하는 부담을 고려한다. 이 시스템에서 인터넷 라우터는 제공업체의 네트워크에 대해 한 개의 요약 경로, 즉 슈퍼넷 경로만을 유지하며, 제공업체도 자체 고객 네트워크에 특정되어 있는 경로만 간직한다. 이 방법을 이용하면 인터네트워크 라우팅 테이블의 크기를 대폭 줄일 수 있다.

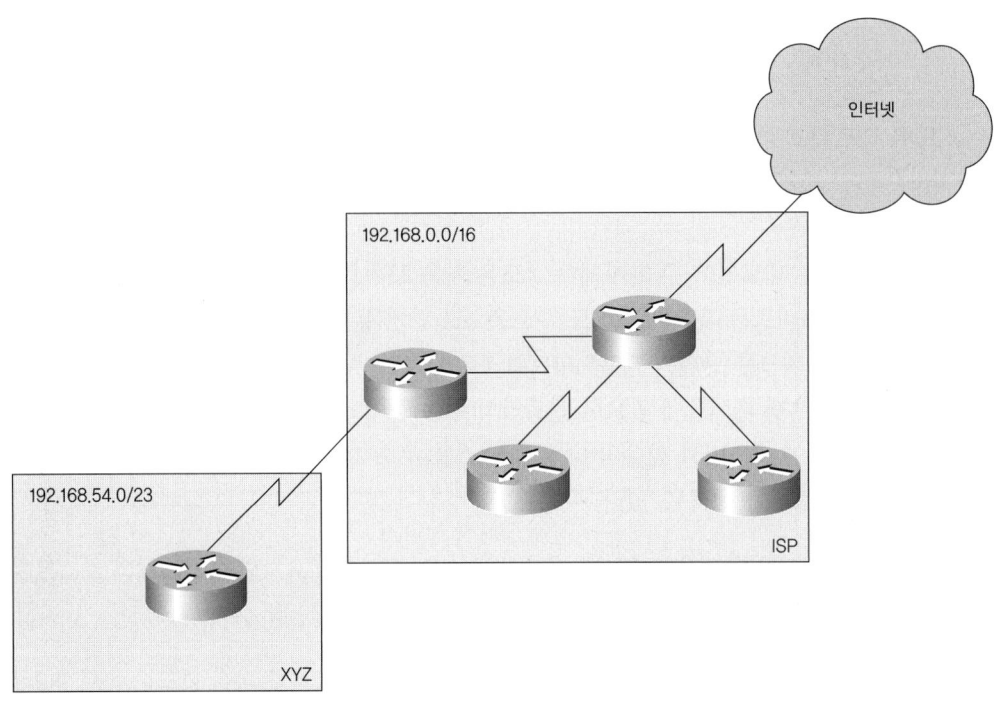

▲ 그림 1-37 CIDR 어드레싱

> NOTE*
>
> [그림 1-37]의 예에서는 RFC 1918에 정의된 대로 사설 IP 주소를 사용했다. ISP에서 CIDR을 제공할 때 이와 같은 사설 IP 주소를 사용하지는 않는다. 여기서는 단지 예를 설명하기 위해 이와 같이 했을 뿐이다. 보안상 이유로 이번 예제에서 공개 주소를 사용하지는 않는다.

동적인 호스트 설정 프로토콜

장비에 대한 호스트 주소 할당은 수동으로 혹은 자동으로 이뤄진다. 주소를 자동으로 할당하면 장비 관리가 더 쉬워지므로 널리 사용되고 있다. IP 주소를 자동으로 할당하는 방법에는 여러 가지가 있으며 가장 인기 있는 것이 DHCP다.

DHCP를 사용하면 IP 주소를 자동으로 할당하고 TCP/IP 스택 설정 매개변수를 지정할 수 있다. 매개변수로는 서브넷 마스크, 기본 라우터, DNS(Domain Name System) 서버가 있다. DHCP를 사용하면 그 밖의 필수 설정 정보를 제공할 수 있으며, 여기에는 주소가 호스트에 할당되는 시간 길이가 포함된다. DHCP는 두 개의 요소로 이뤄진다. 하나는 호스트에 특정된 설정 매개변수를 DHCP 서버로부터 호스트로 전달하는 프로토콜이고, 다른 하나는 네트워크 주소를 호스트에 할당하기 위한 메커니즘이다. 일반적으로 DHCP는 장비가 시작할 때 획득된다. DHCP에서 주소를 획득하기 위해 일어나는 통신 과정을 [그림 1-38]에서 확인할 수 있다.

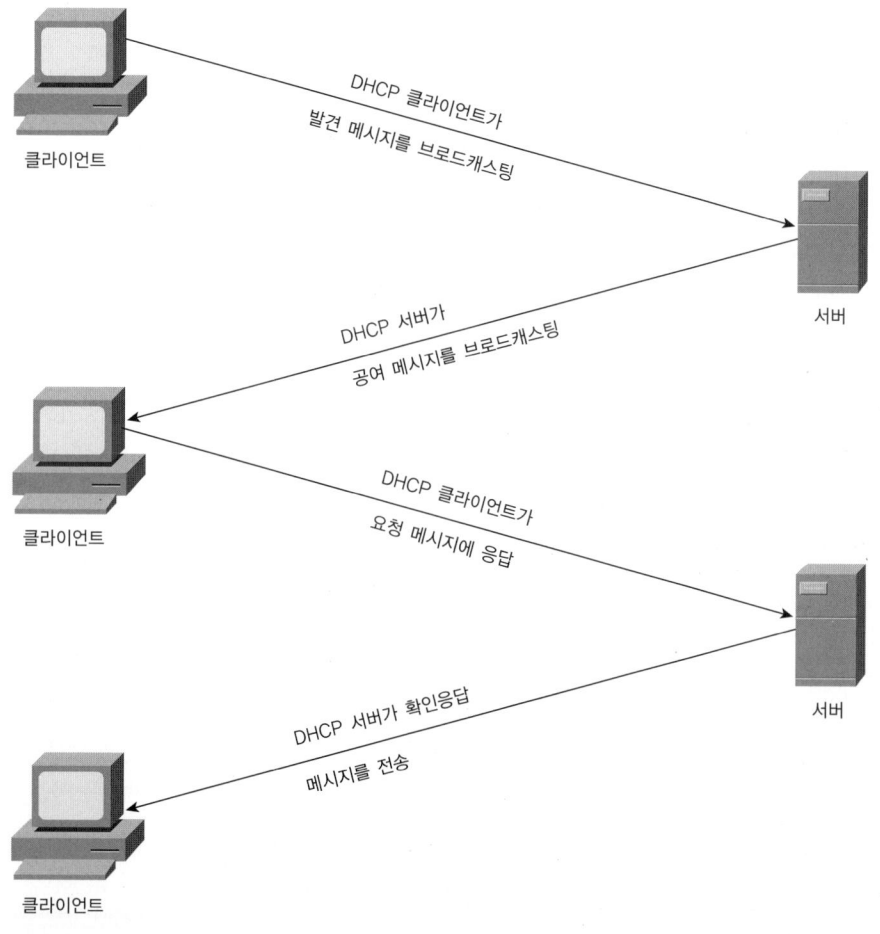

▲ **그림 1-38** DHCP 요청

DHCP를 사용하면 호스트는 IP 주소를 신속하고 동적으로 획득할 수 있다. 이때 필요한 것은 DHCP 서버에 정의되어 있는 IP 주소 범위다. 온라인 상태가 된 호스트는 DHCP 서버에 접촉해 주소 정보를 요청한다. DHCP 서버는 주소를 선택해서 이를 해당 호스트에게 할당한다. 이 주소는 호스트에게 임대(lease)된 것으로서 호스트는 임대 기한을 연장하기 위해 DHCP 서버에 주기적으로 접속한다. 이와 같은 임대 메커니즘을 사용하면 위치가 바뀌었거나 사용되지 않는 호스트가 굳이 사용하지 않는 주소를 점유하지 않아도 된다. DHCP 서버는 사용되지 않는 주소를 주소 풀로 돌려받았다가 필요할 때 다시 할당한다.

DHCP는 RFC 2131에 명시되어 있으며, RFC 1541을 대체한다. DHCP는 BOOTP(Bootstrap Protocol)를 기반으로 한다.

또한 호스트를 수동으로 설정해서 IP 주소를 정적으로 할당할 수도 있다.

DNS

TCP/IP에 사용되는 또 다른 주요 매개변수로 DNS가 있다. DNS는 심볼릭 이름을 IP 주소로 변환하는 메커니즘이다. DNS를 사용하면 사용자는 IP 주소를 기억하고 있지 않아도 된다. 만약 DNS가 없었다면 인터넷이 지금만큼 인기를 얻지는 못했을 것이다.

DNS 주소는 DNS 서비스를 제공하는 서버다. 이 주소는 DHCP 주소 할당 중에 할당되거나 수동으로 할당될 수도 있다.

호스트의 IP 주소를 결정하기 위해 공통의 호스트 툴 사용

대부분의 운영체제는 호스트 주소와 DNS 주소 검증에 사용할 수 있는 일련의 툴을 제공한다.

MS 윈도우의 경우에 '제어판'의 '네트워크 연결'에서 PC에 설정된 IP 주소를 보거나 새로 지정할 수 있다. [그림 1-39]의 PC는 DHCP 서버로부터 주소를 얻는 것으로 설정되어 있다.

IP 네트워크 어드레싱

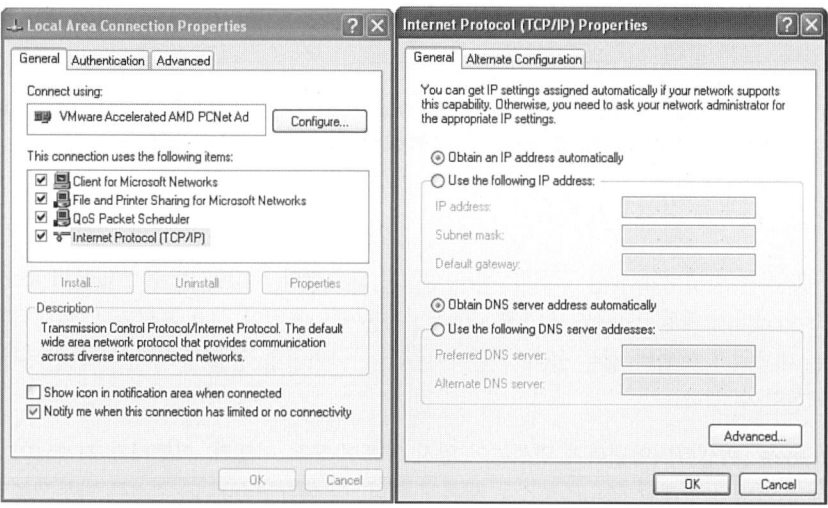

▲ 그림 1-39 TCP/IP 등록정보

장비의 실제 주소를 파악하기 위해서 명령어 라인에서 **ipconfig** 명령어를 사용할 수 있다. 이 명령어로 현재의 TCP/IP 네트워크 설정 값을 모두 볼 수 있으며, DHCP나 DNS 설정 값을 다시 가져올 수도 있다. 매개변수 없이 **ipconfig** 명령어만 실행하면 모든 어댑터의 IP 주소, 서브넷 마스크, 기본 게이트웨이를 볼 수 있다. [그림 1-40]은 **ipconfig** 명령어의 실행 결과다.

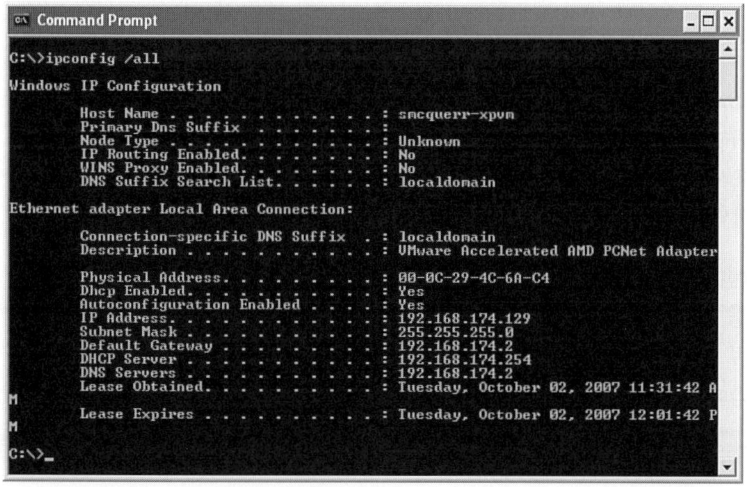

▲ 그림 1-40 ipconfig 명령어의 실행 결과

91

화면에 표시될 결과를 정확하게 지정하기 위해 다양한 플래그를 붙여서 **ipconfig**를 실행할 수 있다. 구문 플래그는 다음과 같다.

ipconfig [**/all**] [**/renew** [어댑터]] [**/release** [어댑터]] [**/flushdns**] [**/displaydns**] [**/registerdns**] [**/showclassid** 어댑터] [**/setclassid** 어댑터 [클래스ID]]

매개변수의 기능을 정리하면 다음과 같다.

- /all: 모든 어댑터에 대한 TCP/IP 전체 설정을 표시한다. 이 매개변수가 없으면 ipconfig는 각 어댑터에 대한 IP 주소, 서브넷 마스크, 기본 게이트웨이 값만 표시한다. 어댑터는 설치된 네트워크 어댑터 같은 물리적 인터페이스나 다이얼업 연결 같은 논리적 인터페이스를 표현할 수 있다.

- /renew [어댑터]: 어댑터가 명시되어 있지 않으면 모든 어댑터, 어댑터가 지정되어 있으면 해당 어댑터에 대한 DHCP 설정을 새롭게 한다. 이 매개변수는 IP 주소를 자동으로 획득하도록 설정된 어댑터가 있는 컴퓨터에서만 사용 가능하다. 어댑터 이름을 명시하기 위해서 매개변수 없이 ipconfig를 사용했을 때 표시된 어댑터 이름을 입력한다.

- /release [어댑터]: 현재의 DHCP 설정을 해제하고 모든 어댑터(어댑터가 명시되어 있지 않은 경우)나 특정 어댑터(어댑터 매개변수가 포함되어 있는 경우)에 대한 IP 주소 설정을 버리기 위해 DHCP 서버로 DHCPRELEASE 메시지를 전송한다. 이 매개변수는 IP 주소를 자동으로 획득하기 위해 설정된 어댑터에 대한 TCP/IP를 비활성화한다. 어댑터 이름을 명시하기 위해서 매개변수 없이 ipconfig를 사용할 때 표시되는 어댑터 이름을 입력한다.

- /flushdns: DNS 클라이언트 리졸버 캐시의 내용을 버리고 초기 상태로 되돌린다. DNS 장애처리 중에 쓸모없는 캐시 엔트리와 동적으로 추가된 다른 엔트리를 버리기 위해 이를 사용할 수 있다.

- /displaydns: 로컬 호스트 파일로부터 사전에 로딩된 엔트리와 컴퓨터에 의해 해석된 이름 질의에 대해 최근에 획득된 자원 레코드가 포함되어 있는 DNS 클라이언트 리졸버 캐시의 내용을 표시한다. DNS 클라이언트 서비스는 설정되어 있는 DNS 서버에게 질의하기 전에 자주 질의되는 이름을 빨리 분석하기 위해 이 정보를 사용한다.

- /registerdns: 컴퓨터에 설정될 DNS 이름과 IP 주소를 직접 동적으로 등록할 수 있다. DNS 이름 등록 장애를 처리하거나 클라이언트 컴퓨터를 부팅하지 않고 클라이언트와 DNS 서버 사이의 동적인 업데이트 문제를 해결하기 위해 이 매개변수를 사용할 수 있다. TCP/IP 프로토콜의 '고급' 속성의 'DNS'에서 DNS에 등록될 이름을 지정할 수 있다.

- /showclassid 어댑터: 특정 어댑터에 대한 DHCP 클래스 ID를 표시한다. 모든 어댑터에 대

한 DHCP 클래스 ID를 보려면 '어댑터'에 애스터리스크(*) 와일드카드 문자를 넣는다. 이 매개변수는 IP 주소를 자동으로 획득하도록 설정된 어댑터가 있는 컴퓨터에서만 사용될 수 있다.

- /setclassid *어댑터* [*클래스ID*]: 특정 어댑터에 대한 DHCP 클래스 ID를 설정한다. 모든 어댑터에 대한 DHCP 클래스 ID를 지정하려면 '어댑터'에 애스터리스크(*) 와일드카드 문자를 사용한다. 이 매개변수는 IP 주소를 자동으로 얻도록 설정된 어댑터가 있는 컴퓨터에서만 사용될 수 있다. DHCP 클래스 ID가 지정되어 있지 않을 경우에 현재 클래스 ID가 삭제된다.

- /?: 명령어 프롬프트에서 도움말을 표시한다.

TCP/IP의 인터넷 계층 요약

다음은 TCP/IP의 인터넷 계층에 대한 핵심 내용이다.

- IP 네트워크 주소는 네트워크 ID와 호스트 ID의 두 부분으로 구성되어 있다.
- IPv4 주소는 32비트로, 이는 옥텟으로 나뉘며, 일반적으로 점이 있는 10진수 형식으로 표시된다(예: 192.168.54.18).
- IPv4 주소는 A, B, C 클래스로 나뉘어 사용자 장비에 할당된다.
- D 클래스와 E 클래스는 각각 멀티캐스트와 연구용으로 사용된다.
- 주소의 처음 몇 비트를 보면 해당 주소가 무슨 클래스인지 알 수 있다.
- 일부 IP 주소(네트워크와 브로드캐스트)는 예약되어 있으며, 보통 네트워크 장비에 할당될 수 없다.
- 인터넷 호스트는 고유한 공개 IP 주소를 필요로 한다. 그러나 사설 호스트에는 사설 네트워크 안에서 고유한 사설 주소가 할당될 수 있다.
- DHCP는 호스트 장비에 IP 주소와 매개변수를 자동으로 할당한다.
- DNS는 TCP/IP 애플리케이션으로서 Cisco.com과 같은 도메인 네임을 애플리케이션에서 사용될 IP 주소로 변형한다.
- 호스트는 장비의 IP 주소 검증에 사용될 수 있는 툴을 제공한다. 윈도우 툴로 '네트워크 연결'과 ipconfig가 있다.

TCP/IP의 트랜스포트 계층과 애플리케이션 계층

서로 통신하는 컴퓨터가 정해진 방식으로 데이터를 송신하고 수신하려면 일정한 규칙, 즉 프로토콜이 필요하다. 전 세계에서 가장 널리 채택된 프로토콜 스위트는 TCP/IP다. 네트워크 환경에서 데이터의 전송 방법을 이해하려면 TCP/IP가 어떻게 기능하는지를 알아야 한다.

IP가 네트워크에서 데이터 패킷을 전달하는 방법이 대규모 네트워크에 사용되는 TCP/IP 아키텍처의 기본 개념이다. TCP/IP 프로토콜 스위트가 전체적으로 어떻게 기능하는지를 이해하려면, IP를 통해서 데이터가 전송되는 방법을 알아야만 한다. 이와 더불어 네트워크를 지나 통신되는 데이터의 우선순위 설정, 제한, 보안, 최적화, 유지보수 방법도 이해해야 한다. 이번 절에서는 IP 패킷 전달 과정을 단계별로 살펴보고, 이와 관련된 개념과 구조, 즉 패킷, 데이터그램, 프로토콜 필드에 대해 살펴본다. 이를 통해 대규모 네트워크에서 데이터가 어떻게 전송되는지를 살펴볼 것이다.

인터넷과 내부 네트워크가 제대로 작동하기 위해서는 데이터 전달의 신뢰성이 확보돼야 한다. 이를 위해 애플리케이션을 개발하거나 네트워크 프로토콜에서 제공하는 서비스를 사용할 수 있다. OSI 참조 모델에서 트랜스포트 계층은 데이터의 신뢰성 있는 전달 과정을 관리한다. 트랜스포트 계층은 상위 계층에서 온 네트워크 관련 세부 정보를 숨긴다. 트랜스포트 계층과 애플리케이션 계층 사이에는 UDP(User Datagram Protocol)와 TCP가 작동한다. 네트워크 계층과 애플리케이션 계층 사이에서 UDP와 TCP가 어떻게 기능하는지 배우면 TCP/IP 네트워킹 환경에서 데이터가 어떻게 전송되는지를 더 완벽하게 이해할 수 있다. 이번 절에서는 트랜스포트 계층의 기능과 UDP 및 TCP의 운용 방법을 설명한다.

트랜스포트 계층

애플리케이션 계층과 네트워크 계층 사이에 있는 트랜스포트 계층은 TCP/IP 계층형 네트워크 아키텍처의 핵심이다. 트랜스포트 계층의 주요 역할은 다른 호스트에서 실행되는 애플리케이션 과정에 통신 서비스를 직접 제공하는 것이다. 트랜스포트 계층의 작동 방법을 학습하면 TCP/IP 네트워킹 환경에서 데이터가 전송되는 방법을 이해할 수 있다.

트랜스포트 계층 프로토콜은 애플리케이션 계층에서 수신한 데이터에 헤더를 붙인다. 이 프로토콜의 목적은 데이터가 어느 애플리케이션에서 수신됐는지를 파악하고 인터넷 계층으로 넘어갈 세그먼트를 생성하는 것이다. 일부 트랜스포트 계층은 추가적으로 두 가지 기능을 수행한다. 하나는 흐름 제어(슬라이딩 윈도에서 제공)고, 다른 하나는 신뢰성(일련번호와 확인응답에서 제공)이다. 호스트는 흐름 제어 메커니즘을 사용해서 매번 얼마나 많은 데이터가 전송될 것인지를 협상한다. 신뢰성 메커니즘을 사용하면 각 패킷의 확실한 전달을 보장할 수 있다.

트랜스포트 계층은 다음의 두 프로토콜을 제공한다.

- TCP: 연결형이면서 신뢰성을 담보하는 프로토콜이다. 연결형 환경에서 정보 전송 시작 전에 양쪽의 종단 시스템 사이에 연결이 수립된다. TCP는 메시지를 세그먼트로 나누고, 목적지 스테이션에서 세그먼트를 다시 조립하고, 수신되지 않은 것을 다시 전송하며, 세그먼트로부터 메시지를 다시 조립한다. TCP는 최종 사용 애플리케이션 사이에서 가상 회선을 제공한다.

- UDP: 비연결형이고 확인응답을 제공하지 않는 프로토콜이다. UDP가 메시지 전송을 책임지기는 하지만 세그먼트 전달에 대한 점검을 제공하지는 않는다. UDP는 신뢰성을 상위 계층 프로토콜에 의존한다.

서로 통신하는 장비는 메시지를 교환한다. 장비가 메시지를 이해하고 일정한 행위를 수행하려면, 교환되는 메시지의 형식과 순서에 동의해야 한다. 그리고 메시지의 송신과 수신 시 이뤄지는 행위에도 동의해야 한다.

이 기능을 제공하기 위해 프로토콜이 사용될 수 있는 방법을 이해하는 예로서 교실에 있는 학생과 선생님 간의 대화를 들 수 있다.

1. 선생님이 특정 주제에 대한 수업을 진행하고 있다. 선생님이 "질문 있나요?"라고 학생들에게 물었다. 이 질문은 모든 학생에게 전송된 브로드캐스트 메시지다.
2. 어떤 학생이 손을 든다. 선생님에게 있어 이 행위는 묵시적인 메시지다.
3. 선생님이 "질문이 뭐죠?"라고 응답한다. 여기서 선생님은 학생의 메시지를 확인하고 응답한 것이 되며, 더 나아가서 다음 메시지를 보낸 것이 된다.
4. 학생이 질문을 한다. 학생의 메시지가 선생님에게 전송된다.
5. 선생님은 학생의 질문을 듣고 질문에 답한다. 선생님은 메시지를 수신하고 학생에게 회신을 되돌려 보낸 것이다.

6. 학생이 선생님의 답변을 이해했다고 끄덕인다. 학생이 선생님에게서 온 메시지를 수신했다는 확인응답을 한 것이다.

7. 선생님이 모든 것이 끝났다고 이야기한다.

위에서 설명한 질의응답 프로토콜의 핵심은 메시지를 전송하고 수신할 때 일어나는 약속된 일련의 행위와 메시지의 송수신이다.

TCP는 통신하는 두 시스템 사이에서 패킷을 이동시키기 위해서 아래에 있는 네트워크 계층 서비스를 사용해 종단 시스템 사이에서의 데이터 전송을 투명하게 처리한다. TCP는 트랜스포트 계층 프로토콜이고, IP는 네트워크 계층 프로토콜이다.

OSI 참조 모델과 비슷하게 TCP/IP는 네트워크 프로토콜 스위트 전체를 여러 개의 태스크로 분리한다. 각 계층은 통신의 특정 기능을 담당한다. 개념상으로 볼 때 TCP/IP를 하나의 프로토콜 스택으로 볼 수 있다.

TCP에서 제공하는 서비스는 네트워크가 아니라 네트워크로 연결되어 있는 양쪽 끝의 호스트 컴퓨터에서 실행된다. 따라서 TCP는 종점 대 종점 연결을 관리하기 위한 프로토콜이다. 종점 대 종점 연결은 일련의 점 대 점 연결을 가로질러 가야 하므로 종점 대 종점 연결을 가상 회선(virtual circuit)이라고 한다. TCP의 특징을 다음과 같이 정리할 수 있다.

- **연결형(connection-oriented)**: 두 대의 컴퓨터가 데이터 교환을 위해 연결된다. 종점 시스템은 패킷 흐름 관리와 네트워크 혼잡 제어를 위해 다른 종점 시스템과 동기화한다.
- **전이중 운용(full-duplex operation)**: TCP 연결은 한 쌍의 가상 회선으로서 각 방향에서 하나씩 있다. 동기화된 두 개의 종점 시스템만이 연결을 사용할 수 있다.
- **에러 점검(error checking)**: 체크섬 기법으로 패킷의 손실 여부를 검증한다.
- **시퀀싱(sequencing)**: 패킷에 번호가 붙으며, 목적지는 번호를 이용해서 패킷 순서를 확인하고 패킷이 없어졌는지를 파악한다.
- **확인응답(acknowledgment)**: 하나 혹은 여러 개의 패킷을 받은 수신자는 패킷을 잘 수신했다는 것을 송신자에게 알리기 위해 확인응답을 반환한다. 패킷에서 확인응답이 없으면 송신자는 패킷을 다시 전송할 수 있으며, 송신자가 보기에 수신자가 더 이상 연결되어 있지 않다는 판단이 서면 연결을 종료시킨다.
- **흐름 제어(flow control)**: 송신자가 너무 빨리 전송해서 수신자의 버퍼가 넘칠 경우에 수신

자는 패킷을 버린다. 확인응답이 실패하면 송신자는 송신 속도를 낮추거나 송신을 중단한다. 또한 수신자도 수신자의 송신을 늦추기 위해서 흐름 속도를 낮출 수 있다.

- **패킷 복구 서비스(packet recovery service)**: 수신자는 패킷 재전송을 요청할 수 있다. 패킷 수신에 대한 확인응답이 이뤄지지 않으면 송신자는 패킷을 다시 전송한다.

TCP는 신뢰성을 제공하는 트랜스포트 계층 프로토콜이다. 신뢰성 있는 데이터 전달 서비스는 모든 패킷 전달이 보장돼야 하는 파일 전송, 데이터베이스 서비스, 트랜잭션 프로세싱, 기타 미션 크리티컬 애플리케이션 등의 애플리케이션에서 중요하다.

우체국에서 우편물을 보내는 것에 TCP 프로토콜 서비스를 비교할 수 있다. 예를 들어, 켄터키 주 렉싱턴에 사는 누군가가 뉴욕 주 뉴욕 시티에 있는 친구에게 이 책을 보내려고 하는데, 어떤 이유로 인해 우체국은 편지만 취급한다. 송신자는 책을 뜯어서 편지 봉투마다 한 장씩 넣을 수 있다. 수신자가 책을 정확하게 다시 조립할 수 있도록 송신자는 각 봉투에 번호를 붙인다. 그런 다음에 송신자는 봉투에 주소를 적고 첫 번째 봉투를 우편으로 보낸다. 우체국은 첫 번째 봉투를 트럭에 싣고 정해진 길을 따라 배달한다. 봉투를 배달할 때 집배원은 수신자에게서 서명을 받고 이 정보를 수신자에게 보낸다.

송신자가 한날 여러 개의 봉투를 보낸다. 우체국은 각 봉투를 어떤 트럭에 실어서 정해진 경로를 따라 배달한다. 수신자는 봉투를 수신할 때 각 봉투에 대한 인수증에 서명한다. 그런데 배달 중에 한 개의 봉투가 없어진 경우에 송신자는 번호가 붙은 봉투에 대한 배달 증명서를 받지 못할 것이다. 송신자는 분실된 봉투에 들어 있던 다음 페이지를 이미 보냈지만, 없어진 이전 페이지를 다시 보낼 수 있다. 모든 봉투를 받은 다음에 수신자는 수신한 페이지들을 순서대로 정렬해서 책으로 다시 엮을 수 있다. TCP가 바로 이러한 서비스를 제공한다.

UDP는 TCP/IP 프로토콜 스위트에 추가된 또 다른 트랜스포트 계층 프로토콜이다. 이 트랜스포트 계층 프로토콜은 더 작은 헤더를 사용하며, TCP에서와 같은 신뢰성을 제공하지 않는다.

초기의 IP 스위트는 TCP와 IP로만 구성됐으며, IP는 별도의 서비스로서 차별화되지 않았다. 그러나 일부 최종 사용자 애플리케이션에서 정확성보다 신속성이 더 많이 요구됐다. 다시 말해, 속도가 패킷 복구보다 더 중요했다. 실시간 음성이나 화상 전송에서 몇 개의 패킷이 없어지는 것은 큰일이 아니었다. 패킷을 복구하는 일은 성능을 저하시키는 과도한 과

부하로 이어진다.

이러한 특징의 트래픽에 대처하기 위해 TCP 아키텍트는 프로토콜 스위트를 다시 설계해서 UDP를 포함시켰다. 네트워크 계층에서 기본적인 어드레싱과 패킷 전달 서비스는 IP였다. TCP와 UDP는 IP의 상단에 있는 트랜스포트 계층에 있으며, 이 둘은 모두 IP 서비스를 사용한다.

UDP는 최소한의 보장되지 않은 트랜스포트 서비스만 제공하며 애플리케이션은 UDP를 통해서 IP 계층에 직접 접근할 수 있다. TCP 수준의 서비스가 필요치 않거나 TCP에서 수용할 수 없는 멀티캐스트나 브로드캐스트 같은 통신 서비스를 사용해야 하는 애플리케이션에서 UDP를 사용한다.

차고를 판다는 사실을 이웃에게 알리는 전단지를 보내기 위해 우체국 서비스를 사용하는 것에 UDP 서비스를 비교해서 설명할 수 있다. 전단지에는 차고 판매 날짜, 시간, 위치를 넣는다. 집에서 반경 2마일 안에 있는 이웃의 주소와 이름을 전단지에 붙인다. 우체국에서는 전단지를 트럭에 실어서 다양한 경로에 따라 이를 배달한다. 이 예에서 배달 중에 전단지가 없어졌는지, 혹은 이웃이 전단지를 잘 받았는지는 중요하지 않다.

TCP/IP 애플리케이션

TCP/IP 프로토콜 스위트에는 IP, TCP, UDP 외에 파일 전송, 이메일, 원격 로그인 등의 서비스를 지원하는 그 밖의 애플리케이션도 포함된다. TCP/IP가 지원하는 애플리케이션은 다음과 같다.

- **FTP**: FTP는 FTP를 지원하는 시스템 사이에서 파일을 전송하기 위해 TCP를 사용하는 연결형 서비스로서 신뢰성을 제공한다.
- **TFTP**: TFTP는 UDP를 사용하는 애플리케이션이다. 라우터는 TFTP를 지원하는 시스템 사이에서 설정 파일과 시스코 IOS 이미지를 전송하기 위해 TFTP를 사용한다.
- **텔넷(터미널 에뮬레이션)**: 텔넷을 사용하면 다른 컴퓨터에 원격으로 접근할 수 있다. 사용자는 텔넷을 통해 원격 호스트에 로그온해서 명령어를 실행할 수 있다.
- **이메일(SMTP)**: 사용자는 인터네트워크를 통해 이메일 애플리케이션으로 메시지를 송수신하기 위해서 SMTP를 사용할 수 있다.

트랜스포트 계층 기능

트랜스포트 계층은 상위 계층에서 온 네트워크 관련 세부 정보를 숨긴다. TCP/IP 트랜스포트 계층과 TCP 및 UDP 프로토콜이 기능하는 방법을 학습하면 TCP/IP 네트워킹 환경에서 데이터가 전송될 때 이들 프로토콜이 어떤 영향을 미치는지 더 잘 이해할 수 있다.

사용자는 트랜스포트 서비스를 이용해서 여러 개의 상위 계층 애플리케이션을 동일한 트랜스포트 계층 데이터 스트림으로 나누고 다시 조립할 수 있다. 이러한 트랜스포트 계층 데이터 스트림에 의해 종점 대 종점 트랜스포트 서비스가 이뤄진다. 트랜스포트 계층 데이터 스트림은 인터네트워크의 종점 사이에서 논리적인 연결을 만들어낸다. 종점은 전송 호스트와 수신 호스트 혹은 출발지 호스트와 목적지 호스트다.

신뢰할 수 있는 트랜스포트 계층 서비스의 사용자는 동등 시스템에서 연결형 세션을 수립해야 한다. 데이터 전송의 신뢰성을 확보하기 위해 송신 애플리케이션과 수신 애플리케이션은 각 OS에게 연결이 시작됐음을 알린다. 이를 [그림 1-41]에서 표현했다.

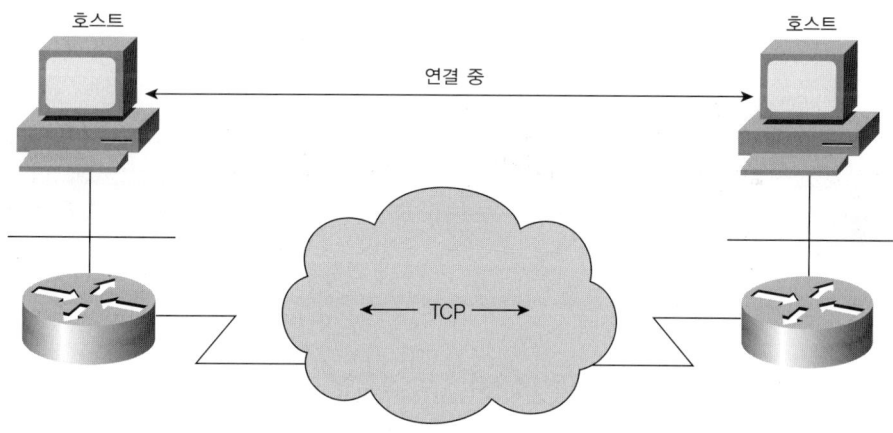

▲ 그림 1-41 네트워크 연결

한 기계가 연결을 시작하고, 이 연결이 다른 기계에 의해 수락돼야 한다. 두 OS의 프로토콜 소프트웨어 모듈은 네트워크를 지나가는 송신 메시지로 통신하며, 이를 통해 전송 인가를 검증하고 양쪽의 통신 준비 상태를 확인한다.

동기화가 성공적으로 이뤄지면 두 최종 시스템이 연결되고, 이제 데이터 전송이 시작될 수 있다. 전송 중에 두 시스템은 연결 유효성을 계속 검증한다.

TCP/IP 네트워크 환경에서 캡슐화는 데이터 전송 준비 과정에 해당된다. 이번 절에서는 TCP/IP 스택에서의 데이터 캡슐화를 설명한다.

데이터 컨테이너는 각 계층에서 다르게 보이며, 각 계층에서 컨테이너의 이름이 다르게 불린다. 이를 [그림 1-42]에서 확인할 수 있다.

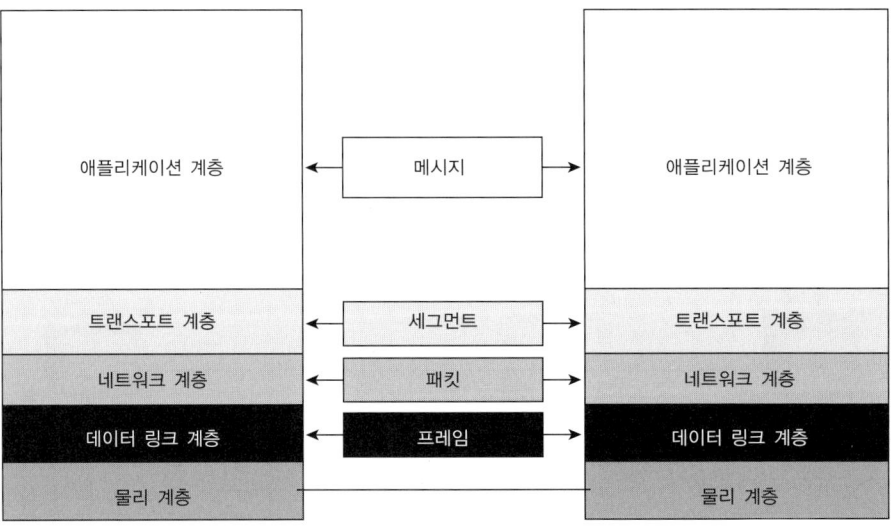

▲ 그림 1-42 캡슐화된 데이터의 계층별 이름

각 계층의 데이터 컨테이너 이름을 다음과 같이 정의할 수 있다.

- **메시지(message)**: 애플리케이션 계층에서 만들어진 데이터 컨테이너를 메시지라고 한다.
- **세그먼트(segment)/데이터그램(datagram)**: 트랜스포트 계층에서 애플리케이션 계층 메시지를 캡슐화해 만드는 데이터 컨테이너를 세그먼트라고 하며, 이는 트랜스포트 계층의 TCP 프로토콜에서 만들어진다. 이 데이터 컨테이너가 트랜스포트 계층의 UDP 프로토콜에서 만들어지면 데이터그램이라고 한다.
- **패킷(packet)**: 트랜스포트 계층 세그먼트를 캡슐화한 네트워크 계층의 데이터 컨테이너를 패킷이라고 한다.

- **프레임(frame)**: 데이터 링크 계층의 데이터 컨테이너로서 패킷을 캡슐화한 것이다. 프레임은 물리 계층에서 비트 스트림으로 전환된다.

세그먼트나 패킷은 종점 대 종점 전송에서 하나의 단위가 되며, 여기에는 상위 프로토콜에서 온 데이터와 트랜스포트 헤더가 포함된다. 일반적으로 한 노드에서 다른 노드로의 정보 전송을 논의할 때 패킷이라는 용어는 하나의 데이터 조각을 지칭하는 것으로 되어 있다. 그러나 이 책에서는 트랜스포트 계층에서 형성된 데이터를 세그먼트라고 하고, 네트워크 계층에 있는 데이터를 데이터그램이나 패킷이라고 하며, 링크 계층에 있는 데이터를 프레임이라고 한다.

세그먼트 간의 통신을 위해 각 프로토콜은 특수한 헤더를 사용한다. 이에 대해 살펴보자.

TCP/UDP 헤더 형식

TCP는 연결형 프로토콜로서 알려져 있다. 왜냐하면 종점 스테이션들이 서로를 알고 있으며, 연결에 대해 지속적으로 통신하기 때문이다. 연결형 통신의 대표적인 예로서 두 사람 사이의 전화 대화를 들 수 있다. 먼저 어떤 프로토콜에 의해 대화 당사자들은 그들이 서로 연결되어 있다는 사실을 알게 되고, 대화를 시작할 수 있다. 이 프로토콜을, 처음 대화하기 시작할 때 건네는 인사말인 '헬로(hello)'에 비교할 수 있다.

UDP는 비연결형 프로토콜로 알려져 있다. 비연결형 대화의 예로서 우체국에서 이뤄지는 일반적인 배달 서비스를 들 수 있다. 즉, 발신자는 편지가 배달되기를 희망하고 편지를 우체통에 넣는다. [그림 1-43]은 TCP 세그먼트 헤더 형식을 설명한다. 각 필드에 대한 설명은 [표 1-4]에 있다. 이들 필드를 통해서 종점 스테이션이 통신하고 대화한다.

▼ 표 1-4 TCP 헤더 필드 설명

TCP 헤더 필드	설명	비트 수
출발지 포트	호출하는 포트	16비트
목적지 포트	호출된 포트	16비트
일련번호	도착한 데이터의 정확한 시퀀싱의 확인에 사용	32비트
확인응답 번호	다음에 예상되는 TCP 옥텟	32비트
헤더 길이	헤더의 32비트 워드	4비트
예약	0으로 설정	6비트

(계속)

▼ 표 1-4 TCP 헤더 필드 설명(계속)

TCP 헤더 필드	설명	비트 수
코드 비트	세션의 셋업 및 종료와 같은 제어 기능	6비트
윈도	장비가 수락할 옥텟	16비트
체크섬	헤더와 데이터 필드의 체크섬	16비트
어전트	어전트 데이터의 끝	16비트
옵션	현재 한 개가 정의: TCP 세그먼트의 최대 크기	있을 경우, 0비트 혹은 32비트
데이터	상위 계층 프로토콜 데이터	가변

```
비트 0              비트 15 비트 16              비트 31
┌─────────────────────────┬─────────────────────────┐  ▲
│      출발지 포트(16)     │      목적지 포트(16)     │  │
├─────────────────────────┴─────────────────────────┤  │
│                  일련번호(32)                      │  │
├───────────────────────────────────────────────────┤  │
│                 확인응답 번호(32)                   │  │ 20
├──────┬──────┬──────────┬─────────────────────────┤  바이트
│ 헤더 │예약(6)│ 코드비트(6)│        윈도(16)          │  │
│길이(4)│      │           │                          │  │
├──────┴──────┴──────────┼─────────────────────────┤  │
│       체크섬(16)         │       어전트(16)         │  │
├───────────────────────────────────────────────────┤  │
│            옵션(있을 경우, 0 혹은 32)              │  ▼
├───────────────────────────────────────────────────┤
│                   데이터(가변)                     │
└───────────────────────────────────────────────────┘
```

▲ 그림 1-43 TCP 헤더 형식

[그림 1-44]는 이더넷 프레임을 캡처한 것으로서 TCP 헤더 필드를 확인할 수 있다.

TCP 헤더는 20바이트다. 작은 데이터 필드를 여러 개의 패킷으로 전송하는 것은, 같은 양의 데이터를 더 크고 적은 수의 패킷에 담아 보내는 것에 비해서 대역폭의 효율적인 사용 면에서는 비효율적이다. 여러 개의 작은 물건 하나하나를 꽤 큰 박스에 포장해서 각 박스를 별도로 선적하는 것과, 작은 물건 전체를 하나의 큰 박스에 모두 넣어서 한 개의 박스만 선적하는 것 중 어느 것이 더 효율적인지 생각해 보면 위의 상황을 쉽게 이해할 수 있다.

TCP/IP의 트랜스포트 계층과 애플리케이션 계층

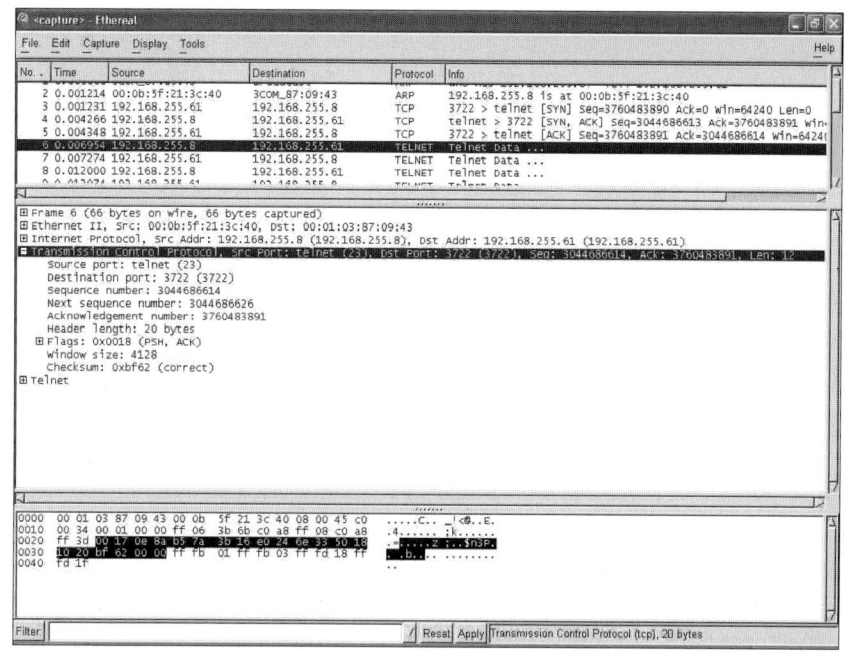

▲ 그림 1-44 TCP 헤더

[그림 1-45]는 UDP 세그먼트 헤더 형식이고, 각 필드를 [표 1-5]에 설명해 뒀다. UDP 헤더의 길이는 항상 64비트다.

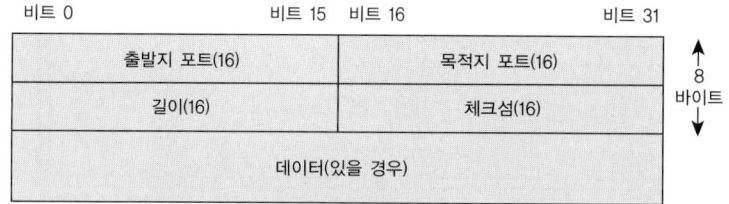

▲ 그림 1-45 UDP 헤더

▼ 표 1-5 UDP 헤더의 필드 설명

UDP 헤더 필드	설명	비트 수
출발지 포트	호출하는 포트	16비트
목적지 포트	호출된 포트	16비트
길이	UDP 헤더와 UDP 데이터의 길이	16비트
체크섬	헤더와 데이터 필드의 체크섬	16비트
데이터	상위 계층 프로토콜 데이터	가변

[그림 1-46]은 이더넷 프레임의 데이터를 캡처한 것으로서 여기서 UDP 헤더 필드를 확인할 수 있다.

UDP를 사용하는 프로토콜로 TFTP, SNMP, NFS(Network File System), DNS가 있다.

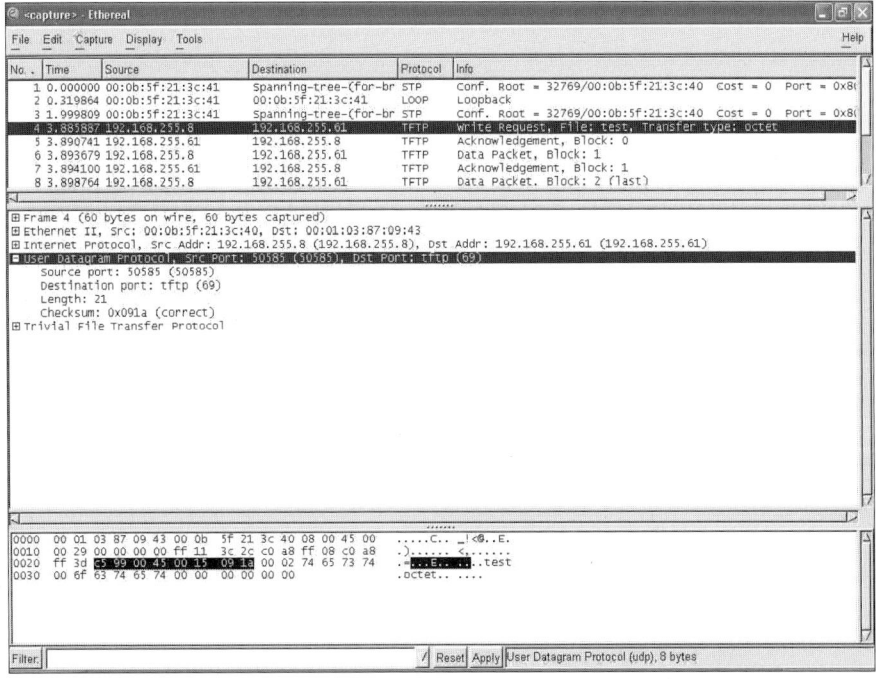

▲ 그림 1-46 UDP 헤더

TCP와 UDP가 포트 번호를 사용하는 방법

TCP와 UDP는 상위 계층으로 정보를 넘기기 위해서 포트 번호를 사용한다. 포트 번호는 네트워크를 지나가는 여러 대화를 동시에 추적한다. TCP와 UDP에서 사용되는 일부 포트 번호를 [그림 1-47]에 정의해 뒀다.

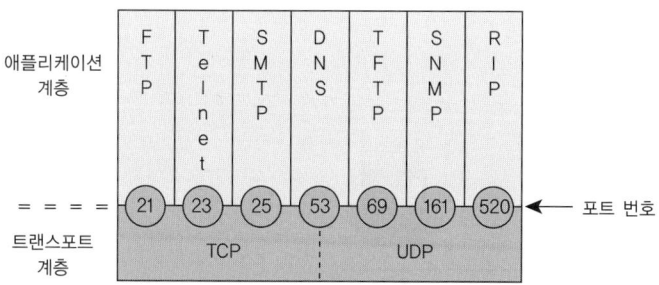

▲ 그림 1-47 포트 번호

애플리케이션 소프트웨어 개발자는 IANA에서 제어하는 잘 알려진 포트 번호를 사용한다. 예를 들어, FTP 애플리케이션에 관련된 모든 통신에서는 표준 포트 번호인 21을 사용한다. 잘 알려진 포트 번호가 사용되지 않는 통신에는 일정한 범위 안에서 선택된 임의의 포트 번호가 할당된다. 이들 포트 번호는 TCP 세그먼트에서 출발지 주소와 목적지 주소로서 사용된다.

일부 포트는 TCP와 UDP에 예약되어 있다. 그러나 애플리케이션이 이들 포트를 지원하도록 작성되어 있지 않을 수 있다. 포트 번호의 할당 범위는 다음과 같다.

- 1024 미만의 번호는 잘 알려진 포트나 할당된 포트다.
- 1024와 그 이상의 번호는 동적으로 할당된 포트다.
- 등록 포트(registered port)는 특정 벤더의 애플리케이션에 등록되어 있는 포트다. 대부분이 1024 이상이다.

> **NOTE**
> DNS와 같은 일부 애플리케이션은 두 트랜스포트 계층 프로토콜을 사용한다. DNS는 이름 분석에 UDP를 사용하고, 서버 존 이동에 TCP를 사용한다.

[그림 1-48]은 호스트가 종점 스테이션의 애플리케이션에 연결하기 위해 잘 알려진 포트 번호를 어떻게 사용하는지를 보여준다. 또한 종점 스테이션이 클라이언트 애플리케이션과 통신하는 방법을 알기 위해서 출발지 포트를 어떻게 선택하는지도 설명한다.

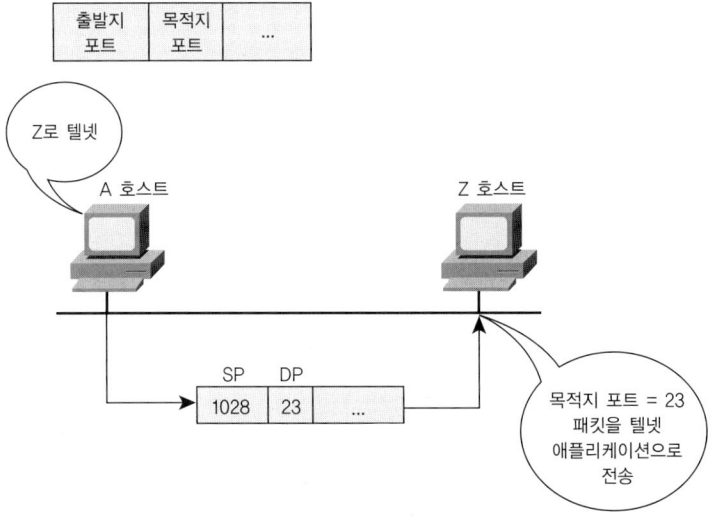

▲ 그림 1-48 포트 번호 예

RFC 1700인 'Assigned Numbers'에서는 TCP/IP에 대해 잘 알려진 포트 번호를 정의한다. 현재 포트 번호 목록을 보려면 IANA(http://www.iana.org)를 방문한다.

최종 시스템은 적절한 애플리케이션을 선택하기 위해 포트 번호를 사용한다. 출발지 포트 번호는 출발지 호스트에 의해 동적으로 할당되며, 일부 번호는 1023보다 더 크다.

TCP 연결 수립: 3단계 핸드셰이크

TCP는 연결형이므로 데이터 전송을 시작할 수 있으려면 그 전에 연결이 수립되어 있어야 한다. 연결이 수립되거나 초기화되기 위해 두 호스트는 서로의 ISN(initial sequence number)을 동기화해야 한다. 동기화가 이뤄지려면 연결 수립 세그먼트가 교환돼야 하며, 이 세그먼트 교환 작업에 의해서 SYN(동기화용)이라고 하는 제어 비트와 초기 일련번호가 전달된다. SYN 비트를 전달하는 세그먼트를 'SYN'이라고 한다. 이를 처리하는 솔루션에는 초기의 일련번호를 확보하기에 적절한 어떤 메커니즘과 ISN을 교환하기 위한 핸드셰이크가 필요하다.

동기화가 이뤄지려면 양측에서 자신의 일련번호를 보내고 상대방으로부터 전송이 성공했다는 확인 정보를 ACK(acknowledgment)로 받아야 한다. 이벤트의 발생 순서는 다음과 같다.

1. **A 호스트에서 B 호스트로 SYN**: 나의 일련번호는 100이고, ACK 번호는 0이며, ACK 비트는 지정되어 있지 않고, SYN 비트는 지정되어 있다.

2. **A 호스트에서 B 호스트로 SYN, ACK**: 나는 다음에 일련번호 101을 보기를 기대하고, 나의 일련번호는 300이며, ACK가 지정되어 있다. B 호스트에서 A 호스트로 가는 SYN 비트가 지정되어 있다.

3. **A 호스트에서 B 호스트로 ACK**: 나는 다음에 301을 보기를 기대하며, 나의 일련번호는 101이고, ACK 비트가 지정되어 있다. SYN 비트는 지정되어 있지 않다.

> **NOTE***
> 초기의 일련번호는 실제로 더 크며, 각 호스트에서 임의로 선택한다.

이러한 교환 작업을 3단계 핸드셰이크라고 하며, [그림 1-49]와 같이 표현할 수 있다.

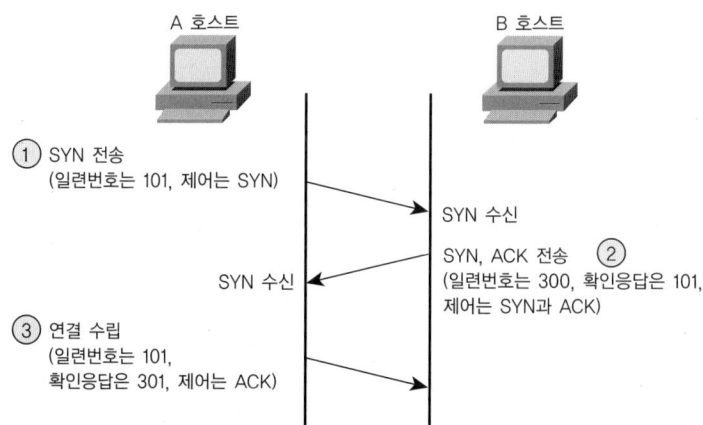

▲ **그림 1-49** 3단계 핸드셰이크

[그림 1-50]은 3단계 핸드셰이크의 데이터를 캡처한 것이다. 세 프레임의 일련번호를 주의해서 보기 바란다.

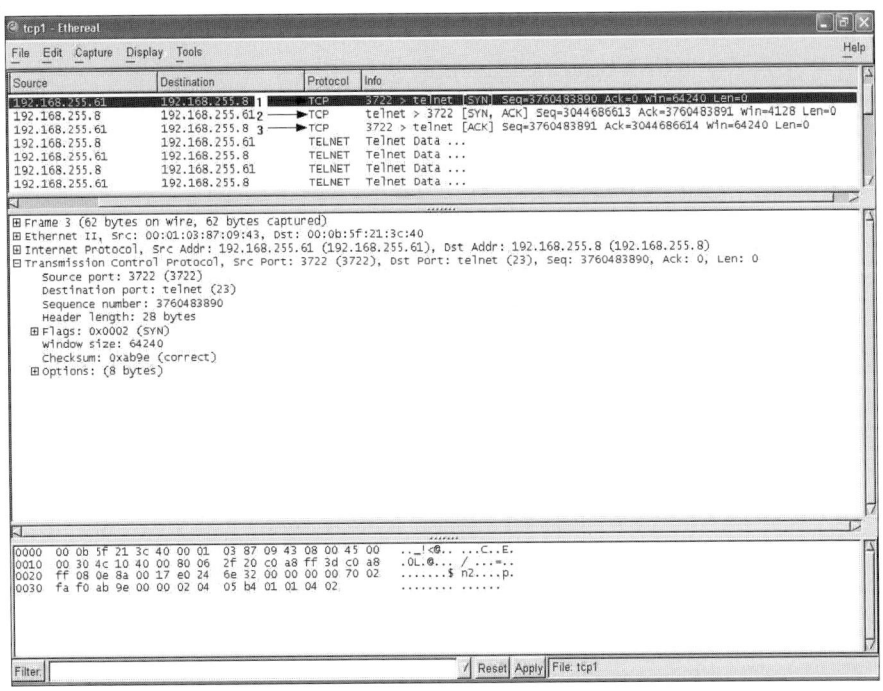

▲ 그림 1-50 3단계 핸드셰이크의 캡처 예

일련번호가 네트워크의 시계와 연계되어 있지 않고 ISN 확보에 있어서 IP 스택이 사용하는 메커니즘이 다를 수 있으므로 3단계 핸드셰이크가 필요하다. 첫 번째 SYN을 수신하는 호스트는 연결에 사용된 마지막 일련번호를 기억하고 있지 않는 한(이것이 항상 가능하지는 않음) 세그먼트가 예전에 지연됐던 것인지 알 수 없으므로 SYN을 확인하기 위해 수신자에게 물어봐야 한다. [그림 1-51]은 ACK 과정을 설명한 것이다.

윈도 크기에 따라 확인응답이 반환되기 전에 수신 스테이션이 한 번에 얼마나 많은 데이터(바이트)를 수락하는지가 결정된다. [그림 1-51]에서와 같이 윈도 크기가 1바이트면 다른 세그먼트가 전송되기 전에 각 세그먼트의 확인응답이 끝나야 한다. 이렇게 되면 호스트는 대역폭을 비효율적으로 사용하는 꼴이 된다.

TCP는 전방 참조 확인응답과 함께 세그먼트에 일련번호를 붙인다. 각 데이터그램에는 전송 이전에 번호가 붙는다. 수신 스테이션에서 TCP는 세그먼트들을 하나의 완전한 메시지로 다시 조립한다. 특정 일련번호가 붙은 세그먼트가 빠진 경우에 해당 세그먼트는 다시 전송된다. 지정된 시간 안에 세그먼트 확인응답이 진행되지 않은 경우에 재전송이 이뤄진다. [그림 1-52]에서는 데이터그램이 전송될 때 확인응답 번호가 어떤 역할을 하는지를 설명한다.

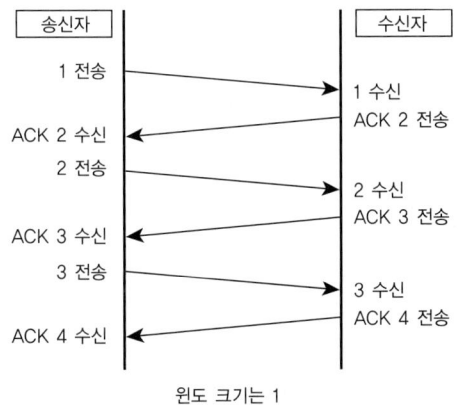

▲ 그림 1-51 간단한 확인응답 과정

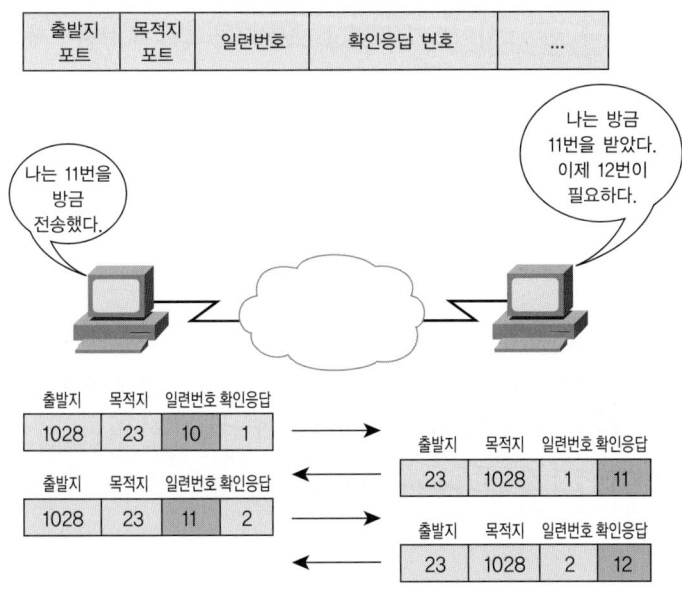

▲ 그림 1-52 확인응답 번호

세션 멀티플렉싱

세션 멀티플렉싱(session multiplexing)은 한 개의 IP 주소를 가진 한 대의 컴퓨터가 여러 개의 세션을 동시에 일으킬 수 있는 행위를 일컫는 말이다. 출발지 머신이 목적지 머신으로 데이터를 전송해야 할 때 세션이 생성된다. 세션에서 회신이 일어나지만 회신이 필수적이지는 않다. 세션은 IP 네트워크 애플리케이션에서 생성되고 통제되며, IP 네트워크 애플리케이션은 OSI 5계층에서 7계층까지의 기능을 수행한다.

최대 노력 세션(best-effort session)은 매우 단순하다. 세션 매개변수는 UDP로 전송된다. 최대 노력 세션은 제공되어 있는 포트 번호를 사용해서 지정된 IP 주소로 데이터를 전송한다. 각 전송은 하나의 독립된 이벤트가 되며, 전송과 전송 사이에서 저장이나 결합이 필요치 않다.

신뢰성 있는 TCP 서비스를 사용할 때 데이터 전송 이전에 송신자와 수신자 사이에 연결이 먼저 수립돼야 한다. TCP는 연결을 열고 목적지와 연결 매개변수를 협상한다. 데이터 흐름 동안에 TCP는 데이터 배달의 신뢰성을 유지하며, 데이터 배달이 완료되면 연결을 종료한다.

예를 들어, 인터넷 익스플로러 창의 '주소'에 야후!의 URL을 입력하면 해당 URL에 대응하는 야후! 사이트가 표시된다. 야후! 사이트가 열리고 나서 다른 창에서 브라우저를 열고 다른 URL(예: 구글)을 입력할 수 있다. 또 다른 브라우저 창을 열고 Cisco.com의 URL을 입력해서 시스코의 홈 페이지를 열 수 있다. 이와 같이 한 개의 IP 연결만으로 세 개의 사이트를 열 수 있다. 이렇게 할 수 있는 이유는 세션 계층이 포트 번호를 기반으로 별도의 요청을 정렬하기 때문이다.

단편화

TCP는 애플리케이션 계층에서 데이터 청크를 받아서 이를 네트워크로 보낼 준비를 한다. 각 데이터 청크는 네트워크 계층의 MTU(maximum transmission unit)에 적합한 더 작은 세그먼트로 쪼개진다. 더 작아진 UDP에 대해서는 점검이나 협상이 일어나지 않으며, 필요한 데이터를 애플리케이션에서 제공할 것으로 예상한다.

TCP/UDP의 흐름 제어

장비 사이에서 데이터 흐름을 통제하기 위해서 TCP는 흐름 제어 메커니즘을 사용한다. 수신 TCP는 송신 TCP에게 '윈도'를 보고한다. 윈도에 명시된 숫자는 몇 바이트인지를 나타내며, 이는 수신 TCP가 현재 수신할 수 있는 바이트를 나타낸다.

연결이 수립돼서 연결이 종료되는 기간 사이에 TCP 윈도 크기는 가변적이다. 각 확인응답에는 윈도 광고가 포함되며, 윈도 광고는 수신자가 받아들일 수 있는 바이트가 어느 정도인지를 나타낸다. 또한 TCP에는 혼잡 제어 윈도(congestion control window)도 있으며, 이 윈도의 크기는 일반적으로 수신자의 윈도 크기와 동일하지만 세그먼트가 상실(예: 혼잡)되면 반으로 줄어든다. 버퍼 공간과 프로세싱을 위해서 윈도를 필요한 만큼 늘릴 수 있다. 윈도 크기가 커지면 더 많은 데이터를 처리할 수 있다.

> **NOTE***
>
> TCP 윈도 크기는 RFC 793, 'Transmission Control Protocol'과 RFC 813, 'Window and Acknowledgment Strategy in TCP'에 문서화되어 있으며, 이를 http://www.ietf.org/rfc.html에서 확인할 수 있다.

[그림 1-53]에서 송신자는 1바이트짜리 패킷을 세 개 전송하면서 ACK를 기대한다. 수신자는 가용 메모리 때문에 2바이트의 윈도 크기만 처리할 수 있다. 이에 패킷 3을 버리며, 다음에 수신될 바이트를 3으로 지정하고, 윈도 크기는 2로 명시한다. 송신자는 패킷 2를 다시 보내고, 그 다음의 1바이트 패킷을 보내지만 여전히 윈도 크기는 3으로 명시한다(예를 들어, 1바이트 패킷 세 개를 수락할 수 있다). 수신자는 세 번째와 네 번째 바이트를 확인응답하고 다섯 번째 바이트를 요청하며, 윈도 크기는 여전히 2바이트라는 정보를 보낸다.

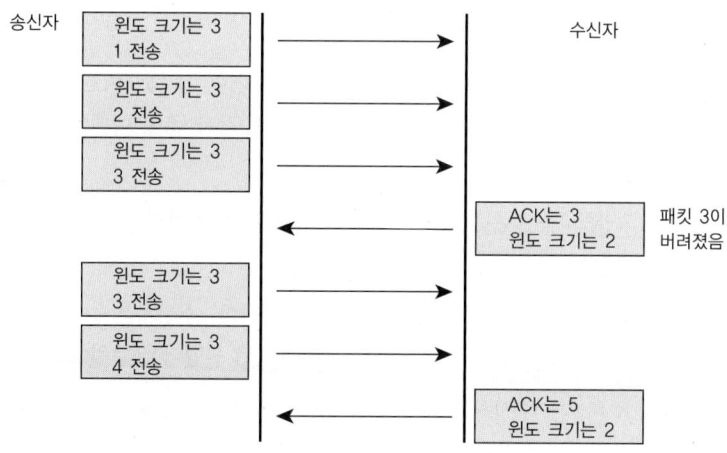

▲ **그림 1-53** TCP 윈도잉

앞에서 설명한 윈도잉이나 시퀀싱 같은 기능이 UDP에서는 의미가 없다. UDP에는 일련 번호나 윈도 크기와 관련된 필드가 없다. 애플리케이션 계층 프로토콜은 신뢰성을 제공할 수 있다. UDP는 자체의 에러 복구 과정을 제공하는 애플리케이션을 위해 설계된다. UDP는 신뢰성보다 속도를 우선시한다.

네트워크 통신에서 핵심은 TCP, UDP, IP 그리고 이 프로토콜들의 헤더다. 3계층 장비는 원격 시스템 사이의 통신을 제공하기 위해 TCP/IP와 같은 인터네트워크 프로토콜을 사용한다.

확인응답

TCP는 전방 참조 확인응답을 진행하면서 세그먼트 시퀀싱을 수행한다. 전방 참조 확인응답은 수신 장비로부터 오며, 수신 장비가 다음에 수신할 것으로 예상하는 세그먼트가 무엇인지를 송신 장비에게 알려 준다.

설명을 위해서 TCP의 복잡한 운영을 단순화한다. 실제로는 일련번호가 수신된 바이트 수를 추적하지만 여기서는 작게 증가되는 수를 일련번호와 확인응답으로 사용한다. TCP 확인응답에서 송신 컴퓨터는 세그먼트를 전송하고, 타이머를 시작하고, 확인응답을 기다렸다가 이를 수신하면 다음 세그먼트를 전송한다. 세그먼트 수신에 대한 확인응답 이전에 타이머가 종료되면 송신 컴퓨터는 세그먼트를 다시 전송하고 타이머를 다시 시작한다.

전송 전에 각 세그먼트에 번호가 매겨졌다고 가정하자(실제로 이 번호는 추적되는 바이트 수라는 점을 기억하기 바란다). 수신 스테이션에서 TCP는 세그먼트를 다시 조립해서 하나의 완전한 메시지를 만든다. 일련번호가 하나 빠져 있는 경우에 해당 세그먼트와 그 다음의 모든 세그먼트가 다시 전송될 수 있다. 확인응답 과정을 단계별로 정리하면 다음과 같다.

1단계	송신자와 수신자가 다음 세그먼트를 전송하려면 그 전에 각 세그먼트에 대한 확인응답이 이뤄져야 한다는 데 동의한다. 이는 연결 셋업 절차 중에 이뤄지며, 윈도 크기를 1로 설정하면 된다.
2단계	송신자는 세그먼트 1을 수신자에게 전송한다. 송신자는 타이머를 시작하고 수신자로부터 확인응답을 기다린다.
3단계	수신자는 세그먼트 1을 수신하고 ACK = 2를 반환한다. 수신자는 다음에 받을 세그먼트 번호를 명시함으로써 이전 세그먼트를 제대로 수신했다는 확인응답을 보낸다.
4단계	송신자는 ACK = 2를 수신하고 세그먼트 2를 수신자에게 전송한다. 송신자는 타이머를 시작하고 수신자로부터 확인응답을 기다린다.

5단계   수신자는 세그먼트 2를 수신하고 ACK = 3을 반환한다. 수신자는 이전 세그먼트가 제대로 수신됐다는 확인응답을 보낸다.

6단계   송신자는 ACK = 3을 수신하고 세그먼트 4를 수신자에게 전송한다. 모든 데이터가 전송될 때까지 이 과정이 계속된다.

윈도잉

TCP 윈도는 수신자 혼잡과 데이터 손실이 일어나지 않는 수준에서 전송 속도를 제어한다.

고정 윈도잉

신뢰성 있는 연결형 데이터 전송에서 수신자는 전송 무결성 보장을 위해서 데이터 세그먼트마다 수신에 대한 확인응답을 받는다. 그러나 수신자가 한 개의 세그먼트를 전송한 후에 확인응답을 기다려야 한다면 처리량이 낮아진다. 구체적인 처리 속도는 데이터 송신과 확인응답 수신 사이의 RTT(round-trip time)에 따라 달라진다.

대부분의 신뢰성 있는 연결형 프로토콜에서는 한 번에 한 개 이상의 세그먼트를 처리할 수 있다. 이와 같은 특징을 이룰 수 있는 이유는 송신자가 세그먼트 전송을 완료한 후와 송신자가 수신에 대한 확인응답을 처리하기 전에 시간이 있기 때문이다. 그 시간 간격 동안에 송신자는 더 많은 데이터를 전송할 수 있는데, 이를 위해서는 수신자의 윈도가 한 번에 하나 이상의 세그먼트를 처리할 수 있을 정도로 커야 한다. 윈도는 수신자로부터 확인응답을 받지 않고 송신자가 전송할 수 있는 데이터 세그먼트의 수로서, 이를 [그림 1-54]에서 확인할 수 있다.

윈도잉을 이용하면 확인응답되지 않은 특정 수의 세그먼트를 수신자에게 전송할 수 있으며, 이를 통해서 잠복(latency)을 줄일 수 있다. 여기서 잠복은 데이터가 전송됐다가 확인응답이 반환될 때까지 걸리는 시간을 이른다.

예: 공 던지기

50피트의 거리를 두고 두 사람이 서 있다고 가정하자. 한 사람이 다른 사람에게 공을 던지고, 공이 도달하기까지 3초가 걸린다. 두 번째 사람이 공을 받아서 다시 상대방에게 던진다(확인응답). 이때도 3초가 걸린다. 공이 왕복하는 데 걸리는 총 시간은 6초다. 이 과정을 세 번 진행하려면 18초가 걸린다. 이제 첫 번째 사람이 세 개의 공을 갖고 있고 이 공들을 하나씩 연이어 던진다고 가정하자. 이렇게 공을 던지는 시간이 3초다. 두 번째 사람도 세 번째 공을 받은 다음에 확인응답을 위해 한 개의 공을 되돌려 던진다. 여기에 걸리는 시간도 3초다. 공이 왕복하는 데 걸리는 시간은 총 6초가 된다(물론 여기서 처리 시간은 무시했다).

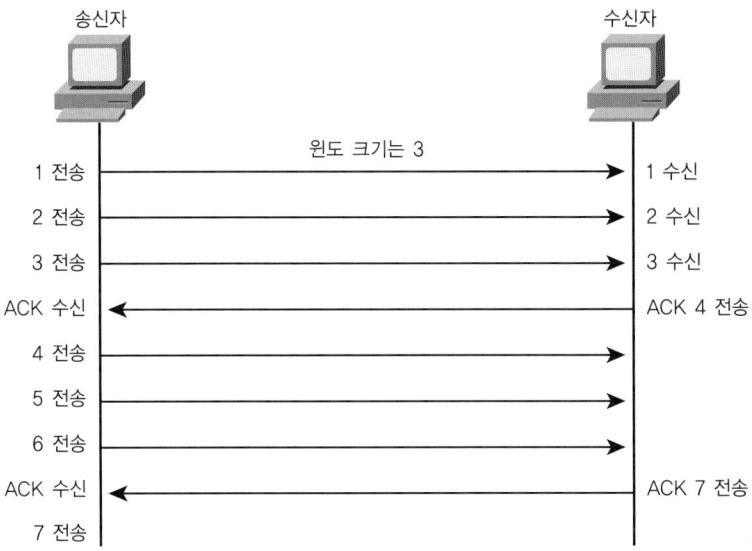

▲ **그림 1-54** 고정 윈도잉

TCP 연결에서 윈도잉 과정을 단계별로 살펴보면 다음과 같다.

- **1단계** 송신자와 수신자가 초기의 윈도 크기를 지정한다. 한 개의 확인응답 이전에 세 개의 세그먼트가 전송돼야 한다. 이는 연결 셋업 절차 중에 일어난다.
- **2단계** 송신자는 세그먼트 1, 2, 3을 수신자에게 전송한다. 송신자는 세그먼트를 전송하고, 타이머를 시작하고, 수신자로부터 확인응답을 기다린다.
- **3단계** 수신자는 세그먼트 1, 2, 3을 수신하고 ACK = 4를 반환한다. 수신자는 이전 세그먼트들의 수신이 성공했다는 확인응답을 보낸다.
- **4단계** 송신자는 ACK = 4를 수신하고 세그먼트 4, 5, 6을 수신자에게 전송한다. 송신자는 세그먼트를 전송하고, 타이머를 시작하고 수신자로부터 확인응답을 기다린다.
- **5단계** 수신자는 세그먼트 4, 5, 6을 수신하고 ACK = 7을 반환한다. 수신자는 이전 세그먼트의 수신이 성공했다는 확인응답을 보낸다.

이번 예제에서 사용된 숫자는 이해를 쉽게 하기 위해 단순화했다. 이 숫자가 실제로는 옥텟(바이트)을 나타내며, 세그먼트 자체가 아니라 TCP 세그먼트의 내용을 표현하는 훨씬 더 큰 숫자가 될 것이다.

TCP 슬라이딩 윈도잉

TCP는 슬라이딩 윈도 기법을 사용해서 세그먼트의 수를 명시한다. 먼저 수신자가 수락할 수 있는 확인응답 수에서 시작한다.

고정 윈도잉에서는 윈도 크기가 설정된 다음에 변경되지 않는다. 슬라이딩 윈도잉에서 연결 초기에 윈도 크기가 협상되고 TCP 세션 중에 동적으로 변경될 수 있다. 슬라이딩 윈도를 활용하면 대역폭을 더 효율적으로 이용할 수 있다. 왜냐하면 윈도 크기가 더 크면 더 많은 데이터를 전송할 수 있기 때문이다. 또한 수신자가 광고된 윈도 크기를 0으로 줄일 경우에 0보다 더 큰 새로운 창이 전송될 때까지 더 이상 전송을 하지 않는다.

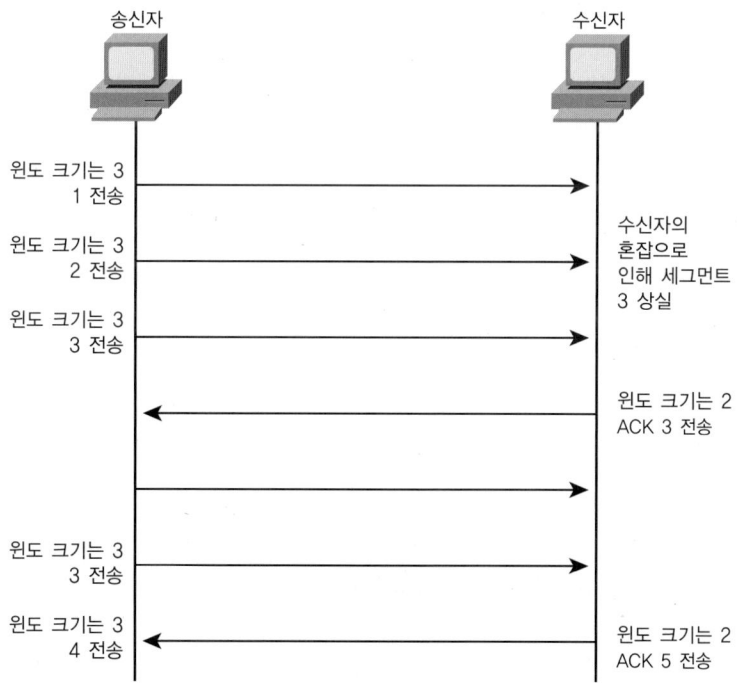

▲ 그림 1-55 슬라이딩 윈도잉

[그림 1-55]에서 윈도 크기는 3이다. 송신자는 수신자에게 세 개의 세그먼트를 전송할 수 있다. 이 시점에 송신자는 수신자로부터 확인응답이 오기를 기다려야 한다. 수신자가 세 개의 세그먼트를 받았다는 확인응답을 보낸 후에 송신자는 세 개 이후의 세그먼트를 전송할 수 있다. 그러나 수신자의 자원이 부족한 경우 수신자가 윈도 크기를 줄일 수 있으며, 이 경우에 데이터 세그먼트는 버려져야 한다.

수신자가 전송한 각 확인응답에는 윈도 광고가 있으며, 윈도 광고는 수신자가 수락할 수 있는 바이트 수(윈도 크기)를 나타낸다. 이 특징을 이용함으로써 버퍼 공간과 프로세싱의 관리에 필요한 만큼 윈도를 확장하거나 정할 수 있다.

TCP는 별도의 CWS(congestion window size) 매개변수를 관리하며, CWS의 크기는 수신자의 윈도 크기와 동일하다. 그러나 세그먼트가 없어지면 CWS는 반으로 줄어든다. 세그먼트 손실은 네트워크 혼잡에 해당된다. TCP는 상황을 되돌아보고 알고리즘을 다시 시작하며, 이를 통해 네트워크 혼잡을 줄인다. 슬라이딩 윈도의 진행 과정을 단계별로 정리하면 다음과 같다.

- **1단계** 송신자와 수신자는 초기의 윈도 크기 값을 교환한다. 이번 예제에서 윈도 크기가 3 세그먼트고, 그 다음에 확인응답이 전송돼야 한다. 이는 연결 셋업 절차 중에 일어난다.
- **2단계** 송신자는 세그먼트 1, 2, 3을 수신자에게 전송한다. 수신자는 세그먼트 3을 전송한 후에 수신자로부터 확인응답을 기다린다.
- **3단계** 수신자는 세그먼트 1과 2를 수신한다. 그러나 윈도 크기 2만 처리할 수 있다(ACK = 3, WS = 2). 수신자의 프로세싱이 여러 가지 이유로 느려질 수 있다. CPU가 DB를 검색하거나 대용량의 그래픽 파일을 다운로드할 때 이에 해당된다.
- **4단계** 송신자는 세그먼트 3과 4를 전송한다. 송신자는 세그먼트 5를 전송한 후에 수신자로부터 확인응답을 기다린다. 두 개의 세그먼트가 여전히 미처리 상태다.
- **5단계** 수신자는 세그먼트 3과 4의 수신을 확인응답한다. 그러나 여전히 윈도 크기는 2다 (ACK = 5, WS = 2). 수신자는 세그먼트 5의 전송을 요청하며, 이는 세그먼트 3과 4가 제대로 수신됐다는 확인응답에 해당된다.

처리량 극대화

혼잡 윈도잉 알고리즘은 전송된 데이터의 속도를 관리한다. 이를 통해서 데이터 손실과 손실 데이터의 복구에 소요되는 시간을 최소화한다. 즉, 효율성을 개선한다.

전역 동기화

혼잡 윈도잉 알고리즘이 일반적으로 효율성을 개선하지만 TCP 과정의 전역 동기화를 야기함으로써 효율성에 부정적인 효과를 미칠 수도 있다. 모든 송신자가 동일한 알고리즘을 사용해서 모든 송신자의 행위가 동기화될 때를 전역 동기화(global synchronization)라고 한다. 모든 송신자가 동일한 혼잡을 인식하고 동시에 작업을 중단한다. 모든 송신자가 동일한 알고리즘을 사용하므로 동시에 이전 단계로 돌아가며, 이로 인해 혼잡 파도가 생성된다.

TCP/IP의 트랜스포트 계층과 애플리케이션 계층 요약

이번 절에서 논의한 핵심사항을 정리하면 다음과 같다.

- UDP는 트랜스포트 계층에서 운영되는 프로토콜로서 TCP의 과부하 및 신뢰성 메커니즘 없이 네트워크 계층에 대한 애플리케이션 접근을 제공한다. UDP는 비연결형의 최대 노력 전달 프로토콜이다.

- TCP는 트랜스포트 계층에서 운영되는 프로토콜이며 애플리케이션은 TCP를 통해서 네트워크 계층에 접근한다. TCP는 연결형 프로토콜로서 에러 점검 기능을 제공하고 데이터 배달의 신뢰성을 확보한다. 그리고 전이중 모드에서 운영되고, 데이터 복구 기능도 일부 제공한다.

- TCP/IP는 FTP, TFTP, 텔넷 등의 여러 애플리케이션을 지원한다.

- IP는 개별 데이터그램에 사용할 프로토콜을 식별하기 위해 데이터그램 헤더에 있는 프로토콜 번호를 사용한다.

- 포트 번호는 4계층과 애플리케이션을 매핑한다.

- 트랜스포트 계층 프로토콜로서 TCP를 사용할 경우에 애플리케이션이 데이터를 전송할 수 있으려면 송신 애플리케이션과 수신 애플리케이션이 있는 각 OS에게 연결이 시작될 것이라는 통보가 갈 것이다. 동기화가 이뤄진 후에 두 개의 종점 시스템이 연결되고 데이터 전송을 시작할 수 있다.

- 송신 호스트에서 흐름을 제어함으로써 수신 호스트의 버퍼 오버플로 및 네트워크 성능 저하 문제를 피할 수 있다.

- TCP는 전방 참조 확인응답과 함께 세그먼트의 시퀀싱을 제공한다. 하나의 세그먼트가 전송될 때 수신에 대한 확인응답이 이뤄진 후에 그 다음 세그먼트가 전송된다.

- TCP 윈도 크기는 혼잡과 데이터 손실이 일어나지 않는 수준으로 송신 속도를 감소시킨다. TCP 윈도 크기를 활용하면 확인응답되지 않은 세그먼트의 전송 수를 명시할 수 있다.

- 고정 윈도의 크기는 변경되지 않으며, 세그먼트의 정해진 흐름에 적합하다.
- TCP 슬라이딩 윈도의 크기는 세그먼트의 흐름에 맞게 동적으로 변경될 수 있다.
- TCP는 TCP 헤더에 있는 일련번호와 확인응답 번호를 사용해서 세그먼트의 시퀀싱을 수행한다.

패킷 전달 과정

앞의 절들에서는 호스트 대 호스트 통신에 영향을 미치는 요소들을 살펴봤는데, 이 요소들이 어떻게 상호작용하는지도 이해해야 한다. 이번 절에서는 호스트 대 호스트 통신을 그림으로 하나씩 설명하면서 살펴본다.

1계층 장비와 그 기능

1계층은 종점 시스템 사이의 물리적 링크 가동, 유지, 중단을 위한 전기적, 기계적, 절차적, 기능적 명세를 정의하는데, 일반적인 예로 프레임 릴레이나 T1 같은 시리얼 링크와 이더넷 세그먼트가 있다.

신호를 증폭시키는 리피터도 1계층 장비에 해당한다. [그림 1-56]은 1계층 장비를 그림으로 표현한 것이다.

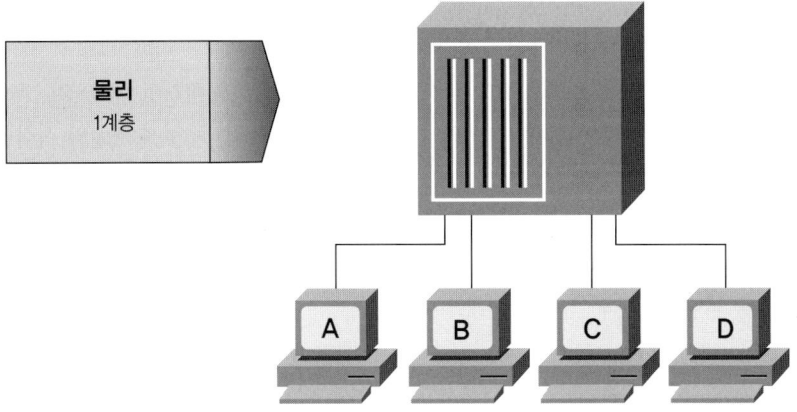

▲ 그림 1-56 1계층 장비

NIC의 물리적 인터페이스도 1계층의 일부로 볼 수 있다.

2계층 장비와 그 기능

2계층은 전송을 위해 데이터 서식이 어떻게 정해지며, 물리적 매체의 접근이 어떻게 통제되는지를 정의한다. 또한 2계층 장비는 2계층 장비와 물리적 매체 사이의 인터페이스도 제공한다. 이의 예로 호스트에 설치된 NIC, 브리지, 스위치를 들 수 있다. [그림 1-57]은 2계층 장비의 예를 보여준다.

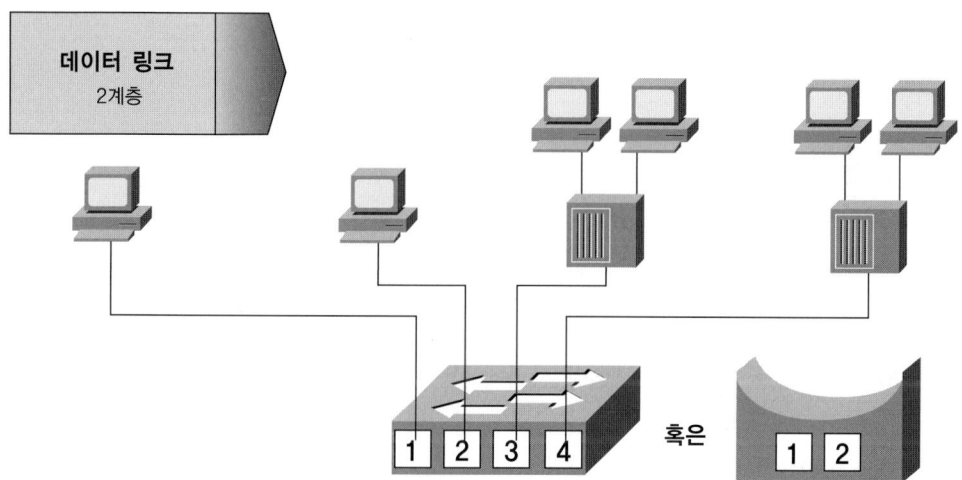

▲ 그림 1-57 2계층 장비

2계층 어드레싱

호스트가 통신하려면 2계층 주소가 필요하다. [그림 1-58]은 2계층 이더넷 프레임의 MAC 주소다.

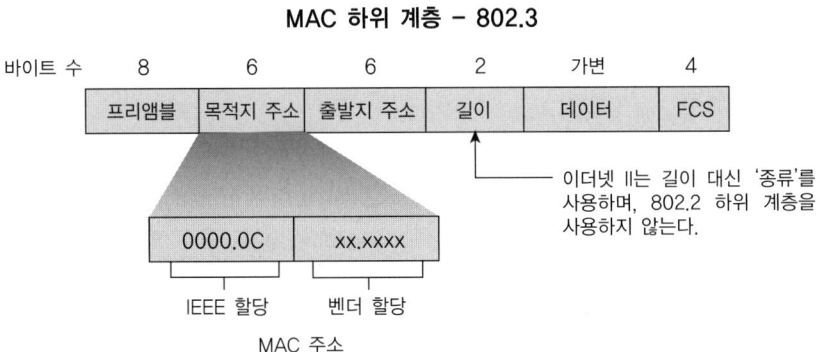

▲ 그림 1-58   이더넷 MAC 주소

호스트 대 호스트 통신이 처음 개발됐을 때 여러 개의 네트워크 계층 프로토콜이 NOS (network operating system)라 불렸다. 초기의 NOS로는 넷웨어, IP, ISO, Banyan-Viens가 있었다. NOS와 무관한 2계층 주소에 대한 필요성이 있었으므로 MAC 주소가 만들어 졌다.

MAC 주소는 호스트 같은 최종 장비에 할당된다. 대개 브리지나 스위치 같은 2계층 네트워크 장비에는 MAC 주소가 할당되지 않는다. 그러나 특별한 경우에는 스위치에 MAC 주소가 할당될 수도 있다.

3계층 장비와 그 기능

네트워크 장비는 지리적으로 떨어져 있는 두 호스트 시스템을 연결하고 경로를 선택한다. 호스트 관점에서 이 경로는 데이터 링크 계층과 NOS 상위 계층들 사이의 경로다. 호스트 관점에서 이 경로는 네트워크를 지나가는 실제 경로다. [그림 1-59]는 3계층 장비 예다.

3계층 어드레싱

각 NOS는 자체의 3계층 주소 형식을 갖고 있다. 예를 들어, OSI 참조 모델은 NSAP (network service access point)를 사용하는 반면에 TCP/IP는 IP 주소를 사용한다. 이번 절에서는 TCP/IP를 중점적으로 다룬다. [그림 1-60]은 3계층 어드레싱의 예를 보여준다.

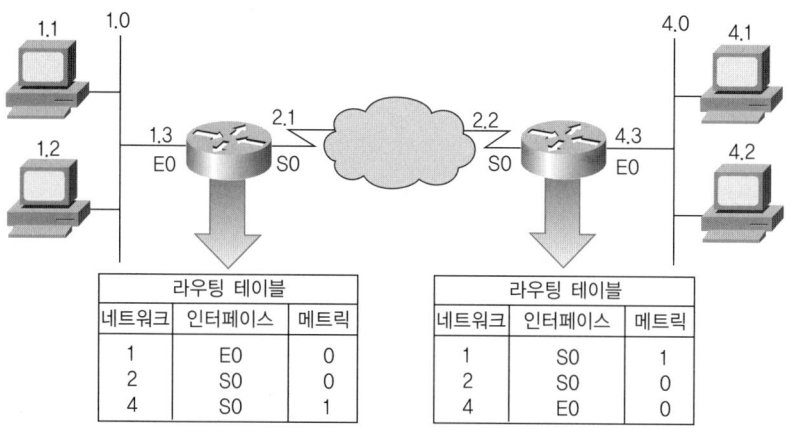

▲ 그림 1-59 3계층 장비

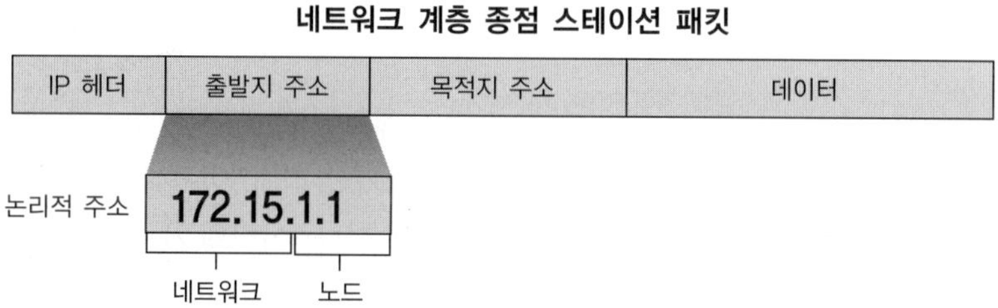

▲ 그림 1-60 3계층 어드레싱

2계층 어드레싱과 3계층 어드레싱의 매핑

이더넷 연결 네트워크에서 IP 통신이 일어나기 위해서는 목적지의 물리적(MAC) 주소와 논리적(IP) 주소가 묶여야 한다. 이 과정은 ARP(Address Resolution Protocol)에 의해 이뤄진다. [그림 1-61]에서 2계층 주소를 3계층 주소에 매핑하는 예를 보여주고 있다.

데이터를 목적지로 보내기 위해서 이더넷 네트워크의 호스트는 목적지의 물리적(MAC) 주소를 알아야 한다. ARP는 IP 주소를 물리적 주소와 매핑하는 서비스를 제공한다.

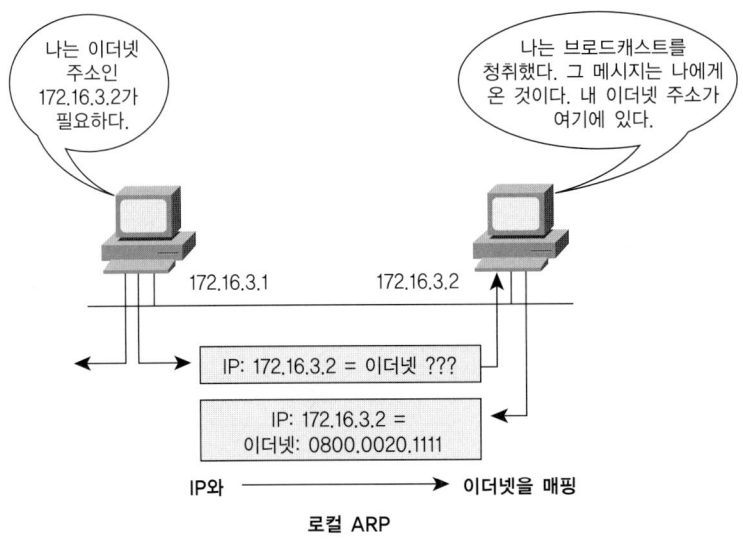

▲ 그림 1-61 2계층을 3계층에 매핑

주소 해석(address resolution)이라는 말은 원격 장비의 네트워크 계층 IP 주소를 로컬의 데이터 링크 계층 MAC 주소와 묶는 과정을 이른다. ARP가 알려진 정보(대상의 목적지 IP 주소와 자신의 IP 주소)를 브로드캐스팅할 때 주소는 '해석' 된다. 이더넷 세그먼트의 모든 장비가 이 브로드캐스트를 수신한다. 목적지가 ARP 요청 패킷의 내용을 읽어서 스스로를 인식할 때 목적지는 ARP 회신에 MAC 주소를 넣어서 응답한다. 출발지가 목적지로부터 회신 패킷(필요한 MAC 주소 포함)을 수신하고 현재의 모든 결합 정보가 들어 있는 테이블을 업데이트하면 주소 해석 절차가 완료된다. 이 테이블을 ARP 캐시(ARP cache) 혹은 ARP 테이블(ARP table)이라고 한다. ARP 테이블은 각 IP 주소와 IP 주소에 대응하는 MAC 주소 사이의 상호 관계 정보를 저장한다.

테이블의 결합 정보는 최신 상태를 유지하며, 이를 위해서 일정 시간 동안 활동하지 않는 엔트리의 수명을 종료시키는 과정이 진행된다. 수명 소멸의 기본 시간은 대개 300초(5분)다. 이를 통해서 전원이 꺼졌거나 다른 곳으로 옮겨진 시스템의 정보가 포함되지 않게 된다.

ARP 테이블

ARP 테이블, 즉 ARP 캐시는 IP 주소와 MAC 주소의 최신 결합 정보를 갖고 있다. [그림

1-62]는 ARP 테이블의 예다.

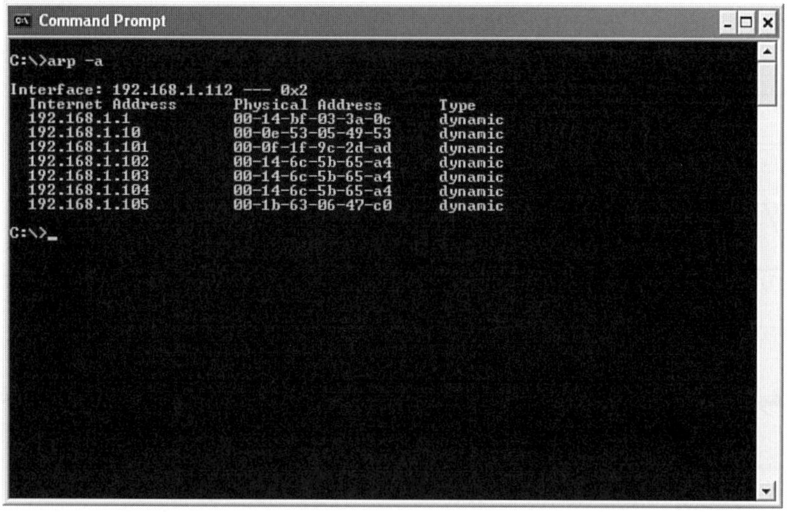

```
C:\>arp -a
Interface: 192.168.1.112 --- 0x2
  Internet Address      Physical Address      Type
  192.168.1.1           00-14-bf-03-3a-0c     dynamic
  192.168.1.10          00-0e-53-05-49-53     dynamic
  192.168.1.101         00-0f-1f-9c-2d-ad     dynamic
  192.168.1.102         00-14-6c-5b-65-a4     dynamic
  192.168.1.103         00-14-6c-5b-65-a4     dynamic
  192.168.1.104         00-14-6c-5b-65-a4     dynamic
  192.168.1.105         00-1b-63-06-47-c0     dynamic

C:\>_
```

▲ 그림 1-62　ARP 테이블

네트워크 세그먼트의 각 IP 장비의 메모리에는 ARP 테이블이 있다. 이 테이블에는 네트워크에 있는 기타 장비의 IP 주소와 이 장비들의 물리적(MAC) 주소가 매핑되어 있다. 호스트가 동일한 네트워크의 다른 호스트로 데이터를 전송하려고 할 때 호스트는 ARP 테이블을 검색해 엔트리가 있는지를 본다. 엔트리가 있을 경우 호스트는 그 엔트리를 사용하고, 없으면 엔트리를 얻는 작업에 ARP가 사용된다.

ARP 테이블은 동적으로 생성되고 관리되며, 로컬 호스트에서 사용될 때 주소 관계를 추가하거나 변경한다. ARP 테이블의 엔트리는 일정한 시간 이후(기본 값은 300초)에 소멸된다. 그러나 로컬 호스트가 데이터를 다시 전송하려고 할 때 ARP 테이블의 엔트리는 ARP 과정을 통해서 다시 생성된다.

호스트 대 호스트 패킷 배달

[그림 1-63]에서 3계층 주소가 192.168.3.1인 호스트의 어떤 애플리케이션이 3계층 주소가 192.168.3.2인 호스트로 데이터를 전송하려고 한다. 애플리케이션은 신뢰성 있는 연결을 원한다. 애플리케이션은 이 서비스를 트랜스포트 계층으로부터 요청한다.

트랜스포트 계층은 세션을 이루기 위해 TCP를 선택한다. TCP는 SYN 비트 세트와 목적지의 3계층 주소(192.168.3.2)가 들어 있는 TCP 헤더를 IP 계층으로 보냄으로써 세션을 시작한다.

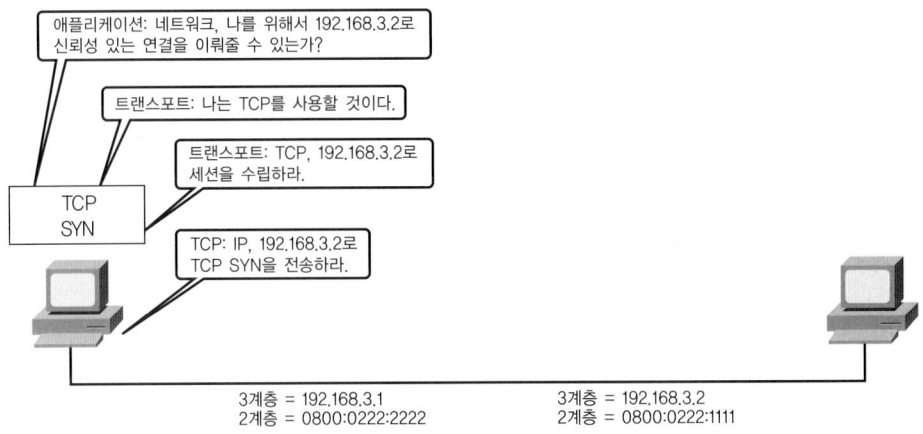

▲ 그림 1-63 패킷 배달

IP 계층은 TCP의 SYN을 2계층 패킷에 캡슐화하며, 이때 로컬 3계층 주소와 IP가 TCP로부터 수신한 3계층 주소를 추가한다. 그런 다음에 IP는 패킷을 2계층으로 넘긴다. [그림 1-64]에서 이 과정을 보여준다.

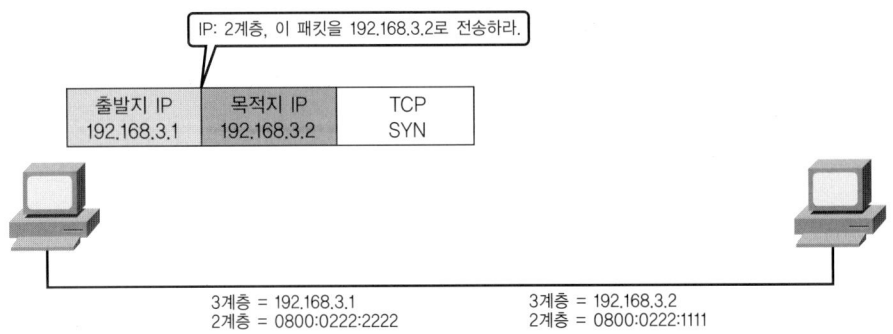

▲ 그림 1-64 IP 계층 작동 원리

2계층은 3계층 패킷을 2계층 프레임으로 캡슐화해야 한다. 이를 진행하기 위해서 2계층은 패킷의 3계층 목적지 주소를 MAC 주소에 매핑해야 한다. 이를 위해 ARP 프로그램에 매핑을 요청한다.

ARP는 ARP 테이블을 점검한다. 이번 예제에서는 호스트가 다른 호스트와 통신하지 않는 것으로 가정하므로 ARP 테이블에는 엔트리가 없다. 이에 따라 ARP가 매핑을 제공할 수 있을 때까지 2계층이 패킷을 잡고 있게 된다. 이 과정을 [그림 1-65]에서 설명하고 있다.

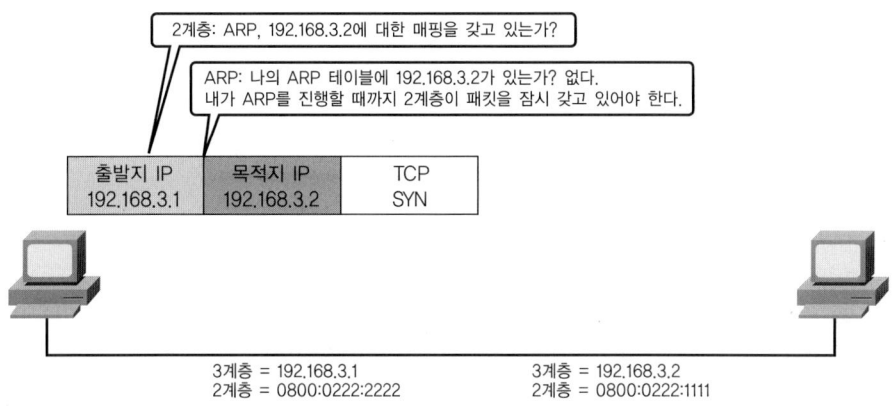

▲ 그림 1-65 ARP 테이블 룩업

ARP 프로그램은 ARP 요청을 만들고 이를 2계층으로 넘긴다. 그리고 2계층으로 하여금 요청을 브로드캐스트(모두 F) 주소로 전송하도록 한다. 2계층은 2계층 프레임에 ARP 요청을 캡슐화하며, 이때 ARP에서 제공한 브로드캐스트 주소를 목적지 MAC 주소로 하고, 로컬 MAC 주소를 출발지로 사용한다. 이 과정을 [그림 1-66]과 [그림 1-67]에서 설명하고 있다.

Chapter 1 _ 소규모 네트워크 구축

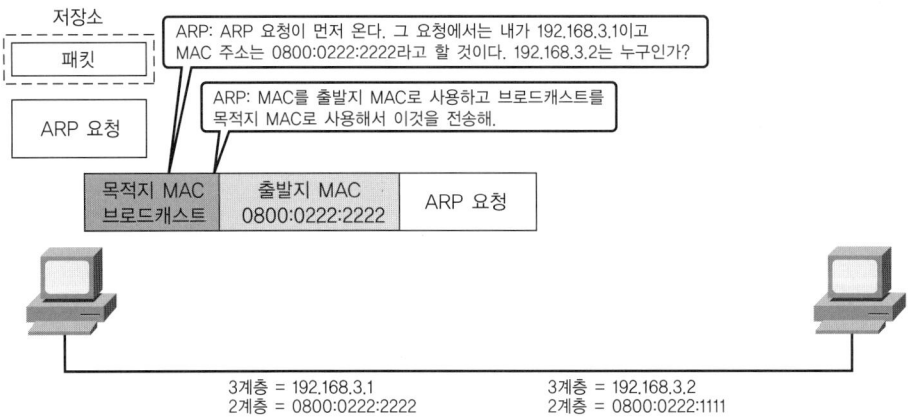

▲ 그림 1-66 ARP 개요

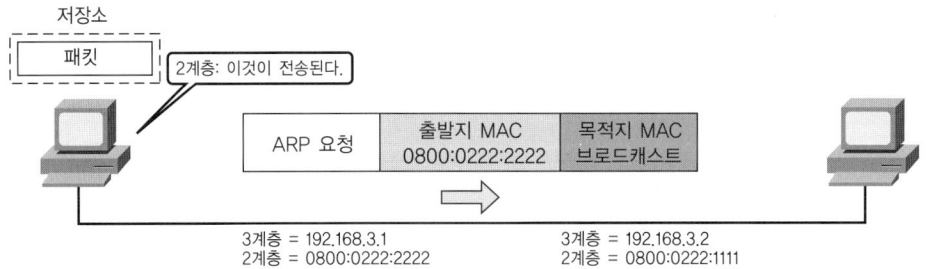

▲ 그림 1-67 ARP 요청 전송

프레임을 수신할 때 192.168.3.2 호스트는 브로드캐스트 주소를 인식하고 2계층 캡슐화를 벗긴다. 이 과정을 [그림 1-68]에서 볼 수 있다.

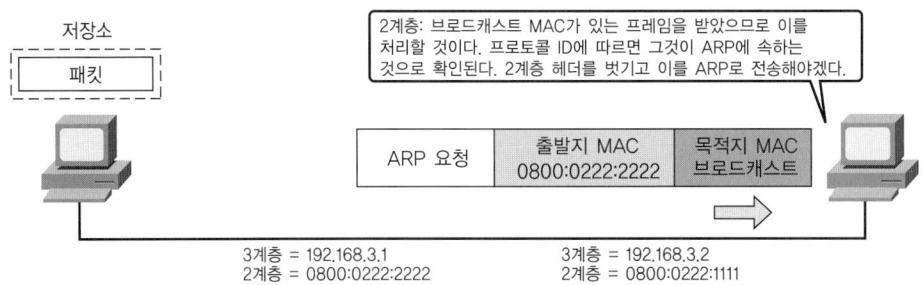

▲ 그림 1-68 ARP 요청 수신

패킷 전달 과정

나머지 ARP 요청이 ARP로 넘어간다. [그림 1-69]에서 이 과정을 설명한다.

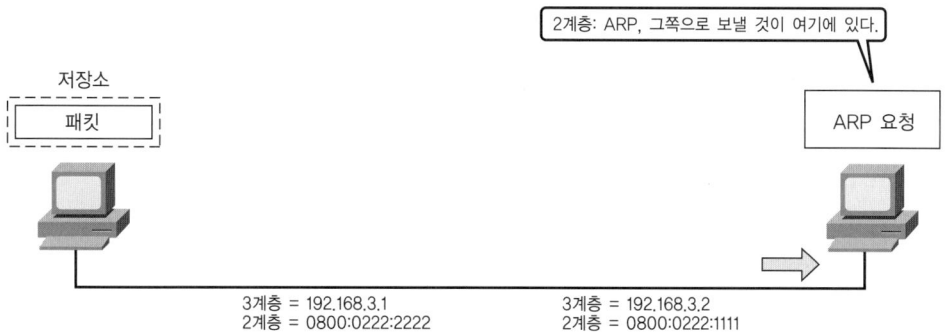

▲ **그림 1-69** 2계층이 ARP로 넘김

ARP는 ARP 요청에 있는 정보를 사용해서 ARP 테이블을 업데이트한다. [그림 1-70]에서 이 과정을 볼 수 있다.

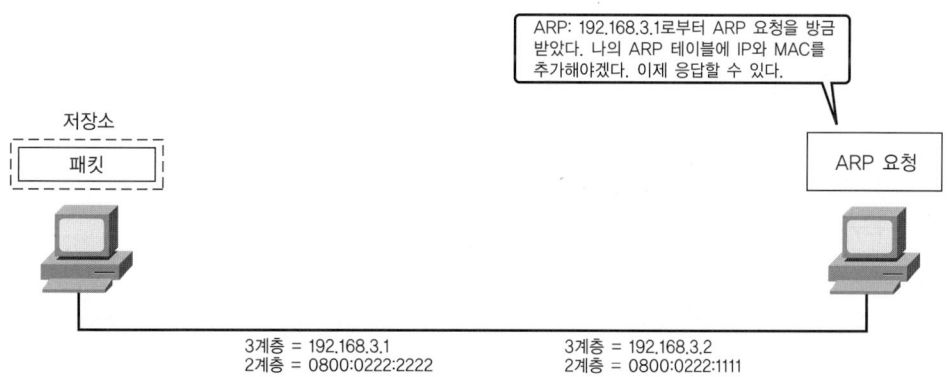

▲ **그림 1-70** ARP가 전송 정보를 테이블에 추가

ARP는 응답을 만들고 이를 2계층으로 넘긴다. 그리고 2계층으로 하여금 응답을 MAC 주소 0800:0222:2222(192.168.3.1 호스트)로 전송하도록 알린다. [그림 1-71]에서 이를 설명한다.

127

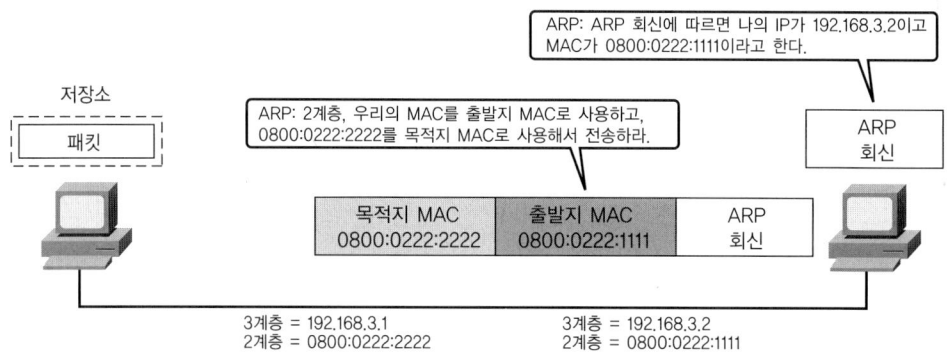

▲ 그림 1-71 ARP가 응답 생성

2계층은 ARP를 2계층 프레임에 캡슐화한다. 이때 ARP에서 제공한 목적지 MAC 주소와 로컬 출발지 MAC 주소를 사용한다. [그림 1-72]에서 이 과정을 알 수 있다.

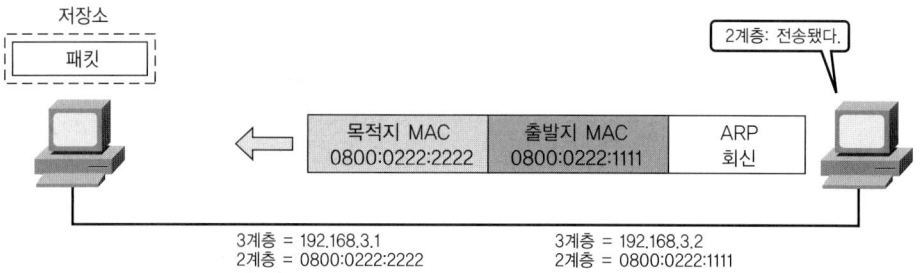

▲ 그림 1-72 ARP 응답

프레임을 수신한 192.168.3.1 호스트는 목적지 MAC 주소가 자신의 주소와 동일하다고 알린다. 2계층 캡슐화를 벗긴다. 이를 [그림 1-73]에서 설명한다.

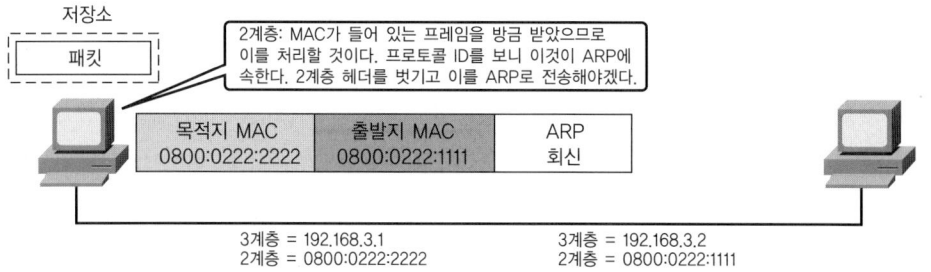

▲ 그림 1-73 2계층이 MAC 주소 인식

나머지 ARP 회신이 ARP로 넘어간다. [그림 1-74]에서 그 과정을 설명하고 있다.

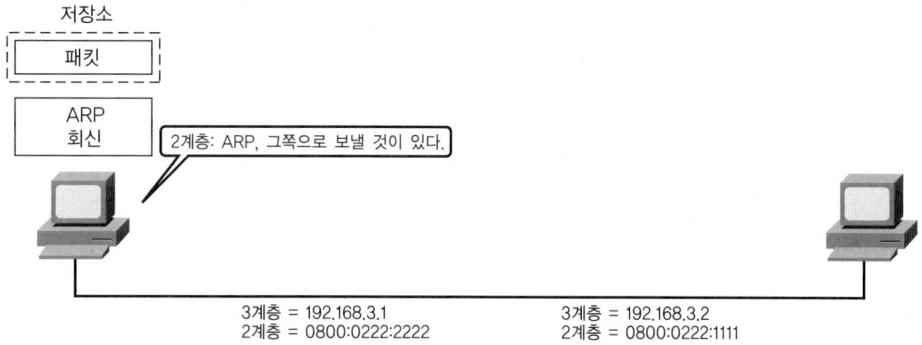

▲ **그림 1-74** 2계층이 ARP로 넘김

ARP는 테이블을 업데이트하고 매핑을 2계층으로 넘긴다. [그림 1-75]에서 그 과정을 보여준다.

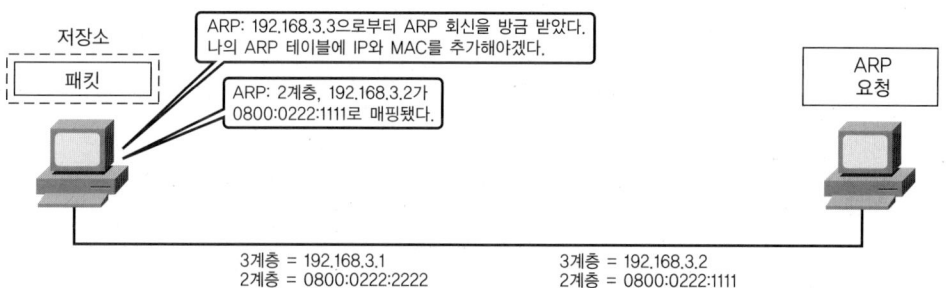

▲ **그림 1-75** ARP가 테이블을 업데이트

이제 2계층이 2계층 패킷을 전송할 수 있다. [그림 1-76]에서 그 과정을 설명한다.

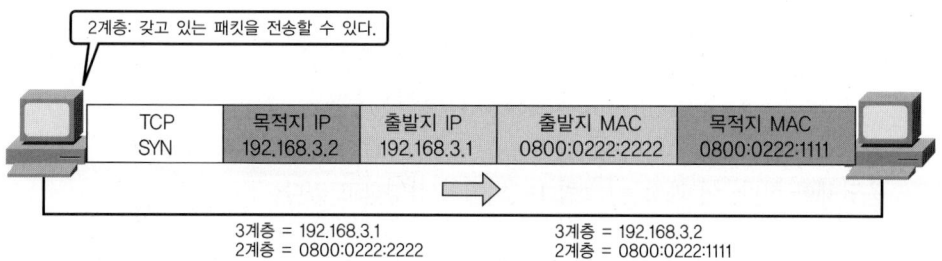

▲ **그림 1-76** 2계층이 패킷을 프레임으로 전송해서 3단계 핸드셰이크 시작

192.168.3.2 호스트에서 프레임은 캡슐화가 제거된 스택으로 넘어간다. 나머지 PDU는 TCP로 간다. [그림 1-77]에서 그 과정을 보여준다.

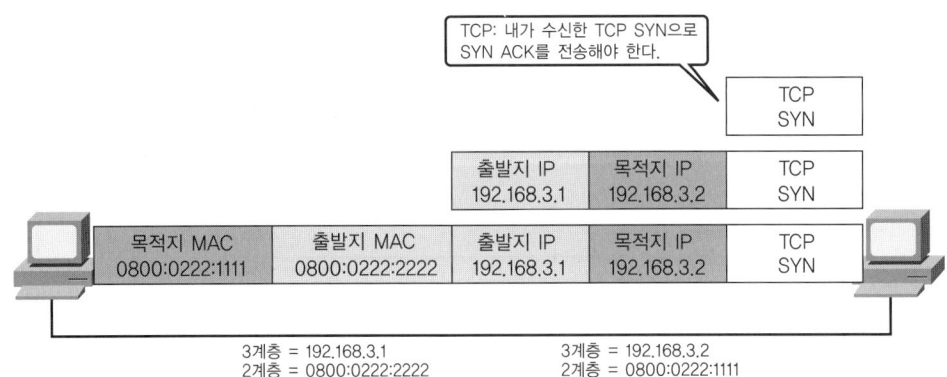

▲ 그림 1-77 IP 패킷 수신

SYN 응답에서 TCP가 캡슐화될 스택 아래로 SYN ACK를 넘긴다.

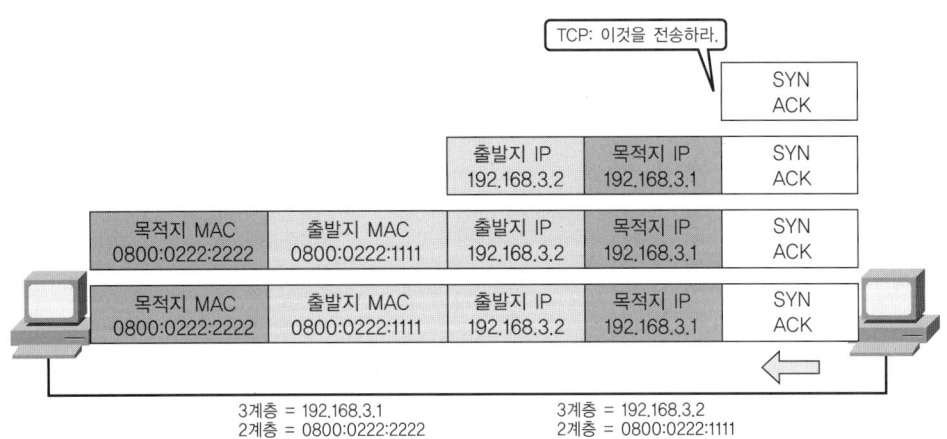

▲ 그림 1-78 수신자가 프레임을 확인응답

송신자는 ACK를 수신하며, 여기에는 수신자로부터 온 SYN도 포함된다. 송신자는 이에 응답해야 한다. 이 과정을 [그림 1-79]에서 설명하고 있다.

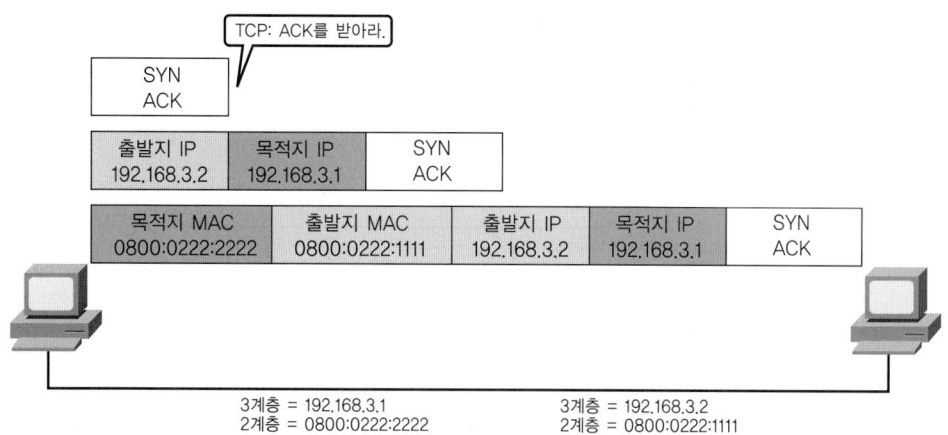

▲ 그림 1-79 송신자가 ACK 수신

송신자가 ACK를 수신자에게 전송하고, 수신자는 이에 응답해야 한다. [그림 1-80]에서 그 과정을 설명한다.

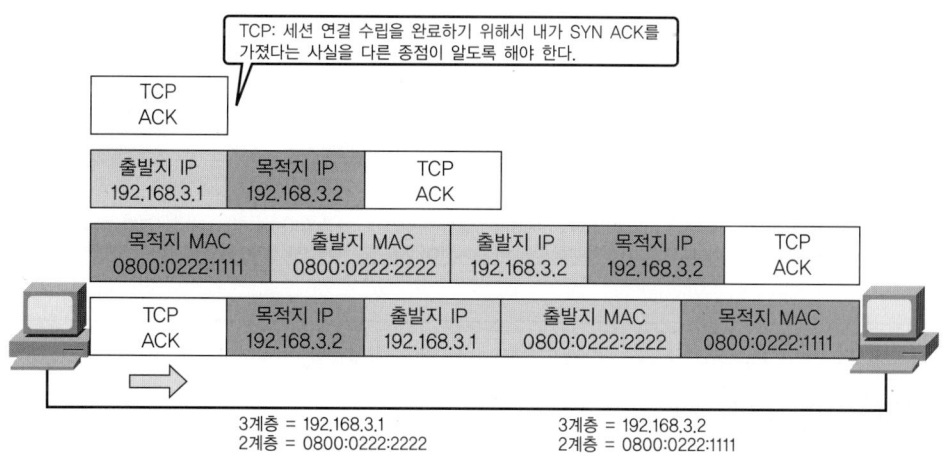

▲ 그림 1-80 송신자가 ACK 확인응답, 3단계 핸드셰이크 완료

3단계 핸드셰이크가 완료되면서 TCP는 세션 수립을 애플리케이션에게 알릴 수 있다. [그림 1-81]에서 이를 설명하고 있다.

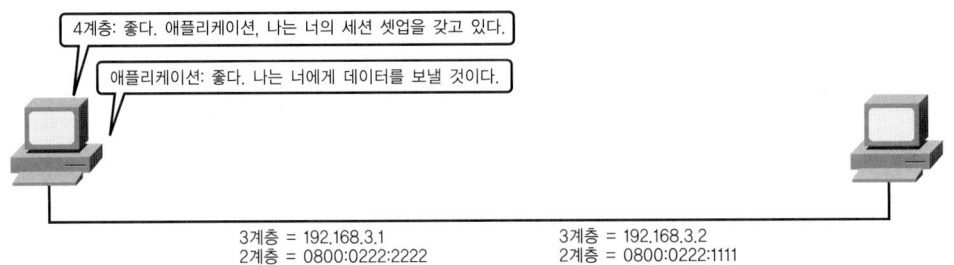

▲ 그림 1-81 세션 오픈

이제 애플리케이션은 세션에서 데이터를 보낼 수 있으며, TCP를 이용해서 에러를 검출한다. 이 과정을 [그림 1-82], [그림 1-83], [그림 1-84]에서 설명한다.

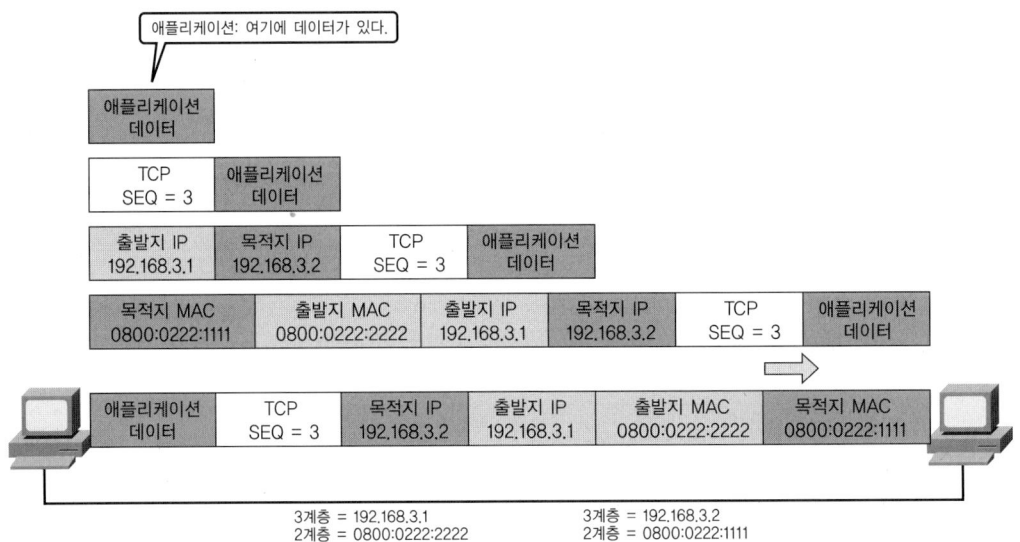

▲ 그림 1-82 데이터 흐름 시작

패킷 전달 과정

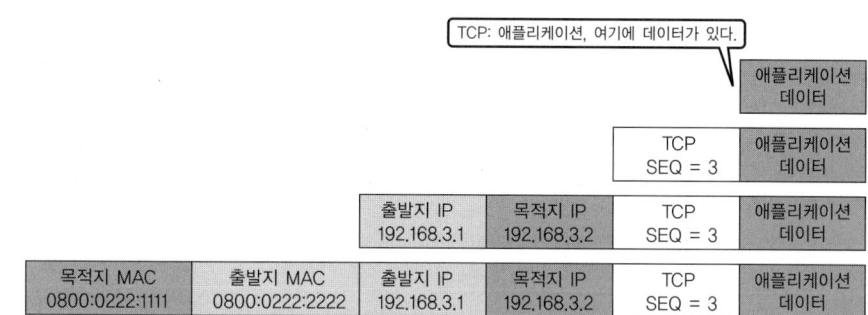

▲ 그림 1-83 데이터 수신

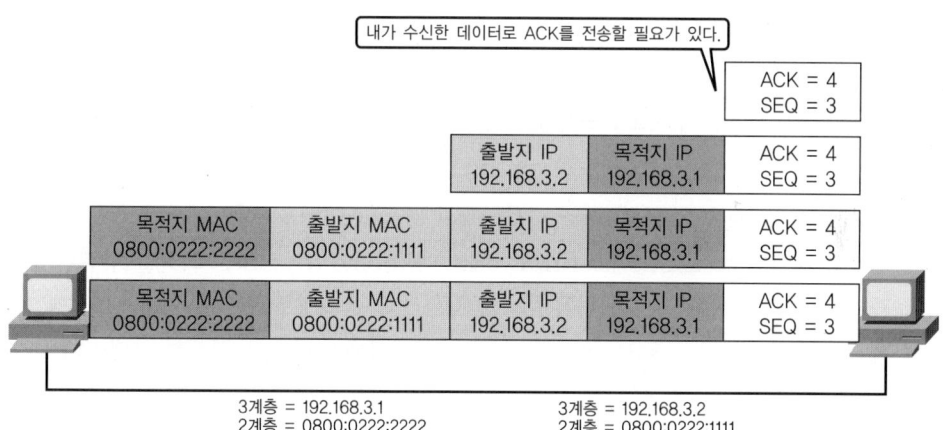

▲ 그림 1-84 데이터 확인응답

데이터 교환은 애플리케이션이 데이터 전송을 멈출 때까지 계속된다.

기본 게이트웨이의 기능

호스트 간 패킷 배달 예제에서 호스트는 목적지의 MAC 주소와 목적지의 IP 주소를 매핑하기 위해 ARP를 사용할 수 있었다. 그러나 이 옵션을 사용할 수 있으려면 두 호스트가

133

동일한 네트워크에 있어야 한다. 두 호스트가 다른 네트워크에 있을 경우에 송신 호스트는 데이터를 기본 게이트웨이로 전송해야 하고, 기본 게이트웨이가 데이터를 목적지로 전달한다. [그림 1-85]에서는 데이터 전송에서 기본 게이트웨이가 어떤 역할을 하는지를 보여준다.

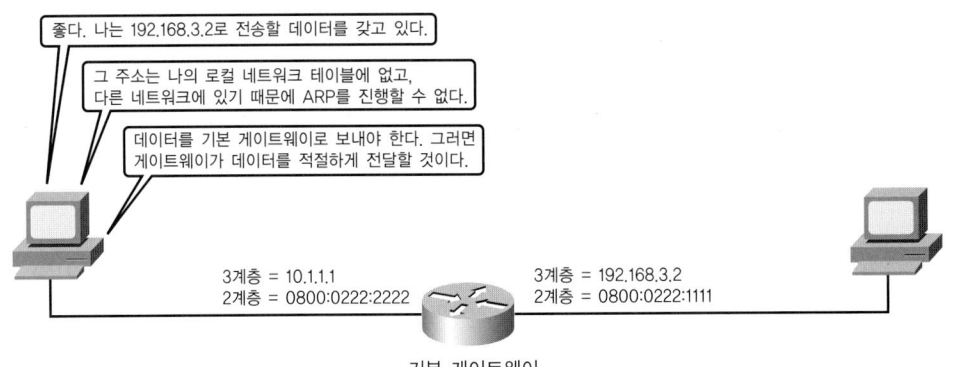

▲ 그림 1-85 기본 게이트웨이의 역할

네트워크를 지나가는 두 호스트 사이의 경로 결정 - 일반적인 호스트 툴 사용

ping은 특정 호스트가 IP 네트워크를 지나갈 수 있는지 여부를 테스트하는 컴퓨터 네트워크 툴이다. ping은 ICMP(Internet Control Message Protocol) '에코 요청(echo request)' 패킷을 대상 호스트로 보내고 ICMP '에코 응답(echo response)' 회신을 청취한다. ping은 간격 타이밍과 응답 속도를 사용해서 호스트들 사이의 RTT(단위는 밀리초)와 패킷 송신율을 측정한다. [그림 1-86]은 윈도우의 명령어 라인에서 ping을 실행한 화면이다.

윈도우의 ping 구문은 다음과 같다.

ping [-t] [-a] [-n 카운트] [-l 크기] [-f] [-i TTL] [-v TOS] [-r 카운트] [-s 카운트] [{-j 호스트목록 | -k 호스트목록}] [-w 타임아웃] [대상이름]

구문 플래그의 기능을 하나씩 살펴보자.

- -t: 중단될 때까지 목적지로 에코 요청 메시지를 계속 보낸다. 중단시키고 내용을 보려면 Ctrl-BREAK 키를 누른다. 중단시키고 ping을 빠져나가려면 Ctrl-C를 누른다.

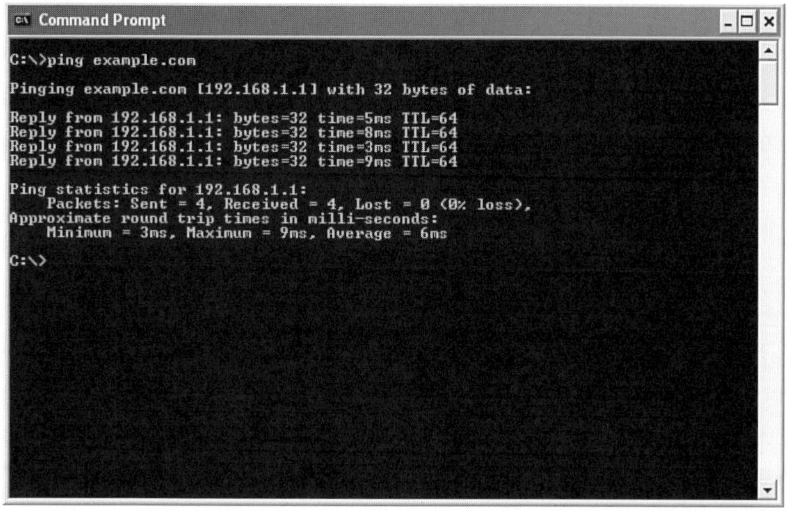

▲ 그림 1-86 ping의 실행 예

- **-a**: 목적지 IP 주소에서 호스트 이름을 해석한다. 이 명령어가 성공하면 대상 호스트의 호스트 이름을 표시한다.
- **-n *카운트***: 에코 요청 메시지의 전송 횟수를 명시한다. 기본 값은 4다.
- **-l *크기***: 전송되는 에코 요청 메시지의 '데이터' 필드의 길이를 나타낸다. 단위는 바이트다. 최대 크기는 65,527이다.
- **-f**: IP 헤더의 Don't Fragment 플래그를 1로 지정해서 에코 요청 메시지를 전송한다. 이렇게 전송된 에코 요청 메시지는 목적지로 가는 경로에서 라우터에 의해 단편화될 수 없다. 이 매개변수는 PMTU(path maximum transmission unit) 문제에 유용하다.
- **-i *TTL***: IP 헤더의 TTL(Time-to-Live) 필드의 값을 나타낸다. 호스트의 기본 TTL 값이 기본 값으로 들어간다. 윈도우 XP 호스트의 경우에 일반적으로 128이다. 최대 TTL은 255다.
- **-v *TOS***: IP 헤더의 TOS(Type of Service) 필드의 값을 나타낸다. 기본 값은 0이다. TOS에는 0~255 사이의 10진수가 들어간다.
- **-r *카운트***: 에코 요청 메시지와 요청 메시지에 대응하는 에코 회신 메시지가 사용한 경로를 기록하기 위해서 IP 헤더의 Record Route 옵션이 사용된다는 것을 명시한다. 경로의 각 홉은 Record Route 옵션에 있는 엔트리를 사용한다. 가능할 경우에 출발지와 목적지 사이의 수와 같거나 그보다 더 큰 값을 '카운트'에 넣기 바란다. '카운트'에 들어갈 값은 최소 1에서 최대 9까지다.

- **-s 카운트**: IP 헤더의 인터넷 타임스탬프 옵션으로서, 각 홉에서 에코 요청 메시지와 이에 대응하는 에코 회신 메시지의 도달 시간이 기록된다. '카운트'의 값은 1~4다.

- **-j 호스트목록**: 에코 요청 메시지가 IP 헤더의 '루스 소스 루트(Loose Source Route)' 옵션을 사용한다는 것을 나타낸다. '호스트목록'에는 중간 목적지 세트가 들어간다. 루스 소스 라우팅에서 중간 목적지 사이에는 하나 혹은 여러 개의 라우터가 있을 수 있다. 호스트목록에 들어갈 수 있는 최대 주소나 이름의 개수는 9개다. '호스트목록'에는 점이 있는 10진수로 표기된 IP 주소가 들어가며, 각 IP 주소는 공백으로 분리된다.

- **-k 호스트목록**: 에코 요청 메시지가 IP 헤더에 '스트릭트 소스 루트(Strict Source Route)' 옵션을 사용하며, '호스트목록'에는 중간 목적지 세트가 들어간다. 스트릭트 소스 라우팅의 경우에 그 다음의 중간 목적지는 바로 도달될 수 있어야 한다(라우터 인터페이스의 네이버여야 한다). '호스트목록'에는 최대 9개까지의 주소나 이름이 들어갈 수 있다. '호스트목록'에는 점이 있는 10진수로 표기된 IP 주소가 들어가며 각 IP 주소는 공백으로 분리된다.

- **-w 타임아웃**: 에코 요청 메시지에 대응해서 에코 회신 메시지가 도달하기까지 기다리는 시간을 나타내며 단위는 밀리초다. 에코 회신 메시지가 '타임아웃' 안에 수신되지 않으면 'Request timed out'에서 메시지가 표시된다. 기본 타임아웃은 4000(4초)이다.

- **대상이름**: IP 주소나 호스트 이름으로 식별되는 목적지가 들어간다.

- **/?**: 명령어 프롬프트에 도움말을 표시한다.

[그림 1-87]에 있는 **arp** 명령어는 ARP 캐시의 엔트리를 보여주고 수정한다. ARP 캐시에는 IP 주소와 IP 주소에 대한 이더넷 물리적 주소가 저장되어 있는 하나 혹은 그 이상의 테이블이 들어간다. 컴퓨터에 설치되어 있는 이더넷이나 토큰 링 네트워크 어댑터마다 별도의 테이블이 있다. 매개변수 없이 **arp**만 입력하면 도움말이 표시된다.

arp 명령어의 구문은 다음과 같다.

arp [**-a** [*InetAddr*] [**-N** *IfaceAddr*]] [**-g** [*InetAddr*] [**-N** *IfaceAddr*]] [-d *InetAddr* [*IfaceAddr*]] [**-s** *InetAddr* *EtherAddr* [*IfaceAddr*]]

arp 명령어에 사용할 수 있는 매개변수는 다음과 같다.

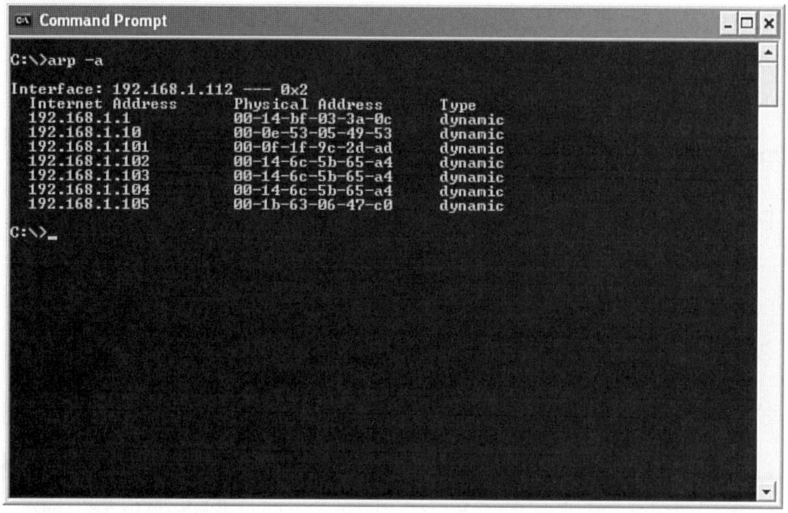

▲ 그림 1-87 ARP 테이블 예

- -a[*InetAddr*][-N *IfaceAddr*]: 모든 인터페이스에 대한 현재의 ARP 캐시 테이블을 표시한다. 특정 IP 주소의 ARP 캐시 엔트리를 표시하려면 *InetAddr* 매개변수를 붙여서 arp -a 명령어를 사용한다. 여기서 *InetAddr*은 IP 주소다. 특정 인터페이스에 대한 ARP 캐시 테이블을 표시하려면 -N *IfaceAddr* 매개변수를 사용한다. 여기서 *IfaceAddr*은 인터페이스에 할당된 IP 주소다. -N 매개변수는 대소문자를 구분하므로 주의하기 바란다.

- -g[*InetAddr*][-N *IfaceAddr*]: -a와 동일하다.

- -d *InetAddr*[*IfaceAddr*]: 특정 IP 주소가 있는 엔트리를 삭제한다. 여기서 *InetAddr*은 IP 주소다. 특정 인터페이스에 대한 엔트리를 삭제하려면 *IfaceAddr* 매개변수를 사용한다. 여기서 *IfaceAddr*은 인터페이스에 할당된 IP 주소다. 모든 엔트리를 삭제하려면 *InetAddr* 자리에 와일드카드(*) 문자를 넣는다.

- -s *InetAddr EtherAddr* [*IfaceAddr*]: IP 주소인 *InetAddr*을 물리적 주소인 *EtherAddr*로 해석하는 ARP 캐시에 정적 엔트리를 추가한다. 특정 인터페이스에 대한 정적 ARP 캐시 엔트리를 테이블에 추가하려면 *IfaceAddr* 매개변수를 사용한다. 여기서 *IfaceAddr*은 인터페이스에 할당된 IP 주소다.

- /?: 명령어 프롬프트에 도움말을 표시한다.

TRACERT(traceroute) 진단 유틸리티는 목적지로 ICMP 에코 패킷을 전송함으로써 목적지가 가는 경로를 결정한다. 이 패킷에서 TRACERT가 사용하는 IP TTL 값은 고정되어 있지 않고 변한다. 경로를 따라가면서 각 라우터는 패킷의 TTL을 최소한 1씩 낮춘 다음에 패킷을 전달하므로 TTL은 사실상 홉 카운터다. 패킷의 TTL이 0에 도달하면 라우터는 ICMP 'Time Exceeded' 메시지를 출발지 컴퓨터로 되돌려 보낸다.

TRACERT는 TTL이 1인 최소의 에코 패킷을 보내고 그 다음 전송이 이뤄질 때마다 TTL을 1씩 증가시킨다. 이는 목적지가 응답을 하거나 최대 TTL에 도달할 때까지 계속된다. 중간 라우터가 돌려보내는 ICMP 'Time Exceeded' 메시지는 경로를 보여준다. 그러나 일부 라우터는 만기가 된 TTL 값이 들어 있는 패킷을 아무런 통고 없이 버리므로 이들 패킷은 TRACERT에 나타나지 않는다는 점에 유의하기 바란다.

TRACERT는 ICMP 'Time Exceeded' 메시지를 반환한 중간 라우터 목록을 순서대로 보여준다. **tracert** 명령어에 **-d** 옵션을 사용하면 각 IP 주소에서 DNS 룩업을 수행하지 않으므로 TRACERT는 라우터의 가까운 쪽에 있는 인터페이스의 IP 주소를 보고한다. yahoo.com에 대한 traceroute 과정을 [그림 1-88]에 설명해 뒀다.

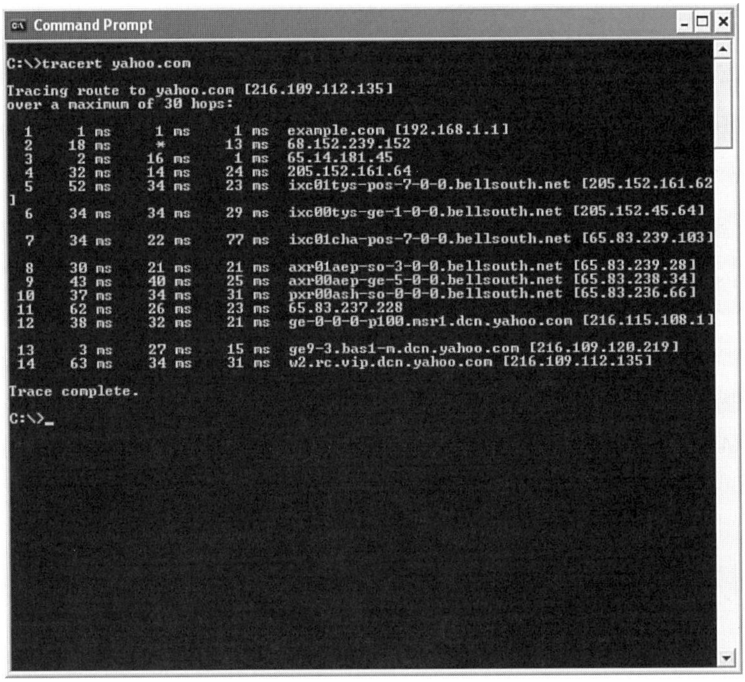

▲ **그림 1-88** tracert 명령어의 실행 결과

tracert 명령어의 구문은 다음과 같다.

tracert -d -h 최대_홉 -j 호스트목록 -w 타임아웃 대상_호스트

tracert 명령어의 매개변수는 다음과 같다.

- -d: 주소를 호스트 이름으로 해석하지 않는다.
- -h 최대_홉: 대상을 검색할 때 최대 홉 수를 나타낸다.
- -j 호스트목록: 루스 소스 루트와 호스트목록을 명시한다.
- -w 타임아웃: 각 회신에 대한 대기 타임아웃을 밀리초 단위로 명시한다.
- 대상_호스트: 대상 호스트의 이름이나 IP 주소를 명시한다.

패킷 배달 과정 요약

이번 절에서 논의한 핵심 내용은 다음과 같다.

- 1계층 장비는 물리적 매체에 대한 연결과 인코딩을 제공한다.
- 2계층 장비는 2계층 장비와 물리적 매체 사이에서 인터페이스를 제공한다.
- 2계층 주소는 MAC 주소다.
- 두 호스트 시스템은 네트워크 계층을 통해 연결되고 경로를 선택한다.
- 네트워크와 호스트는 3계층 주소, 즉 IP 주소로 구별된다.
- 호스트가 다른 호스트로 데이터를 전송할 수 있으려면 다른 장비의 MAC 주소를 알아야 한다.
- ARP는 IP 주소와 MAC 주소를 매핑하는 프로토콜이다.
- TCP는 3단계 핸드셰이크를 사용해서 데이터 전송 이전의 세션을 수립한다.
- 대부분의 OS는 장비 ARP 테이블을 보기 위한 툴과 IP 연결을 테스트할 ping이나 traceroute 같은 툴을 제공한다.

이더넷의 이해

LAN은 홈 오피스, 소규모 회사, 대형 엔터프라이즈에서 일반적으로 볼 수 있는 유형의 네트워크다. 네트워킹 기술을 전반적으로 이해하려면 네트워크 구성요소, 프레임, 이더넷 주소, 운영 특성을 포함해서 LAN이 어떻게 기능하는지를 알아야 한다.

이번 절에서는 LAN을 설명하고, LAN의 특징, 구성요소, 기능에 관한 기본적인 내용을 살펴본다. 또한 이더넷 LAN이 기본적으로 어떻게 운용되고, 이더넷 LAN에서 프레임이 어떻게 전송되는지를 설명한다.

LAN의 정의

LAN은 컴퓨터와 기타 구성요소가 한정된 공간 안에 비교적 인접해서 위치해 있는 네트워크다. 홈 오피스나 소규모 사무실에 두 대의 컴퓨터만 있어도 이는 LAN이 되며, 대규모 사무실이나 여러 개의 빌딩에 수백 대의 컴퓨터가 있어도 LAN이 될 수 있다. [그림 1-89]에서 LAN의 몇 가지 예를 설명하고 있다.

소규모 홈 오피스나 소규모 사무실 환경에서는 소규모 LAN을 사용해서 두 대 혹은 그 이상의 컴퓨터를 연결하거나 여러 대의 컴퓨터가 같은 주변 장치를 공유할 수 있도록 소규모 LAN을 사용할 수 있다. 대규모 사무실에서는 여러 층에 분리되어 있는 여러 부서(예: 재무팀과 총무팀)에서 사용되는 수백 대의 컴퓨터와 공유 주변장치를 연결하기 위해 여러 개의 LAN을 사용할 수 있다.

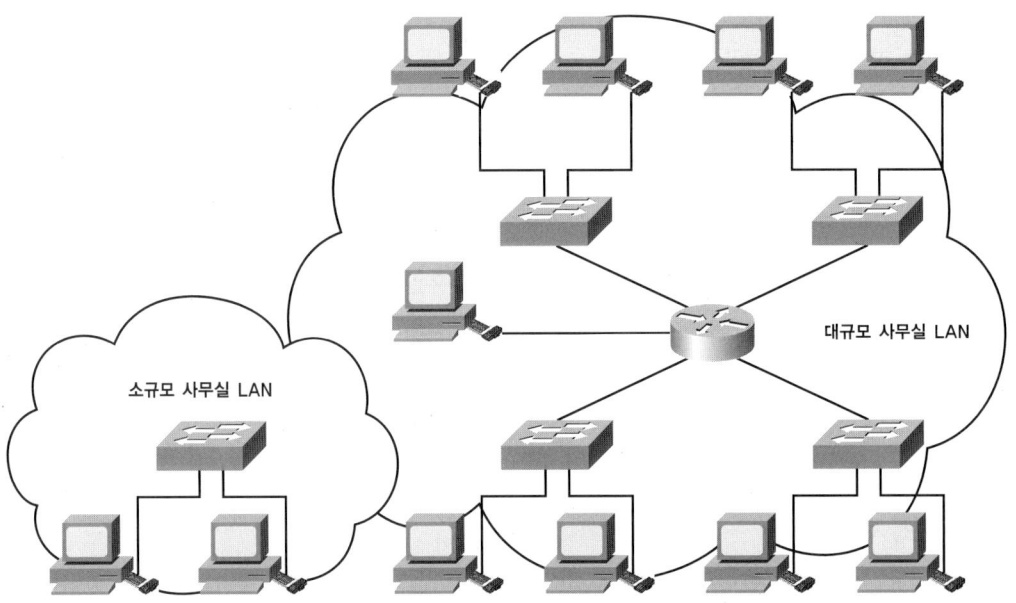

▲ 그림 1-89 LAN

LAN의 구성요소

모든 LAN은 하드웨어, 연결 장비, 소프트웨어 등의 구성요소로 이뤄진다. [그림 1-90]에는 LAN의 하드웨어 구성요소를 정리해 뒀다.

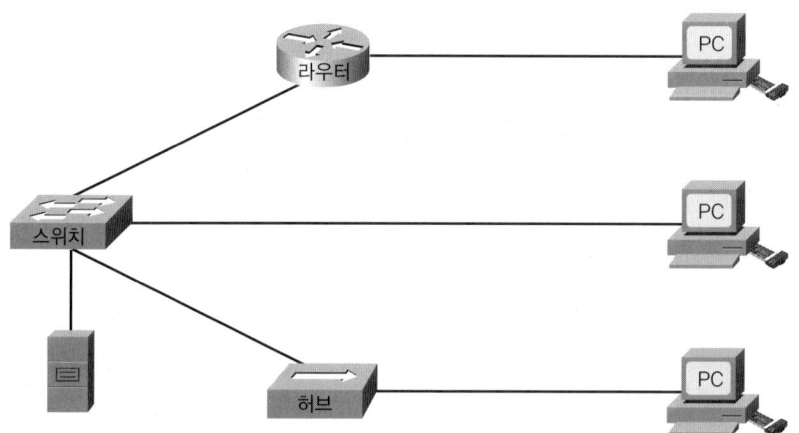

▲ 그림 1-90 LAN의 하드웨어 구성요소

LAN의 크기에 상관없이 LAN이 작동하려면 다음에 제시된 기본 구성요소가 필요하다.

- **컴퓨터:** 컴퓨터는 네트워크의 종점으로서 데이터를 송신하고 수신한다.
- **상호 연결 장비:** 네트워크의 한 지점에서 다른 지점으로 데이터를 보내는 데 사용되는 장비다. 상호 연결 장비에는 다음과 같은 장비가 포함된다.
  - **NIC:** 컴퓨터에서 만들어진 데이터를 LAN에서 전송될 수 있는 형식으로 변환한다.
  - **네트워크 매체:** 케이블이나 무선 매체 등의 네트워크 매체는 LAN의 한 장비에서 다른 장비로 신호를 전송한다.
- **네트워크 장비:** LAN에는 다음과 같은 네트워크 장비가 필요하다.
  - **허브:** 허브는 OSI 참조 모델의 1계층에서 운영되는 장비다. 허브의 기능을 스위치로 대체할 수 있다.
  - **이더넷 스위치:** 이더넷 스위치는 LAN의 집합 지점을 형성한다. 이더넷 스위치는 OSI 참조 모델의 2계층에서 운영되며, LAN에서 프레임의 배포를 담당한다.
  - **라우터:** 게이트웨이라고도 불리는 라우터는 LAN 세그먼트의 연결 수단이다. 라우터는 OSI 참조 모델의 3계층에서 운영된다.

- **프로토콜**: 프로토콜은 LAN에 데이터가 전송되는 방법을 통제하며, 다음과 같은 프로토콜이 있다.
  - 이더넷 프로토콜
  - IP
  - ARP와 RARP
  - DHCP

LAN의 기능

네트워크 사용자는 LAN을 통해서 통신하고 자원을 공유할 수 있다. LAN을 통해 공유할 수 있는 자원은 다음과 같다.

- **데이터와 애플리케이션**: 네트워크를 통해 연결된 사용자는 파일과 소프트웨어 애플리케이션 프로그램을 공유할 수 있다. 이를 통해 사용자는 데이터를 더 쉽게 사용할 수 있으며 프로젝트의 협업을 더 효율적으로 진행할 수 있다.
- **자원**: 카메라 같은 입력 장비나 프린터 같은 출력 장비를 공유할 수 있다.
- **다른 네트워크로의 통신 경로**: 자원을 로컬에서 사용할 수 없으면 게이트웨이를 통해서 원격 자원에 연결할 수 있다. 가령, 웹으로 접근할 수 있다.

LAN의 크기

운영 환경의 요구사항에 따라 LAN의 크기를 다양하게 구성할 수 있다. [그림 1-91]은 다양한 LAN 크기를 설명한 것이다.

작업 요구사항에 맞춰서 LAN의 크기를 다양하게 구성할 수 있다.

- **SOHO(small office/home office)**: SOHO 환경은 일반적으로 몇 대의 컴퓨터와 프린터 같은 주변장치로 구성된다.
- **엔터프라이즈**: 엔터프라이즈 환경에는 많은 LAN이 있을 수 있으며, 이들 LAN은 하나의 대형 건물에 있거나 캠퍼스로 구성된 여러 건물에 있을 수 있다. 엔터프라이즈 환경에서 각 LAN에는 수백 대의 컴퓨터와 주변장치가 있을 수 있다.

이더넷의 이해

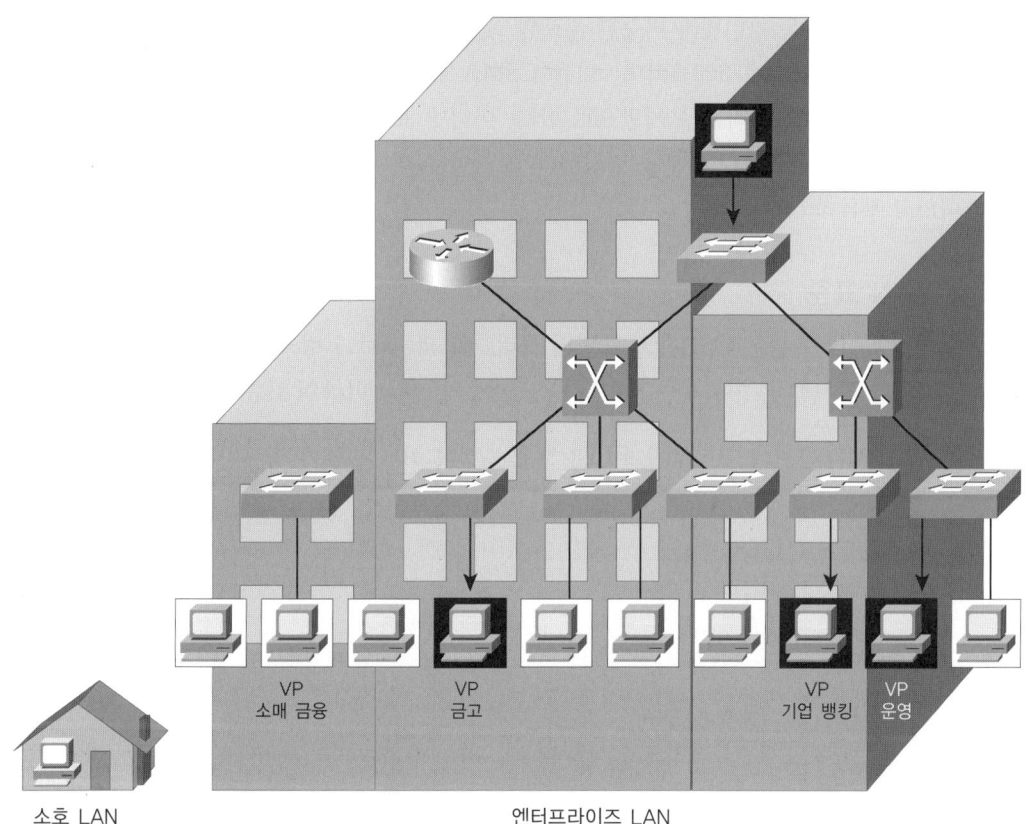

▲ 그림 1-91 LAN의 크기

이더넷

이더넷은 가장 일반적인 형식의 LAN이다. 이더넷은 DEC(Digital Equipment Corporation), 인텔(Intel), 제록스(Xerox)가 1970년대에 개발해, DIX 이더넷이라고 불렀다. 나중에 씩 이더넷(thick Ethernet)이라고 불렸는데, 그 이유는 이 네트워크에 사용된 케이블이 두꺼웠기 때문이다. 씩 이더넷은 10Mbps(megabits per second)의 속도로 데이터를 전송했다. 이더넷 표준은 1980년대에 업데이트돼서 더 많은 기능이 추가됐으며, 새로운 버전의 이더넷은 이더넷 버전 2(Ethernet II)라고 불렸다.

IEEE(Institute of Electrical and Electronic Engineers)는 네트워크 표준을 정의하는 전문 조직이다. 오늘날 IEEE 표준은 전 세계에서 유력한 LAN 표준이다. 1980년대 중반에

IEEE 워크그룹은 이더넷과 비슷한 네트워크를 위해서 새로운 표준을 정의했다. 이때 만들어진 표준이 이더넷 802.3이며, 이는 CSMA/CD(carrier sense multiple access with collision detection) 과정을 기반으로 한다. 이더넷 802.3은 물리 계층(1계층)과 데이터 링크 계층(2계층)의 MAC 부분을 명시했다. 오늘날 이더넷 802.3을 단순히 이더넷(Ethernet)이라고 부른다.

이더넷 LAN 표준

이더넷 LAN 표준은 OSI 참조 모델의 물리 계층과 데이터 링크 계층에서 케이블링과 시그널링을 명시한다. 여기서는 데이터 링크 계층의 이더넷 LAN 표준을 설명한다.

[그림 1-92]는 LAN 프로토콜과 OSI 참조 모델이 어떤 관계가 있는지를 그림으로 표현한 것이다.

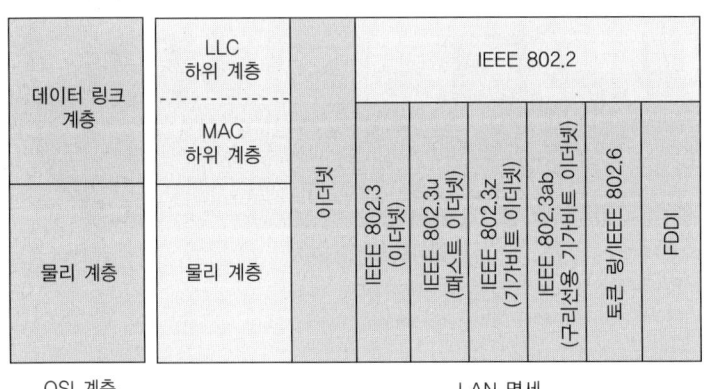

▲ 그림 1-92 이더넷과 OSI 모델 비교

IEEE는 OSI 데이터 링크 계층을 두 개의 하위 계층으로 나눴다.

- LLC(logical link control): 위쪽의 네트워크 계층으로 이동
- MAC: 아래쪽의 물리 계층으로 이동

LLC 하위 계층

IEEE는 데이터 링크 계층의 일부가 기존의 기술과 별도로 기능하도록 하기 위해서 LLC

하위 계층을 만들었다. LLC 하위 계층은 상위의 네트워크 계층 프로토콜에 다양한 서비스를 제공하고, 아래에 있는 MAC 및 1계층 기술과 효과적으로 통신하는 기능을 제공한다. 하위 계층인 LLC는 캡슐화 과정에 참여한다.

데이터 링크 계층은 프레임을 수신했을 때 패킷에서 무엇을 할 것인지 LLC 헤더를 보고 안다. 가령, 프레임을 수신한 호스트는 LLC 헤더를 보고 해당 패킷이 네트워크 계층의 어떤 IP 프로토콜로 향하는지를 안다.

초기의 이더넷 헤더(IEEE 802.2와 802.3 이전)는 LLC 헤더를 사용하지 않았다. 그 대신에 3계층 프로토콜이 이더넷 프레임에 운반되고 있음을 명시하기 위해 이더넷 헤더의 '종류(type)' 필드를 사용했다.

MAC 하위 계층

MAC 하위 계층은 물리적 매체 접근을 처리한다. IEEE 802.3 MAC 명세는 MAC 주소를 정의하며, 이 MAC 주소는 데이터 링크 계층에 있는 여러 장비를 고유하게 식별하는데 사용된다. MAC 하위 계층에는 장비의 MAC 주소(물리적 주소) 테이블이 들어 있다. 네트워크에 참여하기 위해 각 장비는 고유한 MAC 주소를 갖고 있어야 한다.

이더넷에서 CSMA/CD의 역할

이더넷 신호는 LAN에 연결되어 있는 모든 스테이션으로 전송되며, 이때 특정 시간에 어떤 스테이션이 대화할 수 있는지를 파악하기 위해 특수한 규칙을 사용한다. 이번 절에서는 이 규칙을 설명한다.

이더넷 LAN은 이더넷의 중요한 특징 중 하나인 CSMA/CD로 네트워크의 신호를 관리한다. CSMA/CD 과정을 [그림 1-93]에서 설명하고 있다.

이더넷 LAN의 컴퓨터는 전송하기 전에 먼저 네트워크 매체를 청취한다. 매체가 유휴 상태면 컴퓨터는 데이터를 전송한다. 전송이 이뤄진 후에 네트워크의 컴퓨터는 다른 프레임을 보내기 위해 다음에 비어 있는 유휴 시간을 확보하려고 서로 경쟁한다. 유휴시간을 확보하기 위해서 경쟁한다는 것은 네트워크의 스테이션 중에 어떤 스테이션도 매체를 사용할 수 있는 이점을 갖고 있지 않다는 뜻이다.

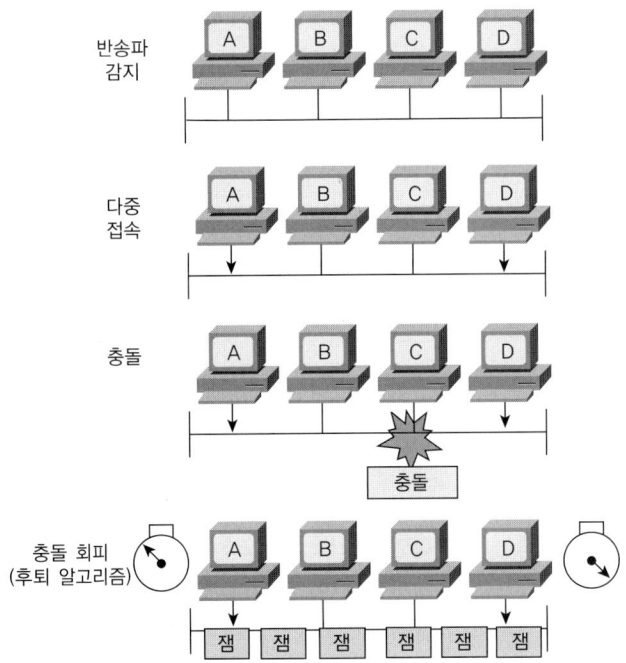

▲ 그림 1-93 CSMA/CD

CSMA/CD LAN의 스테이션은 아무 때나 네트워크에 접근할 수 있다. 데이터를 전송하기 전에 CSMA/CD 스테이션은 네트워크를 청취하다가 네트워크가 이미 사용 중인지를 파악한다. 만약 사용 중이면 CSMA/CD 스테이션은 기다린다. 네트워크가 사용 중이 아니라면 스테이션은 전송한다. 두 스테이션이 네트워크 트래픽을 청취하고, 아무것도 듣지 않고, 동시에 전송하면 충돌이 일어난다(그림 참조). 이 경우에 양쪽 전송 모두 위험에 처하게 되고 스테이션은 잠시 기다렸다가 다시 전송해야 한다. CSMA/CD 스테이션은 다시 전송해야 하는지를 알기 위해 충돌을 감지할 수 있어야 한다.

스테이션이 전송할 때 신호는 반송파(carrier)가 된다. NIC는 반송파를 감지하고 신호가 브로드캐스팅되는 것을 그만둔다. 반송파가 없으면 대기하고 있던 스테이션은 전송해도 되는 것으로 인지한다. 이것이 이 프로토콜의 '반송파 감지(carrier sense)' 부분이다.

충돌이 일어나는 네트워크 세그먼트의 범위를 충돌 도메인이라고 한다. 충돌 도메인의 크기는 효율성, 즉 데이터 처리량에 영향을 미친다.

CSMA/CD 과정에서 특정 스테이션에 우선권이 부여되지 않는다. 따라서 네트워크의 모든 스테이션이 동일하게 접속한다. 이것이 이 프로토콜의 '다중 접속(multiple access)' 부분이다. 두 개 혹은 그 이상의 스테이션이 동시에 전송을 시도할 경우에 충돌이 일어난다. 스테이션은 충돌 경보를 받으며, 이 경우 후퇴 알고리즘을 수행해서 프레임 재전송 일정을 임의로 다시 잡는다. 이렇게 함으로써 동시 전송을 주기적으로 시도하지 못하게 한다. 일반적으로 충돌은 마이크로초 안에 결정된다. 이것이 이 프로토콜의 '충돌 검출(collision detection)' 부분이다.

이더넷 프레임

이더넷 LAN에서 전송되는 비트는 프레임으로 구성된다. 이더넷 용어에서 전송을 위해 데이터가 들어가는 컨테이너(container)를 프레임(frame)이라고 한다. 프레임은 헤더 정보, 트레일러 정보, 전송될 실제 데이터로 구성된다.

[그림 1-94]는 이더넷 프레임의 MAC 계층에 있는 모든 필드를 설명한다.

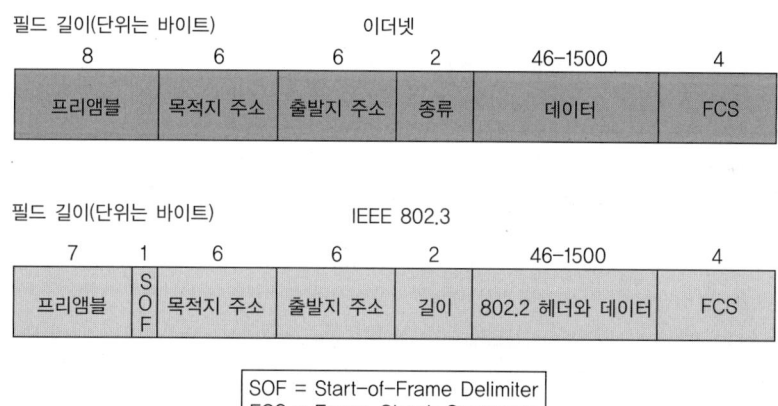

▲ 그림 1-94 이더넷 프레임

- **프리앰블**: 1과 0이 번갈아 가며 값으로 들어 있으며, 길이는 7바이트다. 통신하는 컴퓨터의 신호를 동기화한다.
- **SOF 구획 문자**: 실제 전송되는 프레임이 어디서 시작하는지를 수신 컴퓨터에게 알린다.

- **목적지 주소**: 로컬 네트워크에서 패킷이 전송될 NIC의 주소가 들어간다.
- **출발지 주소**: 송신 컴퓨터의 NIC 주소가 들어간다.
- **종류/길이**: 이더넷 II의 경우에 이 필드에는 네트워크 계층 프로토콜을 식별하는 코드가 들어간다. 802.3에서는 데이터 필드의 길이를 명시한다. 프로토콜 정보는 LLC 계층의 802.2 필드에 들어간다.
- **데이터와 패드**: 송신 컴퓨터의 네트워크 계층으로부터 수신된 데이터가 들어간다. 이 데이터는 목적지 컴퓨터의 동일한 프로토콜로 전송된다. 데이터가 너무 짧을 경우에 어댑터는 필드의 최소 길이인 46바이트를 채우기 위해 추가 비트를 추가한다.
- **FCS**: 여기에는 해킹 메커니즘이 있으며, 데이터 패킷이 손실되지 않고 전송되도록 한다.

이더넷 프레임 어드레싱

네트워크에서 통신은 유니캐스트, 브로드캐스트, 멀티캐스트의 세 가지 방법으로 이뤄진다. 이더넷 프레임은 적절하게 어드레싱된다. 이더넷 통신 형식을 [그림 1-95]에서 확인할 수 있다.

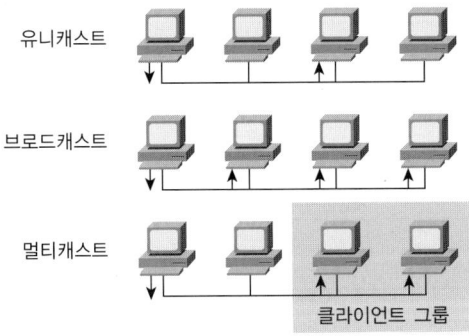

▲ **그림 1-95** 이더넷 통신

네트워크 통신의 주요 형식을 정리하면 다음과 같다.

- **유니캐스트(unicast)**: 프레임이 한 호스트로부터 전송돼서 특정 목적지로 어드레싱되는 통신이다. 유니캐스트 송신에서는 송신자와 수신자가 각각 한 개다. 유니캐스트 송신은 LAN과 인터넷에서 많이 일어나는 송신 형식이다.

- **브로드캐스트(broadcast)**: 프레임이 한 주소에서 다른 모든 주소로 전송된다. 이 경우에 송신자는 한 개지만 정보는 송신자에게 연결되어 있는 모든 수신자에게 간다. 동일한 메시지를 LAN의 모든 장비로 전송할 때 브로드캐스트 송신이 필수적이다.
- **멀티캐스트(multicast)**: 정보가 특정 그룹의 장비나 클라이언트에게 전송된다. 브로드캐스트 송신과 달리 멀티캐스트에서는 송신 클라이언트가 정보를 수신하는 멀티캐스트 그룹의 멤버여야 한다.

이더넷 주소

네트워크 어댑터에 연결되어 있는 이더넷 LAN에 사용된 주소를 통해서 데이터가 적절한 수신 장비로 전송된다. 이더넷 주소의 형식은 [그림 1-96]과 같다.

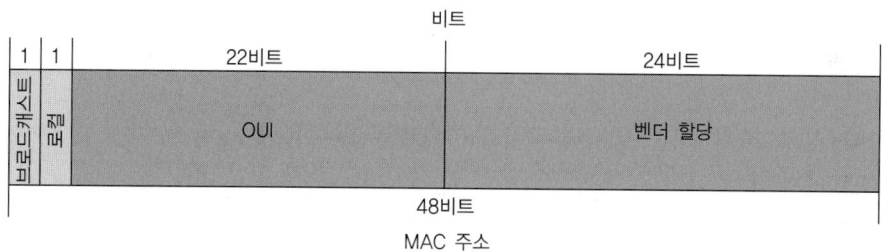

▲ **그림 1-96** 이더넷 주소

NIC에 있는 주소는 MAC 주소며, 이를 흔히 BIA(burned-in address)라고도 한다. 일부 벤더는 로컬의 요구에 맞추기 위해 이 주소를 수정할 수 있게 만들기도 한다. 48비트의 이더넷 MAC 주소는 두 부분으로 나뉜다.

- **24비트 OUI(Organizational Unique Identifier)**: 글자 'O'는 NIC 카드의 제조업체를 나타낸다. OUI 번호 할당은 IEEE에서 관장한다. OUI에서 다음의 두 비트는 목적지 주소에서 사용될 때만 의미가 있다.
    - **브로드캐스트나 멀티캐스트 비트**: 이 비트는 프레임이 LAN 세그먼트의 모든 종점 스테이션이나 일부 종점 스테이션으로 향한다는 것을 나타낸다.
    - **로컬에서 관리되는 주소 비트**: OUI와 24비트의 스테이션 주소 조합은 전 세계적으로 유일하다. 로컬에서 주소를 수정할 경우에 이 비트가 사용된다.
- **벤더에서 할당하는 24비트의 종점 스테이션 주소**: 이더넷 하드웨어를 식별한다.

MAC 주소와 16진수

이더넷 LAN에서 MAC 주소는 특수한 역할을 수행한다. OSI 데이터 링크 계층의 MAC 하위 계층은 물리적 어드레싱 이슈를 처리하며, 물리적 주소는 16진수 형식의 숫자로서 실제로 NIC에 고정되어 심겨진다. 이 주소를 MAC 주소라고 하며, 이는 두 개나 네 개로 묶여진 16진수 그룹으로 표현된다. 즉, 00:00:0c:43:2e:08 혹은 0000:0c43:2e08 형태로 표기된다. [그림 1-97]은 MAC 프레임과 MAC 주소 형식을 보여준다.

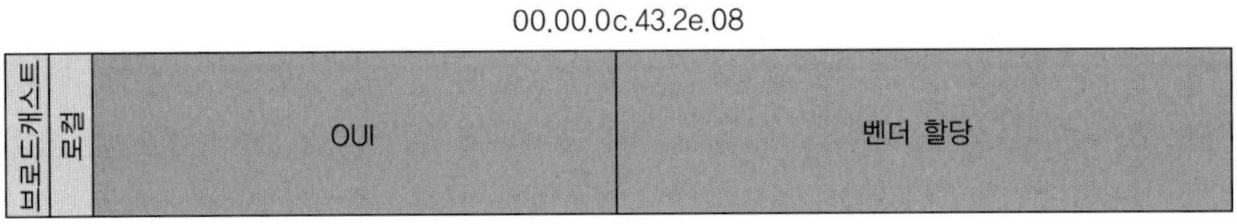

00.00.0c.43.2e.08

| 브로드캐스트 | 로컬 | OUI | 벤더 할당 |

▲ **그림 1-97** 16진수의 MAC 주소

LAN의 각 장비가 네트워크에 속하기 위해서는 고유한 MAC 주소를 갖고 있어야 한다. LAN에서 MAC 주소는 특정 컴퓨터의 위치 식별에 사용된다. 네트워크에 사용된 다른 종류의 주소와 달리 특별한 필요가 없는 한 MAC 주소는 변경되지 않는다.

이더넷의 이해 요약

이번 절에서 설명한 핵심 내용은 다음과 같다.

- LAN은 한정된 구역을 점하고 있는 네트워크로서, 컴퓨터와 네트워크의 구성요소들이 비교적 가까운 거리에 위치한다.
- 크기에 상관없이 LAN이 운영되려면 기본 구성요소가 필요하다. 기본 구성요소로는 컴퓨터, 상호 연결 장비, 네트워크 장비, 프로토콜이 있다.
- LAN 사용자는 서로 통신하고 자원을 공유할 수 있다. LAN의 크기는 SOHO, 엔터프라이즈 환경 등 다양하다.
- 이더넷은 1970년대에 DEC, 인텔, 제록스에 의해 개발됐으며, 그래서 초기의 이더넷을 DIX 이더넷이라고도 한다. 1980년대에 IEEE 워크그룹에서는 공개적으로 사용될 이더넷 표준을 새로 정의했는데, 바로 이더넷 802.3과 이더넷 802.2다.
- 이더넷 LAN 표준은 OSI 모델의 물리 계층과 데이터 링크 계층에서의 케이블링과 시그널링을 명시한다.

- CSMA/CD LAN의 스테이션은 데이터 전송 전에 언제라도 네트워크에 접속할 수 있다. CSMA/CD 스테이션은 네트워크가 이미 사용 중인지를 판단하기 위해 네트워크를 청취한다. 네트워크가 사용 중이라면 대기한다. 그러나 사용 중이지 않다면 스테이션은 데이터를 전송한다. 두 스테이션이 네트워크 트래픽을 청취하다가 아무것도 듣지 않은 상태에서, 동시에 전송하면 충돌이 일어난다.
- 이더넷 프레임은 프리앰블, SOF 구획문자, 목적지 주소, 출발지 주소, 종류/길이, 데이터와 패드, FCS 등 여러 필드로 구성된다.
- 네트워크에서 일어나는 통신에는 유니캐스트, 멀티캐스트, 브로드캐스트가 있다.
- 적당한 수신 장비로 데이터를 보낼 때 이더넷 LAN의 주소가 사용된다.
- MAC 하위 계층은 물리적 어드레싱 이슈를 다루며, 물리적 주소는 48비트의 숫자로서 16진수 형식으로 표현된다.

이더넷 LAN 연결

이더넷 LAN의 구성요소나 이더넷 LAN 아키텍처의 기반이 되는 표준을 이해하는 것 외에 이더넷 LAN의 연결에 필요한 구성요소도 알아야 한다. 이번 절에서는 NIC(network interface card)나 케이블 같은 이더넷 LAN의 연결 구성요소를 설명한다.

이더넷 NIC

NIC는 집적된 회로 보드로서 네트워크의 PC들 사이에서 통신이 이뤄질 수 있게 한다. [그림 1-98]은 NIC의 예다.

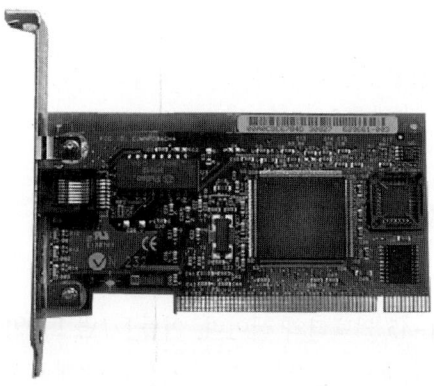

▲ 그림 1-98 NIC 예

LAN 어댑터라고도 알려져 있는 NIC는 마더보드에 끼워지며, 네트워크와의 연결에 쓰이는 포트가 있다. LAN에서 NIC는 컴퓨터 인터페이스 역할을 한다.

NIC가 네트워크와는 시리얼 연결로 통신하고, 컴퓨터와는 패럴렐 연결로 통신한다. NIC가 컴퓨터에 설치되려면 IRQ(interrupt request line), I/O(input/output) 주소, 운영체제(DOS나 윈도우)의 메모리 공간, 작동에 필요한 드라이버(소프트웨어)가 있어야 한다. IRQ는 주의가 요구되는 이벤트가 일어났음을 CPU에게 알리는 신호다. IRQ는 하드웨어 라인 상에서 마이크로프로세서로 전송된다. 인터럽트가 발생되는 예로 키보드의 키가 눌리는 것을 들 수 있다. 이와 같이 키보드의 특정 키가 눌리면 CPU는 키보드에서 눌린 글자를 RAM으로 옮긴다. I/O 주소는 메모리의 한 위치로서, 보조 장비가 데이터를 메모리로 입력하거나 컴퓨터로부터 데이터를 검색할 때 사용된다.

제조업체는 NIC에 MAC 주소를 집적하며, 이는 고유한 물리적 네트워크 주소가 된다.

이더넷 매체와 연결 요건

어떤 종류의 이더넷 연결을 이용할 것인지는 거리와 시간에 따라 결정된다. 이번 절에서는 이더넷 시스템 구축에 사용되는 케이블과 커넥터에 대해 살펴본다.

이더넷에 사용되는 케이블과 커넥터의 명세는 EIA/TIA 표준을 기반으로 한다. 이더넷을 위해 정의된 케이블링 명세는 EIA/TIA-568(SP-2840) Commercial Building Telecommunications Wiring Standards에서 가져온 것이다. EIA/TIA는 UTP(unshielded twisted-pair) 케이블용 RJ-45 커넥터의 명세를 정의하고 있다.

10Mbps 이더넷과 100Mbps 이더넷에 어떤 매체가 사용되는지를 주의 깊게 고려해야 한다. 그리고 오늘날 네트워크에는 10Mbps와 100Mbps가 모두 요구되고 있으며, 이 상황에서 패스트 이더넷을 지원하기 위해 UTP CAT 5로 변경하는 것이 바람직하다.

연결 매체

이더넷 LAN에는 여러 종류의 연결 매체가 사용될 수 있다. [그림 1-99]에 전형적인 연결 종류가 제시되어 있다.

가장 일반적으로 사용되는 연결 매체는 RJ-45 커넥터와 잭이며, 이를 [그림 1-99]에서 확인할 수 있다. 'RJ'라는 단어는 registered jack의 줄임말이며, 숫자 45는 8개의 컨덕터가 있는 물리적인 커넥터를 이른다.

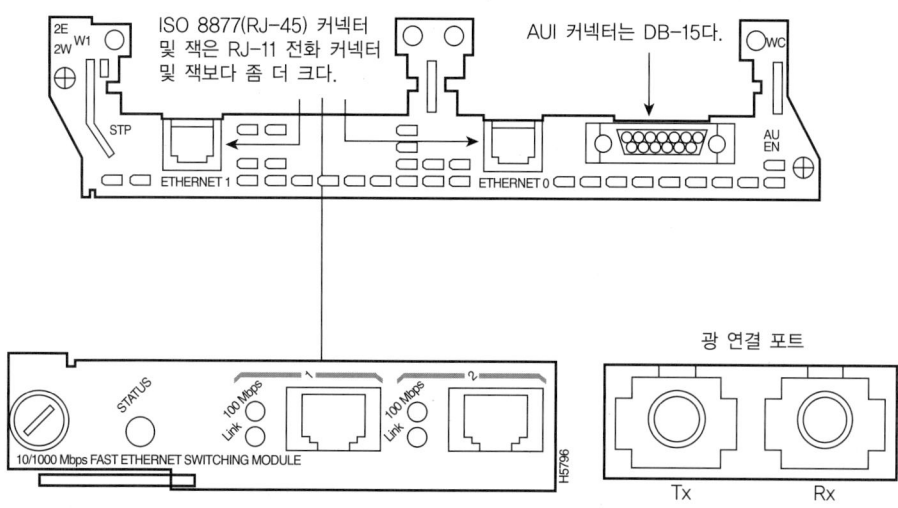

▲ 그림 1-99 연결 종류

[그림 1-100]에 있는 GBIC(Gigabit Interface Converter)는 기가비트 이더넷 포트에 꽂히는 I/O 장비다. GBIC를 사용할 경우에 얻을 수 있는 가장 큰 이점은 상호 교환성이다. 즉, 라우터나 스위치의 물리적 인터페이스나 모델을 변경하지 않고도 다른 1000BASE-X 기술을 활용할 수 있는 유연성이 있다. GBIC는 기가비트 이더넷 전송을 위해 광섬유 매체를 지원하며, UTP(구리선)도 지원한다.

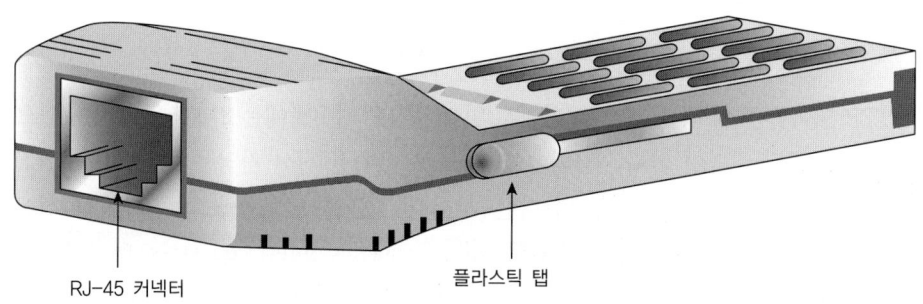

▲ 그림 1-100 1000Base-T GBIC

일반적으로 GBIC는 LAN에서 업링크용과 백본용으로 사용된다. 또한 원격 네트워크에서도 GBIC가 사용된다.

[그림 1-101]의 광섬유 GBIC는 시리얼 전류를 광 신호로 변환하고, 광 신호를 디지털 전류로 변환하는 트랜시버다.

▲ 그림 1-101 광 GBIC

광 GBIC의 종류는 다음과 같다.

- 단파(1000BASE-SX)
- 장파/장거리(1000BASE-LX/LH)
- 확장 거리(1000BASE-ZX)

UTP 케이블

TP(twisted-pair)는 구리선 케이블로서 차폐형일 수도 있고 비차폐형일 수도 있다. UTP 케이블은 LAN에서 자주 사용된다. [그림 1-102]는 UTP 케이블의 예다.

UTP 케이블은 네 쌍의 선으로 이뤄져 있다. UTP 케이블에는 8개의 구리선이 있으며, 이는 절연 물질로 덮여 있다. 이 외에 한 쌍으로 이뤄진 전선 가닥은 서로 꼬여 있다. UTP 케이블의 장점은 간섭을 방지한다는 것이다. 왜냐하면 한 쌍으로 꼬여진 선은 EMI(electromagnetic interference)와 RFI(radio frequency interference)로부터의 신호 감쇠를 제한한다. UTP 케이블 쌍 사이의 혼선을 더 줄이기 위해서 한 쌍으로 된 전선이 꼬이는 수를 다양하게 할 수 있다. 미터당 얼마나 많이 꼴 수 있는지와 관련하여 UTP와 STP(shielded twisted-pair) 케이블이 준수해야 할 세부 명세가 있다.

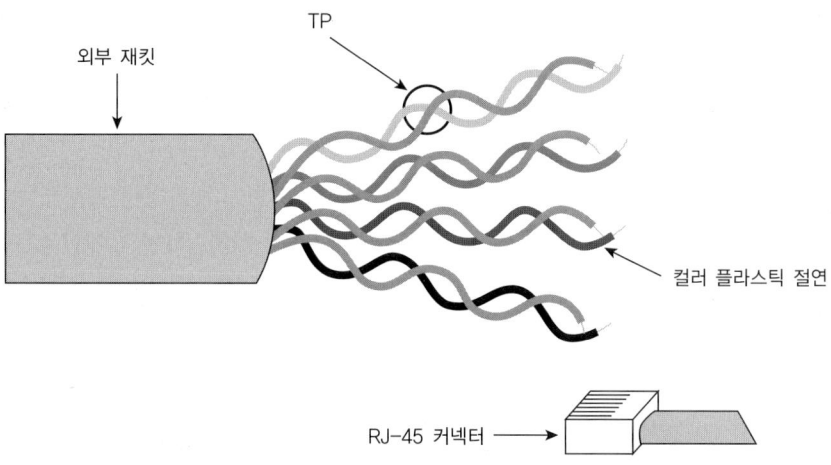

▲ 그림 1-102 UTP 케이블

UTP 케이블은 다양한 종류의 네트워크에 사용된다. 네트워크 매체로서 사용되는 UTP 케이블은 네 쌍의 구리선으로 이뤄져 있으며, 구리선은 22게이지나 24게이지이다. 네트워크 매체로 사용되는 UTP의 임피던스는 100옴으로서, 이는 전화선에 사용되는 TP 선과 다르다. UTP 케이블의 외부 직경이 약 0.43센티미터 혹은 0.17인치로 다소 작으므로 설치하기가 편하다. 또한 TP는 대부분의 주요 네트워크 아키텍처에 사용될 수 있으므로 그 인기가 계속 높아지고 있다.

UTP 케이블의 카테고리는 다음과 같다.

- **카테고리 1**: 데이터 전송용으로는 적절하지 않고 전화 통신에 사용된다.
- **카테고리 2**: 최대 4Mbps의 속도로 데이터를 송신할 수 있다.
- **카테고리 3**: 10BASE-T 네트워크에 사용되며, 최대 10Mbps의 속도로 데이터를 전송할 수 있다.
- **카테고리 4**: 토큰 링 네트워크에 사용되며, 최대 16Mbps의 속도로 데이터를 전송할 수 있다.
- **카테고리 5**: 최대 100Mbps의 속도에서 데이터를 전송할 수 있다.
- **카테고리 5e**: 최대 1000Mbps(1Gbps)의 속도에서 실행되는 네트워크에 사용된다.
- **카테고리 6**: 네 쌍의 24게이지 구리선으로 이뤄져 있으며, 최대 1000Mbps의 속도로 데이터를 전송할 수 있다.

오늘날 LAN 환경에서 가장 일반적으로 사용되는 카테고리는 카테고리 1(주로 전화에 사용), 카테고리 5, 카테고리 5e, 카테고리 6이다.

UTP 구축

LAN에서 UTP를 구축할 때 케이블의 EIA/TIA 종류를 결정하고, 스트레이트 케이블을 사용할 것인지 크로스 케이블을 사용할 것인지를 결정해야 한다. 이번 절에서는 스트레이트 케이블과 크로스 케이블의 특징을 설명하고, LAN에서 UTP가 구축될 때 사용되는 커넥터 종류도 설명한다. [그림 1-103]에서 RJ-45 커넥터를 보여준다.

▲ 그림 1-103 RJ-45 커넥터

투명하게 되어 있는 RJ-45 커넥터를 보면 8가닥의 컬러 선이 있으며, 이들 선이 네 쌍으로 꼬여 있음을 알 수 있다. 네 가닥의 선(두 쌍)을 '팁(tip)'이라 하고(T1~T4), 나머지 네 가닥의 선을 '링(ring)'이라고 한다(R1~R4). 팁과 링은 전화가 처음 만들어졌을 때 사용되던 용어다. 오늘날 이 용어들은 한 쌍으로 된 양극 전선(팁)과 음극 전선(링)을 이르는 말로 사용된다. 케이블이나 커넥터의 첫 번째 쌍을 구성하는 선은 T1과 R1이 되고, 두 번째 쌍은 T2와 R2가 된다.

RJ-45 플러그는 수놈으로서, 케이블의 끝에서 찍힌다. 전면에서 볼 때 핀의 번호는 왼쪽부터 8번이고 맨 오른쪽 핀은 1번이 된다. RJ-45 잭을 [그림 1-104]에서 볼 수 있다.

▲ **그림 1-104** RJ-45 잭

잭은 네트워크 장비, 벽, 파티션, 패치 패널에서 암놈이다.

네트워크 장비의 잭에 사용된 표준이 무엇인지에 따라 연결 장비에 사용할 케이블의 EIA/TIA 카테고리를 파악해야 하며, 다음의 케이블 중 어느 것을 사용할 것인지 결정해야 한다.

- 스트레이트 케이블(각 종단에 T568A나 T568B)
- 크로스 케이블(한쪽에 T568A, 다른 쪽에 T568B)

[그림 1-105]에서 케이블의 양쪽 끝에 있는 RJ-45 커넥터는 동일한 순서대로 있는 선을 보여주고 있다. 케이블의 양쪽 끝에 있는 RJ-45가 동일한 방향으로 나란히 있으면 컬러 전선(혹은 스트립이나 핀)이 각 커넥터 끝에서 보일 것이다. 컬러 전선의 순서가 양쪽 끝에서 동일하다면 케이블은 스트레이트 케이블이 된다.

Chapter 1 _ 소규모 네트워크 구축

10BASE-T/100BASE-TX 스트레이트 케이블

허브/스위치   서버/라우터

핀 라벨		핀 라벨
1 TX+	←→	1 TX+
2 TX−	←→	2 TX−
3 RX+	←→	3 RX+
4 NC		4 NC
5 NC		5 NC
6 RX−	←→	6 RX−
7 NC		7 NC
8 NC		8 NC

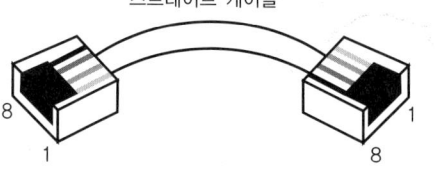

스트레이트 케이블

 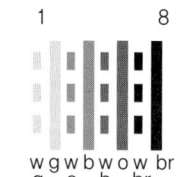
w g w b w o w br   w g w b w o w br
 g   o   b   br   g   o   b   br

케이블 끝의 선이
같은 순서로 되어 있다.

▲ 그림 1-105 스트레이트 케이블

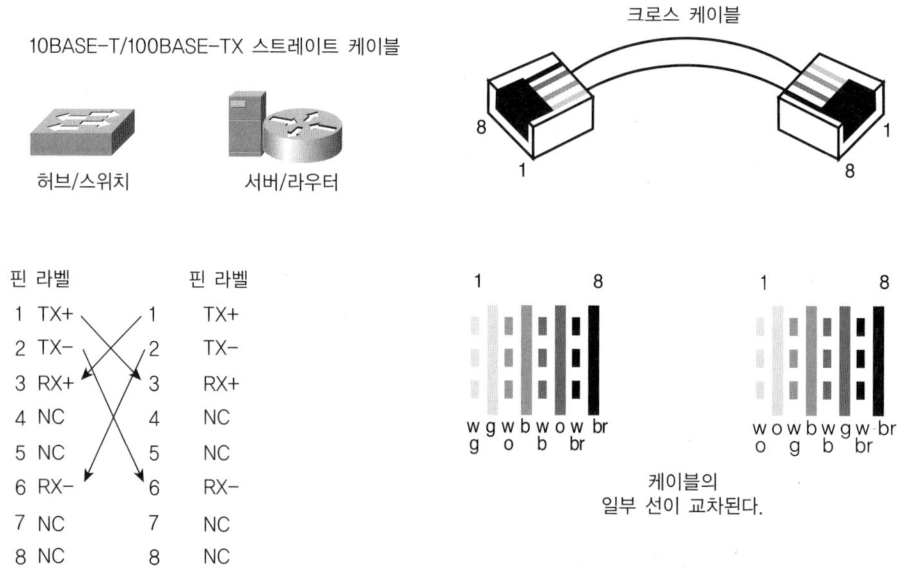

10BASE-T/100BASE-TX 스트레이트 케이블

허브/스위치   서버/라우터

핀 라벨		핀 라벨
1 TX+		1 TX+
2 TX−		2 TX−
3 RX+		3 RX+
4 NC		4 NC
5 NC		5 NC
6 RX−		6 RX−
7 NC		7 NC
8 NC		8 NC

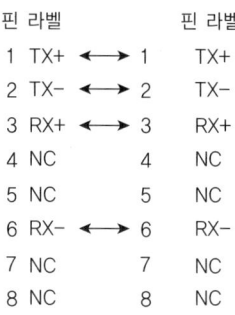

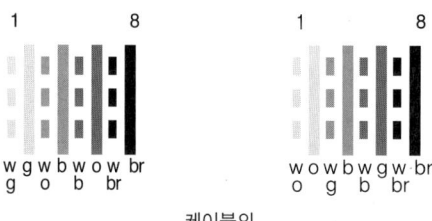

크로스 케이블

w g w b w o w br   w o w b w g w br
 g   o   b   br   o   g   b   br

케이블의
일부 선이 교차된다.

▲ 그림 1-106 크로스 케이블

이더넷 LAN 연결

크로스 케이블의 경우에 양쪽 끝에 있는 RJ-45 커넥터에서 한쪽 끝의 일부 선이 케이블의 다른 쪽의 다른 핀으로 교차된다. 특히 이더넷의 경우에 한쪽에 있는 RJ-45의 1번 핀이 다른 쪽에 있는 3번 핀으로 연결된다. 그리고 한쪽 끝의 2번 핀이 다른 쪽 끝의 6번 핀으로 연결된다. 이를 [그림 1-106]에서 확인할 수 있다.

[그림 1-107]은 시스코 장비를 연결할 때 어떤 종류의 케이블을 사용할 것인지에 대한 가이드라인이다. 케이블의 카테고리 명세를 파악하는 것 외에도 스트레이트 케이블이나 크로스 케이블을 언제 사용할 것인지를 결정해야 한다.

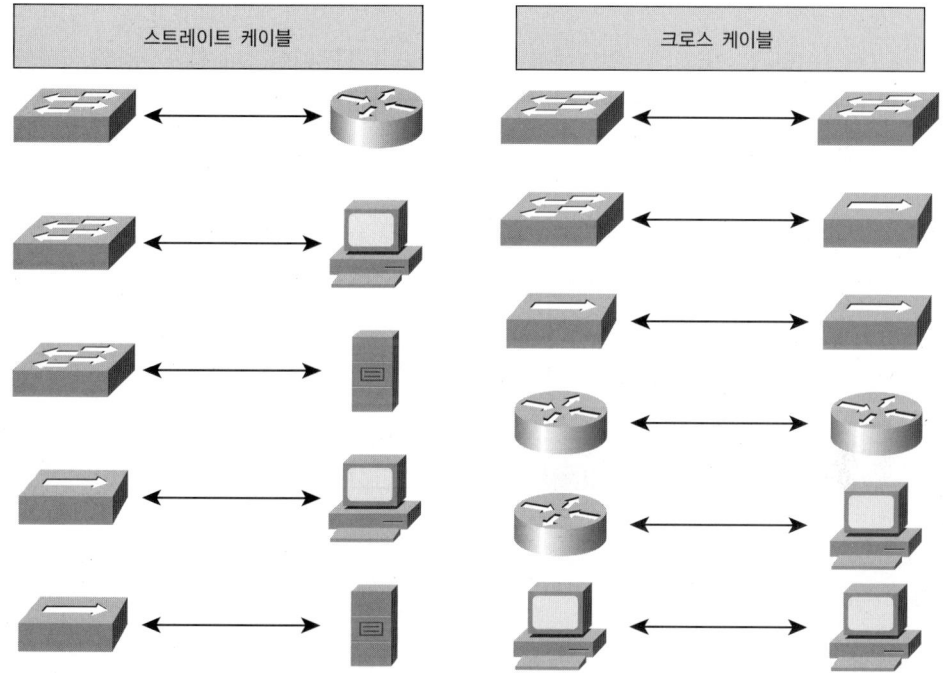

▲ **그림 1-107** 스트레이트 케이블과 크로스 케이블의 사용 시점

다음과 같은 케이블링에서는 스트레이트 케이블을 사용한다.

- 스위치를 라우터로 연결
- 스위치를 PC나 서버에 연결
- 허브를 PC나 서버에 연결

159

다음과 같은 케이블링에서는 크로스 케이블을 사용한다.

- 스위치를 스위치에 연결
- 스위치를 허브에 연결
- 허브를 허브에 연결
- 라우터를 라우터에 연결
- 라우터 이더넷 포트를 PC NIC에 연결
- PC를 PC에 연결

[그림 1-108]은 여러 네트워크에서 어떤 종류의 UTP 케이블이 필요한지를 설명한다. 어떤 UTP 카테고리가 필요한지는 어떤 종류의 이더넷을 구축할 것인지에 따라 결정된다.

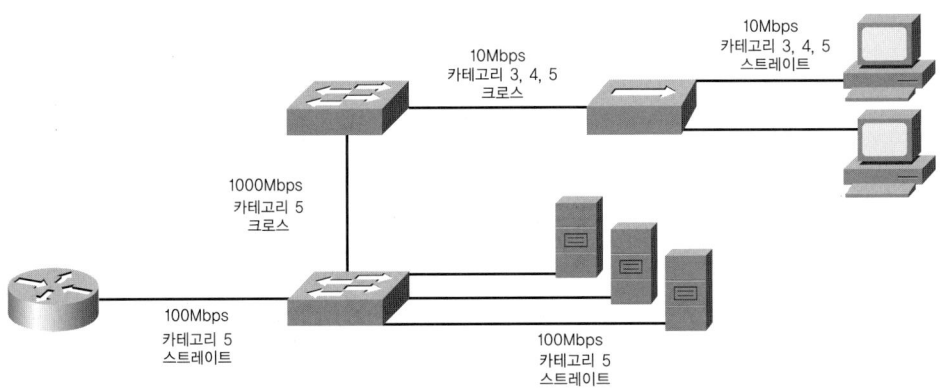

▲ **그림 1-108** 다양한 UTP의 사용 예

이더넷 LAN 연결 요약

이번 절에서 논의한 핵심 내용은 다음과 같다.

- NIC나 LAN 어댑터는 마더보드에 꽂으며, 네트워크 연결용 인터페이스로 사용된다.
- 제조업체는 MAC 주소를 각 NIC에 집적하는데, 이는 전 세계에서 유일한 물리적 네트워크 주소가 되며, 어떤 장비가 네트워크에 참가하려면 MAC 주소가 있어야 한다.
- 이더넷 구축에 사용되는 케이블과 커넥터 명세는 EIA/TIA 표준을 근거로 한다.

- 이더넷용으로 정의된 케이블링 카테고리는 EIA/TIA-568(SP2840) Commercial Building Telecommunications Wiring Standards를 근거로 한다.
- 이더넷용으로 여러 개의 연결 매체가 사용되며, RJ-45와 GBIC가 가장 많이 사용된다.
- GBIC는 네트워크 장비의 기가비트 이더넷 포트에 꽂혀서 물리적 인터페이스를 제공하는 I/O 장비다.
- UTP 케이블은 네 쌍의 전선으로 구성되어 있다. UTP 케이블에 있는 8가닥의 구리선은 각기 절연 물질로 감싸져 있으며, 한 쌍을 이루고 있는 두 가닥 선은 서로 꼬여 있다.
- 크로스 케이블은 유사한 장비를 연결한다. 즉, 라우터를 라우터에, PC를 PC에, 스위치를 스위치에 연결할 때 사용된다.
- 스트레이트 케이블은 다른 장비를 연결한다. 즉, 스위치를 라우터에 연결하거나 PC를 스위치에 연결할 때 스트레이트 케이블이 사용된다.

이 장의 요약

네트워크는 서로 통신할 수 있는 장비들이 연결되어 있는 집합체다. 집, 소규모 사무실, 대규모 엔터프라이즈의 네트워크에서 사용자는 데이터, 애플리케이션(이메일, 웹 접속, 메시징, 협업, 데이터베이스), 주변장치, 저장 장비, 백업 장비 등의 자원을 공유한다. 네트워크는 프로토콜이라고 하는 규칙과 표준에 따라 데이터 혹은 데이터 패킷을 운반하며, 각 프로토콜은 고유한 기능을 수행한다. 성능과 구조에 따라 네트워크를 평가할 수 있으며, 이를 위해 속도, 비용, 보안, 가용성, 확장성, 신뢰성, 토폴로지 등의 측정 수단을 사용한다.

이더넷은 오늘날 가장 널리 사용되는 LAN이다. 이더넷 표준에서는 OSI 참조 모델의 물리 계층과 데이터 링크 계층에서의 이더넷 LAN 케이블링과 시그널링을 명시한다. 이더넷 LAN에서 송신되는 비트는 프레임으로 구조화된다. 이더넷 LAN은 CSMA/CD라는 과정을 사용해 네트워크에서 신호를 관리한다.

OSI 참조 모델은 각 계층에서 일어나는 네트워크 기능을 정의함으로써 네트워크에서 정보가 어떻게 전송되는지를 좀 더 쉽게 이해할 수 있도록 도움을 준다.

대부분의 네트워크는 TCP/IP에서 정의된 규칙에 따라 운영된다. TCP/IP는 32비트의 주소를 정의하는데, 이는 4개의 옥텟으로 표현되며, 각 옥텟은 점으로 분리된다. 이 호스트 주소는 직접 설정되거나 DHCP 서버로부터 획득될 수 있다.

복습문제

여기에 제시된 문제를 풀면서 1장에서 배운 내용을 복습할 수 있다. 정답은 부록 '복습문제 정답'에 정리되어 있다.

1. 다음 중 네트워크를 제대로 설명한 것은 무엇인가? (세 개 선택)
   a. 네트워크는 집, 소규모 사무실, 대규모 엔터프라이즈 등 많은 종류의 환경에서 데이터를 전송한다.
   b. 본사 건물에서는 수백 혹은 수천 명의 사람이 업무를 처리하기 위해 네트워크에 접속해야 할 수 있다.
   c. 네트워크는 서로 통신할 수 있는 장비가 연결되어 있는 장비의 집합체다.
   d. 일반적으로 본사 건물에는 하나의 대규모 네트워크가 있어서 모든 사용자가 이 네트워크에 연결된다.
   e. 네트워크의 목적은 모든 직원이 네트워크를 통해서 모든 정보와 구성요소에 접근할 수 있는 수단을 제공하는 것이다.
   f. 원격지의 장비는 네트워크를 통해서 본사에 연결될 수 없다.

2. 라우터의 목적은 무엇인가?
   a. 네트워크를 서로 연결하고 네트워크 사이에서 최상의 경로를 선택하는 것이다.
   b. 매체의 연결 지점을 제공하는 것이다.
   c. 네트워크의 종점으로 기능해서 데이터를 송신하고 수신하는 것이다.
   d. 신호를 네트워크의 한 장비에서 다른 장비로 전송할 수단을 제공하는 것이다.

3. 스위치의 목적은 무엇인가?
   a. 개별 네트워크들을 연결하고 네트워크에서 트래픽을 필터링해서 가장 효율적인 경로를 통해 데이터를 전송하는 것이다.
   b. 데이터가 목적지로 전송되는 경로를 선택하는 것이다.
   c. 네트워크의 종점으로 기능해서 데이터를 송신하고 수신하는 것이다.
   d. 종단 시스템을 네트워크에 연결시키고, 로컬 네트워크 안에서 데이터를 지능적으로 스위칭하는 것이다.

4. 네트워크 상호 연결 장비의 목적은 무엇인가?
   a. 개별 네트워크를 연결하고 네트워크에서 트래픽을 필터링하며, 이렇게 해서 데이터를 가장 효율적인 경로로 전송한다.
   b. 데이터가 목적지로 전송되는 경로를 선택한다.
   c. 데이터가 네트워크의 한 지점에서 다른 지점으로 이동하는 수단을 제공한다.
   d. 종단 시스템을 네트워크에 연결시키고, 로컬 네트워크 안에서 데이터를 지능적으로 스위칭하는 것이다.

5. 네트워크에서 공유되지 않는 자원은 어느 것인가?
   a. 메모리
   b. 애플리케이션
   c. 주변장치
   d. 저장 장치

6. 다음 중 일반적인 네트워크 애플리케이션은 무엇인가? (세 개 선택)
   a. 이메일
   b. 협업
   c. 그래픽 생성
   d. 데이터베이스
   e. 워드 프로세싱
   f. 스프레드시트

7. 아래에 제시된 네트워크 특징과 각 특징에 대한 정의를 연결하라.
   ___ 1. 속도   ___ 2. 비용
   ___ 3. 보안   ___ 4. 가용성
   ___ 5. 확장성   ___ 6. 신뢰성
   ___ 7. 토폴로지

   a. 사용자가 네트워크에 얼마나 쉽게 접근할 수 있는지를 나타낸다.
   b. 네트워크의 의존성이 어느 정도인지를 나타낸다.
   c. 네트워크 자체와 전송되는 데이터의 보안 수준을 나타낸다.
   d. 네트워크에서 데이터가 얼마나 빨리 전송되는지를 나타낸다.
   e. 네트워크가 사용자나 데이터 전송 요구사항에 얼마나 잘 부합하는지를 나타낸다.
   f. 네트워크의 구조를 나타낸다.
   g. 네트워크의 구성요소, 설치, 유지보수에 들어가는 일반 가격을 나타낸다.

8. 물리적 네트워킹 토폴로지를 적절하게 설명한 것은 무엇인가? (두 개 선택)
   a. 물리적 토폴로지는 컴퓨터, 프린터, 네트워크 장비, 기타 장비가 연결되는 방법을 정의한다.
   b. 물리적 토폴로지의 주요 범주로 버스와 스타 두 개가 있다.
   c. 물리적 토폴로지는 네트워크의 한 지점에서 다른 지점으로 신호가 지나가는 경로를 설명한다.
   d. 어떤 물리적 토폴로지를 선택하는가는 네트워크에서 전송되는 데이터 종류가 무엇인지에 따라 영향을 받는다.

9. 논리적 토폴로지를 적절하게 설명한 것은 무엇인가?
   a. 논리적 토폴로지는 컴퓨터, 프린터, 네트워크 장비, 기타 장비가 연결되는 방법을 정의한다.
   b. 논리적 토폴로지는 네트워크에 포함되는 컴퓨터에 종류에만 의존한다.
   c. 논리적 토폴로지는 네트워크의 한 지점에서 다른 지점으로 신호가 지나가는 경로를 설명한다.
   d. 하나의 네트워크가 다른 논리적 토폴로지와 물리적 토폴로지를 가질 수 없다.

10. 다음에 제시된 토폴로지 종류와 그 설명을 연결하라.
    ___ 1. 모든 네트워크 장비는 선형 방식으로 서로 직접 연결된다.
    ___ 2. 모든 네트워크 장비는 중앙 지점으로 직접 연결되며, 이 장비들 사이에 다른 연결은 없다.
    ___ 3. 네트워크의 모든 장비는 원형으로 연결된다.
    ___ 4. 각 장비가 다른 모든 장비에 연결된다.
    ___ 5. 한 장비가 다른 장비에 다중으로 연결된다.
    ___ 6. 네트워크의 이중화를 이룰 수 있다.

    a. 스타
    b. 버스
    c. 메시
    d. 링
    e. 부분 메시
    f. 이중 링

11. 무선 네트워크에 대해 적절하게 설명한 것은 무엇인가? (두 개 선택)
    a. 데이터 전송을 위해 케이블 대신에 RF나 적외선을 사용한다.
    b. 액세스 포인트로부터 신호를 수신하기 위해서 무선 어댑터 카드나 무선 NIC가 있어야 한다.
    c. 무선 LAN의 경우에 핵심 구성요소는 라우터며, 라우터는 신호를 분배한다.
    d. 무선 네트워크는 매우 일반적이지 않으며, 대규모 조직에서만 이를 사용하고 있다.

12. 폐쇄형 네트워크의 주된 위협은 무엇인가?
    a. 외부로부터의 계획적인 공격
    b. 내부로부터의 계획적인 혹은 우연한 공격
    c. 고객의 오용
    d. 직원의 오용

13. 최근 들어 해커로부터의 위협 증가에 영향을 주는 요소는 무엇인가? (두 개 선택)
    a. 해커 툴을 사용하려면 기술적인 지식을 더 많이 알아야 한다.
    b. 해커 툴이 더 정교해지고 있다.
    c. 해가 거듭될수록 보안 위협의 수가 일정하게 유지된다.
    d. 해커 툴을 사용함에 있어서 기술적인 지식이 그다지 필요하지 않게 됐다.

14. 다음에 제시된 네 가지 공격 중에서 액세스 공격으로 분류되는 것은 무엇인가? (두 개 선택)
    a. 패스워드 공격
    b. DDoS
    c. 트로이의 목마
    d. 러브 버그

15. OSI 모델의 목적을 적절하게 설명한 것은 무엇인가? (두 개 선택)
    a. OSI 모델은 각 계층에서 일어나는 네트워크 기능을 정의한다.
    b. OSI 모델을 활용하면 네트워크에서 정보가 어떻게 이동하는지 이해하는 데 도움이 된다.
    c. 계층형 방법을 사용하는 OSI 모델을 이용하면 데이터 전달의 신뢰성을 확보할 수 있다.
    d. OSI 모델의 한 계층을 변경하면 이것이 다른 계층에도 영향을 미친다.

16. OSI 계층과 그 기능을 연결하라.
    ___ 1. 물리
    ___ 2. 데이터 링크
    ___ 3. 네트워크
    ___ 4. 트랜스포트
    ___ 5. 세션
    ___ 6. 프레젠테이션
    ___ 7. 애플리케이션

a. 지리적으로 떨어진 네트워크에 있는 두 호스트 시스템 사이를 연결하고 경로 선택 기능을 제공한다.
b. 한 시스템의 애플리케이션 계층에서 전송된 정보가 다른 시스템의 애플리케이션 계층에서 읽힐 수 있도록 한다.
c. 전송을 위해 데이터 서식이 어떻게 정해지는지를 정의하고, 네트워크에 대한 접근이 어떻게 통제되는지를 정의한다.
d. 송신 호스트에서 온 데이터를 세그먼트로 나누고, 수신 호스트에서 하나의 데이터 스트림으로 재조립한다.
e. 최종 시스템 사이의 물리적 링크의 활성화, 유지, 비활성화를 위한 전기적, 기계적, 절차적, 기능적 명세를 정의한다.
f. 이메일, 파일 전송 시스템, 터미널 에뮬레이션 등의 사용자 애플리케이션에 네트워크 서비스를 제공한다.
g. 통신하는 두 호스트 사이의 세션을 수립, 관리, 종료시키며, 두 호스트의 프레젠테이션 계층 사이의 다이얼로그를 동기화하고, 데이터 교환을 관리한다.

17. 데이터 캡슐화 과정을 순서대로 정렬하라.
    ___ 1. 1단계   ___ 2. 2단계
    ___ 3. 3단계   ___ 4. 4단계
    ___ 5. 5단계   ___ 6. 6단계
    ___ 7. 7단계   ___ 8. 8단계

    a. 프레젠테이션 계층은 데이터에 프레젠테이션 계층 헤더(6계층 헤더)를 추가한다. 그런 다음에 이 데이터는 아래에 있는 세션 계층으로 넘어간다.
    b. 세션 계층은 데이터에 세션 계층 헤더(5계층 헤더)를 추가한다. 그런 다음에 이 데이터는 아래의 트랜스포트 계층으로 넘어간다.
    c. 애플리케이션 계층은 데이터에 애플리케이션 계층 헤더(7계층 헤더)를 추가한다. 7계층 헤더와 원래의 사용자 데이터는 아래의 프레젠테이션 계층으로 넘어가는 데이터가 된다.
    d. 네트워크 계층은 데이터에 네트워크 계층 헤더(3계층 헤더)를 추가한다. 그런 다음에 이 데이터는 아래의 네트워크 계층으로 넘어간다.
    e. 트랜스포트 계층은 데이터에 트랜스포트 계층 헤더(4계층 헤더)를 추가한다. 그런 다음에 이 데이터는 아래의 네트워크 계층으로 넘어간다.
    f. 사용자 데이터는 애플리케이션에서 애플리케이션 계층으로 전송된다.
    g. 데이터 링크 계층은 데이터 링크 계층 헤더와 트레일러(2계층 헤더와 트레일러)를 데이터에 추가한다. 2계층 트레일러는 FCS며, 수신자는 FCS를 사용해서 데이터의 에러 유무를 찾아낸다. 그런 다음에 이 데이터는 아래의 물리 계층으로 넘어간다.
    h. 물리 계층은 비트를 네트워크 매체로 전송한다.

18. 캡슐화 해제가 먼저 일어나는 계층은 어느 것인가?
    a. 애플리케이션
    b. 데이터 링크
    c. 네트워크
    d. 트랜스포트

19. 피어 대 피어 통신에서 아래의 각 계층에서 수행되는 기능을 연결하라.
    ___ 1. 네트워크 계층
    ___ 2. 데이터 링크 계층
    ___ 3. 물리 계층

    a. 네트워크 계층 패킷을 프레임에 캡슐화한다.
    b. 데이터를 캡슐화하고 헤더를 붙여서 패킷을 만들어 데이터를 인터네트워크에서 이동시킨다.
    c. 매체(일반적으로 선)에서의 전송을 위해서 1과 0(비트)의 패턴으로 데이터 링크 프레임을 인코딩한다.

20. 네트워크 프로토콜의 기능은 무엇인가?
    a. 규칙을 사용해서 네트워크 서비스가 무엇을 해야 하는지를 알린다.
    b. 데이터 전달의 신뢰성을 보장한다.
    c. 데이터를 가장 효율적인 방법으로 목적지로 라우팅한다.
    d. 데이터 정의 방법을 결정하는 기능 집합이다.

21. TCP/IP 스택 계층과 그 기능을 연결하라.
    ___ 1. 파일 전송, 네트워크 장애처리, 인터넷 활성화를 제공하고, 네트워크를 지원한다.
    ___ 2. 데이터의 전송용 서식 지정 방법 및 네트워크 접근 통제 방법을 정의한다.
    ___ 3. 종단 시스템 사이의 물리적 링크 활성화, 관리, 비활성화를 위한 전기적, 기계적, 절차적, 기능적 명세를 정의한다.
    ___ 4. 패킷과 어드레싱 체계를 정의하고, 데이터 링크 계층과 트랜스포트 계층 사이에서 데이터를 이동시키고, 데이터 패킷을 원격 호스트로 라우팅하고, 단편화와 데이터 패킷의 재조립을 수행함으로써 출발지에서 목적지로 데이터를 라우팅한다.
    ___ 5. 다른 네트워크 호스트에서 실행되는 애플리케이션 프로세스로의 직접 통신 서비스를 제공한다.

    a. 물리 계층
    b. 데이터 링크 계층
    c. 인터넷 계층
    d. 트랜스포트 계층
    e. 애플리케이션 계층

22. OSI 모델과 TCP/IP 스택 영역 중에서 가장 다양한 것은 무엇인가?
    a. 네트워크 계층
    b. 트랜스포트 계층
    c. 애플리케이션 계층
    d. 데이터 링크 계층

23. IPv4 주소는 몇 비트인가?
    a. 16
    b. 32
    c. 48
    d. 64
    e. 128

24. B 클래스 주소에서 호스트 주소 부분이면서 로컬에 할당되는 옥텟은 어느 것인가?
    a. 첫 번째 옥텟이 로컬에 할당된다.
    b. 첫 번째 옥텟과 두 번째 옥텟이 로컬에 할당된다.
    c. 두 번째 옥텟과 세 번째 옥텟이 로컬에 할당된다.
    d. 세 번째 옥텟과 네 번째 옥텟이 로컬에 할당된다.

25. 172.16.128.17 주소는 어느 클래스에 속하는가?
    a. A 클래스
    b. B 클래스
    c. C 클래스
    d. D 클래스

26. 다이렉티드 브로드캐스트 주소를 적절하게 설명한 것은 무엇인가?
    a. 브로드캐스트 주소의 호스트 필드는 모두 0이다.
    b. 네트워크의 모든 IP 주소가 브로드캐스트 주소로 사용될 수 있다.
    c. 다이렉티드 브로드캐스트 주소의 호스트 필드는 모두 1이다.
    d. 정답 없음

27. 다음 중 사설 IP 주소는 어느 것인가? (두 개 선택)
   a. 10.215.34.124
   b. 172.16.71.43
   c. 172.17.10.10
   d. 225.200.15.10

28. IP를 적절하게 설명한 것은 무엇인가? (세 개 선택)
   a. IP는 비연결형 프로토콜이다.
   b. IP는 관계형 어드레싱을 사용한다.
   c. IP는 데이터 전달의 신뢰성을 확보한다.
   d. IP는 TCP/IP 스택과 OSI 모델의 2계층에서 운용된다.
   e. IP는 복구 기능을 제공하지 않는다.
   f. IP는 최대 노력 알고리즘을 사용해서 데이터를 전달한다.

29. TCP를 적절하게 설명한 것은 무엇인가? (세 개 선택)
   a. TCP는 TCP/IP 스택의 3계층에서 운영된다.
   b. TCP는 연결형 프로토콜이다.
   c. TCP는 에러 검사 기능을 제공하지 않는다.
   d. TCP 패킷에는 일련번호가 붙어서, 목적지에서 패킷을 순서대로 다시 배열하고 패킷의 손실 여부를 점검한다.
   e. TCP는 복구 서비스를 제공하지 않는다.
   f. 하나 혹은 그 이상의 TCP 패킷을 수신할 때 수신자는 패킷의 수신 여부를 알리기 위해서 송신자에게 확인응답을 반환한다.

30. TCP와 UDP의 특징 중에서 비슷한 점은 무엇인가?
   a. OSI 모델과 TCP/IP 스택의 4계층(트랜스포트 계층)에서 운용된다.
   b. 매우 한정된 형식의 에러 검사를 수행할 수 있다.
   c. 최대 노력 메커니즘에 따라 서비스를 제공하고, 패킷 전달을 완전히 보장하지는 않는다.
   d. 잃어버리거나 손실된 패킷을 복구하는 기능을 제공하지는 않는다.

31. 한 개의 IP 주소를 가진 한 컴퓨터에서 한 번에 여러 개의 웹사이트가 열렸을 때 이를 무엇이라고 하는가?
    a. 윈도잉
    b. 세션 멀티플렉싱
    c. 세그먼팅
    d. 연결형 프로토콜

32. 다음 중 TCP가 가장 적합한 애플리케이션은 무엇인가? (두 개 선택) ('TCP/IP의 트랜스포트 계층과 애플리케이션 계층' 참조)
    a. 이메일
    b. 음성 스트리밍
    c. 다운로딩
    d. 화상 스트리밍

33. 다음 중 UDP에 해당하는 특징은 무엇인가? (세 개 선택)
    a. 패킷이 독립적으로 취급된다.
    b. 패킷 전달이 보장된다.
    c. 패킷 전달이 보장되지 않는다.
    d. 잃어버리거나 손실된 패킷이 다시 전송된다.

34. 다음 중 TCP에 해당하는 특징은 무엇인가? (두 개 선택)
    a. 패킷 전달이 보장되지 않는다.
    b. 잃어버리거나 없어진 패킷이 다시 전송되지 않는다.
    c. 잃어버리거나 없어진 패킷이 다시 전송된다.
    d. TCP 세그먼트에는 일련번호와 확인응답 번호가 들어 있다.

35. 전용 애플리케이션은 어떤 종류의 포트를 사용하는가?
    a. 동적으로 할당된 포트
    b. 잘 알려진 포트
    c. 등록된 포트

36. 특정 세션이 지속되는 동안에만 사용되는 포트를 무엇이라고 하는가?
    a. 동적으로 할당된 포트
    b. 잘 알려진 포트
    c. 등록 포트

37. UDP 헤더와 TCP 헤더의 출발지 포트는 어느 것인가?
    a. 호출된 포트의 16비트 수
    b. 헤더의 16비트 길이
    c. 헤더와 데이터 필드의 16비트 합
    d. 호출하는 포트의 16비트 수

38. 데이터가 정해진 순서대로 도달하게 하는 TCP 헤더의 필드는 무엇인가?
    a. 확인응답 번호
    b. 일련번호
    c. 예약
    d. 옵션

39. TCP 연결 셋업에서 처음 시작하는 장비가 보내는 메시지는 무엇인가?
    a. ACK
    b. SYN 수신
    c. SYN 송신

40. 확인응답과 윈도잉은 무엇에 해당하는가?
    a. 흐름 제어
    b. TCP 연결
    c. TCP 시퀀싱
    d. 신뢰성 있는 연결

41. 다음 서비스 중에서 윈도잉이 제공하는 것은 무엇인가?
    a. 송신자는 멀티플렉싱할 수 있다.
    b. 수신자는 유력한 확인응답을 가질 수 있다.
    c. 수신자는 멀티플렉싱할 수 있다.
    d. 송신자는 확인응답되지 않은 세그먼트의 지정 번호를 전송할 수 있다.

42. 일련번호와 확인응답 번호는 어디에 있는가?
    a. UDP 헤더
    b. TCP 헤더
    c. 초기의 일련번호
    d. 애플리케이션 계층

43. 이더넷 표준을 책임지고 있는 조직은 다음 중 어느 것인가?
    a. ISO
    b. IEEE
    c. EIA
    d. IEC

44. 이더넷 802.3의 특징은 무엇인가? (세 개 선택)
    a. CSMA/CD 프로세스를 기반으로 한다.
    b. 이더넷 II 표준으로 대체됐다.
    c. 물리 계층(1계층)을 명시한다.
    d. 1970년대에 개발됐다.
    e. 데이터 링크 계층(2계층)의 MAC 부분을 명시한다.
    f. 씩 이더넷이라고도 한다.

45. 이더넷 주소에 대해 적절하게 설명한 것은 무엇인가?
    a. 이더넷 LAN에서 데이터는 지정된 주소, 즉 수신 장비로 바로 전송된다.
    b. 출발지 주소는 데이터 패킷을 생성한 컴퓨터에 있는 NIC의 4바이트짜리 16진수 주소다.
    c. 목적지 주소는 데이터 패킷이 전송된 LAN에 있는 NIC의 8바이트짜리 16진수 주소다.
    d. 목적지 주소와 출발지 주소는 6바이트의 16진수로 이뤄져 있다.

46. MAC 주소를 적절하게 설명한 것은 무엇인가?
    a. MAC 주소는 16진 형식의 숫자로서 물리적으로 NIC에 위치한다.
    b. MAC 주소는 쌍으로 구성된 2진수로 표현된다.
    c. 장비가 네트워크에 참여하기 위해 고유한 MAC 주소를 가질 필요는 없다.
    d. MAC 주소는 결코 변경될 수 없다.

47. NIC에 대해 적절하게 설명한 것은 무엇인가?
    a. NIC는 USB 포트로 꽂히며, 네트워크 연결용 포트가 있다.
    b. NIC가 네트워크와 통신하기 위해 시리얼 연결을 사용하고, 컴퓨터와 통신하기 위해 패럴렐 연결을 사용한다.
    c. NIC는 네트워크와는 패럴렐 연결을 사용하고, 컴퓨터와 통신하기 위해 시리얼 연결을 사용한다.
    d. NIC를 스위치 어댑터라고도 한다.

48. 이더넷 1000BASE-T에 최소한으로 요구되는 UTP 카테고리는 무엇인가?
    a. 카테고리 3   b. 카테고리 4
    c. 카테고리 5   d. 카테고리 5e

49. 아래에 제시된 UTP 카테고리가 가장 많이 사용되는 환경과 연결하라.
    __ 1. 카테고리 1
    __ 2. 카테고리 2
    __ 3. 카테고리 3
    __ 4. 카테고리 4
    __ 5. 카테고리 5
    __ 6. 카테고리 5e
    __ 7. 카테고리 6

    a. 데이터를 최대 100Mbps의 속도로 전송할 수 있다.
    b. 최대 1000Mbps(1Gbps)의 속도에서 실행되는 네트워크에서 사용된다.
    c. 최대 1000Mbps의 속도에서 데이터를 전송할 수 있는 네 쌍의 24게이지 구리선으로 구성된다.
    d. 데이터 전송에는 적합하지 않고 전화 통신에 사용된다.
    e. 토큰 링 네트워크에 사용되며, 데이터를 최대 16Mbps의 속도로 전송할 수 있다.
    f. 데이터를 최대 4Mbps의 속도로 전송할 수 있다.
    g. 10BASE-T 네트워크에 사용되며, 최대 10Mbps의 속도로 데이터를 전송할 수 있다.

50. UTP의 특징은 무엇인가? (세 개 선택)
    a. UTP 케이블은 8쌍의 선이다.
    b. UTP 케이블의 각 구리선은 절연 물질로 덮여 있다.
    c. 각 쌍의 선은 서로를 감싸고 있다.
    d. EMI와 RFI로부터 제한된 신호 감쇠가 있다.
    e. UTP 케이블은 7개 범주로 나뉜다.

이 장에서 배울 내용은 다음과 같다.

- 이 장의 학습 목표
- 공유 LAN의 문제점
- 패킷 전달 과정 분석
- 시스코 IOS 소프트웨어 운용
- 스위치 시작
- 스위치 보안
- 스위칭 이점 극대화
- 스위치 이슈 문제 해결
- 이 장의 요약
- 복습문제

CHAPTER **2**

이더넷 LAN

이 장에서는 여러 종류의 이더넷 LAN 토폴로지를 설명하고, 공유 LAN에서 해결해야 할 문제가 무엇인지를 자세히 설명한다. 그리고 스위치 LAN 토폴로지를 사용해서 공유 LAN 문제를 어떻게 해결할 수 있는지 그 방법을 제시한다. 마지막으로 LAN을 최적화할 수 있는 방법을 설명한다.

이 장의 학습 목표

이 장을 다 읽으면 허브를 추가해서 이더넷 LAN을 확장할 수 있을 것이다. 이 장의 학습 목표를 구체적으로 살펴보면 다음과 같다.

- 이더넷 LAN에서 트래픽을 높이는 것에 관련된 이슈를 설명한다.
- 스위치 LAN 토폴로지로 이더넷 네트워킹 이슈를 해결할 수 있는 방법을 설명한다.
- 스위치를 통해서 호스트에서 호스트로 패킷을 전달하는 과정을 설명한다.
- 시스코 IOS 소프트웨어 CLI의 특징과 기능을 설명한다.
- 액세스 계층 스위치를 시작하고 CLI를 사용해서 스위치를 설정하고 모니터링한다.
- 스위치에서 물리적, 액세스, 포트 레벨 보안을 활성화한다.
- 이더넷 LAN의 최적화 방법을 제시한다.
- 스위치의 주요 장애처리 방법을 설명한다.

공유 LAN의 문제점

LAN은 상대적으로 저렴한 비용으로 고가의 자원을 공유할 수 있는 수단이다. 비교적 소규모 지역에 있는 여러 사용자와 장비에서 파일과 메시지를 교환하고 파일 서버에 있는 공

Chapter 2 _ 이더넷 LAN

유 자원에 접근할 수 있도록 함에 있어서 LAN은 유용한 방법이다. LAN은 한 조직 안에서 이뤄지는 통신에 핵심적인 시스템을 지원하는 쪽으로 급격하게 발전해 왔다. LAN의 사용자와 장비가 많아지면서 이들의 요구를 충족시키기 위해 대역폭과 속도에 대한 요구사항이 늘어났으며, 공유 LAN에서 몇 가지 해결해야 할 문제가 생겼다. 다음 절들에서는 공유 LAN이 직면한 문제들을 설명한다.

이더넷 LAN 세그먼트

LAN에서 이더넷 기술을 사용할 때 세그먼트 길이(최대 길이)는 중요한 고려사항이다. 여기서는 세그먼트의 특징과 세그먼트에 어떤 제한이 있는지를 설명한다.

세그먼트는 하나의 네트워크 케이블로 끊어지지 않고 연결되어 있는 네트워크다. 이더넷 케이블과 세그먼트는 물리적으로 한정된 거리까지만 확장될 수 있으며, 이를 넘어가면 송신 능력이 떨어질 것이다. 주된 이유는 회선 잡음, 신호 강도의 저하, 충돌 검출 시 CSMA/CD 명세에 따른 오류 때문이다.

이더넷 케이블 명세에는 의미가 있으며, 여기서는 10BASE-T를 예로 살펴본다.

- 10은 지원 속도로서 10Mbps를 의미한다.
- BASE는 베이스밴드(baseband) 이더넷을 뜻한다.
- T는 TP 케이블로서 CAT 5나 그 이상을 나타낸다.

각 명세에는 몇 가지 고유한 특징이 있다. 예를 들어, 10BASE-FL은 10Mbps의 베이스밴드로서 광섬유가 사용된다는 뜻이다. 여기서 FL은 fiber link의 약자다. 또한 각 이더넷 네트워크에서 지원하는 최대 세그먼트 길이가 있다. 각 이더넷 명세를 [표 2-1]에 요약해 뒀다.

▼ 표 2-1 이더넷 세그먼트 거리 제한

이더넷 명세	설명	세그먼트 길이
10BASE-T	TP선을 이용하는 10Mbps 이더넷	100미터
10BASE-FL	광섬유 케이블을 이용하는 10Mbps	2000미터
100BASE-TX	TP선을 이용하는 100Mbps 이더넷	100미터
100BASE-FX	광섬유 케이블을 이용하는 100Mbps 패스트 이더넷	400미터

공유 LAN의 문제점

1000BASE-T	TP선을 이용하는 1000Mbps의 기가비트 이더넷	100미터
1000BASE-LX	광섬유 케이블을 이용하는 기가비트 이더넷	62.5마이크론이나 50마이크론 멀티모드 광섬유에서는 550미터, 10마이크론 싱글모드 광섬유에서는 10킬로미터
1000BASE-SX	광섬유 케이블을 이용하는 기가비트 이더넷	62.5마이크론 멀티모드 광섬유에서는 250미터, 50마이크론 멀티모드 광섬유에서는 550미터
1000BASE-CX	구리선 케이블을 이용하는 기가비트 이더넷	25미터

LAN 세그먼트 확장

이더넷 LAN에 장비를 추가해서 세그먼트를 확장할 수 있다. 여기서는 리피터나 허브를 추가해서 이더넷의 거리 제한을 어떻게 극복할 수 있는지를 설명한다.

리피터는 네트워크의 어떤 장비에서 온 신호를 받아서 이를 증폭시키는 물리 계층 장비다. 네트워크에 리피터를 추가하면 네트워크의 세그먼트가 확장돼서 데이터가 더 먼 거리까지 갈 수 있다. 그러나 네트워크에 추가할 수 있는 리피터의 개수는 제한되어 있다.

리피터와 비슷한 기능을 수행하는 허브도 물리 계층에서 운용된다. [그림 2-1]에서 두 명의 사용자가 허브에 연결되어 있다. 각 사용자는 허브로부터 100미터 떨어져 있고, 두 사람은 200미터의 거리를 두고 앉아 있음을 알 수 있다.

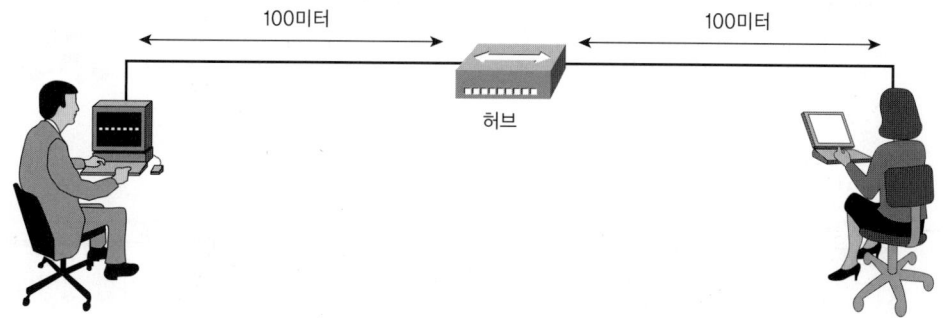

▲ 그림 2-1 허브로 세그먼트 링크를 확장한 예

송신 신호를 수신한 허브는 이를 증폭시켜서 재전송한다. 그러나 리피터와 달리 허브에는 여러 개의 포트가 있어서 여러 대의 네트워크 장비를 연결할 수 있다. 따라서 허브는 워크스테이션이나 서버가 연결되어 있는 모든 포트로 신호를 재전송한다. 허브는 포트로 지나가는 데이터를 읽지 못하며, 프레임의 출발지나 목적지를 알지 못한다. 본질적으로 허브는 들어온 비트를 수신하고, 전기 신호를 증폭시켜서, 허브에 연결되어 있는 다른 장비로 비트를 전송할 뿐이다.

허브는 이더넷 LAN을 확장하며, 종단 장치로 기능하지는 않는다. 공유 기술의 대역폭 한계 문제가 여전히 남는다. 각 장비의 자체 케이블이 허브에 연결되지만 특정 이더넷 세그먼트의 모든 장비는 한정된 양의 대역폭을 두고 서로 경쟁한다.

충돌

이더넷이 운영되는 중에 충돌이 일어나는데, 두 스테이션이 동시에 통신을 시도할 때 충돌(collision)이 일어난다. 1계층 이더넷 세그먼트의 모든 장비가 대역폭을 공유하기 때문에 한 번에 한 대의 장비만 프레임을 전송할 수 있다. 장비가 송신할 수 있는 시점을 명시하는 제어 메커니즘이 없기 때문에 충돌이 일어나며, 이를 [그림 2-2]와 같이 표현할 수 있다.

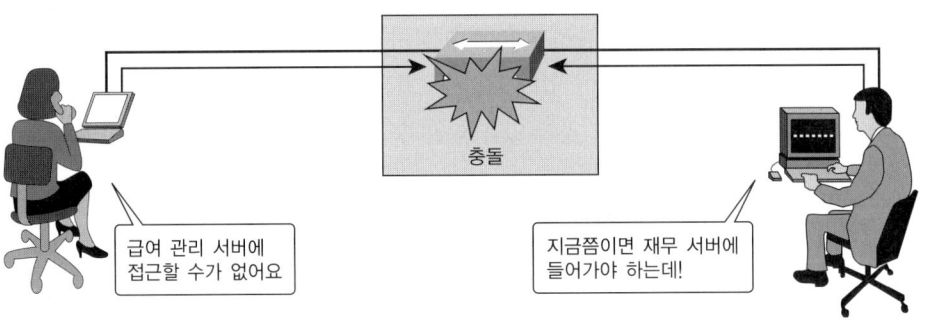

▲ 그림 2-2 이더넷 충돌

충돌은 이더넷에서 사용하는 CSMA/CD 방식의 부산물이다. 대역폭을 공유하는 이더넷 네트워크에서 허브를 사용하면 많은 장비가 같은 물리적 세그먼트를 공유할 것이다. 먼저 청취했음에도 불구하고 전송하기 전에 매체가 비어 있는지 확인하기 위해 여러 개의 스테이션이 동시에 전송할 수 있다. 공유 매체 세그먼트에 있는 두 대 혹은 그 이상의 스테이션

공유 LAN의 문제점

이 동시에 전송할 경우에 충돌이 일어나며, 이때 충돌을 일으킨 프레임은 소멸된다. 충돌에 연루된 송신 스테이션이 충돌 이벤트를 인지하면 송신 스테이션은 미리 정해진 시간 동안 특수한 혼잡 신호를 송신할 것이고, 이에 의해 공유 세그먼트의 모든 장비는 프레임에 오류가 생겼고, 충돌이 일어났으며, 세그먼트의 모든 장비가 통신을 중단해야 한다는 것을 알 것이다. 충돌에 연루된 송신 스테이션은 임의의 카운트다운 타이머를 시작할 것이고, 이 타이머가 완료된 다음에야 데이터 재전송을 시도할 것이다.

네트워크가 더 커지고 각 장비가 더 많은 대역폭을 사용하려고 함에 따라 최종 장비가 데이터를 동시에 전송할 가능성이 높아졌으며, 이로 인해 충돌 발생 가능성도 더 많아졌다. 충돌이 더 많이 일어날수록 혼잡은 더 심해졌으며, 실제 데이터의 네트워크 처리 속도도 느려질 수 있다. 결과적으로 충돌이 많아지면 실제 데이터 프레임의 처리 속도가 거의 나오지 않는다.

이더넷 LAN에 허브를 추가하면 세그먼트 길이 제한을 극복하고 신호 강도가 떨어지기 전에 단일 세그먼트에서 프레임이 지나갈 수 있는 거리 문제를 극복할 수 있다. 그러나 이더넷 허브로 충돌 이슈를 개선할 수는 없다.

충돌 도메인

이더넷 LAN을 확장할 때 장비가 사용할 수 있는 대역폭을 더 많이 확보하기 위해 충돌 도메인(collision domain)이라고 하는 개별적인 물리적 네트워크 세그먼트를 만들 수 있다. 충돌 도메인을 만들면 충돌은 전체 네트워크가 아닌 하나의 충돌 도메인으로 한정된다.

전통적인 이더넷 세그먼트에 있는 네트워크 장비는 공유 대역폭을 얻기 위해서 쟁탈을 하며, 한 번에 한 대의 장비만 데이터를 전송할 수 있다. 동일한 대역폭을 공유하는 네트워크 세그먼트를 충돌 도메인이라고 한다. 왜냐하면 한 세그먼트에 있는 두 대 혹은 그 이상의 장비가 통신을 동시에 시도할 때 충돌이 일어날 수 있기 때문이다.

그러나 OSI 모델의 2계층이나 그 이상의 계층에서 돌아가는 다른 네트워크 장비를 사용해서 네트워크를 여러 세그먼트로 나누고, 대역폭을 다투는 장비 수를 줄일 수 있다. 새로 만들어지는 세그먼트에서 새로운 충돌 도메인이 생긴다. 한 세그먼트의 장비에서 사용할 수 있는 대역폭이 더 많아지고, 한 충돌 도메인에서 일어나는 충돌이 다른 세그먼트의 작동에 영향을 미치지 않는다. [그림 2-3]은 각 사용자와 장비를 독립된 충돌 도메인으로 분리하기 위해 스위치를 사용하는 방법을 보여준다.

Chapter 2 _ 이더넷 LAN

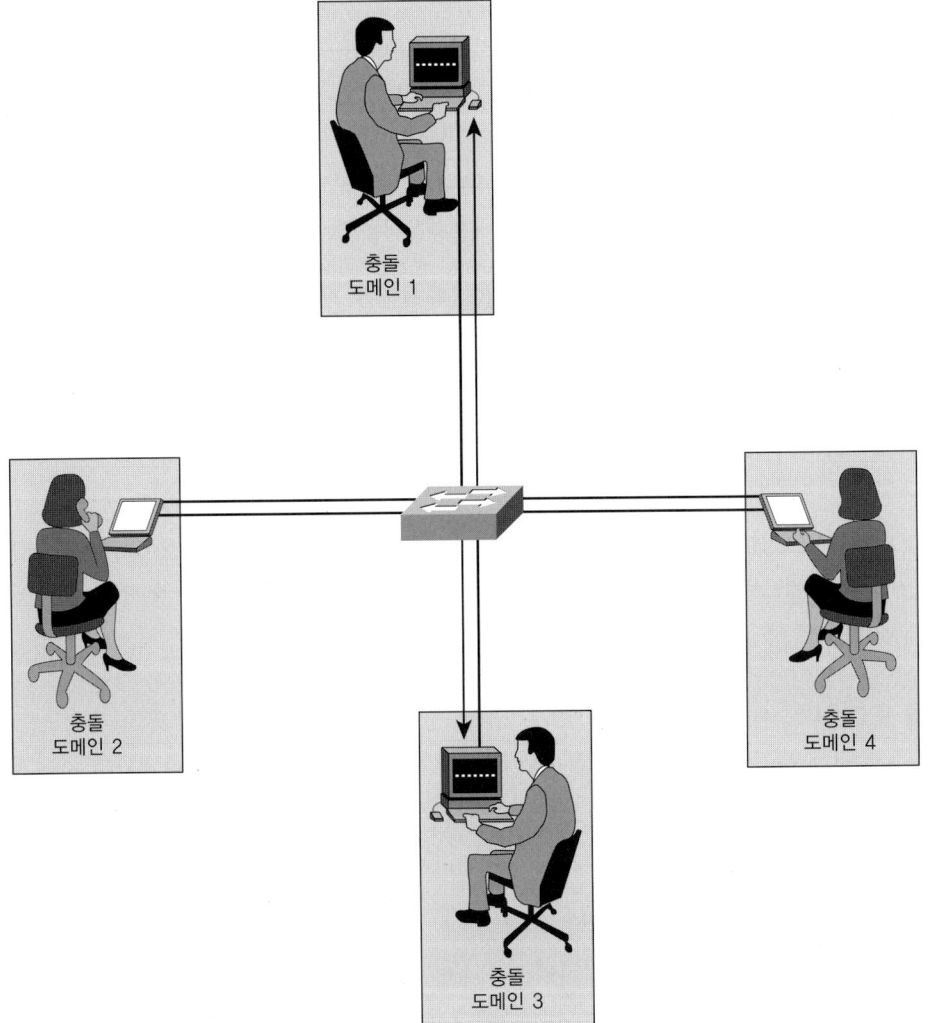

▲ 그림 2-3 스위치를 사용해서 여러 개의 충돌 도메인을 생성한 예

이더넷 LAN 요약

이번 절에서 논의한 핵심 내용을 다음과 같이 정리할 수 있다.

- 세그먼트는 끊어지지 않고 계속 이어진 하나의 네트워크 케이블에 의해 만들어진 네트워크 연결이다. 이더넷 케이블과 세그먼트가 확장될 수 있는 물리적 거리는 제한되어 있으며, 이 거리를 넘으면 송신이 저하된다.

- 허브는 여러 개의 포트가 있는 리피터처럼 작동하며, 들어오는 프레임을 수신하고, 전기 신호를 증폭시키고, 동일한 이더넷 허브의 세그먼트에 연결되어 있는 모든 장비로 프레임을 전송해서 네트워크를 효과적으로 확장할 수 있다.

- 동일한 허브에 연결되어 있는 두 대 혹은 그 이상의 스테이션이 프레임을 동시에 전송할 경우에 충돌이 일어나며, 그 이유는 이더넷 802.3 CSMA/CD 명세의 반이중 특징 때문이다.

- 동일한 대역폭을 공유하는 네트워크 세그먼트를 충돌 도메인이라고 한다. 왜냐하면 동일한 세그먼트에 있는 두 대 혹은 그 이상의 장비가 동시에 통신하고 데이터를 전송할 때 공유 세그먼트 안에서 충돌이 일어날 수 있기 때문이다.

- OSI 모델의 2계층이나 상위 계층에서 운용되는 다른 네트워크 장비를 사용해서 네트워크 세그먼트를 분리하고, 특정 세그먼트에서 일어나는 대역폭 경쟁이나 쟁탈에 참여하는 장비 개수를 줄일 수 있다. 이렇게 함으로써 각 세그먼트에 있는 사용자와 장비의 처리 능력을 향상시킬 수 있다.

패킷 전달 과정 분석

1장의 '호스트 대 호스트 통신 모델' 절에서는 단일 브로드캐스트 도메인에서 TCP 연결을 위한 호스트 대 호스트 통신을 중점적으로 설명했고, 스위치도 소개했다. 이 절에서는 스위치로 호스트 대 호스트 통신을 어떻게 이루는지를 그림으로 설명한다. 네트워크 장비는 통신을 위해서 트래픽을 적절한 워크스테이션으로 전송할 주소를 갖고 있어야 한다.

2계층 어드레싱

1장에서 언급한 것처럼, 이더넷 장비의 제조업체는 종단에 있는 이더넷 장비에 고유한 물리적 MAC 주소를 할당한다. 호스트라고 하는 이런 장비에는 이더넷 NIC(network interface card)가 들어간다. 대개 브리지나 스위치 같은 2계층 장비는 2계층에서 최종 장비로 트래픽을 보내는, 즉 프레임을 그냥 전달하는 역할을 맡아서 수행한다.

3계층 어드레싱

일부 NOS에는 자체의 3계층 주소 형식이 있다. 예를 들어, 노벨의 IPX 프로토콜은 네트워크 서비스 주소와 호스트 식별자를 사용한다. 그러나 노벨을 포함해서 오늘날 많이 사용되는 대부분의 OS에서는 TCP/IP를 지원할 수 있으며, TCP/IP는 호스트 대 호스트 통신을 위해서 3계층에서 논리적인 IP 주소를 사용한다.

Chapter 2 _ 이더넷 LAN

호스트 대 호스트 패킷 전달

1장에서는 동일한 충돌 도메인에 있는 두 대의 장비, 즉 동일한 세그먼트에 연결된 두 대의 장비에서 호스트 대 호스트 패킷 전달이 어떻게 이뤄지는지를 살펴봤다. 앞에서 언급했듯이 모든 장비를 동일한 세그먼트에 연결할 때의 한계는 대역폭과 거리상 제한이 있다는 점이다. 이 제한을 극복하기 위해서 스위치를 사용해서 최종 장비를 연결한다. 호스트 대 호스트 통신이 각 계층에서 약간 다른데, 스위치는 OSI 모델의 2계층에서 작동한다. [그림 2-4]에서 [그림 2-14]까지는 스위치에서 호스트 대 호스트 IP 통신이 어떻게 이뤄지는지를 그림으로 표현한다.

[그림 2-4]의 192.168.3.1 호스트에는 192.168.3.2 호스트로 전송될 데이터가 있다. 이 애플리케이션에서는 신뢰성 있는 연결이 필요 없으므로 4계층 프로토콜로서 UDP(User Datagram Protocol)를 사용할 것이다.

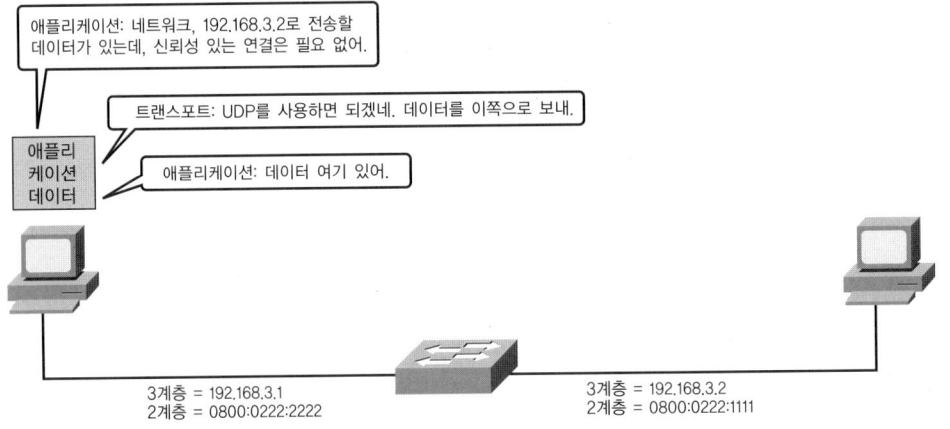

▲ 그림 2-4 호스트가 데이터를 전송

UDP에서는 4계층 세션을 수립할 필요가 없으므로 UDP를 기반으로 하는 애플리케이션은 데이터 전송을 시작할 수 있다. UDP는 UDP 헤더를 데이터 앞에 붙이고, 4계층에서 세그먼트라고 하는 4계층 PDU를 IP(3계층)로 내려 보내며, 이때 PDU를 192.168.3.2로 전송하라는 명령어도 같이 보낸다. IP는 4계층 PDU를 3계층 PDU에 캡슐화하며, 이렇게 캡슐화된 것을 패킷(packet)이라고 한다. 이 패킷은 2계층으로 넘어가며, 2계층에서는 이를 프레임(frame)이라고 한다. 이 과정을 [그림 2-5]에서 확인할 수 있다.

패킷 전달 과정 분석

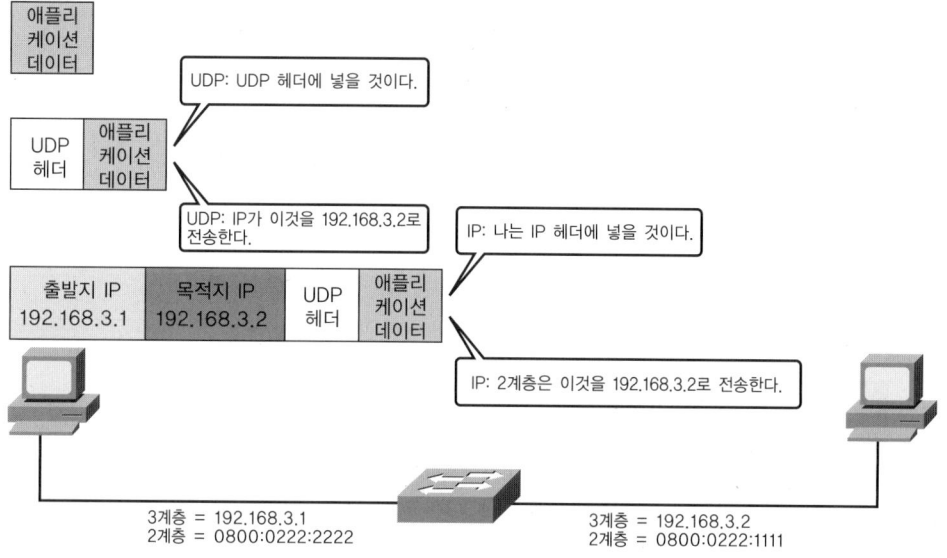

▲ 그림 2-5 데이터 캡슐화

1장에서 설명한 예에서와 같이 ARP의 MAC 주소 테이블에는 엔트리가 없다. 따라서 3계층 논리적 IP 주소를 2계층 물리적 MAC 주소로 해석하기 위해 ARP를 사용할 때까지 패킷을 저장소에 둬야 한다. 이를 [그림 2-6]에서 설명한다.

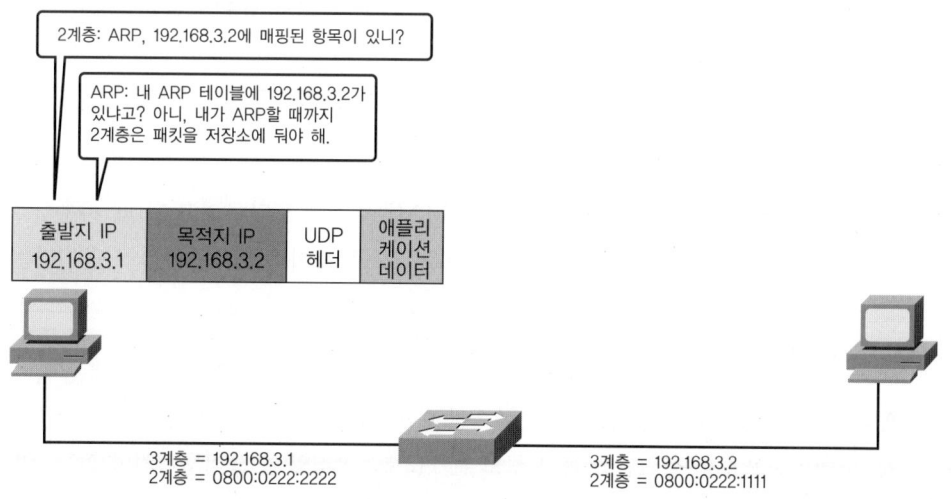

▲ 그림 2-6 ARP 테이블 검사

183

192.168.3.1 호스트는 192.168.3.2를 사용하는 장비의 MAC 주소를 학습하기 위해서 ARP(브로드캐스트) 요청을 전송한다. 그러나 이 예제에서 ARP 브로드캐스트 프레임은 원격 호스트에 도달하기 전에 스위치에 의해 수신된다. 이를 [그림 2-7]에서 확인할 수 있다.

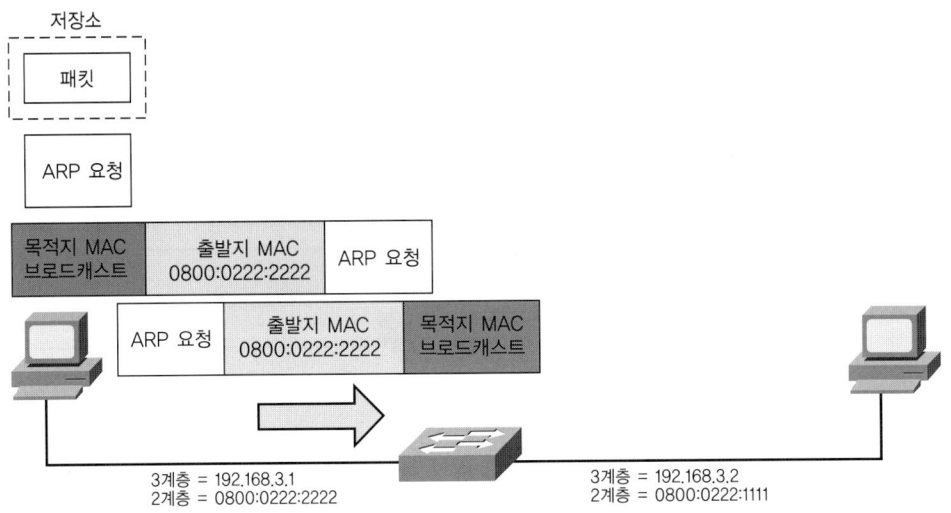

▲ 그림 2-7 ARP 요청 전송

프레임을 수신한 스위치는 이를 적절한 포트로 전달해야 한다. 그러나 이 예제에서 스위치의 MAC 주소 테이블에 출발지 MAC 주소도 없고 목적지 MAC 주소도 없다. 스위치는 프레임의 출발지 MAC 주소를 읽고 학습함으로써 출발지 호스트에 대한 포트 매핑을 학습할 수 있다. 따라서 스위치는 출발지 MAC 주소, 즉 학습한 포트를 포트 매핑 테이블이나 MAC 주소 테이블에 추가할 것이다.

이제 스위치는 출발지 MAC 주소를 알고, MAC 주소에 도달하려고 할 때 사용할 포트도 안다. 예를 들어, 출발지 MAC 주소는 0800:0222:2222이고 1번 포트가 사용된다는 것을 알 수 있다.

그러나 스위치는 목적지 MAC가 어느 포트에 연결되어 있는지 모르기 때문에, 그리고 ARP 브로드캐스트를 진행하는, 즉 목적지 주소가 브로드캐스트이기 때문에 스위치는 패킷이 들어온 포트를 제외한 모든 포트로 패킷(2계층 프레임)을 플러딩시켜야 한다. 이를 [그림 2-8]에서 설명하고 있다.

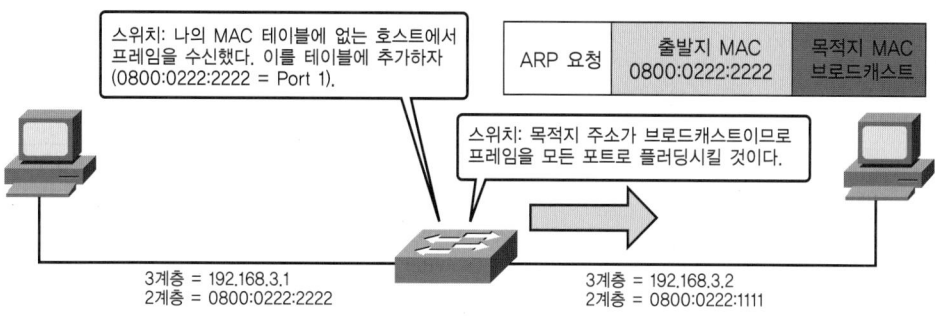

▲ 그림 2-8 스위치 학습과 전달

> **NOTE**
>
> 스위치가 브로드캐스트 패킷을 학습하지 못할 것이며, 프레임은 브로드캐스트 도메인의 모든 포트로 항상 플러딩될 것이다. 또한 프레임을 전달할 때 스위치는 프레임을 변경하지 않는다.

목적지 호스트(와 출발지 호스트를 제외한 모든 호스트)는 ARP 브로드캐스트를 통해서 ARP 요청을 수신한다. IP 주소가 192.168.3.2인 호스트가 ARP 요청에 회신한다. 출발지 MAC 주소의 학습은 스위치에서와 같이 오리지널 ARP 브로드캐스트 프레임에 있는 출발지 MAC 주소를 읽음으로써 이뤄진다. 이를 [그림 2-9]와 [그림 2-10]에서 확인할 수 있다.

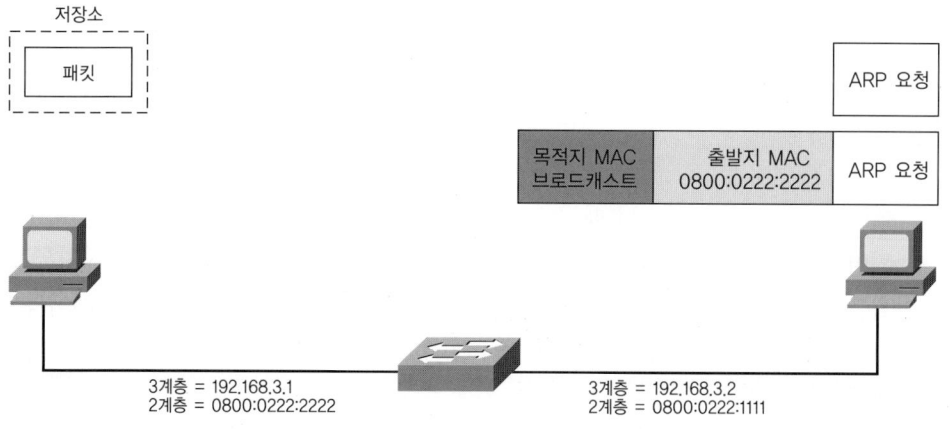

▲ 그림 2-9 호스트가 ARP 요청을 수신

Chapter 2 _ 이더넷 LAN

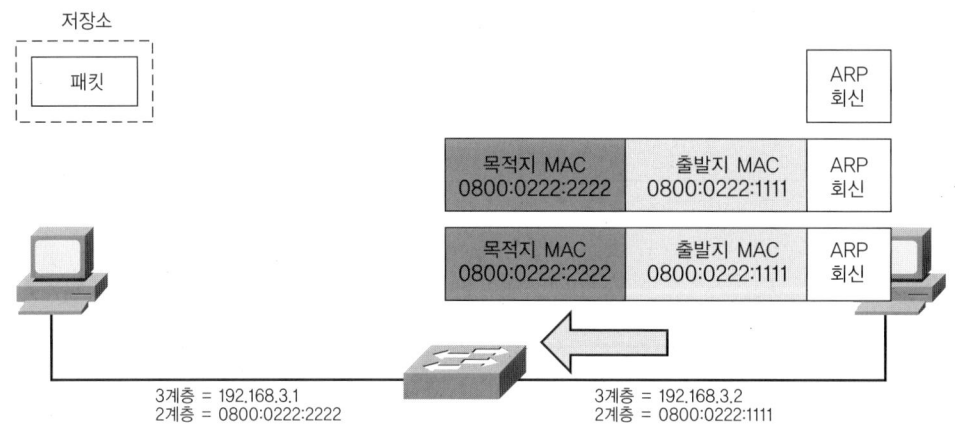

▲ 그림 2-10 호스트가 ARP 요청에 응답

스위치는 ARP 브로드캐스트 회신 프레임의 출발지 MAC 주소를 읽음으로써 출발지 호스트에 대한 포트 매핑을 학습한다. 스위치는 새로운 출발지 MAC 주소와 이 주소를 학습한 포트를 포트 매핑 테이블이나 MAC 주소 테이블에 추가한다.

여기서는 0800:0222:1111=Port 2가 들어간다.

회신된 새로운 목적지 MAC 주소가 스위치의 MAC 테이블에 추가되어 있기 때문에 스위치는 회신 프레임을 포트 1로 전달할 수 있다. 포트 1로만 전달하는 이유는 예상 MAC 주소가 이 포트에서 살아 있기 때문이다. 즉, 포트 1에 연결되어 있기 때문이다. 이를 [그림 2-11]에서 확인할 수 있다.

ARP 응답을 수신한 후에 전송자는 이를 자신의 ARP 캐시에 넣은 다음에 패킷을 저장소로 옮기고, 2계층 MAC 주소를 전달할 프레임에 넣는다. 이를 [그림 2-12]에서 확인할 수 있다.

데이터가 스위치로 전송될 때 스위치는 수신자의 목적지 MAC 주소가 특정 포트에 연결되어 있다는 것을 인식하고 프레임을 수신자에게 가는 포트로만 보낸다. 수신자는 이 프레임을 받은 다음에 캡슐화를 해제시킨다. 또한 스위치는 송신자의 포트 매핑 테이블에 있는 타이머를 초기화한다. [그림 2-13]에서 프레임이 수신자에게 전송되고 있다는 것을 확인할 수 있다.

패킷 전달 과정 분석

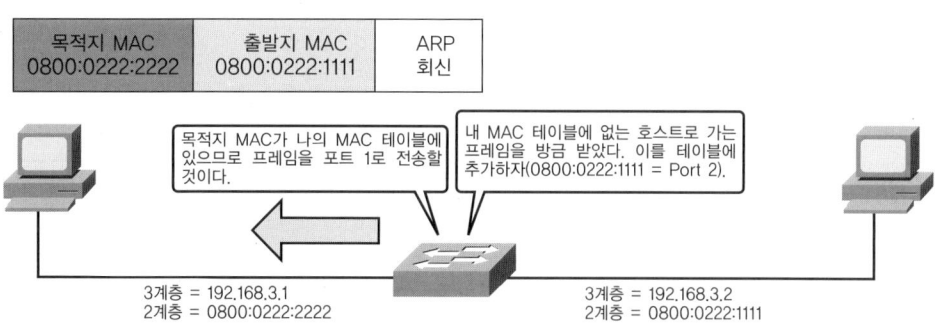

▲ 그림 2-11 호스트가 ARP 응답을 수신

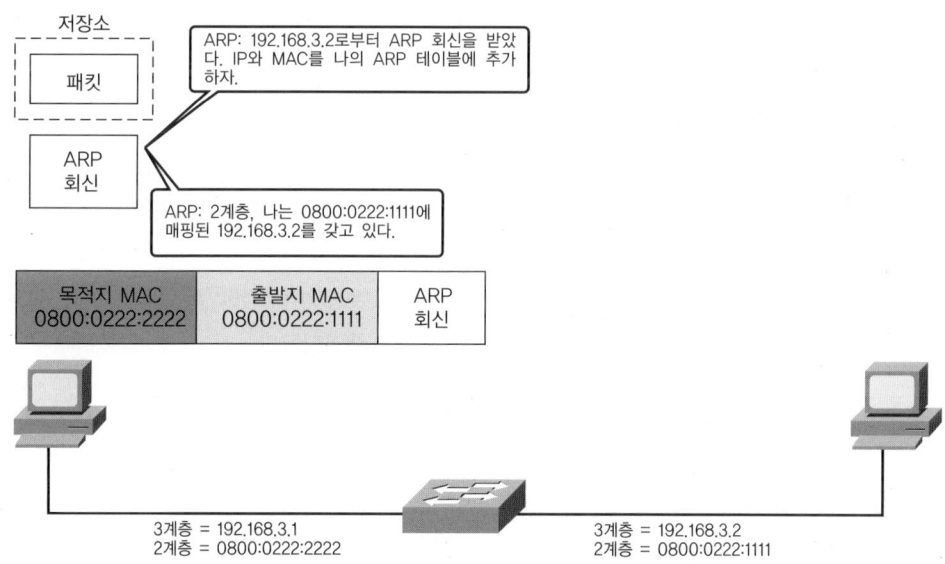

▲ 그림 2-12 송신자가 프레임을 만듦

187

Chapter 2 _ 이더넷 LAN

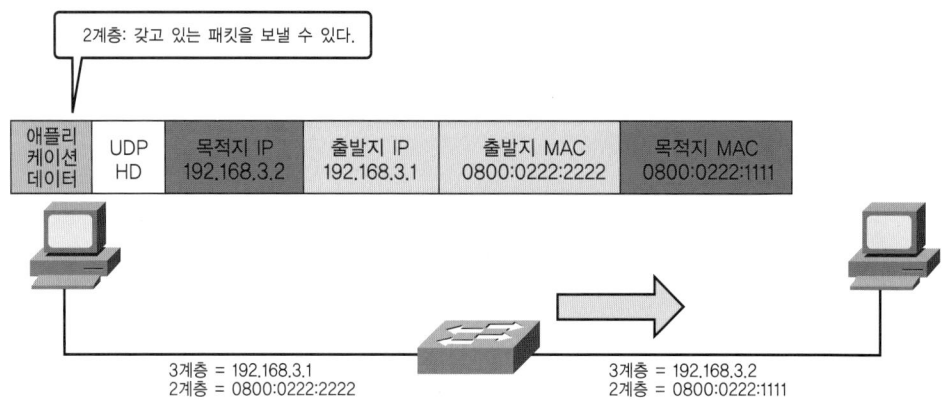

▲ 그림 2-13 스위치가 프레임을 전달

패킷 전달 과정 분석 요약

이번 절에서 논의한 핵심 내용을 다음과 같이 정리할 수 있다.

- OS는 3계층(IP) 주소와 2계층(MAC) 주소를 사용해서 호스트 대 호스트 통신을 제공한다.
- 2계층 스위치는 포트 매핑 MAC 주소 테이블에 있는 엔트리를 기반으로 프레임을 전달한다.
- 2계층 스위치는 포트 매핑 테이블을 구축하기 위해 스위치를 통해서 트래픽을 넘기는 장비의 MAC 주소를 학습한다. 그리고 프레임의 출발지 MAC 주소를 읽음으로써 MAC 주소를 학습한다.
- 목적지 MAC 주소가 알려지지 않은 경우에, 즉 목적지 MAC가 브로드캐스트인 경우에 프레임은 프레임이 들어온 포트 외의 모든 포트로 플러딩된다.
- 2계층 스위치는 프레임의 트래픽을 변경하지 않는다.

시스코 IOS 소프트웨어 운용

엔터프라이즈 네트워크 환경을 이해하면 네트워크 구성요소에 더 많은 기능이 필요하고 이 기능들을 제어할 필요가 있다는 것을 알 수 있으며, 스위치와 같이 더 정교한 네트워크 장비로 그와 같은 목적을 달성할 수 있다. 시스코 IOS 소프트웨어는 기능이 풍부한 네트워크 시스템 소프트웨어다. 다음 절에서는 SOHO(small office, home office) 네트워크 환경에 사용되는 스위치 및 장비와 엔터프라이즈 네트워크 환경의 네트워크 구성요소의 기능을 비교하며, 시스코 IOS 소프트웨어의 기능과 운영 방법을 설명한다.

시스코 IOS 소프트웨어의 특징과 기능

시스코 IOS 소프트웨어는 업계를 선도하고 가장 널리 사용되고 있는 네트워크 시스템 소프트웨어다. 이 절에서는 시스코 IOS 소프트웨어의 특징과 기능을 설명한다.

시스코 IOS 소프트웨어 플랫폼은 스위치, 라우터, 시스코 IOS를 기반으로 하는 네트워크 장비를 포함해서 대부분의 시스코 하드웨어 플랫폼에 구축되어 있다. 이는 시스코 장비의 임베디드 소프트웨어 아키텍처로서 시스코 카탈리스트 스위치의 OS다.

시스코 IOS 소프트웨어는 시스코 제품에서 다음과 같은 네트워크 서비스를 제공한다.

- 필요한 네트워크 프로토콜과 기능을 제공한다.
- 장비 사이에서 트래픽을 고속으로 전송한다.
- 보안 기능에 따라 접근을 통제하고, 인가받지 않은 네트워크 사용을 금지한다.
- 네트워크 규모가 커짐에 따라 인터페이스와 용량을 확장할 수 있다.
- 네트워크 자원에 대한 선별 접근을 지원하는 신뢰성이 있다.

시스코 IOS 소프트웨어의 CLI(command-line interface)에 접근하기 위해 콘솔, 모뎀, 텔넷 세션을 이용할 수 있다. 어떤 방법을 사용하든지 시스코 IOS 소프트웨어 CLI에 접근하는 것을 실행 세션(EXEC session)이라고 한다.

네트워크 장비 설정

조직의 네트워크 요구사항을 구현하려면 적절한 설정을 해야 하며, 이를 위해 시스코 IOS CLI가 사용된다. 이 절에서는 시스코 네트워크 장비를 시작하고 설정하기 위해서 가장 먼저 해야 할 내용을 설명한다.

시스코 IOS 장비가 처음 시작할 때 기본 설정 값이 적용된 초기 설정만으로도 장비가 2계층에서 작동하기에는 무리가 없다. 그러나 시스코 라우터가 처음 시작할 때 초기 설정에는 라우터가 3계층에서 작동하기에 충분한 정보가 없다. 왜냐하면 최소한 라우터 인터페이스

Chapter 2 _ 이더넷 LAN

의 IP 주소 정보가 있어야 하는데 그렇지 않기 때문이다. 그러나 '시작 설정' 정보가 없는 '설정되지 않은' 시스코 장비가 처음 시작할 때 IOS는 셋업 모드(setup mode)라고 하는 대화상자를 사용해서 기본 설정 정보를 제시할 것이다.

기본 구성으로 설정된 장비에는 다음과 같은 정보가 들어간다.

- 프로토콜 어드레싱과 매개변수 설정 값이 들어가며, 인터페이스의 IP 주소나 서브넷 마스크가 이에 해당된다.
- 관리를 위한 옵션이 들어간다. 패스워드가 여기에 해당된다.

이 절에서 스위치의 기본 설정을 논의한다. 네트워크의 고유한 요구사항을 충족시키고, 최소한의 설정이나 기본 설정을 변경하기 위해 네트워크 관리자는 많은 작업을 해야 한다. [그림 2-14]는 시스코 라우터나 스위치의 기본적인 시작 단계를 보여준다.

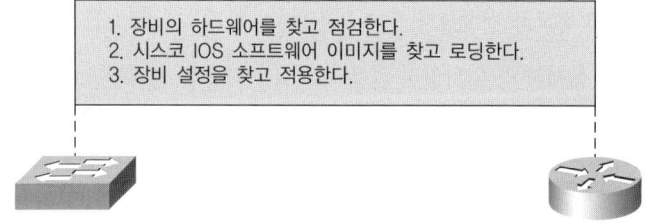

▲ 그림 2-14 스위치와 라우터의 시작 단계

시스코 장비가 시작될 때 네트워킹 장비에서는 다음의 세 가지 주된 작업이 이뤄진다.

1. 장비가 하드웨어 검사 루틴을 수행한다. 이 초기 루틴을 POST(power-on self test)라고 한다.
2. POST를 통해서 하드웨어 상태가 정상으로 확인된 후 시스템 시작 루틴이 시작된다. 이 과정 중에 스위치나 장비의 운영체제 IOS 소프트웨어가 초기화된다.
3. 운영체제가 로딩된 후에 장비는 네트워크 운영에 필요한 세부사항을 수립하는 소프트웨어 구성 설정 값(나중에 startup-config 파일에 저장)을 찾아서 적용한다.

일반적으로 소프트웨어 시작과 관련하여 대체 루틴이 있으며, 필요한 경우 대체 루틴이 사용된다.

외부 설정 방법

외부에서 접근해 스위치나 장비를 구성할 수 있다. 시스코 장비의 구성 설정 값을 어떤 방식으로 지정할 수 있는지 [그림 2-15]에 정리해 뒀다.

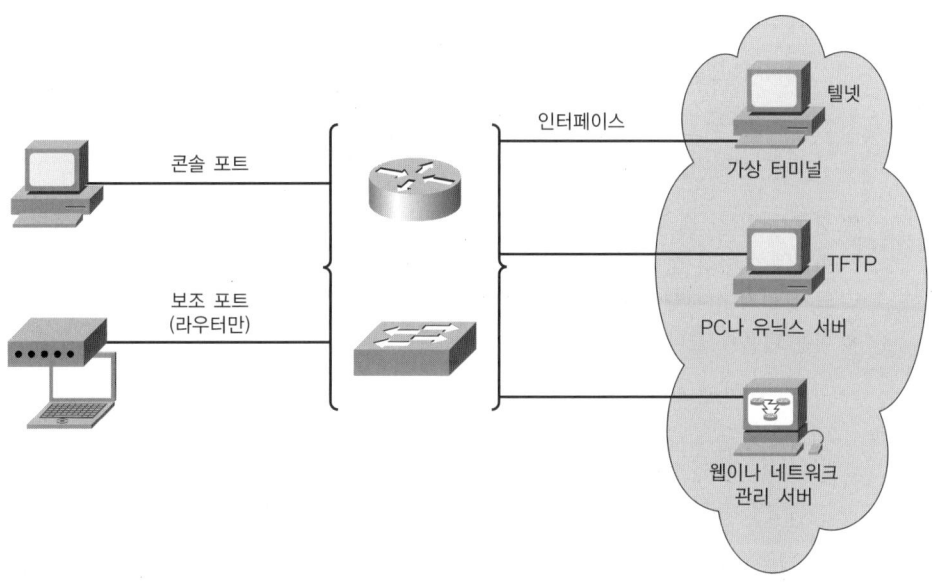

▲ 그림 2-15 라우터 설정 방법

장비에 직접 접속하거나 물리적으로 연결하지 않고 원격지에서 장비에 접속할 수 있다. 콘솔 케이블을 사용해서 콘솔(CON) 포트에 직접 연결하거나, 장비의 보조(AUX) 포트에 연결된 모뎀으로 전화를 걸어서 원격지에서 연결할 수 있다. 시스코 장비가 적절하게 설정된 후에 네트워크상에서 텔넷(VTY 포트 사용)을 통해 연결할 수도 있다. 일반적으로 초기 설정을 할 때는 콘솔 포트가 권장된다. 왜냐하면 콘솔 포트로 들어가면 장비 시작 메시지를 볼 수 있지만, 보조 포트에서는 이 정보를 볼 수 없기 때문이다. 시스코 IOS 장비를 설정하기 위한 연결 종류는 다음과 같다.

- **콘솔 터미널**: 초기 설치 시 콘솔 포트를 통해 연결된 콘솔 터미널로부터 네트워킹 장비를 설정할 수 있다. 콘솔 포트에서 시스코 장비를 설정하려면 다음에 제시된 장비와 케이블이 있어야 한다.

- RJ 45-RJ 45 롤오버 케이블
- 터미널 통신 소프트웨어가 설치된 PC나 이에 준하는 장비. 터미널 통신 소프트웨어의 설정 값을 다음과 같이 지정한다.

  속도: 9600bps

  데이터 비트: 8

  패리티: 없음

  정지 비트: 1

  흐름 제어: 없음

- **원격 터미널**: 원격 장비를 지원하기 위해서 장비의 보조 포트에 모뎀을 연결하면 원격 터미널에서 원격 장비를 설정할 수 있다. 그러나 외장 모뎀과의 통신을 위해 장비의 보조 포트가 먼저 설정돼야 한다. 시스코 장비의 보조 포트에 원격으로 연결하기 위해 필요한 장비는 다음과 같다.

  - 스트레이트 시리얼 케이블

  - 14.4Kbps 모뎀

  - 적절한 통신 소프트웨어를 갖춘 PC나 이에 준하는 장비

초기 시작이 제대로 이뤄지고 기본 설정을 마친 다음에 장비에 접속해서 설정하는 방법은 다음과 같다.

- 텔넷을 사용해서 터미널(vty) 세션을 수립한다.
- 현재 연결을 통해서 장비를 설정한다. 혹은 네트워크의 TFTP(Trivial File Transfer Protocol) 서버에서 미리 작성된 startup-config 파일을 다운로드한다.
- 시스코웍스 같은 네트워크 관리 소프트웨어 애플리케이션을 사용해서 설정 파일을 다운로드한다.

NOTE*

모든 네트워크 장비에 [그림 2-15]와 같은 포트가 모두 있지는 않다. 가령, 시스코의 일부 SOHO 장비에는 보조 포트가 없다.

시스코 IOS CLI의 기능

시스코 IOS 소프트웨어는 콘솔을 통해서 CLI로 들어간다. 시스코 IOS 소프트웨어가 시스코의 여러 제품에 사용되는 핵심 기술이지만 운영상 세부사항은 인터네트워킹 장비마다 다르다. 이 절에서는 시스코 IOS CLI의 기능을 설명한다.

시스코 IOS 장비로 들어갈 수 있는 대표적인 인터페이스는 콘솔과 텔넷이다. [그림 2-16]에서 관리자가 콘솔 연결로 라우터와 스위치를 설정하고 있음을 보여준다.

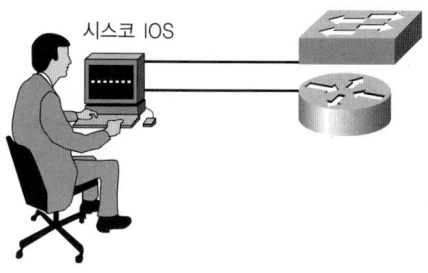

▲ 그림 2-16 CLI로 연결하는 관리자

CLI에 명령어를 입력하려면 콘솔 명령어 모드에서 엔트리를 입력하거나 붙여넣기 한다. 어떤 명령어 모드인지는 프롬프트를 보면 알 수 있다. **Enter** 키를 누르면 장비는 명령어를 분석하고 실행한다.

시스코 IOS 소프트웨어는 명령어 모드 구조에서 명령어의 계층을 사용한다. 각 명령어 모드는 장비의 운영 유형에 관련된 시스코 IOS 명령어를 지원한다.

시스코 IOS 소프트웨어는 보안을 위해 실행 세션을 나눈다. 실행 세션을 시작하기 위해서는 기본적으로 CON, AUX, VTY로 연결해야 한다. 실행 세션을 다음 두 모드로 나눌 수 있다.

- 사용자 실행 모드(user EXEC mode): 제한된 개수의 기본적인 모니터링 명령어에만 접근할 수 있다(show 명령어나 기본적인 모니터링 명령어가 이에 해당된다).
- 특권 실행 모드(privileged EXEC mode): 설정이나 관리에 사용되는 명령어를 포함해서 장비의 모든 명령어에 접근할 수 있다. 그리고 인가받은 사용자만 이 모드에 접근할 수 있도록 패스워드로 보호될 수 있다. 또한 이 모드로 들어가기 위해 enable 명령어를 사용하므로 이를 인에이블 모드라고도 한다.

Chapter 2 _ 이더넷 LAN

실행 모드 들어가기

시스코 IOS 소프트웨어는 두 개의 실행 명령어 모드, 즉 사용자 실행 모드와 특권 실행 모드를 지원한다. 시스코 스위치나 장비에서 여러 실행 모드를 활성화하고 들어가는 방법을 단계별로 살펴보자.

- 1단계   CON, AUX, VTY 연결로 로그인하도록 설정되어 있으면 사용자 이름과 패스워드를 넣어서 장비에 로그인한다. 이렇게 로그인하면 사용자 실행 모드 프롬프트가 뜬다. 프롬프트는 사용자 실행 모드라는 것을 보여준다. 프롬프트의 〉 표시는 장비나 스위치가 사용자 실행 레벨에 있다는 것을 보여준다. 사용자 실행 모드에서 세션을 종료하려면 exit 명령어를 입력한다.

- 2단계   사용자 실행 모드에서 사용할 수 있는 명령어 옵션을 보려면 사용자 실행 레벨 프롬프트에서 ? 명령어를 입력한다. 특권 실행 모드에서 ? 명령어를 실행하면 사용자 실행 수준에서 좀 더 많은 명령어 옵션이 표시된다. 이 특징을 문맥형 도움말(context-sensitive help)이라고 한다.

사용자 실행 모드에 장비나 스위치의 작동을 제어할 수 있는 명령어는 포함되지 않는다. 예를 들어, 사용자 실행 모드에서는 장비나 스위치를 다시 로딩하거나 설정할 수 없다.

configuration 명령어나 **management** 명령어와 같이 중요한 명령어를 실행하려면 특권 실행(인에이블) 모드로 들어가야 한다.

사용자 실행 모드에서 특권 실행 모드로 변경하려면 '호스트 이름〉' 프롬프트에서 **enable** 명령어로 들어간다. 인에이블 패스워드나 인에이블 시크릿 패스워드가 설정되어 있는 경우에 스위치나 장비는 패스워드를 넣으라는 프롬프트를 표시할 것이다.

> **NOTE***
> 인에이블 패스워드와 시크릿 패스워드가 둘 다 지정되어 있으면 시크릿 패스워드가 필수다.

인에이블 패스워드가 제대로 입력되면 스위치나 장비 프롬프트는 '호스트 이름〉'에서 '호스트 이름#'으로 변경되며, 이는 사용자가 이제 특권 실행 모드에 있음을 나타낸다. 특권 실행 모드에서 **?** 명령어를 입력하면 사용자 실행 모드보다 더 많은 명령어 옵션이 표시될 것이다.

사용자 실행 모드로 되돌아가려면 '호스트 이름#' 프롬프트에서 **disable** 명령어를 입력한다.

> NOTE*
>
> 보안상 이유로 시스코 네트워크 장비는 입력된 패스워드를 화면에 보여주지 않을 것이다. 그러나 네트워크 장비가 모뎀 링크에서 설정된 경우, 즉 텔넷이 사용된 경우에 패스워드는 평문으로 전송된다. 텔넷 자체는 패스워드나 명령어가 들어 있는 패킷을 보호하는 방법을 제공하지 않는다.
>
> 대부분의 시스코 장비에서 실행되는 SSH(Secure Shell) 프로토콜을 사용하면 보안이 확보되지 않은 채널에서 통신을 안전하게 수행할 수 있으며 강력한 인증을 이룰 수 있다. 이렇게 본다면 SSH는 암호화된 텔넷인 셈이다. SSH의 사용 방법을 배우려면 시스코 IOS 문서를 참고하기 바란다.

CLI에서 키보드 도움말

시스코 장비가 사용하는 시스코 IOS 소프트웨어에는 명령어 라인 입력 도움말 기능이 있으며, 문맥형 도움말도 여기에 포함된다. 이 절에서는 시스코 장비에서 사용할 수 있는 CLI 키보드 도움말을 설명한다.

시스코 장비의 시스코 IOS CLI는 다음과 같은 유형의 도움말을 제공한다.

- **단어 도움말(word help)**: 명령어 전체가 아니라 앞의 몇 글자를 입력하고 바로 뒤에 물음표를 넣는다. 물음표 앞에 공백을 넣으면 안 된다. 이렇게 하면 입력된 문자로 시작하는 명령어 목록이 표시될 것이다. 예를 들어, sh로 시작하는 명령어 목록을 보려면 sh? 명령어를 입력한다.
- **명령어 구문 도움말**: 명령어를 완성하기 위한 방법을 알기 위해 명령어 구문 도움말을 얻으려면 ? 명령어를 입력한다. 키워드나 인수 자리에 물음표를 넣는다. 물음표 앞에 공백을 둔다. 네트워크 장비는 사용 가능한 명령어 옵션 목록을 보여줄 것이다. 예를 들어, show 명령어에서 지원하는 여러 명령어 옵션 목록을 보려면 show? 명령어를 입력하면 된다.

> NOTE*
>
> 시스코 장비와 카탈리스트 스위치가 지원하는 명령어 라인 도움말 기능은 비슷하다. 이 절에 나오는 도움말 기능은 특별한 언급이 없는 한 카탈리스트 스위치에도 적용된다.

Chapter 2 _ 이더넷 LAN

Ctrl 키와 **Esc** 키 조합, **Tab** 키, 위쪽 화살표, 아래쪽 화살표 등을 사용하면 명령어 문자열 전체를 다시 입력하거나 타이핑할 필요성이 줄어든다. 시스코 IOS 소프트웨어는 최근에 입력된 여러 명령어가 저장되어 있는 명령어 히스토리 버퍼로부터 명령어 엔트리를 다시 불러오거나 완성시키는 명령어, 키, 문자를 제공한다. 이러한 명령어는 적절할 경우에 다시 입력하지 않고 재사용할 수 있다.

명령어 엔트리가 부정확한 경우에 콘솔 에러 메시지가 문제 확인에 도움을 준다. CLI를 사용하는 도중에 자주 접하는 에러 메시지를 [표 2-2]에 정리해 뒀다.

▼ **표 2-2** CLI 에러 메시지

에러 메시지	의미	도움말을 얻는 방법
% Ambiguous command: "show con"	장비가 명령어를 인식할 정도로 충분한 글자를 입력하지 않았다.	명령어 다음에 물음표를 붙여서 다시 입력한다. 이때 명령어와 물음표 사이에 공백 문자를 넣지 않는다. 이렇게 하면 해당 명령어와 함께 입력할 수 있는 키워드가 표시된다.
% Incomplete command	명령어가 필요로 하는 키워드나 값을 모두 입력하지 않았다.	명령어 다음에 물음표를 붙여서 다시 입력한다. 명령어와 물음표 사이에 공백 문자를 붙인다.
% Invalid input detected at '^' marker	명령어를 부정확하게 입력했다. ^ 표시가 붙은 곳이 에러 발생 지점이다.	사용 가능한 모든 명령어나 매개변수를 표시하기 위해 물음표를 입력한다.

명령어 히스토리 버퍼에는 가장 최근에 입력된 명령어가 저장된다. 명령어를 보기 위해서 **show history** 명령어를 입력한다.

문맥형 도움말을 사용하면 특정 명령어의 구문을 알 수 있다. 예를 들어, 장비의 시간을 설정해야 하는데 이에 관련된 명령어의 구문을 알지 못할 경우에 문맥형 도움말을 사용하면 시간 설정 구문을 확인할 수 있다.

clock라는 단어가 입력됐지만 철자가 틀린 경우에 시스코 IOS 소프트웨어는 명령어의 틀린 철자를 파악한다. 입력된 문자열과 일치하는 CLI 명령어가 없는 경우에 에러 메시지가 표시된다. 철자가 틀린 글자로 시작하는 시스코 IOS 명령어가 없으면 장비는 철자가 틀린 명령어를 호스트 이름으로 인지하고 호스트 이름을 IP 주소로 해석한 다음에 해당 호스트로 텔넷 접속을 시도한다.

cl?과 같이 명령어의 첫 부분만 입력하더라도 문맥형 도움말은 전체 명령어를 보여줄 것이다.

clock 명령어를 입력했지만 해당 명령어가 완전하지 않다는 에러 메시지가 표시될 경우에 나머지 명령어를 완성하는 데 필요한 인수를 결정하기 위해서 물음표 명령어를 입력한다. 이때 물음표 앞에 공백 문자를 둔다. clock ? 예에서 도움말은 clock 다음에 set 키워드가 필요하다는 것을 보여준다.

clock set 명령어를 입력한 다음에 Enter 키를 눌렀지만 명령어가 아직 완전하지 않다는 또 다른 에러 메시지가 뜨면 Ctrl-P(혹은 위쪽 화살표 키)를 눌러서 명령어 입력을 반복한다. 그런 다음에 해당 시점에 특정 명령어와 CLI에서 사용할 수 있는 명령어 인수 목록을 보려면 공백 문자를 추가하고 물음표 명령어를 입력한다.

마지막 명령어를 다시 불러온 후에 관리자는 ? 명령어를 넣어서 추가 인수를 확인할 수 있다. 인수에는 시, 분, 초로 이뤄진 현재 시간이 들어간다.

현재 시간을 입력한 후에, 입력된 명령어가 완전하지 않다는 에러 메시지가 계속 뜨면 명령어를 다시 불러오고, 공백 문자를 추가하고, 물음표를 입력해서 해당 시점에 해당 명령어에서 사용할 수 있는 명령어 인수 목록을 표시한다. 예제에서 구문에 맞게 연, 월, 일을 입력한 다음에 Enter 키를 눌러서 명령어를 실행한다.

구문 검사에서 에러가 난 지점을 표시하기 위해 ^ 기호가 사용된다. 부정확한 명령어, 키워드, 인수가 입력된 곳에 ^ 기호가 표시된다. 에러가 난 지점을 알고 상호대화식 도움말 시스템을 사용하면 구문 에러를 쉽게 파악해서 이를 고칠 수 있다. clock 예제에서 ^ 기호는 월이 틀리게 입력됐다는 것을 보여준다. 분석기는 월의 철자가 틀린 것으로 본다.

고급 편집 명령어

시스코 IOS CLI에는 고급 편집 모드가 있으며, 이 모드에서 일련의 편집 키 기능을 이용할 수 있다. 고급 편집 모드가 자동으로 활성화된 경우에 이를 비활성화할 수 있다. 고급 라인 편집이 활성화되어 있고, 제대로 상호작용하지 않는 스크립트가 있는 경우에 고급 라인 편집 기능을 비활성화할 수 있다. 고급 라인 편집 기능을 활성화하려면 terminal editing 실행 명령어를 사용하고, 비활성화하려면 terminal no editing 실행 명령어를 사용한다.

Chapter 2 _ 이더넷 LAN

대부분의 명령어는 그 앞에 **no**라는 단어를 붙여서 다시 실행시키면 비활성화된다. 이 규칙에 예외인 경우가 몇 가지 있는데, **terminal** 명령어도 이에 속한다. 즉, 터미널 편집을 비활성화하기 위해서는 no terminal editing 명령어가 아니라 **terminal no editing** 명령어를 사용해야 한다.

고급 라인 편집 기능 중 하나로 화면에서 한 줄이 넘는 경우에 수평 스크롤을 제공하는 기능이 있다. 커서가 오른쪽 끝에 도달하면 명령어 라인이 왼쪽으로 10스페이스 이동한다. 처음 10글자는 더 이상 보이지 않는다. 물론 명령어의 시작부분 쪽으로 다시 스크롤해서 갈 수 있다.

명령어 입력이 한 줄을 넘어가면 명령어 문자열의 끝만 볼 수 있다.

```
SwitchX> $ value for customers, employees, and partners.
```

달러 기호($)는 줄이 왼쪽으로 스크롤됐다는 것을 나타낸다. 뒤로 스크롤해서 명령어의 시작부분으로 가려면 **Ctrl-B**나 왼쪽 화살표 키를 계속 누른다. 아니면 줄의 시작부분으로 바로 가려면 **Ctrl-A**를 누른다.

CLI에서는 단축키나 핫 키를 제공한다. 키 조합을 사용해서 커서를 명령어의 여러 곳으로 옮겨서 명령어를 수정하거나 변경할 수 있다.

[표 2-3]은 [그림 2-16]의 단축키와 추가 단축키를 설명하는 내용이다.

▼ 표 2-3 명령어 라인 편집 키

명령어 라인 편집 키 조합	설명
Ctrl-A	커서를 명령어 라인 처음으로 옮긴다.
Ctrl-E	커서를 명령어 라인 끝으로 옮긴다.
Esc-B	커서를 한 단어 뒤로 옮긴다.
Esc-F	커서를 한 단어 앞으로 옮긴다.
Ctrl-B	커서를 한 글자 뒤로 옮긴다.
Ctrl-F	커서를 한 글자 앞으로 옮긴다.
Ctrl-D	커서 왼쪽에 있는 한 글자를 지운다.
백스페이스	커서 왼쪽으로 이동하면서 한 글자를 지운다.
Ctrl-R	현재 명령어 라인을 다시 보여준다.

Ctrl-U	한 라인을 삭제한다.
Ctrl-W	커서 왼쪽으로 가면서 한 단어를 삭제한다.
Ctrl-Z	설정 모드를 끝내고 특권 실행 모드인 '호스트 이름#' 프롬프트로 바로 간다.
탭	명확할 정도로 충분히 많은 글자가 입력된 경우에 일부 입력된 명령어를 완성한다.

> **NOTE***
>
> Esc 키가 모든 터미널에서 돌아가지는 않는다.

명령어 히스토리

시스코 CLI는 입력된 명령어의 히스토리나 기록을 저장해 뒀다가 보여준다. 명령어 히스토리 버퍼라고 하는 이 기능은 길거나 복잡한 명령어나 엔트리를 다시 불러올 때 특히 도움이 된다.

명령어 히스토리 특징을 이용해 다음과 같은 작업을 처리할 수 있다.

- 명령어 버퍼의 내용을 보여준다.
- 명령어 히스토리 버퍼 크기를 지정한다.
- 이전에 입력돼서 히스토리 버퍼에 저장되어 있는 명령어를 다시 불러온다. 실행 모드용 버퍼와 설정 모드용 버퍼가 있다.

명령어 히스토리는 기본적으로 활성화되며, 시스템은 히스토리 버퍼에 마지막 10개의 명령어 라인을 기록한다.

현재 터미널 세션 중에 시스템이 기록하고 다시 불러올 명령어 라인의 개수를 변경하려면 사용자 실행 모드 프롬프트에서 **terminal history** 명령어를 실행한다.

히스토리 버퍼에 있는 명령어 중에서 가장 최근에 실행된 명령어를 다시 불러오려면, **Ctrl-P**나 위쪽 화살표 키를 누른다. 그 전에 실행된 명령어를 계속 보려면 이 키를 반복해서 누른다.

Ctrl-P나 위쪽 화살표 키를 눌러서 예전 명령어를 불러온 후에 히스토리 버퍼에 있는 최근 명령어를 불러오려면 **Ctrl-N**이나 아래쪽 화살표 키를 누른다. 최근 명령어를 계속 보려면 이 키를 반복해서 누른다.

대부분의 컴퓨터에는 선택하고 복사할 수 있는 기능이 여러 가지 있다. 이전 명령어 문자열을 복사한 다음에 현재 명령어 엔트리를 붙여넣거나 삽입한 다음에 **Enter** 키를 누를 수 있다.

시스코 라우터에는 네 종류의 메모리가 있다.

- RAM: 라우팅 테이블과 고속 스위칭 캐시를 저장한다. RAM에는 현재 실행 중인 설정 파일과 현재 로드된 IOS 등이 저장된다.
- NVRAM: 쓰기 가능하고 영구적으로 저장할 수 있는 장치로서 시작 구성의 설정 값을 저장할 때 사용된다.
- 플래시: 시스코 IOS 소프트웨어 이미지 파일, 백업 설정, 메모리 카드에 다른 파일을 영구적으로 저장할 수 있는 메모리다.
- ROM: POST 루틴이 들어간다. 그리고 플래시의 IOS가 깨지는 것과 같은 비상 상황이나 장애를 처리할 때 사용될 수 있는 미니 IOS가 저장된다. ROM이 들어 있는 미니 IOS를 패스워드 복구용으로 활용할 수도 있다.
  장비 관리자가 ROM을 수정하거나 복사할 수 없다.

show startup-config 명령어는 NVRAM에 저장되어 있는 시작 설정 파일의 설정 값을 보여준다. **show running-config** 명령어는 RAM에 있으면서 현재 실행 중인 설정 파일의 설정 값을 보여준다. [그림 2-17]은 실행 설정 파일과 시작 설정 파일의 위치와 셋업 유틸리티가 설정 파일을 복사하는 곳을 보여준다.

show running-config 명령어는 RAM에 있는 현재 실행 중인 설정 파일의 내용을 보여준다.

라우터에서 **show running-config** 명령어를 실행하면 "Building configuration...."이라는 메시지를 처음 볼 것이다. 이 메시지는 실행 설정이 현재 RAM에 저장되어 있고 실행 중인 설정 파일의 설정 값으로 만들어졌다는 것을 나타낸다.

실행 설정이 RAM으로부터 만들어진 후에 "Current configuration:" 메시지가 표시되며, 이 메시지는 이것이 현재 RAM에서 실행 중인 현재 실행 설정이라는 것을 나타낸다.

시스코 IOS 소프트웨어 운용

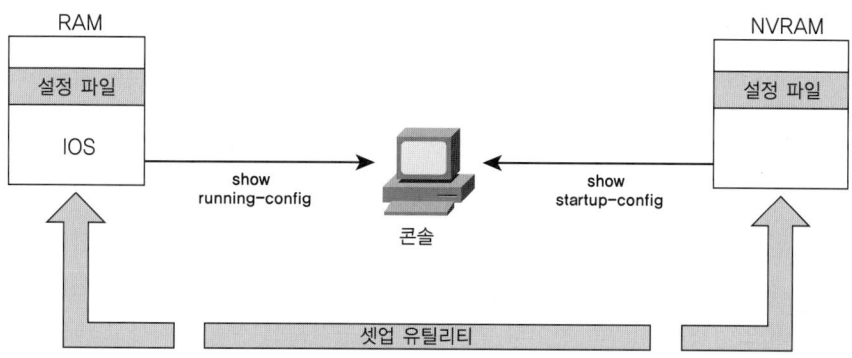

▲ 그림 2-17 설정 파일의 위치

show startup-config 명령어 실행 결과의 첫 번째 라인은 설정 저장에 사용되는 NVRAM의 용량을 나타낸다. 예를 들어 "Using 1359 out of 32762 bytes"는 NVRAM의 총량이 32,762바이트고, NVRAM에 저장된 현재 설정 파일의 용량이 1359바이트라는 것을 의미한다.

시스코 IOS 소프트웨어 운용 요약

이번 절에서 논의한 핵심 내용을 다음과 같이 정리할 수 있다.

- 시스코 IOS 소프트웨어는 모든 시스코 IOS 장비에 들어 있는 임베디드 소프트웨어 아키텍처고, 또한 카탈리스트 스위치의 OS다. 시스코 IOS 소프트웨어의 기능으로는 네트워크 프로토콜 전달, 연결, 보안, 확장성, 신뢰성이 있다.

- 스위치나 IOS 장비를 설정하기 위해 콘솔(CON) 포트에 연결된 로컬 터미널, 보조(AUX) 포트에 연결된 모뎀을 통해서 접속된 원격 터미널, 텔넷(VTY)을 이용할 수 있다.

- 네트워크 관리자는 CLI를 사용해서 여러 시스코 IOS 장비를 모니터링하고 설정할 수 있다. 또한 네트워크 관리자가 명령어를 검증하고 설정할 때 CLI의 도움말 기능을 활용하면 유용하다.

- CLI는 두 개의 실행 모드를 지원한다. 하나는 사용자 실행 모드고, 다른 하나는 특권 실행 모드다. 특권 실행 모드는 사용자 실행 모드보다 더 많은 기능을 제공하며, 특권 실행 모드를 인에이블 모드라고도 한다.

- 시스코 IOS 장비의 시스코 IOS 소프트웨어는 확장된 명령어 라인 입력 도움말과 문맥형 도움말 기능을 지원한다.

- 시스코 IOS CLI의 고급 편집 모드에는 일련의 편집 키 기능이 있다.
- 시스코 IOS 장비의 CLI는 입력된 명령어에 대한 히스토리나 레코드 기능을 지원한다.

스위치 시작

스위치의 전원이 켜지면 스위치의 시작 루틴이 진행된다. 시작 루틴이 완료되면 소프트웨어의 초기 설정 값이 설정된다. 카탈리스트 스위치를 설치할 때 첫 단계는 스위치의 시작 루틴을 에러 없이 완료시키는 것이다. 스위치가 성공적으로 시작해야 하고, 네트워크에서 운용되는 데 필요한 기본 설정 값이 설정돼야 한다. 다음 절에서는 스위치의 시작 방법과 초기 운용 상태의 검증 방법을 설명한다.

카탈리스트 스위치의 물리적인 시작

카탈리스트 스위치가 제대로 시작하기 위해서 물리적으로 제대로 설치되어 있는지, 스위치의 전원이 켜지는지, 시스코 IOS 소프트웨어의 실행 결과가 콘솔에 보이는지를 확인해야 한다.

카탈리스트 스위치가 처음에 시작하기 위해서는 다음에 제시된 단계가 진행돼야 한다.

1단계　스위치가 시작하기 전에 다음에 제시된 내용을 확인한다.
- 네트워크의 모든 케이블 연결이 안전한가?
- 터미널이 콘솔 포트에 연결되어 있는가?
- 하이퍼터미널 같은 콘솔 터미널 애플리케이션을 선택했는가?

2단계　전원 케이블 플러그를 스위치의 전원 공급 소켓에 꽂는다. 스위치가 시작된다. 일부 카탈리스트 스위치에는 온/오프 스위치가 없으며, 2960 시리즈도 마찬가지다.

3단계　부팅 과정이 다음과 같이 진행되는지 확인한다.
- 스위치 섀시의 LED(light emitting diodes)를 본다.
- 시스코 IOS 소프트웨어의 실행 결과가 콘솔에 표시되는지 관찰한다.

NOTE*
> 여기서는 카탈리스트 2960 시리즈 스위치만 설명한다. 여기서 제시되는 스위치 정보와 설정 명령어는 카탈리스트 2960 시리즈의 것이며, 시리즈가 다르다면 정보와 명령어가 다를 수 있다.

스위치 LED

카탈리스트 스위치에는 여러 개의 상태 LED가 있으며, 스위치가 정상적으로 돌아갈 때는 녹색이 되고, 스위치가 제대로 돌아가지 않을 때는 황색으로 바뀐다. 카탈리스트 2960 시리즈 스위치의 LED 위치를 [그림 2-18]에 정리해 뒀다.

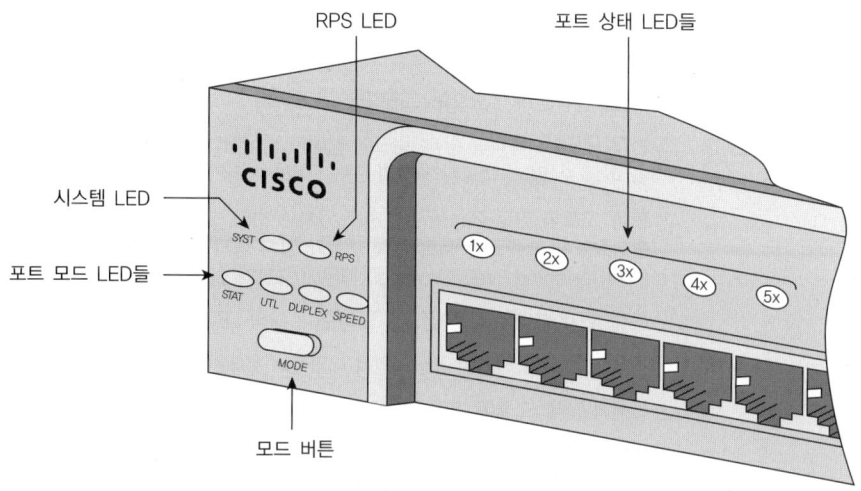

▲ 그림 2-18   카탈리스트 2960 LED

카탈리스트 2960-12와 2960-24의 LED 위치는 [그림 2-18]과 같으며, LED의 기능은 [표 2-4]에 정리한 바와 같다.

▼ 표 2-4 스위치의 LED

스위치의 LED	설명
시스템 LED	오프: 시스템에 전기가 공급되지 않는다.
	녹색: 시스템에 전기가 공급되어 작동하고 있다.
	황색: 시스템이 제대로 작동하고 있지 않다. POST 중 하나 혹은 그 이상에서 에러가 발생했다.
RPS	오프: RPS(redundant power supply)가 오프되어 있거나 설치되어 있지 않다.
	녹색: RPS가 운용 중이다.
	점멸 녹색: RPS가 연결되어 있지만 사용할 수 없다. 왜냐하면 RPS가 다른 장비에 전원을 공급하고 있기 때문이다.
	황색: RPS가 설치되어 있지만 작동 중이지 않다.
	점멸 황색: 내장 전원 공급 장치에 이상이 있으며, 이에 RPS에서 전원을 공급받고 있다.

Chapter 2 _ 이더넷 LAN

포트 LED 모드를 [표 2-5]에 정리해 뒀다. LED 색이나 점등 상태에 따라 포트 상태를 알 수 있다.

▼ 표 2-5 포트 LED 상태

포트 LED 디스플레이 모드	설명
포트 상태(STAT LED 온)	오프: 링크가 없다. 녹색: 링크가 있지만 작동하고 있지 않다. 점멸 녹색: 링크가 있으며 트래픽도 있다. 번갈아가면서 녹색과 황색: 링크에 장애가 발생했다. 에러 프레임이 연결에 영향을 미칠 수 있다. 과도한 충돌과 CRC, 기타 에러가 원인이다. 황색: 포트가 전달 기능을 수행하고 있지 못하다. 그 이유는 관리자가 포트를 비활성화했거나, 주소 문제로 인해 포트가 일시 중지됐거나, 네트워크 루프에 의한 STP(Spanning Tree Protocol) 때문에 포트가 일시 중지됐을 수 있다.
대역폭 사용(UTL LED 온)	녹색: 현재 대역폭 사용 정도를 보여준다. 황색 LED가 배경으로 보인다. 황색: 스위치에 전원이 공급되면서 대역폭이 최대한으로 사용되고 있다. 녹색과 황색: 모델에 따라 달라진다. **카탈리스트 2960-12, 2960-24, 2960C-24, 2960T-24 스위치:** 모든 LED가 녹색이면 스위치는 전체 대역폭의 50% 이상을 사용한다. 맨 오른쪽 LED가 오프면 스위치는 전체 대역폭의 25~50%를 사용한다. 맨 왼쪽 LED가 녹색이면 스위치는 전체 대역폭의 0.0488%보다 적은 대역폭을 사용한다. **카탈리스트 2960G-12-EI 스위치:** 모든 LED가 녹색이면 스위치는 전체 대역폭의 50% 이상을 사용한다. GBIC(Gigabit Interface Converter) 모듈 슬롯 2의 LED가 오프면 스위치는 전체 대역폭의 25~50%를 사용한다. GBIC 모듈 슬롯의 LED가 모두 오프면 스위치는 전체 대역폭의 25%보다 적은 대역폭을 사용한다. **카탈리스트 2960G-24-EI 스위치와 2960G-24-EI-DC 스위치:** 모든 LED가 녹색이면 스위치는 전체 대역폭의 50% 이상을 사용한다. **GBIC 모듈 슬롯 2:** LED가 오프면 스위치는 전체 대역폭의 25~50%를 사용한다. GBIC 모듈 슬롯의 모든 LED가 오프면 스위치는 전체 대역폭의 25%보다 적은 대역폭을 사용한다. **카탈리스트 2960G-48-EI 스위치:** 모든 LED가 녹색이면 스위치는 전체 대역폭의 50% 이상을 사용한다. 상위 GBIC 모듈 슬롯의 LED가 오프면 스위치는 전체 대역폭의 25~50%를 사용한다. GBIC 모듈 슬롯의 LED가 모두 오프면 스위치는 전체 대역폭의 25%보다 적은 대역폭을 사용한다.
전이중 모드(FDUP LED 온)	녹색: 포트가 전이중 모드로 설정되어 있다. 오프: 포트가 반이중 모드로 설정되어 있다.

속도 모드(Speed LED 온)	점멸 녹색: 포트가 1Gbps에서 운용되고 있다.
	녹색: 포트가 100Mbps에서 작동하고 있다.
	오프: 포트가 10Mbps에서 작동 중이다.

스위치의 내부 부트업 결과 보기

초기 시작 중에 POST 오류가 생기면 그 내용이 콘솔에 표시된다. POST가 성공적으로 완료되면 스위치를 설정할 수 있다.

카탈리스트 2960 스위치를 사서 처음 켰고, POST가 성공적으로 끝난 후에 초기 설정 셋업 모드로 들어가는 프롬프트가 뜬다. 자동 셋업 프로그램을 사용해서 스위치에 기본 IP 정보, 호스트와 클러스터 이름, 패스워드를 할당할 수 있고, 기본 운용에 필요한 기본 설정을 생성할 수 있다. 나중에 CLI를 사용해서 설정을 상황에 맞게 변경하거나 보안을 적용할 수 있다. 셋업 프로그램을 실행하려면 콘솔 포트에 연결된 PC 단말기에서 스위치로 접속한다.

각 질문에 답해서 초기 설정을 완성하면 된다.

```
             --- System Configuration Dialog ---
Would you like to enter the initial configuration dialog? [yes/no]: y
At any point you may enter a question mark '?' for help.
Use ctrl-c to abort configuration dialog at any prompt.
Default settings are in square brackets '[]'.
Basic management setup configures only enough connectivity
for management of the system, extended setup will ask you
to configure each interface on the system
Would you like to enter basic management setup? [yes/no]: no
First, would you like to see the current interface summary? [yes]: no
Configuring global parameters:
  Enter host name [Switch]: SwitchX
  The enable secret is a password used to protect access to
  privileged EXEC and configuration modes. This password,
    after entered, becomes encrypted in the configuration.
  Enter enable secret: secret_password
  The enable password is used when you do not specify an
  enable secret password, with some older software versions,
    and some boot images.
  Enter enable password: enable_password
```

```
    The virtual terminal password is used to protect
    access to the router over a network interface.
    Enter virtual terminal password: vty_password
    Configure SNMP Network Management? [no]: no
Configuring interface parameters:
Do you want to configure Vlan1 interface? [yes]: yes
    Configure IP on this interface? [yes]: yes
       IP address for this interface: 10.1.1.140
       Subnet mask for this interface [255.0.0.0] : 255.255.255.0
       Class A network is 10.0.0.0, 24 subnet bits; mask is /24
Do you want to configure FastEthernet0/1 interface? [yes]: n
..text omitted ..
Do you want to configure FastEthernet0/24 interface? [yes]: n
Would you like to enable as a cluster command switch? [yes/no]: n
```

필수 설정 값이 입력된 후에 셋업 프로그램은 확인을 위해서 설정된 내용을 요약해서 보여준다.

설정 명령어 스크립트가 다음과 같이 만들어진다.

```
hostname SwitchX
enable secret 5 $1$oV63$8z7cBuveTibpCn1Rf5uI01
enable password enable_password
line vty 0 15
password vty_password
no snmp-server
!
!
interface Vlan1
ip address 10.1.1.140 255.255.255.0
!
interface FastEthernet0/1
..text omitted..
interface FastEthernet0/24
!
end
[0] Go to the IOS command prompt without saving this config.
[1] Return back to the setup without saving this config.
[2] Save this configuration to nvram and exit.
Enter your selection [2]:2
Building configuration...
[OK]
```

```
Use the enabled mode 'configure' command to modify this configuration.
Enter 2 to complete the initial configuration.
```

스위치에 로그인하기

콘솔이나 원격 터미널에서 실행되는 CLI에서 설정될 때 시스코 IOS 소프트웨어는 EXEC라는 CLI를 제공한다. EXEC는 입력된 명령어를 해석해서 적절한 오퍼레이션을 수행한다. [그림 2-19]는 여러 EXEC 모드와 프롬프트를 보여준다.

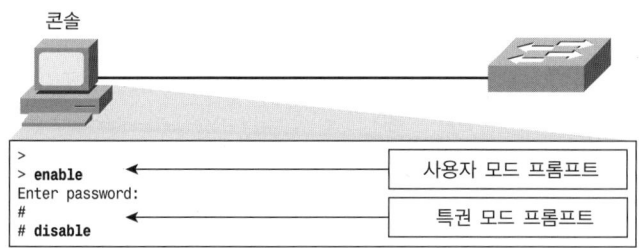

▲ 그림 2-19 IOS의 실행 모드

명령어에 접근하는 레벨은 두 가지로 나뉘며, 레벨을 나눈 이유는 보안 때문이다.

- **사용자 모드**(user mode): 스위치의 상태를 점검하는 작업이 진행되며, 기본적인 show 명령어가 여기에 해당된다.
- **특권 모드**(privileged mode): 스위치의 설정을 변경하는 작업이 이뤄진다. 이 모드를 다른 말로 인에이블 모드라고 한다. 특권 인에이블 모드로 들어가는 패스워드가 있으면 해당 장비의 모든 설정 명령어에 접근할 수 있을 것이다.

사용자 실행 모드에서 특권 실행 모드로 변경하려면 **enable** 명령어를 입력한다. 인에이블 패스워드가 설정되어 있다면 이를 입력하라는 프롬프트가 뜰 것이다. 인에이블 패스워드를 넣는다. 기본적으로 인에이블 패스워드가 설정되지는 않는다.

> **NOTE***
> 보안상 이유로 네트워크 장비는 입력된 패스워드를 화면에 표시하지 않을 것이다. 그러나 모뎀 링크나 텔넷을 사용해서 네트워크 장비를 설정하면 패스워드는 네트워크 연결에서 평문으로 전송된다. 텔넷에서는 패킷을 보호하는 방법을 제공하지 않는다. 원격 접속에는 SSH 프로토콜이 사용될 수 있다.

명령어 라인에서 스위치 설정

카탈리스트 스위치의 IOS 소프트웨어에는 여러 가지 설정 모드가 있으며, 전역 설정 모드와 인터페이스 설정 모드가 있다.

스위치 관리에 사용되는 스위치 호스트 이름이나 스위치 IP 주소 같은 전역 스위치 매개변수를 설정하려면 전역 설정 모드를 사용한다. 개별 포트(인터페이스)를 설정하려면 인터페이스 설정 모드를 사용한다.

> NOTE*
> 여기서는 스위치 설정에 관련된 세부사항이 많이 나온다. 이 절에서는 스위치 설정을 전반적으로 살펴 볼 것이며, 이 내용을 토대로 스위치 초기 설정을 수행할 수 있다.

스위치를 설정할 때 처음으로 해야 할 일은 이름을 정하는 것이다. 스위치에 이름을 붙이면 네트워크 안에서 각 스위치를 고유하게 식별함으로써 네트워크를 더 잘 관리할 수 있다. 스위치의 이름은 호스트 이름으로서 시스템 프로토콜에 표시되는 이름이다. 스위치 이름은 전역 설정 모드에 할당된다. 아래의 예제에서 스위치 이름은 SwitchX로 설정된다.

```
>enable
Enter Password:
#config t
(config)#hostname SwitchX
SwitchX(config)#end
SwitchX#
```

2계층 스위치에서 스위치의 관리 인터페이스는 가상 3계층 호스트로서 운용된다. 스위치의 관리 인터페이스에 원격으로 접속하려면 3계층 프로토콜과 네트워크 애플리케이션을 사용해야 한다. 이 때문에 스위치에 3계층 주소가 할당돼야 한다. 관리 인터페이스는 VLAN 1에 위치한다. IP 주소는 물리적 인터페이스처럼 그 기능을 수행하는 가상 인터페이스에 할당되며, 전체 장비에 대해서 하나의 IP가 할당된다. 이를 인터페이스 VLAN 1이라고 한다.

스위치의 IP 주소와 서브넷 마스크를 설정하기 위해 VLAN 1 인터페이스의 설정 모드에 있어야 하며, **ip address** *configuration* 명령어를 사용해야 한다. 원격 관리를 위해서 스위치에 IP 주소가 있어야 한다.

예를 들어, 텔넷 연결을 사용해야 하거나 SNMP(Simple Network Management Protocol)가 사용돼야 한다면 IP 주소가 할당돼야 한다.

이 외의 기타 인터페이스에서와 같이 VLAN 1 인터페이스를 작동시키기 위해서 **no shutdown** 인터페이스 설정 명령어를 사용해야 한다.

네트워크나 서브넷과 통신하기 위해서 기본 게이트웨이가 필요하다. 스위치의 기본 게이트웨이를 설정하기 위해서 **ip default-gateway** 명령어를 사용한다. 기본 게이트웨이가 설정된 스위치에 직접 연결된 다음 홉 라우터 인터페이스의 IP 주소를 입력한다. [그림 2-20]에서 기본 게이트웨이는 스위치 실행 과정에 의해 해석되지 않은 목적지 IP 주소가 들어 있는 IP 패킷을 수신한다.

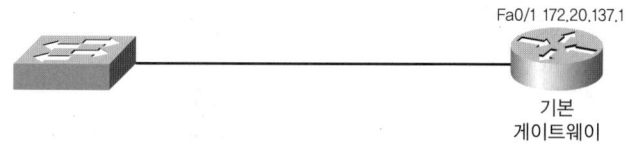

▲ 그림 2-20   기본 게이트웨이

기본 게이트웨이가 설정된 후에 스위치는 통신해야 할 원격 네트워크로 연결된다.

라우터 설정 명령어가 입력된 후에 실행 설정을 NVRAM에 저장해야 하며, 이에 **copy running-config startup-config** 명령어를 사용하면 된다. 설정이 NVRAM에 저장되지 않고 라우터가 다시 로딩되면 설정은 없어질 것이고, 라우터는 NVRAM에 마지막에 저장된 파일로 되돌아갈 것이다.

스위치의 초기 시작 상태 보기

카탈리스트 스위치에 로그인한 후에 스위치의 초기 시작 상태를 확인하기 위해 **show version** 명령어, **show running-config** 명령어, **show interfaces** 명령어를 사용한다. 이 절에서는 스위치의 초기 운영 상태를 검증하기 위해 사용할 수 있는 상태 명령어를 설명한다.

Chapter 2 _ 이더넷 LAN

스위치 상태 명령어는 다음과 같다.

- **show version 명령어**: 시스템 하드웨어 설정과 현재 로드되어 있는 IOS 소프트웨어 버전 정보를 보여준다.

- **show running-config 명령어**: 현재 사용 중인 실행 설정을 보여준다. 이 명령어를 실행하려면 특권 실행 모드로 들어가야 한다. 이 명령어를 실행하면 IP 주소, 서브넷 마스크, 기본 게이트웨이 설정 값을 포함해 현재 실행 설정 값이 모두 표시된다.

- **show interfaces 명령어**: 스위치의 모든 인터페이스의 통계와 상태 정보를 보여준다. 스위치 트렁크와 스위치 라인 포트도 인터페이스로 간주된다. 인터페이스가 설정된 네트워크에 따라 결과가 달라진다. 일반적으로 이 명령어가 입력될 때 *type* 옵션과 *slot/number* 옵션이 함께 들어간다. *type*에는 이더넷이나 패스트 이더넷 같은 값이 들어가고, *slot/number*에는 슬롯 0과 인터페이스의 포트 번호(예: E0/1)가 들어간다.

하드웨어의 설정 정보와 소프트웨어의 버전 정보를 보려면 **show version** 실행 명령어를 사용한다. [예제 2-1]은 **show version** 명령어의 실행 결과다.

예제 2-1 ▶ show version 명령어의 실행 결과

```
Switch# show version

Cisco IOS Software, C2960 Software (C2960-LANBASEK9-M), Version 12.2(25)SEE2, RELEASE

SOFTWARE (fc1)
Copyright (c) 1986-2006 by Cisco Systems, Inc.
Compiled Fri 28-Jul-06 11:57 by yenanh
Image text-base: 0x00003000, data-base: 0x00BB7944

ROM: Bootstrap program is C2960 boot loader
BOOTLDR: C2960 Boot Loader (C2960-HBOOT-M) Version 12.2(25r)SEE1, RELEASE SOFTWARE (fc1)

Switch uptime is 24 minutes

System returned to ROM by power-on
System image file is "flash:c2960-lanbasek9-mz.122-25.SEE2/c2960-lanbasek9-mz.122-
  25.SEE2.bin"

cisco WS-C2960-24TT-L (PowerPC405) processor (revision B0) with 61440K/4088K bytes
  of memory.
```

```
Processor board ID FOC1052W3XC
Last reset from power-on
1 Virtual Ethernet interface
24 FastEthernet interfaces
2 Gigabit Ethernet interfaces
The password-recovery mechanism is enabled.

! Text omitted

Switch#
```

[표 2-6]은 **show version** 명령어의 실행 결과에서 음영이 들어간 부분을 설명한 것이다.

▼ 표 2-6 show version 명령어의 실행 결과에서 일부 필드 설명

필드	설명
IOS 버전	소프트웨어를 식별하는 정보로서, 이름과 버전(릴리즈) 번호로 구성된다. 소프트웨어 문제를 기록할 때 릴리즈 번호 전체를 항상 명시한다. 이번 예에서 스위치는 시스코 IOS 릴리즈 12.2(25)SEE2를 실행하고 있다.
스위치 업타임	시스템 부팅 이후 시간을 나타낸다. 이번 예에서 스위치의 업타임은 24분이다.
스위치 플랫폼	리비전과 RAM을 포함해서 하드웨어의 플랫폼 정보를 보여준다. 이번 예에서 스위치는 24 포트가 있는 시스코 2960 시리즈다.

[예제 2-2]에서 **show interfaces** 명령어는 스위치 네트워크 인터페이스의 상태와 통계 정보를 보여준다.

예제 2-2 ▶ show interfaces 명령어

```
SwitchX# show interfaces FastEthernet0/2

FastEthernet0/2 is up, line protocol is up (connected)
  Hardware is Fast Ethernet, address is 0008.a445.ce82 (bia 0008.a445.ce82)
  MTU 1500 bytes, BW 10000 Kbit, DLY 1000 usec,
     reliability 255/255, txload 1/255, rxload 1/255
  Encapsulation ARPA, loopback not set
```

```
    Keepalive set (10 sec)
    Half-duplex, 10Mb/s
    input flow-control is unsupported output flow-control is unsupported
    ARP type: ARPA, ARP Timeout 04:00:00
    Last input 4w6d, output 00:00:01, output hang never
    Last clearing of "show interface" counters never
    Input queue: 0/75/0/0 (size/max/drops/flushes); Total output drops: 0
    Queueing strategy: fifo
    Output queue: 0/40 (size/max)
    5 minute input rate 0 bits/sec, 0 packets/sec
    5 minute output rate 0 bits/sec, 0 packets/sec
       182979 packets input, 16802150 bytes, 0 no buffer
       Received 49954 broadcasts (0 multicast)
       0 runts, 0 giants, 0 throttles
       0 input errors, 0 CRC, 0 frame, 0 overrun, 8 ignored
       0 watchdog, 20115 multicast, 0 pause input
       0 input packets with dribble condition detected
       3747473 packets output, 353656347 bytes, 0 underruns
```

[표 2-7]에 제시되어 있는 필드는 스위치의 기본적인 세부사항을 점검할 때 유용하다.

▼ 표 2-7 show interfaces 명령어의 주요 필드 설명

필드	설명
FastEthernet0/2 is up, line protocol is up	FastEthernet0/2 is up은 인터페이스 하드웨어가 1계층에서 기능을 제대로 수행하고 있다는 것을 나타낸다. line protocol is up은 2계층 프로토콜이 액티브 상태(즉, 킵얼라이브가 전송되고 수신된다)라는 것을 나타낸다.
address is 0008.a445.ce82...	인터페이스 하드웨어를 나타내는 MAC 주소다.
Half-duplex, 10 Mbps	연결 종류를 나타낸다. 이 외에 전이중, 100Mbps가 있다.
CRC	'0 CRC' 에러가 있다는 것을 보여준다. 듀플렉스 불일치가 있거나 연결된 장비의 이더넷 어댑터가 기능을 잘못 수행하면 CRC 에러가 일어날 수 있다.

show interfaces 명령어는 네트워크 장비 설정이나 모니터링에 주로 사용된다.

MAC 주소 테이블 관리

스위치는 포트 사이에서 트래픽을 전달하기 위해 MAC 주소 테이블을 사용한다. MAC 테이블에는 동적 주소(dynamic address), 영구 주소(permanent address), 정적 주소(static address)가 포함된다. MAC 주소 테이블을 보려면 [예제 2-3]과 같이 **show mac-address-table** 명령어를 사용한다.

예제 2-3 ▶ show mac-address-table 명령어

```
SwitchX# show mac-address-table

        Mac Address Table
-------------------------------------------
Vlan    Mac Address       Type        Ports
----    -----------       ----        -----
All     0008.a445.9b40    STATIC      CPU
All     0100.0ccc.cccc    STATIC      CPU
All     0100.0ccc.cccd    STATIC      CPU
All     0100.0cdd.dddd    STATIC      CPU
  1     0008.e3e8.0440    DYNAMIC     Fa0/2
Total Mac Addresses for this criterion: 5
```

'SwitchX#동적 주소'는 스위치 포트에서 수신될 때 프레임의 출발지 MAC 주소를 읽음으로써 스위치에 의해 학습됐다가 초기화되지 못하거나 수명이 다 되면 버려지는 출발지 MAC 주소다. 스위치는 각 포트에서 수신한 각 프레임의 출발지 MAC 주소를 학습한 다음에 출발지 MAC 주소와 이것에 관련된 포트 번호를 MAC 주소 테이블에 추가함으로써 동적 어드레싱을 이룬다. 네트워크에 스테이션이 추가되거나 제거됨에 따라 스위치는 MAC 주소 테이블을 업데이트하며, 이때 새로운 엔트리를 추가하고 현재 사용되지 않는 엔트리를 제거한다.

관리자는 특정 포트에 영구 주소를 할당할 수 있다. 동적 주소와 달리 영구 주소에는 수명이 없다.

MAC 주소 테이블의 최대 크기는 스위치마다 다르다. 예를 들어, 카탈리스트 2960 시리즈 스위치에는 최대 8192개의 MAC 주소를 저장할 수 있다(2960보다 덜 정교한 스위치는 이만큼 지원하지 않을 것이다). MAC 주소 테이블이 차면 알려지지 않은 새로운 주소로 가는 트래픽은 출발지 포트(프레임이 처음으로 들어온 포트)를 제외한 모든 포트로 플러딩된다.

Chapter 2 _ 이더넷 LAN

스위치 시작 요약

이번 절에서 논의한 핵심 내용을 다음과 같이 정리할 수 있다.

- 시스코 IOS 스위치가 시작하려면 물리적으로 제대로 설치되어 있는지 검증하고, 스위치에 전원을 넣고, 콘솔에 표시되는 시스코 IOS 소프트웨어의 실행 결과를 본다.

- 시스코 IOS 스위치에는 여러 종류의 상태 LED가 있으며, 스위치가 정상적으로 작동할 때는 녹색이고, 비정상적일 때는 황색이 된다.

- 스위치에 전원이 들어갈 때만 POST가 실행된다.

- 초기 시작 중에 POST 테스트가 실패하면 그 내용이 콘솔에 기록된다. POST가 성공적으로 완료되면 스위치를 설정할 수 있다.

- 로컬이든 원격이든 시스코 IOS 스위치에서 실행 모드 세션을 시작할 때 사용자 실행 모드에서 시작한다. 특권 실행 인에이블 모드로 넘어가는 것과 같이 모드를 변경하기 위해 패스워드를 입력해야 한다.

- 시스코 IOS 스위치 CLI에서 제공하는 도움말 기능은 라우터의 도움말 기능과 비슷하다.

- 전역 설정 모드나 기타 설정 모드를 사용해서 카탈리스트 IOS 스위치를 설정할 수 있으며, 이들 모드는 시스코 라우터 CLI의 여러 실행 모드와 비슷하다.

- 카탈리스트 IOS 스위치에 로그인한 후에 **show version** 명령어, **show running-config** 명령어, **show interfaces** 명령어를 사용해서 스위치 소프트웨어와 하드웨어의 상태를 점검할 수 있다.

스위치 보안

물리적 접속에 대한 보안을 확보하는 것이 중요하다. 더 나아가서 실행 세션 연결을 통해 스위치 포트에 대한 접속을 보호할 필요성도 높아졌다. 보호해야 할 포트로는 콘솔(CON) 포트와 텔넷(VTY) 포트를 들 수 있다. 이 외에 스위치의 미사용 포트가 보안에 취약하다는 것도 눈여겨봐야 할 대목이다. 이후의 절들에서는 하드웨어, 환경, 전기, 유지보수 측면에서 시스코 IOS 장비에 대한 보안을 어떻게 확보할 수 있는지 그 방법을 설명한다.

물리적 위협과 환경적 위협

네트워크 장비를 부적절하고 불완전하게 설치함으로 인해 보안 위협이 생기며, 이러한 보안 위협을 보완하지 않은 채 그대로 방치하면 심각한 문제가 생길 수 있다. PC나 서버를 기본 설정 값으로 설정하면 보안 위협에 많이 노출되는 것은 시스코 장비도 마찬가지다. 소프트웨어를 기반으로 한 보안 설정 파악만으로는 네트워크 문제를 막을 수 없으며, 심지어 부실한 설치에 의해 발생하는 우발적인 네트워크 문제도 방지할 수 없다.

기본 설정 값과 관련된 보안 위협 외에 네 가지 위협이 있다.

- **하드웨어 위협**: 스위치나 스위치 하드웨어의 물리적 위험에 의한 위협
- **환경적인 위협**: 너무 덥거나 너무 추운 것과 같은 기온상의 위협이나 너무 습하거나 너무 건조한 것과 같은 습도상의 위협
- **전기적인 위협**: 전압 스파이크, 불충분한 정격 전압, 단전 등의 위협
- **유지보수 위협**: 정전 방전과 같은 핵심 전자 부품의 부주의한 취급, 주요 예비 부품 부족, 케이블링 미비, 잘못된 라벨링 등의 위협

패스워드 보안 설정

CLI를 사용해서 패스워드와 기타 콘솔 명령어를 설정할 수 있다. 스위치에 설정할 수 있는 여러 패스워드를 [예제 2-4], [예제 2-5], [예제 2-6], [예제 2-7]에 예로 제시해 뒀다.

예제 2-4 ▶ 스위치 패스워드 설정: 콘솔 패스워드 설정

```
SwitchX(config)# line console 0
SwitchX(config-line)# login
SwitchX(config-line)# password cisco
```

예제 2-5 ▶ 스위치 패스워드 설정: 가상 터미널(텔넷) 패스워드 설정

```
SwitchX(config)# line vty 0 4
SwitchX(config-line)# login
SwitchX(config-line)# password sanjose
```

예제 2-6 ▶ 스위치 패스워드 설정: 인에이블 패스워드 설정

```
SwitchX(config)# enable password cisco
```

예제 2-7 ▶ 스위치 패스워드 설정: 시크릿 패스워드 설정

```
SwitchX(config)# enable secret sanfran
```

> **CAUTION***
> 여기서 사용되는 패스워드는 설명을 위한 것이다. 실제로 패스워드를 정할 때는 강력하고 복잡한 패스워드 규칙을 따르기 바란다.

접근 수준을 다양하게 제한하는 패스워드를 사용함으로써 스위치를 보호할 수 있다. 로컬이나 원격 터미널에서 네트워크에 접근하는 것을 통제하는 간단한 방법으로 패스워드를 사용하는 방법과 특권 레벨을 할당하는 방법이 있다. 콘솔과 같은 개별 라인과 특권 실행(인에이블) 모드에 패스워드를 설정할 수 있다. 패스워드는 대소문자를 구분한다.

스위치의 각 텔넷(VTY) 포트를 vty(virtual type terminal)라고 한다. 기본적으로 스위치에는 5개의 VTY 포트가 있어서, 다섯 개의 텔넷 세션을 동시에 이룰 수 있다. 다른 시스코 장비에도 다섯 개 이상의 논리적인 VTY 포트가 있다. 다섯 개의 VTY 포트에는 0번에서 4번까지의 번호가 붙으며, **line vty 0 4**로 표기된다. 여기서 0과 4 사이에는 공백 문자가 들어간다. 이는 논리적인 VTY 포트 다섯 개(0~4)를 모두 포함한다.

콘솔 터미널이나 VTY 포트에서 로그인하도록 하고 로그인 패스워드를 만들려면 **line console 0** 명령어와 이 명령어에 이어서 **password** 하위명령어와 **login** 하위명령어를 사용한다. 기본적으로 콘솔이나 VTY 포트에서 로그인이 활성화되지 않는다.

vty 패스워드를 먼저 설정하지 않으면 텔넷 연결을 이룰 수 없다는 점에 주목하기 바란다. vty 패스워드가 설정되어 있지 않은 상태에서 텔넷으로 들어가려고 하면 "password required ... but none set ..."이라는 에러 메시지가 표시되며, 텔넷으로 접속하려는 시도는 거부된다.

line vty 0 4 명령어와 그 다음에 **password**와 **login** 하위명령어가 입력되면 텔넷 세션에서 로그인을 해야 하고 로그인 패스워드를 넣어야 한다.

텔넷 VTY 포트에서 텔넷 실행 세션을 수락하기 위해 vty 패스워드를 설정해야 한다.

사용자별로 패스워드를 점검하기 위해 **login local** 명령어를 사용할 수 있다. 이때 **username** 전역 설정 명령어에 명시된 사용자 이름과 패스워드를 사용한다. **username** 명령어는 암호화된 패스워드로 사용자 이름을 인증한다.

enable password 전역 명령어를 사용하면 특권 실행(인에이블) 모드에 대한 접근을 제한할 수 있다. 전역 설정 모드 프롬프트에서 원하는 패스워드와 **enable secret** 명령어를 입력함으로써 인에이블 시크릿 패스워드라고 하는 암호화된 형식의 인에이블 패스워드를 할당할 수 있다. 인에이블 시크릿 패스워드가 설정되면 이는 인에이블 패스워드 대신 사용된다.

보안을 한층 더 강화할 수 있으며, 이는 네트워크를 통제하는 패스워드나 TFTP 서버에 저장된 패스워드를 보호해야 할 때 특히 유용하다. 시스코는 패스워드 암호화를 지원하며, 패스워드 암호화를 지정하려면 전역 설정 모드에서 **service password-encryption** 명령어를 사용한다.

service password-encryption 명령어를 설정한 후에 보이거나 설정되는 패스워드는 출력될 때 암호화된다. **show run** 명령어와 같은 **show** 명령어를 실행해서 화면에 평문으로 표시되던 패스워드도 암호화된다.

명령어를 비활성화하려면 해당 명령어 앞에 **no**를 붙인다. **service password-encryption** 명령어를 비활성화하려면 **no service password-encryption** 명령어를 사용한다.

```
SwitchX(config)# service password-encryption
SwitchX(config)# no service password-encryption
```

로그인 배너 설정

CLI에서 '오늘의 메시지' 등의 콘솔 명령어를 설정할 수 있다. 보안 장비에 접속했으며 모니터링될 수 있다는 사실을 다른 사람에게 경고하기 위해 배너를 사용할 수 있다.

전역 설정 모드에서 **banner login** 명령어를 사용하면 사용자 이름과 패스워드 로그인 프롬프트 앞에 자신만의 배너를 정의해서 넣을 수 있다. 로그인 배너를 비활성화하려면

banner login 명령어 앞에 **no**를 붙인다.

banner login 명령어를 입력할 때 한 개 이상의 공백 문자와 구분 문자를 넣는다. 이번 예에서 구분 문자는 큰따옴표(")다. 배너 텍스트를 추가한 후에 앞에서와 동일한 구분 문자를 메시지 마지막에 넣는다.

```
SwitchX# banner login " Access for authorized users only. Please enter your username and password. "
```

> **WARNING***
> 로그인 배너에 넣을 단어를 정할 때 유의하기 바란다. welcome과 같은 단어는 접근이 제한되어 있지 않다는 것을 암시할 수 있으며, 해커가 자신의 행위가 정당하다고 여기도록 할 수 있다.

텔넷과 SSH 접근

텔넷은 원격 네트워크 장비에 접근하는 가장 일반적인 방법이다. 그러나 텔넷은 네트워크 장비에 접근함에 있어서 안전하지 않다. 왜냐하면 키보드로 입력되고 화면에 표시되는 모든 명령어와 출력 내용을 암호화되지 않은 평문 형태로 처리하기 때문이다. SSH 프로토콜은 텔넷과 동일한 접근 방식이지만 보안 기능이 추가된 것이다. SSHv1과 SSHv2에서 클라이언트와 서버 사이의 통신은 암호화된다. 가능한 한 SSHv2로 구축하는 것이 좋다. 왜냐하면 SSHv2가 SSHv1보다 더 향상된 암호화 알고리즘을 사용하기 때문이다.

스위치에 인증이 제대로 되는지 확인하기 위해 먼저 SSH 없이 인증을 테스트한다. 사용자 이름과 패스워드로 인증을 하거나 AAA 서버(authentication, authorization, accounting server)로 인증을 할 수도 있다. 여기서 AAA 서버는 TACACS+(Terminal Access Controller Access Control System Plus)나 RADIUS(Remote Authentication Dial-In User Service)를 실행시킨다(SSH에서 라인 패스워드 인증은 불가능하다). 아래의 예는 로컬 인증으로서, 텔넷에서 사용자 이름 **cisco**와 패스워드 **cisco**로 스위치에 접근한다.

```
!--- The username command create the username and password for the SSH session
username cisco password 0 cisco
ip domain-name mydomain.com
crypto key generate rsa
ip ssh version 2
line vty 0 4
```

```
login local
transport input ssh
```

SSH에서 인증 테스트를 위해서 앞의 설정문을 추가해 SSH를 활성화한다. 그런 다음에 PC와 UNIX 스테이션에서 SSH를 테스트한다.

SSH로만 연결시킬 경우에 **transport input ssh** 명령어를 추가하면 된다. 이렇게 하면 SSH 없는 텔넷 접속이 거절된다.

```
line vty 0 4
!--- Prevent non-SSH Telnets.
transport input ssh
```

SSH 없이 텔넷으로 스위치에 접근할 수 없는지 테스트한다.

포트 보안 설정

포트 보안 기능을 사용해서 특정 포트에 접근할 수 있는 스테이션의 MAC 주소를 한정지을 수 있으며, 이를 통해서 인터페이스로 들어오는 것을 제한할 수 있다. 보안 포트에 보안 MAC 주소를 할당하면 해당 포트는 정의된 주소 그룹에 없는 출발지 주소가 들어 있는 패킷을 전달하지 않는다.

> **NOTE***
>
> 포트 보안이 활성화되려면 그 전에 포트 모드에 접근하도록 설정돼야 하며, 이를 위해서 switchport mode access 명령어를 사용해야 한다.

시스코 카탈리스트 2960 시리즈에서 인터페이스의 포트 보안을 활성화하려면 키워드 없이 **switchport port-security** 인터페이스 명령어를 사용한다. 그리고 보안 MAC 주소를 설정하려면 보안 MAC 주소의 최대 개수를 키워드로 해서 **switchport port-security** 인터페이스 명령어를 사용한다. 이 명령어에 **no**를 붙이면 포트 보안을 비활성화하거나 매개변수를 디폴트 상태로 지정할 수 있다. [예제 2-8]에 포트 보안 설정 명령어를 예로 제시해뒀다.

Chapter 2 _ 이더넷 LAN

> **예제 2-8** ▶ 포트 보안 설정
>
> ```
> SwitchX(config)# interface fa0/5
> SwitchX(config-if)# switchport mode access
> SwitchX(config-if)# switchport port-security
> SwitchX(config-if)# switchport port-security maximum 1
> SwitchX(config-if)# switchport port-security mac-address sticky
> SwitchX(config-if)# switchport port-security violation shutdown
> ```

포트 보안을 활성화하기 위해 포트는 트렁크 모드가 아닌 액세스 모드에 있어야 한다.

포트에서 허용된 보안 MAC 주소의 최대 개수를 지정한 후에 보안(특정) MAC 주소를 MAC 주소 테이블에 추가할 수 있다. 그 방법은 다음과 같다.

- 모든 주소를 직접 설정한다(switchport port-security mac-address 0008.eeee.eeee).
- 모든 주소가 동적으로 설정되도록 한다(switchport port-security mac-address sticky).
- MAC 주소의 개수를 설정하고 나머지 주소가 동적으로 설정되도록 한다.

동적 MAC 주소를 스티키 보안(sticky secure) MAC 주소로 변환하고 이를 실행 구성에 추가할 수 있으며, 이를 위해 스티키 학습(sticky learning)을 활성화하면 된다. 스티키 학습을 활성화하려면 **switchport port-security mac-address sticky** 인터페이스 설정 명령어를 입력한다. 이 명령어가 실행되면 모든 동적 보안 MAC 주소가 스티키 보안 MAC 주소로 변환되며, 스티키 학습이 활성화되기 전에 동적으로 학습된 주소도 변환 대상에 포함된다.

스위치가 다시 켜져서 시작할 때마다 사용되는 스타트업 설정 파일에 스티키 보안 MAC 주소가 자동으로 들어가지 않는다. 스위치가 다시 시작할 때 설정 파일에 스티키 보안 MAC 주소를 저장하면 인터페이스는 이 주소를 다시 학습할 필요가 없다. 설정 파일을 저장하지 않으면 MAC 주소는 없어진다. 스티키 학습이 비활성화되면 스티키 보안 MAC 주소는 동적인 보안 주소로 변환되고 실행 설정 파일에서 삭제된다. 보안 포트에는 1부터 132까지의 보안 주소가 할당될 수 있다. 스위치에서 사용 가능한 보안 주소의 총 개수는 1024개다.

스위치 보안

보안 위반 상황은 다음과 같다.

- 최대 개수의 보안 MAC 주소가 주소 테이블에 추가됐고, 어떤 스테이션의 MAC 주소가 주소 테이블에 없는데 이 스테이션이 특정 인터페이스로 접속하려고 한다.
- 한 보안 인터페이스에서 학습되거나 설정된 주소가 같은 VLAN의 다른 보안 인터페이스에서 보인다.

> **NOTE***
> 포트 보안은 기본적으로 비활성화된다.

카탈리스트 2960 시리즈에서 인터페이스에 정의된 포트 보안 설정 내용을 보려면 특권 실행 모드에서 **show port-security interface** 명령어를 실행한다.

예제 2-9 ▶ 포트 보안 설정 값 보기

```
SwitchX# show port-security interface fastethernet 0/5

Port Security                : Enabled
Port Status                  : Secure-up
Violation Mode               : Shutdown
Aging Time                   : 20 mins
Aging Type                   : Absolute
SecureStatic Address Aging   : Disabled
Maximum MAC Addresses        : 1
Total MAC Addresses          : 1
Configured MAC Addresses     : 0
Sticky MAC Addresses         : 0
Last Source Address          : 0000.0000.0000
Security Violation Count     : 0
```

보안 포트가 다른 포트에 할당된 출발지 주소를 수신할 때, 혹은 어떤 포트가 **switchport port-security maximum** 명령어에 의해 설정된 주소 테이블 크기 한도를 초과하는 주소를 학습하려고 할 때 주소 위반 상황이 발생한다.

show port-security 명령어에서 사용할 수 있는 매개변수를 [표 2-8]에 정리해 뒀다.

▼ 표 2-8 show port-security 명령어의 매개변수

명령어	설명
interface *interface-id*	(옵션) 지정된 인터페이스의 포트 보안 설정 값을 표시한다.
address	(옵션) 모든 포트의 모든 보안 주소를 표시한다.
begin	(옵션) 지정된 식과 일치하는 라인에서 디스플레이가 시작되도록 설정한다.
exclude	(옵션) 지정된 식과 일치하는 라인을 배제하도록 디스플레이를 설정한다.
include	(옵션) 지정된 식과 일치하는 라인이 포함되도록 디스플레이를 설정한다.
expression	출력에서 참조 포인트로 사용될 식을 입력한다.

모든 포트의 보안 MAC 주소를 표시하려면 [예제 2-10]과 같이 **show port-security address** 명령어를 사용한다. 스위치에 대한 포트 보안 설정 값을 표시하려면 키워드 없이 **show port-security** 명령어를 사용한다.

예제 2-10 ▶ show port-security 명령어

```
SwitchX# sh port-security address

          Secure Mac Address Table
-------------------------------------------------------------
Vlan    Mac Address       Type              Ports    Remaining Age
                                                     (mins)
----    -----------       ----              -----    -------------
1       0008.dddd.eeee    SecureConfigured  Fa0/5    -
-------------------------------------------------------------
Total Addresses in System (excluding one mac per port)    : 0
SwitchX# sh port-security

Secure Port  MaxSecureAddr  CurrentAddr  SecurityViolation  Security Action
             (Count)        (Count)      (Count)
-------------------------------------------------------------------------
    Fa0/5         1              1              0              Shutdown
-------------------------------------------------------------------------
Total Addresses in System (excluding one mac per port)    : 0
Max Addresses limit in System (excluding one mac per port) : 1024
```

미사용 포트 보호

집에서 문이 열려 있으면 위험하다. 스위치의 미사용 포트에도 이와 동일한 원칙이 적용된다. 해커는 미사용 포트에 스위치를 연결해서 네트워크의 구성원으로 참여할 수 있다. 따라서 미사용 포트에서 보안 취약점이 발생할 수 있다. 이 문제를 막기 위해 미사용 인터페이스(포트)를 비활성화해야 한다.

인터페이스를 비활성화하기 위해 인터페이스 설정 모드에서 **shutdown** 명령어를 사용한다. 비활성화된 인터페이스를 다시 시작하거나 활성화하려면 **no shutdown** 명령어를 사용한다.

스위치 보안 요약

이번 절에서 논의된 핵심 내용은 다음과 같다.

- 장비에 대해서 다른 접속 요구가 있는 사용자의 접속 레벨을 제한하기 위해서 사용자 패스워드와 특권 패스워드를 사용할 수 있다.
- 보안의 1레벨은 물리적 보안이다.
- 사용자 이름을 프롬프트에 띄우기 전에 원하는 메시지를 보여주기 위해 로그인 배너를 사용할 수 있다.
- 포트에 대한 MAC 주소를 제한하기 위해 포트 보안을 사용할 수 있다.
- 미사용 포트를 셧다운시킬 수 있다.

스위칭 이점 극대화

사용자가 늘어나서 LAN에 장비가 추가되고 소프트웨어 애플리케이션이 더 추가돼서 더 많은 대역폭이 요구될 때 네트워크 성능을 적절한 수준으로 유지하는 것은 쉬운 일이 아니다. 성능과 가용성 측면에서 사용자 요구를 충족시키도록 이더넷 LAN의 성능을 향상시킬 수 있는 방법에는 여러 가지가 있다.

마이크로단편화

마이크로단편화(microsegmentation)를 사용하면 네트워크 세그먼트의 충돌 가능성을 제

Chapter 2 _ 이더넷 LAN

거하면서 네트워크 성능도 향상시킬 수 있다. [그림 2-21]은 스위치를 사용해서 마이크로 단편화를 어떻게 이루는지를 보여준다.

LAN 스위칭을 구축해서 마이크로단편화를 이룰 수 있다. 네트워크 세그먼트의 각 장비는 스위치 포트에 직접 연결돼서 세그먼트의 다른 장비와 대역폭을 두고 경쟁하지 않아도 된다. 이렇게 되면 충돌을 없앨 수 있고 전이중 방식을 통해서 데이터 처리 속도를 높일 수 있다. 이는 결국 가용 대역폭을 향상시키는 결과가 된다.

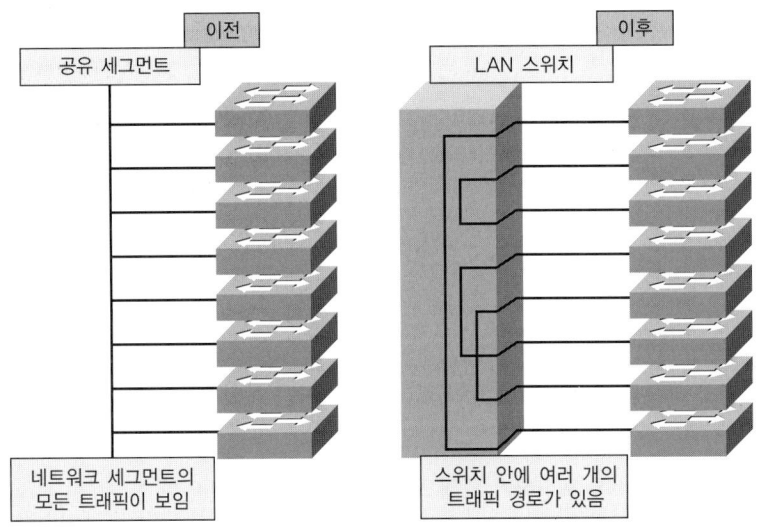

▲ **그림 2-21** 마이크로단편화

예: 전용 진입로 얻기

데이터 전송을 고속도로와 비교할 수 있다. 즉, 데이터 프레임이 자동차처럼 고속도로를 달린다고 볼 수 있다. 자동차가 고속도로에 올라가기 위해 진입로를 이용하는 것처럼 데이터를 전송해야 하는 장비도 네트워크와 만난다. 그러나 고속도로를 타는 차가 많아져서 진입로가 혼잡해지면 고속도로로 올라가는 차가 줄어들 것이다. 그러나 각 차에 자체 진입로가 할당되어 있다면 모든 차는 기다리지 않고 고속도로에 바로 진입할 수 있으며, 지연이나 혼잡은 없을 것이다. LAN 스위치가 제공하는 마이크로단편화를 이용하면 각 네트워크 장비는 자체 진입로를 갖게 되며, 이로 인해 장비는 네트워크 '고속도로'를 사용하기 위해 다른 장비와 경쟁하지 않아도 된다.

듀플렉스 통신

전이중 통신은 연결의 양쪽 끝이 동시에 전송하도록 함으로써 대역폭의 효과성을 높인다. 그러나 네트워크 성능을 최적화하는 이 방법이 유효하려면 마이크로단편화가 사전에 갖춰져 있어야 한다.

반이중 전송 모드에서는 이더넷 CSMA/CD가 생긴다. 허브와 같은 전통적인 공유 LAN은 반이중 모드로 운용되며, 이의 경우에 케이블에서 송신 충돌의 여지가 있다.

전이중 이더넷을 사용하면 새로운 매체 설치 비용을 들이지 않고도 네트워크 성능을 크게 개선할 수 있다. 스테이션 사이의 전이중 전송은 점 대 점 이더넷, 패스트 이더넷, 기가비트 이더넷 연결을 통해서 이뤄진다. 전이중 이더넷에서는 충돌이 생기지 않는다. 연결되어 있는 두 엔드 노드에서 전송된 프레임은 충돌할 수 없다. 왜냐하면 엔드 노드는 UTP 케이블에 있는 두 개의 회선을 개별적으로 사용하기 때문이다. 전이중 연결은 각기 한 개의 포트만 사용한다.

스위치나 엔드 노드 사이의 전이중 포트 연결은 점 대 점 링크로 이뤄지지만 공유 허브 사이는 그렇지 않다. 전이중을 지원하는 NIC가 있는 스위치 포트에 직접 연결되어 있는 노드는 전이중 모드에서 운용되도록 설정된 스위치 포트에 연결될 것이다. 현재 판매되고 있는 대부분의 이더넷, 패스트 이더넷, 기가비트 이더넷 NIC는 전이중 기능을 제공한다. 전이중 모드에서 충돌 감지 회선은 비활성화된다.

스위치 연결을 공유하는 허브에 연결되는 노드는 반이중 모드로 운용돼야 한다. 왜냐하면 최종 스테이션은 충돌을 감지할 수 있어야 하기 때문이다.

[그림 2-22]에서 호스트가 연결되어 있는 스위치의 양방향 통신을 위해서 전이중이 어떻게 구현되는지 볼 수 있다. 그러나 허브가 연결되어 있는 경우에는 이러한 특징을 구성할 수 없다는 것도 볼 수 있다.

Chapter 2 _ 이더넷 LAN

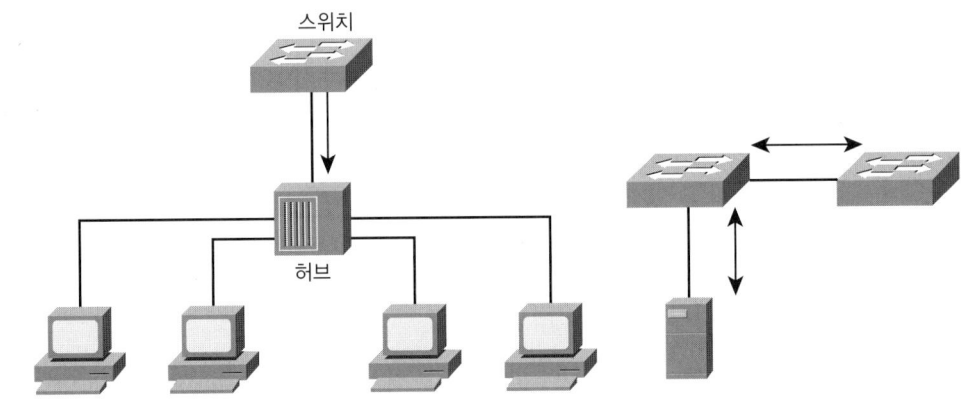

▲ 그림 2-22 전이중 연결과 반이중 연결

표준 공유 이더넷 설정 효율성은 일반적으로 10Mbps 대역폭의 50~60% 정도다. 그러나 전이중 이더넷에서는 양방향에서 100%의 효율성을 제공한다. 즉, 10Mbps 송신에 10Mbps 수신이 가능하다.

전이중 통신

마이크로세그먼트가 적용된 스위치 LAN의 각 장비는 스위치의 한 포트에 바로 연결되기 때문에 스위치 포트와 장비는 점 대 점 연결이 된다. 스위치 대신에 허브가 사용된 네트워크에서 장비는 한 번에 한 방향에서만 통신할 수 있다. 왜냐하면 네트워크 대역폭 경쟁이 있기 때문이다. 이러한 종류의 통신을 반이중 통신이라고 한다. 반이중이라고 이야기하는 이유는 데이터가 한 번에 송신만 되거나 수신만 되고, 송수신이 동시에 되지 않기 때문이다. 그러나 마이크로세그먼트가 적용된 스위치 포트에 연결된 장비에서는 전이중 모드 통신이 가능하며, 장비는 데이터 송신과 수신을 동시에 처리할 수 있다. 이렇게 되면 장비 사이의 대역폭 양을 효과적으로 배가시킬 수 있다.

예: 데이터 대화

워키토키 같은 음성 통신 장비를 사용하면 반이중 모드에서 통신하게 될 것이다. 말할 수는 있지만 상대편이 말하는 것을 듣기 위해서는 말하는 것을 멈춰야 한다. 그러나 전화로는 전이중 모드로 누군가와 대화할 수 있다. 각 사람은 말하면서 상대편이 말하는 것도 동시에 들을 수 있다.

듀플렉스 인터페이스 설정

[예제 2-11]은 2960 시리즈 스위치에서 속도와 듀플렉스를 설정하는 방법이다.

예제 2-11 ▶ 듀플렉스 설정

```
SwitchX(config)# interface fa0/1
SwitchX(config-if)# duplex {auto | full | half}
SwitchX(config-if)# speed {10 | 100 | 1000 | auto}
```

스위치 포트에 대한 듀플렉스 모드를 명시하려면 **duplex** 인터페이스 설정 명령어를 사용한다.

시스코 카탈리스트 2960 시리즈의 듀플렉스 매개변수는 다음과 같다.

- auto는 듀플렉스 모드의 자동 협상을 지정한다.
- full은 전이중 모드를 지정한다.
- half는 반이중 모드를 지정한다.

패스트 이더넷과 10/100/1000 포트의 경우에 기본 값은 **auto**다. 100BASE-FX 포트의 경우 기본 값은 **full**이다. 10Mbps나 100Mbps로 설정됐을 때 10/100/1000 포트는 반이중 모드나 전이중 모드에서 운용된다. 그러나 1000Mbps로 지정되면 전이중 모드에서만 운용된다.

100BASE-FX 포트는 전이중 모드의 100Mbps에서만 운용된다.

> **NOTE** *
> GBIC 모듈 포트에 대한 기본 듀플렉스 모드 설정 값을 결정하려면 사용하는 GBIC 모듈에 딸려 있는 문서를 참고하기 바란다.

예: 듀플렉스 옵션 보기

카탈리스트 2960 시리즈에서는 [예제 12-2]에서와 같이 **show interfaces** 명령어를 사용해서 듀플렉스 설정 값을 확인한다. **show interfaces** 특권 실행 명령어는 모든 인터페이스나

Chapter 2 _ 이더넷 LAN

지정된 인터페이스의 통계와 상태 정보를 보여준다.

예제 2-12 ▶ 인터페이스의 듀플렉스 보기

```
SwitchX# show interfaces fastethernet0/2

FastEthernet0/2 is up, line protocol is up (connected)
  Hardware is Fast Ethernet, address is 0008.a445.9b42 (bia 0008.a445.9b42)
  MTU 1500 bytes, BW 10000 Kbit, DLY 1000 usec,
     reliability 255/255, txload 1/255, rxload 1/255
  Encapsulation ARPA, loopback not set
  Keepalive set (10 sec)
  Half-duplex, 10Mb/s
  input flow-control is unsupported output flow-control is unsupported
  ARP type: ARPA, ARP Timeout 04:00:00
  Last input 00:00:57, output 00:00:01, output hang never
  Last clearing of "show interface" counters never
  Input queue: 0/75/0/0 (size/max/drops/flushes); Total output drops: 0
  Queueing strategy: fifo
  Output queue: 0/40 (size/max)
  5 minute input rate 0 bits/sec, 0 packets/sec
  5 minute output rate 0 bits/sec, 0 packets/sec
     323479 packets input, 44931071 bytes, 0 no buffer
     Received 98960 broadcasts (0 multicast)
     1 runts, 0 giants, 0 throttles
     1 input errors, 0 CRC, 0 frame, 0 overrun, 0 ignored
     0 watchdog, 36374 multicast, 0 pause input
     0 input packets with dribble condition detected
     1284934 packets output, 103121707 bytes, 0 underruns
     0 output errors, 2 collisions, 6 interface resets
     0 babbles, 0 late collision, 29 deferred
     0 lost carrier, 0 no carrier, 0 PAUSE output
     0 output buffer failures, 0 output buffers swapped out
```

자동 협상이 예상치 못한 결과를 낼 수 있다. 자동 협상을 지원하지 않는 장비가 전이중에서 운용될 때 자동 협상이 일어날 수 있다. 기본적으로 카탈리스트 스위치는 상대 스위치 포트를 반이중 모드로 지정한다. 한쪽은 반이중이고 다른 쪽이 전이중인 경우에 반이중인 쪽에서 지연 충돌 에러가 발생한다. 이러한 상황을 피하려면 스위치의 듀플렉스 매개변수를 수작업으로 조정해서 장비와 일치시켜야 한다.

스위치 포트가 전이중 모드고, 포트에 연결되어 있는 장비가 반이중 모드인 경우에 스위치 전이중 포트에서 FCS(frame check sequence) 에러 검사를 수행한다.

FCS 지연 충돌 에러를 점검하기 위해 **show interfaces** 명령어를 사용할 수 있다.

엔터프라이즈 네트워크에서 다른 매체 속도가 필요한 이유

대규모 네트워크에는 많은 수의 최종 시스템, 서버, 네트워크 장비가 있으며, 각 시스템은 연결될 때 다른 속도를 요구한다. 이번 절에서는 엔터프라이즈 네트워크를 구성하는 요소들에서 다른 속도가 요구되는 이유를 살펴본다.

패스트 이더넷이나 기가비트 이더넷 같은 고속 이더넷 프로토콜은 대규모 네트워크에서 중요한 성능을 보장하는 데 필요한 속도를 제공할 수 있다. 그러나 엔터프라이즈 네트워크의 모든 부분에서 고속 연결을 구축하려면 그 비용이 매우 높을 것이며, 모든 사용자나 장비에서 고속 연결이 지속적으로 사용되지는 않을 것이다. 따라서 계층적인 이더넷 연결 방식을 사용하면 효과적인 속도를 효율적인 방식으로 확보할 수 있다.

전형적인 연결 계층에서 최종 사용자 장비를 '액세스 레벨' 시스템이라고 한다. 이렇게 불리는 이유는 최종 사용자 장비는 데이터를 전송하기 위해 네트워크가 접속되는 주된 장비이기 때문이다. 최종 사용자 시스템은 '디스트리뷰션 레벨' 인 서버나 워크그룹으로 모이며, 필요한 경우에 최종 사용자 시스템은 또 다른 디스트리뷰션 장비에 도달하기 위해 '백본 레벨' 이나 '코어 레벨' 을 사용할 것이다. 디스트리뷰션 레벨과 코어 레벨에서와 같이 많은 사용자에게서 온 대량의 데이터를 전송하는 장비에서는 연결 속도가 높아야 한다. 이러한 3계층을 [그림 2-23]에서 확인할 수 있다.

이더넷 LAN의 물리적 이중화

한 네트워크에 여러 대의 스위치가 들어 있고 스위치들 사이에 이중화로 구성된 물리적 연결이 여러 개 있을 때 물리적 루프의 발생 가능성이 있다. 루프가 일어나면 브로드캐스트 폭풍이 만들어질 수 있으며, 무한 루프가 진행되는 가운데 프레임이 네트워크 전반으로 전파될 수 있다.

LAN에 스위치를 추가하면 이중화를 이룰 수 있다. 즉, 동일한 네트워크 세그먼트에 두 대

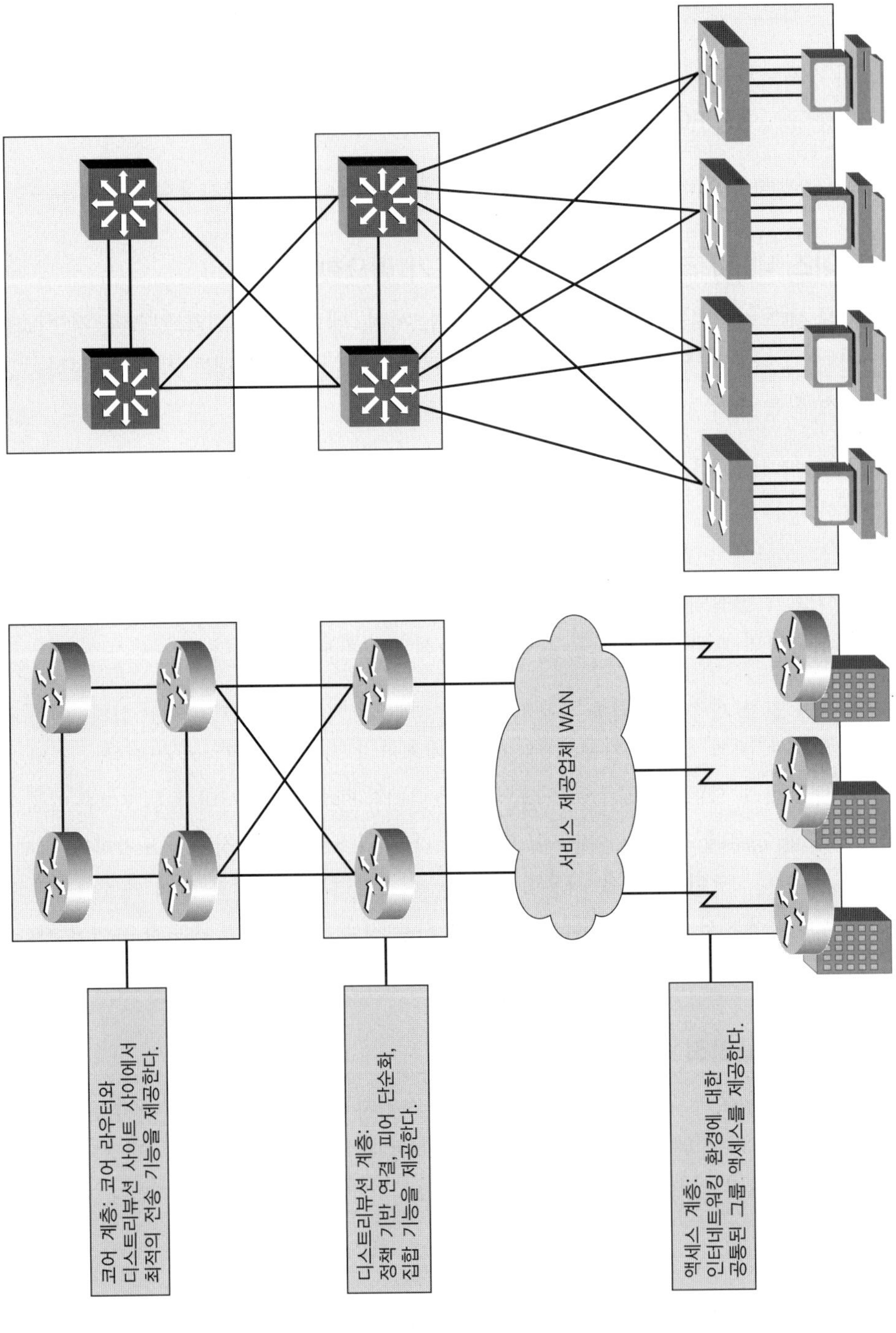

Chapter 2 _ 이더넷 LAN

▲ 그림 2-23 3계층 연결 구성 예

코어 계층: 코어 라우터와
디스트리뷰션 사이트 사이에서
최적의 전송 기능을 제공한다.

디스트리뷰션 계층:
정책 기반 연결, 피어 단순화,
집합 기능을 제공한다.

액세스 계층:
인터네트워킹 환경에 대한
공통된 그룹 액세스를 제공한다.

의 스위치를 연결하면 한 세그먼트에 문제가 있더라도 연속성을 확보할 수 있다. 이중화는 네트워크의 가용성을 항상 보장할 수 있다. 그러나 네트워크의 이중화를 위해서 스위치를 사용할 경우에 루프 발생 가능성이 있다. 한 네트워크 세그먼트의 호스트가 다른 네트워크 세그먼트의 호스트로 데이터를 전송할 때 두 세그먼트가 두 개 혹은 그 이상의 스위치로 연결되어 있으면 각 스위치는 데이터 프레임을 수신하고 수신 장비의 위치를 파악해서 프레임을 전달한다. 각 스위치가 프레임을 전달했기 때문에 각 프레임은 이중으로 전달된다. 이 과정 중에 루프가 생길 수 있다. 즉, 프레임이 네트워크에서 삭제되지 않은 채 두 경로 사이에서 순환된다. 또한 부정확한 MAC 주소 포트 매핑 정보로 MAC 테이블이 업데이트돼서 부정확한 전달이 이뤄질 수 있다. 기본적인 연결 문제 외에 루프로 인한 브로드캐스트 메시지 확산에 의해 심각한 네트워크 문제가 생길 수 있다. 스위치에서는 모든 멀티캐스트, 브로드캐스트, 알려지지 않은 트래픽이 인입 포트 외의 모든 포트로 플러딩될 것이다. 이렇게 되면 트래픽이 브로드캐스트 폭풍에 빠져서 거의 대부분의 가용 대역폭이 사용될 것이다.

예: 스위치 네트워크의 루프

이러한 루핑 문제를 [그림 2-24]에서 확인할 수 있다.

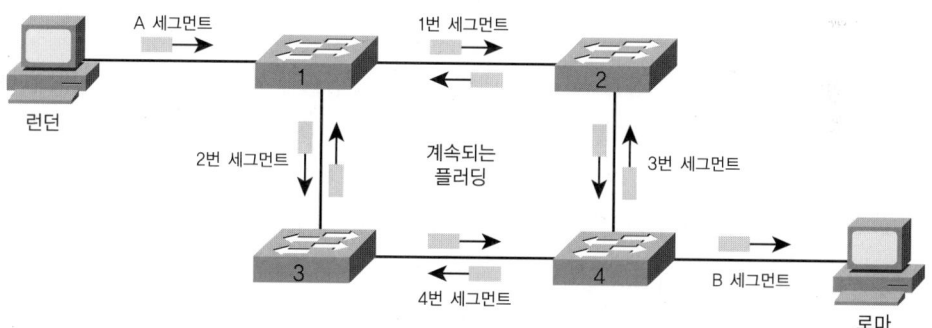

▲ 그림 2-24 네트워크의 스위칭 루프

런던 호스트에서 로마 호스트로 프레임을 전송한다고 가정하자. 런던은 A 세그먼트에 있고 로마는 B 세그먼트에 있다. 세그먼트 장애에 대비해서 스위치와 호스트 사이에는 이중화 연결이 적용되어 있다. [그림 2-24]의 예제에서 어떤 스위치도 로마 호스트의 주소를 학습하지 못했다고 가정하자.

1번 스위치는 로마 호스트가 목적지인 프레임을 수신하고 이를 2번 스위치와 3번 스위치로 플러딩한다. 2번 스위치와 3번 스위치는 1번 스위치를 통해서 런던에서 온 프레임을 수신하고 런던이 1번 세그먼트와 2번 세그먼트에 있다는 것을 정확하게 학습한다. 각 스위치는 프레임을 4번 스위치로 전달한다.

4번 스위치는 해당 프레임의 복사본 두 개를 런던으로부터 수신하며, 하나는 2번 스위치를 통해서, 다른 하나는 3번 스위치를 통해서 수신한다. 2번 스위치에서 오는 프레임이 먼저 도착한다고 가정하자. 4번 스위치는 3번 세그먼트에 있다고 학습한다. 4번 스위치는 로마의 MAC 주소를 모르기 때문에 2번 스위치에서 온 프레임을 로마와 3번 스위치로 전달한다. 3번 스위치에서 온 프레임이 4번 스위치에 도달하면 4번 스위치는 런던이 4번 세그먼트에 있다는 것을 알리기 위해서 테이블을 업데이트한다. 그런 다음에 프레임을 로마와 2번 스위치로 전달한다.

이제 2번 스위치와 3번 스위치는 런던이 3번과 4번 세그먼트에 있다는 것을 나타내기 위해서 내부 테이블을 변경한다. 런던에서 온 프레임이 브로드캐스트 프레임일 경우에 두 스위치는 해당 프레임을 계속 전달할 것이며, 이를 위해서 가용 대역폭을 모두 사용해서 다른 패킷의 전송을 막을 것이다. 이것을 브로드캐스트 폭풍이라고 한다.

STP를 이용한 루프 해결

루프 해결책은 STP다. STP는 특정 네트워크 세그먼트에 대한 물리적 경로를 관리한다. STP는 물리적 경로 이중화를 제공해서 루프에 의한 예상치 못한 결과를 방지한다. 카탈리스트 스위치에서 STP는 기본적으로 활성화된다. STP가 이중화 경로 링크를 차단해서 루프를 어떻게 방지하는지 [그림 2-25]에서 확인할 수 있다.

STP는 다음과 같이 기능한다.

- STP는 특정 포트를 스탠바이 상태로 만들어서 데이터 프레임의 청취, 전달, 플러딩이 진행되지 않도록 만든다. 이렇게 함으로써 이중화를 위해 여러 개의 물리적 경로가 있더라도 특정 시간에 각 네트워크 세그먼트에 대해서 한 개의 경로만 활성화되도록 만들 수 있다.
- 네트워크의 세그먼트 연결에 문제가 있을 경우에 STP는 이전에 비활성화된 경로를 자동으로 활성화해서 연결이 다시 이뤄지도록 만든다.

스위칭 이점 극대화

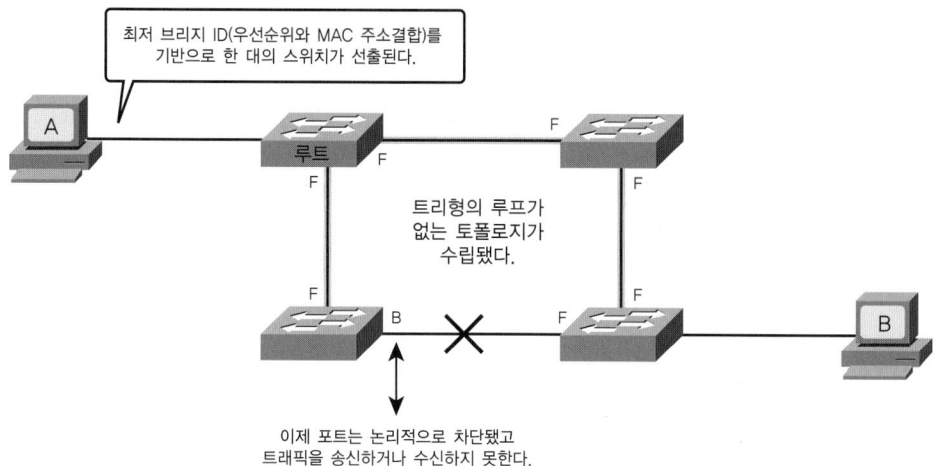

▲ 그림 2-25 스위칭 루프를 방지하는 STP

> NOTE*
> STP에 대해서는 ICND2에서 더 자세히 다룬다.

스위칭 이점 극대화 요약

이번 절에서 다룬 핵심 내용을 정리하면 다음과 같다.

- 스위치 LAN은 마이크로단편화를 제공한다. 이는 네트워크 세그먼트의 각 장비가 스위치 포트에 직접 연결되고 자체 대역폭을 사용한다는 것을 의미한다. 각 장비는 네트워크의 다른 장비와 대역폭을 두고 서로 쟁탈을 벌이지 않아도 된다.

- 허브가 사용되는 이더넷 LAN에서 반이중 통신을 사용하면 한 번에 한 방향에서의 데이터 전송만 가능하다. 즉, 수신만 하거나 송신만 할 수 있다. 스위치에서 제공되는 전이중 통신을 사용하면 데이터 송신과 수신을 동시에 처리할 수 있다.

- 캠퍼스 네트워크의 워크그룹 및 백본 연결에서 패스트 이더넷과 기가비트 이더넷을 구축함에 있어서 최상의 속도를 확보하는 가장 효과적인 방법은 코어/디스트리뷰션/액세스 3계층 모델로 이더넷을 구성하는 것이다.

- 네트워크 사용성 확보에 필요한 이중화를 스위치로 이룰 수 있지만 이중화는 루프를 일으킬 수 있다.

- 여러 대의 스위치가 다수의 물리적 경로를 통해서 동일한 세그먼트에 연결되어 있고, 각 스위치가 동일한 데이터를 전송할 때 루프가 발생한다. 데이터 프레임은 네트워크에서 제거되지 않은 채 두 개 혹은 그 이상의 경로 사이에서 순환하고, 이로 인해 각 스위치의 MAC 주소 테이블에 부정확한 데이터가 들어갈 수 있다.
- 루프의 해결책으로 STP가 있으며, STP는 특정 네트워크 세그먼트에 대한 경로를 관리한다. STP를 사용하면 이더넷 LAN에서 경로 이중화를 이룰 수 있으며, 이를 통해서 네트워크에서 원치 않는 스위칭 루프의 발생을 막을 수 있다.

스위치 이슈 문제 해결

스위치 네트워크에 영향을 미치는 대부분의 이슈는 네트워크를 처음 구성할 때 발생한다. 이론상으로, 네트워크가 설치된 후에 네트워크는 문제없이 계속해서 작동돼야 한다. 그러나 이는 이론적으로만 가능한 일이다. 시간이 지나면서 상황이 바뀐다. 즉, 케이블링이 훼손되거나 설정이 바뀌거나 새로운 장비가 스위치에 연결돼서 스위치 설정 변경이 필요할 수 있다. 따라서 지속적인 유지보수는 필수적이다.

계층적 접근 방법 사용

스위치는 OSI 모델의 여러 계층에서 운용된다. OSI 모델의 1계층에서 스위치는 물리적 매체에 대한 인터페이스를 제공한다. 2계층에서는 MAC 주소를 기반으로 프레임의 스위칭을 제공한다. 따라서 스위치의 일반적인 문제는 1계층 및 2계층과 많은 관련이 있다. 3계층 이슈도 일부 생기는데, 주로 스위치 관리와 관련된 IP 연결에 대한 것이다. 다음 절들에서는 스위치 네트워크의 공통 이슈를 확인하기 위해 계층적 접근 방법을 어떻게 활용하는지 살펴본다.

매체 이슈 파악 및 해결

매체 이슈는 일상사에 해당된다. 배선 문제는 다반사로 일어난다. 매체 이슈를 야기할 수 있는 일상적인 상황을 다음과 같이 정리할 수 있다.

- CAT 3 배선을 사용하는 환경에서 새로운 EMI(electromagnetic interference)가 적용된 에어컨이 새로 설치됐다.
- CAT 5 배선을 사용하는 환경에서 케이블링이 엘리베이터 모터에 너무 근접해서 지나간다.

- 부실한 케이블 관리로 인해 RJ-45 커넥터가 망실돼서 하나 혹은 그 이상의 선이 정상적으로 작동하지 않는다.
- 새로운 애플리케이션이 도입돼서 네트워크 트래픽 패턴이 변경됐다.
- 어떤 사용자가 PC를 두 개 사용하게 되면서 두 번째 PC를 연결하기 위해 스위치 포트에 허브를 연결해서 충돌이 증가됐다.

배선 손상이나 EMI는 대개 과도한 충돌과 노이즈를 일으킨다. 트래픽 패턴 변경이나 허브 설치는 충돌과 프레임 조각 현상을 일으킨다. 이러한 증상을 가장 잘 보려면 **show interface** 명령어를 사용하면 되고, 이의 사용 예를 [예제 2-13]에서 확인할 수 있다.

예제 2-13 ▶ show interface 명령어로 문제 해결

```
SwitchX# show interface fastethernet 0/0

Ethernet 0/0 is up, line protocol is up [1]
Hardware is MCI Ethernet, address is aa00.0400.0134 (via 0000.0c00.4369
Internet address is 131.108.1.1, subnet mask is 255.255.255.0
       .
       .
Output Omitted
       .
       .
2295197 packets input, 305539992 bytes, 0 no buffer
Received 1925500 broadcasts, 0 runts, 0 giants
3 input errors, 3 CRC, 0 frame, 0 overrun, 0 ignored, 0 abort [2]
0 input packets with dribble condition detected
3594664 packets output, 436549843 bytes, 0 underruns
8 output errors, [3]
1790 collisions, [4]
10 interface resets,
0 restarts [5]
```

[예제 2-13]에서 음영이 들어간 부분을 [표 2-9]에 별도로 설명해 뒀다.

▼ 표 2-9 [예제 2-13]의 음영 부분 설명

번호	필드	설명
1	인터페이스와 라인 프로토콜 상태	인터페이스 하드웨어가 현재 가동 중인지 혹은 관리자에 의해 비활성화됐는지를 나타낸다. 인터페이스의 상태가 'disabled'일 경우에 장비는 기본적으로 10초인 킵얼라이브 인터벌 안에 5000개 이상의 에러를 수신한다. 라인 프로토콜이 'down'이나 'administratively down'일 경우에 라인 프로토콜을 처리하는 소프트웨어 프로세스는 실패한 킵얼라이브 때문에 인터페이스를 사용할 수 없는 것으로 간주하거나 인터페이스가 관리자에 의해 비활성화된 것으로 본다.
2	입력 에러, CRC 에러와 프레이밍 에러 포함	no buffer, runt, giant, CRC, frame, overrun, ignored, abort에 관련된 에러의 총 개수다. 입력에 관련된 다른 에러가 있어도 카운트가 올라간다. 따라서 이 합계는 다른 카운트와 일치하지 않을 수 있다.
3	출력 에러	입력 속도가 수신자의 데이터 처리 능력을 초과해서 수신자 하드웨어가 수신 데이터를 하드웨어 버퍼로 넘길 수 없었던 횟수다.
4	충돌	이더넷 충돌로 인해 재전송된 메시지의 수다. 충돌이 발생하는 이유는 LAN의 과도한 확장 때문이다. 이더넷이나 트랜시버 케이블이 너무 길거나 스테이션 사이에 두 개 이상의 리피터가 있을 때 LAN 확장이 과도해질 수 있다.
5	재시작	에러로 인해서 이더넷 컨트롤러가 다시 시작된 횟수다.

액세스 포트 이슈 확인 및 해결

매체 관련 이슈는 접속 이슈로 볼 수 있다(예를 들어, 사용자가 "네트워크에 접속할 수 없다"라고 이야기할 수 있다). 매체 이슈는 앞에서 설명한 대로 문제가 파악된 후에 해결될 수 있다. 듀플렉스 관련 이슈는 듀플렉스 설정 값이 맞지 않을 때 생긴다. 속도 관련 이슈는 속도 설정 값 불일치로 인해 발생한다.

듀플렉스 설정 값을 확인하려면 **show interface** 명령어를 사용한다.

명령어 설정 이슈 확인 및 해결

여기서는 설정과 관련된 공통 이슈의 파악 및 해결 방법을 설명한다. 설정 작업을 수행할 때 '미안하다는 말보다는 안전'이라는 슬로건을 염두에 두기 바란다.

시작하기 전에 무엇을 가지고 있는지 항상 알아야 한다. 설정 작업을 할 때 복사본을 준비하기 바란다. 가령, 하드 카피와 파일을 모두 준비하기 바란다. 파일의 경우에 PC와 TFTP 서버에 모두 저장해 두면 좋을 것이다.

설정을 변경할 때 실행 설정을 저장하기 전에 변경된 내용으로 원하는 작업을 달성할 수 있는지 예기치 않은 문제를 일으키지는 않을지 점검하기 바란다.

인가받지 않은 사람이 수행한 변경 내용은 그것이 악성이든 아니든 재난을 일으킬 수 있다. 설정 작업의 안전을 확보하기 위해서 콘솔과 VTY 포트에 강력하고 복잡한 패스워드를 걸어놓기 바란다. 또한 특권 실행 모드에서도 강력하고 복잡한 패스워드가 적용됐는지 확인하기 바란다.

스위치 이슈 문제 해결 요약

여기서 논의한 핵심 내용을 다음과 같이 요약할 수 있다.

- 다음의 내용을 해결하기 위해 show interface 명령어를 사용한다.
    - 매체 이슈
    - 듀플렉스 이슈
    - 속도 이슈
- 장비 설정 복사본을 확보한다.
- 실행 설정 파일을 보호한다.

이 장의 요약

이 장에서 논의한 핵심 내용은 다음과 같다.

- 이더넷 케이블과 세그먼트는 물리적으로 한정된 거리까지만 확장될 수 있다. 그러나 이더넷 LAN에 리피터나 허브 같은 장비를 추가해서 LAN 세그먼트의 길이를 연장할 수 있다.
- 브리지와 스위치 LAN을 여러 개의 세그먼트로 나눈다. 그러나 스위치는 훨씬 더 빠른 속도에서 작동하며 고급 기능을 지원한다. 이더넷 네트워크에서 스위치가 수행하는 세 가지 주요 기능은 전달, 필터링, 플러딩이다.
- 스위치 이더넷 LAN의 성능을 향상시킬 수 있는 방법이 많이 있으며, 대표적으로 마이크로 단편화나 계층형 연결이 있다. 그러나 어떤 형태로든 물리적 루프가 발생할 가능성이 잠재되어 있으며, STP를 구축해서 이를 해결할 수 있다.
- 시스코 IOS CLI를 통해서 설정 값과 세부사항을 지정할 수 있으며, 이렇게 해서 조직에 필요한 네트워크 요구사항을 구축할 수 있다.

Chapter 2 _ 이더넷 LAN

- 카탈리스트 스위치를 시작하려면 물리적 설치 검증, 스위치 전원 연결, 콘솔에서 시스코 IOS 소프트웨어 실행 결과 보기 작업을 거쳐야 한다.
- 장비 이름과 패스워드를 설정하고 전역 설정 모드나 인터페이스 설정 모드로 들어가기 위해 CLI를 사용할 수 있다.
- 패스워드와 포트 보안을 활성화해서 스위치 보안을 확보할 수 있다.
- 대부분의 포트 접속 문제는 show interface 명령어로 확인할 수 있다.

복습문제

여기에 제시된 문제를 풀면서 2장에서 배운 내용을 복습할 수 있다. 정답은 부록 '복습문제 정답'에 정리되어 있다.

1. 허브의 기능을 정확하게 설명한 것은 무엇인가? (두 개 선택)
   a. 허브는 이더넷 LAN을 확장한다.
   b. 허브는 충돌 도메인의 크기를 줄인다.
   c. 허브가 추가되면 네트워크 세그먼트에 있는 사용자들의 대역폭 경쟁 요구가 줄어든다.
   d. 허브는 데이터 링크 계층 장비다.
   e. 허브는 재전송 전에 데이터 신호를 증폭시킨다.

2. 충돌을 제대로 설명한 것은 무엇인가? (세 개 선택)
   a. 공유 매체에 있는 두 개 혹은 그 이상의 스테이션이 동시에 전송할 때 충돌이 발생한다.
   b. 세그먼트가 클수록 충돌 가능성이 줄어든다.
   c. 충돌이 발생할 때 프레임은 파괴되고 세그먼트에 있는 각 스테이션에서는 임의의 타이머가 돌아가고, 데이터 재전송이 시도될 때 타이머가 멈춘다.
   d. 네트워크에 허브를 추가하면 충돌 이슈를 개선할 수 있다.
   e. 충돌은 공유 LAN의 부산물이다.
   f. 네트워크에 세그먼트가 많다는 것은 충돌 가능성이 더 크다는 것을 의미한다.

3. 충돌 도메인을 가장 잘 설명한 것은 무엇인가?
   a. 동시 통신을 시도하는 두 개 혹은 그 이상의 장비
   b. 연결되어 있는 두 개의 네트워크

c. 같은 대역폭을 공유하는 네트워크 세그먼트
   d. 정답 없음

4. 충돌 제거에 도움을 주는 하드웨어는 무엇인가?
   a. 리피터
   b. 브리지
   c. 허브
   d. 익스텐더

5. 네트워크 혼잡을 일으키는 주된 원인은 무엇인가? (세 개 선택)
   a. 고 대역폭 애플리케이션
   b. 많은 네트워크 세그먼트
   c. 네트워크 트래픽 양 증가
   d. 고성능 컴퓨터와 네트워크 기술
   e. 적은 수의 네트워크 세그먼트
   f. LAN의 길어진 거리

6. 브리지의 특징을 제대로 설명한 것은 무엇인가? (세 개 선택)
   a. 브리지는 LAN 세그먼트 사이에서 데이터 프레임을 전달하지만 필터링하지는 않는다.
   b. 브리지는 MAC 주소 테이블을 갖고 있다.
   c. 브리지는 허브보다 더 먼 LAN 거리를 지원한다.
   d. 브리지는 두 개 혹은 그 이상의 LAN 세그먼트 사이에서 프레임을 버퍼링하고 전달할 수 있다.
   e. 브리지는 충돌 도메인 수를 줄인다.
   f. 브리지는 OSI 모델의 3계층에서 운용된다.

7. 네트워크에 브리지를 추가함으로써 얻을 수 있는 주된 이점은 무엇인가? (두 개 선택)
   a. 네트워크의 잠재적인 문제가 어느 세그먼트에서 일어날지 특정할 수 있다.
   b. 네트워크 속도를 향상시킨다.
   c. 여러 개의 세그먼트를 결합해서 LAN 거리를 확장한다.
   d. 충돌 도메인 수를 줄인다.
   e. LAN 세그먼트 사이에서 데이터 프레임을 전달한다.

Chapter 2 _ 이더넷 LAN

8. 다음에 제시된 내용은 네트워크에서 스위치가 어떻게 운용되는지를 설명하는 것이다. 각 설명과 적합한 용어를 선택하라.

   ___ 프레임의 목적지 MAC 주소가 출발지와 동일한 네트워크 세그먼트에 있을 경우에 스위치가 프레임을 전달하지 않는다.
   ___ 프레임의 목적지 MAC 주소가 출발지와 동일한 네트워크에 있지 않을 경우에 스위치가 프레임을 적절한 세그먼트로 전송한다.
   ___ 목적지 주소에 대한 엔트리가 없을 경우에 스위치는 프레임을 수신한 포트를 제외한 모든 포트로 프레임을 전송할 것이다.

   a. 플러딩
   b. 필터링
   c. 전달

9. 다음에 제시된 특징 중에서 스위치를 잘 설명하고 있는 것은 무엇인가? (세 개 선택)
   a. 데이터가 전송될 포트를 파악하기 위해서 MAC 주소 테이블을 사용한다.
   b. LAN 세그먼트를 연결한다.
   c. 충돌 도메인 수를 줄인다.
   d. 충돌 도메인 수를 증가시킨다.
   e. 네트워크의 목적지로 전달하기 전에 데이터를 필터링한다.

10. 스위치가 브리지와 다른 점은 무엇인가? (세 개 선택)
    a. 프레임 버퍼가 더 크다.
    b. 데이터가 전송될 세그먼트를 결정하기 위해서 MAC 주소의 테이블을 사용한다.
    c. 여러 매체 속도를 지원한다.
    d. 포트 개수가 많다.
    e. LAN을 세그먼트로 나눌 수 있다.

11. 스위치의 네트워크 성능과 브리지의 네트워크 성능을 제대로 비교한 것은 무엇인가? (세 개 선택)
    a. 스위치는 브리지보다 훨씬 더 빠른 속도에서 운용된다.
    b. 스위치는 브리지보다 더 낮은 속도에서 운용된다.
    c. 스위치는 브리지보다 더 뛰어난 고급 기능을 지원한다.
    d. 스위치는 브리지보다 더 낮은 기능을 지원한다.
    e. 스위치는 장비 사이의 전용 통신을 지원한다.
    f. 스위치는 장비 사이의 전용 통신을 지원하지 않는다.

12. 마이크로단편화에 대해 정확하게 설명한 것은 무엇인가? (세 개 선택)
    a. 브리지로 네트워크를 구성하면 마이크로단편화가 만들어진다.
    b. 마이크로단편화는 대역폭 가용성을 증가시킨다.
    c. 네트워크 세그먼트의 각 장비는 스위치 포트에 직접 연결된다.
    d. 마이크로단편화가 적용되면 충돌이 제거된다.
    e. 마이크로단편화를 이용하면 네트워크의 세그먼트 개수가 제한된다.
    f. 마이크로단편화에서는 반이중을 사용한다.

13. 다음 설명이 반이중 통신에 대한 것인지 전이중 통신에 대한 것인지 선택하라.
    ___ 네트워크가 데이터 프레임을 한 번에 하나씩 송수신하고 동시에 하지 않는다.
    ___ 장비 사이의 대역폭 양을 두 배로 확보한다.
    ___ 네트워크에서 데이터 프레임의 송신과 수신이 동시에 이뤄진다.

    a. 전이중 통신
    b. 반이중 통신

14. 다음에 제시된 것은 이더넷 종류별 연결 기능이다. 적절한 이더넷 종류를 선택하라.
    ___ 최종 사용자 레벨에서 PC 워크스테이션이 서버에 100Mbps로 접근할 수 있다.
    ___ 일반적으로 최종 사용자 레벨에서 사용되지 않는다.
    ___ 워크그룹 레벨에서 최종 사용자와 워크스테이션 사이를 연결한다.
    ___ 백본 레벨에서 중소규모 애플리케이션을 위해 스위치 사이를 연결한다.
    ___ 워크그룹 레벨에서 엔터프라이즈 서버를 고성능으로 연결한다.
    ___ 백본 레벨에서 백본과 스위치 사이를 연결한다.
    ___ 최종 사용자 레벨에서 최종 사용자와 사용자 레벨 스위치 사이를 연결한다.
    ___ 중소규모 애플리케이션을 위해 스위치 사이를 연결한다.

    a. 이더넷 10BASE-T
    b. 패스트 이더넷
    c. 기가비트 이더넷

15. 시스코 장비가 켜질 때 하드웨어 점검을 위해 실행되는 것은 무엇인가?
    a. 플래시   b. RAM
    c. POST   d. TFTP

16. 카탈리스트 스위치나 시스코 라우터가 켜질 때 처음으로 일어나는 일은 무엇인가?
    a. 장비는 시스템 기동 루틴을 수행한다.
    b. 장비는 하드웨어 점검 루틴을 수행한다.
    c. 장비는 네트워크의 다른 장비가 어디에 있는지를 파악한다.
    d. 장비는 소프트웨어 설정 값을 찾고 적용한다.

17. 시스코 스위치나 라우터를 처음 설치할 때 네트워크 관리자는 네트워킹 장비 설정 작업을 _____ 에서 수행한다.
    a. CD-ROM
    b. TFTP 서버
    c. 콘솔 터미널
    d. 모뎀 연결

18. 원격 장비를 지원하는 네트워크 관리자가 선호하는 방법은 장비의 _____ 에 모뎀을 연결하는 것이다.
    a. LAN 포트
    b. 업링크 포트
    c. 콘솔 포트
    d. 보조 포트

19. 라우터의 모든 명령어를 실행할 수 있고, 인증된 사람만 라우터에 접근하도록 패스워드로 보호되는 접근 레벨은 어느 것인가?
    a. 사용자 실행 레벨
    b. 셋업 실행 레벨
    c. 인에이블 실행 레벨
    d. 특권 실행 레벨

20. 입력된 명령어의 분석 및 실행을 위해 시스코 장비에서 어떻게 해야 하는가?
    a. Send 키를 누른다.
    b. Enter 키를 누른다.
    c. 명령어의 끝에 공백 문자를 추가한다.
    d. 명령어를 입력한 후에 5초 동안 기다린다.

21. 아래의 CLI 프롬프트 중에서 특권 실행 모드에서 작업 중임을 나타내는 것은 무엇인가?
    a. hostname#
    b. hostname〉
    c. hostname-exec〉
    d. hostname-config

22. 특권 실행 모드에서 명령어 옵션을 보기 위해 사용할 수 있는 명령어는 무엇인가?
    a. ?
    b. init
    c. help
    d. login

23. 카탈리스트 스위치가 켜지는 과정을 단계별로 정리하면 어떻게 되는가?
    __ 1단계
    __ 2단계
    __ 3단계

    a. 전원 케이블을 스위치의 전원 공급 장치에 꽂는다.
    b. 부트 과정을 관찰한다. 콘솔에 표시되는 시스코 IOS 소프트웨어 출력 텍스트를 본다.
    c. 모든 케이블이 안전하게 연결되어 있는지, 터미널이 콘솔 포트에 연결되어 있는지, 콘솔 터미널 애플리케이션이 선택되어 있는지 확인한다.

24. 카탈리스트 2950 시리즈 스위치를 시작하는 방법은 무엇인가?
    a. On/Off 스위치를 누른다.
    b. 예비 전원 공급 장치의 전원을 올린다.
    c. 네트워크 케이블을 네트워크의 다른 스위치에 연결한다.
    d. 전원 케이블을 스위치의 전원 공급 소켓에 꽂는다.

25. 카탈리스트 스위치에서 POST가 성공적으로 완료되면 콘솔에 어떤 내용이 표시되는가?
    a. 〉 프롬프트
    b. 특권 실행 프롬프트
    c. 관리 콘솔 로그온 화면
    d. 스위치에서 사용할 수 있는 명령어

26. 카탈리스트 스위치에서 'c'로 시작하는 명령어 목록을 보려면 어떤 CLI 명령어를 입력해야 하는가?
    a. c?
    b. c ?
    c. help c
    d. help c*

27. 'config'로 시작하는 명령어를 완성시키는 방법을 볼 수 있도록 명령어 구문 도움말을 보려면 어떤 CLI 명령어를 입력해야 하는가?
    a. config?
    b. config ?
    c. help config
    d. help config*

28. 스위치의 IP 주소와 서브넷 마스크를 설정하는 시스코 IOS 명령어는 무엇인가?
    a. ip address
    b. ip address 196.125.243.10
    c. 196.125.243.10 ip address
    d. ip address 196.125.243.10 255.255.255.0

29. 스위치의 특정 포트를 설정하기 위해 어떤 설정 모드를 사용해야 하는가?
    a. 사용자 모드
    b. 전역 설정 모드
    c. 인터페이스 설정 모드
    d. 컨트롤러 설정 모드

30. 카탈리스트 스위치에 설정된 인터페이스의 상태와 통계를 보기 위해서 **show interface** 명령어를 사용할 때 인터페이스 하드웨어를 식별하는 MAC 주소를 나타내는 필드는 어느 것인가?
    a. MTU 1500 bytes
    b. Hardware is ... 10BaseT
    c. Address is 0050.BD73.E2C1
    d. 802.1d STP State: Forwarding

31. 특권 실행 모드에 접근하는 데 필요한 show 명령어는 무엇인가?
    a. show ip
    b. show version
    c. show running
    d. show interfaces

32. 시스코 라우터에 전원을 넣으려면 어떻게 해야 하는가?
    a. Reset 버튼을 누른다.
    b. 전원 스위치를 'On'으로 돌린다.
    c. 광 케이블을 다른 라우터에 연결한다.
    d. 전원 케이블을 전원 공급 장치에 꽂는다.

33. 다음 설명 중에서 물리적 위협에 해당하는 것은 무엇인가? (두 개 선택)
    a. 사용자가 패스워드가 적힌 메모를 책상 위에 둔다.
    b. 네트워크 접속을 차단하기 위해서 누군가가 스위치로 들어가는 전원을 내린다.
    c. 누군가가 네트워크 클로짓의 에어컨 전원 스위치를 내린다.
    d. 네트워크 문서가 들어 있는 캐비닛을 누군가가 무단으로 열었다.

34. 패스워드로 보호할 수 있는 것은 무엇인가? (네 개 선택)
    a. 콘솔 접근
    b. VTY 접근
    c. TTY 접근
    d. 사용자 레벨 접근
    e. 실행 레벨 접근

35. 사용자 이름과 패스워드 로그인 프롬프트 전에 표시되는 사용자 정의 텍스트는 어느 것인가?
    a. 오늘의 메시지
    b. 로그인 배너
    c. 접근 경고
    d. 사용자 배너
    e. 경고 메시지

36. 네트워크 장비에 원격으로 접근하는 방법 중에서 가장 안전한 것은 무엇인가?
    a. HTTP
    b. 텔넷
    c. SSH
    d. RMON
    e. SNMP

37. MAC 주소를 기반으로 스위치 포트에 접근하는 것을 통제하는 데 사용될 수 있는 IOS 명령어는 무엇인가?
    a. shutdown
    b. port-security
    c. mac-secure
    d. firewall

38. 미사용 스위치 포트의 보안을 높이는 데 사용되는 IOS 명령어는 무엇인가?
    a. shutdown
    b. port security
    c. mac-secure
    d. firewall

39. 네트워크에서 이중화 연결에 의해 야기될 수 있는 문제는 무엇인가?
    a. 마이크로단편화
    b. 루프
    c. 기능 저하
    d. 충돌

40. 다음 중 루프가 스위치 LAN의 성능에 영향을 미칠 수 있는 방법을 가장 잘 설명한 것은 무엇인가?
    a. 루프가 일어날 때 브로드캐스트 폭풍이 만들어질 수 있으며, 이로 인해 네트워크에서의 데이터 전송이 이뤄지지 않을 수 있다.
    b. 멀티캐스트, 브로드캐스트, 알려지지 않은 트래픽이 모든 포트로 플러딩될 것이다.
    c. MAC 주소 테이블이 부정확한 정보로 업데이트될 수 있으며, 이로 인해 프레임 전달이 부정확해질 수 있다.
    d. 루프에 의해 네트워크의 프레임이 제거된다.

41. STP를 제대로 설명한 것은 무엇인가?
    a. STP가 적용된 브리지와 포트에서는 특정 시간에 전달 경로가 한 개만 존재한다.
    b. STP는 이전에 비활성화된 경로를 계속해서 비활성 상태로 유지하는 작업을 자동으로 처리한다.
    c. STP는 문제가 있는 세그먼트를 제거한다.
    d. STP에 의해 포트는 데이터 프레임의 청취, 전달, 플러딩을 처리할 수 있다.

42. 매체 이슈 처리에 가장 유용한 IOS 명령어는 무엇인가?
    a. show controller
    b. show run
    c. show interface
    d. show counters

43. 포트 접근 이슈 처리에 가장 유용한 IOS 명령어는 무엇인가?
    a. show controller
    b. show run
    c. show interface
    d. show counters

44. 설정 이슈 처리에 유용한 방법은 무엇인가? (세 개 선택)
    a. 미사용 포트 보호
    b. 설정 보안
    c. 저장 전 변경사항 점검
    d. 작업 시작 전에 보유 목록 파악

이 장에서 배울 내용은 다음과 같다.

- 이 장의 학습 목표
- 무선 네트워크
- WLAN 보안
- WLAN 구축
- 이 장의 요약
- 복습문제

CHAPTER **3**

무선 LAN

LAN은 얼마 전까지 물리적인 선의 연결로 그 범위가 제한적이었다. 적외선(IR)과 무선 주파수(RF)를 이용한 좀 더 향상된 기술로 데이터를 전송하게 되면서, LAN은 물리적인 매체의 연결 범위에서 자유로워졌다. 이 장에서는 RF 무선 접속에 초점을 맞추면서 LAN 의 연결 범위를 확장하는 이유와 여기에 사용될 수 있는 방법을 설명한다.

이 장의 학습 목표

이 장의 내용을 완벽하게 습득한다면 무선 LAN(WLAN) 구성을 설명할 수 있을 것이다. 이 장에서 다룰 주제는 다음과 같다.

- WLAN 구현에 영향을 주는 표준 및 드라이버들을 설명한다.
- WLAN 보안 문제와 위협 완화 기술을 설명한다.
- WLAN 구현에 영향을 주는 요소들을 설명한다.

무선 네트워크

무선 네트워크 기술은 대부분 새로운 기술로 개발됐으며 비즈니스 요구는 이러한 기술 개발을 이끌어 왔고 이것은 다시 새로운 비즈니스 요구를 생성시키고 또 다시 새로운 기술로 이어져 왔다. 이런 반복적인 개발을 계속 유지하기 위해서 많은 기관은 WLAN 표준과 인증을 개발하려고 부단히 경주해 왔다. 이 장에서는 WLAN 개발에 영향을 미친 표준과 개발 동향 등을 다룬다.

WLAN 서비스를 위한 비즈니스 사례

생산성은 더 이상 작업 영역을 고정시키거나 작업 시간을 지정하는 것과는 별개로 여겨지고 있다. 이제 사람들은 시간과 장소에 상관없이 네트워크에 연결할 수 있다고 생각한다. 사무실은 기본이고, 공항이나 집에서도 네트워크에 연결할 수 있을 것으로 기대한다. 예전에 출장 중인 직원들은 비싼 비용 때문에 비행 중에 메시지를 확인하거나 전화하는 것에 제한을 많이 받았다. 그러나 지금은 비행기 안에서 걸어 다니면서 PDA를 이용해 이메일, 음성 메일, 그리고 웹 연결 상태를 확인할 수 있다. [그림 3-1]은 무선 네트워크와 이동성을 포함한 새로운 동향을 나타낸다.

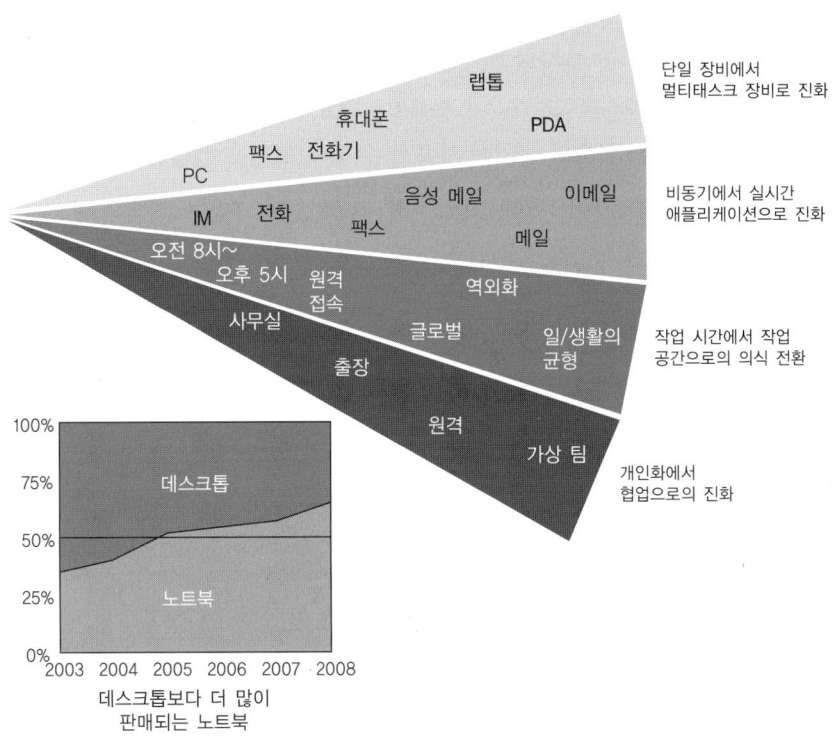

▲ 그림 3-1 무선 시장 동향

사람들은 집에서조차 삶의 방식 및 학습 방법을 바꾸고 있다. 인터넷은 집에서 사용하는 표준이 됐고, TV나 전화와 함께 필수로 인식되고 있다. 인터넷에 접속하는 방법도 일시적인 연결을 위한 다이얼업 모뎀에서 DSL(digital subscriber line)이나 케이블 서비스로 바뀌고 있으며, 이것은 다이얼업보다 빠른 접속 서비스를 제공하고 언제든지 연결할 수 있도록 도와준다. 2005년, PC 사용자들은 고정된 장소에서만 사용 가능한 데스크톱 대신에 Wi-

Fi가 가능한 랩톱(IEEE 802.11 표준을 지원하는 랩톱 등)을 더 많이 구매했다.

무선 연결이 제공하는 가장 뛰어난 장점은 비용 절감에 있다. 다음의 두 가지 상황은 비용 절감에 대한 설명이다. 첫 번째로, 연구실에서 연구를 해야 할 때 혹은 갑자기 다른 장소로 이동을 해야 한다거나 프로젝트 현장으로 가야 할 때와 같이 장소를 옮겨야 하는 경우에 이미 무선 인프라가 구축되어 있다면 비용 절감 효과는 매우 높게 나타난다. 평균적으로, 직원이 다른 장소로 근무 장소를 옮길 때마다 발생하는 케이블 변경 작업으로 인한 IT 비용은 대략 375달러라고 한다. 비즈니스 관점에서, 매년 직원의 15%가 근무 장소를 옮긴다고 가정해 보자. 전체 직원이 800명일 경우, 무선을 사용하면 비용 절감 규모는 45,000달러에 이른다. 두 번째로, 어떤 기업이 유선이 구축되어 있지 않은 새로운 빌딩으로 이전한다고 가정하자. 이러한 경우에 무선을 사용함으로 인한 비용 절감은 더 확연해지는데 그 이유는 벽마다 케이블을 끌어와야 하고, 이를 고정시켜야 하며, 바닥 공사를 하는 모든 작업이 모두 인력에 의해 이뤄져야 하기 때문이다.

마지막으로, WLAN의 또 다른 장점은 작업 환경에 있어 이동성을 제공하고 실수를 줄이며 새로운 많은 직원을 고용하지 않아도 되기 때문에 얻는 비용 절감으로 인해 직원들의 높은 만족도를 이끌어낼 수 있다는 것이다. 이러한 높은 만족도는 고객 서비스 품질 향상으로 이어질 수 있는데, 비록 양적인 수치로 나타낼 수는 없지만 가장 큰 장점임에는 틀림이 없다.

생산성의 향상과는 별개로 WLAN은 매일 하는 작업에 있어 뚜렷이 향상된 결과를 제공하고(고객에게 좀 더 책임감 있는 서비스를 제공하고, 고객을 대하는 직원들의 자세는 좀 더 좋아지는 등) 이와 함께 가져오는 다양한 혜택은 쉽게 평가될 수 없는 중요한 것들이다.

WLAN과 LAN의 차이점

WLAN과 LAN 모두 최종 사용자에게 네트워크 연결 서비스를 제공하지만 물리적 토폴로지 및 논리적 토폴로지를 포함한 일부 특징에 있어 확실한 차이점을 보여준다. 예를 들어, WLAN의 경우에 무선 주파수를 네트워크의 물리적 계층으로 이용한다. 프레임이 형성되고 전송되는 방식도 다른데, 좀 더 자세한 사항은 다음과 같다.

- WLAN은 CSMA/CA(carrier sense multiple access with collision avoidance)를 이용하는 반면에, 이더넷 LAN은 CSMA/CD(carrier sense multiple access collision detect)를 이용

Chapter 3 _ 무선 LAN

한다. WLAN에서는 충돌 탐지 방식을 이용하지 않는데, 그 이유는 전송 장비가 송수신을 동시에 처리할 수 없기 때문이다. 따라서 충돌을 탐지할 수 없다. 대신에, WLAN은 RTS (Ready To Send)와 CTS(Clear To Send) 프로토콜을 이용해 충돌을 회피한다.

- WLAN은 유선 이더넷 LAN과 다른 형식의 프레임을 사용한다. WLAN에서는 프레임의 2계층 헤더에 추가적인 정보를 삽입해야 한다.

무선 파장은 다음과 같이 LAN에서는 발생하지 않는 문제를 야기한다.

- 커버리지, RF 전송, 다중경로 일그러짐, 타 유선 서비스 및 WLAN의 간섭으로 인한 연결 문제
- 무선 주파수가 다른 시설로 전파돼서 발생하는 사생활 침해 문제

WLAN에서 모바일 클라이언트는 액세스 포인트를 통해 네트워크에 연결할 수 있으며, 이때 액세스 포인트는 유선 연결에서 이더넷 허브와 동일한 역할을 수행한다. 이러한 연결 유형을 다음과 같은 특징으로 설명할 수 있다.

- 네트워크에 물리적으로 연결되어 있지 않다.
- 모바일 장비는 LAN 장비처럼 직접 연결을 통해 전력을 공급받을 수 없기 때문에 배터리 수명에 주의를 기울일 수밖에 없다.

WLAN은 반드시 국가마다 지정된 RF 규정을 준수해야 한다. 이러한 표준화는 WLAN의 전 세계적인 범용화를 위해서다. WLAN은 무선 주파수를 이용하기 때문에, 반드시 RF 세기 및 주파수에 대해 국가가 지정한 규정을 준수해야 한다. 이 규정이 유선 LAN 연결에는 적용되지 않는다.

무선 주파수 전송

무선 주파수 범위는 AM 무선 대역부터 휴대폰에서 사용되는 주파수까지를 포함한다. 이 절에서는 WLAN에서 이용되는 무선 주파수 전송의 특징을 살펴본다.

무선 주파수는 두 가지 무선 파장을 생성하며 안테나를 통해 공중으로 방사된다. 이렇게 방사된 무선 파장은 대상 물체에 흡수되거나, 확산되거나, 반사된다. 흡수, 확산, 반사는 신호 세기를 약하게 하거나 약한 신호의 세기를 유지시킨다. 이러한 현상과 원인을 이해하는 것은 WLAN 네트워크의 구축이나 설계에 매우 중요하다.

무선 파장의 전송은 다음과 같은 요인에 의해 영향을 받는다.

- **반사**: RF 파장이 물체(예: 금속이나 유리 재질)에 반사될 때 발생한다.
- **확산**: RF 파장이 굴곡이 있는 표면(예: 울퉁불퉁한 표면)을 맞고 다양한 방향으로 반사된다.
- **흡수**: RF 파장이 물질(예: 벽)에 의해 흡수될 때 발생한다.

다음은 무선 파장을 통해 데이터를 전송하는 경우 적용되는 규칙이다.

- 좁은 영역에서 좀 더 높은 데이터 전송률을 보이는데, 그 이유는 수신 장비는 좀 더 나은 SNR(signal-to-noise ratio)과 함께 데이터를 수신하는 데 더 강한 신호가 필요하기 때문이다.
- 좀 더 강한 전송 능력은 좀 더 넓은 전송 범위를 제공한다. 범위를 두 배로 확대하려면, 전송 능력이 1/4만큼 증가돼야 한다.
- 데이터 전송률을 높이려면 더 많은 대역폭이 필요하다. 확대된 대역폭은 높은 주파수 혹은 좀 더 복잡한 변조 방식과 함께 사용될 가능성이 있다.
- 좀 더 높은 주파수는 전송 범위가 좀 더 작은데, 그 이유는 신호 감쇠 및 흡수되는 비율이 증가하기 때문이다. 이 문제는 효율적인 안테나를 사용함으로써 해결될 수 있다.

WLAN의 표준 지정 기관

다양한 기관이 WLAN 표준 및 인증 제정에 앞장서 왔다. 이 절에서는 WLAN 표준을 정의하는 기관들을 살펴본다.

제정 기관들은 RF 대역폭의 사용을 통제한다. 1985년, ISM(Industrial, Scientific, and Medical)에서 900-MHz 대역을 사용하는 것을 시작으로 WLAN의 본격적인 개발이 시작됐다. 새로운 전송, 변조, 주파수가 제정 기관들에 의해 승인을 받았다. 이를 위해서는 전 세계 각국으로부터 공감대를 형성할 필요가 있었다. 제정 기관에는 미국 표준을 담당하는 FCC(Federal Communications Commission)와 유럽 표준을 담당하는 ETSI(European Telecommunications Standards Institute)가 포함되어 있다. FCC의 URL은 http://www.fcc.gov이고, ETSI의 URL은 http://www.etsi.org다.

IEEE(Institute of Electrical and Electronic Engineers)는 표준을 정의한다. IEEE 802.11은 802 네트워킹 표준 프로세스의 일부분이다. 승인된 표준 문서들은 IEEE 웹사이트

(http://standards.ieee.org/getieee802)에서 다운로드할 수 있다.

Wi-Fi 연합은 802.11 장비 생산 업체들 간의 호환성을 위해 인증을 제시했다. 인증은 이 장비들을 구매하려는 사용자에게 유연성을 제공했다. 또한 벤더들 사이에 상호 호환성을 갖도록 장려해 WLAN 기술 시장에 도움을 줬다. 인증에는 802.11 RF 기술과 WPA(Wi-Fi Protected Access), 2003년과 2004년에 발표되고 같은 해에 정립되며 이후 발표된 IEEE 802.11i의 바탕이 된 보안 모델 등이 포함되어 있다. Wi-Fi 연합은 WLAN 표준 사용을 장려했다. 인증을 받은 장비의 모델은 Wi-Fi 웹사이트(http://www.wi-fi.org)에서 찾을 수 있다.

ITU-R 로컬 FCC 무선

정식으로 등록되지 않은 다양한 RF 대역들이 존재한다. [그림 3-2]는 FCC 대역 및 무선 대역이 어느 곳에 위치하는지를 간단하게 나타낸다.

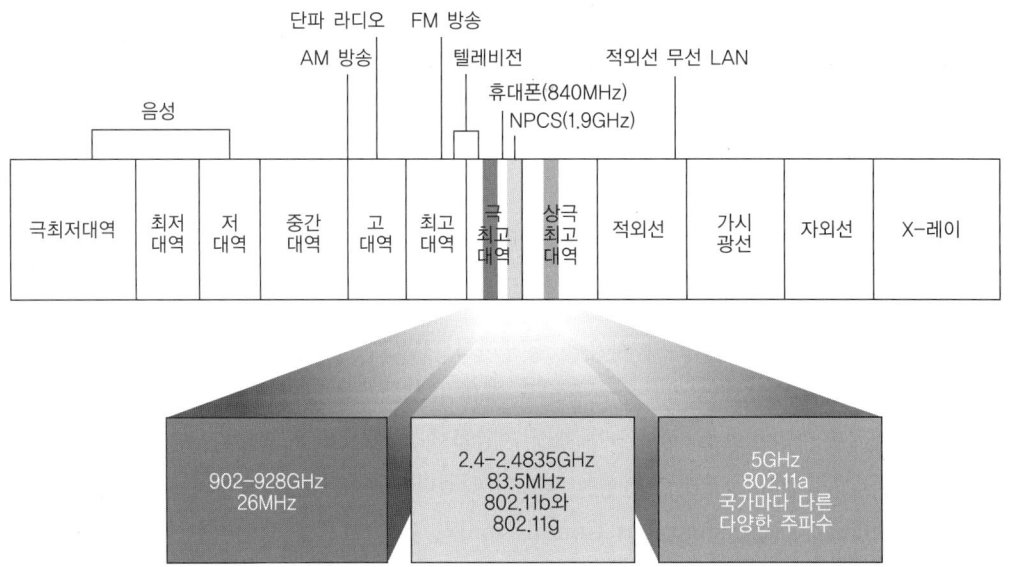

▲ 그림 3-2 무선 대역

등록되지 않은 세 개의 대역폭이 있는데 900MHz, 2.4GHz, 5.7GHz가 그것이다. 900MHz와 2.4GHz 대역은 ISM 대역이며, 5GHz 대역은 일반적으로 UNII(Unlicensed National Information Infrastructure) 대역으로 간주된다.

이들 대역에서 사용되는 주파수는 다음과 같다.

- 900MHz 대역: 902MHz에서 928MHz 사이다.
- 2.4GHz 대역: 2.400GHz에서 2.483GHz(일본에서는 2.495GHz까지 확대해서 사용) 사이다.
- 5GHz 대역: 5.150GHz에서 5.350GHz, 그리고 5.725GHz에서 5.825GHz 사이로, 몇몇 국가에서는 5.350GHz에서 5.725GHz를 사용하기도 한다. 모든 국가에서 IEEE 802.11a를 사용하도록 허가하는 것은 아니며, 사용 가능한 스펙트럼은 매우 다양하다. 802.11a를 허가한 국가 목록은 바뀌고 있다.

[그림 3-2]는 WLAN 주파수를 나타낸다. 스펙트럼에서 WLAN 주파수 다음으로는 휴대폰과 NPCS(Narrowband Personal Communication Services) 등의 유선 서비스가 차지하고 있다. WLAN을 위해 사용되는 주파수는 ISM 대역이다.

등록되지 않은 주파수 대역에서 무선 장비를 운용하더라도 아무런 제약사항이 없다. 그러나 누군가가 그 대역을 독점적으로 사용할 수도 없다. 예를 들어 2.4GHz 대역은 WLAN, 비디오 전송 장비, 블루투스, 전자레인지, 휴대폰에서 사용되기 때문이다. 이 주파수 대역에서는 보장되지 않는 품질과 간섭 그리고 감쇠 등이 나타날 수 있다.

이 주파수 대역을 사용하는 데 정식 등록 절차가 없긴 하지만, 각 국가 안에서 전송 장비 전력, 안테나 이득(실제 소비되는 전력을 향상시키는), 전송 장비 유실, 케이블 유실 등 준수돼야 하는 주파수 관련 규정이 있다.

EIRP(Effective Isotropic Radiated Power)는 로컬 기관에 의해 측정되는 값이다. 따라서 주파수 전송 범위를 넓히기 위해 안테나를 교체하거나 업그레이드하는 등 WLAN의 구성 요소를 대체할 때는 조심해야 한다. 잘못된 경우 준수돼야 하는 로컬 코드 값에 벗어나 불법이 될 수 있기 때문이다. EIRP 계산법은 다음과 같다.

EIRP = 전송 장비 능력 + 안테나 이득 - 케이블 유실

> **NOTE***
> 특정 액세스 포인트의 사용에 허가된 장비 부품 목록에 있는 안테나와 케이블만 사용해야 한다. 그리고 국가에서 공인된 다양한 RF 규정 코드를 제대로 이해하고 있는 고급 기술자만이 측정을 해야 한다.

802.11 표준 비교

IEEE 표준은 OSI 모델 중 물리적 계층과 데이터 링크의 하위 계층인 MAC(Media Access Control)를 정의한다. 최초의 802.11 무선 표준은 1997년 6월에 제정됐다. 그리고 1999년에 IEEE 802a/b를 새로 추가하면서 다시 제정되고, 2003년에 IEEE 802.11g가 추가됐다.

본래 설계할 때, 이 표준은 OSI 모델의 상위 계층을 고려하지 않았다. IEEE 802.11b는 DSSS(Direct Sequence Spread Spectrum)를 사용하는 것으로 정의됐다. DSSS는 하나의 채널만을 이용하여 해당 채널에 정의된 모든 주파수를 통해 데이터를 전달한다. [표 3-1]은 서로 다른 표준들을 비교한 것이다.

▼ 표 3-1 802.11 표준

표준	802.11b	802.11a	802.11g
주파수 대역	2.4GHz	5GHz	2.4GHz
채널 수	3개	최대 23개	3개
전송 방식	DSSS	OFDM	DSSS	OFDM
데이터 전송률 (Mbps)	1, 2, 5.5, 11	6, 9, 12, 18, 24, 36, 48, 54	1, 2, 5.5, 11	6, 9, 12, 18, 24, 36, 48, 54

IEEE 802.11은 2.4GHz ISM 대역을 14개의 채널로 나눴지만, 미국을 담당하는 FCC 같은 로컬 기관에서는 1에서 11채널까지만 사용을 허가했다. 2.4GHz ISM 대역은 22MHz 폭에 5MHz마다 나누어져 있으며, 그 결과 앞뒤의 채널이 조금씩 중첩된다. 따라서 5채널마다 분리되어 있는 것을 중첩되지 않은 고유 채널로 구분하는 것이 필요하다. FCC에서 11개의 채널을 사용한다는 것은 중첩되지 않는 주파수 간격의 채널이 1, 6, 11채널이라는 의미다.

무선이 반이중 통신을 한다는 것을 기억한다면, 기본 처리량도 데이터 전송률의 절반만 반영된다는 사실을 이해할 수 있을 것이다. 이러한 이유로, IEEE 802.11b의 주된 개발 목적은 2.4GHz ISM 대역 안에서 좀 더 높은 데이터 전송률을 획득하고 이를 통해 Wi-Fi 소비 시장에 도전하고 Wi-Fi 사용을 장려하는 것이었다.

802.11b는 새로운 코딩 방식 혹은 5.5와 11Mbps(Barker Coding의 1과 2Mbps)의 데이터 전송률을 나타내는 CCK(Complementary Code Keying)의 변조 방식을 이용한 DSSS의 사용을 정의했다. 802.11b는 여전히 2.4GHz ISM 대역을 이용하며 기존의 802.11 표준과 호환되고 1Mps에서 2Mbps의 데이터 전송률을 나타낸다.

802.11b 표준이 채택되던 해에, IEEE는 802.11a로 알려진 다른 표준을 개발했다. 이 표준은 기존과는 다른 OFDM(Orthogonal Frequency Division Multiplexing) 확산 스펙트럼과 사용이 덜한 5GHz UNII 주파수를 이용해 데이터 전송률을 증가시키려는 목적으로 개발됐다. 2.4GHz ISM 대역은 블루투스, 무선 전화기, 모니터, 비디오, 비디오 게임 등 모든 WLAN 장비를 위해 사용되고 있으며, 전자레인지 역시 동일한 주파수를 사용하고 있다. 802.11a는 그다지 많이 알려지지 않았는데, 이는 칩 제조업체가 상용화를 느리게 진행했고 이로 인해 가격이 상승됐기 때문이다. 대부분의 애플리케이션은 802.11b 표준을 더 선호했고 이로 인해 가격 인하가 이어졌으며 고객의 눈높이와 맞게 됐다.

IEEE는 최근에 802.11 MAC의 사용을 관리하고 2.4GHz ISM 대역에서의 데이터 전송률을 좀 더 높였다. 802.11g는 802.11a보다 새로운 OFDM을 적용해 빠른 속도를 지원하게 됐으며, 동시에 동일한 ISM 주파수 대역에서 이미 사용됐던 DSSS를 이용하는 802.11b와 호환성을 유지했다. 1, 2, 5.5, 11Mbps의 DSSS 데이터 전송률이 지원되며, 아울러 6, 9, 12, 18, 24, 48, 54Mbps의 OFDM 데이터 전송률도 지원된다. IEEE는 802.11a나 802.11g의 OFDM에 상관없이 6, 12, 24Mbps를 이용한 OFDM의 데이터 전송률만을 필수 요건으로 지정했다.

Wi-Fi 인증

802.11 표준이 제정됐지만, 802.11 장비 간의 호환 문제는 여전히 존재한다. Wi-Fi는 글로벌 연합 기구로 무선 LAN 산업의 성장과 호환성을 지원하기 위해 만들어진 비영리적인 산업 무역 협의체다. Wi-Fi 연합이 제공하는 가장 큰 혜택은 다양한 벤더들 사이에 공통된 인증을 적용해 802.11 장비가 서로 호환성을 확보할 수 있도록 만드는 것이다. [그림 3-3]은 Wi-Fi 연합의 인증 로고다.

▲ 그림 3-3 Wi-Fi 연합 인증 로고

인증을 받은 벤더들 사이에 호환성이 확보되어 있으면 구매자는 안심하게 된다. 인증에는 모든 802.11 RF 기술 및 새로운 보안 기술이 적용된 보류된 IEEE 표준까지 포함되어 있다. Wi-Fi 연합은 IEEE 802.11i에서 기술된 WPA와 IEEE 802.11i의 최종 버전이 발표된 이후 소개된 WPA2를 모두 채택했다.

무선 네트워크 요약

이 절에서 다룬 내용을 정리하면 다음과 같다.

- 사용자는 언제 어디서나 인터넷 연결을 원한다. 그러나 무선이 주는 가장 큰 장점은 비용 절감이다.
- WLAN과 LAN 모두 CSMA를 이용한다. 그러나 WLAN은 CA를 이용하고, LAN은 CD를 이용한다.
- 무선 주파수는 안테나를 통해 방사되며, 이렇게 방사된 전파는 다음과 같은 요인에 의해 영향을 받는다.
    - 반사
    - 확산
    - 흡수
- IEEE는 802.11 표준을 정의한다.
- ITU-R의 로컬 FCC 무선 대역은 인가되지 않은 대역이다.
- 802.11 표준은 WLAN을 위한 무선 대역 및 주파수를 정의한 일련의 표준이다.
- Wi-Fi 연합체 구성으로 인한 장점 중 하나는, 802.11 장비 사이의 호환성을 갖도록 했다는 점이다.

WLAN 보안

앞에서 언급한 것처럼, 무선 네트워크가 가져다주는 가장 큰 장점은 비용 절감이다. 무선 네트워크 장비의 생산량이 증가하면서 WLAN의 품질도 개선됐다. 그러나 보안이 취약한 액세스 포인트가 네트워크의 보안을 약화시키고 한 기관을 무력화시킬 수 있다. 이런 이유로, 반드시 WLAN의 보안 위험을 이해하고, 위험 수위를 낮출 수 있는 방법을 알고 있어야 한다.

이 절을 읽고 나면 WLAN 보안 이슈를 설명하고, WLAN 보안 향상에 도움을 줄 수 있는 방법을 알 수 있다.

무선 LAN 보안 위협

IEEE 802.11b/g 시스템의 구축이 본격화되면서, 해커도 보안이 취약한 WLAN을 찾아내기 시작했다. 악의적인 사용자가 개방된 애플리케이션을 이용해 WEP(Wired Equivalent Privacy)와 같은 IEEE 802.11 표준의 보안 메커니즘의 취약점을 파고들어서 수집한 내용들이 보고됐다. 네트워크 엔지니어는 무선 스니퍼를 이용해 수동으로 데이터를 캡처할 수 있고 이를 통해 시스템의 문제가 무엇인지를 정확하게 진단할 수 있다. 그러나 해커 역시 비슷한 유형의 스니퍼를 이용해 보안 취약점을 간파해낼 수 있다. [그림 3-4]는 무선 네트워크에서 많이 발생하는 위협들을 나타낸다.

워 드라이버	해커들	직원들
개방된 네트워크를 찾아서 허가를 받지 않고 공짜로 인터넷에 접속할 수 있다.	민감한 WLAN 정보를 획득하고 심지어 WLAN을 파괴하기 위해 취약한 사생활 정보들을 노출시킨다.	일반 소비자용 AP/게이트웨이를 기업 네트워크의 이더넷 포트에 연결해 고유한 WLAN을 생성한다.

▲ 그림 3-4 무선 LAN 위협

워 드라이빙(war driving)은 본래 이동 전화 장비를 스캔하는 것을 의미하며 취약점을 노출시킨 이동 전화번호를 찾는 데 이용된다. 워 드라이빙은 랩톱 및 802.11b/g 클라이언트 카드 주변을 배회하며 취약한 802.11b/g 시스템을 찾는 것을 의미하기도 한다.

Chapter 3 _ 무선 LAN

현재 판매되는 대부분의 무선 장비는 WLAN을 내장하고 있다. 사용자들은 기본 설정 값을 거의 바꾸지 않거나, 표준 WEP 보안만을 사용하고 있는데, 이것은 최적화된 무선 네트워크 보안이 아니다. 기본 WEP 암호화만이 활성화되어 있을 경우(또는 암호화가 전혀 설정되어 있지 않은 경우), 데이터를 수집하고 사용자 로그인 정보, 계정 번호, 개인 기록 등 민감한 네트워크 정보를 획득할 수 있다.

로그 액세스 포인트(AP)는 WLAN에 위치한 AP로 기본적인 네트워크 운영을 위한 인터페이스로 사용되는데, 서비스 거부(DoS) 공격과 같은 것에 취약하다. 만약 로그 AP가 WEP 키를 이용하도록 프로그램화되어 있다면, 클라이언트 데이터는 캡처될 수 있다. 로그 AP는 또한 비인가된 사용자가 클라이언트 MAC 주소(무선 및 유선 모두)와 같은 정보를 제공하도록 설정될 수 있으며, 데이터 패킷을 캡처하고 조작을 가능하게 하며, 최악의 경우 서버와 파일에 접근할 수 있는 권한을 획득할 수 있게 한다. 로그 AP가 될 수 있는 가장 일반화된 경우는 인가된 내부 직원에 의해 설치되는 것이다. 직원들은 보안 설정이 필요 없는 집에서 사용하던 무선 네트워크 환경과 같은 액세스 포인트를 기업 네트워크에 설치하는데, 이것은 심각한 네트워크 보안 위험으로 이어질 수 있다.

보안 위협 완화

WLAN의 보안을 강화하려면 다음과 같은 구성요소가 필요하다.

- **인증**: 적합한 클라이언트와 사용자만이 신뢰성 있는 액세스 포인트를 통해 네트워크에 접속할 수 있도록 한다.
- **암호화**: 개인 정보 보호와 기밀성을 제공한다.
- **침입 탐지 시스템(IDS)과 침입 방지 시스템(IPS)**: 보안 위험과 가용성으로부터 보호한다.

무선 보안의 가장 기초적인 해결 방법은 인증과 암호화를 이용해 전송되는 무선 데이터를 보호하는 것이다. 이 두 가지 무선 보안 방법은 기본으로 적용되게 할 수 있다. 이 두 가지 방법은 SOHO와 기업 무선 네트워크에 모두 이용될 수 있다. 하지만 대규모의 기업 네트워크에는 IPS 모니터링을 통한 좀 더 강화된 수준의 보안이 필요하다. 현재 IPS 시스템들은 무선 네트워크 공격을 탐지할 뿐만 아니라, 비인가된 클라이언트와 액세스 포인트에 대응할 수 있는 기본적인 보호 방법을 제공한다. 많은 대기업의 네트워크에서 IPS를 이용해 외부 위협에 대응하기보다는 주로 이동성 및 편의성을 위해 의도적이지는 않지만 내부 직원이 설치한 보안이 적용되지 않은 액세스 포인트를 통제하고 있다.

무선 LAN 보안의 진화

WLAN 표준이 거의 완성될 무렵, 해커들도 취약점을 교묘하게 파고들기 시작했다. 이러한 위협에 대응하기 위해, WLAN 표준은 좀 더 보안을 강화하는 방향으로 개선됐다. [그림 3-5]는 WLAN 보안의 진화 과정을 나타낸다.

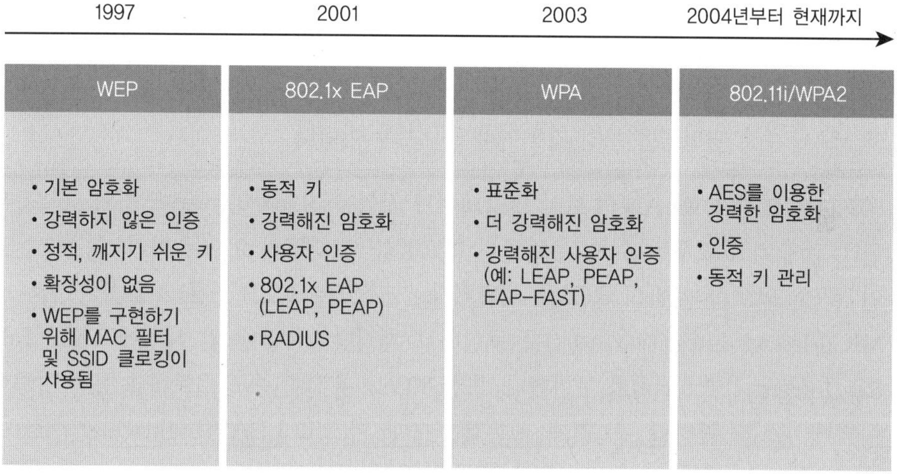

1997	2001	2003	2004년부터 현재까지
WEP	**802.1x EAP**	**WPA**	**802.11i/WPA2**
• 기본 암호화 • 강력하지 않은 인증 • 정적, 깨지기 쉬운 키 • 확장성이 없음 • WEP를 구현하기 위해 MAC 필터 및 SSID 클로킹이 사용됨	• 동적 키 • 강력해진 암호화 • 사용자 인증 • 802.1x EAP (LEAP, PEAP) • RADIUS	• 표준화 • 더 강력해진 암호화 • 강력해진 사용자 인증 (예: LEAP, PEAP, EAP-FAST)	• AES를 이용한 강력한 암호화 • 인증 • 동적 키 관리

▲ 그림 3-5 무선 LAN 보안의 진화

초기에, 802.11 보안 표준은 암호화와 인증을 위해 정적인 64비트 WEP 키를 정의했다. 64비트 키는 실제적인 40비트 키와 24비트 초기 벡터 값이 포함된다. 인증은 그다지 강력하지 않으며, 키의 조작 역시 어렵지 않다. 키는 정적으로 관리되기 때문에, 이러한 유형의 보안은 대규모 기업 환경에서는 확장성을 제공하기가 어렵다. 이를 사용하는 기업들은 SSID(Service Set Identifier)와 MAC 주소 필터링 등의 기술을 이용해 취약점을 보완하려고 노력했다.

SSID는 네트워크 이름으로 클라이언트와 AP가 반드시 공유해야 하는 설정 가능한 매개변수다. 액세스 포인트가 SSID를 브로드캐스트하도록 설정됐다면, 클라이언트는 액세스 포인트가 광고하는 SSID를 이용해 액세스 포인트에 연결될 수 있다. 액세스 포인트는 SSID(SSID 클로킹)를 브로드캐스트하지 않도록 설정될 수 있으며 이로 인해 첫 번째 수준

Chapter 3 _ 무선 LAN

의 보안을 적용할 수 있다. 액세스 포인트가 스스로 자신을 광고하지 않는다면, 해커가 이를 찾기란 여간해선 쉬운 일이 아니다. 클라이언트가 액세스 포인트의 SSID를 찾을 수 있도록, 802.11은 무선 클라이언트가 널 스트링(null string, SSID 필드 값에 아무런 값도 없는 경우)을 이용할 수 있게 하여, 액세스 포인트에 자신의 SSID를 광고하도록 요청할 수 있다. 그러나 이러한 경우는 보안을 강화하려는 노력을 물거품으로 만들 수 있는데, 해커는 액세스 포인트를 찾을 때까지 널 스트링만을 전송하기 때문이다.

액세스 포인트는 MAC 주소를 이용해 필터링 기능을 지원하기도 한다. 필터링에 사용되는 테이블은 AP에 수동으로 설정되어 클라이언트의 접속을 물리적 하드웨어 주소를 이용해 허용하거나 허용하지 않을 수 있다. 그러나 MAC 주소는 너무나 쉽게 스푸핑되기 때문에 MAC 주소 필터링은 보안 기능이라고 보기는 어렵다.

802.11 협의회가 WLAN의 보안 업그레이드 작업을 진행하려는 중에 기업 고객들은 강화된 무선에 바로 적용될 수 있는 보안이 필요했다. 고객들의 요구에 따라, 시스코는 배타적인 WEP 암호화 기반의 RC4를 개발했다. 시스코는 WEP 키를 보호하기 위해 시스코 MIC(Message Integrity Check)를 구현하고 패킷당 키 발행 및 해싱에 TKIP(Temporal Key Integrity Protocol)를 구현했다. 또한 802.1x 유선 인증 프로토콜을 통해 집중화된 데이터베이스를 관리할 수 있게 됐는데, 이때 시스코 LEAP(Lightweight Extensible Authentication Protocol)를 이용해 무선 및 동적 키를 발행했다.

시스코 무선 보안이 완성될 즈음에, Wi-Fi 연합은 WPA를 개발 중인 솔루션으로 소개했는데 이것은 802.1x 인증 및 향상된 WEP 암호화를 이용한 보안 표준으로 IEEE 802.11i의 중간 단계라 할 수 있다. 새로운 해싱 방법인 TKIP와 시스코 KIP(Key Integrity Protocol), 그리고 메시지 무결성 검사 방법(MIC와 시스코 MIC)은 서로 특징이 비슷하지만 호환되지는 않는다.

현재 802.11i는 승인된 상태며, AES(Advanced Encryption Standard)는 WEP를 대신해 데이터를 암호화하는 가장 최신의 방법으로 강력한 보안을 제공하고 있다. 무선 침입 탐지 시스템은 공격으로부터 WLAN을 식별하고 보호한다. Wi-Fi 연합은 WPA2를 기준으로 802.11i를 승인했다.

무선 클라이언트

클라이언트와의 연결 과정에서, 액세스 포인트는 하나 이상의 SSID와 데이터 전송률, 그리고 기타 정보를 광고하는 비컨(beacon)을 전송한다. 이때 클라이언트는 프로브(probe)를 전송하고 모든 채널을 검색하며 비컨과 액세스 포인트로부터 응답되는 프로브를 수신한다. 클라이언트는 액세스 포인트와 연결하는 과정에서 가장 강력한 세기의 신호를 이용하게 된다. 만약 신호의 세기가 약해지면, 클라이언트는 스캔 과정을 반복해 다른 액세스 포인트와 연결한다(이 과정을 로밍이라고 한다). 액세스 포인트와의 연결 과정 동안 SSID, MAC 주소, 보안 설정 등은 클라이언트가 액세스 포인트로 전달하며, 액세스 포인트는 이 값들을 점검한다. [그림 3-6]은 클라이언트 연결 과정을 나타낸 것이다.

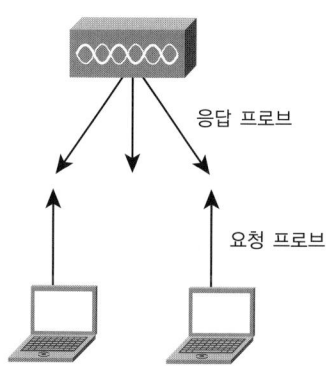

▲ **그림 3-6** 클라이언트 연결 과정

무선 클라이언트가 선택한 액세스 포인트로 연결하는 것은 두 단계의 과정에서 두 번째 단계에서 이뤄진다. 먼저, 인증 과정을 거친 후 802.11 클라이언트가 액세스 포인트를 경유해 네트워크 안의 다른 호스트에게 트래픽을 전달하기 전에 연결 과정이 이뤄져야 한다. 초기에 이뤄지는 인증 과정은 네트워크 인증(네트워크에 접속하기 위해 사용자 이름과 패스워드를 입력하는)과 다르다. 클라이언트 인증은 무선 클라이언트와 액세스 포인트 사이에서 첫 번째 단계(연결 과정 바로 이후)에서 간단히 이뤄지며, 이후에 통신이 이뤄진다. 802.11 표준에는 오직 두 가지 인증 방식만이 정의되어 있는데 개방 인증과 키 인증이 그것이다. 개방 인증 방식은 클라이언트 또는 액세스 포인트에서의 검증 없이 단지 헬로 패킷(hello packet)을 네 번 주고받으면서 진행되며, 이 과정이 진행되고 나면 쉽게 연결된다. 공유 키

Chapter 3 _ 무선 LAN

인증 방식은 정적으로 지정된 WEP 키를 이용하며, 이를 사용해 클라이언트와 액세스 포인트 사이의 인증을 진행한다. 이 키는 사용자 설정에 따라 무선 클라이언트와 액세스 포인트 사이에 주고받는 데이터의 암호화에도 사용될 것인지가 결정된다.

WLAN에서의 802.1x 동작

기업에서 인증 장비 역할을 담당하는 액세스 포인트는 개방형 인증 방식을 통해 클라이언트의 연결 과정을 돕는다. 액세스 포인트는 모든 802.1x 트래픽을 인증 과정을 위해 캡슐화해 인증 서버로 이를 전달한다. 다른 모든 네트워크 트래픽은 차단되는데, 이것은 다른 모든 네트워크 자원으로의 접근을 차단한다는 의미다. [그림 3-7]은 무선 네트워크에서 802.1x가 어떻게 동작하는지를 나타낸다.

수신된 RADIUS 트래픽에 따라 액세스 포인트는 이를 캡슐화하고 클라이언트에게 전달한다. 비록 서버가 클라이언트가 네트워크 사용자임을 인증했다 할지라도, 특정 서버로의 접근은 허용하지만, 다른 서버로는 로그인이 안 될 수 있다.

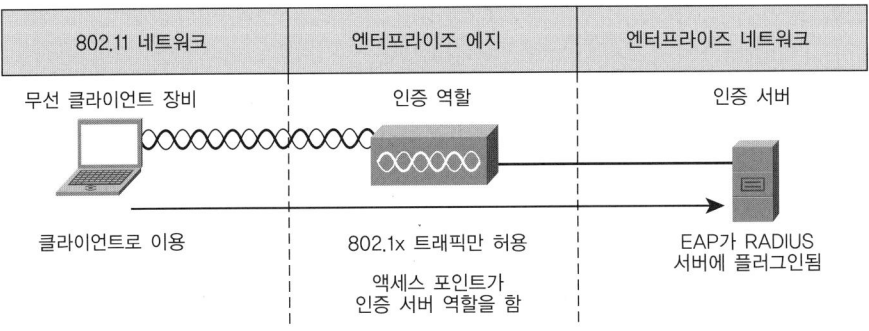

▲ 그림 3-7 802.1x 인증

기업 네트워크가 중앙집중식 인증 서버를 운영하는 반면에, 소규모 사무실이나 기업은 무선 클라이언트를 위해 액세스 포인트를 인증 서버로 활용하는 간단한 공유키 방식을 이용한다.

WPA와 WPA2 모드

WPA는 802.1x와 사전에 공유된 키를 이용해 인증을 제공하며, 802.1x는 기업에서의 사용을 권장한다. WPA는 암호화를 위해 TKIP를 이용한다. TKIP는 MIC와 PPK(perpacket keying)를 포함하는데, 이는 벡터 해싱 함수를 초기화하고 키 배열을 광고하는 역할을 수행한다.

WPA와 비교해서 WPA2 인증에 그다지 큰 변화는 없지만 AES-CCMP(AES-Counter with CBC MAC Protocol)를 이용한 암호화 방식을 이용한다는 점이 다르다. [표 3-2]는 두 WPA 모드를 비교한 것이다.

▼ 표 3-2 WPA 모드

	WPA	WPA2
엔터프라이즈 모드 (영업, 교육, 정부)	인증: IEEE 802.1x/EAP 암호화: TKIP/MIC	인증: IEEE 802.1x/EAP 암호화: AES-CCMP
퍼스널 모드(SOHO, 집/개인)	인증: PSK 암호화: TKIP/MIC	인증: PSK 암호화: AES-CCMP

엔터프라이즈 모드

엔터프라이즈 모드(Enterprise Mode)는 인증 모드 중 PSK와 802.1x/EAP(Extensible Authentication Protocol)에서 모두 호환성 검증을 거친 제품에 주어지는 용어다.

802.1x가 사용될 때는 AAA 서버(RADIUS 프로토콜을 이용해 인증 및 키 관리 그리고 집중화된 사용자 기밀 정보를 관리)가 필요하다. 엔터프라이즈 모드는 엔터프라이즈 환경에 맞게 개발됐다.

> **NOTE***
> 시스코 설정에서는 기본적으로 인증을 위해 RADIUS를 이용하는 반면, IEEE 표준에서는 RADIUS, TACACS+(Terminal Access Controller Access Control System), DIAMETER, COPS (Common Open Policy Service)를 AAA 서비스로 지원하고 있다.

퍼스널 모드

퍼스널 모드(Personal Mode)는 PSK 인증만을 운용하는 곳과의 인증에 대한 상호 호환성이 검증된 장비를 의미한다. AP와 클라이언트에서는 사전에 공유된 키를 수동으로 설정하는 작업이 필요하다. PSK에서는 클라이언트 스테이션과 AP에서 패스워드를 통해서 사용자를 인증하거나 코드 확인을 통해서 사용자를 인증한다. 인증 서버는 필요가 없다. 퍼스널 모드는 SOHO 환경에 맞도록 개발됐다.

WLAN 보안 요약

이번 절에서 다룬 핵심 내용을 요약하면 다음과 같다.

- 802.1x를 이용할 경우, 기업에서 인증 서버 역할을 대신하는 액세스 포인트는 클라이언트가 개방된 인증 방법을 이용할 수 있도록 한다.
- WPA는 IEEE 802.1x와 PSK를 통한 인증 방식을 제공한다.
  - 엔터프라이즈 모드는 PSK 및 IEEE 802.1x/EAP 모드를 통해 인증에 대한 상호 호환성이 검증된 장비를 의미한다.
  - 퍼스널 모드는 PSK 인증만을 운용하는 곳과의 인증에 대한 상호 호환성이 검증된 장비를 의미한다.

WLAN 구축

WLAN을 구축하려면 적절한 표준과 보안 메커니즘을 선택해야 한다. 액세스 포인트의 위치가 어디냐에 따라 표준에서 제시하는 성능 그 이상의 효과를 나타낼 수 있다. 따라서 토폴로지, 거리, 액세스 포인트의 위치와 같은 요소가 WLAN의 효율성에 얼마나 영향을 미치는지 이해하는 것이 중요하다.

이번 절을 모두 읽고 나면 WLAN 구축에 영향을 미치는 요소들을 설명할 수 있다.

802.11 토폴로지 기본 원칙

[그림 3-8]은 원래의 표준에 정의되어 있는 802.11 토폴로지로, 워크그룹 모드(ad hoc mode), 인프라스트럭처 모드(infrastructure mode), ESS(Extended Service Set)의 세 가지 모드가 있다. 리피터, 브리지, 워크그룹 브리지 등의 토폴로지에서는 특정 벤더로의 확장이 필요하다.

WLAN 구축

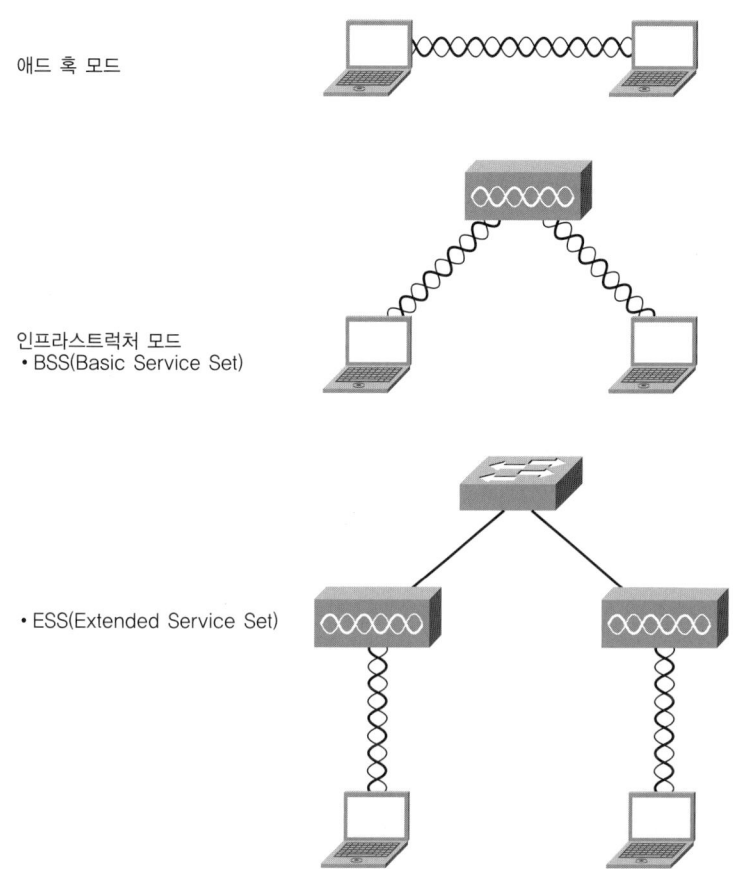

▲ 그림 3-8 802.11 기본 원칙

- **애드 혹 모드(ad hoc mode)**: IBSS(Independent Basic Service Set)는 애드 혹 토폴로지 모드다. 모바일 클라이언트는 액세스 포인트의 도움 없이는 바로 무선 네트워크에 연결할 수 없다. 윈도우 같은 운영체제는 이러한 피어 투 피어 네트워크를 손쉽게 구축할 수 있게 해 준다. 이러한 유형의 구축은 작은 규모의 사무실에서 사용하는 랩톱들 사이에서 손쉽게 파일을 공유할 수 있게 하거나 다른 PC에 연결될 수 있도록 도와준다. 그러나 연결 범위는 제한적이다. 그리고 모든 클라이언트가 자신을 제외한 다른 모든 클라이언트와의 연결에 주의를 기울여야 한다. 물론 액세스 포인트는 필요 없다. 이러한 피어 투 피어 형태의 단점은 보안을 구현하기가 어렵다는 점이다.

267

- **인프라스트럭처 모드**: 인프라스트럭처 모드에서 클라이언트는 액세스 포인트를 통해 네트워크에 접속한다. 인프라스트럭처 모드에는 두 가지 모드가 존재한다.

  - BSS(Basic Service Set): BSS를 생성하는 통신 장비는 모바일 클라이언트로, 단일 액세스 포인트를 이용해 다른 무선 장비나 유선 네트워크 자원에 연결한다. BSSID(Basic Service Set Identifier)는 BSS 액세스 포인트 무선 카드의 2계층 MAC 주소다. BSS가 무선 토폴로지를 위한 단일 빌딩 블록을 형성하고 BSS 액세스 포인트가 BSSID를 통해 고유하게 식별되는 반면, 무선 네트워크는 SSID를 통해 광고되는데, 이를 통해 모바일 클라이언트에게 무선 네트워크의 가용성을 알려준다. SSID는 무선 네트워크의 이름으로, 사용자가 설정할 수 있고 대소문자를 구분하며 최고 32개의 문자로 이뤄질 수 있다.
  - ESS(Extended Service Set): 무선 토폴로지에서 DS(distribution system) 또는 유선 인프라스트럭처에 의해 두 개 이상의 BSS가 연결되어 확장된 것이다. ESS는 일반적으로 공통의 SSID를 포함하여 추가적인 클라이언트 설정 없이 액세스 포인트 사이의 로밍을 허용한다.

BSA 무선 토폴로지

BSA(Basic Service Area)는 BSS에 위치한 액세스 포인트로부터 제공되는 RF 대역의 물리적 영역이다. 이 영역은 액세스 포인트의 전력 출력, 안테나 유형, RF에 영향을 주는 물리적인 조건 등에 의해 만들어진 변수로 생긴 RF의 영향을 받는다. BSS가 토폴로지 빌딩 블록이고 BSA가 실제 대역 규칙을 일컫기는 하지만, 두 용어 모두 무선을 다루는 데 사용되는 기본 용어다. [그림 3-9]는 BSA 토폴로지를 보여준다.

액세스 포인트는 이더넷 백본에 연결되며 셀 영역 안의 다른 모든 무선 장비와 통신한다. 액세스 포인트는 셀을 위한 마스터 역할을 수행하며 네트워크로의 트래픽 흐름을 조절한다. 원격 장비는 다른 장비들과 직접 통신할 수 없으며 반드시 액세스 포인트를 경유해야 한다. 액세스 포인트에는 고유한 RF 채널 및 무선 SSID 이름이 설정될 수 있다.

액세스 포인트는 비컨을 통해 SSID 안의 무선 셀 이름을 광고한다. 액세스 포인트는 사용 가능한 서비스가 무엇인지를 알리기 위해서 비컨을 브로드캐스트 방식으로 전송한다. 이 것은 논리적으로 WLAN을 나누는 데 이용된다. 그리고 클라이언트와 액세스 포인트 사이에 반드시 서로 일치해야 한다. 그러나 클라이언트는 SSID 없이(null-SSID) 설정이 가능하며, 모든 액세스 포인트를 탐지할 수 있고, 액세스 포인트의 비컨으로부터 SSID 정보를 알 수 있다. 액세스 포인트를 탐색하는 가장 일반적인 예는 무선 랩톱이 새로운 장소로 이동할 때 통합된 WZC(Windows Zero Configuration) 도구를 이용하는 것이다. 사용자는 새롭게 발견된 무선 서비스를 확인하고 연결하려는 액세스 포인트를 선택해 적절한 키 값을 가지고 연결을 요청하기만 하면 된다. SSID 브로드캐스트는 액세스 포인트에서 비활성화할 수 있지만, 클라이언트가 비컨에서 SSID를 확인할 필요가 있는 경우 제대로 응답을 할 수 없게 된다.

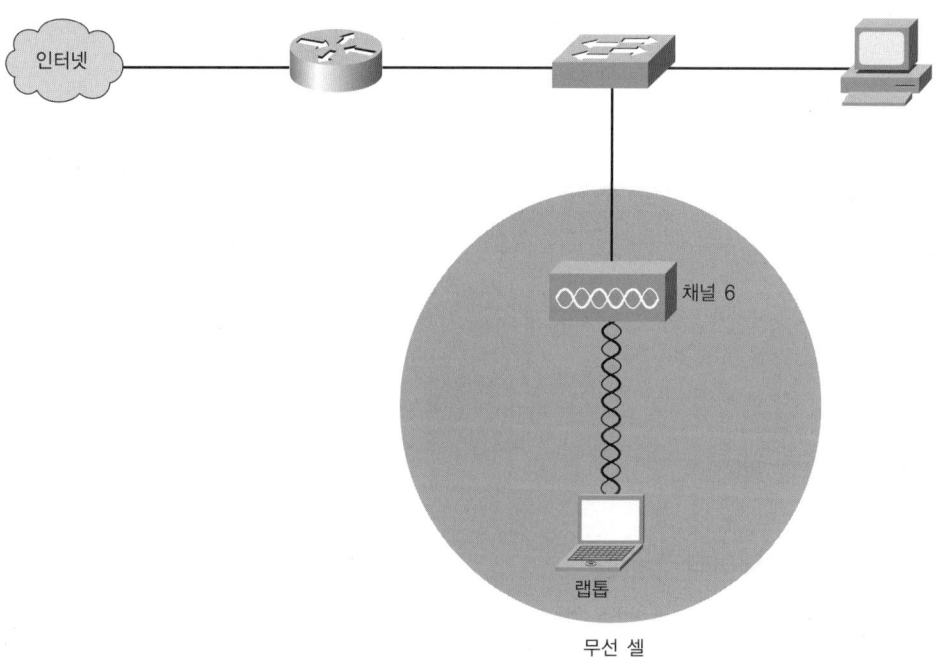

▲ 그림 3-9 BSA 토폴로지

단일 셀이 충분한 대역 정보를 제공하지 않으면, 불특정 다수 셀이 영역을 확대시키는 데 추가될 수 있다. 이 영역은 ESA(Extended Service Area)라고 한다. [그림 3-10]은 ESA 토폴로지를 보여준다.

ESA 셀은 원격 사용자들이 RF 연결을 유지한 채 로밍이 가능하도록 10~15% 정도로 중복되는 셀을 갖는 것이 권장된다. 무선 음성 네트워크를 위해서는 15~20% 정도의 중복까지 권장된다. 최고의 성능을 위해 채널이 중복되지 않도록 셀을 구분해야 한다.

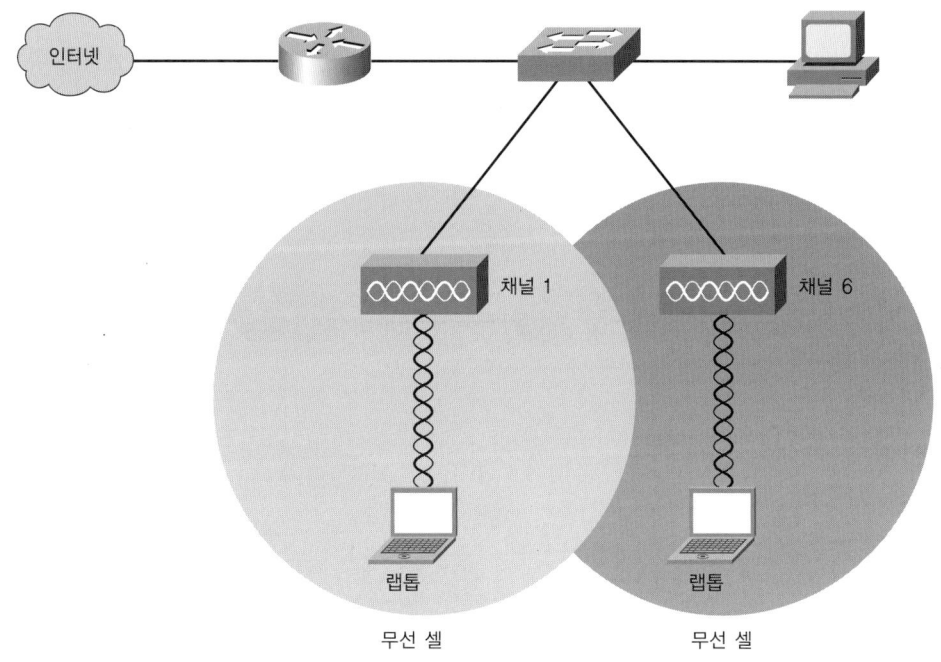

▲ 그림 3-10 ESA 토폴로지

무선 토폴로지 데이터 전송률

WLAN 클라이언트는 이동 중에 데이터 전송률을 조절할 수 있는 기능을 가질 수 있다. 이 기능은 클라이언트로 하여금 11Mbps에서 5.5Mbps로, 그리고 다시 2Mbps로 연결될 수 있도록 하며, 1Mbps에서도 연결을 유지하게 해준다. 이러한 전송률 변경은 연결이 유지되면서 발생하며 사용자에게 특별한 설정을 요구하지 않는다. 또한 전송률 변경은 전송 단위로 이뤄지며, 액세스 포인트는 클라이언트의 위치에 따라 다중 속도를 사용하는 다중 클라이언트를 지원하게 된다. [그림 3-11]은 액세스 포인트에서 거리가 다른 경우에 데이터 전송률이 어떠한지를 보여준다.

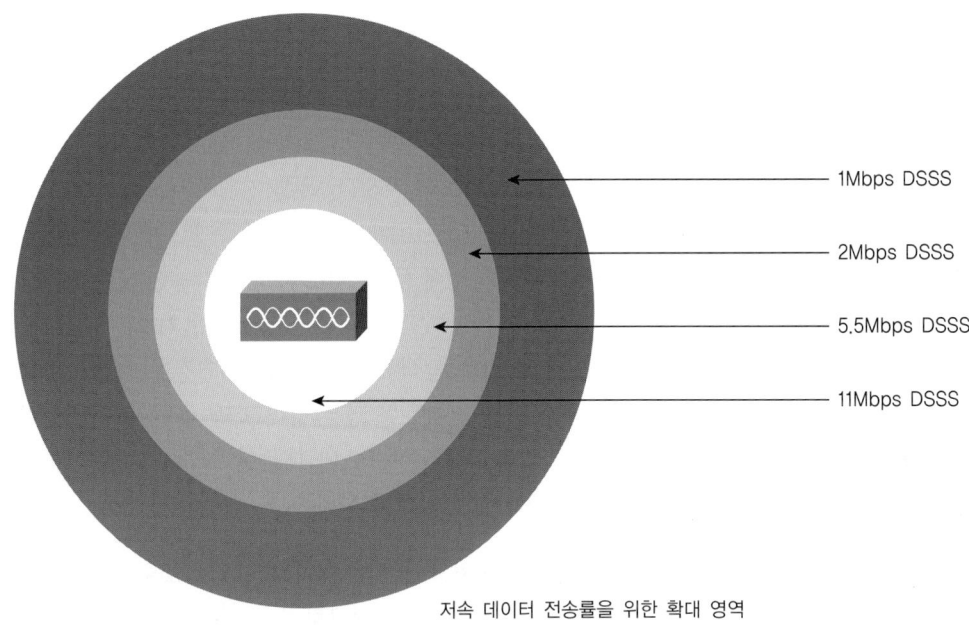

▲ 그림 3-11 무선 데이터 전송률

클라이언트 장비에 적용되는 데이터 전송률과 신호 세기에 대해 요약하면 다음과 같다.

- 높은 데이터 전송률을 확보하려면 수신 장비에서 좀 더 강한 신호 세기를 수신할 수 있어야 한다. 따라서 데이터 전송률이 낮은 경우에 좀 더 많은 장비가 수신하는 데 어려움이 없다.
- 무선 클라이언트는 항상 데이터 전송률이 가장 높은 장비와 통신하려고 시도한다.
- 클라이언트는 전송 에러가 발생하거나 재전송이 필요할 경우에만 데이터 전송률을 줄인다.

클라이언트에 적용되는 위와 같은 특징은 무선 셀 안의 전체 처리량을 최상으로 끌어올릴 수 있도록 도와준다. [그림 3-11]은 IEEE 802.11b를 위한 것이지만, 그림을 통해 설명된 내용은 IEEE 802.11a나 IEEE 802.11g의 데이터 전송률 표현에도 사용될 수 있다.

AP 설정

WLAN을 구현할 때 반드시 고려해야 할 사항들을 알아보자.

무선 AP는 CLI나 GUI 브라우저를 통해 설정될 수 있다. 그러나 기본적인 무선 매개변수 설정 모드는 동일하다. 기본 무선 AP 매개변수에는 SSID, 옵션 전원에서 제공하는 RF 채널, 인증(보안)이 포함되며, 기본 무선 클라이언트 매개변수에는 인증만 포함된다. 무선 클라이언트는 몇 가지의 매개변수만 필요로 하는데 무선 NIC가 접근 가능한 모든 RF를 스캔하기 때문이며, 이를 통해 RF 채널을 검색할 수 있고(IEEE 802.11b/g 카드는 5GHz를 스캔할 수 없다는 것을 의미) 사용 가능한 SSID를 탐색해 null-SSID로 연결할 수 있다. 따라서 802.11 설계에 따르면, 개방형 인증 방식을 이용할 경우 플러그 앤 플레이 형식으로 인증이 이뤄진다. 만약 보안을 위해 WEP나 최신의 WPA와 더불어 PSK가 설정되어 있다면, 연결을 위해 반드시 일치하는 키 값을 갖고 있어야 한다.

액세스 포인트에 연결할 하드웨어에 따라, 2.4GHz ISM 대역과 5GHz UNII 대역 모두를 사용할 수 있으며, 결국 IEEE 802.11a/b/g를 모두 실행시킬 수 있다. 액세스 포인트의 특징에 따라 어떤 주파수가 사용되도록 제시됐고, 어떤 무선이 사용 가능하며, 어떤 IEEE 표준이 해당 RF에 적용되는지에 대해 허용되는 매개변수 값이 다르다.

802.11b 무선 클라이언트와 802.11g 무선 클라이언트가 혼재되어 있는 경우 처리량이 떨어지는데, 그 이유는 액세스 포인트가 RTS/CTS를 보호하는 프로토콜을 반드시 실행시켜야 하기 때문이다. 따라서 하나의 IEEE 클라이언트 유형만을 허용할 경우, 처리량은 혼합 모드보다 훨씬 더 좋은 결과를 기대할 수 있다.

액세스 포인트를 위해 필요한 기본 매개변수 값을 설정하고 나면, 추가돼야 하는 유선 네트워크 매개변수 값 역시 기본 라우터와 DHCP 서버를 위해 설정돼야 한다. 기존에 구축되어 있는 LAN, 기본 라우터는 네트워크와의 연결을 위해 필요하며, DHCP 서버는 유선 PC에 IP 주소를 제공하는 데 필요하다. 액세스 포인트는 기존에 운용되고 있는 라우터와 DHCP 서버를 이용해 무선 클라이언트로 IP 주소를 전달할 수 있다. 네트워크는 계속 확장되고 있기 때문에 DHCP IP 주소 영역이 새로운 무선 클라이언트들을 충분히 수용할 수 있을지를 점검해야 한다. 만약 모든 라우터의 기능과 액세스 포인트의 기능이 동일한 하드웨어에서 이뤄질 경우에 같은 하드웨어에서 모든 매개변수를 간단하게 설정할 수 있다.

무선 네트워크 구축 단계

무선 구축을 위한 기본 접근 방식(그 밖의 기본 네트워크 구축과 마찬가지로)에는 차례대로 설정하고 점검하는 과정이 포함되며, 다음의 단계들을 수반한다.

- 1단계 무선 네트워크 구성요소를 설치하기 전에, 현재의 네트워크 상태와 유선 호스트들을 위한 인터넷 접속 상태를 점검한다.
- 2단계 무선 보안 설정 없이 단일 액세스 포인트와 단일 클라이언트를 통해 무선 네트워크를 구축한다.
- 3단계 무선 클라이언트가 DHCP IP 주소를 수신하는지와 로컬 라우터로의 ping 테스트가 정상적으로 수행되는지를 살펴본 뒤에 외부 인터넷 연결을 시도한다.
- 4단계 마지막으로, WPA/WPA2를 이용해 무선 보안을 설정한다. 하드웨어 장비가 WPA/WPA2를 지원하지 않을 경우에만 WEP를 이용한다.

무선 클라이언트

최근에는 기존에 사용하던 랩톱에 무선 네트워크를 연결할 수 있게 하는 다양한 방법이 소개되고 있다. 가장 보편적인 방법으로 USB(Universal Serial Bus) 형태의 장비로 안테나와 제조사의 소프트웨어를 내장하고 있으며, 이를 통해서 무선 하드웨어로 사용할 수 있고, 인증과 암호화를 위한 보안사항들을 선택할 수 있다. 가장 최근에 출시된 랩톱은 다양한 형태의 무선 연결을 지원하고 있다. 무선 기술의 가용성이 점점 높아짐에 따라 무선 네트워크 시장과 사용의 편리성도 함께 커지고 있다. 요즘에 사용되는 윈도우 운영체제는 기본 WZC(wireless supplicant client)를 지원한다. WZC는 브로드캐스트를 통해 SSID를 탐색하고 사용자로 하여금 WEP와 WPA 중 일치하는 보안 PSK를 적용할 수 있게 하여 플러그 앤 플레이 방식으로 손쉽게 무선 네트워크에 접속하도록 한다. WZC의 기본 보안 기능들은 SOHO 환경에서 좀 더 유용하게 사용된다.

대규모 기업 네트워크에서는 운영체제에서 제공하는 기본적인 수준의 기능보다 향상된 무선 클라이언트 기능들을 필요로 한다. 2000년에 시스코는 로열티를 지불하지 않는 인증 프로그램을 통해 좀 더 향상된 기능들을 소개하는 프로그램을 시작했다. Wi-Fi 기능을 지원하는 랩톱의 95% 이상이 시스코 호환 확장 기능을 지원하고 있다. 좀 더 자세한 기능 및 버전에 대한 사항은 http://www.cisco.com/go/ciscocompatible/wireless에서 찾을 수 있다. [표 3-3]은 기능 및 버전을 요약한 것이다.

Chapter 3 _ 무선 LAN

▼ 표 3-3 버전 및 기능

버전	주요 기능	기능의 예
V1	보안	Wi-Fi 호환: 802.1x, LEAP, 시스코 KIP
V2	확장성	WPA, 액세스 포인트 로밍
V3	성능 및 보안	WPA2, WMM(Wi-Fi Multimedia)
V4	VoWLAN(Voice over WLAN)	CAC(Call Admission Control), 음성 메트릭, UPSD
V5	관리 및 IPS	MFP(Management Frame Protection), 클라이언트 리포팅

기업 네트워크는 일반적으로 유선 클라이언트와 무선 클라이언트를 분리된 형태로 관리한다. 시스코는 시스코 SSC(Secure Service Client)라고 하는 유선 및 무선 클라이언트 모두를 지원하는 기능들이 통합된 서비스를 제공한다. 사용자가 누릴 수 있는 혜택은 단일 클라이언트가 유선 혹은 무선 연결 및 보안을 모두 지원받을 수 있다는 점이다.

좀 더 자세한 정보는 http://www.cisco.com/go/ciscocompatible/wireless에서 찾아볼 수 있다.

무선 네트워크 문제 해결

무선 네트워크 구축을 위해 다음에 제시된 단계들을 수행한다면, 설정이 추가되면서 하나씩 밝혀내는 과정을 통해 문제를 해결할 수 있을 것이다. 다음은 잘못된 설정으로 인해 발생하는 가장 일반적인 문제들이다.

- 클라이언트에 지정된 SSID(혹은 SSID를 탐색하는 방식을 이용)가 액세스 포인트의 설정과 다른 경우(대소문자 구분을 하지 않는 경우 포함)
- 호환되지 않은 보안 모드가 설정된 경우

무선 클라이언트와 액세스 포인트는 반드시 일치된 인증 방식, EAP나 PSK, 암호화 방법(TKIP 또는 AES)을 이용해야 한다.

RF 설치 초기에 발생하는 그 밖의 문제들은 다음의 질문들에 답을 하면서 그 해답을 찾을 수 있다.

- 액세스 포인트와 클라이언트에 적절한 RF 무선이 활성화되어 있는가(2.4GHz ISM 또는 5GHz UNII)?

- 외부 안테나가 연결되어 있고 적절한 방향을 향해 있는가(2극 안테나를 향해 곧게 뻗어 있는가)?
- 안테나가 위치한 곳이 무선 클라이언트에 상대적으로 너무 멀거나 가까운 것은 아닌가(수평으로 20피트 안에 위치)?
- RF 신호를 반사하고 형편없는 성능을 발생시키는 금속 재질이 방 안에 있는가?
- 클라이언트가 연결을 시도하는데 AP가 너무 먼 거리에 위치하는 것은 아닌가?

무선 네트워크 문제 해결의 첫 번째 단계는 네트워크를 무선과 유선으로 구분하는 것이다. 그런 다음에 무선 네트워크를 특징별로 나누어진 RF 문제로 구분한다. 기존에 구축되어 있던 유선 네트워크와 관련된 서비스들이 제대로 운영되는지를 점검한다. 이전에 연결되어 있던 이더넷 호스트들이 DHCP로부터 주소를 할당받고 인터넷 연결이 가능한지 살펴본다.

액세스 포인트와 무선 클라이언트를 가까운 곳에 위치시키고 설정을 확인하고 RF 문제들을 제거한다. 이때 무선 클라이언트가 항상 인증을 요청하고 연결을 시도하도록 해야 한다. 그리고 무선 보안 설정을 활성화한다.

만약 무선 클라이언트가 제대로 동작할 경우에 RF와 관련된 문제들만 남겨 둔다. 먼저, 금속 재질의 방해 물질이 존재하는지 살펴본다. 그런 물질이 존재할 경우에 액세스 포인트의 위치에서 먼 곳으로 옮기거나 액세스 포인트의 위치를 변경한다. 거리가 너무 멀어지면 동일한 SSID를 이용하지만 고유한 RF 채널을 이용하는 액세스 포인트를 추가한다. 마지막으로, RF 주변 환경을 고려한다. 유선 네트워크에 너무 많은 트래픽으로 혼잡이 발생한 것처럼, 2.4GHz(5GHz보다 자주 발생한다)에서도 같은 상황이 일어날 수 있다. 2.4GHz를 이용하는 다른 무선 장비들이 있는지 살펴본다.

특정 시간대에만 성능 문제가 발생할 경우에 어떤 장비에 의한 RF 간섭이 발생했을 가능성이 높다. 예를 들면, 어느 직원이 사무실과 가까운 곳에서 점심시간에 전자레인지를 이용할 경우다. 대부분의 극초단파 혼잡이 RF 채널 11에서 발생하는 반면에, 일부 극초단파 혼잡은 모든 RF 채널에서 발생한다. 무선 전화기에서 사용되는 FHSS(Frequency Hopping Spread Spectrum)로 인해 RF 장비에서 주파수 홉 문제가 발생될 수도 있다. RF 간섭을 일으키는 요인은 상당히 많기 때문에 액세스 포인트와 무선 클라이언트를 항상 같은 곳에 위치시키고, 문제의 원인을 발견할 때까지 무선 클라이언트를 조금씩 이동시킨다.

Chapter 3 _ 무선 LAN

대부분의 무선 클라이언트는 RF 신호 세기 및 품질과 관련된 문제를 해결하는 데 도움을 주는 소프트웨어를 갖고 있다.

WLAN 구축 요약

다음은 이 장에서 다룬 내용을 요약한 것이다.

- 애드 혹 모드: 클라이언트는 액세스 포인트의 도움 없이 직접 네트워크에 연결된다.
- 인프라스트럭처 모드: 클라이언트가 액세스 포인트를 경유해서 네트워크에 연결되며 다음의 두 가지 모드가 있다.
    - BSS(Basic Service Set)
    - ESS(Extended Services Set)
- BSS 무선 토폴로지
    - BSA(Basic Service Area)
    - ESA(Extended Service Area)
- 무선 액세스 포인트는 CLI나 웹 브라우저 GUI를 이용해 설정될 수 있다.
- 무선 네트워크를 구축하는 기본 과정은 단계별로 설정하고 이를 위해 검증하는 것이다.
- 최근에는 랩톱에 무선 기능을 추가하는 다양한 형태가 소개됐다.
    - Windows Zero Configuration
    - Cisco Compatible Extensions
    - Cisco Secure Service Client
- 무선 네트워크 문제 해결은 네트워크 환경을 무선과 유선으로 구분하는 것으로부터 시작된다.

이 장의 요약

WLAN에서 사용되는 전송 특징이 여러 802.11 표준에 규정되어 있으며, Wi-Fi 연합에서 장비들 사이의 호환성을 맡고 있다.

WLAN 서비스에 대한 공통 위협에 대처하기 위해서 802.1x와 WPA/WPA2에 보안 특징이 추가됐다.

무선 시스템 구축은 거리, 속도, 형식에 의해 영향을 받는다.

복습문제

여기에 제시된 문제를 풀면서 3장에서 배운 내용을 복습할 수 있다. 정답은 부록 '복습문제 정답'에 정리되어 있다.

1. 무선 구축으로 인해 얻을 수 있는 가장 큰 혜택은 무엇인가?
    a. 비용 감소
    b. 이동성 증가
    c. 향상된 생산성
    d. 향상된 보안

2. WLAN이 전송을 제어하는 데 사용하는 방법은 무엇인가?
    a. CSMA/CA(carrier sense multiple access with collision avoidance)
    b. CSMA/CD(carrier sense multiple access collision detect)
    c. CSMA/CR(carrier sense multiple access with collision rejection)
    d. CSMA/CW(carrier sense multiple access with collision weighting)

3. 무선 파장 전송에 영향을 미치는 현상이 무엇인지를 보기에서 찾아라.
    __ RF 파장이 금속 혹은 유리 표면에 반사될 때 일어나는 현상
    __ RF 파장이 벽에 흡수될 때 일어나는 현상
    __ RF 파장이 표면이 일정하지 않은 곳에 부딪히고 다양한 방향으로 반사될 때 일어나는 현상

    a. 흡수
    b. 반사
    c. 산란

4. WLAN에 관련된 802.11 표준을 제어하는 기구는 무엇인가?
   a. Wi-Fi 연합
   b. IEEE
   c. EMA
   d. WISC

5. 802.11 장비 간의 호환성을 위한 인증을 제정한 기관은 어느 곳인가?
   a. Wi-Fi
   b. IEEE
   c. EMA
   d. WISC

6. 다음 중 WLAN에서 사용되지만 면허를 받지 않은 대역은 무엇인가?
   a. 2.4-MHz
   b. 900-MHz
   c. 2.4-GHz
   d. 5-GHz
   e. 900-GHz

7. 다음의 802.11 표준 중에서 데이터 전송률이 가장 높은 표준을 두 개 선택하라.
   a. 802.11
   b. 802.11a
   c. 802.11b
   d. 802.11d
   e. 802.11g

8. 다음의 802.11 표준 중에서 5-GHz 대역을 이용해 전송하는 것은 무엇인가?
   a. 802.11
   b. 802.11a
   c. 802.11b
   d. 802.11d
   e. 802.11g

9. 다음 중 Wi-Fi 연합 기구에 대한 설명으로 올바른 것은 무엇인가?
   a. 글로벌 표준을 제정하는 기구로 Wi-Fi 장비들이 서로 호환성을 갖도록 제어한다.
   b. 미국에서만 운영되며 Wi-Fi 장비들이 서로 호환성을 갖도록 한다.
   c. 글로벌/비영리 기구로 무선 LAN의 성장 및 상용화를 추진하는 무역 산업 기구다.
   d. 글로벌/비영리 기구로 무선 LAN의 설치를 확대하는 무역 산업 기구다.

10. 로그 액세스 포인트란 무엇인가?
    a. 개방된 WEP 키를 가진 액세스 포인트다.
    b. 자신의 SSID로 브로드캐스트를 발생시키는 액세스 포인트다.
    c. WLAN에 연결되어 있는 보안이 취약한 액세스 포인트다.
    d. 하드웨어 결함을 가진 액세스 포인트로 자신의 SSID로 끊임없이 브로드캐스트를 발생시킨다.

11. WLAN의 보안을 강화시키는 세 단계는 무엇인가?
    a. 사생활 보호와 기밀성을 제공하기 위해 암호화한다.
    b. 허가된 클라이언트와 사용자만이 신뢰성을 가진 액세스 포인트를 통해 네트워크에 접속할 수 있도록 인증을 사용한다.
    c. 전송 전력을 제어해 기업 내에서만 액세스 포인트에 접속할 수 있도록 한다.
    d. 침입 탐지 및 침입 방지 시스템을 이용해 보안 위험과 부정 사용으로부터 WLAN을 보호한다.

12. WLAN에서 가장 높은 수준의 보안을 제공하는 표준은 다음 중 무엇인가?
    a. EAP
    b. WEP
    c. WPA
    d. 802.11i/WPA2

13. 클라이언트가 어떤 액세스 포인트에 연결될 수 있는지를 결정하는 요소는 다음 중 무엇인가?
    a. SSID 값이 가장 작은 액세스 포인트
    b. SSID 값이 가장 높은 액세스 포인트
    c. 클라이언트가 가장 먼저 수신하는 SSID를 갖는 액세스 포인트
    d. 가장 강력한 신호를 수신하는 액세스 포인트

Chapter 3 _ 무선 LAN

14. 802.11x를 사용하고 있는 경우, 클라이언트 인증은 어떻게 이뤄지는가?
    a. 클라이언트는 액세스 포인트에 저장된 로컬 데이터베이스를 통해 인증된다.
    b. 액세스 포인트는 인증 여부와는 상관없이 모든 네트워크 트래픽을 서버로 전달한다.
    c. 액세스 포인트는 인증 서버를 위한 모든 802.1x 트래픽을 캡슐화하고 이것을 서버로 전송한다.
    d. 클라이언트는 액세스 포인트에 전송하기 전에 802.1x 인증 트래픽을 캡슐화한다. 액세스 포인트는 이 트래픽을 서버로 전달한다.

15. WPA와 WPA2를 적절하게 비교한 것은 무엇인가?
    a. WPA는 사전 공유키를 사용하는 반면에 WPA2는 PSK를 사용한다.
    b. WPA는 EAP 인증을 사용하는 반면에 WPA2는 802.11x를 사용한다.
    c. WPA는 퍼스널 모드를 사용하는 반면에 WPA2는 엔터프라이즈 모드를 사용한다.
    d. WPA는 TKIP/MIC 인증을 사용하는 반면에 WPA2는 AES-CCMP 인증을 사용한다.

16. 다음의 802.11 토폴로지에 대한 설명과 일치하는 것을 선택하라.
    __ 모바일 클라이언트는 액세스 포인트로의 중계 없이 바로 연결된다.
    __ 통신 장비들은 단일 액세스 포인트를 이용해 서로 연결하거나 유선 네트워크 자원에 접속한다.
    __ 무선 토폴로지는 DS(distribution system)나 유선 인프라스트럭처에 연결된 둘 이상의 일련의 서비스다.

    a. 애드 혹 모드
    b. BSS(Basic Service Set)
    c. ESS(Extended Services Set)

17. 액세스 포인트에 의해 정의된 무선 주파수 대역의 물리적 영역은 다음 중 무엇인가?
    a. RF 서비스 영역
    b. BSA
    c. 애드 혹 서비스 영역
    d. ESA

18. ESA를 구현할 때, 권장하는 중복 영역의 비율은 얼마인가?
    a. 5~10%
    b. 10~15%
    c. 15~20%
    d. 25~30%

19. 클라이언트가 이동 중일 경우 어떤 기능이 사용될 수 있는가?
    a. 데이터 전송률을 조절하는 기능
    b. 전송 수준을 다양하게 하는 기능
    c. 전송 수준과 수신 수준을 일치시키는 기능
    d. 신호 수준 변경으로 인한 에러의 보정을 수행하는 기능

20. 무선 액세스 포인트 매개변수의 세 가지 기본 요소는 무엇인가?
    a. SSID
    b. 인증
    c. 데이터 교환율
    d. 전송 대역 선택
    e. 선택적인 전력을 이용한 RF 채널

21. WLAN을 구축할 때, 언제 WEP를 이용해야 하는가?
    a. AAA 서버만을 활용할 수 있는 경우
    b. WEP의 보안 수준을 강화할 필요가 있는 경우
    c. 802.11x 인증을 사용할 계획이 있는 경우
    d. 하드웨어 장비들이 WPA를 지원하지 않는 경우

22. 다음의 설명에 맞는 무선 클라이언트를 보기에서 선택하라.

    ___ 유선 및 무선 클라이언트에 제공되는 모든 기능을 사용함
    ___ 윈도우 운영체제에서 제공하는 기본 무선 클라이언트 기능을 사용함
    ___ 기존의 운영체제에서 제공하는 수준보다 향상된 더 많은 무선 클라이언트 기능들을 사용함

    a. WZC
    b. Cisco Compatible Extensions
    c. Cisco Secure Service Client

이 장에서 배울 내용은 다음과 같다.

- 이 장의 학습 목표
- 라우팅의 기능
- 2진수 계산
- 네트워크 어드레싱 계획 세우기
- 시스코 라우터 시작
- 시스코 라우터 설정
- 패킷 전달 과정 분석
- 시스코 라우터 보안
- 시스코 SDM
- 시스코 라우터를 DHCP 서버로 이용
- 원격 장비 접속
- 이 장의 요약
- 복습문제

CHAPTER 4

LAN 연결

다수의 장비들이 연결된 네트워크는 다시 다른 네트워크들과 연결될 수 있다. 현재, 인터넷은 이렇게 연결된 일련의 네트워크로 이뤄져 있다. 네트워크가 연결되어 있다는 것은 대규모 환경에서 공통의 통신 인프라를 갖추고 있다는 의미다. 다양한 장비, 설계 방식, 프로토콜을 서로 유기적으로 연결하는 것은 간단하게 LAN을 구축하는 것보다 훨씬 더 복잡한 구성요소를 필요로 한다. 라우터는 좀 더 복잡한 네트워크 환경에서 사용되는 장비며, TCP/IP와 같은 프로토콜들은 데이터를 전송하는 방식을 결정한다. 이 장에서는 네트워크에 연결되어 있는 라우터의 기능 및 TCP/IP를 이용해 라우터가 데이터를 네트워크로 전송하는 방법에 대해 설명한다.

이 장의 학습 목표

이 장의 내용을 완벽하게 습득한다면, 기본 게이트웨이를 생성해 다수의 네트워크를 서로 연결시킬 수 있을 것이다. 여기서 다루는 주제는 다음과 같다.

- 네트워크 모델에서 라우터의 기능을 설명한다.
- 10진수를 2진수로, 2진수를 10진수로 변환할 수 있다.
- 네트워크 주소를 형성하는 IP 구조를 설명한다.
- 라우터를 구동시키고 CLI를 이용해 설정하며 라우터를 모니터링한다.
- 시스코 라우터를 위한 기본 설정을 수행한다.
- 호스트에서 라우터를 경유해 다른 호스트로 전달하는 패킷 흐름을 설명한다.
- 라우터의 기본 보안을 설정한다.
- SDM의 기본 기능을 설명한다.
- SDM을 이용해 라우터에서 DHCP 서버 기능을 활성화한다.

- 텔넷과 SSH를 이용해 원격으로 라우터에 접속한다.

라우팅의 기능

라우팅은 3계층 장비인 라우터나 게이트웨이를 이용해 네트워크나 서브네트워크 사이에서 데이터 패킷을 전달하는 일련의 과정으로 이뤄져 있다. 라우팅은 라우팅 테이블, 프로토콜, IP 패킷을 전달하는 데 가장 효율적인 경로를 결정하는 알고리즘을 이용한다. 라우터는 2계층 충돌 도메인의 경계 및 브로드캐스트 도메인 역할을 수행하며 네트워크의 확장성을 제공한다. 라우터의 기능을 이해하면 네트워크가 어떻게 유기적으로 연결되어 있고 데이터는 이런 네트워크를 어떻게 경유해서 전송되는지를 이해하는 데 도움이 된다. 다음 절들에서는 라우터의 운용에 대해 설명한다.

라우터

라우터나 게이트웨이는 네트워크 장비로, 네트워크 사이의 데이터 전송을 위한 가장 최적화된 경로를 결정한다. 라우터는 최적화된 네트워크 전달 경로를 찾기 위한 프로그램 및 알고리즘을 수행하는 것에 특화되어 있다. 몇 가지 특징은 모든 라우터에 적용되기도 한다. [그림 4-1]은 시스코 2800 시리즈 라우터다.

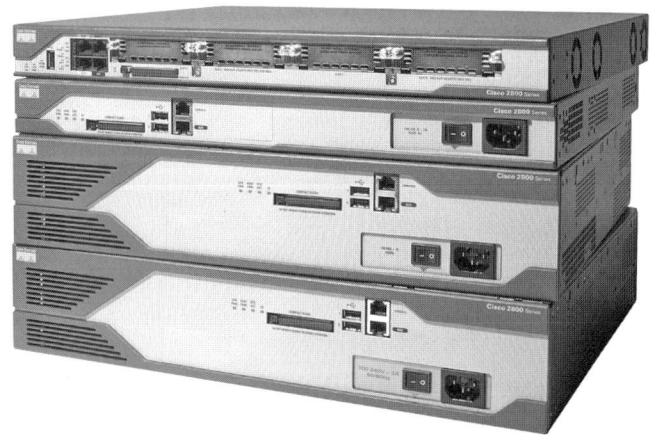

▲ 그림 4-1 시스코 2800 시리즈 라우터

라우터는 TCP/IP를 이용하는 대규모 네트워크에서는 가장 기본적인 장비라고 할 수 있는데, 그 이유는 라우터가 지리적으로 멀리 떨어져 있는 영역을 경유해 네트워크를 확장시킬 수 있는 기능을 제공하기 때문이다. 아래에 제시된 특징은 모든 라우터에 적용된다.

- 라우터는 다음의 구성요소로 이뤄져 있으며, 이는 컴퓨터와 스위치에도 사용된다.
    - CPU
    - 마더보드
    - RAM
    - ROM
- 라우터에는 IP 주소가 할당될 수 있는 네트워크 어댑터가 설치된다.
- 라우터에는 아래와 같은 유형의 포트가 있다.
    - **콘솔 포트**: 라우터는 관리, 설정, 제어를 위해 콘솔 포트를 이용한다. 그렇지만 모든 라우터에 콘솔 포트가 있는 것은 아니다.
    - **네트워크 포트**: 라우터에는 많은 네트워크 포트가 있으며, 여기에는 다양한 LAN 포트나 WAN 포트가 포함된다.

라우터의 두 가지 핵심 기능은 다음과 같다.

- **경로 결정**: 라우터는 반드시 라우팅 테이블을 유지해야 하며 다른 라우터들로 하여금 네트워크 변경 사실을 알도록 해야 한다. 라우터는 라우팅 프로토콜을 이용해 다른 라우터로부터 네트워크 정보를 주고받으며 이것은 라우팅 테이블에 반영된다. 정적으로 라우팅 테이블을 생성할 수 있지만 설계 및 네트워크 문제에 대처하는 관점에서 보면 확장성에 어려움이 있고 네트워크 토폴로지가 변경될 때마다 즉각 대처할 수 없다는 문제점이 생긴다.
- **패킷 전달**: 라우터는 라우팅 테이블을 이용해 패킷을 어디로 전달할 것인가를 결정한다. 라우터는 패킷의 목적지 IP 주소를 식별한 후에 목적지 네트워크로 향하는 네트워크 인터페이스로 패킷을 전달한다.

경로 결정

네트워크를 통해 데이터를 전송할 경로를 결정하기 위해 라우터는 해당 목적지로 향하는 사용 가능한 경로를 계산한다. 이 절에서는 라우터가 패킷을 전달하기 위한 가장 최적의 경로를 어떻게 결정하는지를 설명한다.

네트워크에서 다른 네트워크로 가는 많은 경로가 존재할 수 있다. 이러한 경로들은 속도, 지연, 매체 종류 등이 각기 다를 수 있다. 경로를 결정하기 위해 라우터는 [그림 4-2]에서와 같이 최상의 경로를 선택하고 학습하기 위해 라우터와 통신한다.

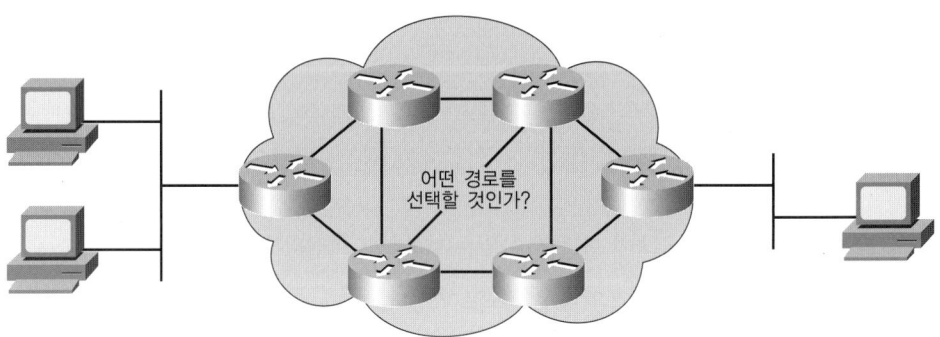

▲ 그림 4-2 라우터는 경로를 선택

이 라우터들은 라우터의 소프트웨어 안에 있는 라우팅 테이블에 모두 기록되며, 목적지 주소를 비교해 패킷을 어디로 전송할 것인지를 결정하는 데 이용된다. 아래의 나열된 라우팅 테이블 안의 세 가지 유형은 원격 목적지로 향하는 최상 경로를 선택하는 데 이용될 수 있다.

- 정적 라우팅(static routing): 정적 라우팅은 라우팅 테이블에 필요한 모든 라우팅 정보를 수동으로 입력해야 한다.
- 동적 라우팅(dynamic routing): 동적 라우팅은 라우팅 프로토콜을 통해 학습한 라우팅 정보를 이용해 동적으로 라우팅 테이블을 생성한다.
- 기본 라우팅(default routing): 기본 라우팅은 모든 네트워크로 향하는 경로를 위한 최종 탈출구 역할을 수행한다. 기본 라우팅은 정적으로 설정되거나 동적 라우팅 프로토콜을 통해 학습할 수 있다.

라우팅 테이블은 네트워크마다 하나의 정보만을 간직한다. 특정 목적지 네트워크로 향하는 경로에 대해 하나 이상의 정보가 있을 경우에 라우팅은 어떤 정보가 라우팅 테이블에서 이용될 것인지를 결정한다. 다수의 정보는 다중 라우팅 프로토콜의 학습으로 인해 갖게 되거나 정적 및 기본 라우팅으로 인해 알게 될 수 있다. 라우팅 프로토콜은 다양한 메트릭을 이용해 목적지 네트워크로 향하는 경로의 거리 및 선호도를 측정한다. 서로 다른 라우팅 프로토콜을 통해 학습된 다수의 정보에서 임의적으로 하나를 선택하는 것은 어렵기 때문에, 시스코 라우팅에서는 AD(administrative distance)라고 알려진 값을 라우팅 프로토콜별로 할당했다. 최상이면서 가장 신뢰받는 정보는 가장 작은 값을 갖게 된다.

라우팅 테이블

경로 결정 과정의 일부분으로서 라우팅은 알고 있는 네트워크를 식별하고 이 네트워크에 어떻게 접근할 것인지를 알려주는 라우팅 테이블을 구축한다. [그림 4-3]은 라우팅 테이블이 네트워크 정보를 어떻게 유지하는지를 보여준다.

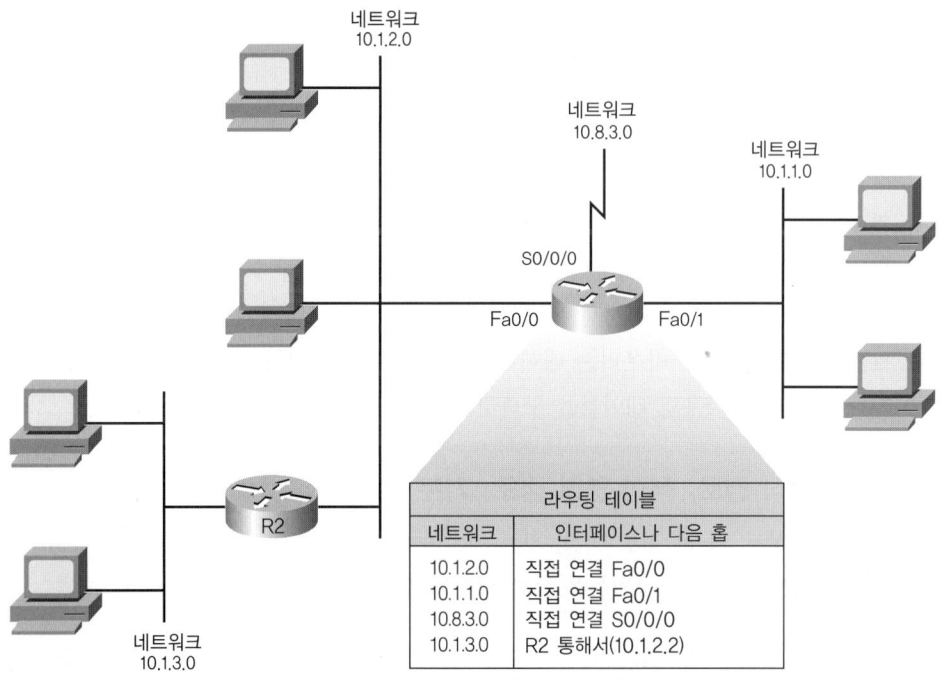

▲ 그림 4-3 라우팅 테이블

라우팅 메트릭은 어떤 라우팅 프로토콜을 이용하느냐에 따라 다르다. [그림 4-3]은 라우터가 패킷을 전달하는 방식을 결정하는 데 사용하는 정보를 어떻게 테이블에 간직하는지를 보여준다.

라우팅 테이블 정보

라우팅 테이블은 '알려진(known)' 네트워크 주소들로 구성되는데, 이것은 라우팅 프로토콜을 통해 동적으로 학습하거나 정적으로 설정, 또는 직접 연결되어 있는 네트워크로 이뤄진다. 라우팅 테이블은 목적지나 다음 홉에 대한 정보도 담고 있다. 이러한 정보들은 라우터에게 특정 목적지 네트워크가 직접 연결된 네트워크인지 또는 다음 홉이라고 불리는 다른 라우터를 경유해 최종 목적지에 도달할 수 있는지를 알려준다. 라우터가 패킷을 수신하면, 목적지 주소를 참조하고 라우팅 테이블을 검색해서 최상의 경로를 찾게 된다. 해당 목적지 주소가 검색되지 않을 경우에 라우터는 패킷의 출발지 주소로 ICMP(Internet Control Message Protocol) 메시지를 전송한 후 패킷을 폐기한다.

[그림 4-3]에서 라우팅 테이블을 보면 10.1.3.0 네트워크를 목적지 주소로 하는 패킷을 수신할 경우 반드시 R2로 전달된다는 것을 알 수 있다.

라우팅 업데이트 메시지

라우터는 다른 라우터와 통신을 하며 라우팅 업데이트를 주고받으면서 라우팅 테이블을 관리한다. 라우팅 프로토콜에 따라, 라우팅 업데이트 메시지는 주기적으로 전달되거나 네트워크 토폴로지에 변경사항이 발생했을 경우에만 전달될 수 있다. 라우팅 업데이트 메시지에는, 라우터가 도달 가능한 목적지 네트워크와 각 목적지에 도달하는 데 필요한 메트릭 값이 포함되어 있다. 라우터는 네이버 라우터로부터 수신한 라우팅 업데이트 메시지를 분석해서, 자신의 라우팅 테이블을 구축하고 관리할 수 있다.

정적 경로, 동적 경로, 직접 연결 경로, 기본 경로

라우터는 정적, 동적, 직접 연결, 기본 경로 등을 통해 다른 네트워크를 학습할 수 있다. 라우팅 테이블은 다음의 방법들을 통해 생성될 수 있다.

- **직접 연결된 네트워크**: 라우터는 인터페이스에 바로 연결된 네트워크 세그먼트 정보를 직접 생성하며 라우팅 테이블에 등록되는 가장 확실한 정보다. 만약 인터페이스에 문제가 발생하거나 관리적 셧다운이 될 경우에 라우팅 테이블에서 삭제된다. AD 값이 0이기 때문에 이 네트워크를 목적지로 할 경우 기타 네트워크 정보보다 우선시되는데, 그 이유는 AD 값이 가장 작기 때문이며 이것은 가장 신뢰되는 정보임을 의미한다.

- **정적 경로**: 정적 경로는 시스템 관리자가 수동으로 라우터에 직접 입력한다. 정적 경로의 AD 값은 1이기 때문에 직접 연결된 네트워크가 존재하기 전까지는 정적 경로가 라우팅 테이블에 등록된다. 정적 경로는 소규모 네트워크이면서 네트워크 변경이 많지 않은 곳에서 효율적인 방식일 수 있다.

- **동적 경로**: 동적 경로는 다른 라우터를 통해 학습되며, 이렇게 학습한 정보들은 네트워크가 변경될 때마다 지속적으로 업데이트된다. 그러나 모든 라우터가 변경된 정보를 모두 알게 될 때까지 시간이 걸리기 때문에 변경 시간과 이를 수용하는 시간에는 차이가 발생한다. 네트워크 변경을 라우터가 확인하기까지 걸리는 지연 시간을 수렴 시간이라고 한다. 수렴 시간이 짧을수록 더 좋으며, 라우팅 프로토콜마다 수렴 시간은 다르다. 대규모 네트워크를 운용할 때는 동적 라우팅을 이용해야 하는데 그 이유는 많은 네트워크 주소가 존재하고 변경사항이 많이 발생할 수 있기 때문이며, 네트워크 변경에 즉각 대처하지 않으면 네트워크 사이의 연결을 잃을 수 있기 때문이다.

- **기본 경로**: 기본 경로는 라우팅 테이블에 목적지에 대한 경로 정보가 존재하지 않을 경우 이용된다. 기본 경로는 수동으로 입력되거나 동적 라우팅 프로토콜을 통해 학습될 수 있다.

동적 라우팅 프로토콜

일부 라우팅 프로토콜은 자체적으로 고유의 규칙과 메트릭을 가지고 라우팅 테이블을 자동으로 구축하고 업데이트한다. 이 프로토콜들을 동적 라우팅 프로토콜이라고 하는데, 네트워크 토폴로지에 변경이 발생할 경우 자동으로 대응하기 때문이다.

라우팅 메트릭

라우팅 프로토콜이 라우팅 테이블을 업데이트하는 주요 목적은 라우팅 테이블 안에서 최상의 정보를 선택하게 하기 위해서다. 라우팅 알고리즘은 메트릭 값이라고 하는 수를 네트워크 안의 각 경로를 위해 발생시킨다. 조금 복잡한 알고리즘을 사용하는 라우팅 프로토콜은 다양한 메트릭을 단일 메트릭 값으로 환산해 이 값을 바탕으로 경로를 선택할 수 있다. 대개 작은 메트릭 값이 최상의 경로를 의미한다. [그림 4-4]는 메트릭 값을 계산하는 데 이용되는 몇몇 네트워크 속성을 나타낸다.

Chapter 4 _ LAN 연결

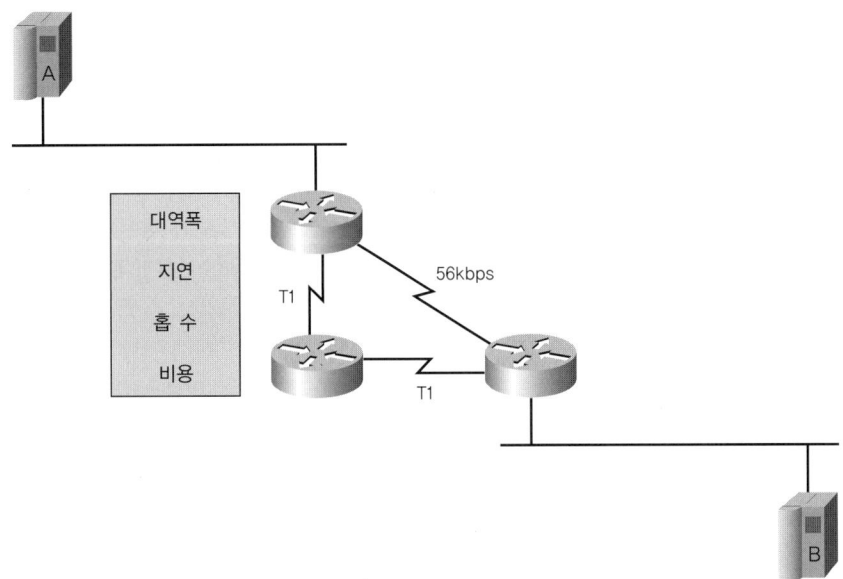

▲ 그림 4-4 라우팅 메트릭 계산

메트릭은 경로가 갖는 단일 속성으로 이용되거나 다양한 속성으로 이용되기도 한다. 라우팅 프로토콜에 의해 자주 이용되는 메트릭은 다음과 같다.

- 대역폭(bandwidth): 링크(두 네트워크 장비 사이의 연결)의 데이터 전송 능력

- 지연(delay): 패킷이 출발지에서 목적지까지 거쳐 가는 링크를 경유하면서 걸린 시간이며, 이것은 링크 사이의 대역폭, 각 라우터의 포트마다 쌓인 큐, 네트워크 혼잡 정도, 물리적 거리에 따라 다르다.

- 홉 수(hop count): 패킷이 목적지에 도달하기 전에 경유해야 하는 라우터의 개수를 말한다([그림 4-4]에서 A 호스트에서 B 호스트까지 도달하는 데 필요한 홉 수는 경로 선택에 따라 1개 혹은 2개가 될 수 있다).

- 비용(cost): 네트워크 관리자나 운영체제에 의해 할당되는 값으로서 대역폭, 관리자 선호 정도 등의 값을 바탕으로 한다.

라우팅 방식

메트릭이 경로를 선택하는 데 이용되기는 하지만 라우팅 프로토콜은 그 외에 다양한 방식을 사용해 경로를 선택한다. 대부분의 라우팅 프로토콜은 거리 벡터나 링크 상태 방식 중

한 가지를 이용한다.

거리 벡터 라우팅: 거리 벡터 라우팅에서 라우터는 모든 네트워크 세그먼트에 대한 전체 정보를 알지 못하며 패킷을 전송하는 방향이나 벡터만을 알고 있을 뿐이다. 거리 벡터 라우팅은 전체 네트워크 중 어떤 네트워크든지 방향(벡터)과 거리(홉 수)만을 결정하는 과정을 거친다. 거리 벡터 알고리즘은 주기적으로(RIP의 경우 30초마다) 라우팅 테이블 전체 혹은 일부를 인접한 네이버로 전송한다. 거리 벡터 라우팅 프로토콜을 구동시키는 라우터는 네트워크의 변경사항이 없는데도 불구하고 주기적으로 업데이트를 수행한다. 네이버로부터 라우팅 테이블을 수신하면, 기존에 알고 있던 경로와 비교한 후 업데이트된 정보를 기반으로 자신의 로컬 라우팅 테이블을 변경한다. 이 과정은 '루머에 의한 라우팅'으로 알려져 있는데, 그 이유는 라우터가 네이버 라우터로부터 수신한 라우팅 테이블을 바탕으로 자신의 네트워크 토폴로지를 관리하기 때문이다. [그림 4-5]는 거리 벡터 라우팅 프로토콜이 경로를 결정하는 과정을 보여준다.

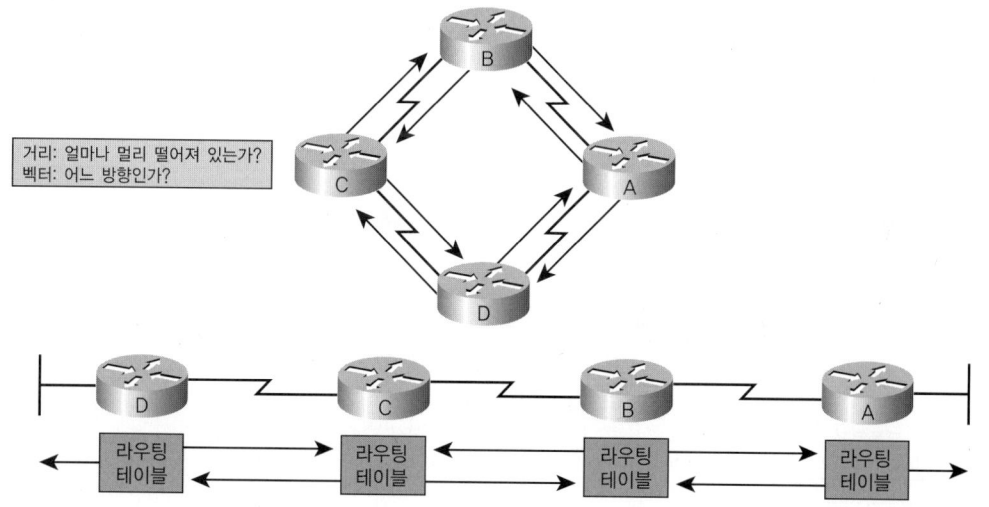

▲ **그림 4-5** 거리 벡터 프로토콜

거리 벡터 프로토콜의 예로 RIP(Routing Information Protocol)를 들 수 있으며, RIP는 라우팅 메트릭으로 홉 수를 이용한다.

링크 상태 라우팅: 링크 상태 라우팅에서 라우터는 개별적으로 네트워크 토폴로지 지도를

스스로 생성하려고 노력한다. 맨 처음 라우터가 활성화되면 자신과 연결된 네트워크에 메시지를 전달하고, 인접한 라우터로부터 메시지를 수신하고, 각 라우터마다 활성화된 링크에 대한 정보를 주고받는다. 다른 라우터들은 이 정보를 이용해 네트워크 토폴로지 지도를 만들고 이 지도를 이용해 목적지에 대한 최상의 경로를 선택한다. 링크 상태 라우팅 프로토콜은 네트워크 변경에 신속하게 대응하며, 네트워크에 변경사항이 발생하자마자 업데이트된 정보를 바로 전송하고, 30분마다 주기적인 업데이트(링크 상태 재설정)를 수행한다.

링크 상태가 변경된 후에 이를 알게 된 라우터는 해당 링크(경로)에 대한 업데이트 메시지를 생성하며, 이 메시지는 다른 모든 라우터(동일한 라우팅 프로토콜을 구동하는)에 전달된다. 각 라우터는 업데이트 메시지의 복사본을 저장하고 자신의 라우팅 테이블을 업데이트하며, 업데이트 메시지를 다른 네이버 라우터들에게 전달한다. 이러한 업데이트 메시지 플러딩은 새로운 토폴로지를 반영하는 업데이트된 라우팅 테이블을 생성하기 전에 다른 모든 라우터들이 자신의 데이터베이스를 업데이트하도록 하기 위해서다. [그림 4-6]은 링크 상태 프로토콜이 경로를 결정하는 과정을 나타낸다.

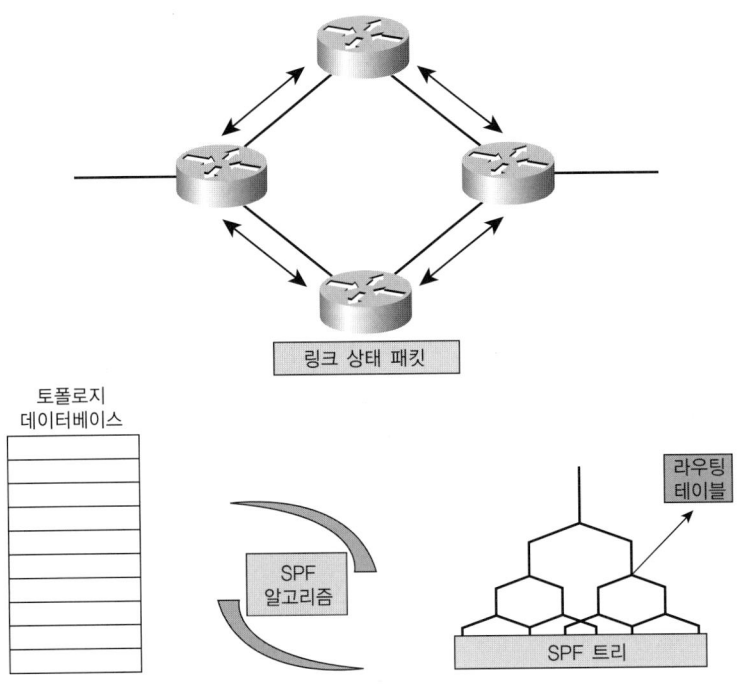

▲ 그림 4-6 링크 상태 프로토콜

링크 상태 라우팅 프로토콜의 예로 OSPF(Open Shortest Path First)와 IS-IS (Intermediate System-to-Intermediate System)가 있다.

> **NOTE***
>
> 시스코는 거리 벡터와 링크 상태 라우팅 프로토콜의 장점만을 결합시킨 EIGRP(Enhanced Interior Gateway Routing Protocol)를 개발했다.

라우팅의 기능 요약

이번 절에서 다룬 핵심 내용을 요약하면 다음과 같다.

- 라우터에는 특별한 구성요소가 있으며 이것은 컴퓨터와 스위치 등에서도 사용된다. 이 구성요소에는 CPU, 마더보드, RAM, ROM이 포함된다.
- 라우터는 IP 패킷 전달 과정에서 두 가지 주요 기능을 담당하는데, 바로 라우팅 테이블을 관리하는 것과 패킷을 전달하는 데 사용할 최상 경로를 결정하는 것이다.
- 라우터는 네트워크 경로 중 IP 패킷을 전달할 최적 경로를 결정한다. 라우터는 목적지 네트워크에 도달할 서로 다른 경로를 이용할 수 있으며, 이 경로에는 정적, 동적, 직접 연결, 기본 경로가 포함된다.
- 라우팅 테이블에는 학습한 네트워크에 대한 최상 경로가 나열되며, 목적지 네트워크, 다음 홉, 라우팅 메트릭 등의 정보가 포함된다.
- 라우팅 알고리즘은 업데이트 정보를 분석하고 최상 경로만을 라우팅 테이블로 전송한다.
- 라우팅 메트릭으로는 대역폭, 지연, 홉 수, 비용 등이 사용된다.
- 거리 벡터 라우팅 프로토콜은 자신의 라우팅 테이블을 자동으로 구축하거나 인접한 네이버 라우터에 부분 혹은 전체를 전달한다. 거리 벡터 라우팅은 전체 네트워크 안의 어떤 네트워크나 방향(벡터)과 거리로 도달 가능성을 찾는다.
- 링크 상태 라우팅 프로토콜은 라우팅 테이블을 자동으로 구축하고 업데이트하며, SPF(shortest path first) 알고리즘을 이용해 링크 상태 데이터베이스를 분석하여 최상 경로를 결정하고, 자신이 갖고 있는 링크를 통해 네트워크 안의 모든 라우터로 라우팅 정보를 플러딩한다.
- 시스코는 거리 벡터 라우팅과 링크 상태 라우팅의 장점만을 가진 EIGRP 라우팅 프로토콜을 개발했다.

2진수 계산

스위치 시스템을 이용하는 모든 컴퓨터는 두 가지 위치에 머무를 수 있는데, 온(on)이나 오프(off)가 그것이다. 이것을 2진수 시스템이라 하며, 오프는 숫자 0으로 온은 숫자 1로 표현된다. 2진수는 0이나 1로만 표현될 뿐이다.

네트워크 장비의 주소도 2진수 시스템을 이용해 네트워크에서 자신의 위치를 정의한다. IP 주소는 2진수가 아닌 점으로 구분된 10진수로 표현된다. 네트워크를 이해하려면 반드시 2진수의 계산 과정을 이해해야 한다. 다음 절에서는 2진수 계산이 포함된 계산 과정을 살펴보며 10진수를 2진수로 혹은 2진수를 10진수로 변환하는 방법을 설명한다.

10진수 시스템과 2진수 시스템

10진수 시스템은 다른 모든 수식에 사용되며, 2진수는 컴퓨터 운영의 기본이 된다.

10진수 시스템에서는 0, 1, 2, 3, 4, 5, 6, 7, 8, 9의 수가 사용된다. 9보다 높은 수가 필요할 경우, 10에서부터 시작해서 99까지의 수가 사용된다. 그리고 다시 100으로 시작하며, 더 큰 수가 필요할 경우 왼쪽에 1의 수가 덧붙여진다.

2진수 시스템은 0과 1만을 이용한다. 따라서 첫 번째 수는 0이고 그 다음의 수는 1이 된다. 만약 1보다 높은 수가 필요할 경우, 2진수는 10이 되고, 그 다음의 수는 11이 된다. 그리고 100, 101, 110, 111, 1000의 수로 이어진다. [표 4-1]은 10진수 0에서 19까지의 수를 2진수로 변환한 것이다.

▼ 표 4-1 10진수와 2진수

10진수	2진수	10진수	2진수
0	0	8	1000
1	1	9	1001
2	10	10	1010
3	11	11	1011
4	100	12	1100
5	101	13	1101
6	110	14	1110
7	111	15	1111

| 16 | 10000 | 18 | 10010 |
| 17 | 10001 | 19 | 10011 |

LSB와 MSB

대부분의 사람들이 10진수 계산에 익숙해져 있다. 어떤 계산이든지 간에 숫자의 위치에 따라 서로 다른 가치를 갖는다. 숫자 10에서 1은 두 자리 숫자의 위치에, 0은 한 자리 숫자의 위치에 놓여 있다. 100에서 1은 세 자리 숫자에, 가운데 0은 두 자리 숫자에, 마지막 0은 한 자리 숫자의 위치에 놓여 있다.

2진수 계산에서 수의 가장 오른쪽에 위치한 수를 LSB(least significant bit, 최하위비트)라 하고, 가장 왼쪽에 위치한 수를 MSB(most significant bit, 최상위비트)라 한다. 이 두 수 사이의 어떤 수든지 간에 LSB 혹은 MSB 사이의 비중을 갖게 된다. [그림 4-7]은 10진수와 2진수에서 각 비트가 갖는 수의 비중을 나타낸다.

기저-10진수 변환 - 63204829

	MSB							LSB
기저^{누승}	10^7	10^6	10^5	10^4	10^3	10^2	10^1	10^0
열의 값	6	3	2	0	4	8	2	9
10진수의 가중치	10000000	1000000	100000	10000	1000	100	10	1
열의 가중치	60000000	3000000	200000	0	4000	800	20	9

60000000 + 3000000 + 200000 + 0 + 4000 + 800 + 20 + 9 = 63204829

기저-2진수 변환 - 1110100 (233)

	MSB							LSB
기저^{누승}	2^7	2^6	2^5	2^4	2^3	2^2	2^1	2^0
열의 값	1	1	1	0	1	0	0	1
10진수의 가중치	128	64	32	16	8	4	2	1
열의 가중치	128	64	32	0	8	0	0	1

▲ 그림 4-7 각 비트별 비중

기저 2 변환 시스템

기저 2 시스템을 이해하는 것은 매우 중요한데 그 이유는 IP 버전 4(IPv4) 주소가 32개의 2진수 비트로 구성되어 있기 때문이다. 각 수는 1비트를 의미한다. 32비트는 8개의 비트로 이뤄진 네 개의 그룹으로 나뉘며, 이것을 옥텟(octet)이라고 한다. 각 그룹 사이는 점으로 구분된다(바이트는 8비트를 의미하는 다른 명칭이며, 이번 절에서는 옥텟으로 표현하기로 한다).

다양한 주소 계층은 옥텟 경계에 따라 결정되며, 그룹으로 묶어서 사용하는 것이 편리하다. 또한 32비트 수보다 8비트 수로 변환하는 것이 더 쉬운 이유도 있다. 2진수 IP 주소로 변환할 때 한 번에 한 옥텟만 변경하면 된다. 2진수의 수 중 가장 큰 수로 이뤄진 옥텟은 11111111이며, 이것을 10진수로 변환하면 255가 된다. 반면 가장 작은 수는 00000000이며, 10진수로는 0이 된다. 8비트로 이뤄진다는 것은 256개의 각기 다른 수로 지정될 수 있다는 의미이며, 이것은 0에서 255 사이의 값이다.

2의 배수

2의 배수가 IP 어드레싱에 어떻게 사용되는지를 이해하려면, 10진수를 2진수로, 2진수를 다시 10진수로 변환하는 과정을 반드시 알아야 한다.

계산기의 건전지가 다 닳아 없어질 수도 있고 변환표를 잃어버릴 수도 있지만, 계산 원리를 알고 있다면 종이와 필기도구를 가지고 10진수와 2진수 사이를 얼마든지 변환시킬 수 있다. 10진수와 2진수 간의 변환 값들을 보기 좋게 나열한 표가 도움이 될 것이다. 예를 들면 2^0은 10진수 1, 2^1은 10진수 2, 2^2은 10진수 4가 된다. [표 4-2]는 2의 배수에 대응되는 10진수 값을 나타낸다.

▼ 표 4-2 2의 배수

2의 배수	계산	값
2^0	수학적으로 같은 값이다.	1
2^1	2	2
2^2	2 × 2	4
2^3	2 × 2 × 2	8
2^4	2 × 2 × 2 × 2	16
2^5	2 × 2 × 2 × 2 × 2	32
2^6	2 × 2 × 2 × 2 × 2 × 2	64
2^7	2 × 2 × 2 × 2 × 2 × 2 × 2	128

10진수에서 2진수로 변환

10진수는 [그림 4-8]에서와 같이 특별한 과정을 통해 2진수로 변환될 수 있다.

기저누승	2^7	2^6	2^5	2^4	2^3	2^2	2^1	2^0
자리 값	128	64	32	16	8	4	2	1
예: 10진수 35를 2진수로 변환	0	0	1	0	0	0	1	1

```
35  =                  2⁵          +           2¹ + 2⁰
35  =                (32 × 1)      +        (2 × 1) + (1 × 1)
35  =      0  +  0  +  1  +  0  +  0  +  0  +  1  +  1
35  =   00100011
```

▲ **그림 4-8** 10진수에서 2진수로 변환

이 예는 10진수 35가 2진수로 간단하게 변환되는 것을 보여준다. 기저와 누승 칸에는 2의 기저 값과 누승들(2 × 2 = 4 × 2 = 8 등)을 나타낸다. 기저와 누승이 적용된 10진수 값은 두 번째 줄에 나열됐으며, 2진수 값은 세 번째 줄에 나타나 있다. 이 표는 2진수 값을 결정하는 단계들을 설명한다. 2진수의 첫 번째 두 개의 값은 0임에 주목하자. 이러한 값을 0으로부터 시작한다고 한다. 실제, 10진수 35의 값은 6비트로 표현이 가능하다. IP 주소는 4개로 이뤄진 일련의 옥텟으로 구성되어 있기 때문에, 2진수의 경우 6비트의 왼쪽에 0을 채워야 한다.

10진수 35를 2진수로 변환하는 과정은 다음과 같다.

- **1단계** [그림 4-8]을 보고, 35보다 작거나 같으면서 그중 가장 큰 2의 배수를 찾는다. 128은 35보다 큰 수이기 때문에, 해당 열에 0을 대입해야 한다.
- **2단계** 64도 35보다 큰 수이기 때문에, 해당 열에 0을 대입해야 한다.
- **3단계** 2^5(32)은 35보다 작은 수다. 따라서 32를 35의 값에 충족시키기 위해 해당 열에 1을 대입한다.
- **4단계** 35에서 32를 뺀 값이 얼마인지 계산한다. 결과는 3이 남는다.
- **5단계** 16(다음으로 작은 2의 배수)이 3보다 작은 수인지 확인한다. 작은 수가 아니기 때문에 해당 열에 0을 대입한다.

6단계   다음 2의 배수는 8이며, 이 수 역시 3보다 큰 수이기 때문에 해당 열에 0을 대입한다.

7단계   다음 2의 배수는 4이며, 이 수 역시 3보다 큰 수이기 때문에 해당 열에 0을 대입한다.

8단계   다음 2의 배수는 2이며, 이 수는 3보다 작은 수다. 2는 3보다 작기 때문에 해당 열에 1을 대입한다.

9단계   3에서 2를 빼면 1이 남는다.

10단계 마지막 비트의 10진수 값은 1이며, 이것은 남은 수와 일치한다. 따라서 마지막 열에 1을 대입한다. 10진수 35와 일치하는 2진수 값은 00100011이 된다.

2진수에서 10진수로 변환

10진수에서 2진수로의 변환에서와 같이, 2진수를 10진수로 변환하는 방법도 여러 가지다. 서로 다른 위치의 2의 배수 값을 이용해 2진수를 10진수로 변환할 수 있으며, 열마다 0이 아닌 수일 경우 이를 식별하고 나면 전체 값을 알 수 있다. [그림 4-9]는 이 과정을 설명한다.

기저누승	2^7	2^6	2^5	2^4	2^3	2^2	2^1	2^0
자리 값	128	64	32	16	8	4	2	1
예: 2진수	1	0	1	1	1	0	0	1
10진수 값의 합: 185	128	0	32	16	8	0	0	1

1 0 1 1 1 0 0 1 = (128 × 1) + (64 × 0) + (32 × 1) + (16 × 1) + (8 × 1) + (4 × 0) + (2 × 0) + (1 × 1)
1 0 1 1 1 0 0 1 = 128 + 0 + 32 +16 + 8 + 0 + 0 + 1
1 0 1 1 1 0 0 1 = <u>185</u>

▲ 그림 4-9   2진수에서 10진수로 변환

2진수 10111001을 10진수로 변환하는 과정을 단계별로 정리하면 다음과 같다.

1단계   2진수 자리마다 1로 대입된 곳의 자리 값을 찾는다. 예를 들어 [그림 4-9]에서처럼 2^7열의 비트가 1로 대입되어 있으면, 10진수 값은 128이 된다.

2단계 2^6(64)열의 비트 값은 0이다. 따라서 전체 10진수 값은 128 + 0 = 128이 된다.

3단계 2^5(32)열의 비트 값이 1이다. 따라서 전체 10진수 값은 128 + 32 = 160이 된다.

4단계 2^4(16)열의 비트 값이 1이다. 이 값을 더한 전체 10진수 값은 160 + 16 = 176이 된다.

5단계 다음 열은 2^3이며, 비트 값은 1이기 때문에 8의 값을 더하면, 전체 10진수 값은 176 + 8 = 184가 된다.

6단계 2^2과 2^1열의 비트 값은 0이다. 따라서 전체 10진수 값에 0이 더해지며, 184 + 0 + 0 = 184가 된다.

7단계 마지막으로, 2^0(1)열의 비트 값이 1이다. 따라서 184에 1을 더한다. 그 결과 185가 된다. 2진수 10111001과 동일한 10진수 값은 185가 된다.

2진수 계산 요약

이번 절에서 다룬 핵심 내용을 정리하면 다음과 같다.

- 모든 컴퓨터는 2진수 시스템을 이용한다.
- 2진수 시스템은 0과 1만을 사용한다.
- 10진수 시스템은 0에서 9 사이의 수를 이용한다.
- 2의 제곱근을 이용해 2진수를 10진수로 변환할 수 있다.
- 2의 제곱근을 이용해 10진수를 2진수로 변환할 수 있다.

네트워크 어드레싱 계획 세우기

서브넷으로도 불리는 서브네트워크는 매우 보편화되어 있지만 네트워크 환경에서는 가장 규모가 작으며, 네트워크를 필요한 주소만큼 확보되는 몇 개의 작은 그룹으로 나눈 것이다. 서브넷 주소를 생성하기 위해서 IP 주소의 호스트 부분 중 몇 개 비트가 '빌려지는' 형식으로 사용되며 이것을 이용해 서브넷 주소를 생성한다. 다음 절에서는 서브넷의 기능 및 계산법을 설명한다.

서브네트워크

네트워크 관리자는 어드레싱 유연성을 확보하기 위해서 규모가 큰 네트워크를 서브네트워크나 서브넷으로 나눠야 할 때가 있다. 이번에 다룰 내용은 서브넷의 목적 및 기능 그리고 어드레싱 계획 등이다.

세 개 층으로 이뤄진 빌딩을 소유한 기업은 층마다 네트워크를 나누고, 각 층 안에서도 몇 개의 사무실로 구분해야 한다. 이 빌딩을 하나의 네트워크라고 가정하면, 나뉜 층은 세 개의 서브넷이 되고, 층 안에서 나뉜 사무실은 개별적인 호스트 주소라고 할 수 있다.

서브넷은 네트워크 안의 호스트를 나눈다. 서브넷이 사용되지 않는다면, 네트워크는 계층이 존재하지 않는 토폴로지를 갖게 된다. 계층 없는 토폴로지는 작은 라우팅 테이블을 가지며 2계층 MAC 주소에 의존해 패킷들을 전달하는 것이 보편적이다. MAC 주소는 계층 구조를 갖지 않는다. 네트워크가 확장되면, 네트워크 대역폭은 비능률적이고 비효율적으로 사용될 것이다.

계층 없는 네트워크의 단점은 다음과 같다.

- 모든 장비가 동일한 대역폭을 공유한다.
- 모든 장비가 동일한 2계층 브로드캐스트 도메인을 공유한다.
- 보안 정책을 적용하기 어려운데 그 이유는 장비 사이의 경계가 존재하지 않기 때문이다.

허브로 연결된 이더넷 네트워크에서 동일한 네트워크에 연결되어 있는 모든 호스트는 네트워크상에서 전달되는 모든 패킷을 본다. 스위치로 연결된 네트워크에서는, 호스트가 모든 브로드캐스트 패킷만을 본다. 대규모의 트래픽이 발생된 상황이라면 허브로 연결되어 세그먼트가 공유된 네트워크에서는 동시에 두 대 이상의 장비가 전송한 패킷들로 인해 많은 충돌이 발생한다. 장비가 충돌을 감지하면, 전송을 중지하고 임의의 주기 시간 이후에 전송을 다시 시작한다. 이때 사용자는 네트워크 속도가 느려졌다고 느낀다. 이러한 상황에서 라우터는 네트워크를 다수의 서브넷으로 나누는 데 사용될 수 있다. [그림 4-10]은 세 개의 서브넷으로 나뉜 작은 네트워크를 보여준다.

네트워크를 서브넷으로 나누면 다음과 같은 장점을 얻게 된다.

- 작게 나뉜 네트워크는 관리 및 위치 또는 기능에 따라 묶기가 쉬워진다.
- 전반적인 네트워크 트래픽 양이 줄어들며 성능도 향상된다.
- 전체 네트워크를 통틀어 적용하기보다 서브넷 사이의 연결 지점에 네트워크 보안을 쉽게 적용할 수 있다.

네트워크 어드레싱 계획 세우기

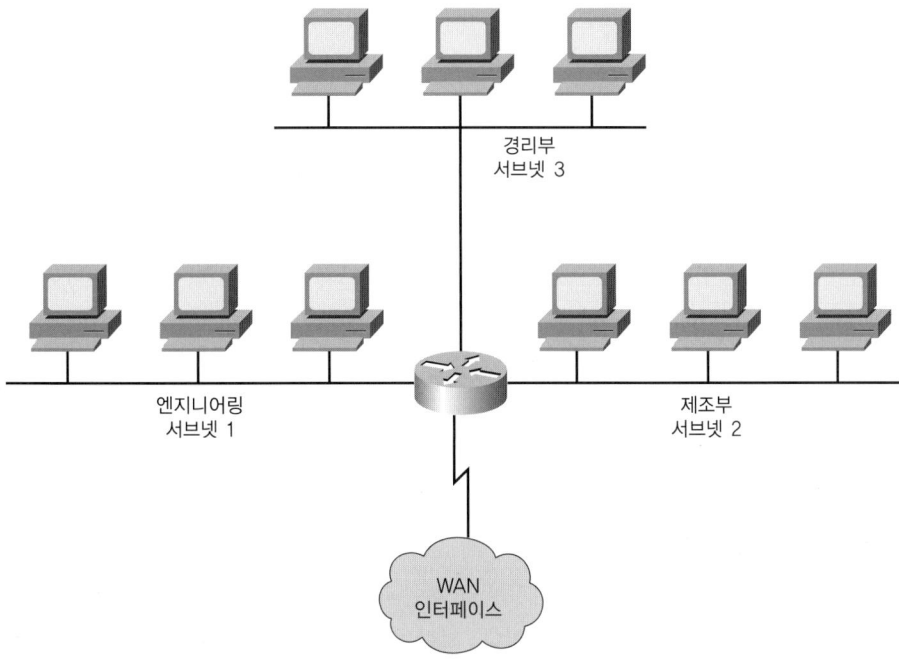

▲ 그림 4-10 네트워크 서브넷

다수의 네트워크가 존재하는 상황에서는 [그림 4-10]과 같이 각 서브넷이 개별적으로 단일 라우터를 통해 인터넷에 연결될 수 있다. 이 예제에서 네트워크는 다수의 서브네트워크로 나뉘어 있다. 내부 네트워크의 실제 세부 환경과 네트워크가 다수의 서브네트워크로 어떻게 나누어져 있는지는 다른 IP 네트워크와 관련이 없다.

IP 주소들은 IP 서브넷의 네트워크 및 호스트 주소를 식별할 수 있는 정보를 제공한다. [그림 4-11]과 같이 라우터는 주소 중 얼마만큼을 네트워크 부분으로 사용할 것인지를 결정하는 방법을 알고 있어야 한다.

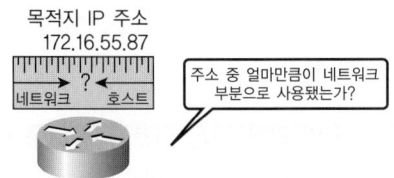

▲ 그림 4-11 네트워크 주소 결정

IP 네트워크에서 각 장비에는 IP 주소와 서브넷 마스크가 설정된다. 서브넷 마스크는 IP 주소 중 네트워크 부분을 식별한다. IP 주소 중 네트워크 부분은 간단하게 말해서 호스트 장비가 어떤 네트워크(즉, 네트워크 주소)에 있는지를 식별하는 것이다. 이것은 좀 더 효율적인 라우팅을 위해서 매우 중요하다.

2단계 주소와 3단계 주소

주소를 식별하는 IPv4와 주소 계층이 개발될 때, 2단계 주소(네트워크와 호스트)로도 충분할 것처럼 여겨졌다. 각 주소 계층(A, B, C)은 기본 마스크를 갖게 됐는데, 미리 지정해 마스크를 따로 설정하지 않도록 하기 위해서였다.

네트워크에 연결된 장비의 수가 늘어나면서, 2단계 주소 방식이 네트워크 주소를 효율적으로 활용하지 못하는 방법임을 알게 됐다. 이 문제를 극복하기 위해 서브넷을 추가하는 3단계 어드레싱 방법이 개발됐다.

서브넷 주소는 기존의 클래스풀 네트워크 부분과 서브넷 필드를 모두 포함한다. 이것은 확장된 네트워크 프리픽스로 알려져 있다. 서브넷 필드와 호스트 필드는 기존의 클래스풀 호스트 부분에서 비롯됐다. 서브넷 주소를 생성하기 위해, 기존 호스트 필드에서 비트를 빌려와 서브넷 필드로 활용할 수 있다.

그러나 네트워크 부분과 호스트 부분이 주소 중 어느 부분인지를 식별하는 방법 없이는 서브넷을 제대로 사용할 수 없다. 이런 이유로 서브넷 마스크를 설정할 필요가 생겼다.

서브넷 생성

서브넷 주소는 A 클래스, B 클래스, C 클래스 주소의 호스트 부분에서 비트를 빌려 생성된다. 대개 네트워크 관리자는 로컬에 서브넷 주소를 할당한다. IP 주소와 마찬가지로 각 서브넷 주소는 반드시 고유해야 한다.

서브넷을 생성할 때, 잠재적인 많은 호스트 주소(마지막 주소)를 사용할 수 없게 된다. 이러한 이유로 서브넷을 생성할 때 사용할 수 없게 되는 주소의 개수에 주의를 기울여야 한다. 서브넷 개수를 계산하는 데 사용되는 알고리즘은 2의 제곱근이다.

호스트 부분에서 필요한 비트를 가져올 때(빌려올 때) 주의할 점은 비트를 빌려올 때마다 서브넷 개수가 두 배씩 증가되어 생성된다는 것이다. 1비트를 빌려오면 두 개의 사용 가능한 서브넷이 생성된다($2^1 = 2$). 2비트를 빌려오면 네 개의 사용 가능한 서브넷이 생성된다 ($2^2 = 4$). 3비트를 빌려오면 여덟 개의 사용 가능한 서브넷이 생성된다($2^3 = 8$).

호스트 부분에서 비트를 빌려올 때마다, 사용 가능한 서브넷은 2의 제곱근만큼 증가하며 상대적으로 서브넷당 사용 가능한 호스트 주소는 2의 제곱근만큼 줄어든다. 이와 관련된 예제는 다음과 같다.

- 1비트를 빌려 서브넷 필드로 이용하면 2개의 사용 가능한 서브넷이 생성된다($2^1 = 2$).
- 2비트를 빌려 서브넷 필드로 이용하면 4개의 사용 가능한 서브넷이 생성된다($2^2 = 4$).
- 3비트를 빌려 서브넷 필드로 이용하면 8개의 사용 가능한 서브넷이 생성된다($2^3 = 8$).
- 4비트를 빌려 서브넷 필드로 이용하면 16개의 사용 가능한 서브넷이 생성된다($2^4 = 16$).
- 5비트를 빌려 서브넷 필드로 이용하면 32개의 사용 가능한 서브넷이 생성된다($2^5 = 32$).
- 6비트를 빌려 서브넷 필드로 이용하면 64개의 사용 가능한 서브넷이 생성된다($2^6 = 64$).

일반적으로 사용 가능한 서브넷 개수를 계산할 때 다음의 공식이 사용되며, 빌려온 서브넷 비트가 대입된다.

$$\text{서브넷 개수} = 2^s \ (s는\ 빌려온\ 서브넷\ 비트)$$

사용 가능한 서브넷 및 호스트 개수 계산

서브넷을 생성할 때 반드시 결정해야 하는 것 중 하나는 최적화된 서브넷 및 호스트 개수다. 이를 위해서는 IP의 클래스 네트워크를 이해하고 호스트를 위해 적절한 주소 공간을 할당하는 방법과 클래스 안의 비트를 이용해 네트워크를 생성하는 방법을 알고 있어야 한다. 네트워크 주소의 호스트 부분에서 비트를 빌려오면 가능하다.

C 클래스 서브네트워크를 위한 호스트 개수 계산

호스트 부분에서 비트를 빌려올 때마다, 호스트 개수를 위해 사용되는 호스트 부분의 비트는 하나씩 줄어들고 결국 호스트 주소 개수는 2의 제곱근만큼 감소된다.

예를 들면, C 클래스 네트워크 주소에서 마지막 옥텟의 8비트는 호스트 ID를 위해 사용된다. 따라서 사용이 가능한 호스트 개수는 256개가 된다. 실제로 호스트에 할당이 가능한 호스트 개수는 254개다(256 − 2; 2개는 예약된 주소).

C 클래스 네트워크가 여러 개의 서브넷으로 나뉘었다고 가정하자. 만약 8비트의 호스트 부분에서 2비트만을 빌려올 경우 호스트 부분은 6비트만 남는다. 이렇게 남은 6비트를 가지고 가능한 모든 0과 1의 조합을 계산하면 각 서브넷마다 할당될 수 있는 사용 가능한 호스트 개수를 알 수 있다. 기본적으로 256개던 서브넷당 호스트 개수는 64개가 됐다(서브넷을 생성하기 위해서 8비트의 C 클래스 네트워크 호스트 부분에서 2비트를 빌렸기 때문에 호스트용으로는 6비트만 남게 되어 결국 2^6 = 64개의 호스트 개수가 서브넷당 할당됐다). 사용 가능한 호스트 개수는 62개다(64 − 2).

C 클래스 네트워크에서 3비트를 빌릴 경우, 호스트 부분은 5비트로 줄어들고, 서브넷당 할당 가능한 호스트 개수는 32개(2^5)가 된다. 사용 가능한 호스트 개수는 30(32 − 2)이다. 서브넷당 할당이 가능한 호스트 개수는 새로 생성되는 서브넷 개수와 관련이 있다. C 클래스 네트워크에서 서브넷을 생성시키기 위해 3비트를 빌릴 경우, 사용 가능한 서브넷은 여덟 개가 되고 서브넷당 30(2^5 − 2)개의 사용 가능한 호스트 주소가 할당된다. [그림 4-12]는 C 클래스 주소에서 호스트 비트를 빌려 사용하면서 새롭게 계산된 서브넷과 호스트 개수를 보여준다.

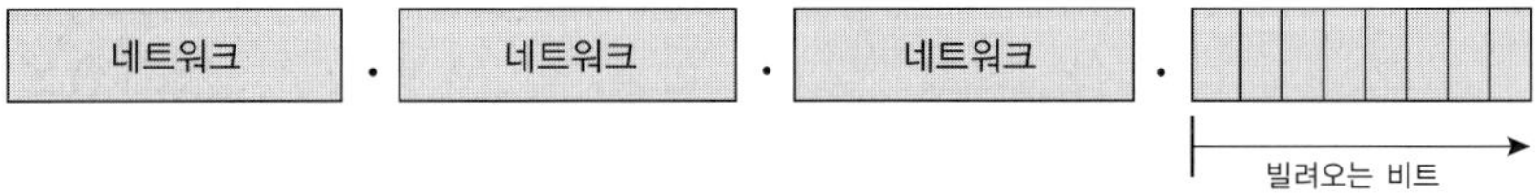

빌려온 비트 수 (s)	생성될 서브넷 개수 (2^s)	호스트 ID에 남은 비트 수 (8 − s = h)	서브넷당 할당 가능한 호스트 개수 (2^h − 2)
1	2	7	126
2	4	6	62
3	8	5	30
4	16	4	14
5	32	3	6
6	64	2	2
7	128	1	2

▲ 그림 4-12 C 클래스 네트워크 주소에서 비트 빌려오기

B 클래스 서브네트워크를 위한 호스트 개수 계산

B 클래스 네트워크 주소에서는 각각 네트워크 ID와 호스트 ID로 16비트씩 사용되고 있다. 따라서 기본 네트워크당 65,536(2^{16})개의 호스트 주소가 사용될 수 있다(브로드캐스트와 서브넷 주소로 사용돼야 하는 두 개의 주소를 제외하고 나면 65,534개의 주소가 할당될 수 있다).

B 클래스 네트워크가 여러 개의 서브넷으로 나뉘었다고 가정하자. 16비트의 호스트 부분에서 2비트만을 빌려올 경우 호스트 부분은 14비트만이 남는다. 이렇게 남은 14비트를 가지고 가능한 모든 0과 1의 조합을 계산해 보면 각 서브넷마다 할당될 수 있는 사용 가능한 호스트 개수를 알 수 있다. 결국 각 서브넷당 할당될 수 있는 호스트 개수는 16,382가 됐다.

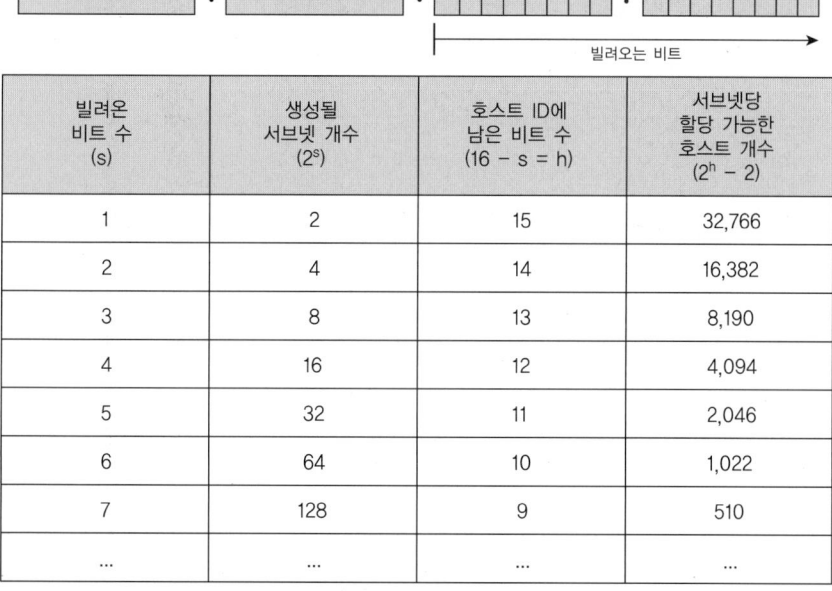

빌려온 비트 수 (s)	생성될 서브넷 개수 (2^s)	호스트 ID에 남은 비트 수 (16 − s = h)	서브넷당 할당 가능한 호스트 개수 (2^h − 2)
1	2	15	32,766
2	4	14	16,382
3	8	13	8,190
4	16	12	4,094
5	32	11	2,046
6	64	10	1,022
7	128	9	510
...	...	...	...

▲ 그림 4-13 B 클래스 네트워크 주소에서 비트 빌려오기

B 클래스 네트워크에서 3비트를 빌릴 경우, 호스트 부분은 13비트로 줄어들고, 서브넷당 할당 가능한 호스트 개수는 8192개(2^{13})가 된다. 사용 가능한 호스트 개수는 8190(8192 − 2)이다. 서브넷당 할당이 가능한 호스트 개수는 새로 생성되는 서브넷 개수와 관련이 있다. B 클래스 네트워크에서 서브넷을 생성하기 위해 3비트를 빌릴 경우, 사용 가능한 서브

넷은 6(2^3 - 2)개가 되고 서브넷당 8190(8192 - 2)개의 사용 가능한 호스트 주소가 할당된다. [그림 4-13]은 B 클래스 주소에서 호스트 비트를 빌려 사용하면서 새롭게 계산된 서브넷과 호스트 개수를 보여준다.

A 클래스 서브네트워크를 위한 호스트 개수 계산

A 클래스 네트워크 주소에서는 네트워크 ID로 8비트, 호스트 ID로 24비트가 사용되고 있다. 따라서 기본 네트워크당 16,777,216(2^{24})개의 호스트 주소가 사용될 수 있다(브로드캐스트와 서브넷 주소로 사용돼야 하는 두 개의 주소를 제외하고 나면 16,777,214개의 주소가 할당될 수 있다).

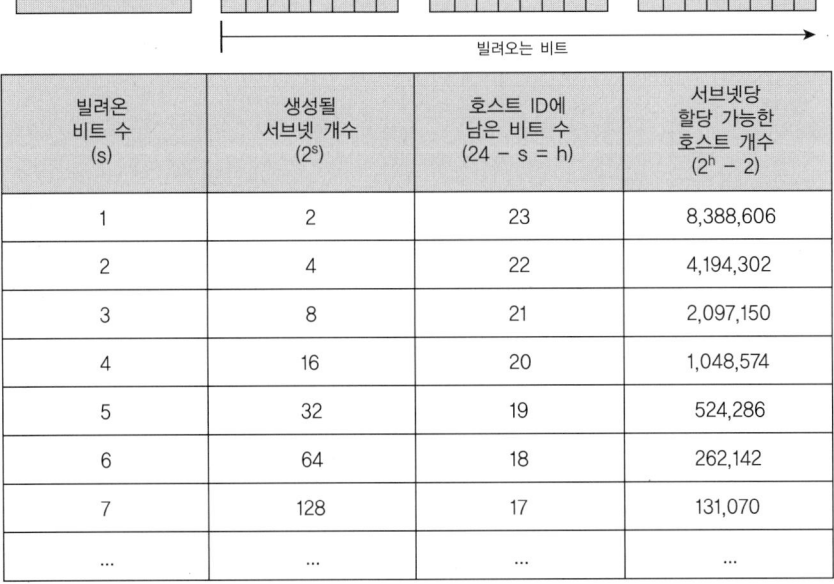

빌려온 비트 수 (s)	생성될 서브넷 개수 (2^s)	호스트 ID에 남은 비트 수 (24 - s = h)	서브넷당 할당 가능한 호스트 개수 (2^h - 2)
1	2	23	8,388,606
2	4	22	4,194,302
3	8	21	2,097,150
4	16	20	1,048,574
5	32	19	524,286
6	64	18	262,142
7	128	17	131,070
...	...	...	...

▲ 그림 4-14 A 클래스 네트워크 주소에서 비트 빌려오기

A 클래스 네트워크가 여러 개의 서브넷으로 나뉘었다고 가정하자. 만약 24비트의 호스트 부분에서 6비트만을 빌려올 경우 호스트 부분은 18비트만이 남는다. 이렇게 남은 18비트를 가지고 가능한 모든 0과 1의 조합을 계산해 보면 각 서브넷마다 할당될 수 있는 사용 가

능한 호스트 개수를 알 수 있다. 결국 각 서브넷당 할당될 수 있는 호스트 개수는 16,777,216에서 262,142로 줄어들었다. 할당 가능한 호스트 개수는 262,140(262,142 - 2)이 된다. [그림 4-14]는 A 클래스 주소에서 호스트 비트를 빌려 사용하면서 새롭게 계산된 서브넷과 호스트 개수를 보여준다.

말단 시스템에서 서브넷 마스크를 이용하는 방법

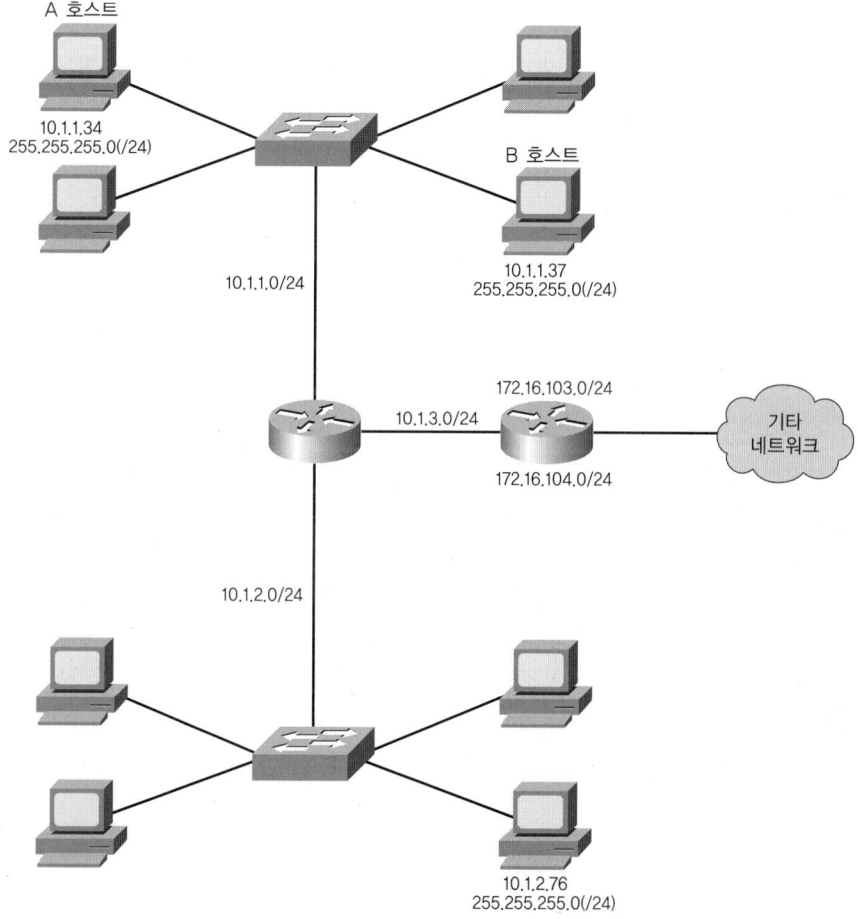

▲ 그림 4-15 로컬 호스트

말단 시스템은 서브넷 마스크를 이용해 전송되는 패킷의 목적지 네트워크 주소와 로컬 네트워크 주소의 네트워크 부분을 비교한다. 말단 시스템이 목적지로 패킷을 전송하기 전에, 반드시 목적지 주소가 로컬 네트워크인지 아닌지를 결정해야 한다. 목적지 주소의 비트와 전송하는 장비의 네트워크 비트를 비교해 결정하는 것이다. [그림 4-15]는 A 호스트와 B 호스트가 로컬 네트워크에 위치하는 것을 보여주는데 그 이유는 서브넷 주소가 모두 10.1.1.0이기 때문이다.

이 호스트들은 동일한 서브넷에 위치하고 있기 때문에, ARP(Address Resolution Protocol)를 이용해 목적지 IP 주소에 매핑된 MAC 주소를 찾으려고 할 것이다. 만약 동일한 서브넷에 연결된 것이 아닐 경우, 해당 패킷(프레임)은 반드시 기본 게이트웨이의 MAC 주소로 전달돼야 하며, 이 패킷은 목적지 네트워크로의 전달을 위해 동일한 서브넷의 라우터(기본 게이트웨이)로 전송된다.

라우터에서 서브넷 마스크를 이용하는 방법

서브넷 마스크는 IP 주소에서 네트워크 부분을 식별한다. 다른 모든 IP 호스트와 마찬가지로 라우터 역시 패킷을 적절한 목적지로 전달하기 위해 이 정보가 필요하다. 만약 패킷이 로컬 서브넷으로 향하는 것이 아니라면(오프넷으로 불림) 동일한 서브넷에 연결된 라우터(기본 게이트웨이)로 전송된다. 라우터는 패킷을 어디로 전달할 것인지를 반드시 결정해야 한다.

모든 라우터에는 라우팅 테이블이 있다. 라우터가 네트워크 계층의 어디에 위치하느냐에 따라서 라우팅 테이블의 크기는 작고 간단하거나 크고 복잡해질 수 있다. [그림 4-16]은 서로 다른 네트워크에 위치한 A 호스트와 B 호스트 사이에서 전달되는 패킷을 보여준다. 패킷이 서로 다른 네트워크로 전달되기 때문에 라우터는 반드시 라우팅 테이블을 참조해 패킷을 어디로 전달할 것인가를 결정해야 한다.

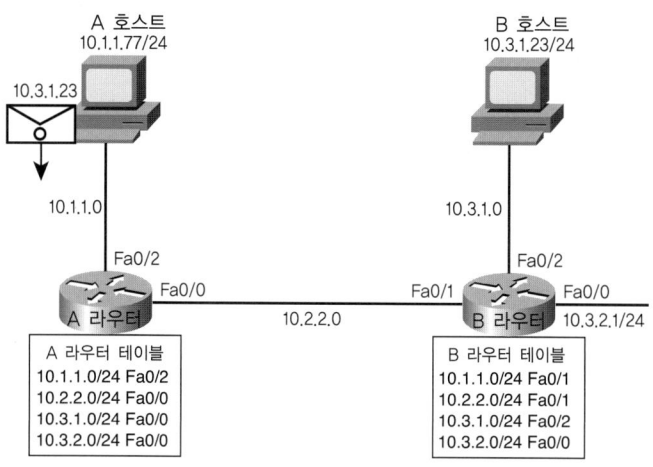

▲ 그림 4-16 라우팅 테이블

라우터는 학습한 네트워크 정보에서 네트워크 부분만을 이용해 라우팅 테이블을 구축하며, 이렇게 구축된 라우팅 테이블을 참조해 전달돼야 하는 패킷의 목적지 네트워크 주소를 비교한다. 만약 해당 목적지 네트워크가 라우터에 직접 연결된 것이 아니라면, 라우터는 다음 홉 라우터의 주소를 패킷이 전달돼야 하는 곳으로 저장한다. 라우터가 라우팅 테이블에 모든 목적지 네트워크 주소를 저장해야 하는 번거로움을 피하려면, 일치하지 않는 모든 목적지 네트워크로 향하는 패킷들을 전달하기 위해 기본 경로를 이용할 수 있다. 다음 단계들은 그 과정을 설명한다.

1단계   A 호스트는 목적지 네트워크가 오프넷인지와 기본 게이트웨이 라우터(A 라우터)를 이용할 필요가 있는지를 판단한다. A 호스트는 ARP를 통해 기본 게이트웨이의 MAC 주소를 획득하고 프레임을 A 라우터로 전달한다.

> **NOTE***
>
> A 라우터는 10.3.1.0 네트워크에 대한 경로를 갖고 있으며, 지정된 인터페이스를 통해 패킷을 B 라우터로 전달한다.

2단계   10.3.1.0/24 네트워크는 B 라우터의 Fa0/2 인터페이스에 직접 연결되어 있기 때문에 B 라우터는 ARP를 이용해 B 호스트의 MAC 주소를 획득할 것이다.

라우터를 설정할 때, 각 인터페이스는 서로 다른 네트워크나 서브넷에 연결된다. 이렇게 서로 다른 네트워크나 서브넷에서 사용 가능한 호스트 주소는 반드시 네트워크나 서브넷에 연결된 인터페이스에 할당돼야 한다. [그림 4-17]에서 A 라우터에는 두 개의 이더넷 인터페이스가 있으며, 하나는 호스트 네트워크에 연결되어 있고 다른 하나는 A 라우터를 B 라우터에 연결하는 네트워크에 연결되어 있다.

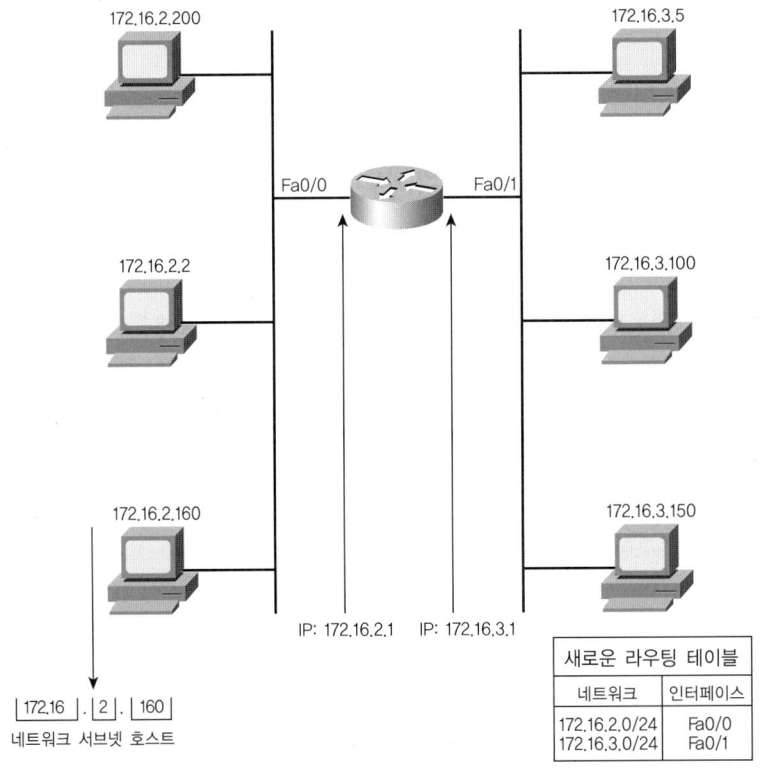

▲ 그림 4-17 라우터 인터페이스의 IP 어드레싱

172.16.2.0 서브넷에 연결된 인터페이스에는 IP 주소로 172.16.2.1이 할당되어 있으며, 172.16.3.0 서브넷에 연결된 인터페이스에는 IP 주소로 172.16.3.1이 할당되어 있다. 네트워크에 연결되어 있는 모든 호스트는 할당된 서브넷 안에 포함되어 있는 주소를 이용해야 한다. 만약 포함되어 있지 않은 주소를 이용할 경우 외부로 패킷을 전달할 수 없게 된다.

서브넷 마스크 운영 기술

서브넷 마스크는 IP 주소와 동일한 유형의 형식을 이용하지만 IP 주소는 아니다. 모든 서브넷 마스크는 IP 주소와 마찬가지로 32비트로 이뤄져 있고 네 개의 옥텟으로 구성되며 점으로 구분된 10진수로 표현된다. 서브넷 마스크를 2진수로 표현하면 네트워크와 서브넷 부분(왼쪽)은 모두 1이 되고 호스트 부분(오른쪽)은 모두 0이 된다.

옥텟당 여덟 개의 유효한 서브넷 마스크 값이 있다. 서브넷 부분은 항당 네트워크 부분의 바로 뒤에 이어진다. 즉, 빌려온 비트들은 반드시 n비트가 돼야 하는데, 이때 n은 원하는 새로운 서브넷 부분의 크기를 의미하며 기본 호스트 부분의 MSB(most significant bit)로 시작한다. 서브넷 마스크는 라우터가 어떤 비트가 라우팅(네트워크와 서브넷) 비트고 호스트 비트인지를 결정하는 데 이용되는 도구가 되는 셈이다.

128	64	32	16	8	4	2	1		
1	0	0	0	0	0	0	0	=	128
1	1	0	0	0	0	0	0	=	192
1	1	1	0	0	0	0	0	=	224
1	1	1	1	0	0	0	0	=	240
1	1	1	1	1	0	0	0	=	248
1	1	1	1	1	1	0	0	=	252
1	1	1	1	1	1	1	0	=	254
1	1	1	1	1	1	1	1	=	255

▲ 그림 4-18 서브넷 마스크 옥텟 값

옥텟의 8비트 모두가 2진수 1의 값을 갖게 되면, 해당 옥텟은 10진수 값으로 255가 된다. A 클래스에서 기본 서브넷 마스크 값은 10진수로 255.0.0.0이고, 2진수로는 11111111.00000000.00000000.00000000이며, 이를 간단하게 /8로 표현하는데, 이 세 가지 표현 모두 의미가 같다. 만약 두 번째 옥텟에서 앞의(왼쪽에서) 세 비트를 서브넷 비트로 빌려올 경우(기본 마스크 값에 세 개의 1을 더 보태면), 224(128 + 64 + 32)로 바뀐다. 결국 255.224.0.0

또는 11111111.11100000.00000000.00000000으로 변경된다. [그림 4-18]은 서브넷 마스킹을 계산하는 과정에서 사용되는 값을 보여준다.

IP 어드레싱에서 서브넷 마스크는 최종 목적지까지 패킷을 전송하는 데 필요한 네트워크 어드레싱 정보를 나타낸다. 아울러 IP 주소에서 어떤 비트가 네트워크를 가리키고 어떤 비트가 서브넷 비트를 가리키는지를 식별한다.

[그림 4-19]는 A 클래스, B 클래스, C 클래스 주소를 위한 기본 마스크 값을 나타낸다. 이 서브넷 마스크는 마스크 부분을 위해 일련의 1의 값을, 그리고 이를 제외한 나머지 부분들은 모두 0의 값을 갖는다.

```
A 클래스 주소(10진수) 예:           10.0.0.0
A 클래스 주소(2진수) 예:            00001010.00000000.00000000.00000000
A 클래스 기본 마스크 값(2진수):      11111111.00000000.00000000.00000000
A 클래스 기본 마스크 값(10진수):     255.0.0.0
클래스풀 프리픽스 기본 길이:         /8

B 클래스 주소(10진수) 예:           172.16.0.0
B 클래스 주소(2진수) 예:            10010001.10101000.00000000.00000000
B 클래스 기본 마스크 값(2진수):      11111111.11111111.00000000.00000000
B 클래스 기본 마스크 값(10진수):     255.255.0.0
클래스풀 프리픽스 기본 길이:         /16

C 클래스 주소(10진수) 예:           192.168.42.0
C 클래스 주소(2진수) 예:            11000000.10101000.00101010.00000000
C 클래스 기본 마스크 값(2진수):      11111111.11111111.11111111.00000000
C 클래스 기본 마스크 값(10진수):     255.255.255.0
클래스풀 프리픽스 기본 길이:         /24
```

▲ **그림 4-19** A, B, C 클래스의 기본 서브넷 마스크 값

서브넷 마스크 계산

대부분의 네트워크 관리자는 현재 주어진 네트워크를 관리하며 서브넷과 서브넷 마스크 값을 이용해 어드레싱을 마무리한다. 네트워크 관리자들은 현재의 IP 주소에서 어떤 부분이 네트워크고 어떤 부분이 서브넷인지 구분할 수 있어야 한다. 서브넷 마스크를 계산하는 과정은 이에 필요한 정보를 제공한다.

다음 과정은 특정 네트워크를 위해 필요한 서브넷 개수를 결정하고 서브넷을 구축하는 데 마스크 값을 적용하는 방법을 보여주고 있다.

1단계   인증기관에서 할당받은 네트워크의 IP 주소를 결정한다. 여기서는 B 클래스 주소인 172.16.0.0을 할당받았다고 가정한다.

2단계   조직에서의 주문과 관리적 요건 및 구조에 따라, 네트워크에 몇 개의 서브넷이 필요한지를 결정한다. 물론 거시적인 관점에서 계획을 세워야 한다. 25개국에 걸쳐 연결되어 있는 네트워크를 관리하고 있다고 가정한다. 각 나라마다 평균 네 개의 지사가 있다. 따라서 총 100개의 서브넷이 필요하다.

3단계   선택한 클래스 주소 및 서브넷 개수에 따라 호스트 ID에서 몇 비트를 빌려올 것인가를 결정한다. 100개의 서브넷을 만들기 위해서 7비트(2^7 = 128)를 빌려와야 한다.

4단계   선택한 서브넷 마스크의 2진수 및 10진수 값을 결정한다. B 클래스 주소의 경우 네트워크 ID로 16비트를 갖는데, 만약 7비트를 빌려올 경우 서브넷 마스크는 /23이 되며 2진수로는 11111111.11111111.11111110.00000000이 된다. 10진수로는 255.255.254.0이 된다.

5단계   서브넷 및 호스트 주소를 결정하기 위해 네트워크 IP 주소에 서브넷 마스크를 적용한다. 물론 각 서브넷마다 네트워크와 브로드캐스트 주소도 결정된다.

6단계   해당 네트워크에 지정된 서브넷을 할당한다.

네트워크 어드레싱 계획 수립

고정된 길이의 서브넷 마스크 값을 갖는 클래스풀 네트워크 환경에서는 단일 IP 주소를 전체 네트워크를 위한 주소로 지정이 가능하며 기본 서브넷 마스크 값을 사용할 수도 있다. [그림 4-20]은 주어진 네트워크 주소와 마스크 값을 이용해 전체 어드레싱 계획 중 앞의 세 단계를 나타낸 것이다.

- 네트워크 주소: 192.168.221.37
- 서브넷 마스크: 255.255.255.248

Chapter 4 _ LAN 연결

		IP 주소 192.168.221.37	서브넷 마스크 /29
단계	설명		예
1.	서브네팅으로 인해 나뉘어야 하는 옥텟의 IP 주소 2진수 값을 찾는다.		네 번째 옥텟: 00100101
2.	마스크 혹은 클래스풀 프리픽스 길이를 2진수로 적는다.		할당된 마스크: 255.255.255.248 (/29) 네 번째 옥텟: 11111000
3.	주어진 IP 주소에서 네트워크 부분을 구분하기 위해 세로로 선을 긋는다. IP 주소에서 자리 비트를 볼 수 있도록 선을 마스크까지 이어 긋는다.		구분된 옥텟(2진수): 00100|101 구분된 마스크(2진수): 11111|000

▲ 그림 4-20 어드레싱 계획 세우기, 1~3단계

서브넷 마스크를 이용해 호스트 주소 부분에서 사용되는 자리 비트를 결정한 후, 4단계에서 8단계를 진행해 서브넷 네트워크 주소, 브로드캐스트 주소, 첫 번째 호스트 주소, 마지막 호스트 주소, 다음 서브넷 주소를 찾을 수 있다. 이 과정은 [그림 4-21]에 설명되어 있다.

단계	설명	예
4.	정해진 자리 비트를 네 번 복사한다.	00100 000 (네트워크 주소) 00100 001 (서브넷의 첫 번째 주소) 00100 110 (서브넷의 마지막 주소) 00100 111 (브로드캐스트 주소)
5.	첫 번째 줄에서 남아 있는 모든 호스트 비트를 0으로 채워서 네트워크 주소를 정의한다.	완성된 서브넷 주소 네트워크 주소: 192.168.221.32 서브넷 마스크: 255.255.255.148 첫 번째 서브넷: 192.168.221.32 첫 번째 호스트 주소: 192.168.221.33 마지막 호스트 주소: 192.168.221.38 브로드캐스트 주소: 192.168.221.39 다음 서브넷: 192.168.221.40
6.	마지막 줄에서 남아 있는 모든 호스트 비트를 1로 채워서 다이렉티드 브로드캐스트 주소를 정의한다.	
7.	중간 줄에서 이 서브넷의 첫 번째 호스트 ID와 마지막 호스트 ID를 정의한다.	
8.	서브넷 비트를 1씩 증가시키면서 다음 서브넷 주소를 찾는다.	00101000 (다음 서브넷)

▲ 그림 4-21 어드레싱 계획 세우기, 4~8단계

서브넷을 위한 주소를 2진수에서 10진수로 변환하면 다음과 같다.

- 서브넷 주소: 192.168.221.32
- 첫 번째 호스트 주소: 192.168.221.33
- 마지막 호스트 주소: 192.168.221.38
- 브로드캐스트 주소: 192.168.221.39
- 다음 서브넷 주소: 192.168.221.40

이 예에서 서브넷 주소와 다이렉티드 브로드캐스트 주소를 포함한 주소 영역 사이의 경계는 192.168.221.32에서 192.168.221.39가 되며 여덟 개의 주소가 포함된다. 주소 경계는 호스트 비트 수와 크기가 동일하다($2^h = 2^3 = 8$).

C 클래스 예

[그림 4-22]에서 기본 서브넷 마스크를 사용하지 않는 C 클래스 어드레싱 계획을 세우게 된다. 주어진 주소는 192.168.5.139이며 서브넷 마스크는 255.255.255.224이고, 이를 2진수로 표현하면 11111111.11111111.11111111.11100000이고 /27로도 나타낸다.

다음은 여덟 단계로 이뤄진 계산 과정을 간단하게 설명한 것이다.

1단계	먼저 서브넷팅으로 인해 나뉘어야 하는 옥텟의 IP 주소 2진수 값을 찾는다(10001011).
2단계	동일한 옥텟에 적용된 마스크 비트를 찾는다(11100000).
3단계	주어진 IP 주소에서 네트워크 부분을 구분하기 위해 세로로 선을 긋는다. IP 주소(10000000)에서 자리 비트를 볼 수 있도록 선을 마스크까지 이어 긋는다.
4단계	자리 비트를 네 번 복사한다.
5단계	첫 번째 줄에서 남아 있는 모든 호스트 비트를 0으로 채워서 네트워크 주소를 정의한다(10000000).
6단계	마지막 줄에서 남아 있는 모든 호스트 비트를 1로 채워서 다이렉티드 브로드캐스트 주소를 정의한다(10011111).
7단계	중간 줄에서 이 서브넷의 첫 번째 호스트 ID와 마지막 호스트 ID를 정의한다. 10000001과 10011110이 된다.

8단계   서브넷 비트를 1씩 증가시키면서 다음 서브넷 주소를 찾는다. 모든 서브넷 (10100000)을 위해 4~8단계를 반복한다.

[표 4-3]은 주어진 서브넷 마스크를 이용해 가능한 서브넷 및 브로드캐스트 주소 영역을 나타낸다. [그림 4-22]에서 선택한 서브넷은 표에서 서브넷 번호 4번이다.

IP 주소 192.168.5.139   서브넷 마스크 255.255.255.224

IP 주소	192	168	5	139	
IP 주소	11000000	10101000	00000101	100|01011	
서브넷 마스크	11111111	11111111	11111111	111|00000	/27
서브넷	11000000	10101000	00000101	10000000	
서브넷	192	168	5	128	
첫 번째 호스트	192	168	5	10000001 = 129	
마지막 호스트	192	168	5	10011110 = 158	
다이렉티드 브로드캐스트	192	168	5	10011111 = 159	
다음 서브넷	192	168	5	10100000 = 160	

▲ 그림 4-22 기본 서브넷 마스크를 사용하지 않은 C 클래스 주소

▼ 표 4-3 서브넷 주소 표

서브넷 번호	서브넷 ID	호스트 범위	브로드캐스트 주소
1	192.168.5.32	192.168.5.33~192.168.5.62	192.168.5.63
2	192.168.5.64	192.168.5.65~192.168.5.94	192.168.5.95
3	192.168.5.96	192.168.5.97~192.168.5.126	192.168.5.127
4	192.168.5.128	192.168.5.129~192.168.5.158	192.168.5.159
5	192.168.5.160	192.168.5.161~192.168.5.190	192.168.5.191
6	192.168.5.192	192.168.5.193~192.168.5.222	192.168.5.223

B 클래스 예

[그림 4-23]에서 B 클래스 네트워크 주소로 기본 마스크를 사용하지 않기로 결정했다. 주어진 주소는 172.16.139.46이고 서브넷 마스크는 255.255.240.0 또는 /20이며, 이 네트워크를 위해 서브넷 및 호스트 주소를 결정할 수 있다.

IP 주소 172.16.139.46   서브넷 마스크 /20

IP 주소	172	16	139	46	
IP 주소	10101100	00010000	1000|1011	00101110	
서브넷 마스크	11111111	11111111	1111|0000	00000000	/20
서브넷	10101100	00010000	10000000	00000000	
서브넷	172	16	128	0	
첫 번째 호스트	172	16	10000000	00000001 = 128.1	
마지막 호스트	172	16	10001111	11111110 = 143.254	
다이렉티드 브로드캐스트	172	16	10001111	11111111 = 143.255	
다음 서브넷	172	16	10010000	00000000 = 144.0	

▲ 그림 4-23   기본 서브넷 마스크를 사용하지 않은 B 클래스 주소

다음은 여덟 단계로 이뤄진 계산 과정을 간단하게 설명한 것이다.

- 1단계   먼저 서브넷팅으로 인해 나뉘어야 하는 옥텟의 IP 주소 2진수 값을 찾는다(10001011).
- 2단계   동일한 옥텟에 적용된 마스크 비트를 찾는다(11100000).
- 3단계   주어진 IP 주소에서 네트워크 부분을 구분하기 위해 세로로 선을 긋는다. IP 주소(10000000)에서 자리 비트를 볼 수 있도록 선을 마스크까지 이어 긋는다.
- 4단계   자리 비트를 네 번 복사한다.

5단계   첫 번째 줄에서 남아 있는 모든 호스트 비트를 0으로 채워서 네트워크 주소를 정의한다(10000000.00000000).

6단계   마지막 줄에서 남아 있는 모든 호스트 비트를 1로 채워서 다이렉티드 브로드캐스트 주소를 정의한다(10011111.11111111).

7단계   중간 줄에서 이 서브넷의 첫 번째 호스트 ID와 마지막 호스트 ID를 정의한다. 10000000.00000001과 10011111.11111110이 된다.

8단계   서브넷 비트를 1씩 증가시키면서 다음 서브넷 주소를 찾는다. 모든 서브넷(10100000.00000000)을 위해 4~8단계를 반복한다.

[표 4-4]는 주어진 서브넷 마스크를 이용해 가능한 서브넷 및 브로드캐스트 주소 영역을 나타낸다.

▼ 표 4-4 서브넷 주소 표

서브넷 번호	서브넷 ID	호스트 범위	브로드캐스트 주소
모두 0	172.16.0.0	172.16.0.1~172.16.15.254	172.16.15.255
1	172.16.16.0	172.16.16.1~172.16.31.254	172.16.31.255
2	172.16.32.0	172.16.32.1~172.16.47.254	172.16.47.255
13	172.16.208.0	172.16.208.1~172.16.223.254	172.16.223.255
14	172.16.224.0	172.16.224.1~172.16.239.254	172.16.239.255
모두 1	172.16.240.0	172.16.240.1~172.16.255.254	172.16.255.255

A 클래스 예

[그림 4-24]에서 A 클래스 네트워크 주소로 기본 마스크를 사용하지 않기로 결정했다. 주어진 주소는 10.172.16.211이고 서브넷 마스크는 /18이며, 이 네트워크를 위해 서브넷 및 호스트 주소를 결정할 수 있다.

네트워크 어드레싱 계획 세우기

	IP 주소 10.172.16.211		서브넷 마스크 /18		
IP 주소	10	172	16	211	
IP 주소	00001010	10101100	00 010000	11010011	
서브넷 마스크	11111111	11111111	11 000000	00000000	/18
서브넷	00001010	10101100	00000000	00000000	
서브넷	10	172	0	0	
첫 번째 호스트	10	172	00000000	00000001 = 0.1	
마지막 호스트	10	172	00111111	11111110 = 63.254	
다이렉티드 브로드캐스트	10	172	00111111	11111111 = 63.255	
다음 서브넷	10	172	01000000	00000000 = 64.0	

▲ 그림 4-24 기본 서브넷 마스크를 사용하지 않은 A 클래스 주소

다음은 여덟 단계로 이뤄진 계산 과정을 간단하게 설명한 것이다.

1단계   먼저 서브넷팅으로 인해 나뉘어야 하는 옥텟의 IP 주소 2진수 값을 찾는다(00010000).

2단계   동일한 옥텟에 적용된 마스크 비트를 찾는다(11000000).

3단계   주어진 IP 주소에서 네트워크 부분을 구분하기 위해 세로로 선을 긋는다. IP 주소(00000000)에서 자리 비트를 볼 수 있도록 선을 마스크까지 이어 긋는다.

4단계   자리 비트를 네 번 복사한다.

5단계   첫 번째 줄에서 남아 있는 모든 호스트 비트를 0으로 채워서 네트워크 주소를 정의한다(00000000.00000000).

6단계   마지막 줄에서 남아 있는 모든 호스트 비트를 1로 채워서 다이렉티드 브로드캐스트 주소를 정의한다(00111111.11111111).

7단계   중간 줄에서 이 서브넷의 첫 번째 호스트 ID와 마지막 호스트 ID를 정의한다. 00000000.00000001과 00111111.11111110이 된다.

8단계   서브넷 비트를 1씩 증가시키면서 다음 서브넷 주소를 찾는다. 모든 서브넷 (01000000.00000000)을 위해 4~8단계를 반복한다.

[표 4-5]는 주어진 서브넷 마스크를 이용해 가능한 서브넷 및 브로드캐스트 주소 영역을 나타낸다.

▼ 표 4-5 서브넷 주소 표

서브넷 번호	서브넷 ID	호스트 범위	브로드캐스트 주소
모두 0	10.0.0.0	10.0.0.1~10.0.63.254	10.0.63.255
1	10.0.64.0	10.0.64.1~10.0.127.254	10.0.127.255
2	10.0.128.0	10.0.128.1~10.0.191.254	10.0.191.255
1021	10.255.64.0	10.255.64.1~10.255.127.254	10.255.127.255
1022	10.255.128.0	10.255.128.1~10.255.191.254	10.255.191.255
모두 1	10.255.192.0	10.255.192.1~10.255.255.254	10.255.255.255

네트워크 어드레싱 계획 수립 요약

이 절에서 다룬 내용을 요약 정리하면 다음과 같다.

- 네트워크, 특히 대규모의 네트워크는 작은 크기의 서브네트워크나 서브넷으로 나뉜다. 서브넷은 네트워크 성능과 제어 기능을 향상시킬 수 있다.
- 서브넷 주소는 네트워크 부분을 확장시키며 호스트 부분에서 비트를 빌려 서브넷 필드로 사용한다.
- 서브넷과 호스트의 적절한 개수를 결정하기 전에 네트워크 유형과 필요한 호스트 주소 개수를 고려해야 한다.
- 서브넷의 개수를 계산하는 알고리즘은 2^s이며, s는 서브넷 비트 수를 의미한다.
- 서브넷 마스크는 라우터가 어떤 비트가 라우팅(네트워크와 서브넷) 비트인지 어떤 비트가 호스트 비트인지를 결정하는 데 이용하는 도구다.
- 말단 시스템은 서브넷 마스크를 이용해 패킷이 전달돼야 하는 목적지 주소가 로컬 네트워크의 네트워크 부분과 일치하는지를 비교한다.

- 라우터 서브넷을 이용해 IP 주소의 네트워크 부분이 라우팅 테이블에 저장되어 있는지 혹은 패킷을 다음 라우터로 전달해야 할 필요가 있는지를 결정한다.
- 서브넷 마스크를 이용해 서브네트워크와 호스트 주소를 결정하는 과정은 다음의 단계를 통해서 이뤄진다.
    - 먼저 서브넷팅으로 인해 나뉘어야 하는 옥텟의 IP 주소 2진수 값을 찾는다.
    - 동일한 옥텟에 적용된 마스크 비트를 찾는다.
    - 주어진 IP 주소에서 네트워크 부분을 구분하기 위해 세로로 선을 긋는다.
    - 자리 비트를 네 번 복사한다.
    - 첫 번째 줄에서 남아 있는 모든 호스트 비트를 0으로 채워서 네트워크 주소를 정의한다.
    - 마지막 줄에서 남아 있는 모든 호스트 비트를 1로 채워서 다이렉티드 브로드캐스트 주소를 정의한다.
    - 중간 줄에서 이 서브넷의 첫 번째 호스트 ID와 마지막 호스트 ID를 정의한다.
    - 서브넷 비트를 1씩 증가시키면서 다음 서브넷 주소를 찾는다.

시스코 라우터 시작

시스코 라우터는 부팅하고 나면 저장된 설정이 없는 경우 제일 먼저 초기 설정에 따라 동작한다. 초기 설정 과정이 완료되고 나면, 소프트웨어 설정을 시작할 수 있다. 정상적인 초기 라우터 설정이 시스코 라우터를 설치하는 가장 첫 번째 단계임을 알아야 한다. 네트워크에서 운영하기 위해서는 라우터가 유효한 설정 값을 이용해 동작해야 한다. 이번 절에서는 라우터의 동작이 어떻게 시작되고 초기 설정은 어떻게 확인하는지에 대해 다룬다.

시스코 라우터 초기 설정

시스코 라우터의 초기 설정에는 콘솔을 통한 물리적 설치, 전원 공급, 시스코 IOS 소프트웨어 확인 등이 포함된다. 라우터를 동작시키려면 다음의 작업들을 완료해야 한다.

- 하드웨어를 점검하기 위해 POST(power-on self test) 과정을 수행한다.
- 라우터가 운영체제로 사용할 시스코 IOS 소프트웨어를 찾고 로딩시킨다.
- 라우터 관련 항목, 프로토콜 기능, 인터페이스 주소 등의 설정 값을 찾고 적용한다.

시스코 라우터에 전원이 공급되면 바로 POST를 수행한다. POST를 수행하는 동안, 라우터는 CPU, 메모리, 인터페이스 등의 기본 운영을 진단한다.

하드웨어 기능을 점검한 후, 라우터는 시스코 IOS 이미지를 찾고 로딩하는 동안 소프트웨어 초기화 과정을 수행하며 설정 파일이 존재할 경우 이를 찾고 로딩시킨다.

다음은 시스코 라우터의 초기 설정 과정에 필요한 단계를 나열한 것이다.

- 1단계 라우터를 시작하기 전에 다음의 사항들을 확인한다.
  - 모든 네트워크 케이블이 정상적으로 연결되어 있다.
  - 터미널이 콘솔 포트에 연결되어 있다.
  - HyperTerminal 같은 터미널 응용 프로그램이 선택됐다.
- 2단계 전원 스위치를 온 상태로 두거나 전원 스위치가 없는 스위치의 경우 전원을 연결한다.
- 3단계 부팅 과정과 콘솔 화면에 나타나는 시스코 IOS 소프트웨어 진행 과정을 살펴본다.

시스코 라우터 초기 셋업

라우터는 초기 과정을 진행할 때 설정 파일을 찾는다. 만약 존재하지 않을 경우 라우터는 셋업 모드(setup mode)로 불리는 질문과 답으로 이어진 설정 과정을 거친다. 셋업은 질문과 답으로 구성된 프로그램으로 최소한의 설정이 이뤄질 수 있도록 해준다. 라우터에서 POST가 성공적으로 수행되고 시스코 IOS 이미지가 로딩되고 나면 NVRAM에 저장되어 있는 설정 파일을 찾는다. 라우터의 NVRAM은 일종의 메모리로, 전원이 공급되지 않더라도 기록된 내용을 저장한다. 만약 라우터가 초기 설정 과정에서 NVRAM에 있는 설정 파일을 찾으면, 콘솔 패스워드를 입력한 후에 바로 사용자 모드 창이 나타난다.

새로운 시스코 라우터에는 설정 파일이 없다. NVRAM에 유효한 설정 파일이 존재하지 않을 경우, 운영체제는 질문과 답으로 이뤄진 초기 설정 과정을 수행하는데 이것을 시스템 설정 대화 모드 또는 셋업 모드라 한다.

셋업 모드는 라우터에 복잡한 프로토콜 기능을 설정하기 위해서가 아니라, 필요한 최소한의 설정이 가능하도록 고안된 것이다. 셋업 모드를 이용하기보다 다양한 설정 모드를 이용해 라우터를 정교하게 설정할 수 있다.

셋업 모드의 주요 목적은 설정 파일이 없는 라우터로 하여금 최소한 기능을 빠르게 설정하게 하는 것이다. 셋업 모드는 아무런 설정을 하지 않더라도 라우터가 부팅할 때 선택할 수 있으며, 라우터가 부팅된 후에도 특권 실행 모드에서 **setup** 명령어를 이용해 셋업 모드로 이동할 수 있다. [예제 4-1]은 특권 실행 모드 창에서 셋업 모드로 이동하는 방법을 설명한다.

예제 4-1 ▶ 셋업 모드로 이동

```
Router# setup


        --- System Configuration Dialog ---

Continue with configuration dialog? [yes/no]: yes

At any point you may enter a question mark '?' for help.
Use ctrl-c to abort configuration dialog at any prompt.
Default settings are in square brackets '[]'.


Basic management setup configures only enough connectivity
for management of the system, extended setup will ask you
to configure each interface on the system

Would you like to enter basic management setup? [yes/no]: no
```

setup 명령어를 입력하고 나면 질문과 답이 이어지는데, 선택할 수 있는 답은 대괄호([ ])에 있다. 그냥 **Enter**를 누를 경우 기본 값을 사용하겠다는 것을 의미한다.

"Would you like to enter basic management setup?" 질문이 화면에 나타날 때, **no**를 입력하면 질문과 답을 더 이상 진행하지 않는다. 만약 초기 설정 과정을 계속 진행하고 싶다면 **yes**를 입력한다. 대개는 **no**를 입력해 'basic management setup'을 종료시키는데, 좀 더 상세한 시스템 매개변수들을 설정하려면 확장된 셋업 모드에서 해야 하기 때문이다.

Ctrl-C를 누르면 언제든지 셋업 모드를 빠져나올 수 있다. Router# **setup** 명령어를 이용할 때도 **Ctrl-C**를 누르면 언제든지 특권 실행 모드 창(Router#)으로 빠져나올 수 있다.

만약 "Would you like to enter basic management setup?"에서 **yes**를 입력하면 "First, would you like to see the current interface summary?"라는 질문을 받게 되고, 다시 **yes**를 입력하면 라우터 인터페이스 상태를 보여준다. [예제 4-2]는 라우터 인터페이스의 현재 상태를 보여주는 과정을 설명한다. 이 정보에는 IP 주소와 현재 설정 등이 포함되어 있다.

예제 4-2 ▶ 인터페이스의 현재 상태

```
Any interface listed with OK? value "NO" does not have a valid configuration

Interface              IP-Address      OK? Method Status                Protocol
FastEthernet0/0        unassigned      NO  unset  up                    up
FastEthernet0/1        unassigned      NO  unset  up                    up
Serial0/0/0            unassigned      NO  unset  up                    up
Serial0/0/1            unassigned      NO  unset  down
```

셋업 모드를 계속 진행하면 전역 매개변수를 위한 질문이 계속 이어진다. 이 질문에 전역 매개변수 값을 입력하면 이 값들은 라우터의 설정 값으로 사용된다.

첫 번째 전역 매개변수 설정은 라우터의 호스트 이름이다. 호스트 이름은 시스코 IOS 화면에 나타나며 모든 설정 모드 앞에 위치한다. 기본 라우터 이름은 대괄호 안의 [Router]이다.

다음 매개변수는 라우터에서 사용할 다양한 패스워드다. [예제 4-3]은 기본 설정 및 전역 설정 매개변수 설정 과정을 보여준다.

예제 4-3 ▶ 기본 설정 및 전역 매개변수

```
Configuring global parameters:

  Enter host name [Router]:RouterA

The enable secret is a password used to protect access to privileged EC and configuration
modes. This password, after entered, becomes encrypted in the configuration.
  Enter enable secret: Cisco1

The enable password is used when you do not specify an enable secret password,
with some older software versions, and some boot images.
  Enter enable password: SanFran3
```

```
The virtual terminal password is used to protect access to the router over a
network interface.
    Enter virtual terminal password: Sanj0se
    Configure SNMP Network Management? [no]:
```

셋업 모드를 더 진행하면 전역 매개변수들을 추가로 설정할 수 있다. 라우터에 적용할 설정 값을 사용해서 프롬프트에서 전역 매개변수들을 입력한다. 다음 예제는 셋업 모드에서 라우팅 프로토콜을 선택하는 과정을 보여준다.

만약 프로토콜을 설정하려고 **yes**를 입력하면, 해당 프로토콜과 관련해 몇 가지 질문이 이어서 나타난다. [예제 4-4]는 이 기능을 보여준다.

예제 4-4 ▶ 추가 설정 과정

```
Configure IP? [yes]:
    Configure RIP routing? [yes]: no
Configure CLNS? [no]:
    Configure bridging? [no]:
```

셋업 모드의 질문과 답을 계속 진행하면 인터페이스를 위한 매개변수도 설정할 수 있다. 설정 값들을 이용해 적절한 매개변수를 인터페이스마다 입력할 수 있다. [예제 4-5]는 FastEthernet 0/0 인터페이스의 설정을 보여준다.

예제 4-5 ▶ 인터페이스 FastEthernet 0/0 설정

```
Configuring interface parameters:

Do you want to configure FastEthernet0/0 interface? [yes]:
  Use the 100 Base-TX (RJ-45) connector? [yes]:
  Operate in full-duplex mode? [no]:
  Configure IP on this interface? [yes]:
    IP address for this interface: 10.2.2.11
    Subnet mask for this interface [255.0.0.0] : 255.255.255.0
    Class A network is 10.0.0.0, 24 subnet bits; mask is /24
```

Chapter 4 _ LAN 연결

```
Do you want to configure FastEthernet0/1 interface? [yes]: no

Do you want to configure Serial0/0/0 interface? [yes]: no

Do you want to configure Serial0/0/1 interface? [yes]: no
```

시스코 IOS의 새로운 기능으로 시스코 자동 보안(Cisco AutoSecure) 기능이 추가됐다. 시스코 자동 보안은 시스코 IOS 보안을 위한 CLI 명령어 입력 기능으로 라우터와 네트워크를 공격하는 데 주로 이용되는 서비스의 비활성화에 이용된다. 아래의 모드 중 한 가지를 선택해 이 기능을 활성화할 수 있다.

- **상호대화식 모드**: 기타 보안 기능과 함께 서비스 활성화 유무를 사용자가 선택할 수 있는 창이 나타난다.

- **비상호대화식 모드**: 시스코에서 권장하는 기본 설정 값을 이용해 시스코 자동 보안 명령어들이 자동으로 실행된다.

> **CAUTION**
>
> 시스코 자동 보안은 해커가 라우터를 공격하는 데 주로 사용되는 서비스를 강제로 비활성화해서 최고의 보안 수준을 유지한다. 그러나 비활성화된 서비스 중 일부는 네트워크에서 운영돼야 할 필요가 있을 수 있다. 이러한 이유로 인해서 시스코 자동 보안 기능을 완전히 이해하고 네트워크에 필요한 기능임을 확인할 때까지 이 기능을 사용하지 않는 것이 좋다.

시스코 자동 보안에서 제공하는 기능은 다음과 같다.

- 다음의 전역 서비스를 비활성화한다.
    - 핑거
    - PAD(packet assembler/disassembler)
    - 스몰 서버
    - BOOTP 서버
    - HTTP 서비스
    - 식별 서비스

- CDP(Cisco Discovery Protocol)
- NTP(Network Time Protocol)
- 소스(source) 라우팅

- 다음의 전역 서비스를 활성화한다.
  - 패스워드 암호화 서비스
  - 스케줄러 주기와 할당 조정하기
  - TCP synwait 시간
  - TCP 킵얼라이브 메시지
  - SPD(security policy database) 설정
  - ICMP(Internet Control Message Protocol) 도달 불가능 메시지

- 인터페이스마다 다음의 서비스를 비활성화한다.
  - ICMP
  - 프록시 ARP(Address Resolution Protocol)
  - 다이렉티드 브로드캐스트
  - MOP(Maintenance Operation Protocol) 서비스
  - ICMP 도달 불가능 메시지
  - ICMP 마스크 회신 메시지

- 다음의 기능들을 포함해 보안을 위한 로깅 서비스를 제공한다.
  - 시퀀스(sequence) 번호와 타임스탬프(timestamp) 활성화
  - 콘솔 로그 제공
  - 로그 버퍼 크기 설정
  - 로깅 서버의 IP 주소 설정을 위한 대화 창 제공

- 다음의 기능들을 포함해 라우터로의 보안 접근을 허용한다.
  - 배너를 점검하고 자동 설정을 위한 문구를 추가하는 기능 제공
  - 로그인 과정과 패스워드 이용
  - 트랜스포트 입력과 출력 기능
  - exec-timeout 명령어
  - 로컬 AAA 기능

- SSH(Secure Shell) 타임아웃 설정 및 ssh authentication-retries 명령어
- 라우터로의 파일 송수신 및 접근을 위해 SSH 및 SCP(Secure Copy Protocol)만 이용
- 사용하지 않을 경우 SNMP(Simple Network Management Protocol) 비활성화
- 다음의 기능들을 포함해 포워딩 플레인(forwarding plane) 보안을 강화한다.
  - 가능할 경우에 CEF(Cisco Express Forwarding) 또는 dCEF(distributed CEF) 기능 활성화
  - 안티스푸핑
  - IANA(Internet Assigned Numbers Authority)에서 예약한 모든 IP 주소 차단
  - 고객이 원할 경우 사설 주소 영역 차단
  - 기본 경로를 사용하지 않을 경우 기본 경로의 목적지로 Null0을 설정
  - TCP 가로채기 기능이 지원되고 고객이 원할 경우 연결 종료 시간을 위해 TCP 가로채기 설정
  - 시스코 IOS 방화벽 이미지를 사용하고 있는 경우, 인터넷에 연결되어 있는 인터페이스에 CBAC(Context-Based Access Control) 설정
  - 포워딩 플랫폼에 NetFlow 기능 활성화

라우터에 장착된 모든 인터페이스를 위한 설정 과정을 완료하면 **setup** 명령어는 지금까지 설정된 내용을 바탕으로 생성된 명령어 스크립트를 [예제 4-6]과 같이 보여준다.

예제 4-6 ▶ 설정된 명령어 스크립트

```
The following configuration command script was created:

hostname RouterX
enable secret 5 $1$aNMG$kV3mxjlWDRGXmfwjEBNAf1
enable password cisco
line vty 0 4
password sanjose
no snmp-server
!
ip routing
no clns routing
no bridge 1
!
interface FastEthernet0/0
media-type 100BaseX
```

```
half-duplex
ip address 10.2.2.11 255.255.255.0
no mop enabled
!
interface FastEthernet0/1
shutdown
no ip address
!
interface Serial0/0/0
shutdown
no ip address
!
interface Serial0/0/1
shutdown
no ip address
dialer-list 1 protocol ip permit
!
end
[0] Go to the IOS command prompt without saving this config.
[1] Return back to the setup without saving this config.
[2] Save this configuration to nvram and exit.

Enter your selection [2]: 2
```

setup 명령어는 다음의 세 가지 옵션을 제공한다.

- [0]: 생성된 설정 값을 저장하지 않고 실행 모드로 이동
- [1]: 생성된 설정 값을 저장하지 않고 셋업 모드 다시 시작
- [2]: 생성된 설정 값을 적용하고 NVRAM에 저장한 후 실행 모드로 빠져나가기

[2]를 선택하면, 설정된 값이 실행되고 NVRAM에 저장되며, 해당 시스템은 작업을 수행하기를 기다린다. 설정 값을 수정하려면, 반드시 수동으로 원하는 값으로 다시 설정해야 한다.

setup 명령어를 통해 만들어진 스크립트 파일은 부가적인 것이다. setup 명령어를 이용해 이 기능을 온 상태로 바꿀 수 있지만 오프 상태로 바꿀 수는 없다. 그리고 setup 명령어는 라우터에서 사용하는 다양하고 많은 고급 기능의 설정을 지원하지도 않을뿐더러 좀 더 복

잡한 설정을 위해 필요한 기능도 지원하지 않는다.

시스코 라우터에 로그인하기

콘솔이나 원격 터미널에 접속하여 CLI를 이용해 시스코 라우터를 설정할 때 시스코 IOS 소프트웨어는 EXEC라는 명령어 해석기를 제공한다. EXEC는 입력되는 명령어를 해석하고 해당 명령어가 지시하는 명령을 실행시킨다. EXEC(실행) 명령어를 입력하기 전에 반드시 라우터에 로그인해야 한다.

셋업 도구를 이용해 시스코 라우터를 설정했더라도 라우터 콘솔이나 보조(AUX) 포트에서 사용자 인터페이스를 통해 설정을 수정하거나 추가할 수 있다. 물론 SSH 같은 원격 접속 응용 프로그램을 이용해 시스코 라우터에 접속하여 설정할 수도 있다.

보안을 위해서 실행 모드는 다음과 같은 두 가지 접근 수준을 제공한다.

- **사용자 모드**(user Mode): 라우터 상태를 점검하는 작업을 수행할 수 있다.
- **특권 모드**(privileged Mode): 라우터 설정을 변경하는 작업을 수행할 수 있다.

라우터에 처음 로그인할 때는 사용자 모드 창이 나타난다. 사용자 모드에서 가능한 실행 명령어들은 특권 모드에서 가능한 실행 명령어의 일부다. 이 명령어들은 라우터 설정 값을 바꾸지 않고 단순히 정보만을 보여준다.

모든 명령어를 설정하려면 **enable** 명령어와, 설정되어 있는 경우 지정된 패스워드를 이용해 반드시 특권 모드로 들어가야 한다.

> **NOTE***
> enable password로 설정된 패스워드는 show run 명령어를 입력하면 평문으로 결과 값에 그대로 나타난다. 반면에 secret password로 설정된 패스워드는 암호화되며 평문으로 나타나지 않는다. 만약 이 두 가지 형식으로 패스워드가 동시에 설정됐다면 secret password로 설정된 패스워드가 우선된다.

특권 모드로 들어가면 실행 창은 #을 화면에 표시한다. 특권 실행 모드에서는 전역 설정 모드와 인터페이스, 서브인터페이스, 라인, 라우터, 루트맵, 그리고 다양한 설정 모드로 이동이 가능하다.

특권 실행 모드에서 **disable** 명령어를 입력하면 사용자 실행 모드로 빠져나간다. **exit**나 **logout**을 입력해 현재 연결된 세션에서 완전히 벗어날 수 있다. [그림 4-25]는 이러한 모드들 간의 이동 방법을 보여준다.

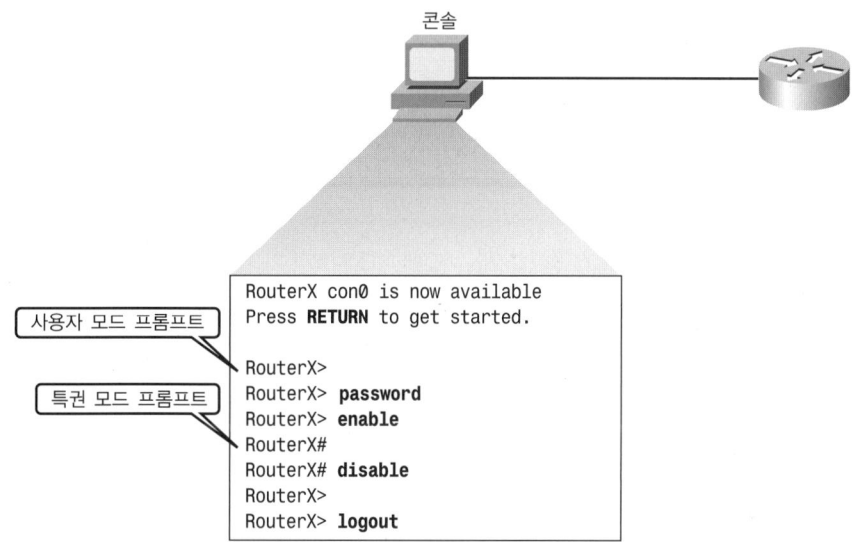

▲ 그림 4-25 사용자 모드 이동

사용자 모드나 특권 모드 프롬프트에서 물음표(?)를 입력해 현재의 모드에서 설정이 가능한 명령어들을 나열할 수 있다. [예제 4-7]은 사용자 모드에서 물음표를 입력한 결과를 보여준다.

예제 4-7 ▶ 사용자 모드에서의 도움말 기능

```
RouterX> ?

Exec commands:
  access-enable    Create a temporary Access-List entry
  access-profile   Apply user-profile to interface
  clear            Reset functions
```

```
    connect          Open a terminal connection
    disable          Turn off privileged commands
    disconnect       Disconnect an existing network connection
    enable           Turn on privileged commands
    exit             Exit from the EXEC
    help             Description of the interactive help system
    lat              Open a lat connection
    lock             Lock the terminal
    login            Log in as a particular user
    logout           Exit from the EXEC
 -- More --
```

> **NOTE***
>
> 설정 가능한 명령어는 시스코 IOS 소프트웨어 버전에 따라 다르다.

[예제 4-7]에서 결과 값으로 나타난 화면의 아래 부분을 주목해 보자. 결과 값을 화면에 나타낼 때 한 번에 모두 나타나지 않을 수 있음을 알 수 있다. 추가적인 명령어를 이용해 다음과 같은 작업을 수행할 수 있다.

- 스페이스바를 누르면 다음 화면이 나타난다.
- Return 키(일부 키보드에서는 Enter 키)를 누르면 다음 줄을 보여준다.
- 이 외의 키를 누르면 모드 프롬프트로 되돌아간다.

사용자 모드에서 특권 실행 모드로 들어가기 위해서는 **enable** 명령어를 입력해야 한다. 일반적으로 enable password가 설정되어 있을 경우 특권 실행 모드로 접속하기 전에 설정된 패스워드를 입력해야 한다.

특권 모드에서 물음표(?)를 입력하면 특권 실행 모드에서 설정이 가능한 명령어들의 목록을 보여준다. [예제 4-8]은 특권 모드에서의 도움말 기능을 나타낸다.

예제 4-8 ▶ 특권 모드에서의 도움말 기능

```
RouterX# ?

Exec commands:
  access-enable    Create a temporary Access-List entry
  access-profile   Apply user-profile to interface
  access-template  Create a temporary Access-List entry
  bfe              For manual emergency modes setting
  cd               Change current directory
  clear            Reset functions
  clock            Manage the system clock
  configure        Enter configuration mode
  connect          Open a terminal connection
  copy             Copy from one file to another
  debug            Debugging functions (see also 'undebug')
  delete           Delete a file
  dir              List files on a filesystem
  disable          Turn off privileged commands
  disconnect       Disconnect an existing network connection
  enable           Turn on privileged commands
  erase            Erase a filesystem
  exit             Exit from the EXEC
  help             Description of the interactive help system
-- More --
```

NOTE*

설정 가능한 명령어는 시스코 IOS 소프트웨어 버전에 따라 다르다.

라우터 초기 설정 상태 보여주기

시스코 라우터에 로그인한 후에 라우터의 하드웨어 및 소프트웨어 상태는 **show version** 명령어, **show running-config** 명령어, **show startup-config** 명령어를 이용해 확인할 수 있다.

show version 명령어는 시스템 하드웨어 설정, 소프트웨어 버전, 메모리 크기, 레지스터 설정 값 등을 보여준다. [예제 4-9]는 **show version** 명령어의 결과 값이다.

예제 4-9 ▶ show version 명령어 결과 값

```
Cisco IOS Software, 2800 Software (C2800NM-ADVIPSERVICESK9-M), Version
12.4(12), RELEASE SOFTWARE (fc1)
Technical Support: http://www.cisco.com/techsupport
Copyright (c) 1986-2006 by Cisco Systems, Inc.
Compiled Fri 17-Nov-06 12:02 by prod_rel_team

ROM: System Bootstrap, Version 12.4(13r)T, RELEASE SOFTWARE (fc1)

RouterX uptime is 2 days, 21 hours, 15 minutes
System returned to ROM by power-on
System image file is "flash:c2800nm-advipservicesk9-mz.124-12.bin"


This product contains cryptographic features and is subject to United States and local
country laws governing import, export, transfer and use. Delivery of Cisco cryptographic
products does not imply third-party authority to import, export, distribute or use
encryption. Importers, exporters, distributors and users are responsible for compliance
with U.S. and local country laws. By using this product you agree to comply with
applicable laws and regulations. If you are unable to comply with U.S. and local laws,
return this product immediately.

A summary of U.S. laws governing Cisco cryptographic products may be found at:
http://www.cisco.com/wwl/export/crypto/tool/stqrg.html

If you require further assistance please contact us by sending email to
export@cisco.com.

Cisco 2811 (revision 53.50) with 249856K/12288K bytes of memory.
Processor board ID FTX1107A6BB
2 FastEthernet interfaces
2 Serial(sync/async) interfaces
1 Virtual Private Network (VPN) Module
DRAM configuration is 64 bits wide with parity enabled.
239K bytes of non-volatile configuration memory.
62720K bytes of ATA CompactFlash (Read/Write)
Configuration register is 0x2102

RouterX#
```

이 예를 보면, 전체 RAM 용량에서 주 메모리를 위해 249,856KB가 할당됐고 모든 인터페이스가 공유하는 I/O 메모리에 12,288KB가 할당된 것을 확인할 수 있다. I/O 메모리는 라우팅 도중에 임시로 저장되는 패킷을 위해 사용된다.

이 라우터는 각각 두 개의 패스트 이더넷 인터페이스와 시리얼 인터페이스를 갖고 있다. 이렇게 확인하는 것은 하드웨어를 점검하는 차원에서 사전에 예상했던 인터페이스 구성과 해당 인터페이스로부터 수행되는 기능을 다시 확인할 수 있어 매우 유용하다.

이 라우터는 전체 NVRAM 용량에서 239KB를 초기 설정 값을 위해 사용하고 있으며 시스코 IOS 이미지를 위해 용량이 62,720KB인 플래시 메모리를 갖고 있다.

시스코 라우터 시작 요약

이 절에서 다룬 핵심 내용을 요약하면 다음과 같다.

- 라우터의 초기 설정 순서는 카탈리스트 스위치와 비슷하다. 라우터는 먼저 POST를 수행하고 시스코 IOS 이미지를 찾아 로딩시킨다. 마지막으로, 라우터 운영을 위한 설정 파일을 찾고 로딩시킨다.
- enable 명령어를 이용해 사용자 실행 모드에서 특권 실행 모드로 이동할 수 있다.
- 시스코 라우터에 로그인한 후, show version 명령어, show running-config 명령어, show startup-config 명령어 등을 이용해 라우터의 초기 설정 상태를 확인할 수 있다.

시스코 라우터 설정

하드웨어 설치와 시스코 라우터의 초기 설정이 마무리되면 인터네트워크를 위해 본격적으로 라우터를 설정할 수 있다. 물론 IP 라우팅 같은 고급 기능을 설정하기 전에 시스코 IOS CLI(command-line interface), 명령어 모드, 운용에 대한 지식을 습득하고 있어야 한다. 다음 절에서는 시스코 라우터의 기본 설정 방법을 다룬다.

시스코 라우터 설정 모드

특권 실행 모드에서 전역 설정 모드로 이동이 가능하며, 전역 설정 모드에서는 라우터 설정 모드로의 접근을 제공한다. [그림 4-26]은 서로 다른 설정 모드를 나열하고 이 모드들 간의 이동 방법을 설명한다.

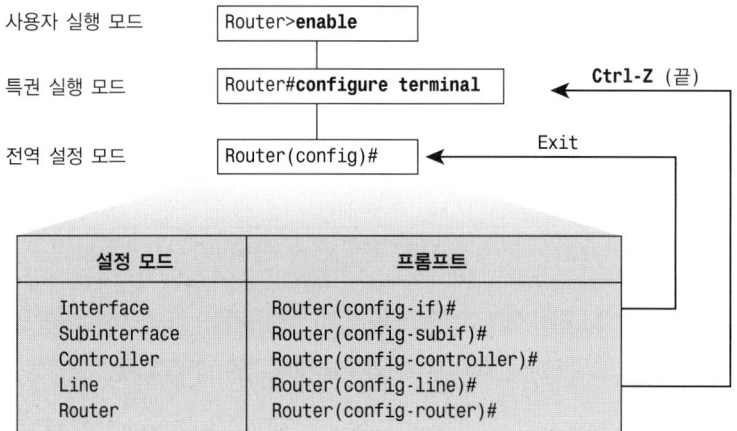

▲ 그림 4-26 설정 모드 이동

시스코 라우터를 설정하는 첫 번째 단계는 셋업 도구를 이용하는 것이다. 셋업은 기본적인 초기 설정을 할 수 있도록 도와준다. 좀 더 복잡하고 특별한 설정은 CLI를 이용해 터미널 설정 모드에서 가능하다.

특권 실행 모드에서, **configure terminal** 명령어를 이용해 전역 설정 모드로 이동할 수 있다. 전역 설정 모드에서는 다음과 같은 다양한 모드로의 이동이 가능하다.

- Interface(인터페이스): 인터페이스 단위로 필요한 설정 명령어를 지원한다.
- Subinterface(서브인터페이스): 하나의 물리적 인터페이스에서 다수의 가상 인터페이스의 설정 명령어를 지원한다.
- Controller(컨트롤러): 컨트롤러 설정 명령어를 지원한다(예: E1과 T2 컨트롤러).
- Line(라인): 콘솔이나 vty 포트 같은 터미널 라인을 설정하는 명령어를 지원한다.
- Router(라우터): IP 라우팅 프로토콜을 설정하는 명령어를 지원한다.

exit 명령어를 입력하면 라우터는 바로 전 수준의 모드로 되돌아가며, 결국 로그아웃될 수 있다. 대개는 특정 설정 모드에서 전역 설정 모드로 돌아갈 때 **exit** 명령어를 사용한다. **Ctrl-Z**를 누르면 설정 모드에서 완전히 벗어나게 되며 특권 실행 모드로 돌아간다.

터미널 설정 모드에서만 상위 설정 모드로 이동이 가능하다. 각 설정 모드로의 진입 명령어를 입력한 후에 **Enter** 키를 눌러야 한다.

명령어 구문을 잘못 입력하지 않으면 명령어는 실행되고 실행 설정 파일에 저장되며 바로 효력을 발휘한다.

라우터 전체에 영향을 미치는 명령어들을 전역 명령어라고 한다. **hostname**과 **enable password** 명령어가 전역 명령어의 한 예다.

특정 프로세스나 인터페이스를 가리키는 명령어들은 메이저(major) 명령어라고 한다. 메이저 명령어는 CLI에서 특정 설정 모드로 이동시킨다. 메이저 명령어는 하위명령어가 입력되어 설정이 적용되기 전까지는 아무런 영향을 미치지 않는다. 예를 들면, **interface serial 0** 메이저 명령어는 해당 인터페이스에 하위명령어가 입력되기 전까지는 아무런 영향을 미치지 않는다.

다음은 메이저 명령어와 하위명령어의 예다.

```
Router(config)# interface serial 0 (메이저 명령어)
Router(config-if)# shutdown (하위명령어)
Router(config-if)# line console 0 (메이저 명령어)
Router(config-line)# password cisco (하위명령어)
Router(config-line)# router rip (메이저 명령어)
Router(config-router)# network 10.0.0.0 (하위명령어)
```

메이저 명령어를 입력하면 특정 설정 모드에서 다른 설정 모드로 이동한다는 점에 주목한다. 이것은 다른 설정 모드로 이동하기 위해 다시 전역 설정 모드로 되돌아가는 수고를 덜어준다.

라우터를 설정하기 위해 명령어를 입력한 후에는 반드시 **copy running-config startup-config** 명령어를 입력해 실행 설정 파일을 NVRAM에 저장해야 한다. 만약 NVRAM에 저장되지 않으면 라우터가 재부팅됐을 때 설정을 잃어버려 더 이상 유효하지 않게 되고 NVRAM에 저장됐던 마지막 실행 파일을 참조한다. [예제 4-10]은 실행 파일을 초기 참조 파일로 저장하는 예다.

예제 4-10 ▶ 실행 파일 저장

```
Router#
Router# copy running-config startup-config

Destination filename [startup-config]?
Building configuration...

Router#
```

CLI를 이용한 시스코 라우터 설정

CLI에서의 설정 모드는 라우터 이름, 패스워드, 기타 콘솔 명령어의 설정에 이용된다.

라우터를 설정할 때 첫 번째 작업은 라우터 이름을 설정하는 것이다. 라우터에 이름을 설정하면 네트워크에서 각 라우터마다 고유한 식별 기호를 갖게 되어 네트워크를 관리하는 데 유리하다. 라우터의 이름은 호스트 이름으로 분류되며 시스템 프롬프트에 나타난다. 라우터 이름이 설정되지 않으면, 기본 라우터 이름인 Router가 표시된다. 라우터 이름은 전역 설정 모드에서 설정된다. [예제 4-11]은 라우터 이름을 RouterA로 설정하는 과정을 보여준다.

예제 4-11 ▶ 라우터 이름 설정

```
Router(config)# hostname RouterA

RouterA(config)#
RouterA(config)# banner motd # You have entered a secured system Authorized access only!#
```

터미널에 연결된 모든 시스템에 전달할 수 있는 MOTD(message-of-the-day)를 설정할 수 있다. 이 배너는 로그인할 때 나타나며 네트워크 사용자에게 영향을 줄 수 있는 시스템 셧다운과 같은 경고 메시지를 전달하는 데 유용하다. **banner motd** 명령어를 입력할 때, 하나 이상의 공백과 특정 기호를 선택해 입력해야 한다. 예를 들면, 특정 기호로 #을 선택할 수 있다. 특정 기호 뒤에 배너 문구를 입력한 후에 마지막에 동일한 특정 기호를 입력해 문구가 완성됐음을 알린다.

아울러 인터페이스에 인터페이스가 어떤 네트워크 서비스에 연결됐는지와 같은 설명을 덧붙이면 특정 정보를 기억하는 데 도움을 받을 수 있다. 이러한 설명 문구는 인터페이스가 현재 어떻게 사용되고 있는지를 간단하게 나타내면 된다. **show interfaces** 명령어를 이용해 라우터 메모리에 존재하는 설정 값들을 확인할 때도 해당 설명 문구를 볼 수 있다.

그 밖의 유용한 콘솔 라인 명령어로 **exec-timeout**이 있다. 다음 예는 **exec-timeout** 명령어를 이용해 기본 타임아웃이 10분인 콘솔 실행 세션 시간을 20분에서 30분으로 변경하는 설정을 보여준다.

콘솔 라인 명령어인 **logging synchronous**는 실행 모드나 설정 명령어를 입력하는 동안 콘솔 메시지를 화면에 동시에 나타나도록 한다. 콘솔 메시지와 입력하는 명령어가 섞여서 화면에 보이는 것이 아니라 입력하고 있던 명령어를 콘솔 메시지와 섞이지 않고 다시 보이게 하며 입력 후에 "interrupts"라는 콘솔 메시지가 나타난다. 이것은 입력하고 있던 명령어를 확인할 수 있도록 도와준다. [예제 4-12]는 이를 위한 콘솔 명령어 설정 방법을 보여준다.

예제 4-12 ▶ 콘솔 명령어 설정

```
RouterA(config)# line console 0
RouterA(config-line)# exec-timeout 20 30
RouterA(config-line)# logging synchronous
```

CAUTION*

exec-timeout을 너무 길게 설정하면 보안이 취약해질 수 있다.

시스코 라우터 인터페이스 설정

라우터의 주된 기능은 네트워크 장비 사이의 패킷 전달이다. 이를 위해서, 어떤 인터페이스를 통해 패킷을 송수신할 것인지를 정의해야 한다.

라우터 인터페이스 설정에는 인터페이스의 IP 주소, 데이터 링크 캡슐화 유형, 미디어 유형, 대역폭, 클록 속도 등이 있다.

인터페이스마다 다양한 기능을 활성화할 수 있다. 인터페이스 설정 모드 명령어는 이더넷, 시리얼, 기타 인터페이스 유형들을 지정할 수 있다. **interface** 명령어를 입력한 후에는 반드시 인터페이스 유형과 번호를 지정해야 한다. 번호는 라우터의 인터페이스 하드웨어의 물리적 위치에 따라 다르며 인터페이스들을 식별하는 데 이용된다.

이러한 식별 기능은 단일 라우터에 동일한 유형의 인터페이스가 여러 개 설치되어 있는 경우 매우 중요하다. 다음은 인터페이스 유형과 번호를 설정하는 예다.

```
Router(cofnig)# interface serial 0
Router(config)# interface fa 0/0
```

시스코 2800 시리즈와 3800 시리즈의 ISR(Integrated Services Router) 인터페이스나 기타 모듈형 라우터에서는 라우터에서의 슬롯 위치와 모듈의 포트 번호를 다음과 같이 지정한다.

```
Router(config)# interface fa 1/0
```

인터페이스 설정 모드에서 빠져나가려면 Router(config-if)# 창에서 **exit** 명령어를 입력한다.

인터페이스 설정에 설명 문구를 입력하려면, 인터페이스 설정 모드에서 **description** 명령어를 이용한다. 설정된 설명 문구를 제거하려면 **no description** 명령어를 이용하면 된다. **show interface** 명령어를 실행시킬 때 설정된 설명 문구를 확인할 수 있다.

네트워크의 세그먼트나 특정 인터페이스와 관련해 하드웨어 유지보수가 필요할 때 인터페이스를 비활성화할 수 있다. 또한 네트워크 안의 특정 세그먼트에 문제가 발생하면 해당 인터페이스를 비활성화하고 다른 네트워크로부터 문제가 발생한 세그먼트를 고립시켜야 한다.

인터페이스 하위명령어인 **shutdown**을 입력해 인터페이스를 비활성화할 수 있다. 다시 활성화하려면 **no shutdown**을 입력하면 된다. [예제 4-13]은 이 명령어들과 결과 값을 보여준다.

시스코 라우터 설정

> **예제 4-13** ▶ 시리얼 인터페이스 활성화와 비활성화
>
> ```
> RouterX# configure terminal
> RouterX(config)# interface serial 0
> RouterX(config-if)# shutdown
>
> %LINK-5-CHANGED: Interface Serial0, changed state to administratively down
> %LINEPROTO-5-UPDOWN: Line protocol on Interface Serial0, changed state to down
> RouterX# configure terminal
> RouterX(config)# interface serial 0
> RouterX(config-if)# no shutdown
>
> %LINK-3-UPDOWN: Interface Serial0, changed state to up
> %LINEPROTO-5-UPDOWN: Line Protocol on Interface Serial0, changed state to up
> ```

셋업 모드에서 설정하기 전에 인터페이스를 제일 먼저 설정할 때는 반드시 해당 인터페이스가 패킷을 처리할 수 있도록 관리적으로 활성화해야 한다. 인터페이스 하위명령어인 **no shutdown**을 이용해 시스코 IOS 소프트웨어로 하여금 해당 인터페이스를 이용하게 해야 한다.

시스코 라우터 IP 주소 설정

시스코 라우터의 인터페이스마다 네트워크에서 식별될 수 있는 고유한 IP 주소를 가져야 한다. [그림 4-27]은 라우터에 연결된 네트워크마다 고유한 IP 주소가 설정되어 있는 것을 나타낸다.

시스코 라우터에서 인터페이스를 설정하려면 다음의 단계들을 수행해야 한다.

1단계　configure terminal 명령어를 이용해 전역 설정 모드로 들어간다.

　　　　`Router# configure terminal`

2단계　interface *type slot/port* 명령어를 이용해 IP 주소가 필요한 인터페이스를 지정한다.

　　　　`Router(config)# interface fa 0/0`

3단계   ip address *ip-address mask* 명령어를 이용해 IP 주소와 서브넷 마스크를 설정한다.

Router(config-if)# **ip address 192.168.1.1 255.255.255.0**

4단계   관리적으로 비활성화되어 있는 인터페이스를 no shutdown 명령어를 이용해 활성화 상태로 변경한다.

Router(config-if)# **no shutdown**

5단계   exit 명령어를 이용해 인터페이스 설정 모드를 벗어난다.

Router(config-if)# **exit**

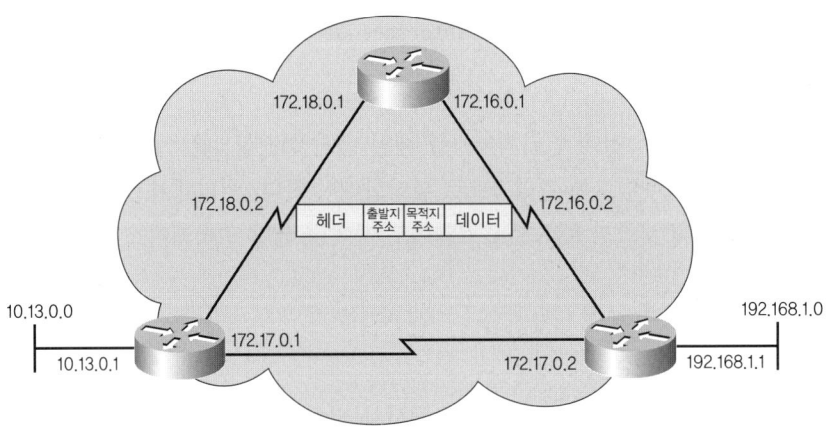

▲ 그림 4-27 인터넷 주소

인터페이스 설정 확인

라우터에서 인터페이스 설정이 완료되면 **show interfaces** 명령어를 이용해 설정을 확인할 수 있다.

show interfaces 명령어는 라우터의 모든 네트워크 인터페이스의 상태와 통계 정보를 보여준다. 선택적으로 특정 인터페이스만의 상태를 확인하려면 **show interfaces type slot** 명령어를 이용한다. [예제 4-14]는 **show interfaces** 명령어의 결과 값을 보여준다.

예제 4-14 ▶ show interfaces 명령어의 실행 결과

```
RouterA# show interfaces

Ethernet0 is up, line protocol is up
  Hardware is Lance, address is 00e0.1e5d.ae2f (bia 00e0.1e5d.ae2f)
  Internet address is 10.1.1.11/24
  MTU 1500 bytes, BW 10000 Kbit, DLY 1000 usec, rely 255/255, load 1/255
  Encapsulation ARPA, loopback not set, keepalive set (10 sec)
  ARP type: ARPA, ARP Timeout 04:00:00
  Last input 00:00:07, output 00:00:08, output hang never
  Last clearing of "show interface" counters never
  Queueing strategy: fifo
  Output queue 0/40, 0 drops; input queue 0/75, 0 drops
  5 minute input rate 0 bits/sec, 0 packets/sec
  5 minute output rate 0 bits/sec, 0 packets/sec
     81833 packets input, 27556491 bytes, 0 no buffer
     Received 42308 broadcasts, 0 runts, 0 giants, 0 throttles
     1 input errors, 0 CRC, 0 frame, 0 overrun, 1 ignored, 0 abort
     0 input packets with dribble condition detected
     55794 packets output, 3929696 bytes, 0 underruns
     0 output errors, 0 collisions, 1 interface resets
     0 babbles, 0 late collision, 4 deferred
     0 lost carrier, 0 no carrier
     0 output buffer failures, 0 output buffers swapped out
```

이더넷 인터페이스의 결과 값과 그 의미는 [표 4-6]에 설명되어 있다.

▼ 표 4-6 show interfaces 명령어의 실행 결과 값 설명

결과	설명
Ethernet ... is {up | down | administratively down}	인터페이스 하드웨어 상태가 활성화(active)인지 비활성화(inactive)인지 혹은 관리적으로(administratively) 비활성화인지를 가리킨다.
line protocol is {up | down}	라인 프로토콜을 제어하는 소프트웨어 프로세스가 인터페이스의 사용 가능 여부를 어떻게 판단했는지를 가리킨다.
Hardware	하드웨어 유형(예: MCI 이더넷, 시리얼 통신 인터페이스(SCI), cBus 이더넷)과 주소를 나타낸다.
Internet address	프리픽스 길이(서브넷 마스크)와 함께 IP 주소를 나타낸다.
MTU	인터페이스의 MTU(maximum transmission unit)를 나타낸다.

(계속)

▼ 표 4-6 show interfaces 명령어의 실행 결과 값 설명(계속)

결과	설명
BW	인터페이스의 대역폭으로 단위는 kbps다. 대역폭 매개변수는 라우팅 프로토콜 메트릭과 그 밖의 식을 계산하는 데 이용된다.
DLY	인터페이스의 지연 값으로 마이크로초 단위를 사용한다.
rely	인터페이스의 신뢰성 수준을 나타내는데, 5분마다의 평균 수치를 보여 주며 255까지의 수를 통해 평가한다(255/255는 100% 신뢰 수준을 의미한다).
load	인터페이스의 부하를 나타내는데, 5분마다의 평균 수치를 보여주며 255까지의 수를 통해 평가한다(255/255는 100% 점유됐음을 의미한다).
Encapsulation	해당 인터페이스의 캡슐화 유형을 나타낸다.
keepalive	킵얼라이브가 설정됐는지를 가리킨다.
ARP type:	ARP 유형을 나타낸다.
loopback	루프백이 설정됐는지를 가리킨다.
Last input	해당 인터페이스에 마지막 패킷이 성공적으로 수신된 이후의 시간을 시간, 분, 초 단위로 나타낸다. 해당 인터페이스의 장애가 언제 발생했는지를 판단할 때 유용하다.
output	해당 인터페이스를 통해 패킷이 마지막으로 전송된 이후의 시간을 시간, 분, 초 단위로 나타낸다. 해당 인터페이스의 장애가 언제 발생했는지를 판단할 때 유용하다.
output hang	해당 인터페이스를 통해 패킷을 전송할 때, 시간이 너무 경과해 인터페이스를 리셋한 후에 경과된 시간을 나타낸다. 24시간이 경과하면 날짜와 시간이 표시되며, 너무 많이 시간이 경과되면 별표(*)가 표시된다.
Last clearing	인터페이스의 통계 자료(송수신된 데이터의 바이트 수)가 측정되고 경과된 시간을 가리킨다. 그러나 라우팅에 영향을 주는 변수(예를 들면, 로드와 신뢰성)는 측정되는 통계 자료에 포함되지 않는다. 리셋된 시간이 너무 오래 경과되면 별표(*)로 표시한다.
Output queue, input queue, drops	출력 및 입력 큐에 대기하는 패킷 수를 가리킨다. 패킷 수와 최대 큐 용량은 슬래시(/)로 구분되며 바로 뒤에 큐 용량의 한계로 폐기된 패킷 수가 표시된다.
Five minute input rate, Five minute output rate	지난 5분 동안 송신 및 수신된 패킷의 비트 수를 나타낸다. 만약 해당 인터페이스가 무차별(promiscuous) 모드가 아닐 경우, 송수신되는 네트워크 트래픽만을(모든 네트워크 트래픽이 아닌) 감지한다. 이 값은 5분 동안의 트래픽을 지수 평균으로 계산한 값이기 때문에 트래픽 양을 추정하는 용도로만 사용해야 한다.
packets input	시스템이 에러 없이 수신한 패킷 수를 나타낸다.
bytes input	시스템이 에러 없이 수신한 패킷의 총 바이트 수며, 데이터와 MAC 캡슐화 패킷까지 포함한다.

no buffers	주 시스템의 버퍼 용량이 부족해서 폐기된 패킷 수다. 'ignored count'와 비교된다. 이더넷 환경에서 브로드캐스트 폭풍이 발생할 때 이 수치가 증가한다.
Received...broadcasts	해당 인터페이스를 통해 수신한 브로드캐스트 또는 멀티캐스트 패킷 수다. 브로드캐스트의 개수는 낮게 유지돼야 한다. 대략적인 임계치는 입력된 총 패킷 수의 20%를 넘지 않는다.
runts	최소 이더넷 프레임 크기보다 작아서 폐기된 이더넷 프레임의 개수다. 64바이트보다 작은 모든 이더넷 프레임은 runt로 분류된다. 일반적으로 충돌에 의해 발생되는 편이다. 백만 바이트당 1개 이상의 runt 프레임이 발견되면 구체적으로 조사를 하는 것이 좋다.
giants	최대 이더넷 프레임 크기보다 커서 폐기된 이더넷 프레임의 개수다. 1518바이트보다 큰 모든 이더넷 프레임은 giant로 분류된다.
input error	runts, giants, no buffer, CRC, frame, overrun, ignored로 계산된 프레임 개수를 모두 포함한다. 다른 유형의 수신 관련 에러도 개수에 포함될 수 있으며 몇몇 데이터그램은 하나 이상의 에러를 발생시킬 수 있다. 따라서 이 값은 실제로 계산된 수신 에러 개수와 같지 않을 수 있다.
CRC	CRC는 프레임을 전송한 LAN 스테이션이나 수신된 데이터로부터 일치하지 않은 체크섬 값을 수신한 멀리 떨어진 장비에서 발생된다. LAN에서는 인터페이스나 LAN 버스 자체에서 노이즈 혹은 전송 문제로 인해 발견되기도 한다. CRC 값이 너무 많을 경우 충돌 또는 불완전한 데이터가 너무 많이 발생된 것을 의미하기도 한다.
frame	CRC가 잘못되어 있고, 프레임의 길이가 옥텟의 배수가 아닌 에러 수를 나타낸다. LAN에서는 일반적으로 충돌이 발생하거나 오작동하고 있는 이더넷 장비에서 발생한다.
overrun	수신 장비가 프레임의 입력 속도가 너무 빨라서 수신한 데이터를 하드웨어 버퍼로 넘기지 못한 횟수를 가리키며, 수신율이 데이터 처리 속도를 뛰어넘기 때문에 발생한다.
ignored	인터페이스 하드웨어 자체의 내부 버퍼 용량이 부족해서 패킷을 폐기한 횟수를 가리킨다. 이 버퍼는 앞에서 설명한 시스템 버퍼와는 다르다. 브로드캐스트 폭풍이나 노이즈의 과다 발생으로 인해 증가될 수 있다.
input packets with dribble condition detected	dribble 비트 에러는 프레임이 규정보다 더 긴 경우를 가리킨다. 이 프레임 에러는 정보 습득을 목적으로 횟수를 기록한다. 라우터는 정상적인 프레임으로 간주한다.
packet output	시스템에 의해 전송된 총 패킷 수다.
bytes	시스템이 전송한 총 바이트 수를 표시하며, 데이터와 MAC 캡슐화까지 포함된다.
underruns	라우터가 출력을 위해 하드웨어 버퍼로 데이터를 전달할 수 있는 속도보다 더 빠르게 전달되어 패킷을 폐기한 횟수를 가리킨다. 몇몇 인터페이스 유형에서는 이 횟수가 보고되지 않을 수 있다.

(계속)

▼ 표 4-6 show interfaces 명령어의 실행 결과 값 설명(계속)

결과	설명
output errors	인터페이스를 통해 전송돼야 하는 데이터그램 중 검사를 통해 발견된, 최종 전송이 되지 않은 모든 에러의 총 합이다. 이 값이 데이터그램당 하나씩 발생한 에러를 가리키는 것이 아닐 수도 있는데, 그 이유는 몇몇 데이터그램에서 하나 이상의 에러가 발생될 수도 있고 지정된 어느 범주에도 속하지 않는 에러를 갖고 있을 수도 있기 때문이다.
collisions	이더넷 충돌로 인해 재전송된 메시지의 수다. 이것은 과도하게 확장된 LAN(이더넷 또는 트랜시버 케이블이 너무 길거나, 두 스테이션이 두 개 이상의 리피터로 연결되어 있거나, 또는 다중 포트를 가진 트랜시버가 연속적으로 연결되어 있는 환경)에서 발견된다. 충돌이 발생한 패킷은 출력 패킷으로 한 번만 셈에 포함된다.
interface resets	인터페이스가 완전하게 리셋된 횟수를 가리킨다. 이것은 전송돼야 할 패킷이 큐잉 상태에서 몇 초 동안 전송이 되지 않을 때 발생될 수 있다. 시리얼 라인에서는 클록 신호를 전송하는 모뎀이 오작동을 일으키거나 케이블 문제 때문에 발생할 수 있다. 만약 시스템이 시리얼 인터페이스의 라인이 업 상태인 데 반해 라인 프로토콜이 다운 상태임을 감지할 경우 주기적으로 리셋을 수행해 인터페이스의 상태를 초기화하려고 한다. 인터페이스 리셋은 인터페이스가 루프백 상태이거나 셧다운 상태일 때도 발생할 수 있다.

show interfaces 명령어의 실행 결과 값에서 가장 중요한 부분은 데이터 링크 프로토콜의 상태를 나타내는 줄이다. 다른 유형의 인터페이스의 경우 상태에 나타난 값들이 조금 다를 수 있다. [그림 4-28]은 결과 값에서 중요한 부분만을 나타낸 것이다.

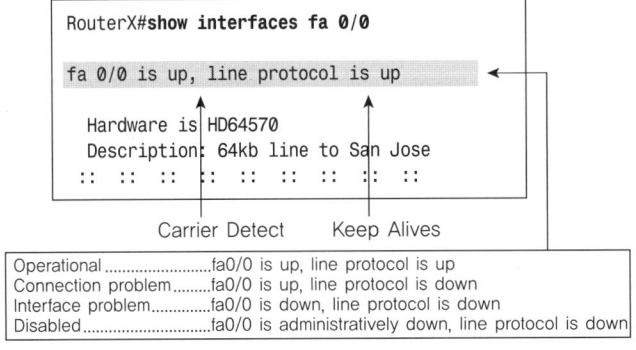

▲ 그림 4-28 인터페이스 상태

첫 번째 매개변수 값은 하드웨어 계층의 상태를 나타내며, 기본적으로 인터페이스에 연결된 장비(DCE)로부터 신호를 수신하고 있는지를 반영한다. 두 번째 매개변수는 데이터 링크 계층의 상태를 나타내며, 데이터 링크 계층의 프로토콜이 킵얼라이브 상태에서 계속 수신 중인지를 반영한다.

show interfaces 명령어 결과 값을 통해 인터페이스에서 발생할 수 있는 문제들을 다음과 같이 해결할 수 있다.

- 인터페이스는 업 상태인 데 반해 라인 프로토콜이 다운이라면 문제가 발생한 것이다. 다음과 같은 가능성을 고려해 볼 수 있다.
    - 킵얼라이브가 없음
    - 동일하지 않은 캡슐화 유형
- 라인 프로토콜과 인터페이스가 모두 다운 상태라면, 라우터가 부팅된 후 케이블이 제대로 연결되지 않았거나 다른 유형의 인터페이스 문제가 발생됐을 가능성이 있다. 예를 들면, 백 투 백 연결에서 상대편 장비의 인터페이스가 관리적으로 비활성화되어 있을 수 있다.
- 인터페이스가 관리적으로 비활성화되어 있다면, 이것은 활성화 상태에서 의도적으로 비활성화되도록(shutdown 같은 명령어가 입력되어) 설정된 것이다.

시리얼 인터페이스를 설정한 후에 **show interface serial** 명령어를 이용해 변경사항을 확인한다.

시스코 라우터 설정 요약

이 절에서 다룬 내용을 정리 요약하면 다음과 같다.

- 특권 실행 모드에서 전역 설정 모드로 이동이 가능하며 인터페이스 설정 모드나 라인 설정 모드로의 접근을 허용한다.
- 라우터의 주된 기능은 네트워크 사이에서 패킷을 전달하는 것이다. 이를 위해서, 어떤 인터페이스가 패킷을 송수신할 것인지를 결정하고 필요한 기능을 설정해야 한다. IP 주소와 대역폭 같은 인터페이스 설정은 인터페이스 설정 모드에서 가능하다.
- TCP/IP 환경에서, 말단 장비는 다른 말단 장비나 서버로 직접 연결되어 있지 않아도 통신이 가능하다. 이것은 각 노드마다 TCP/IP 프로토콜이 고유한 32비트 IP 주소를 사용하기 때문이다.
- 라우터 인터페이스 설정이 완료되면 show 명령어를 통해 확인할 수 있다.

패킷 전달 과정 분석

패킷 전달 과정을 이해하는 것은 시스코 네트워크 장비를 이해하는 데 기초가 된다. 네트워크를 관리하려면 호스트 간의 통신 및 라우터를 이해해야 한다. 다음 절에서는 그림을 통해서 라우터를 경유해 이뤄지는 호스트 간의 통신을 설명한다.

2계층 어드레싱

호스트 간의 통신에서 유선을 통해 이더넷 프레임을 전송하기 위해 2계층 MAC 주소가 필요하다. MAC 주소는 호스트와 같은 말단 장비들에 할당된다. 라우터의 물리적 인터페이스는 3계층 기능을 제공하며 MAC 주소 역시 할당된다. 이 주소들은 엔드 투 엔드 전달 과정의 기본이다. [그림 4-29]는 이 절에서 설명하는 데 이용될 2계층 어드레싱을 보여준다.

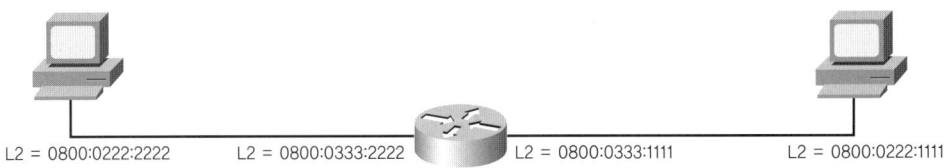

▲ 그림 4-29 2계층 어드레싱

3계층 어드레싱

네트워크 사이에서 데이터를 전송하기 위해 네트워크와 호스트를 식별하는 데 쓰이는 3계층 어드레싱 유형이 반드시 필요하다. 예를 들면, IP를 3계층 어드레싱에 이용하는 것이다. [그림 4-30]은 패킷 전달 과정에 이용되는 장비를 위한 3계층 어드레싱을 나타낸다. 라우터의 인터페이스마다 3계층 주소가 설정된다. 이 주소는 각 서브넷마다 연결되어 있는 클라이언트를 위한 게이트웨이가 되며, 서브넷 마스크를 이용해 라우터에 연결되어 있는 네트워크를 식별한다.

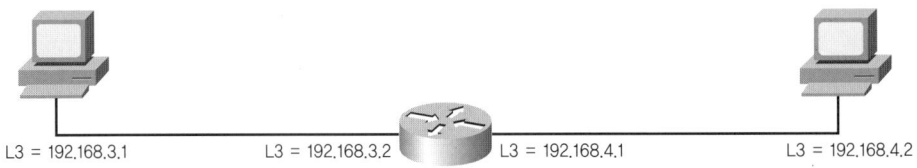

▲ 그림 4-30 3계층 어드레싱

호스트 대 호스트 패킷 전달

라우티드 네트워크를 경유해 IP 패킷을 전달하는 과정은 우편 서비스를 이용해 편지를 전달하는 것과 유사하다. 가장 중요한 것은 데이터 송신자 및 수신자의 주소를 아는 것이다. 라우티드 네트워크를 경유해 IP 패킷을 전달하는 과정에는 많은 단계가 포함된다. 이어지는 그림들을 통해 각 과정에 대한 이해를 돕는다.

IP 호스트는 IP 주소 및 서브넷 마스크를 통해 어떤 네트워크 안에 포함되어 있는지를 결정한다는 것을 앞의 절에서 다뤘다. 호스트는 로컬 IP 네트워크로 향하지 않는 나머지 패킷들을 기본 게이트웨이로 전송할 것이다. 기본 게이트웨이는 로컬 라우터의 주소로 호스트마다(PC나 서버) 반드시 설정돼야 한다.

[그림 4-31]에서 호스트 192.168.3.1은 자신이 갖고 있는 애플리케이션 데이터를 호스트 192.168.4.2로 전송하려고 한다. 애플리케이션은 UDP를 해당 데이터를 전송하는 도구로 선택했는데, 이것은 해당 애플리케이션에서 전달의 신뢰성이 그다지 중요하지 않거나 기본적으로 사용하도록 지정될 수 있다.

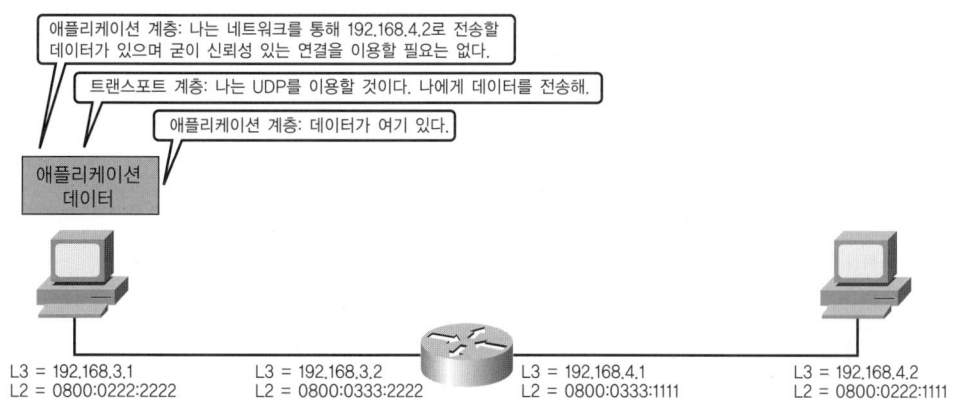

▲ 그림 4-31 애플리케이션은 전송 스택으로 데이터를 전송한다.

세션을 형성할 필요가 없기 때문에, 해당 애플리케이션은 데이터 전송을 시작할 수 있다. UDP는 UDP 헤더를 앞에 붙이고, PDU를 IP(3계층)로 전달하며, 이때 PDU를 192.168.4.2로 전송하라는 명령어도 함께 넣는다. IP는 3계층 패킷에서 PDU를 캡슐화하며 이를 2계층으로 전달한다. 이 과정은 [그림 4-32]에 나타나 있다.

Chapter 4 _ LAN 연결

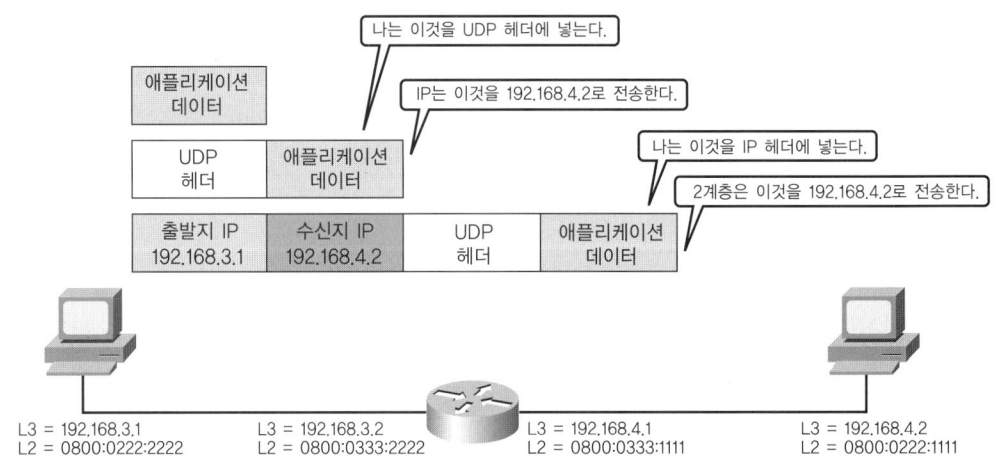

▲ **그림 4-32** 전송 계층에서 IP 스택으로 데이터를 전송한다.

이 예는 2계층에서 패킷을 전송하는 데 사용했던 예제와 다른데, 두 호스트가 각각 192.268.3.0/24와 192.168.4.0/24라는 각기 다른 세그먼트에 위치하고 있기 때문이다. 호스트에는 IP 주소와 서브넷 마스크가 설정되기 때문에, 192.168.4.0이 다른 네트워크라는 것을 이해할 수 있다. 그러나 이렇게 다른 네트워크로 전달하는 방법을 모르기 때문에 기본 게이트웨이로 전송되는데, 게이트웨이는 해당 프레임을 전달할 수 있다. 호스트가 기본 게이트웨이와 일치하는 2계층 주소 정보를 갖고 있지 않을 경우, 호스트는 표준 ARP를 이용해 해당 정보를 획득한다. [그림 4-33]은 이 과정을 보여준다.

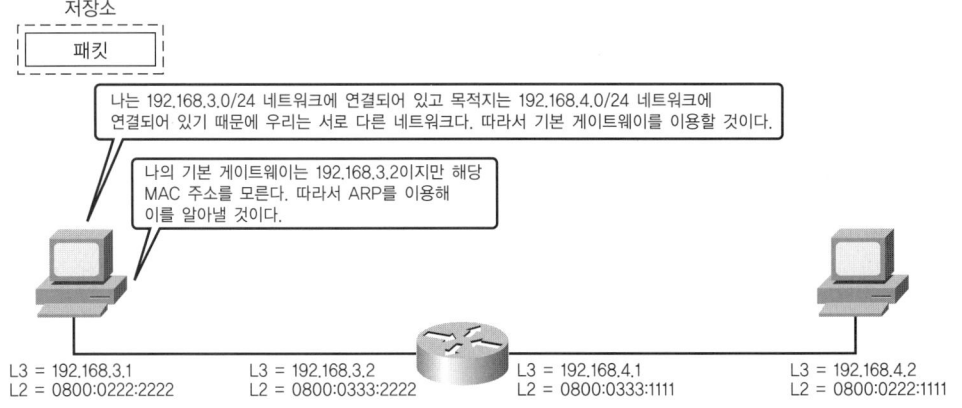

▲ **그림 4-33** 호스트가 다른 서브넷에 연결되어 있다는 것을 결정한다.

사용자는 기본 게이트웨이로 192.168.3.2를 이용하도록 되어 있다. 호스트 192.168.3.1은 ARP 요청 패킷을 전송하고, 이에 대한 응답 패킷을 라우터로부터 받는다. [그림 4-34]는 PC가 ARP 요청 패킷을 전송하는 것을 나타낸다.

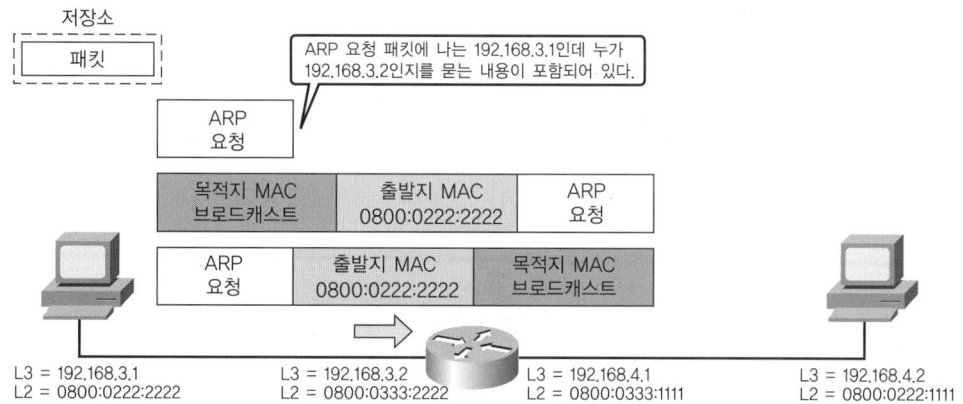

▲ 그림 4-34 라우터로 향하는 ARP 요청 패킷

ARP는 2계층 브로드캐스트 프레임이기 때문에 라우터를 경유해 다른 세그먼트로 전달되지 않는다. 그러나 로컬 세그먼트에 연결된 라우터 인터페이스는 ARP 패킷을 라우터 CPU로 전달해 다음 과정을 진행하도록 한다. 라우터는 ARP 요청 패킷을 다른 모든 호스트에 전달한다. [그림 4-35]는 ARP 요청 패킷을 라우터가 처리하는 과정을 보여준다.

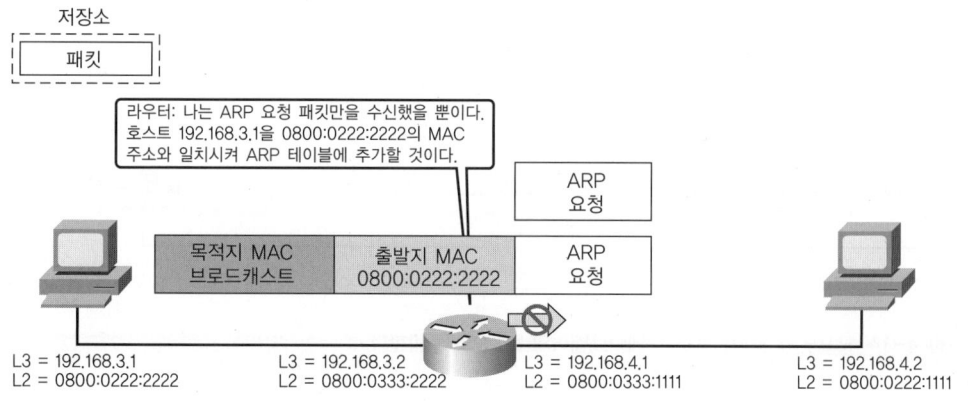

▲ 그림 4-35 ARP 요청 패킷을 처리하는 라우터

라우터는 이렇게 추가된 PC의 주소 정보를 ARP 테이블에 업데이트하고, [그림 4-36]에서처럼 ARP 요청에 대한 응답을 전송한다.

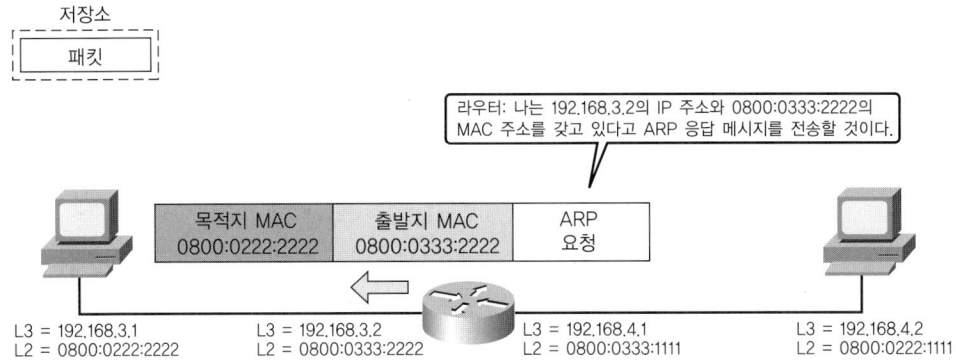

▲ 그림 4-36 ARP 요청에 대한 라우터의 응답

목적지 호스트는 ARP 요청 패킷을 수신한다. 이제 호스트는 2계층 프레임을 생성해 이를 전송할 수 있다. 목적지 호스트가 오프넷에 연결되어 있기 때문에, 프레임에서 3계층 주소는 라우터의 MAC 주소와 결합된다. [그림 4-37]은 이 과정을 나타낸다.

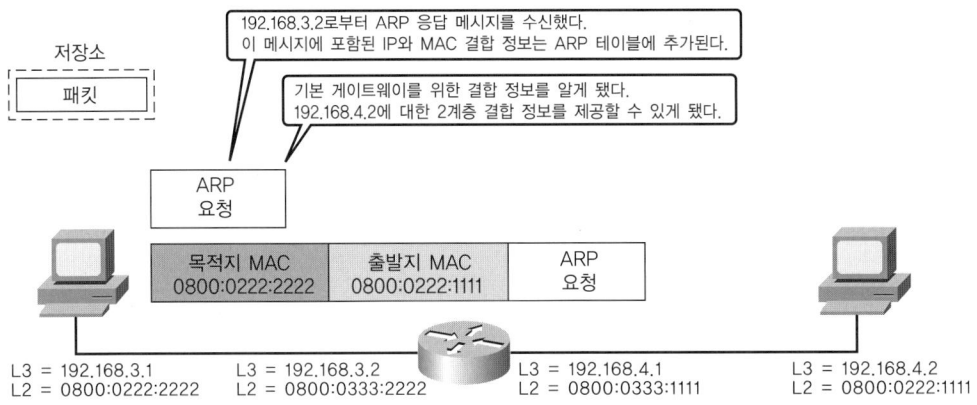

▲ 그림 4-37 오프넷의 3계층 주소는 게이트웨이의 2계층과 결합한다.

결합 정보를 기다렸던 프레임은 출발지의 로컬 호스트 IP 주소와 MAC 주소를 가지고 전송된다. 그러나 목적지 IP 주소가 원격 호스트이기 때문에 목적지 MAC 주소는 기본 게이트웨이의 것으로 결합된다. [그림 4-38]은 라우터로 전송되는 프레임을 보여준다.

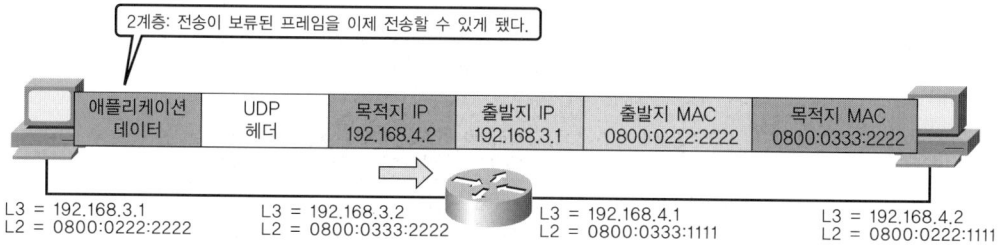

▲ 그림 4-38 라우터로 향하는 프레임

라우터가 프레임을 수신하면, 자신의 MAC 주소가 목적지임을 알게 되고 프레임을 처리한다. 3계층 헤더를 보고 라우터는 목적지 IP 주소가 자신의 주소가 아님을 알게 되며, 이렇게 목적지가 로컬이 아닌 모든 패킷만을 처리하는 라우팅 프로세스(RP)로 전달한다. [그림 4-39]를 보면 쉽게 이해할 수 있다.

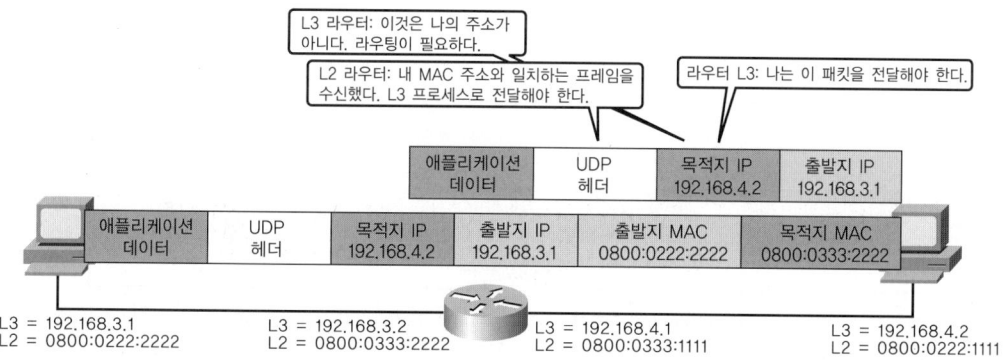

▲ 그림 4-39 라우터 프로세스의 프레임 처리

라우팅 프로세스는 라우팅 테이블에서 목적지 IP 주소를 발견한다. 이 예에서, 목적지 세그먼트는 라우터에 바로 연결된 네트워크다. 따라서 라우팅 프로세스는 적절한 인터페이스로 해당 패킷을 직접 2계층으로 전달할 수 있다. 이러한 내용은 [그림 4-40]에 나타나 있다.

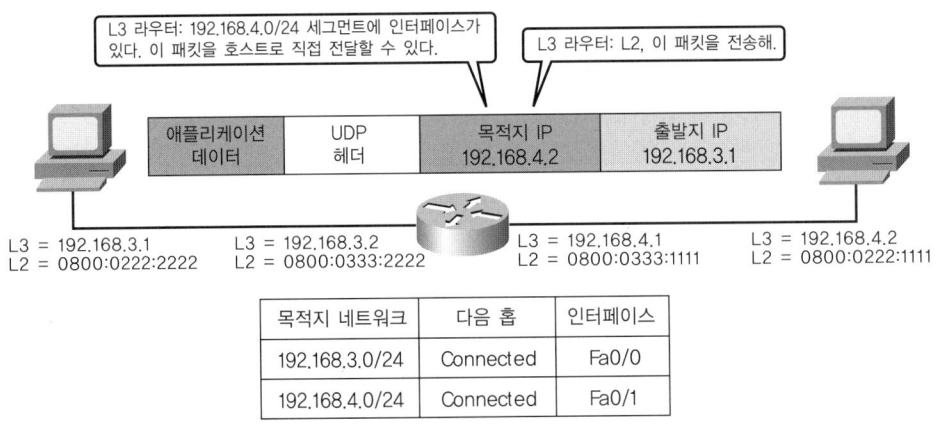

▲ **그림 4-40** 라우팅 테이블 참조

라우터는 이더넷을 이용해 목적지 인터페이스로 패킷을 전송한다. 이것은 라우터가 수신 장비의 MAC 주소를 알고 있어야 가능하다. 2계층 주소를 모를 경우에는 ARP를 이용해 IP 주소에 매핑되는 MAC 주소를 찾을 수 있다. [그림 4-41]에 이 과정이 설명되어 있다.

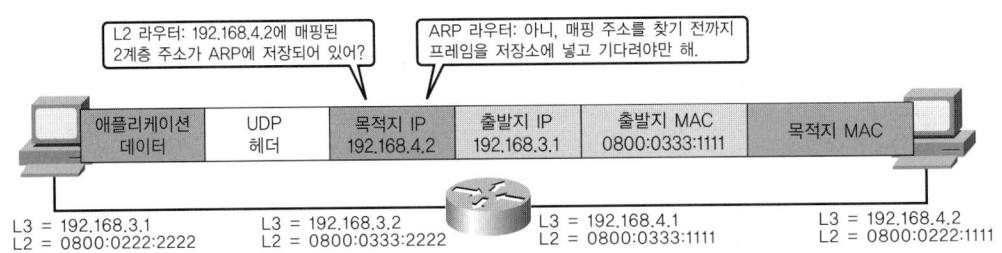

▲ **그림 4-41** 라우터는 수신 장비의 2계층 주소를 알기 위해 ARP를 이용한다.

ARP는 라우터로부터 말단 워크스테이션까지 전송된다. 2계층은 ARP 프로세스를 이용해 [그림 4-42]에서와 같이 원하는 IP 주소와 MAC 주소의 매핑 정보를 얻는다.

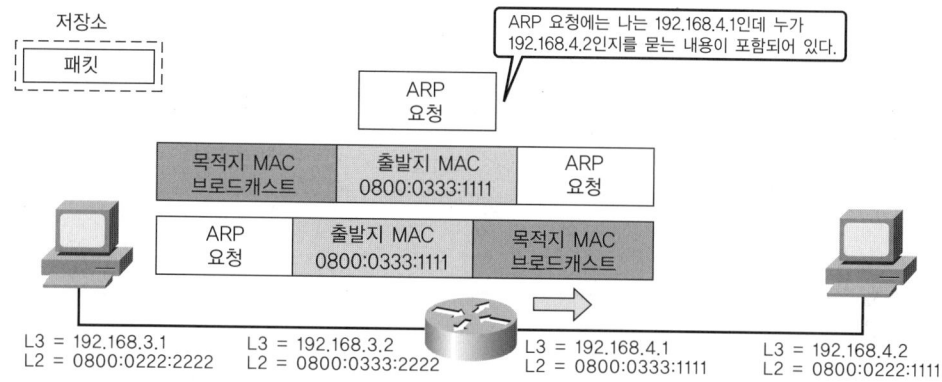

▲ 그림 4-42 ARP

호스트는 ARP 요청이 포함된 프레임을 수신하고 [그림 4-43]에서처럼 해당 요청을 ARP 프로세스에 전달한다.

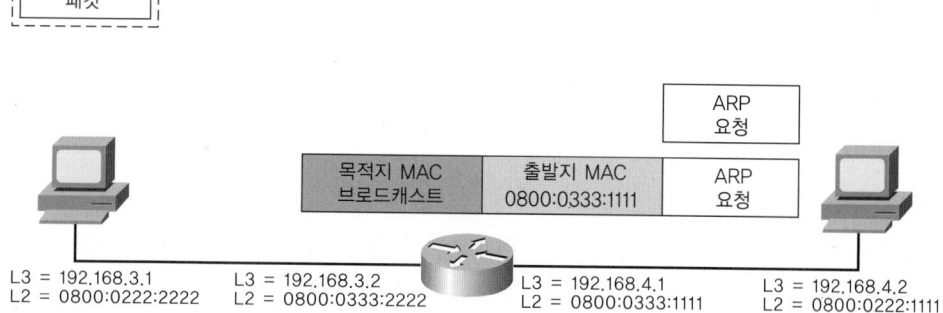

▲ 그림 4-43 호스트는 ARP 요청 패킷을 수신한다.

호스트는 [그림 4-44]와 같이 ARP 요청에 응답한다.

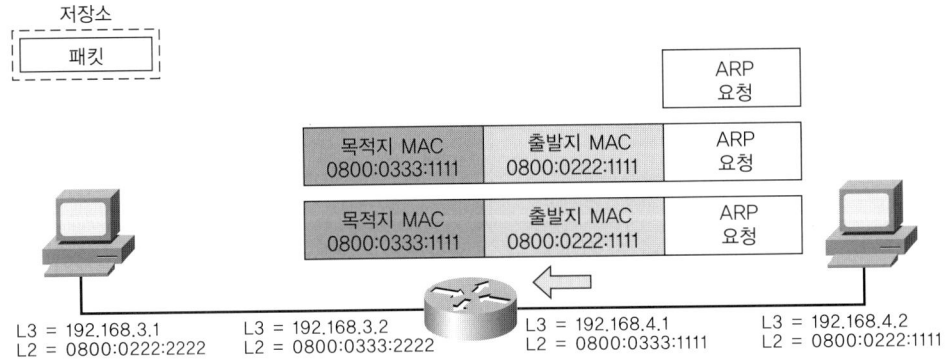

▲ 그림 4-44 ARP 요청에 대한 호스트의 응답

라우터가 최종 목적지에 해당하는 장비의 MAC 주소를 획득하면, 이 목적지로 프레임이 전달되고 패킷 전송 과정은 마무리된다. 이는 [그림 4-45]에 설명되어 있다.

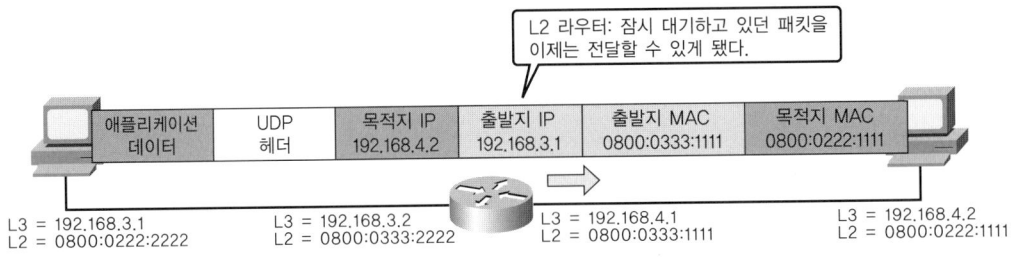

▲ 그림 4-45 라우터는 최종 목적지 장비로 프레임을 전달한다.

show ip arp 명령어 이용

라우터의 실행 모드에서, **show ip arp** 명령어를 이용해 라우터가 갖고 있는 2계층 매핑 정보를 확인할 수 있다.

ARP 캐시 정보를 확인하려면, 다음과 같이 실행 명령어인 **show ip arp**를 이용한다.

show ip arp [`ip-address`] [`host-name`] [`mac-address`] [`interface type number`]

명령어 구문은 [표 4-7]에 설명되어 있다.

▼ 표 4-7 show ip arp 명령어 구문 설명

구문	설명
ip-address	(옵션) 지정된 IP 주소와 결합된 ARP 엔트리를 나타낸다.
host-name	(옵션) 지정된 호스트 이름과 결합된 ARP 엔트리를 나타낸다.
mac-address	(옵션) 지정된 MAC 주소와 결합된 ARP 엔트리를 나타낸다.
interface type number	(옵션) 지정된 인터페이스를 통해 학습한 ARP 엔트리들을 나타낸다.

ARP는 네트워크 주소들(예를 들면, IP 주소)에 적절하게 대응되는 LAN 하드웨어 주소들(이더넷 주소)을 찾는다. 이렇게 찾아낸 정보는 지정된 기간 동안 캐시에 저장되며 기간이 경과되면 자동으로 폐기된다.

[예제 4-15]는 **show ip arp** 명령어 결과를 보여주며, [표 4-8]은 결과에 나타난 필드 값에 대한 설명이다.

예제 4-15 ▶ show ip arp 명령어 결과

```
Router# show ip arp

Protocol  Address          Age(min)    Hardware Addr    Type    Interface
Internet  172.69.233.229      -        0000.0c59.f892   ARPA    Ethernet0/0
Internet  172.69.233.218      -        0000.0c07.ac00   ARPA    Ethernet0/0
Internet  172.69.233.19       -        0000.0c63.1300   ARPA    Ethernet0/0
Internet  172.69.233.309      -        0000.0c36.6965   ARPA    Ethernet0/0
Internet  172.19.168.11       -        0000.0c63.1300   ARPA    Ethernet0/0
Internet  172.19.168.254      9        0000.0c36.6965   ARPA    Ethernet0/0
```

▼ 표 4-8 show ip arp 명령어 결과의 필드 값

필드 값	설명
Protocol	Address 필드 안의 네트워크 주소에 해당되는 프로토콜
Address	하드웨어 주소에 대응되는 네트워크 주소
Age(min)	캐시에 저장되어 있던 시간(분). 작은 막대(-) 표시는 로컬 주소임을 의미한다.
Hardware Addr	네트워크 주소에 대응되는 LAN 하드웨어 주소인 MAC 주소를 나타낸다.

(계속)

▼ 표 4-8 show ip arp 명령어 결과의 필드 값(계속)

필드 값	설명
Type	네트워크 주소를 위해 사용된 시스코 IOS 소프트웨어에서 지원하는 캡슐화 유형을 가리킨다. 다음과 같은 유형들이 사용될 수 있다. ■ ARPA(Advanced Research Projects Agency) ■ SNAP(Subnetwork Access Protocol) ■ SAP(Session Announcement Protocol)
Interface	네트워크 주소를 학습한 인터페이스를 가리킨다.

시스코 IOS 도구에서 제공하는 명령어 이용

시스코 IOS 소프트웨어는 네트워크 연결 문제를 확인하고 해결하기 위한 많은 기본 IP 도구를 제공한다. 가장 보편적으로 사용되는 도구는 ping과 traceroute가 있다.

네트워크 연결 상태를 진단하기 위해, 사용자 실행 모드나 특권 실행 모드에서 **ping** 명령어를 사용할 수 있다. **ping** 명령어는 ICMP 에코 요청 메시지를 전송해 목적지 장비로의 연결 가능성을 확인시켜 준다. 명령어 구문은 다음과 같다.

ping [protocol {host-name | system-address}]

명령어 구문에 대한 설명은 [표 4-9]에 정리되어 있다.

▼ 표 4-9 ping 명령어 구문 설명

구문	설명
protocol	(옵션) 프로토콜 키워드로는 appletalk, atm, clns, decnet, ipx, srb를 선택할 수 있다. 특정 프로토콜을 지정하지 않을 경우에 ping은 기본으로 IP(IPv4)를 이용해 전송된다. IP를 이용한 ping의 경우 확장된 선택사항이 존재하는데, **ping ip** 명령어에 대한 문서를 참조하기 바란다.
host-name	ping의 대상이 되는 시스템의 호스트 이름이다. 만약 host-name 또는 system-address가 명령어와 함께 지정되지 않으면 ping 명령어 대화상자에서 지정해야 한다.
system-address	ping의 대상이 되는 시스템의 주소다. host-name 또는 system-address가 명령어와 함께 지정되지 않으면 ping 명령어 대화상자에서 지정해야 한다.

패킷이 목적지 주소까지 전달되는 과정에서 경로를 확인하려면, 사용자 실행 모드 혹은 특권 실행 모드에서 **traceroute** 명령어를 사용할 수 있다. 명령어 구조는 다음과 같다.

traceroute [protocol] destination

명령어 구문은 [표 4-10]에 설명되어 있다.

▼ 표 4-10 traceroute 명령어 구문 설명

구문	설명
protocol	(옵션) 프로토콜 키워드로는 appletalk, clns, ip, ipv6, ipx, oldvines, vines를 선택할 수 있다. 특정 프로토콜을 지정하지 않을 경우, protocol 변수는 destination 변수 유형에 따라 자동으로 결정된다.
destination	(특권 실행 모드에서는 옵션이며, 사용자 실행 모드에서는 필수) 경로를 추적하려는 호스트 이름 혹은 목적지 주소다. 소프트웨어는 적절한 프로토콜 유형을 판단해 기본 매개변수를 결정하며, 결정한 후에 traceroute를 수행한다.

패킷 전달 과정 분석 요약

이 절에서 다룬 내용을 정리 요약하면 다음과 같다.

- 호스트가 동일한 세그먼트에 존재하지 않을 경우, 프레임은 기본 게이트웨이로 전송된다.
- 기본 게이트웨이로 전송된 패킷은 출발지 IP 주소로 로컬 호스트의 주소를 그리고 목적지 IP 주소로 목적지 호스트의 주소를 사용한다.
- 기본 게이트웨이로 전송된 프레임은 출발지 MAC 주소로 로컬 호스트의 주소를 그리고 목적지 MAC 주소로 기본 게이트웨이의 주소를 사용한다.
- 라우터는 필요에 따라 2계층 주소를 변환시키지만 3계층 주소는 변환시키지 않는다.
- show ip arp 명령어는 라우터가 학습한 네트워크 계층 주소에 매핑된 MAC 주소를 보여준다.
- IOS에서 제공하는 연결 확인 도구는 다음과 같다.
    - ping
    - traceroute

시스코 라우터 보안

네트워크 접근에 대한 물리적 보안이 준비되고 나면 반드시 라우터에 대한 콘솔 및 vty 포트로의 접근 또한 보안이 준비돼야 한다. 그리고 보안이 적용되지 않은 사용되지 않는 라우터 포트는 보안 위험에 노출되지 않도록 해야 한다. 뒤의 절들에서는 라우터 보안에 대해 설명한다.

Chapter 4 _ LAN 연결

물리적 위협과 환경적 위협

완료되지 않거나 적절하게 설치되지 않은 네트워크 장비는 보안 위협에 노출될 수밖에 없다. 소프트웨어 기반의 보안 대응은 네트워크 위협으로부터 불안할 수밖에 없는데 그 이유는 빈약한 설정 때문이다. 이번에 다룰 내용은 시스코 라우터를 대상으로 하는 하드웨어, 환경적, 전기적, 유지 보수와 관련된 보안 위협을 완화하는 방법에 관한 것이다.

물리적 접근 위협이나 불안정한 설정에는 네 가지 범주가 존재하며 다음과 같다.

- **하드웨어 위협**: 라우터나 라우터에 설치된 하드웨어에 대한 물리적 위협
- **환경적 위협**: 급격한 기온 변화(너무 덥거나 또는 너무 춥거나) 또는 습도 변화(너무 습하거나 또는 너무 건조하거나)
- **전기적 위협**: 전기 충격, 부족한 전기 공급(전압 저하), 조절되지 않는 전력(잡음 전력), 그리고 정격 전압 유실
- **유지 보수에 대한 위협**: 핵심 전기 공급 구성 장치(정전기 방지)의 제어 불능, 필수 대체 물품 부족, 부실한 케이블 연결 및 라벨 작업 등

패스워드 보안 설정

CLI를 이용해 패스워드 및 다양한 콘솔 명령어를 설정할 수 있다.

> **CAUTION***
> 이 책에서 사용되는 패스워드는 단지 교육을 위한 것이다. 실제 필드에서 사용되는 패스워드는 '강력한' 패스워드의 요건을 만족시킬 것을 권장한다.

패스워드를 설정하면 라우터로의 접근을 제한할 수 있어 라우터의 보안을 강화할 수 있다. 패스워드를 설정하고 특권 수준을 할당하는 것은 네트워크로의 터미널 접근 통제를 제공하는 아주 간단한 두 가지 방법이다. 패스워드는 콘솔과 마찬가지로 연결 유형에 따라 설정될 수 있으며 특권 실행 모드에서만 설정이 가능하다. 패스워드는 대소문자를 구분한다.

라우터에서의 텔넷 포트는 vty 터미널로 표현된다. 라우터에는 기본으로 다섯 개의 vty 포트가 존재하며, 이 숫자에 맞는 총 다섯 개의 텔넷 세션이 동시에 연결될 수 있다. 라우터에서, vty 포트는 0에서 4까지로 표현된다.

그리고 line consol 0 명령어와, login과 password 하위명령어를 이용해 로그인을 강제할 수 있으며 콘솔 터미널 또는 vty 포트에 로그인 패스워드를 입력하게 할 수 있다. 기본으로, 로그인은 콘솔 포트에 설정되어 있지 않다.

line vty 0 4 명령어와 login과 password 하위명령어를 이용해 텔넷 세션에 대해 로그인을 강제할 수 있으며 로그인 패스워드를 입력하게 할 수 있다.

login local 명령어를 이용하면 전역 설정 명령어인 username으로 지정된 개별적인 사용자와 해당 패스워드에 따라 로그인이 가능하게 만들 수 있다. username 명령어는 사용자 이름에 따라 개별적인 패스워드를 지정할 수 있게 해준다.

전역 설정 명령어인 enable password는 특권 실행 모드로의 접근을 제한하는 데 사용된다. 전역 모드 명령어인 enable password를 이용하면 원하는 패스워드를 설정할 수 있으며 암호화 명령어인 enable secret 명령어를 이용해 enable password에 사용된 패스워드를 암호화할 수 있다. enable secret가 설정된 경우, 이는 enable password로 설정된 패스워드에 우선한다.

그리고 좀 더 상세한 보안 계층을 추가할 수 있으며, 이것은 특히 네트워크를 통해 접근하거나 TFTP 서버에 저장된 패스워드를 위해 유용하다. 시스코는 암호화된 패스워드를 사용하는 기능을 제공한다. 패스워드를 암호화하려면, 전역 설정 모드에서 service password-encryption 명령어를 입력한다.

service password-encryption 명령어를 입력하면 패스워드는 암호화되어 나타난다.

이 명령어의 입력을 취소하려면 명령어 앞에 no를 추가하면 된다. 예를 들면, 패스워드 암호화를 취소하려면 no service password-encryption 명령어를 이용하면 된다.

로그인 배너 설정하기

CLI를 이용해 배너 및 기타 콘솔 명령어를 설정할 수 있다. 다음은 로그인 배너를 활성화하는 기본 설정에 대한 것이다.

사용자 이름과 패스워드를 묻는 로그인 창이 나타나기 전에 원하는 배너를 보여주려면, 전역 설정 모드에서 banner login 명령어를 이용한다. 로그인 배너를 비활성화하려면 no banner login 명령어를 이용하면 된다.

banner login 명령어를 이용할 때, 명령어 뒤에 빈칸을 삽입하거나 제한된 몇몇 기호를 삽입할 수 있다. 배너 문구가 추가되고 나면, 동일한 기호를 이용해 문구 삽입이 완료됐음을 알린다.

> **WARNING***
> 로그인 배너에 사용될 단어를 선택할 때는 주의해야 한다. welcome(반갑습니다) 같은 단어는 접근이 제한되어 있지 않다는 의미를 줄 수 있어서 해커의 관심을 끌 수 있으므로 사용하지 않기 바란다.

텔넷과 SSH 접근

텔넷은 네트워크 장비에 접근하는 가장 일반적인 방법이다. 그러나 텔넷은 네트워크에 접근할 때 보안이 적용되지 않는다. SSH는 텔넷을 대체하는 동일한 방법으로 보안이 적용됐다. SSH 버전 1과 버전 2 모두 클라이언트와 서버 간 통신을 위한 암호화를 지원한다. 가능하면 SSH 버전 2를 구현하는 것을 권장하는데 그 이유는 좀 더 향상된 암호화 알고리즘을 이용하기 때문이다. 암호화가 적용되면 RSA(Rivest, Shamir, and Adleman) 암호화 키가 반드시 라우터에 생성돼야 한다. 이때 IP 도메인 역시 반드시 라우터에 설정되어 있어야 한다.

SSH를 구현할 때 SSH를 추가로 설정하기 전에 인증 과정이 완벽하게 진행되는 것을 확인하기 위해 SSH 설정 없이 인증을 점검한다. [예제 4-16]은 로컬 인증에 대한 설정 예를 보여주며, 사용자 이름으로 cisco를 패스워드 역시 cisco를 이용해 라우터에 텔넷 접속이 가능하다.

예제 4-16 ▶ 로컬 인증

```
!--- The username command create the username and password for the SSH session
username cisco password 0 cisco
ip domain-name mydomain.com
crypto key generate rsa
ip ssh version 2
line vty 0 4
  login local
```

SSH를 이용한 인증을 점검하려면 SSH를 활성화하는 명령어가 추가돼야 한다. 그리고 PC 및 UNIX 스테이션에서 SSH 인증을 시도해 본다.

SSH를 이용하지 않은 연결을 막으려면, **transport input ssh** 명령어를 이용해 SSH 연결로만 라우터에 접근하도록 하면 된다. SSH가 없는 스트레이트 텔넷 연결은 거부된다.

```
line vty 0 4
!... Prevent non-SSH Telnets
transport input ssh
```

SSH를 이용하지 않는 사용자는 라우터로 텔넷 접속을 할 수 없다.

시스코 라우터 보안 요약

이 절에서 다룬 내용을 정리 요약하면 다음과 같다.

- 패스워드는 접근을 제한하는 데 사용될 수 있다.
- 가장 먼저 적용돼야 하는 보안 수준은 물리적 보안이다.
- 로그인 배너는 사용자가 사용자 이름을 이용해 로그인하기 전에 보여주는 메시지로 이용될 수 있다.
- 원격 접속을 위해 텔넷 또는 SSH가 설정될 수 있다.

시스코 SDM

시스코 SDM(Cisco Router and Security Device Manager)을 사용하는 방법은 매우 쉬우며, 자바 기반의 네트워크 장비 관리 도구로서 라우터에서의 LAN, WAN, 보안 기능 설정을 위해 개발됐다. 다음 절에서는 시스코 SDM을 어떻게 이용하는지에 대해 설명한다.

이 절을 읽고 나면 시스코 SDM의 기능에 대해 설명할 수 있을 것이다. 주요 학습 목표는 다음과 같다.

- 시스코 SDM의 기능을 설명한다.
- 시스코 SDM 인터페이스의 기본 요소들을 이용하는 방법에 대해 설명한다.
- 다섯 가지 시스코 SDM 마법사 기능의 각 요소를 설명한다.

Chapter 4 _ LAN 연결

시스코 SDM 개요

시스코 SDM(Secure Device Manager)은 한눈에 무엇을 위해 개발됐는지 알아챌 수 있을 정도며, 시스코 IOS 소프트웨어를 사용하는 라우터를 위한 웹 기반의 관리 도구다. 시스코 SDM은 마법사 기능을 제공해 라우터와 보안 설정을 쉽게 할 수 있게 하며, 결국 CLI에 대한 지식이 없더라도 시스코 라우터의 전개, 설정, 모니터링을 매우 빠르고 쉽게 할 수 있도록 도와준다. 시스코 SDM은 시스코 830 시리즈, 시스코 1700 시리즈, 시스코 1800 시리즈, 시스코 2600XM 시리즈, 시스코 2800 시리즈, 시스코 3600 시리즈, 시스코 3700 시리즈, 시스코 3800 시리즈와 부분적으로 시스코 7200 시리즈, 시스코 7301 시리즈를 지원한다.

시스코 SDM은 시스코 라우터에서 라우팅, 스위칭, 보안, QoS 등을 손쉽게 설정할 수 있도록 도와주며 성능을 점검하면서 이로 인해 얻은 결과를 가지고 관리할 수 있도록 한다. 새로운 라우터를 배치하든가 기존의 라우터에 시스코 SDM을 설치하면, 시스코 IOS 소프트웨어의 CLI를 사용하지 않고도 라우터를 원격에서 설정하고 모니터링할 수 있다. 시스코 SDM의 GUI는 초보 사용자에게도 시스코 IOS 소프트웨어를 자유자재로 사용할 수 있도록 하고, 향상된 마법사 기능을 이용해 라우터의 보안을 관리할 수 있도록 하며, 온라인 도움말 등을 통해 도움을 주도록 설계됐다. [그림 4-46]은 SDM의 홈 페이지를 보여준다.

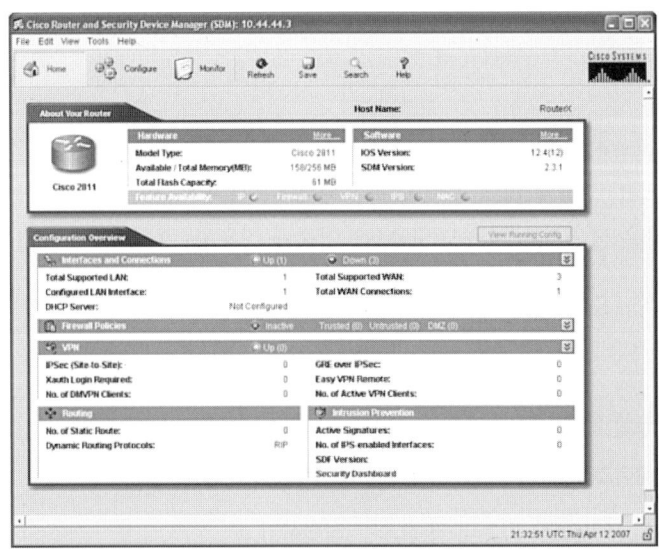

▲ **그림 4-46** SDM 홈 화면

시스코 SDM의 스마트 마법사 기능은 LAN과 WAN 인터페이스, 방화벽, 침입 방지 시스템(IPS), IPsec VPN(virtual private networks) 등을 설정할 수 있도록 단계적으로 도와준다. 그리고 잘못된 설정을 지능적으로 찾아내며 적절하게 수정할 수도 있는데, 예를 들면 WAN 인터페이스에 DHCP를 이용하도록 설정되어 있다면 방화벽을 경유해 DHCP 트래픽이 전달될 수 있도록 설정하는 것이다. 온라인 도움말은 방대한 내용을 포함하고 있으며 시스코 SDM에 정확한 데이터를 입력할 수 있도록 단계적으로 돕는다. 네트워크 및 보안 용어와 많이 사용되는 정의 또한 온라인 색인에 포함되어 있다.

네트워크 전문가가 시스코 IOS 소프트웨어와 보안 기능에 익숙해지도록 하기 위해, 시스코 SDM은 고급 설정 도구를 제공해 빠른 설정 및 적당한 라우터의 보안 기능이 설정될 수 있게 하며 라우터에 변경된 설정 값이 적용되기 전에 시스코 SDM을 통해 입력될 명령어를 검토할 수 있게 해준다.

시스코 SDM은 SSL(Secure Socket Layer)과 SSHv2(Secure Shell version 2) 연결을 통해 원격에서 라우터를 설정하고 모니터링할 수 있는 기능을 제공한다. 이 기술은 사용자의 웹 브라우저와 라우터 사이의 인터넷 보안 연결을 가능케 한다. 기업의 지사에서 이용할 경우, 라우터에 SDM 기능을 활성화하면 본사에서 설정하고 모니터링할 수 있기 때문에 네트워크 관리 비용을 절감할 수 있다.

시스코 SDM은 대부분의 시스코 라우터와 IOS 소프트웨어 버전에서 지원된다.

시스코 SDM과 IOS 소프트웨어에 대한 최신 정보는 http://www.cisco.com/go/sdm에 올라와 있다.

시스코 SDM은 2003년 6월 혹은 그 이후에 생산된 라우터 기본으로 설치되어 있으며 VPN 번들로 같이 구매된다.

시스코 SDM이 설치되지 않은 라우터를 갖고 있지만 SDM을 이용하고자 할 경우에는 Cisco.com에서 다운로드해 라우터에 설치해야 한다. 그러나 라우터에 기존의 플래시 파일과 시스코 SDM 파일이 동시에 지원될 수 있는 플래시 메모리 공간이 남아 있는지 확인해야 한다. 시스코 라우터에 SDM을 설치하는 것은 이 책의 범위를 벗어나기 때문에 다루지 않는다.

시스코 SDM을 지원하기 위한 라우터 설정

네트워크 트래픽에 영향을 주지 않고 라우터에 시스코 SDM을 설치하고 구동시킬 수 있지만, 라우터 설정 파일에 반드시 필요한 몇몇 설정 값이 존재하는지 확인해야 한다.

텔넷이나 콘솔 연결을 이용해 CLI에 접속하여 시스코 SDM을 설치하기 전에 기존의 설정 값을 변경해야 한다. 그 과정은 다음과 같다.

1단계   전역 설정 모드에서 다음의 명령어를 입력해 라우터에 HTTP와 HTTPS 서버 기능을 활성화한다.

```
Router# configure terminal
Enter configuration commands, one per line. End with CNTL/Z.
Router(config)# ip http server
Router(config)# ip http secure-server
Router(config)# ip http authentication local
Router(config)# ip http timeout-policy idle 600 life 86400 requests 10000
```

> **NOTE***
> 라우터가 HTTPS 기능을 지원해야 HTTPS 서버 기능을 활성화할 수 있다. 그렇지 않으면 HTTP 서버 기능만 활성화될 것이다. HTTPS는 시스코 IOS 릴리즈 12.25(T) 이후 crypto IPSec 기능을 지원하는 모든 이미지 파일에서 지원된다.

2단계   특권 레벨 15(enable 특권)인 사용자 계정을 생성한다. 전역 설정 모드에서 다음의 명령어를 입력하고, *username*과 *password*를 원하는 값으로 변경한다.

```
Router(config)# username username privilege 15 secret 0 password
```

예를 들면 username으로 tomato를, password로 vegetable을 입력하고 싶다면 다음과 같이 설정한다.

```
Router(config)# username tomato privilege 15 secret 0 vegetable
```

이 username과 password를 이용해 시스코 SDM에 로그인할 수 있게 된다.

3단계   로컬 로그인을 위해 SSH와 텔넷을 설정하고 특권 레벨 15를 할당한다. 다음의 명령어를 입력한다.

```
Router(config)# line vty 0 4
Router(config-line)# privilege level 15
Router(config-line)# login local
Router(config-line)# transport input telnet ssh
Router(config-line)# exit
```

시스코 SDM 시작

시스코 SDM은 라우터의 플래시 메모리에 저장되어 있다. 라우터의 아카이브에 저장된 HTML 파일을 클릭하면 시스코 SDM 자바 파일을 실행시킬 수 있다. 시스코 SDM을 실행시키려면 다음의 단계들을 수행해야 한다.

1단계 웹 브라우저에서 다음과 같은 URL을 입력한다.

https://⟨router IP address⟩

https://는 SSL 프로토콜이 보안 연결을 위해 사용됨을 나타낸다.

SSL을 사용할 수 없을 경우, http://를 사용할 수 있다.

2단계 시스코 SDM 홈 페이지가 브라우저 창에 나타날 것이다. 그리고 username과 password를 입력하는 대화상자 역시 나타날 것이다. 대화상자의 형식과 모양은 사용자가 사용하는 브라우저의 형식에 따라 다르다. 라우터에 특권(특권 레벨 15) 계정으로 접속하기 위해 username과 password를 입력한다.

시스코 SDM 자바 애플릿은 PC의 웹 브라우저에 로딩되고 있음을 보여준다.

3단계 시스코 SDM은 자바 애플릿을 이용한다. 따라서 보안 경고 창이 나타나게 된다. 인증을 수락한다.

시스코 SDM은 Launch 페이지를 나타낸다.

Launch 창이 나타나면 시스코 SDM은 SDM 홈 페이지를 나타낸다. 홈 페이지에는 라우터 설정 및 시스코 IOS 이미지가 지원하는 기능 등이 있다. 마법사 모드를 이용해 SDM을 시작하면 필요한 설정을 단계별로 나누어 놓은 작업을 통해 설정을 완료할 수 있다. [그림 4-47]은 SDM 홈 페이지를 나타낸다.

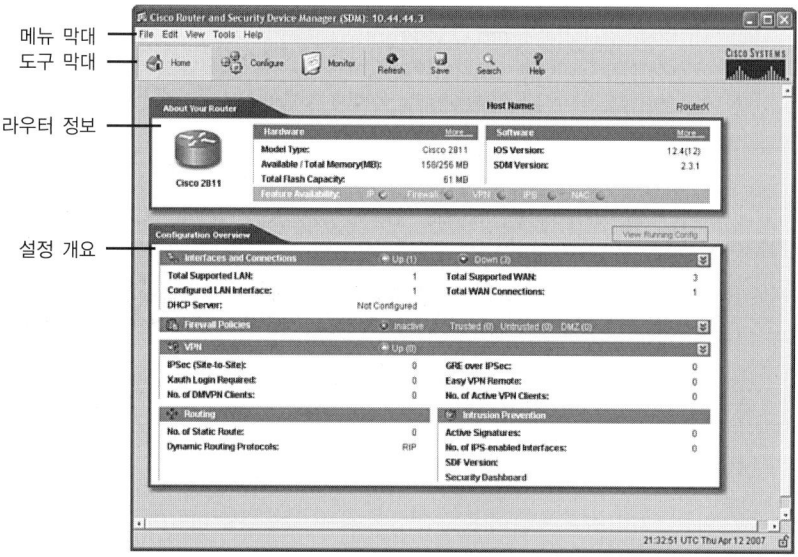

▲ 그림 4-47 SDM 홈 페이지

홈 페이지는 라우터의 하드웨어, 소프트웨어, 설정 등에 대한 기본 정보를 제공하며 다음 내용을 포함한다.

- Host Name: 라우터에 설정된 호스트 이름이다.
- About Your Router: 라우터의 하드웨어 및 소프트웨어, 그리고 [표 4-11]에 포함된 내용들을 나타낸다.

▼ 표 4-11 라우터 정보

하드웨어	설명
Model Type	라우터 모델 번호를 나타낸다.
Available/Total Memory	사용 가능한 RAM 및 전체 RAM 용량을 나타낸다.
Total Flash Capacity	웹 플래시 메모리에 플래시 용량이 추가된다(가능할 경우).
소프트웨어	설명
IOS Version	라우터에서 구동되고 있는 시스코 IOS 소프트웨어 버전이다.
Cisco SDM Version	라우터에서 구동되고 있는 시스코 SDM 소프트웨어 버전이다.
Feature Availability	시스코 IOS 이미지에서 사용할 수 있는 특징 중에서 라우터가 사용 중인 것에는 체크 표시가 되어 있다. 시스코 SDM에서는 IP, Firewall, VPN, IPS 등이 지정될 수 있다.

More 링크

More 링크는 다음과 같이 하드웨어 및 소프트웨어의 추가 기능과 정보를 보여준다.

- Hardware Details: About Your Router 창에서 보여줬던 정보와 더불어 다음의 정보들을 추가적으로 확인할 수 있다.
    - 라우터가 플래시 메모리 혹은 설정 파일 중 어느 곳에서 부팅됐는지에 대한 정보
    - VPN 가속기처럼 라우터가 갖고 있는 가속기 기능
    - 하드웨어 설정 다이어그램
- Software Details: About Your Router 절에서 보여줬던 정보와 더불어 시스코 IOS 이미지 안에 포함된 기능에 대한 정보를 보여준다.

설정 개요

SDM 홈 페이지에 관해 설정이 가능한 기능을 요약 하면 다음과 같다. 실행 설정 파일을 확인하고 싶다면, **View Running Config**를 클릭한다.

Interfaces와 Connections 영역에서는 다음의 정보를 보여준다.

- Up: up 상태에 놓여 있는 연결 개수
- Down: down 상태에 놓여 있는 연결 개수
- Double arrow: 클릭하면 상세 정보를 보거나 감출 수 있다.
- Total Supported LAN: 라우터에 설치된 LAN 인터페이스 전체 개수
- Total Supported WAN: 라우터에 설치되어 있고 시스코 SDM에서 지원 가능한 WAN 인터페이스 전체 개수
- Configured LAN Interfaces: 라우터에 설정된 LAN 인터페이스 개수
- Total WAN Connections: 라우터에 연결된 시스코 SDM에서 지원 가능한 WAN 인터페이스
- DHCP Server: 설정되어 있거나 설정되지 않은 서버 정보
- DHCP Pool(Detail View): DHCP 주소 영역이 설정되면 영역의 첫 번째 주소와 마지막 주소를 보여준다. 다수의 주소 영역이 설정되면 주소 영역 목록을 나타낸다.
- Number of DHCP Clients(Detail View): 주소를 임대한 클라이언트의 개수

- Interface: 다음과 같이 설정된 인터페이스 이름을 보여준다.
    - Type: 인터페이스 유형
    - IP Mask: IP 주소와 서브넷 마스크
    - Description: 인터페이스에 남긴 주석

Firewall Policies 영역은 다음의 정보를 보여준다.

- Active: 구동 중인 방화벽
- Inactive: 구동되지 않은 방화벽
- Trusted: 신뢰성 있는(내부) 인터페이스 개수
- Untrusted: 신뢰성 없는(외부) 인터페이스 개수
- DMZ: DMZ 인터페이스 개수
- Double arrow: 클릭하면 상세 정보를 보거나 감출 수 있다.
- Interface: 방화벽이 적용된 인터페이스 이름
- Firewall icon: 내부 인터페이스로의 방향인지 외부 인터페이스로의 방향인지를 알려준다.
- NAT: 해당 인터페이스에 적용된 NAT(Network Address Translation) 규칙 이름 또는 개수
- Inspection Rule: 인바운드 및 아웃바운드 검사 규칙의 이름 또는 개수
- Access Rule: 인바운드 및 아웃바운드 접근 규칙의 이름 또는 개수

VPN 영역은 다음의 정보를 보여준다.

- Up: VPN이 활성화된 연결 개수
- Double arrow: 클릭하면 상세 정보를 보거나 감출 수 있다.
- IPsec(Site-to-Site): 설정된 사이트 투 사이트 VPN 연결 개수
- GRE over IPsec: 설정된 GRE(Generic Routing Encapsulation) over IPsec 연결 개수
- XAUTH Login Required: XAUTH(Extended Authentication) 로그인을 기다리는 시스코 Easy VPN 연결 개수

> **NOTE**
>
> 일부 VPN 서버 혹은 집신기(concentrator)는 XAUTH를 이용해 인증을 수행한다. 그리고 XAUTH 로그인을 기다리는 VPN 터널 수도 보여준다. 만약 시스코 Easy VPN 터널이 XAUTH 로그인을 기다리고 있다면, Login 버튼과 함께 별개의 메시지가 나타난다. Login을 클릭하면 터널을 위한 안전한 경로로 들어간다.
>
> 터널을 위한 XAUTH가 설정되어 있다면, 로그인 과정을 진행하는 동안 패스워드가 입력될 때까지 아무런 기능도 동작하지 않는다. 이렇게 기다리는 과정이 멈춘 후에는 설정 시간이 종료되지 않으며, 이 것은 필요한 정보만이 입력되기를 기다린다는 것을 의미한다.

- Easy VPN Remote: 설정되어 있는 시스코 Easy VPN Remote 연결 개수
- No. of DMVPN Clients: 라우터가 DMVPN(Dynamic Multipoint VPN)으로 설정된 경우, DMVPN 클라이언트 수
- No. of Active VPN Clients: 라우터가 Easy VPN Server로 동작할 경우, 활성화된 연결을 유지하고 있는 Easy VPN 클라이언트 수
- Interface: VPN 연결이 설정된 인터페이스 이름
- IPsec Policy: VPN 연결과 관련된 IPsec 정책 이름

Routing 영역에는 다음과 같은 정보가 포함된다.

- No. of Static Routes: 라우터에 설정된 정적 경로의 개수
- Dynamic Routing Protocols: 라우터에 설정된 동적 라우팅 프로토콜의 목록

Intrusion Prevention 영역에는 다음과 같은 정보가 포함된다.

- Active Signatures: 라우팅이 사용하고 있는 활성화된 시그너처 개수. 시그너처는 기본으로 입력되어 있거나, 원격에서 제공될 수 있다.
- No. of IPS-Enabled Interfaces: IPS 기능이 활성화된 라우터의 인터페이스 개수

시스코 SDM 마법사 기능

다음은 시스코 SDM에서 제공하는 마법사 기능에 관한 것이다.

- LAN wizard: LAN 인터페이스와 DHCP를 설정하는 데 이용된다.

- **WAN wizard**: PPP, 프레임 릴레이, HDLC WAN 인터페이스를 설정하는 데 이용된다. 마법사 기능과 이를 통해 설정이 가능한 인터페이스에 대한 최신 정보를 보려면 http://www.cisco.com/go/sdm에 들어가기 바란다.
- Firewall wizards
- VPN wizards
- **Security Audit wizards**: 두 가지 선택사항이 존재한다.
  - 라우터 보안 감사 마법사
  - 원스톱 라우터 보안 설정 마법사
- **QoS**: QoS 마법사

> **NOTE***
>
> 마법사 과정의 마지막 단계에서 모든 변경사항이 라우터로 자동 전달되며, 이때 시스코 SDM에서 생성된 CLI 명령어가 사용된다. 이렇게 전달될 명령어를 사전에 점검할 것인지를 선택할 수 있다. 기본적으로 명령어를 사전에 점검하지는 않는다.

시스코 SDM 요약

이번 절에서 다룬 내용을 요약하면 다음과 같다.

- 시스코 SDM은 시스코 액세스 라우터를 설정하는 데 매우 유용한 도구다.
- 시스코 SDM은 다양하고 유용한 마법사 기능을 포함하고 있으며 이것은 시스코 액세스 라우터의 설정을 손쉽게 해준다.
- 시스코 SDM은 고급 기능을 이용해 시스코 액세스 라우터 설정을 커스터마이징할 수 있도록 도와준다.

시스코 라우터를 DHCP 서버로 이용

본래, 네트워크 관리자는 각 호스트마다 호스트 주소, 기본 게이트웨이, 기타 네트워크 매개변수를 수동으로 설정해야 한다. 그러나 DHCP는 IP 호스트를 위한 설정 매개변수를 제공한다. DHCP는 다음의 두 가지 구성요소로 이뤄져 있다.

- 호스트에 지정된 설정 매개변수를 DHCP 서버에서 호스트로 전달하는 프로토콜
- 네트워크 주소를 호스트로 할당하는 메커니즘

DHCP 이해하기

DHCP는 클라이언트 서버 모델로 개발됐다. DHCP 서버는 네트워크 주소를 할당하고 설정 대상인 호스트에 자동으로 설정 매개변수를 전달한다. 클라이언트라는 용어는 DHCP 서버로부터 초기 매개변수를 요청하는 호스트를 일컫는다.

DHCP는 IP 주소 할당을 위한 세 가지 메커니즘을 지원한다.

- **자동 할당**: DHCP는 영구 IP 주소를 클라이언트에 할당한다.
- **동적 할당**: DHCP는 제한된 기간 동안(또는 클라이언트가 임대한 주소의 사용을 포기하기 전에) 클라이언트에 IP 주소를 할당한다.
- **수동 할당**: 네트워크 관리자가 클라이언트에 IP 주소를 할당하고, DHCP는 이렇게 할당된 주소를 클라이언트에 전달하는 데 이용된다.

동적 할당 방식은 세 가지 메커니즘 중 클라이언트에 할당됐던 주소를 클라이언트가 더 이상 사용하지 않아 반납한 것을 자동으로 재사용이 가능하도록 하는 유일한 방식이다. 이러한 방식은 임시로 네트워크에 연결이 필요한 클라이언트에 주소를 할당할 때나, 영구 IP 주소들이 필요하지 않은 사용자 그룹에서 사용할 IP 주소 영역이 제한적일 경우 유용하다. 동적 할당 방식은 네트워크에 계속 연결되어 있어야 하지만 IP 주소가 부족한 곳에서 새로운 클라이언트에 IP 주소를 할당하는 데 좋은 선택이 될 수 있는데, 기존에 IP를 할당받았던 클라이언트들이 더 이상 IP 주소를 사용하지 않을 경우 이 주소들을 돌려받는 것이 중요하기 때문이다.

DHCPDISCOVER

DHCP 클라이언트가 처음에 부팅하고 나면, DHCPDISCOVER 메시지를 물리적 서브넷에 전송한다. 클라이언트는 자신이 속한 서브넷을 알 수 없기 때문에, DHCPDISCOVER에는 모든 서브넷(모든 호스트)의 브로드캐스트(목적지 IP 주소가 255.255.255.255) 패킷을 전송한다. 이때 클라이언트는 설정된 IP 주소가 없기 때문에 출발지 IP 주소로 0.0.0.0을 사용한다.

DHCPOFFER

DHCPDISCOVER 메시지를 수신한 DHCP 서버는 DHCPOFFER 메시지로 이에 응답할 수 있으며, 이것은 클라이언트를 위한 초기 설정 정보를 포함하고 있다. 예를 들면, DHCP 서버는 요청한 IP 주소를 제공한다. 서브넷 마스크와 기본 게이트웨이는 옵션 필드에서 각각 서브넷 마스크와 라우터 옵션에 포함되어 있다. DHCPOFFER 메시지 안에 있는 그 밖의 일반 옵션들로는 IP 주소의 임대 기간, 재 갱신 기간, 도메인 네임 서버, NetBIOS Name Service(Microsoft WINS)가 있다.

DHCPREQUEST

클라이언트가 DHCPOFFER 메시지를 수신한 후, DHCPREQUEST 메시지로 이에 응답한다.

DHCPACK

DHCP 서버가 DHCPREQUEST 메시지를 수신하고 나면, DHCPACK 메시지를 통해 요청 메시지를 확인했음을 알려줘 모든 과정을 완료한다.

시스코 라우터를 DHCP 서버로 이용

시스코 IOS 소프트웨어를 구동하는 라우터는 DHCP 서버 역할을 돕기 위한 모든 것이 지원된다. 시스코 IOS DHCP 서버는 DHCP 서버의 모든 기능을 그대로 수행할 수 있으며 라우터에 정의된 주소 영역을 통해 DHCP 클라이언트에 IP 주소를 할당하고 이렇게 할당된 주소들을 관리한다. 그리고 기본 라우터와 DNS의 IP 주소와 같은 매개변수를 추가할 수 있다.

시스코 IOS DHCP 서버는 DHCP 주소 영역 안에 포함된 주소를 사용하도록 지정된 그룹의 주소 할당 요청 및 갱신, 그리고 주소 할당 등을 처리한다. 주소 영역은 DNS 서버, 기본 라우터, 기타 설정 매개변수와 같은 추가 정보를 클라이언트에 제공한다. 시스코 IOS DHCP 서버는 로컬에 연결된 LAN에서의 브로드캐스트나 네트워크 안의 다른 DHCP 릴레이 에이전트로부터 전달된 DHCP 요청을 처리한다.

시스코 SDM을 이용한 DHCP 서버 기능 활성화

이번 절에서는 시스코 라우터와 SDM을 이용해 라우터에서 DHCP 서버 기능을 활성화하는 방법을 다룬다. [그림 4-48]은 SDM을 이용해 DHCP를 설정하는 방법을 나타낸다.

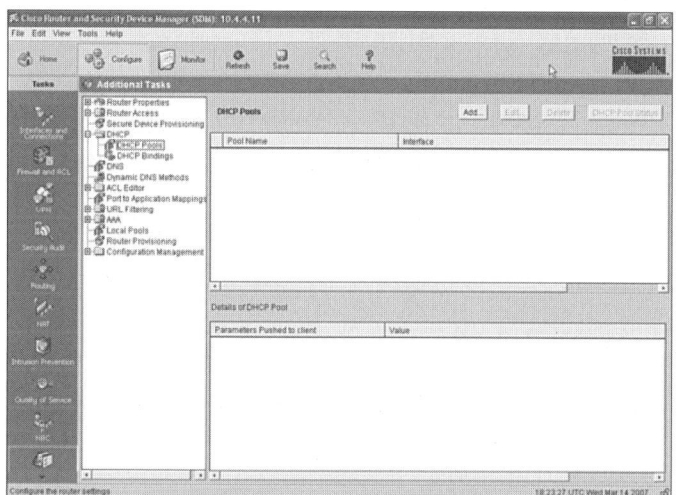

▲ 그림 4-48 SDM을 이용해 DHCP 활성화하기

예를 들면, DHCP 서버에 10.4.4.11/24를 할당하고 10.4.4.100에서 10.4.4.200 사이의 주소를 주소 영역으로 지정할 수 있다. 이 라우터는 스스로를 기본 라우터(클라이언트를 위한 기본 라우터)로 광고할 것이다.

DHCP 서버 기능은 Additional Tasks 탭에서 활성화할 수 있다. 디렉터리에서 **DHCP Pools**를 클릭한다. 그리고 **Add**를 클릭해 새로운 DHCP 영역을 생성한다.

Add DHCP Pool 창에서 DHCP IP 주소 영역을 설정할 수 있다. DHCP 서버가 할당하는 IP 주소들은 지정된 IP 주소 영역의 첫 번째 주소부터 마지막 주소 사이의 주소다. Add DHCP Pool 창은 다음과 같은 필드 값을 보여준다.

- DHCP Pool Name: DHCP 주소 영역을 식별하는 고유 이름
- DHCP Pool Network와 Subnet Mask: DHCP 서버가 할당하는 IP 주소들은 설정된 영역의 시작 주소와 마지막 주소 사이의 범위여야 한다.

지정된 주소 영역은 다음의 사설 주소 영역 안에 반드시 포함돼야 한다.

Chapter 4 _ LAN 연결

- 10.0.0.0~10.255.255.255
- 172.16.0.0~172.31.255.255
- 192.168.0.0~192.168.255.255

지정된 주소 영역은 또한 LAN 인터페이스의 IP 주소와 동일한 서브넷 안에 포함돼야 한다. /24 마스크의 경우, 주소 영역 안에 최대 254개의 주소가 포함될 수 있다. 다음은 /24 마스크를 사용하는 유효한 주소 영역의 예다.

- 10.1.1.1~10.1.1.254(LAN IP 주소가 10.1.1.0/24 서브넷 안에 포함됐을 경우)
- 172.16.1.1~172.16.1.254(LAN IP 주소가 172.16.1.0/24 서브넷 안에 포함됐을 경우)

SDM을 이용해 주소 영역에서 LAN 인터페이스의 IP 주소를 자동으로 배제할 수 있다.

다음의 주소들은 절대로 사용해서는 안 된다.

- 네트워크 또는 서브넷 IP 주소
- 네트워크의 브로드캐스트 주소
- **Starting IP**: LAN에 연결된 장비에 IP 주소를 할당할 DHCP 서버를 위한 IP 주소 영역의 시작 주소를 입력한다.
- **Ending IP**: IP 주소 영역에서 숫자가 가장 큰 주소를 입력한다.
- **Lease Length**: 클라이언트가 주소를 갱신하기 전에 할당받은 주소를 사용할 수 있는 기간이다.
- **DHCP Options**: LAN에 연결되어 라우터로부터 IP 주소를 요청한 클라이언트에 전송될 수 있는 DHCP 옵션을 설정한다. 여기에서 설정된 옵션은 라우터를 위한 것이 아니라 LAN에 연결되어 있으면서 주소를 요청한 호스트에 전달될 매개변수다. 라우터에서 이 옵션을 설정하려면, SDM 메뉴 바에서 Additional Tasks를 클릭하고, DHCP를 클릭한 후에 DHCP Pool 창에서 매개변수를 설정하면 된다.
- **DNS Server1**: DNS 서버는 알려진 장비 이름과 IP 주소의 결합 정보를 제공한다. 만약 DNS 서버를 설정해야 한다면 서버 IP 주소를 입력한다.
- **DNS Server2**: 네트워크에 추가되는 DNS 서버가 존재한다면 서버의 IP 주소를 입력한다.

- **Domain Name**: 라우터에 설정한 DHCP 서버는 설정된 도메인 안에 위치한 다른 장비들에게 서비스를 제공한다. 도메인 이름을 설정한다.
- **WINS Server1**: 일부 클라이언트는 인터넷에 연결하기 위해 Microsoft WINS를 필요로 할 수 있다. 네트워크에 Microsoft WINS 서버가 존재할 경우, 서버 IP 주소를 입력한다.
- **WINS Server2**: 네트워크에 추가되는 Microsoft WINS가 존재할 경우 서버 IP 주소를 입력한다.
- **Default Router**: 여기에 입력되는 IP 주소는 클라이언트가 이용할 기본 게이트웨이의 주소다.
- **Import All DHCP Options into the DHCP Server Database**: 이 체크박스는 인터넷 DHCP 서버와 결합되는 데 이용되는 상위 수준의 서버로부터 요청되는 DHCP 옵션을 허용한다.

DHCP 서버 기능 모니터링

DHCP Pool 탭을 이용하면 DHCP 설정을 점검할 수 있다. 그리고 **DHCP Pool Status**를 클릭해, 할당된 주소들에 대한 추가 정보도 확인할 수 있다.

DHCP Pool Status 창은 [그림 4-49]와 같이 최근에 할당된 주소들의 목록을 보여준다.

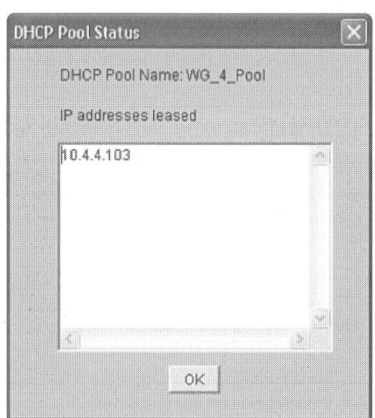

▲ 그림 4-49 DHCP Pool Status

클라이언트에 주소가 할당될 때 DHCP 서버가 발견한 충돌 주소를 확인하려면, 사용자 실행 모드나 특권 실행 모드에서 **show ip dhcp conflict** 명령어를 입력한다.

show ip dhcp conflict [*ip-address*]

서버는 ping을 이용해 충돌을 감지한다. 클라이언트는 GARP(Gratuitous Address Resolution Protocol)를 이용해 다른 클라이언트와의 중복된 주소 사용을 감지한다. 주소가 중복되어 충돌이 발생하면, 해당 주소는 주소 영역에서 제거되고 관리자가 충돌을 해결하기 전까지 할당하지 않는다.

[예제 4-17]은 DHCP 서버가 할당했던 주소를 다른 장비들이 사용해서 발생한 충돌의 탐지 방법과 탐지 시간을 보여준다.

예제 4-17 ▶ 탐지 방법과 충돌 발생 시간

```
Router# show ip dhcp conflict

IP address       Detection Method      Detection time
172.16.1.32      Ping                  Feb 16 1998 12:28 PM
172.16.1.64      Gratuitous ARP        Feb 23 1998 08:12 AM
```

▼ 표 4-12 show ip dhcp conflict 명령어 결과 필드 설명

필드	설명
IP address	DHCP 서버에 기록된 호스트의 IP 주소
Detection Method	DHCP 서버가 호스트의 IP 주소 충돌을 탐지한 방법으로, ping 또는 GARP가 있다.
Detection time	충돌이 발견된 날짜와 시간

시스코 라우터를 DHCP 서버로 이용 요약

다음은 이 절에서 다룬 핵심 내용만을 요약한 것이다.

- DHCP는 클라이언트/서버 모델이다.
- DHCP 서버는 호스트에 네트워크 주소를 할당하고 설정 매개변수를 전달한다.
- 시스코 IOS 소프트웨어에는 DHCP 서버 기능이 포함되어 있다.
- 라우터에서 SDM을 이용해 DHCP 서버를 설정할 수 있다.

- DHCP 서버에 필요한 설정은 다음과 같다.
  - 풀 이름
  - 풀 네트워크와 서브넷
  - 시작 주소와 종료 주소
- 라우터에서 SDM을 이용해 DHCP 서버를 모니터링할 수 있다.
- show ip dhcp conflict 명령어를 이용해 충돌된 주소를 확인할 수 있다.

원격 장비 접속

일반적인 유지 보수 기간 동안, 한 장비에서 다른 장비로 접속하는 경우가 발생한다. 시스코 IOS 소프트웨어는 이러한 경우를 대비해 일련의 도구를 제공한다. 다음 절에서는 원격 장비에 접속할 수 있는 방법을 다룬다.

텔넷이나 SSH를 이용해 연결하기

텔넷이나 SSH 애플리케이션은 원격 장비에 연결하는 데 매우 유용하다. 원격 네트워크 장비에 대한 정보를 획득하기 위한 방법은 텔넷이나 SSH 애플리케이션을 이용해 원격 장비에 접속하는 것이다. 텔넷과 SSH는 가상 터미널 프로토콜로 TCP/IP의 일부다. 이 프로토콜들은 네트워크에서 다른 네트워크에 위치한 장비로의 연결 및 원격 콘솔 세션을 생성한다. [그림 4-50]은 다른 장비로 텔넷 연결을 하는 방법을 보여준다.

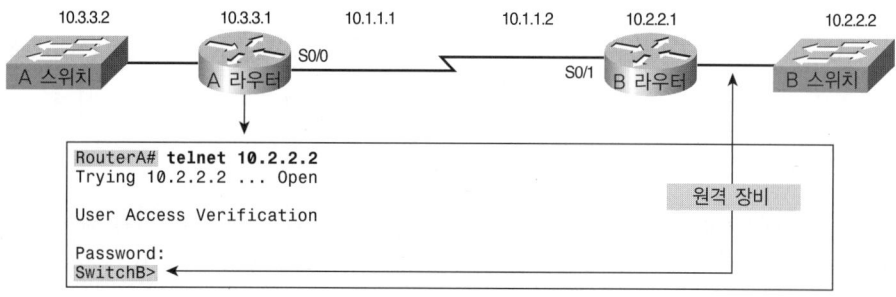

▲ 그림 4-50 다른 장비로의 텔넷 연결

Chapter 4 _ LAN 연결

시스코 라우터에서 수행하는 텔넷 연결은 대부분의 시스코 카탈리스트 스위치에서 수행하는 텔넷과는 조금 다르다.

텔넷

텔넷을 지원하는 호스트에 로그인하려면, 실행 명령어인 **telnet**을 이용한다.

RouterA# **telnet** *host*

SSH

원격 네트워킹 장비와 암호화된 세션 연결을 시작하려면, 사용자 실행 모드에서 **ssh** 명령어를 이용한다.

RouterA# **ssh** *ip address*

시스코 IOS 소프트웨어가 설치된 라우터에서 목적지 장비의 IP 주소 또는 호스트 이름은 텔넷 연결을 위해 필요하다. **telnet** 명령어는 카탈리스트 스위치에서 텔넷 연결을 위해 IP 주소 혹은 호스트 이름 앞에 위치한다.

라우터와 스위치 모두 원격 장비에서 vty 포트에 로그인이 활성화되어 있을 경우 콘솔 로그인 과정이 진행된다는 것은 성공적인 텔넷 연결이 이뤄졌음을 의미한다. 원격 장비에 로그인됐을 경우, 콘솔 로그인 창은 해당 장비가 콘솔에 활성화되어 있음을 가리킨다. 콘솔 창은 해당 장비의 호스트 이름을 이용한다.

연결을 시도하는 장비에서의 **show sessions** 명령어는 텔넷으로 연결되어 있음을 확인하고 연결된 세션 목록을 나타내는 데 이용된다. 이 명령어는 연결된 세션에 할당된 호스트 이름, IP 주소, 바이트 수, *idle* 상태에서의 경과 시간, 그리고 연결 이름 등을 나타낸다. 다수의 세션이 동시에 연결된 경우 별표(*)로 표시된 연결이 가장 최근의 연결이며, **Enter** 키를 누르면 복귀하게 되는 세션을 가리킨다.

[그림 4-51]에서는 A 라우터에서 **show sessions** 명령어를 이용한 결과를 나타내며, 결과 값은 A 라우터에서 B 라우터의 텔넷 연결이 휴지 상태임을 보여준다. B 라우터에서 **show users** 명령어를 이용해 최근에 활성화됐던 세션을 확인할 수 있다. 결과 값은 콘솔 포트로 연결된 사용자가 가장 최근의 세션을 연결한 것을 보여준다.

원격 장비 접속

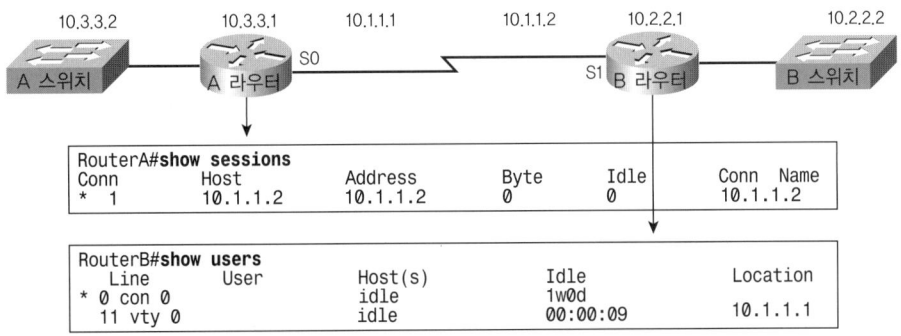

▲ 그림 4-51 show sessions 명령어

show users 명령어를 통해 콘솔 포트로의 연결이 아직도 활성화 상태인지를 확인하고 현재 활성화된 모든 텔넷 세션의 IP 주소 혹은 텔넷 연결을 시도한 호스트의 IP 별칭을 나열할 수 있다. show users 결과 값에서 'con' 라인은 로컬 콘솔을, 'vty' 라인은 원격 접속을 의미한다. [그림 4-51]에서 vty 옆의 '11'은 vty 라인 번호를 나타내는 것으로, 이것은 포트 번호가 아니다. 다수의 사용자가 있다면, 별표(*)가 가장 최근의 터미널 세션 사용자를 가리키게 된다.

SSH 서버 연결의 상태를 확인하려면 [예제 4-18]에서처럼 특권 실행 모드 명령어인 show ssh 명령어를 이용한다.

```
예제 4-18 ▶ show ssh 명령어

RouterB# show ssh

Connection   Version   Encryption   State              Username
0            1.5       3DES         Session Started    guest
```

텔넷 연결 대기와 재연결

원격 장비에 연결하고 난 후에 텔넷 연결을 종료하지 않고 로컬 장비에 접속해야 할 수도 있다. 텔넷은 원격 장비로의 세션을 잠시 동안 대기시키고 재연결을 시도할 수 있다.

Chapter 4 _ LAN 연결

[그림 4-52]는 A 라우터로부터 B 라우터로의 텔넷 세션을 보여준다. 여기서 중요한 것은 세션을 대기 상태로 전환시키는 것이다. 명령어를 이용해 텔넷 세션이 대기 상태로 전환됐다.

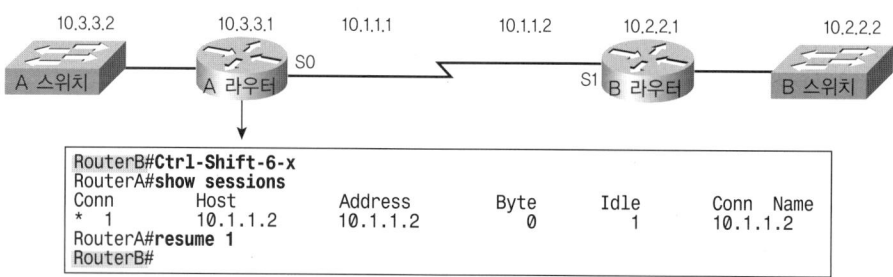

▲ 그림 4-52 텔넷 세션 대기 상태로 전환

텔넷 세션을 대기 상태로 전환시키고 원격 장비에서 로컬 스위치나 라우터로 되돌아오려면, **Ctrl-Shift-6** 또는 **Ctrl-^**(키보드마다 다르다)를 누른 후 **x**를 이어서 누르면 된다.

대기 상태로 전환된 텔넷 세션을 재연결하려면 다음과 같은 단계를 진행한다.

- Enter 키를 누른다.
- 한 개의 세션만이 존재할 경우 resume 명령어를 입력한다(*session number* 없이 resume 명령어만을 입력하면 가장 최근의 세션으로 돌아간다).
- 특정 텔넷 세션으로 재연결하려면 resume *session number* 명령어를 이용한다(show sessions 명령어를 통해 원하는 세션 번호를 찾을 수 있다).

텔넷 세션 종료

시스코 장비에서 **exit** 명령어, **logout** 명령어, **disconnect** 명령어, **clear** 명령어를 이용해 텔넷 세션을 종료시킬 수 있다. [그림 4-53]은 텔넷 연결을 종료하는 것을 보여준다.

원격 장비 접속

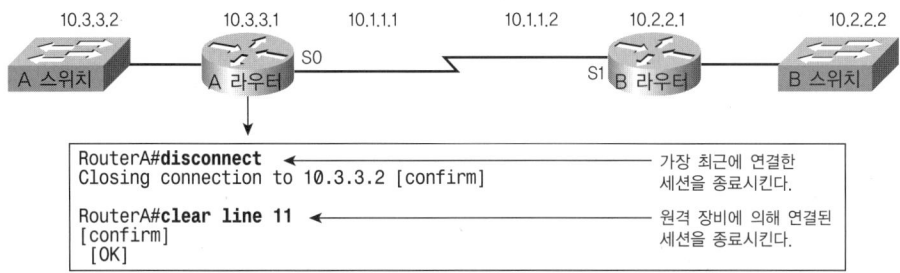

▲ 그림 4-53 텔넷 연결 종료

시스코 네트워크 장비에서 다음 중 한 가지 방법을 이용해 텔넷 세션을 종료시킬 수 있다.

- 원격 장비에서 exit 명령어나 logout 명령어를 이용해 원격 장비의 콘솔에서 로그아웃하고 로컬 장비로 되돌아올 수 있다.
- 로컬 장비에서, disconnect 명령어나 disconnect session *session number*(다수의 세션이 존재할 경우) 명령어를 이용해 세션을 종료시킬 수 있다.

원격 사용자로부터의 텔넷 세션이 대역폭을 상당 부분 점유하거나 기타 문제를 야기할 경우에 해당 세션을 종료시키는 것이 좋다. 아니면, 네트워크 관리 직원이 자신의 콘솔에서 해당 세션을 강제로 종료시킬 수 있다. 원격 호스트에서 텔넷 세션을 종료시키려면, **clear line** *line number* 명령어를 이용한다. *line number*는 외부에서 연결된 텔넷 세션의 vty 포트 번호를 의미한다. **show sessions** 명령어를 통해 원하는 *line number*를 확인할 수 있다. 이렇게 세션이 종료되면 상대편은 "closed by a foreign host"라는 메시지를 받게 된다.

연결 상태를 확인하는 다른 방법

ping 명령어와 **traceroute** 명령어는 원격 장비로의 연결 및 연결 경로 등에 대한 정보를 제공한다. 이번에는 **ping** 명령어와 **traceroute** 명령어의 사용을 살펴본다.

ping 명령어와 **traceroute** 명령어를 이용하면 로컬 및 원격 네트워크로의 연결 상태를 확인할 수 있다. [예제 4-19]는 이 명령어의 사용 방법 및 결과 값에 대한 설명을 나타낸다.

Chapter 4 _ LAN 연결

> **예제 4-19** ▶ ping 명령어와 traceroute 명령어
>
> ```
> RouterA# ping 10.1.1.10
>
> Type escape sequence to abort.
> Sending 5, 100-byte ICMP Echos to 10.1.1.10, timeout is 2 seconds:
> !!!!!
> Success rate is 100 percent (5/5), round-trip min/avg/max = 4/4/4 ms
>
> RouterA# trace 192.168.101.101
>
> Type escape sequence to abort.
> Tracing the route to 192.168.101.101
>
>   1 p1r1 (192.168.1.49) 20 msec 16 msec 16 msec
>   2 p1r2 (192.168.1.18) 48 msec * 44 msec
> RouterA#
> ```

이 명령어들을 어떻게 사용할 것인가에 대한 자세한 정보는 다음을 참조한다.

- ping 명령어는 네트워크 연결 상태를 확인하는 데 사용된다. 결과 값에는 특정 시스템을 찾고 되돌아오는 데 걸린 최단, 평균, 최장 시간이 포함된다. 이를 확인해 특정 시스템으로의 경로에 대한 신뢰성을 판단할 수 있다.

  [표 4-13]은 ping 명령어 결과 값으로 나타날 수 있는 기호를 설명한 것이다.

▼ 표 4-13 ping 명령어 결과 값

기호	설명
!	응답을 수신함
.	네트워크 서버가 응답을 기다리는 시간을 초과함
U	목적지에 도달할 수 없음을 나타내는 PDU(protocol data unit)가 수신됨
Q	source quench(목적지 장비의 과부하)를 가리킴
M	단편화를 진행할 수 없음
?	알려지지 않은 패킷 유형
&	패킷 유효기간 초과

- traceroute 명령어는 네트워크 장비 사이에서 패킷이 경유한 경로들을 보여준다. 라우터나 스위치 같은 장비는 일련의 UDP 데이터그램을 원격 호스트의 유효하지 않은 포트로 전송한다. 세 개의 데이터그램이 전송되며, 각각의 TTL(Time to Live) 필드 값으로는 1이 설정된다. TTL 값이 1인 이유는 경로에서 가장 먼저 도달한 라우터로만 전송하기 위해서다. 라우터는 ICMP TEM(Time Exceeded Message)을 이용해 응답하며, 해당 데이터그램은 더 이상 사용되지 않음을 알린다.

- 두 번째로 전송되는 세 개의 UDP 메시지는 TTL 값이 2로 설정되는데, 이것은 두 번째로 도달한 라우터가 ICMP TEM을 이용해 응답하게 하기 위해서다. 이러한 과정은 패킷이 목적지에 도달하기까지 계속된다. 이러한 데이터그램은 목적지 호스트의 유효하지 않은 포트로 접근하기 때문에, ICMP Port Unreachable 메시지가 수신되며, 이를 통해 traceroute 프로그램 수행이 종료됨을 알린다. 이렇게 하는 이유는 수신되는 각각의 ICMP TEM을 기록하고, 목적지에 도달하기까지 패킷이 경유한 경로 정보를 제공하기 위해서다.

[표 4-14]는 traceroute 명령어 결과 값으로 나타낼 수 있는 기호를 설명한 것이다.

▼ 표 4-14 traceroute 명령어 결과 값

기호	설명
nn msec	각 노드마다, 지정된 개수의 프로브를 위해 RTT(round-trip time)를 백만분의 일 초 단위로 표현한다.
*	프로브 시간 경과(probe timed out)
A	관리적 제한(administratively prohibited) (예를 들면, access-list)
Q	source quench(목적지 장비의 과부하)
I	사용자 문제 발생 점검(user-interrupted test)
U	포트 도달 불가능(port unreachable)
H	호스트 도달 불가능(host unreachable)
N	네트워크 도달 불가능(network unreachable)
P	프로토콜 도달 불가능(protocol unreachable)
T	시간 경과(timeout)
?	알려지지 않은 패킷 유형(unknown packet type)

Chapter 4 _ LAN 연결

> NOTE*
> IP 도메인 검색이 활성화되어 있으면, 라우터는 해당 IP 주소에 매핑된 이름을 검색하게 되며, 이것은 traceroute 명령어 수행을 더디게 할 수 있다.

원격 장비 접속 요약

다음은 이 절에서 다룬 핵심 내용만을 요약한 것이다.

- 원격 장비에 연결이 되고 나면, 네트워크 관리자는 텔넷 세션을 종료시키지 않고 로컬 장비에 접속해야 할 수도 있다. 텔넷은 원격 세션을 일시적으로 대기 상태로 전환시킬 수 있고 재연결이 가능하다.
- 시스코 장비에서 텔넷 세션을 종료시키려면 exit 명령어, logout 명령어, disconnect 명령어, clear 명령어를 이용한다.
- ping 명령어와 traceroute 명령어는 원격 장비로의 연결 상태 및 경로 정보를 제공한다.

이 장의 요약

이 장에서 설명한 내용을 다음과 같이 정리할 수 있다.

- 라우터는 3계층에서 동작하며, 경로 결정이 주된 기능이다.
- 2진수는 '2의 제곱근'을 이용한다.
- IP 어드레싱은 다음의 요소들로 구성되어 있다.
    - 점으로 구분된 2진수 값
    - 네트워크, 서브넷, 호스트
- 라우터는 하드웨어 점검 및 운영체제의 설정 값을 로딩하기 위한 초기 과정을 거친다.
- 기본 라우터 설정은 콘솔 포트를 통한 CLI를 통해 이뤄지며 다음의 값들이 설정된다.
    - 호스트 이름
    - 인터페이스 IP 주소
- 라우터는 스위치와 비슷하게 하드웨어, 환경적, 전기적, 유지 보수와 관련된 보안 위협에 노출되어 있다.

- 라우터 보안의 기본 설정에는 다음의 값들이 설정된다.
    - 로그인 배너
    - 텔넷 대 SSH
- 시스코 IOS DHCP 서버는 SDM을 이용해 설정되는 DHCP 기능을 모두 갖춘 서버다.
- 시스코 IOS는 원격 접속 및 점검을 위해 다음의 도구들을 제공한다.
    - 텔넷
    - SSH
    - ping
    - traceroute

복습문제

여기에 제시된 문제를 풀면서 4장에서 배운 내용을 복습할 수 있다. 정답은 부록 '복습문제 정답'에 정리되어 있다.

1. 다음 구성요소 중 라우터와 스위치 그리고 컴퓨터 등에 공통적으로 사용되는 것은 무엇인가? (세 개 선택)
    a. RAM
    b. CPU
    c. 마더보드
    d. 키보드

2. 라우터가 갖고 있는 포트 유형은 무엇인가? (두 개 선택)
    a. 프린터
    b. 콘솔
    c. 네트워크
    d. CD-ROM
    e. USB

Chapter 4 _ LAN 연결

3. 네트워크에서 라우터의 기능을 가장 잘 설명한 것은 무엇인가? (두 개 선택)
   a. 라우터는 라우팅 테이블을 관리하며 다른 라우터들로 하여금 네트워크의 변경사항을 알게 한다.
   b. 라우터는 라우팅 테이블을 이용해 어디로 패킷을 전달할 것인가를 결정한다.
   c. 라우터는 네트워크에서 신호를 증폭해 먼 거리까지 전달시킨다.
   d. 라우터는 대규모 충돌 도메인을 생성한다.
   e. 라우터는 ICMP를 이용해 자신의 라우팅 테이블에 저장된 네트워크 정보를 다른 라우터들과 주고받는다.

4. 경로 결정 과정에 대해 바르게 설명한 것은 무엇인가? (세 개 선택)
   a. 라우터는 목적지에 도달하기 위한 사용 가능한 경로를 판단한다.
   b. 라우팅 프로세스는 메트릭과 AD 값을 이용해 네트워크 경로를 결정한다.
   c. 동적 라우팅은 네트워크 관리자가 각 라우터마다 라우팅 정보를 설정할 때 이뤄진다.
   d. 동적 라우팅은 라우팅 프로토콜을 통해 학습한 라우팅 정보를 이용할 때 이뤄진다.
   e. 기본 경로는 모든 네트워크를 위한 최종 경로다.
   f. 라우팅 테이블은 네트워크당 다수의 엔트리를 간직한다.

5. 라우팅 프로세스를 순서에 맞게 정렬하라.

   ___ 1단계
   ___ 2단계
   ___ 3단계
   ___ 4단계
   ___ 5단계

   a. 라우터는 프레임의 캡슐화를 제거하고 프레임의 프로토콜 정보를 이용해 네트워크 계층의 패킷이 IP 프로세스로 전달될 수 있도록 결정한다.
   b. 만약 목적지 네트워크가 직접 연결된 네트워크일 경우, 라우터는 ARP 프로세스를 이용해 호스트의 MAC 주소를 획득하고 네트워크 세그먼트로 이를 전달한다. 네트워크가 다른 라우터를 통해 도달 가능하다면, 라우터는 다음 홉의 MAC 주소를 이용하여 라우팅 테이블에 지정된 인터페이스를 이용해 패킷을 전달한다.
   c. 라우터는 IP 헤더 안의 목적지 주소를 점검한다. 이 패킷은 라우터를 향하든가 아니면 전달될 것이다. 만약 전달돼야 하는 패킷이라면, 라우터는 라우팅 테이블을 참조해 패킷을 어디로 전달할 것인가를 결정한다.
   d. 나가는 인터페이스에서는 매체에 맞는 적절한 유형을 패킷을 캡슐화해 네트워크 세그먼트로 패킷을 전송한다.
   e. 라우터는 자신의 인터페이스 중 한 곳으로 패킷을 수신한다.

복습문제

6. 라우터가 라우팅 경로를 결정하는 데 도움을 주는 라우팅 정보에 포함된 것은 무엇인가? (세 개 선택)
   a. IP 주소
   b. MAC 주소
   c. 라우팅 테이블
   d. 라우팅 프로토콜

7. 라우팅 테이블의 기능에 대해 적절하게 설명한 것은 무엇인가? (세 개 선택)
   a. 라우팅 테이블은 학습한 네트워크 주소들을 순차적으로 제공한다.
   b. 라우팅 테이블은 MAC 주소 전송을 통해 유지된다.
   c. 라우팅 테이블은 적절한 경로를 결정하는 데 사용되는 메트릭을 수반한다.
   d. 라우팅 테이블은 라우터에 특정 목적지 네트워크가 직접 연결됐는지 혹은 다른 라우터(다음 홉 라우터)를 경유해 최종 목적지까지 전달될 수 있는지를 알려준다.
   e. 라우터가 들어오는 패킷을 수신하면, 출발지 주소를 참조해 출발지로부터 데이터를 전달하는 최상 경로를 찾기 위해 라우팅 테이블을 검색한다.
   f. 라우팅 프로토콜은 다양한 반면에 라우팅 메트릭은 그렇지 않다.

8. 다음의 라우팅 테이블 구축 방법들을 정의에 맞게 선택하라.
   ___ 이 요소는 네트워크 세그먼트에 연결된 인터페이스로부터 발생한다. 이것은 가장 확실한 값이다. 만약 인터페이스에 문제가 발생하거나 관리자가 임의로 셧다운을 할 경우에 라우팅 테이블에서 삭제된다.
   ___ 이것은 선택적인 요소로 라우팅 테이블에서 검색되지 않은 경로들을 위해 사용된다. 이 요소는 수동으로 삽입되거나 동적 라우팅 프로토콜에 의해 생성될 수 있다.
   ___ 이 경로들은 시스템 관리자에 의해 라우터에 직접 설정되어 입력된 것이다.
   ___ 이 경로들은 라우터에 의해 학습되며, 이 정보들은 라우터가 끊임없이 업데이트하기 위해 네트워크의 변경사항을 반영한다.

   a. 정적 라우팅
   b. 동적 라우팅
   c. 기본 경로
   d. 직접 연결 네트워크

Chapter 4 _ LAN 연결

9. 라우팅 프로토콜이 네트워크 경로를 결정할 때 사용하는 가장 보편적인 메트릭은 무엇인가? (세 개 선택)
   a. 홉 수
   b. 대역폭
   c. 지연
   d. 패킷 길이
   e. 거리
   f. 수량

10. 거리 벡터 라우팅 프로토콜에 대해 정확하게 설명한 것은 무엇인가? (세 개 선택)
    a. IGRP는 중간 규모 LAN에서의 라우팅을 위해 시스코에서 개발했다.
    b. 거리 벡터 라우팅 프로토콜로는 RIP와 IGRP가 있다.
    c. 이 프로토콜은 인터네트워크 안의 어떤 네트워크든지 간에 방향(벡터)과 거리(홉 수)만을 가지고 경로를 결정한다.
    d. 이 프로토콜을 이용할 때, 라우터는 모든 네트워크 세그먼트에 대한 전체 경로를 알고 있어야 한다.
    e. 이 프로세스는 '루머에 의한 라우팅'으로 알려져 있다.
    f. 거리 벡터 라우팅 프로토콜을 구동하는 라우터는 네트워크에 변경사항이 발생할 때만 주기적으로 업데이트를 한다.

11. 링크 상태 라우팅 프로토콜에 대해 정확하게 설명한 것은 무엇인가? (세 개 선택)
    a. 링크 상태 데이터베이스는 네트워크에서 최대 대역폭을 가진 경로를 계산해내는 데 사용된다.
    b. 링크 상태 라우팅 프로토콜은 네트워크 변경에 빠르게 반응한다.
    c. 링크 상태 라우팅 프로토콜에서 각 라우터들은 주기적으로 네트워크와 직접 연결된 라우터 목록에 기록된 라우터들에 메시지와 정상적으로 동작하는 각 라우터들이 연결된 링크에 대한 정보를 전송한다.
    d. 링크 상태 라우팅 프로토콜은 30분마다 주기적으로 업데이트(링크 상태 갱신)를 한다.
    e. 링크 상태 라우팅 프로토콜에서 모든 라우터는 네트워크 토폴로지를 이용해 자신만의 내부 지도를 생성하려고 노력한다.
    f. 링크 상태 라우팅 프로토콜은 네트워크에 변경사항이 발생하지 않더라도 주기적으로 업데이트를 수행한다.

12. 모든 컴퓨터 기능은 _____을 이용한다.
    a. 10의 제곱근 시스템
    b. 10진수 시스템
    c. 숫자 시스템
    d. 2진수 시스템

13. 10진수 10을 2진수로 변환하면 _____이 된다.
    a. 10
    b. 1010
    c. 110
    d. 1000

14. LSB 값이 0인 2진수는 무엇인가?
    a. 01100011
    b. 10100101
    c. 10011010
    d. 10011001

15. IP 주소는 _____를 이용해 표현된다.
    a. 32비트 2진수
    b. 16비트 10진수
    c. 8비트 2진수
    d. 8개로 이뤄진 4비트 10진수

16. 2의 5제곱근은 _____이다.
    a. 2 × 5
    b. 128
    c. 2를 다섯 번 곱한 값
    d. 정답 없음

Chapter 4 _ LAN 연결

17. 10진수 205를 2진수로 변환한 값은 _____이다.
    a. 11011101
    b. 11001001
    c. 110001019
    d. 11001101

18. 10진수 452를 2진수로 변환한 값은 _____이다.
    a. 111000100
    b. 110000100
    c. 111001100
    d. 101000100

19. 2진수 11000111과 같은 값을 갖는 10진수는 무엇인가?
    a. 218
    b. 199
    c. 179
    d. 208

20. 2진수 11101000111을 2의 제곱근을 이용해 10진수로 변환한 값은 _____이다.
    a. 1183
    b. 1873
    c. 1638
    d. 1863

21. A 클래스에서 호스트 필드 중 네트워크에 할당된 옥텟의 개수는 몇 개인가?
    a. 3
    b. 2
    c. 1
    d. 4

22. 서브넷을 생성하기 위해 빌려 사용할 수 있는 최소 비트 수는 몇 개인가?
    a. 1   b. 2
    c. 3   d. 4

23. 여섯 개의 서브넷 비트를 이용하면 얼마나 많은 서브넷을 생성할 수 있는가?
    a. 58
    b. 60
    c. 64

24. C 클래스 네트워크에서는 얼마나 많은 호스트 주소가 사용될 수 있는가?
    a. 253
    b. 254
    c. 225
    d. 256

25. C 클래스 네트워크에서 서브넷을 생성하기 위해 빌려올 수 있는 최대 비트 수는 얼마인가?
    a. 2
    b. 4
    c. 6
    d. 8

26. 서브넷 마스크가 라우터에 알려주는 것은 IP 주소 중에서 어느 부분인가?
    a. 마스크와 호스트 비트
    b. 호스트와 네트워크 비트
    c. 호스트와 서브넷 비트
    d. 네트워크와 서브넷 비트

27. 라우터가 라우팅 테이블에서 일치하는 적절한 주소 부분을 갖고 있지 않을 경우, _____
    a. 패킷을 출발지에 되돌려 보낸다.
    b. 다음 계층에 위치한 라우터에 패킷을 전달한다.
    c. 해당 주소를 테이블에 추가한다.
    d. 패킷을 폐기한다.

28. 다음의 서브넷 마스크 중 옥텟 경계에 위치한 것은 무엇인가?
    a. 255.0.0.0
    b. 255.255.0.0
    c. 255.255.255.0
    d. 위의 모두 다

Chapter 4 _ LAN 연결

29. 다음 중 2진수로 된 기본 서브넷 마스크는 무엇인가? (두 개 선택)
    a. 11111111.00000000.00000000.00000000
    b. 11111111.11111111.01000000.00000000
    c. 11111111.11111111.11111111.00000000
    d. 255.255.224.0

30. 라우터는 서브넷 마스크가 255.255.0.0인 IP 주소 172.17.128.47의 어느 부분을 참조하는가?
    a. 172.17.128.47
    b. 172.17.128
    c. 172.17
    d. 10.172.47

31. 255.255.224.0을 2진수로 변환하면 _____이다.
    a. 11111111.00000000.11100000.00000000
    b. 11111111.11100000.00000000.00000000
    c. 11111111.11111111.11100000.00000000
    d. 11111111.11111111.11110000.00000000

32. 원하는 서브넷 개수를 확보하기 위해 네트워크 주소에서 얼마나 많은 호스트 비트를 빌려야 하는지를 확인하려면, _____
    a. 호스트 부분에서 필요한 서브넷 개수를 뺀다.
    b. 오른쪽에서 왼쪽으로 전체 서브넷 개수(10진수)가 필요한 서브넷보다 많을 때까지 비트 값을 추가한다.
    c. 왼쪽에서 오른쪽으로 전체 서브넷 개수(10진수)가 필요한 서브넷보다 많을 때까지 비트 값을 추가한다.
    d. 정답 없음

33. 시스코 라우터는 어떻게 구동시키는가?
    a. Reset 버튼을 누른다.
    b. 전원 스위치를 온 상태로 바꾼다.
    c. 다른 라우터와 광 케이블로 연결한다.
    d. 전원 케이블 플러그를 라우터의 전원 공급 소켓에 연결한다.

34. 시스코 라우터를 시작할 때, 콘솔 화면에는 무엇이 나타나는가?
    a. 시스코 IOS 디버그 메시지
    b. 콘솔 진단 메뉴
    c. 시스코 IOS 소프트웨어 출력 값
    d. 실시간 상태를 LED로 나타내는 그림

35. 시스코 라우터에서 셋업 모드의 주된 목적은 무엇인가?
    a. 현재 라우터 설정을 보여주는 것
    b. 하드웨어와 인터페이스 점검을 완료하는 것
    c. 필요한 최소 설정을 하는 것
    d. IP 라우팅을 위해 시스코 라우터의 모든 기능을 설정하는 것

36. 다음 중 시스코 라우터에서 사용자 실행 모드 명령어로 설정할 수 있는 것을 가장 잘 설명한 것은 무엇인가?
    a. 아무것도 설정할 수 없다. 사용자 모드 명령어는 단지 정보만을 보여주는 데 이용된다.
    b. 사용자 실행 모드에서 전체 라우터에 영향을 미치는 전역 설정 값을 설정할 수 있다.
    c. 사용자 실행 모드 명령어를 이용해 라우터를 설정할 수 있도록 secret password를 입력할 수 있다.
    d. 사용자 실행 모드 명령어를 이용해 인터페이스, 서브인터페이스, 라인, 라우터를 설정할 수 있다.

37. 특권 실행 모드에서 사용자 실행 모드로 되돌아가게 하는 시스코 IOS 명령어는 무엇인가?
    a. exit   b. quit
    c. disable   d. userexec

38. 시스코 IOS CLI에서 가능한 도움 기능에 맞는 적절한 설명을 선택하라.
    ___ 문구 감지 도구
    ___ 콘솔 에러 메시지
    ___ 명령어 입력 기록 버퍼

    a. 명령어 목록 및 특정 명령어와 관련된 설명을 제공한다.
    b. 긴 구문의 명령어나 복잡한 명령어 혹은 검토하거나 참조하기 위해 입력했었던 명령어를 불러온다.
    c. 명령어가 잘못 입력됐음을 알리고 이를 수정하게 하기 위해서 라우터 명령어의 문제를 확인시켜 준다.

39. 시스코 라우터에서 **show running-config** 명령어를 입력했을 때 나타나는 결과 값은 무엇인가?
    a. RAM에 저장되어 있는 현재(구동되고 있는) 설정 값
    b. 시스템 하드웨어 및 설정 파일 이름
    c. 설정 값을 저장하는 데 이용한 NVRAM의 용량
    d. 라우터에서 구동 중인 시스코 IOS 소프트웨어 버전

40. 시스템 하드웨어와 소프트웨어 버전 정보를 보여주는 시스코 IOS 명령어는 무엇인가?
    a. show version
    b. show interfaces
    c. show startup-config
    d. show running-config

41. 다음의 설정 모드를 라우터 모드 프롬프트와 일치하도록 선택하라.

    __ 라인
    __ 라우터
    __ 인터페이스
    __ 컨트롤러
    __ 서브인터페이스

    a. Router(config-if)#
    b. Router(config-line)#
    c. Router(config-subif)#
    d. Router(config-router)#
    e. Router(config-controller)#

42. 시스코 라우터에서 메이저 명령어를 입력하면 무슨 일이 일어나는가?
    a. 라우터는 사용자 실행 모드로 되돌아간다.
    b. 라우터는 설정 가능한 명령어 목록을 나열한다.
    c. 라우터는 전역 설정 명령어를 불러온다.
    d. 라우터는 설정 모드 사이를 이동시킨다.

43. 라우터에 로그인할 때 나타내는 메시지를 생성하는 시스코 IOS 명령어는 무엇인가?
   a. hostname *hostname*
   b. banner motd *message*
   c. hostname interface description
   d. description interface description

44. enable secret와 enable password 명령어가 동시에 라우터에 설정되어 있는 경우 어떻게 # 모드로 진입할 수 있는가?
   a. enable secret 명령어를 입력한다.
   b. enable password 명령어를 입력한다.
   c. enable secret 또는 enable password 명령어를 입력한다.
   d. enable secret와 enable password 명령어를 모두 입력한다.

45. 콘솔 세션의 타임아웃을 15분 30초로 설정하는 시스코 IOS 명령어는 무엇인가?
   a. set exec timeout 15 30
   b. console timeout 15 30
   c. timeout 15 30
   d. exec-timeout 15 30

46. 모듈형 라우터에서 슬롯 0, 포트 1의 시리얼 포트를 지정하는 시스코 IOS 명령어는 무엇인가?
   a. interface serial 0-1
   b. interface serial 0 1
   c. interface serial 0/1
   d. interface serial 0.1

47. 시스코 라우터에서 시리얼 인터페이스에 64kbps의 클록 속도를 설정하는 시스코 IOS 명령어는 무엇인가?
   a. clock rate 64
   b. clock speed 64
   c. clock rate 64000
   d. clock speed 64000

48. 시리얼 인터페이스는 'Serial1 is up, line protocol is down' 상태다. 다음 중 이러한 유형의 에러를 발생시킨 원인이 될 수 있는 것은 무엇인가? (두 개 선택)
   a. clock rate가 설정되어 있지 않다.
   b. 인터페이스가 의도적으로 비활성화되어 있다.
   c. 시리얼 인터페이스에 케이블이 연결되어 있지 않다.
   d. no keepalive 상태다.
   e. 캡슐화 유형이 서로 일치하지 않는다.

49. 다음 중 고려해야 하는 물리적 위협은 무엇인가? (두 개 선택)
   a. 사용자가 책상에 패스워드를 남겨 뒀다.
   b. 누군가가 네트워크 접속을 차단하기 위해 전원 공급을 중단시켰다.
   c. 누군가가 네트워크 장비가 설치된 장소의 에어컨 시스템 가동을 중단시켰다.
   d. 누군가가 네트워크 관련 문서가 보관된 캐비닛에 침입했다.

50. 다음 중 패스워드로 보호되는 것은 무엇인가? (네 개 선택)
   a. 콘솔 접속
   b. vty 접속
   c. tty 접속
   d. 사용자 수준 접속
   e. 실행 수준 접속

51. 사용자 이름과 패스워드를 이용해 로그인하기 전에 원하는 문구를 화면에 나타나게 하는 기능은 무엇인가?
   a. MOTD(message-of-the-day) 배너
   b. 로그인 배너
   c. 접속 경고
   d. 사용자 배너
   e. 경고 메시지

52. 원격에서 네트워크 장비에 접속하는 데 있어 가장 보안이 뛰어난 것은 무엇인가?
    a. HTTP
    b. 텔넷
    c. SSH
    d. RMON
    e. SNMP

53. 시스코 SDM(Cisco Router and Security Device Manager)에 대해 적절하게 설명한 것은 무엇인가?
    a. PC 기반의 관리 시스템으로 DHCP 서버와 같은 기능을 설정하는 데 이용할 수 있다.
    b. 웹 기반의 관리 도구로 DHCP 서버와 같은 기능을 설정하는 데 이용할 수 있다.
    c. 서버 기반의 관리 도구로 DHCP 서버와 같은 기능을 설정하는 데 이용할 수 있다.
    d. 클라이언트 기반의 관리 도구로 DHCP 서버와 같은 기능을 설정하는 데 이용할 수 있다.

54. 시스코 SDM 파일은 어디에 저장되는가?
    a. PC
    b. 라우터
    c. 로컬 클라이언트
    d. 네트워크 서버

55. 다음 중 DHCP의 기능은 무엇인가? (두 개 선택)
    a. DHCP는 클라이언트 장비에 동적으로 호스트 이름을 할당한다.
    b. DHCP는 클라이언트 장비에 동적으로 IP 주소를 할당한다.
    c. DHCP는 클라이언트 장비에 동적으로 기본 게이트웨이 주소를 할당한다.
    d. DHCP는 클라이언트 장비에 보안 접근 수준을 할당한다.

56. 시스코 IOS가 제공하는 DHCP 서버에 대해 적절하게 설명한 것은 무엇인가?
    a. DHCP 서버의 모든 기능을 제공한다.
    b. 클라이언트에게 제한된 IP 주소를 할당한다.
    c. 마스터 DHCP 서버로부터 DHCP 정보를 반드시 가져와야 한다.
    d. 제한적인 DHCP 기능을 지원하며 클라이언트에 IP 주소와 기본 게이트웨이 주소만을 할당한다.

57. 시스코 라우터에 DHCP 서버를 설정할 때 필요한 DHCP 매개변수는 무엇인가? (네 개 선택)
   a. 풀 이름
   b. 임대 기간
   c. 도메인 이름
   d. 기본 라우터
   e. DNS 서버 주소
   f. WINS 서버 주소
   g. DHCP 네트워크와 서브넷
   h. 첫 번째 주소와 마지막 주소

58. DHCP 주소 영역에서 이미 다른 장비가 할당받아 사용하고 있는 주소를 보여주는 명령어는 무엇인가?
   a. sh ip dhcp bindings
   b. sh ip dhcp database
   c. sh ip dhcp mapping
   d. sh ip dhcp conflicts

59. 다음 시스코 IOS 도구 중 다른 장비로 보안 원격 접속을 시도하는 데 사용될 수 있는 것은 무엇인가?
   a. SSH
   b. SDM
   c. ping
   d. 텔넷
   e. traceroute

60. 라우터에 연결된 텔넷 세션들을 확인할 수 있는 명령어는 무엇인가?
   a. show user
   b. show telnet
   c. show sessions
   d. show connections

61. 텔넷 세션을 강제 종료하는 데 사용되는 것은 무엇인가?
    a. end 키워드 입력
    b. suspend 키워드 입력
    c. Ctrl-Shift-6, 그리고 x 키를 순차적으로 입력
    d. Ctrl-Shift-Del 키를 순차적으로 입력

이 장에서 배울 내용은 다음과 같다.

- 이 장의 학습 목표
- WAN 기술
- 인터넷 연결 활성화
- 정적 라우팅 활성화
- 시리얼 캡슐화 설정
- RIP 활성화
- 이 장의 요약
- 복습문제

CHAPTER 5

WAN 연결

지리적으로 다른 곳에 있는 사이트들을 서로 연결해야 할 때 WAN이 사용된다. WAN을 이용하면 멀리 떨어져 있는 자원에 접근할 수 있다. 여러 종류의 WAN이 있으며, 점 대 점 전용선, 회선 교환 방식의 네트워크, 패킷 교환 방식의 네트워크가 있다. 또한 WAN에는 많은 물리적 네트워크 장비가 사용되며, DSL(digital subscriber line), 프레임 릴레이(Frame Relay), ATM(Asynchronous Transfer Mode), PPP(Point-to-Point Protocol), HDLC(High-Level Data Link Control) 같은 접근 및 암호화 기술도 많이 있다.

사이트들을 서로 연결할 때 정확한 정보 전달이 필요하다. 한 곳에서 다른 곳으로 정보를 보내는 과정을 라우팅이라고 한다. 여러 라우팅 프로토콜에서 IP 경로를 결정하는 방법을 이해할 필요가 있다. 이번 장에서는 정적 라우팅, 기본 라우팅, RIP의 특징과 작동 방식을 설명한다.

조직이 커지면서 간혹 주소가 부족해지거나 어드레싱 충돌이 일어나기도 한다. 가장 공통된 어드레싱 이슈들 중 하나는 사설 어드레싱을 사용하는 네트워크를 공개 어드레싱을 사용하는 인터넷으로 연결할 때 일어난다. 이러한 종류의 이슈를 해결하기 위해 NAT(Network Address Translation)나 PAT(Port Address Translation) 같은 프로토콜을 사용할 수 있다.

인터넷을 통해 소규모 사이트들을 서로 연결하는 일이 많아지고 있다. 이를 위해 ISP가 DHCP를 사용해서 인터페이스 주소를 동적으로 할당하는 것이 일반적이다. 이와 관련해서 라우터를 DHCP 클라이언트로 사용할 수 있다.

Chapter 5 _ WAN 연결

이 장의 학습 목표

이 장을 다 읽고 나면 WAN의 특징, 기능, 구성요소를 정의할 수 있을 것이다. 이를 위해서는 다음에 제시된 능력을 갖춰야 한다.

- WAN과 WAN의 주요 장비 및 기술을 설명한다.
- 시스코 IOS 라우터의 DHCP 클라이언트와 PAT 기능을 사용해서 라우터가 인터넷에 대한 인터페이스로 작동하도록 설정한다.
- 정적 라우팅과 동적 라우팅을 설정하고 점검한다.
- HDLC와 PPP 캡슐화를 사용해서 시리얼 포트를 설정하고 점검한다.
- RIP 라우팅을 설정하고 점검한다.

WAN 기술

처음에 한 곳에 있던 엔터프라이즈가 성장하면서 여러 지역에 사이트가 생겨나고, 이렇게 되면 여러 곳에 있는 LAN을 서로 연결해서 WAN을 구성해야 한다. WAN이 제 기능을 수행하기 위해서는 하드웨어 장비와 소프트웨어 기능을 포함해서 여러 기술이 필요하다. 이번 절에서는 WAN의 기능과 특징을 설명하고, LAN의 특징과는 어떻게 다른지를 설명한다. 또한 이번 절에서는 설계와 기능에 있어서 WAN이 OSI 참조 모델과 어떤 관련이 있으며, WAN 환경에서 주요 하드웨어 구성요소로는 어떤 것이 있고, WAN에서 멀티플렉싱을 통해 데이터가 어떻게 관리되는지를 설명한다.

WAN이란 무엇인가?

WAN은 지리적으로 LAN의 범위를 벗어나서 운용되는 데이터 통신 네트워크다.

WAN은 서비스 제공업체에서, 혹은 전화 회사나 케이블 회사 같은 전송업체에서 제공하는 설비를 사용한다. 이 설비는 한 조직의 특정 사이트를 해당 조직의 다른 사이트, 다른 조직의 특정 사이트, 외부 서비스, 원격 사용자와 연결한다. 일반적으로 WAN은 음성, 데이터, 영상 등 다양한 종류의 트래픽을 전송한다. WAN에서 캠퍼스 LAN과 원격 사이트가 서로 어떻게 연결되는지를 [그림 5-1]에서 설명하고 있다.

WAN 기술

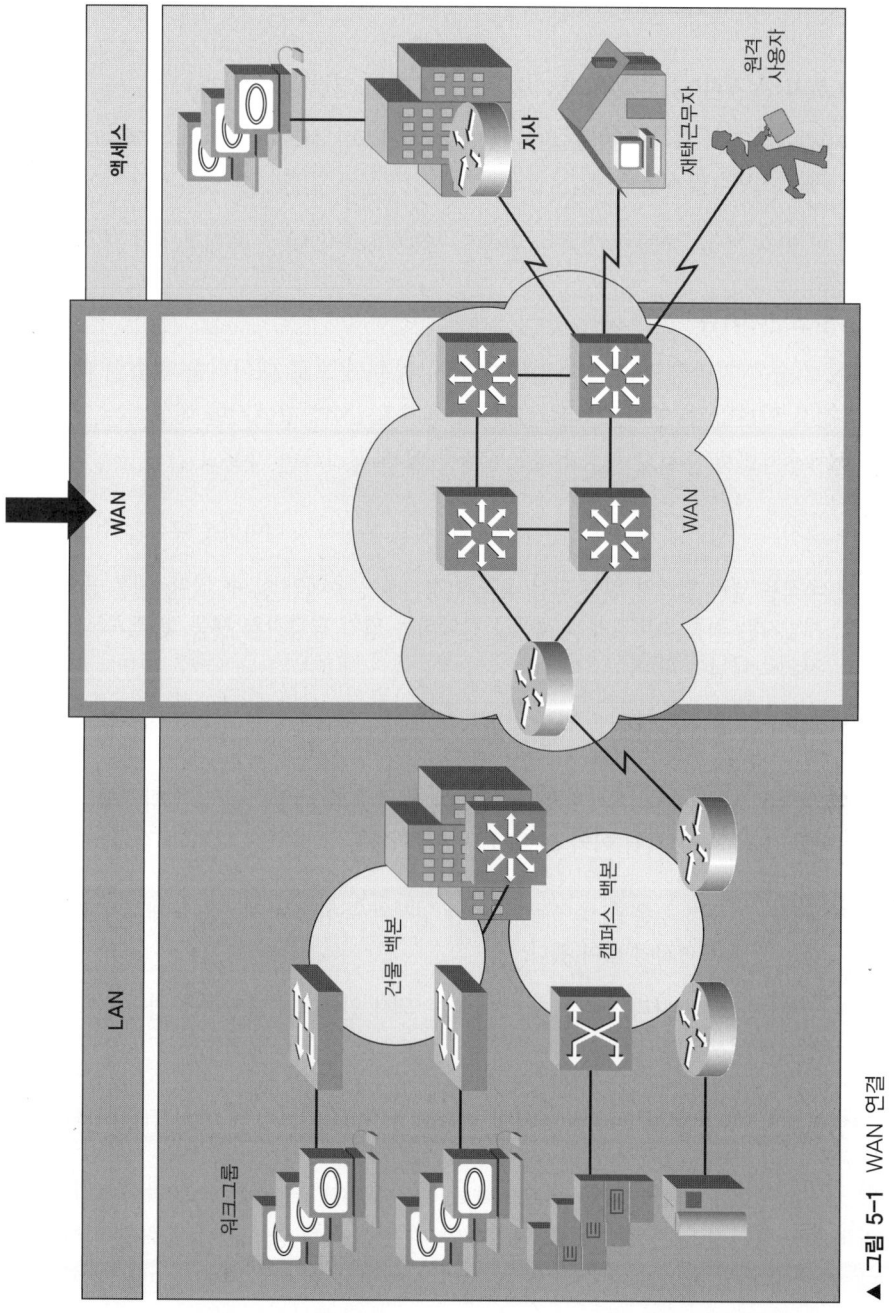

▲ 그림 5-1 WAN 연결

Chapter 5 _ WAN 연결

WAN의 주요 특징으로 다음 세 가지가 있다.

- WAN은 지리적으로 멀리 떨어져 있는 장비들을 연결한다.
- WAN은 전화 회사, 케이블 회사, 위성통신 시스템, 네트워크 서비스 제공업체 같은 전송업체의 서비스를 사용한다.
- WAN은 다양한 종류의 시리얼 연결을 이용해서 지리적으로 떨어져 있는 지역으로 연결한다.

WAN이 필요한 이유

LAN 기술은 지리적으로 멀리 떨어져 있지 않은 곳으로 데이터를 전송할 때 속도나 비용 효율성을 확보할 수 있다. 그러나 모든 업무가 LAN 환경에서만 이뤄지는 것은 아니고 원격지 사용자와의 통신도 필요하며, 그 예를 일부 정리하면 다음과 같다.

- 조직의 지점이나 지사에 있는 직원들이 서로 통신하고 데이터를 공유할 수 있어야 한다.
- 조직은 멀리 떨어져 있는 다른 조직과 정보를 공유해야 할 수 있다. 예를 들어, 소프트웨어 개발자는 최종 소비자에게 제품을 판매하는 영업 담당자와 제품 및 프로모션 정보를 정기적으로 나눠야 한다.
- 회사 업무를 위해 출장을 가는 직원은 본사 네트워크에 있는 정보에 접근할 수 있어야 한다.

이 외에 집에서 컴퓨터를 사용하는 사람이 원거리로 데이터를 송신하거나 원거리에 있는 데이터를 수신해야 한다. 이와 관련된 몇 가지 예를 정리하면 다음과 같다.

- 고객이 컴퓨터로 은행, 쇼핑몰, 다양한 업체와 통신해서 제품을 구매하거나 서비스를 이용하는 것이 보편적인 일이 됐다.
- 학생들은 자기 나라나 다른 나라에 있는 도서 인덱스나 출판물에 접근해서 수업에 필요한 정보를 검색한다.

[그림 5-2]는 WAN 사용자가 조직의 자원에 연결하는 다양한 방법을 보여준다.

한 나라나 다른 나라에 있는 컴퓨터들을 케이블로 연결하는 일은 불가능하기 때문에 지리적으로 떨어져 있는 장비들을 연결해야 하는 요구를 충족시키기 위한 기술들이 발전됐다. 그것이 바로 WAN 기술이며, 조직이나 개인은 WAN 기술을 이용해 광대역 통신을 이룬다.

WAN 기술

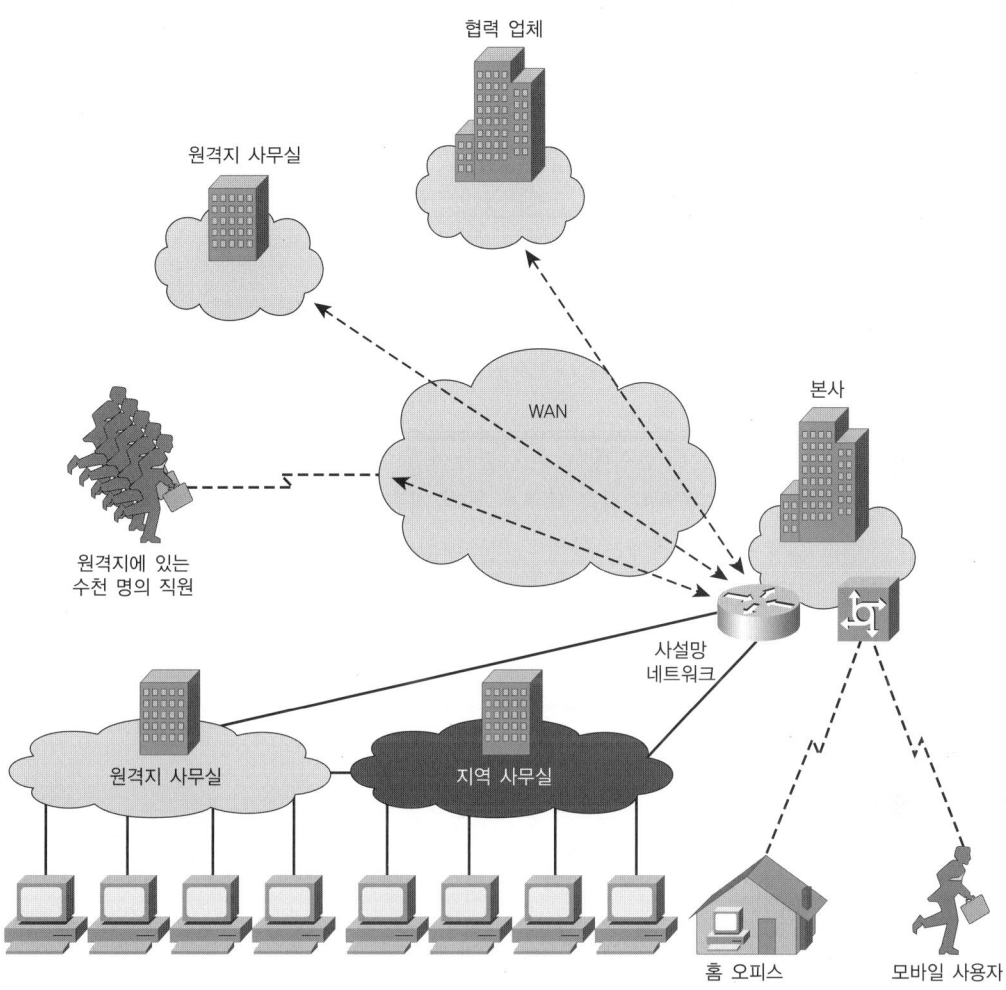

▲ 그림 5-2 WAN 연결

WAN과 LAN의 차이점

WAN은 여러 가지 면에서 LAN과 다르다. LAN이 한 건물이나 소규모 지역의 컴퓨터, 주변장치, 기타 장비를 연결하는 반면에 WAN은 지리적으로 넓은 장소를 가로질러서 데이터를 전송할 수 있다. 이 외에 한 회사나 조직이 WAN 네트워크 서비스를 사용하려면 WAN 서비스 제공업체와 계약을 맺어야 한다. 일반적으로 LAN에 대한 소유권은 해당

Chapter 5 _ WAN 연결

LAN을 사용하는 회사나 조직에게 속한다. WAN과 LAN의 차이점을 [표 5-1]에 정리해 뒀다.

▼ 표 5-1 LAN과 WAN의 비교

	WAN	LAN
영역	지리적으로 넓은 영역	하나의 건물이나 지리적으로 좁은 영역이 속한 캠퍼스
소유권	서비스 제공업체에 가입	조직이 소유

WAN 접근과 OSI 참조 모델

WAN은 OSI 참조 모델과 연계해서 그 기능을 수행한다. WAN의 기능은 주로 1계층과 2계층에 집중되어 있다. WAN 접근 표준은 물리 계층 전달 방법 및 데이터 링크 계층 요구 사항을 주로 설명하며, 여기에는 물리적 어드레싱, 흐름 제어, 캡슐화가 포함된다. WAN 접근 표준의 정의 및 관리에 관여하고 있는 기관으로 ISO, TIA(Telecommunications Industry Association), EIA(Electronics Industry Alliance)가 있다.

물리 계층(OSI 1계층) 프로토콜은 통신 서비스 제공업체의 서비스에 연결함에 있어 전기, 기계, 운영, 기능과 관련하여 무엇이 필요한지를 설명한다.

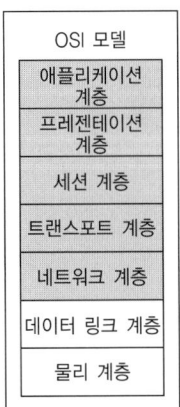

▲ 그림 5-3 OSI 계층과 WAN

데이터 링크 계층(OSI 2계층) 프로토콜은 원격지로 송신되는 데이터의 캡슐화 방법과 프레임의 전송 메커니즘을 정의한다. 이와 관련해서 프레임 릴레이나 ATM과 같이 매우 다양한 기술이 사용된다. 이 프로토콜 중 일부는 동일한 프레임 구성 메커니즘, HDLC, ISO 표준, 변형된 세부 기술 중 어떤 것을 사용한다. OSI 참조 모델과 WAN 기술의 관계를 [그림 5-3]에 제시해 뒀다.

WAN 장비

WAN의 물리 계층에서 여러 장비가 운용된다. WAN 접근에 사용되는 장비를 정리하면 다음과 같다.

- **라우터:** 라우터에는 인터네트워킹 및 WAN 접근 인터페이스 포트가 있다.
- **통신 서버:** 통신 서버에서 사용자 통신을 중앙집중식으로 관리한다.
- **모뎀 혹은 DSU/CSU:** 모뎀은 아날로그 회선에서의 전송을 위해 송신 장비의 디지털 신호를 아날로그 형식으로 변환한 다음에, 수신 장비에서의 수신 및 처리를 위해 아날로그 신호를 디지털 형식으로 다시 변환한다. 디지털 회선의 경우에 DSU(digital service units)와 CSU(channel service units)가 필요하다. DSU와 CSU는 DSU/CSU라는 하나의 장비로 결합되어 있다. 또한 라우터의 인터페이스 카드에 DSU/CSU가 내장되어 있을 수도 있다.
- **WAN 네트워킹 장비:** 접근 서비스를 지원하기 위해서 ATM 스위치, 프레임 릴레이 스위치, PSTN(public switched telephone network) 스위치, 코어 라우터 등의 장비가 사용될 수도 있다.

가입자 소유의 건물 안에 있는 장비를 CPE(customer premises equipment)라고 한다. 가입자는 CPE를 소유하거나 서비스 제공업체로부터 CPE를 임대한다. CPE와 서비스 제공업체의 가장 가까운 교환국이나 CO(central office)를 연결하기 위해 구리선이나 광 케이블이 사용된다. 이러한 케이블링을 로컬 루프(local loop), 즉 '라스트 마일(last mile)'이라고 한다. 아날로그 데이터(예: 전화 통화)가 로컬에서는 로컬 루프로 연결되고, 로컬이 아닌 곳에서는 트렁크를 통해서 주 센터(primary center)로 연결된다. 그런 다음에 아날로그 데이터는 목적지를 향해서 구역 센터를 지나고 지역 센터나 국제 전송 센터를 지나간다.

로컬 루프에서 데이터를 전송하려면 모뎀이나 DSU/CSU 같은 장비가 필요하다. 데이터를 로컬 루프에 두는 장비를 DCE(data communication equipment)라고 하고, 데이터를 DCE로 보내는 고객 장비를 DTE(data terminal equipment)라고 한다. DCE는 DTE가

WAN에서 통신하는 데 필요한 인터페이스를 제공한다.

WAN 액세스 물리 계층은 DTE와 DCE 사이의 인터페이스를 설명한다. [그림 5-4]는 DTE 장비와 DCE 장비의 위치를 보여주며, 두 장비 사이에서 1계층 연결이 어떻게 지원되는지를 보여준다.

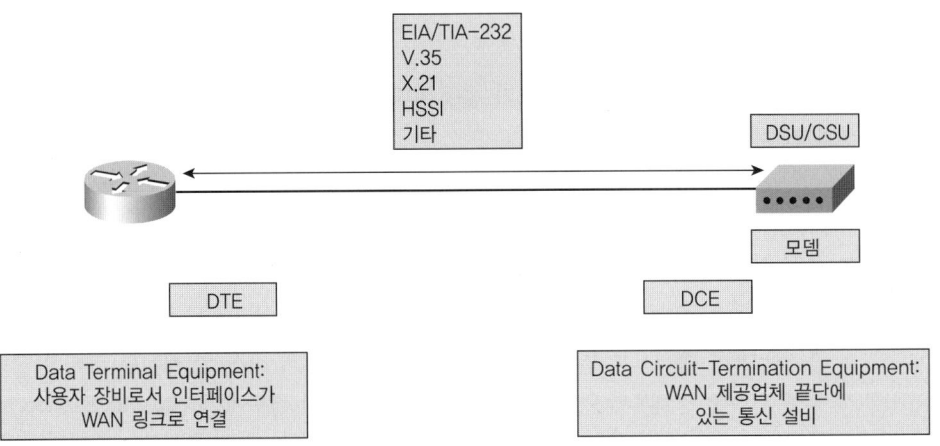

▲ 그림 5-4 DTE와 DCE

WAN 케이블링

시스코 라우터는 시리얼 연결에 대해서 EIA/TIA-232, EIA/TIA-449, V.35, X.21, EIA/TIA-530 표준을 지원한다.

케이블을 주문하면 차폐형 시리얼 트랜지션 케이블이 오며, 명시한 표준에 맞는 커넥터도 같이 딸려 온다. 일부 시스코 라우터의 경우에 차폐형 시리얼 트랜지션 케이블의 라우터 쪽 끝에 DB-60 커넥터가 붙어 있으며, 이는 시리얼 WIC(WAN interface card)의 DB-60 포트로 연결된다. 이 포트에서 지원하는 케이블 종류가 다섯 개이므로, 이 포트를 간혹 파이브 인 원(five-in-one) 시리얼 포트라고도 한다. 시리얼 트랜지션 케이블의 다른 쪽 끝에서는 실제 사용할 표준에 적합한 커넥터가 붙을 수 있다. 연결하려는 장비의 매뉴얼을 보면 해당 장비의 표준을 알 수 있을 것이다.

라우터의 경우에 CPE가 DTE다. 일반적으로 모뎀이나 DSU/CSU가 그 역할을 하는 데 이터 DCE는 DTE에서 온 사용자 데이터를 WAN 서비스 제공업체에서 받아들일 수 있는 형태로 변환하는 장비다. 라우터의 동기 시리얼 포트는 DTE나 DCE로 설정되며, EIA/TIA-530은 DTE로만 설정된다. DTE로 설정될 것인지 DCE로 설정될 것인지는 어떤 케이블이 연결되는지에 따라 결정되며, DTE와 DCE 중 어느 것인지에 따라서 이에 맞게 라우터도 설정해야 한다. 포트가 DTE로 설정(기본 값)된 경우에 DCE 장비로부터의 외부 클록킹이 필요하다. 시스코 라우터에서 사용할 수 있는 WAN 커넥터를 [그림 5-5]에서 볼 수 있다.

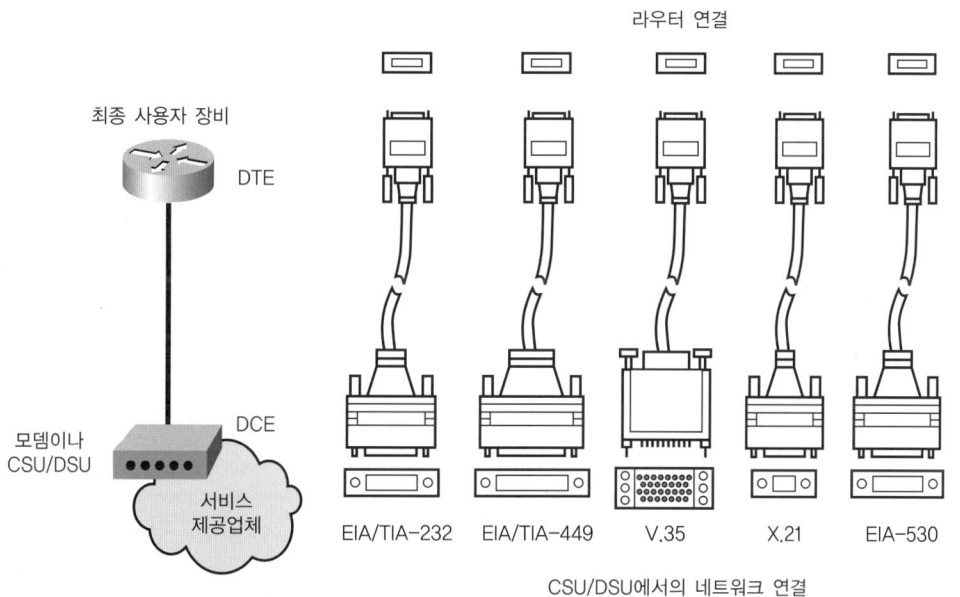

▲ 그림 5-5 WAN 케이블

> **NOTE***
>
> 좁은 공간을 효율적으로 사용하기 위해서 시스코는 소형 시리얼 케이블을 만들었다. 소형 시리얼 케이블의 시리얼 쪽 끝은 26핀 커넥터다. 이는 파이브 인 원 시리얼 케이블에 연결되는 DB-60 커넥터보다 훨씬 더 작다. 다섯 개의 시리얼 표준을 지원하는 이들 전송 케이블은 DTE나 DCE 설정에서 모두 사용 가능하며, 2포트 시리얼 연결 및 2포트 비동기/동기 WIC에서도 사용 가능하다.

WAN에서 라우터의 역할

엔터프라이즈 WAN은 실제로 독립 LAN의 모음이거나 연결되어 있는 LAN의 모음이다. 그리고 라우터는 서로 연결되어 있는 네트워크에서 데이터를 전송할 때 중심 역할을 수행한다.

라우터에는 LAN 인터페이스와 WAN 인터페이스가 있으므로 라우터는 LAN을 세그먼트로 나눌 뿐만 아니라 WAN 접속 연결 장비로도 사용된다. WAN 접속에서 라우터의 기능과 역할을 가장 잘 이해하려면 라우터에서 사용할 수 있는 연결 종류를 살펴보면 된다.

라우터에는 LAN 인터페이스, WAN 인터페이스, 관리 포트라는 세 가지의 기본 연결 유형이 있다. 라우터는 LAN 인터페이스를 통해서 LAN 매체에 연결할 수 있으며, 이때 이더넷을 사용하거나 토큰 링이나 ATM 등의 LAN 기술을 사용한다.

라우터는 WAN 인터페이스를 통해서 서비스 제공업체, 원격지, 인터넷으로의 WAN 연결을 이룬다. 이렇게 이뤄지는 연결이 시리얼 연결일 수 있으며, 아니면 여러 WAN 인터페이스가 사용된 연결일 수 있다. 일부 WAN 인터페이스에서는 라우터를 서비스 제공업체의 로컬 POP(point of presence)에 연결하기 위해 DSU/CSU나 모뎀(아날로그 모뎀, 케이블 모뎀, DSL 모뎀) 같은 외부 장비가 필요하다. 물리적인 경계 지점(demarcation point)은 연결 책임이 사용자에게서 서비스 제공업체로 변경되는 곳이다. 문제 발생 시 문제가 어디서 발생했는지를 입증해야 하기 때문에 연결 지점은 중요하다. [그림 5-6]은 라우터가 WAN 세그먼트를 통해서 여러 LAN을 연결하는 방법을 보여준다.

텍스트 기반으로 연결되는 관리 포트를 이용해서 라우터를 설정하고 장애를 처리할 수 있다. 공통된 관리 인터페이스는 콘솔과 보조 포트다. 이들 포트는 컴퓨터의 통신 포트에 연결된다. 라우터는 컴퓨터의 터미널 에뮬레이션 프로그램을 통해 텍스트 기반 세션을 이룰 수 있으며, 사용자는 장비를 관리할 수 있다.

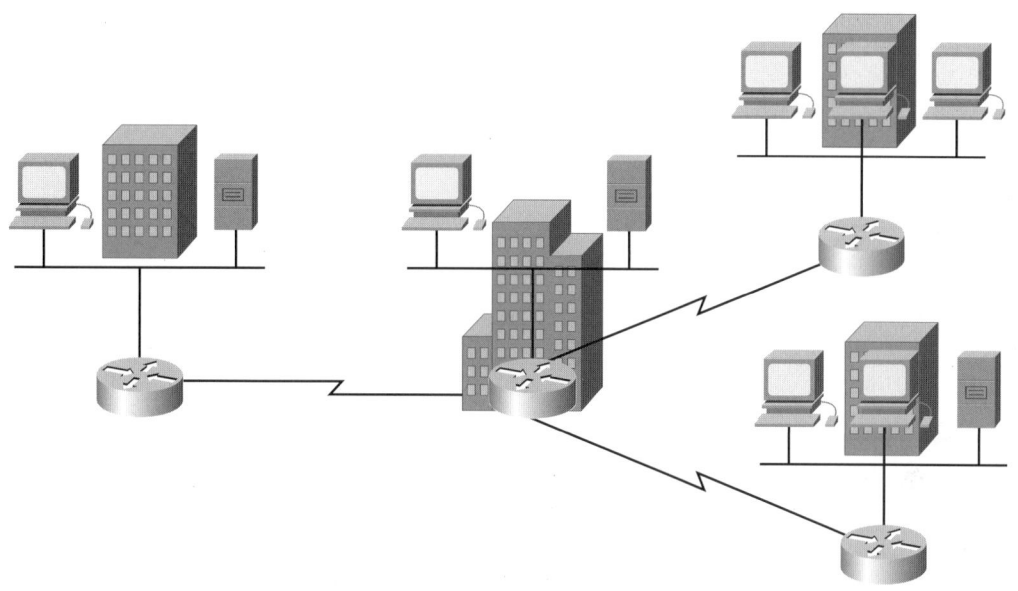

▲ 그림 5-6 WAN을 사용해서 원격 LAN에 연결하는 라우터

WAN 데이터 링크 계층 프로토콜

송신 장비와 수신 장비 사이의 통신 링크를 이루기 위해서 데이터 링크 계층 프로토콜이 필요하다.

데이터 링크 계층 프로토콜은 원격지 전송을 위한 데이터의 캡슐화 방법을 정의하고, 프레임의 전송 메커니즘을 정의한다. ISDN, 프레임 릴레이, ATM 등 다양한 기술이 사용된다. 이 프로토콜 중 상당수는 동일한 프레임 구성 메커니즘, HDLC, ISO 표준 등을 사용한다. 그중에서 ATM이 가장 다른 특징을 보이는데, 그 이유는 ATM이 53바이트(데이터에 48바이트)라는 소규모의 정해진 크기의 셀을 사용하기 때문이다.

WAN 데이터 링크 계층 프로토콜로 다음과 같은 것들이 있다.

- HDLC
- PPP
- 프레임 릴레이(LAPF)
- ATM

Chapter 5 _ WAN 연결

WAN 통신 링크 옵션

WAN에 접근할 수 있는 방법에는 여러 가지가 있으며, 그 방법은 데이터 송신 요구사항에 따라 달라진다. [그림 5-7]에는 여러 종류의 WAN 연결 옵션이 제시되어 있다.

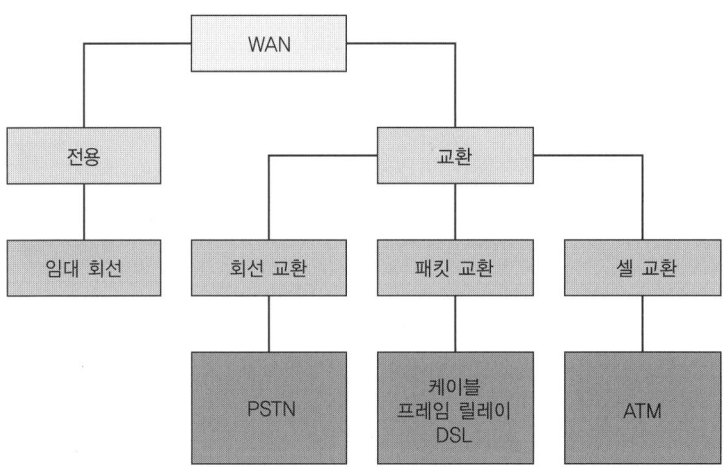

▲ 그림 5-7 WAN 연결 옵션

WAN 통신 링크를 크게 두 개의 범주로 나눌 수 있다. 하나는 전용(dedicated)이고, 다른 하나는 교환(switched)이다. 각 범주에는 여러 개의 통신 링크 옵션이 있으며, 요약하면 다음과 같다.

- 전용 통신 링크: 영구적인 전용 연결이 필요할 때 점 대 점 회선이 사용된다. 점 대 점 회선의 성능은 다양하며, 물리적인 기본 설비와 투입 비용에 따라 성능이 결정된다. 점 대 점 링크는 사전에 수립된 WAN 통신 경로를 제공하며, 이 경로는 서비스 제공업체의 네트워크를 통해서 가입자 소유의 건물에서 원격지의 목적지로 이어진다.

- 회선 교환 통신 링크: 회선 교환 방식에서는 전용의 가상 연결이 동적으로 수립되며, 송신자와 수신자는 이 연결을 통해 음성이나 데이터를 주고받는다. 통신이 시작되려면 서비스 제공업체의 네트워크를 통해 연결을 수립해야 한다.

- 패킷 교환 통신 링크: 데이터 흐름이 일정하지 않고 바뀌므로 전용, 교환, 영구 회선에 사용할 수 있는 고정된 대역폭을 효율적으로 사용하는 WAN 사용자는 많지 않다. 통신 제공업체는 이러한 사용자에게 더 적합한 데이터 네트워크를 제공한다. 패킷 교환 네트워크에서 데이터는 라벨이 붙은 셀, 프레임, 패킷에 담겨서 전송된다.

WAN 기술 요약

이번 절에서 논의된 핵심 내용을 정리하면 다음과 같다.

- WAN의 주요 특징을 다음 세 가지로 요약할 수 있다. 첫째, 지리적으로 멀리 떨어져 있는 장비들을 연결한다. 둘째, 전화 회사, 케이블 회사, 위성 시스템, 서비스 제공업체 같은 전송업체의 서비스를 제공한다. 셋째, 넓은 지역에서 적절한 대역폭으로 접근하기 위해서 다양한 종류의 시리얼 연결을 사용한다.
- 많은 기업과 가정에서는 원격지에 있는 사용자와 통신해야 한다. 즉, 원격지에 있는 직원들끼리 통신해야 하고, 다른 조직과 데이터를 공유해야 하며, 출장 중인 직원이 회사 정보에 접근해야 하고, 인터넷에도 접근할 수 있어야 한다.
- LAN은 한 건물이나 지리적으로 좁은 지역 안에 있는 컴퓨터, 주변장치, 기타 장비를 연결한다. 이에 반해 WAN은 지리적으로 넓은 거리를 가로질러서 데이터를 전송한다.
- 기업, 조직, 개인이 WAN 네트워크 서비스를 사용하려면 외부의 WAN 서비스 제공업체에 가입해야 한다. 반면에 LAN에 대한 소유권은 일반적으로 해당 LAN을 사용하는 특정 회사, 조직, 개인에게 속한다.
- WAN 접근은 OSI 참조 모델과 연계해서 이뤄진다. WAN의 기능은 주로 1계층과 2계층에서 중점적으로 이뤄진다.
- WAN 접근 환경에 사용되는 주요 장비로 라우터, 통신 서버, 모뎀(DSU/CSU)이 있다.
- 라우터에는 LAN 인터페이스와 WAN 인터페이스가 있으며, LAN은 라우터에 의해 세그먼트로 나뉜다. 또한 라우터는 WAN 연결 장비로도 사용된다.
- 데이터 링크 계층 프로토콜은 원격지로 전송될 데이터의 캡슐화 방법을 정의하며, 프레임의 전송 메커니즘도 정의한다.

인터넷 연결 활성화

소규모 사이트가 다른 사이트로 연결하기 위해서 인터넷을 사용한다. 인터넷 서비스는 ISP를 통해서 받는다. 일반적으로 물리적인 연결은 DSL이나 케이블 기술에 의해 이뤄진다.

어떤 경우에 ISP는 인터넷에 연결되는 인터페이스에 정적인 주소를 제공한다. 또 다른 경우에는 DHCP에 의해 주소가 제공된다.

Chapter 5 _ WAN 연결

인터넷이 확장되면서 두 가지 문제가 대두되고 있다. 하나는 IPv4 주소 공간의 고갈이고, 다른 하나는 라우팅 규모의 확장이다. 대규모 네트워크에서 시스코 IOS NAT와 PAT를 사용하면 IP 주소를 절약하고 IP 어드레싱 작업을 단순화할 수 있다. NAT와 PAT는 사설 내부 네트워크의 IP 주소를 인터넷 같은 공개 외부 네트워크에서 전송될 수 있는 IP 주소로 변환한다. 이때 서브넷 주소는 필요치 않다. 들어오는 트래픽은 내부 네트워크에서의 전송을 위해 변환된다.

IP 주소를 이와 같이 변환할 수 있다면 호스트 번호를 다시 붙일 필요성이 줄어들고, 동일한 IP 주소 범위를 여러 인트라넷(한 회사 안에 있는 네트워크)에서 사용할 수 있다. 이번 절에서는 NAT와 PAT의 특징과, 시스코 라우터에서 NAT와 PAT를 설정하는 방법을 설명한다.

패킷 교환 통신 링크

패킷 교환 방식은 출발지 종점과 목적지 종점 사이에 전용 경로가 없고, 데이터를 전송할 때 연결 링크와 전송 자원을 공유하는 방법이다.

패킷 교환 네트워크에서는 공유된 공개 네트워크의 여러 경로로 데이터 패킷이 전송되며, 이 경로들은 동일한 목적지로 향한다. 전송업체는 가입자에게 전용 통신 경로를 제공하는 것 대신에 하나의 네트워크를 제공하고, 한 사이트로부터 수신된 데이터가 또 다른 특정 사이트로 나가도록 한다. 그러나 목적지에 도달하기 위해 패킷이 사용하는 경로가 특별히 지정되어 있지 않고 변한다. 패킷이 목적지에 도달한 다음에 패킷을 순서대로 다시 조립하는 일은 수신 프로토콜의 몫이다.

패킷 교환 방식을 이용하면 네트워크 링크 수를 줄일 수 있으며, 이렇게 되면 전송업체는 인프라를 좀 더 효율적으로 사용할 수 있다. 다시 말해 점 대 점 회선, 즉 임대 회선보다 비용을 줄일 수 있다. 패킷 교환 환경에서는 많은 고객 네트워크가 전송업체의 네트워크에 연결된다. 전송업체는 어떤 기술이 사용되느냐에 따라서 고객 사이트들 사이에 가상 회선을 만들 수 있다. 고객이 자신의 가상 회선에 있는 대역폭을 전부 사용하지 않을 때 전송업체는 사용되지 않는 대역폭을 다른 고객이 사용하도록 할 수 있다. 패킷 교환 네트워크에서 가상 회선이 어떻게 구성되는지 [그림 5-8]에 예로 제시해 뒀다.

인터넷 연결 활성화

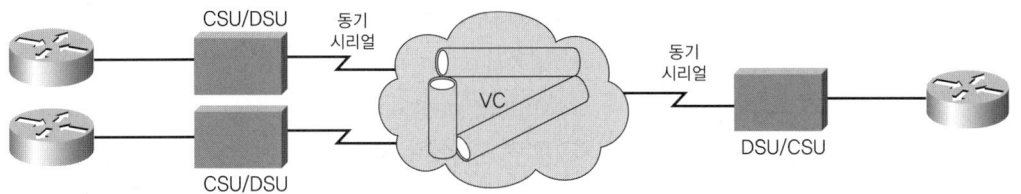

▲ 그림 5-8 패킷 교환 방식

DSL

DSL(Digital Subscriber Line)은 상시 연결 기술로서 기존의 TP 전화선을 사용해 높은 대역폭으로 데이터를 전송하고 가입자에게 IP 서비스를 제공한다. DSL 모뎀은 사용자의 이더넷 신호를 DSL 신호로 변환해서 CO로 보낸다. [그림 5-9]에서는 서비스 제공업체를 통해서 원격 사이트와 DSL 연결을 어떻게 이루는지 그 예를 보여준다.

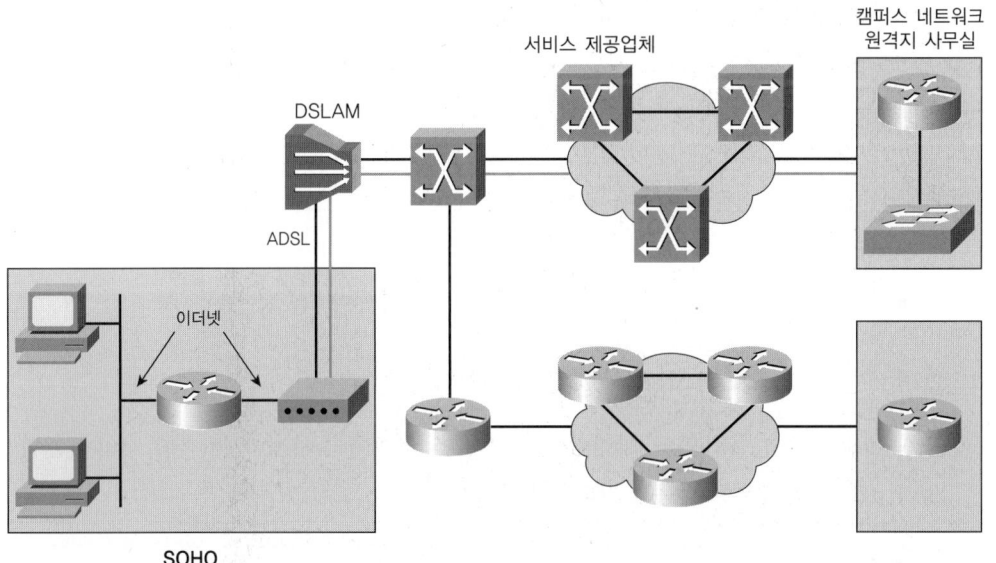

▲ 그림 5-9 DSL 연결

서비스 제공업체는 DSL 기술을 사용해서 고객에게 T1 이상의 고속 네트워크 서비스를 제공하며, 이때 로컬 루프 구리선을 사용한다. DSL 기술을 적용하면 전화 음성 연결에 로컬

417

루프 회선을 사용하고, 이에 덧붙여서 네트워크 상시 연결도 이룰 수 있다. 여러 개의 DSL을 묶고 서비스 제공업체에서 DSLAM(DSL access multiplexer)을 사용해 한 개의 대용량 링크를 만들 수 있다. DSLAM과 TDM(time-division multiplexing) 기술을 통합해서 여러 가입자 회선을 하나의 매체, 즉 T3(DS3)으로 합칠 수 있다. 기존의 DSL 기술에 정교한 코딩과 변조 기법을 합치면 8.192Mbps까지의 데이터 속도를 낼 수 있다.

일반 전화기의 음성 채널이 처리하는 주파수 범위는 330Hz에서 3.3kHz까지다. 로컬 루프에서의 음성 전송에 필요한 주파수 범위, 즉 윈도는 4kHz로 알려져 있다. ADSL(Asymmetric DSL) 기술은 4kHz 이상의 윈도에서 업스트림(업로드)과 다운스트림(다운로드) 데이터 전송을 처리한다. 주파수가 4kHz인 경우에 DSL 서비스에서 음성 전송과 데이터 전송이 동시에 일어난다.

DSL의 종류와 표준은 매우 다양하며, 지금도 새로운 표준이 나오고 있을 정도다. 이제 엔터프라이즈 IT 부서에서는 DSL을 사용해서 재택 근무자들을 지원한다. 일반적으로 가입자는 엔터프라이즈 네트워크에 직접 연결할 수 없고, 먼저 ISP에 연결해야 하며, 엔터프라이즈의 IP 연결은 인터넷을 통해 이뤄진다. 이 과정에서 보안 위험이 일어난다.

DSL의 종류와 표준

DSL 기본 기술을 다음 두 가지로 나눌 수 있다.

- ADSL(Asymmetric DSL): 업로드 대역폭보다 다운로드 대역폭이 더 높다.
- SDSL(Symmetric DSL): 업로드 대역폭과 다운로드 대역폭이 동일하다.

[그림 5-10]은 ADSL과 SDSL의 차이점을 보여준다.

모든 종류의 DSL 서비스는 비대칭이나 대칭 중 하나에 속하지만, 변형된 서비스도 많이 있다. ADSL의 종류는 다음과 같다.

- ADSL
- CDSL(Consumer DSL). G.Lite나 G.992.2라고도 한다.
- VDSL(Very-high-data-rate DSL)

SDSL의 종류는 다음과 같다.

- SDSL

- HDSL(High-data-rate DSL)

- IDSL(ISDN DSL)

- SHDSL(Symmetric High-bit-rate DSL). G.shdsl이라고도 한다.

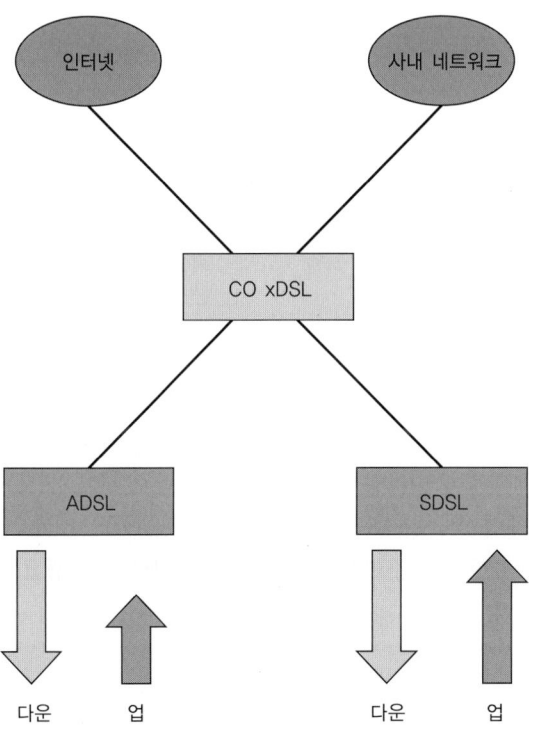

▲ 그림 5-10 ADSL과 SDSL

DSL 서비스는 모든 영역에 추가될 수 있다. 서비스 제공업체는 가입자 수의 증가에 따라 대역폭을 업그레이드할 수 있다. 또한 DSL은 아날로그 음성과 호환되며, 기존의 로컬 루프와도 사용될 수 있다. 이는 기존의 전화 서비스와 DSL 서비스를 동시에 사용하기가 쉽다는 뜻이다.

그러나 DSL은 거리 제한이라는 문제를 안고 있다. 현재 나와 있는 대부분의 DSL 서비스의 경우에 사용자는 제공업체의 CO에서 18,000피트 안에 있어야 하며, 그렇지 않으면 루프 문제가 생긴다. 또한 업스트림(업로드) 속도가 다운스트림(다운로드) 속도보다 현저히 낮은 것도 문제다. 또한 DSL의 상시 연결 기술이 보안 위험을 일으킬 수 있다. 왜냐하면 해커의 접근이 용이하기 때문이다.

케이블

WAN 통신 접속 옵션으로서 많이 사용되고 있는 또 다른 기술로 케이블 네트워크에 적용되는 IP over Ethernet Internet 서비스가 있다. [그림 5-11]은 전형적인 케이블 연결을 보여준다.

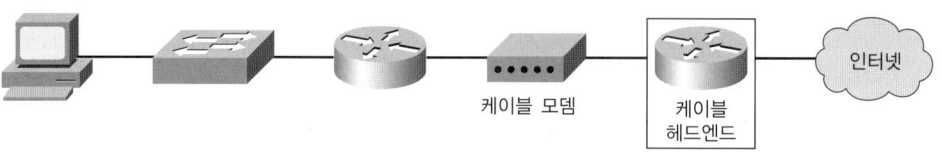

▲ 그림 5-11 케이블 연결

원래 케이블은 고객, 즉 가입자에게 브로드캐스트 아날로그 비디오 채널을 전달하기 위해 설계된 단방향 매체였다. 1990년대에 DBS(direct broadcast satellite)와 DSL 기술이 나오면서 케이블 전문 업체의 존재 자체가 심각한 도전에 직면하게 됐다. DBS 운영 업체들은 디지털 기술을 이용해 더 많은 수의 고품질 오락물을 만들어서 시장에 출시했고, 기존의 LEC(local exchange carrier)들은 DSL을 이용해 음성, 비디오, 데이터를 결합시켜서 제공했다.

시장 점유율이 낮아지고 고급 서비스 제공에 대한 요구가 생기면서 주요 MSO(multiple service operator)는 MCNS(Multimedia Cable Network System Partners Ltd.)를 결성했다. MCNS의 주된 목적은 CATV(cable television)에서 데이터와 최신 서비스를 제공할 수 있는 제품과 시스템 표준을 정의하는 것이었다. MCNS는 IEEE 802.14에서 관리되고 있는 셀 기반(ATM) 솔루션에 대항하는 패킷 기반(IP) 솔루션을 제안했다. MCNS에 참여하고 있는 조직으로는 컴캐스트 케이블 커뮤니케이션즈(Comcast Cable Communications), 콕스 커뮤니케이션즈(Cox Communications), 텔레커뮤니케이션즈(Tele-Communications), 타임 워너 케이블(Time Warner Cable), 미디어원(MediaOne), 로저스 케이블시스템즈(Rogers Cablesystems), CableLabs(Cable Television Laboratories)가 있다.

인터넷: 가장 큰 WAN

인터넷은 전 세계에 뻗어 있는 WAN이라고 보면 된다. 1960년대에 미 국방성의 연구원들은 여러 곳에 산재되어 있는 여러 개의 전산 설비를 연결해서 명령어로 통제할 수 있는 네트워크를 구축했다. 그러나 초기의 WAN은 재난이나 군사 공격에 취약할 수 있었다. 네트워크의 일부가 파괴되더라도 나머지 시스템이 그 기능을 계속 수행하도록 만들어야 했는데, 네트워크가 중앙집중식이라면 이것이 불가능했다. 이에 어떤 링크에 장애가 생기면 컴퓨터가 정보 흐름 경로를 자동으로 설정할 수 있도록 만들었다.

국방성 연구원들은 메시지를 여러 부분으로 나눈 다음에 각 부분을 목적지에 별도로 전송하고, 목적지에서 메시지를 다시 조립하는 방법을 만들었다. 이러한 데이터 전송 방식을 패킷 시스템이라고 한다.

국방성은 이 패킷 시스템을 1964년에 공개했고, MIT(Massachusetts Institute of Technology), UCLA(University of California, Los Angeles), NPL(National Physical Laboratory)에서 연구를 진행했다. 1969년 가을에 UCLA가 이 네트워크에 첫 번째 컴퓨터를 설치했다. 몇 달 뒤에 네 대의 컴퓨터가 연결됐고, 그 이름을 ARPANET(Advanced Research Projects Agency Network)으로 붙였다.

1972년에 ARPANET 개발자들이 쉽게 대화를 나누고 프로젝트를 조정할 수 있도록 최초의 이메일 메시징 소프트웨어가 개발됐다. 그 다음 해에 메시지를 읽고, 파일을 붙이고, 다른 사람에게 전달하고, 답장을 보낼 수 있는 프로그램이 개발됐다.

1970년대와 1980년대를 지나면서 기술이 정교해짐에 따라 네트워크가 확장됐다. 1984년에 DNS(Domain Name System)가 나왔고, 국제용 도메인(예: .edu, .com, .gov, .org)과 국가 코드가 정해졌다. 이러한 시스템이 나오면서 인터넷 관리가 더 용이해졌다. DNS가 없었다면 사용자는 방문하려는 모든 인터넷 사이트의 숫자로 된 IP 주소를 외워야 했을 것이다.

1989년에 팀 버니스 리는 전자 문서를 링크로 서로 연결하는 하이퍼텍스트라는 개념을 기반으로 전 세계에 있는 물리학자가 쉽게 통신할 수 있는 방법에 대해 고민하기 시작했다. 그 결과 문서를 링크로 연결하는 World Wide Web이 나왔다. 웹 데이터에서는 HTML 같은 표준 서식 언어를 이용하여 서식이 정해진 텍스트, 그래픽, 멀티미디어를 화면에 표시할 수 있었다. 웹 브라우저는 HTML 문서를 읽고 이를 화면에 표시할 수 있으며, 관련 파일과 소프트웨어에 접근하고 다운로드할 수 있다.

1993년에 GUI 방식의 모자이크(Mosaic)라는 브라우저가 나오면서 웹이 일반화되기 시작했다. 이즈음에 웹은 인터넷을 구성하는 한 부분에 불과했지만 지금은 인터넷과 웹은 같은 의미로 사용되고 있다.

1990년대를 지나면서 PC의 성능이 높아지고 가격은 낮아졌다. 이로 인해 수많은 사람이 PC를 구매해 집과 사무실에서 이를 사용하게 됐다. AOL(American Online), CompuServe, 로컬 제공업체들과 같은 ISP는 다이얼업으로 연결되는 인터넷 서비스를 제공하기 시작했다. 속도에 대한 요구가 높아지면서 케이블 서비스 제공업체들이 케이블 네트워크 설비와 기술을 이용해서 인터넷에 접속하는 서비스를 제공하기 시작했다.

오늘날 인터넷은 세계에서 가장 큰 네트워크로 성장했으며 기업 사용자와 개인 사용자는 인터넷에 접속해서 정보를 얻고 통신한다. 인터넷은 전 세계에 있는 수십만 개의 네트워크로 구성된 네트워크의 네트워크다. 수백만 개의 기업이나 개인이 네트워크를 소유하거나 운영하고 있으며, 수천 개의 ISP가 인터넷에 연결되어 있다. [그림 5-12]는 여러 기업과 조직이 WAN을 지나 인터넷에 연결되는 방법을 보여준다.

DHCP 서버에서 인터넷 주소 획득

ISP는 인터넷에 연결되는 인터페이스에 정적 주소를 제공한다. 경우에 따라 이 주소는 DHCP에 의해 제공되기도 한다.

ISP가 인터페이스 어드레싱을 제공하기 위해 DHCP를 사용할 경우에 주소가 수동으로 설정될 수 없다. 인터페이스는 DHCP 클라이언트로서 운용된다.

인터넷 연결 활성화

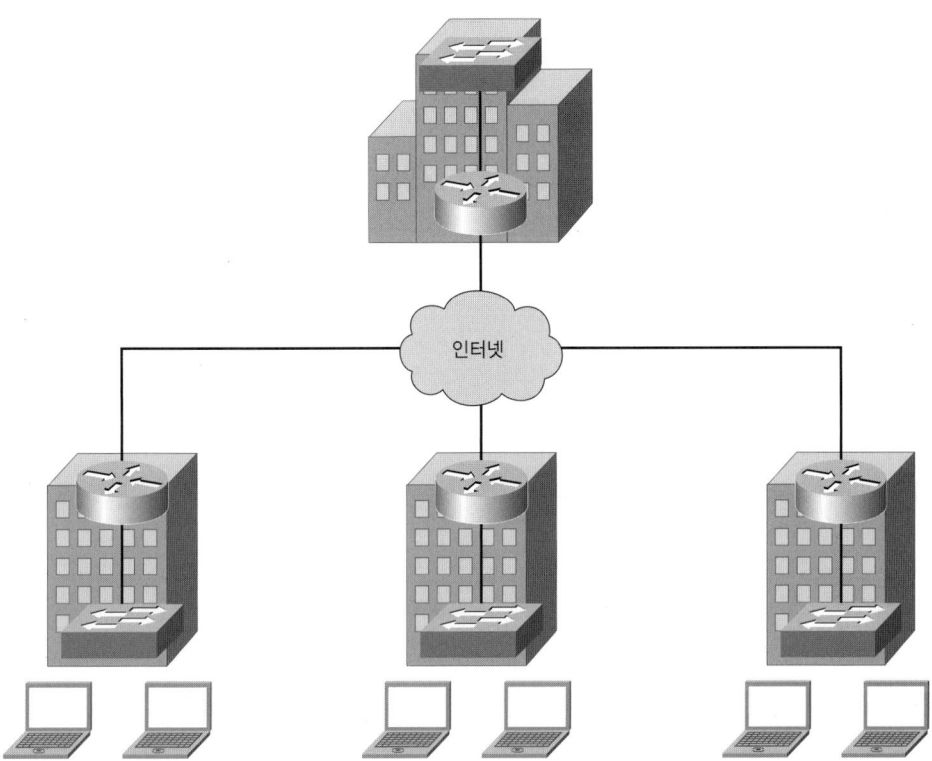

▲ 그림 5-12 WAN을 통한 인터넷 연결

NAT와 PAT 소개

일반적으로 소규모 네트워크는 사설 IP 어드레싱을 사용해서 만들어진다. 이러한 네트워크를 인터넷 같은 공개 네트워크에 연결할 때 사설 IP 어드레싱을 공개 어드레싱으로 변환하는 방법이 필요하다. NAT는 시스코 라우터에서 사용되며 IP 주소 단순화 및 절약을 위해 만들어졌다. NAT를 사용하면 공인되지 않는 IP 주소를 사용하는 사설 IP 인트라넷을 인터넷으로 연결할 수 있다. 일반적으로 NAT는 두 개의 네트워크를 연결하고 내부 네트워크의 사설(내부 지역) 주소를 공개 주소(내부 전역)로 변환한 다음에 패킷을 다른 네트워크로 전달한다. 전체 네트워크에 대해서 한 개의 주소만 외부로 광고되도록 NAT를 설정할 수 있다. 이렇게 한 개의 주소만 광고하면 내부 네트워크를 외부로부터 은닉시킬 수 있으며, 보안을 확보할 수 있다. [그림 5-13]은 NAT로 인터페이스 사이에서 어드레싱을 변경하고 추적하는 방법을 보여준다.

Chapter 5 _ WAN 연결

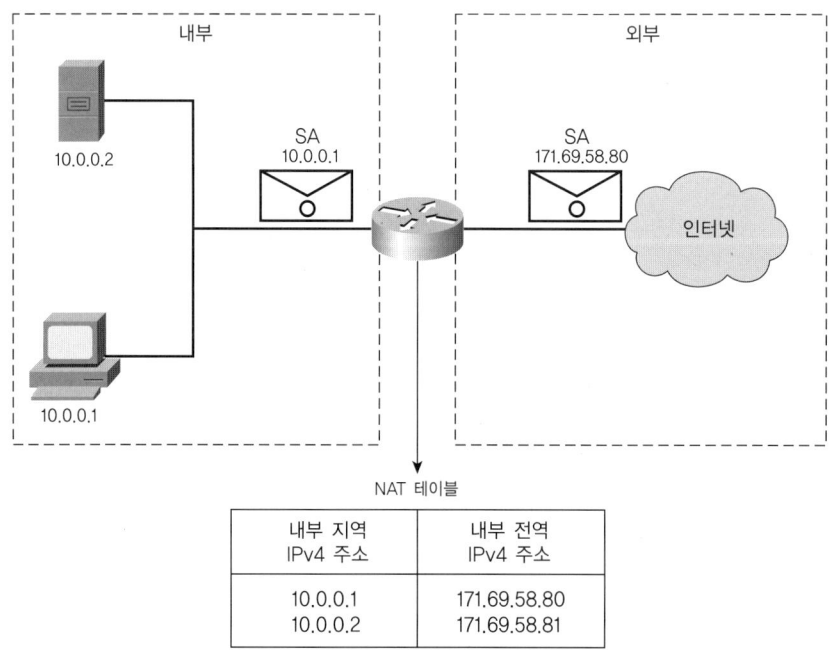

▲ 그림 5-13 NAT 변환

방화벽, 라우터, 컴퓨터와 같이 내부 네트워크와 공개 네트워크 사이에 있는 모든 장비는 RFC 1631에 정의되어 있는 NAT를 사용한다.

NAT의 용어 중에서 '내부 네트워크(inside network)'는 변환돼야 하는 네트워크다. '외부 네트워크(outside network)'는 그 외의 모든 주소로서, 일반적으로 인터넷에 있는 유효한 주소가 이에 해당된다.

시스코에서 정의하고 있는 NAT 용어는 다음과 같다.

- 내부 지역 주소(inside local address): 내부 네트워크의 호스트에 할당된 IP 주소다. 내부 지역 주소는 IANA(Internet Assigned Numbers Authority)나 서비스 제공업체에서 할당한 IP 주소가 아니다.
- 내부 전역 주소(inside global address): NIC나 서비스 제공업체에서 할당한 IP 주소로서, 하나 혹은 그 이상의 내부 지역 IP 주소를 외부 세계로 표현한다.
- 외부 지역 주소(outside local address): 외부 호스트의 IP 주소로서 내부 네트워크에서 볼 수 있다. 공인 주소일 필요는 없으며, 내부에서 라우팅될 수 있는 주소 공간에서 할당된다.
- 외부 전역 주소(outside global address): 호스트 소유자에 의해 외부 네트워크의 호스트에 할당되는 IP 주소다. 외부 전역 주소는 전역적으로 라우팅될 수 있는 주소나 네트워크 공간으로부터 할당된다.

NAT의 주된 특징 중 하나는 정적 PAT다. 시스코 IOS 설정에서 정적 PAT를 오버로드(overload)라고도 한다. NAT와 PAT를 사용해서 여러 개의 내부 주소를 하나 혹은 몇 개의 외부 주소로 변환할 수 있다.

PAT는 변환 중의 구별을 위해서 내부 전역 IP 주소의 고유한 출발지 포트 번호를 사용한다. 포트 번호는 16비트로 인코딩되기 때문에 NAT가 하나의 외부 주소로 변환할 수 있는 내부 주소의 총 개수는 이론상으로 65,535개가 된다. PAT는 원래의 출발지 포트를 보존한다. 출발지 포트가 이미 할당되어 있으면 PAT는 사용 가능한 첫 번째 포트 번호를 검색한다. 적절한 포트 그룹인 0~511, 512~1023, 1024~65535에서 시작한다. PAT가 적절한 포트 그룹에서 사용할 수 있는 포트를 찾지 못하거나 하나 이상의 외부 IP 주소가 설정된 경우에, PAT는 다음 IP 주소로 이동해서 원래의 출발지 포트를 다시 할당한다. PAT는 가용 포트와 외부 IP 주소가 모두 없어질 때까지 원래의 출발지 포트를 할당한다. [그림 5-14]에서는 여러 개의 주소를 변환하기 위해서 하나의 주소가 사용되는 방법을 보여준다.

NAT 테이블

내부 지역 IPv4 주소	내부 전역 IPv4 주소
10.6.1.2:2031 10.6.1.6:1506	171.69.68.10:2031 171.69.68.10:1506

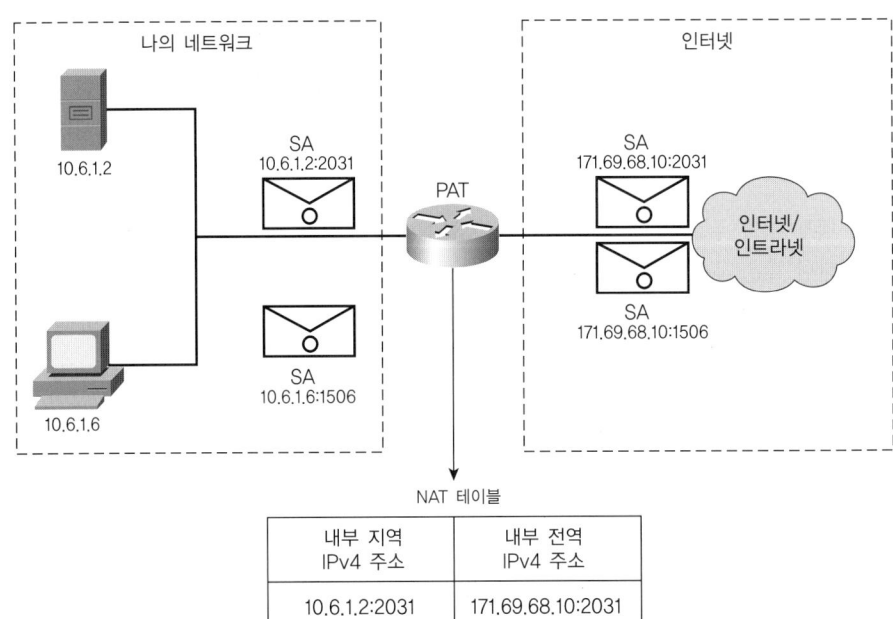

▲ **그림 5-14** PAT 변환

내부 출발지 주소 변환

외부 네트워크와 통신할 때 자신의 IP 주소를 전역적으로 고유한 IP 주소로 변환할 수 있다. 내부 출발지 변환을 정적으로 혹은 동적으로 설정할 수 있다.

예: 내부 출발지 주소 변환

[그림 5-15]에 있는 라우터는 네트워크 내부의 출발지 주소를 네트워크 외부의 출발지 주소로 변환한다.

인터넷 연결 활성화

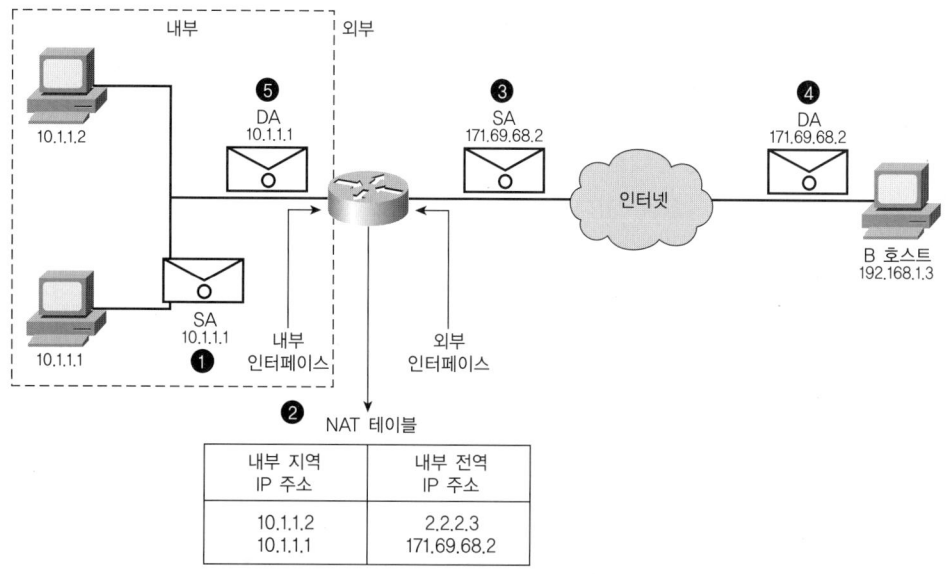

▲ 그림 5-15 내부 출발지 주소 변환(NAT)

내부 출발지 주소를 변환하는 단계는 다음과 같다.

1단계   10.1.1.1 호스트의 사용자가 B 호스트와의 연결을 연다.

2단계   10.1.1.1 호스트에서 수신된 첫 번째 패킷에 의해 라우터는 NAT 테이블을 점검한다.
- 정적 변환 엔트리가 설정되어 있을 경우에 라우터는 3단계로 간다.
- 정적 변환 엔트리가 없을 경우에 라우터는 출발지 주소인 10.1.1.1(SA 10.1.1.1)이 동적으로 변환돼야 한다고 결정한다. 그런 다음에 라우터는 동적 주소 풀로부터 전역 주소를 선택하고 변환 엔트리(이번 예의 경우에 171.69.68.2)를 생성한다. 이러한 종류의 엔트리를 '단순 엔트리(simple entry)' 라고 한다.

3단계   라우터는 10.1.1.1 호스트의 내부 지역 출발지 주소를 변환 엔트리 전역 주소로 대체하고, 패킷을 전달한다.

4단계   B 호스트는 패킷을 수신하고 10.1.1.1 호스트에 응답하며, 이때 내부 전역 IP 목적지 주소인 171.69.68.2(DA 171.69.68.2)를 사용한다.

5단계   내부 전역 IP 주소가 있는 패킷을 수신한 라우터는 내부 전역 주소를 키로 사용해서 NAT 테이블 룩업을 수행한다. 그런 다음에 라우터는 주소를 10.1.1.1 호스트의 내부 지역 주소로 다시 변환하고, 패킷을 10.1.1.1 호스트로 전달한다. 10.1.1.1 호스트는 패킷을 수신하고 계속해서 대화를 진행한다. 라우터는 각 패킷에 대해 2~5단계를 수행한다.

많은 내부 지역 주소에 대해 한 개의 내부 전역 주소를 사용하도록 해서 내부 전역 주소 풀에 있는 주소를 절약할 수 있다. 이와 같은 오버로딩이 설정되어 있을 때 라우터는 상위 수준의 프로토콜에 있는 TCP 포트 번호나 UDP 포트 번호 같은 정보를 사용해서 내부 전역 주소를 내부 지역 주소로 변환한다. 하나의 내부 전역 주소에 여러 개의 내부 지역 주소가 매핑되어 있을 때 내부 호스트의 TCP 포트 번호나 UDP 포트 번호를 지역 주소와 구별할 수 있다.

예: 내부 전역 주소 오버로딩

하나의 내부 전역 주소가 여러 개의 내부 지역 주소를 나타낼 때 NAT가 어떻게 운영되는 지를 [그림 5-16]에서 설명하고 있다. TCP 포트 번호는 구별 수단으로 사용된다. B 호스트와 C 호스트는 주소가 171.69.68.2인 한 대의 호스트와 대화하고 있다고 판단한다. 두 호스트가 실제로는 다른 호스트와 대화한다. 포트 번호가 다른 것을 보면 알 수 있다. 사실 많은 내부 호스트는 많은 포트 번호를 사용해서 내부 전역 IP 주소를 공유한다.

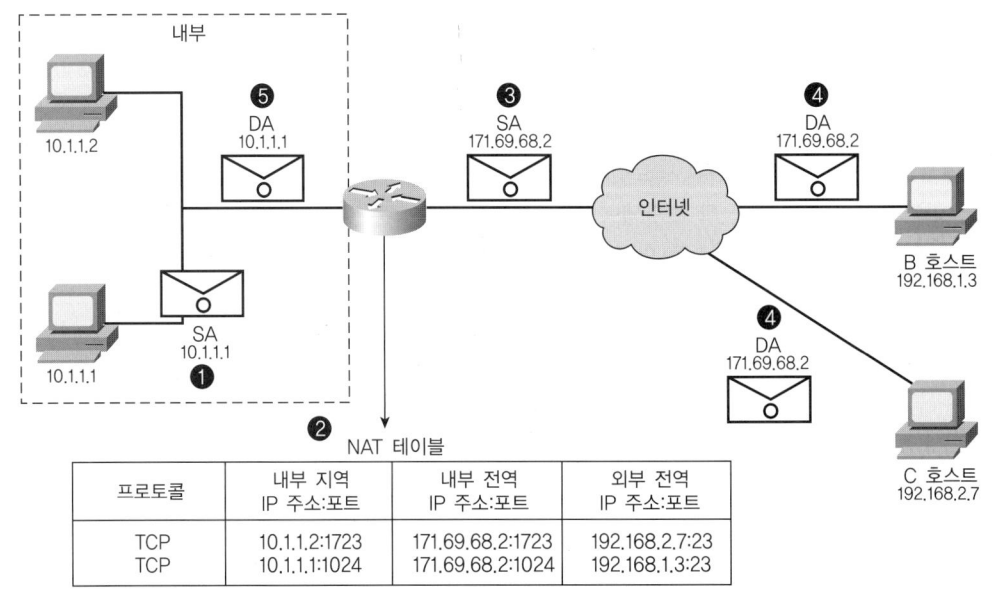

▲ 그림 5-16 내부 전역 주소의 오버로딩(PAT)

라우터는 내부 전역 주소를 오버로딩함에 있어 다음에 제시된 과정을 따른다.

- 1단계 10.1.1.1 호스트의 사용자가 B 호스트와의 연결을 시도한다. 10.1.1.1 호스트로부터 수신한 첫 번째 패킷에 의해 라우터는 NAT 테이블을 점검한다.

- 2단계 변환 엔트리가 없을 경우에 라우터는 10.1.1.1 주소가 변환돼야 한다는 결정을 내리고 내부 지역 주소인 10.1.1.1을 합법적인 내부 전역 주소로 변환한다. 오버로딩이 진행되고 다른 변환이 활성화된 경우에 라우터는 변환에 사용된 내부 전역 주소를 재사용해서 변환에 필요한 정보를 절약한다. 이러한 종류의 엔트리를 '확장 엔트리(extended entry)'라고 한다.

- 3단계 라우터는 내부 지역 출발지 주소인 10.1.1.1을 선택된 내부 전역 주소로 교체하고, 패킷을 전달한다.

- 4단계 B 호스트는 패킷을 수신하고 10.1.1.1 호스트에 응답한다. 이때 내부 전역 IP 주소인 171.69.68.2를 사용한다.

- 5단계 내부 전역 IP 주소가 있는 패킷을 수신한 라우터는 NAT 테이블을 살펴본다. 라우터는 내부 전역 주소와 필드 및 외부 전역 주소와 포트를 키로 사용해서 주소를 내부 지역 주소인 10.1.1.1로 다시 변환하고 패킷을 10.1.1.1 호스트로 전달한다. 10.1.1.1 호스트는 패킷을 수신하고 대화를 계속 진행한다. 라우터는 각 패킷에 대해서 2~5단계를 수행한다.

DHCP 클라이언트와 PAT 설정

DHCP를 통해서 주소가 제공되는 인터넷에 라우터를 연결해야 할 경우에 라우터를 DHCP 클라이언트로 설정하고 내부 사설 주소에서 PAT를 수행해야 한다. 가장 먼저 해야 할 일은 어떤 인터페이스에 DHCP 클라이언트를 설정할지를 결정하는 것이다. [그림 5-17]은 이번 예제에 사용할 사설 주소와 공개 주소다.

이번 예제에서는 WAN 인터페이스(Fa0/1)를 DHCP 클라이언트로 설정해서, 이 인터페이스가 인터넷 DHCP 서버로부터 IP 주소, 기본 게이트웨이, 기본 라우팅을 받도록 할 것이다. 이 외에 내부 사설 어드레싱을 외부 공개 어드레싱으로 변환하기 위해 PAT를 활성화한다. 이번 예제의 경우에 SDM(Security Device Manager)을 사용해서 DHCP를 설정한다.

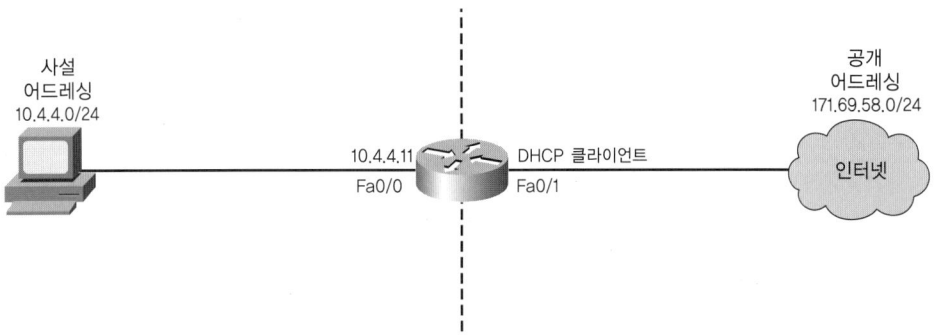

▲ 그림 5-17 내부 인터페이스와 외부 인터페이스 파악

DHCP 클라이언트 인터페이스를 설정하기 위해 **Interfaces and Connections** 탭을 누른다. **Ethernet(PPPoE or Unencapsulated Routing)** 라디오 버튼을 체크한 다음에 **Create New Connection** 버튼을 누른다. 이를 [그림 5-18]에서 확인할 수 있다.

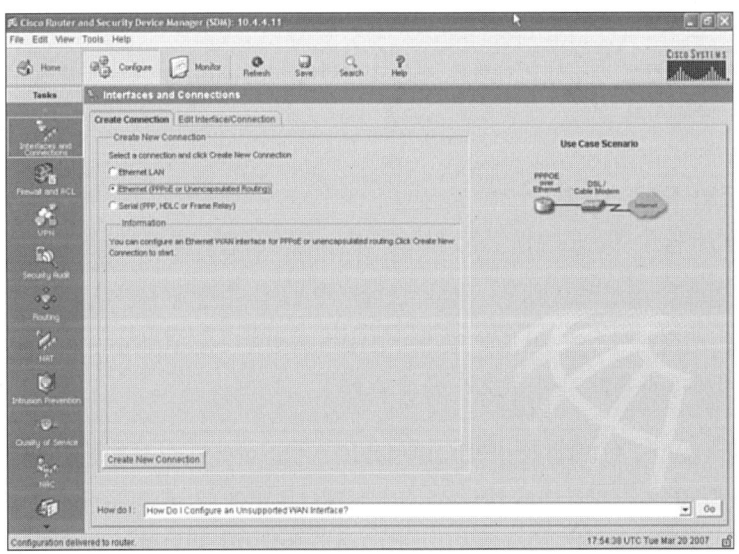

▲ 그림 5-18 이더넷 인터페이스 설정

Create New Connection 버튼을 누르면 WAN 마법사가 뜨며, 여기서 세부 설정 작업을 진행할 수 있다. 마법사의 초기 화면을 [그림 5-19]에서 볼 수 있다. 이 화면이 뜨면 **Next**

버튼을 누른다.

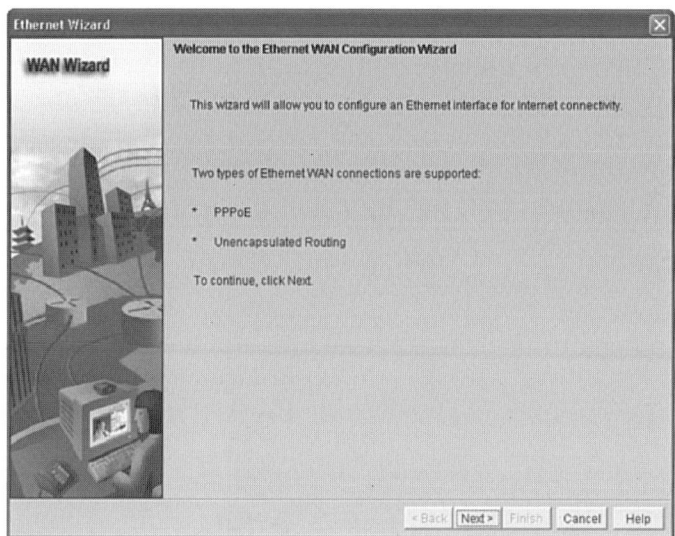

◀ 그림 5-19 WAN 마법사

ISP가 PPPoE(PPP over Ethernet)를 사용할 경우에 체크박스를 누르고, 그 다음에 **Next** 버튼을 누른다. 이를 [그림 5-20]에서 볼 수 있다.

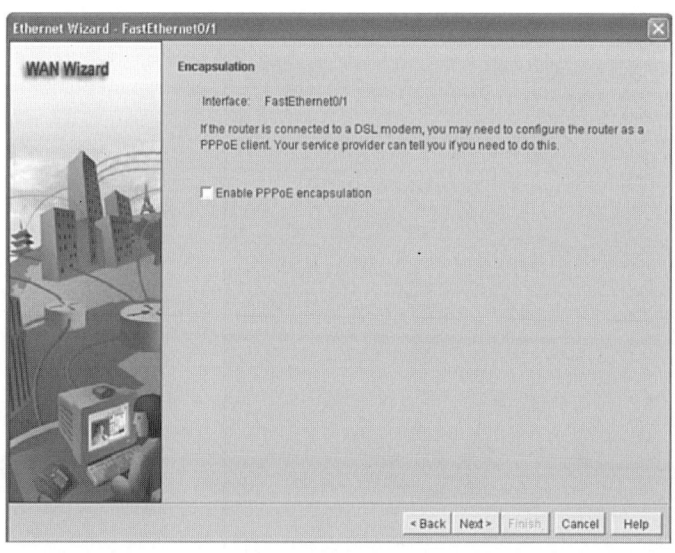

◀ 그림 5-20 PPPoE 설정

Dynamic(DHCP Client) 라디오 버튼을 누른 다음에 호스트 이름을 입력한다. [그림 5-21]에서 그 예를 볼 수 있다.

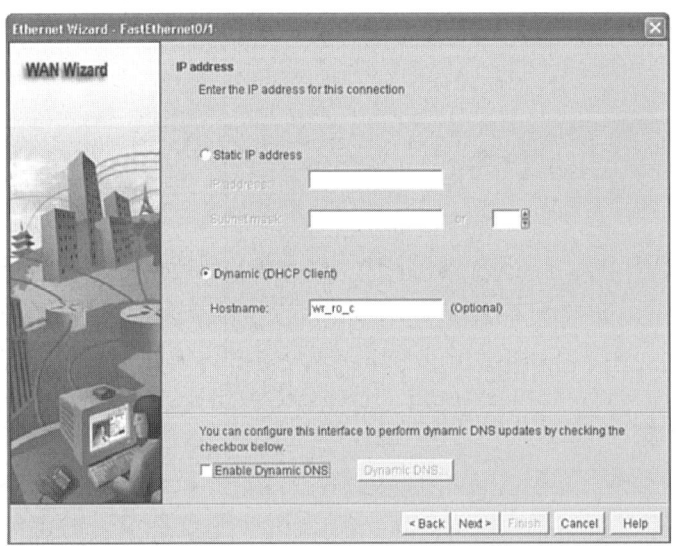

◀ 그림 5-21   DHCP 설정

Port Address Translation 체크박스를 선택하고, 드롭다운 목록에서 내부 인터페이스를 선택한다. 이를 [그림 5-22]에서 보여주고 있다.

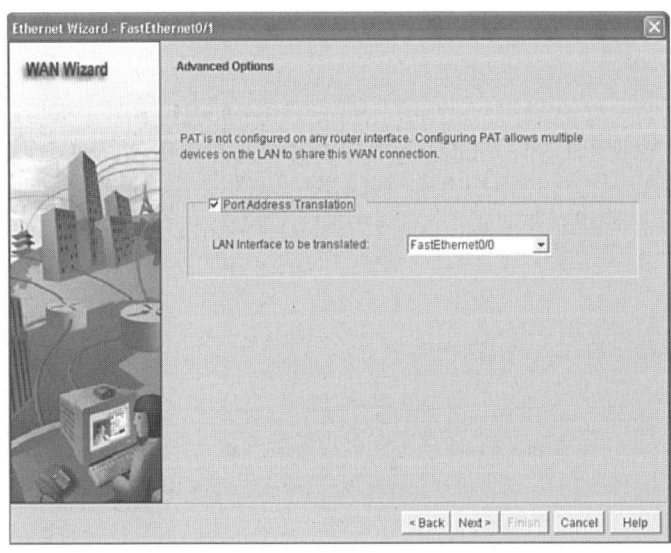

◀ 그림 5-22   PAT 설정

인터넷 연결 활성화

이상의 설정을 마치면 마법사는 [그림 5-23]에서와 같은 설정 요약 정보를 보여준다.

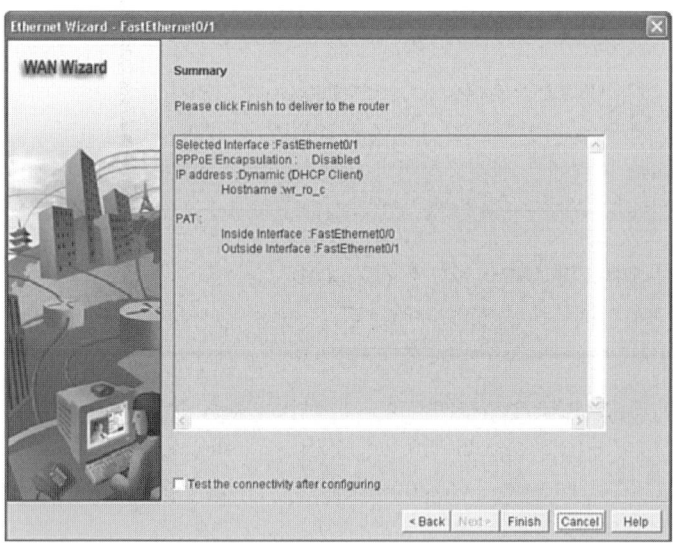

◀ 그림 5-23 설정 요약

DHCP 클라이언트 설정 검증

DHCP 클라이언트가 DHCP 서버로부터 주소를 받고 있는지 확인하기 위해서 SDM의 Interfaces and Connections 창을 사용할 수 있다. 이를 [그림 5-24]에서 볼 수 있다.

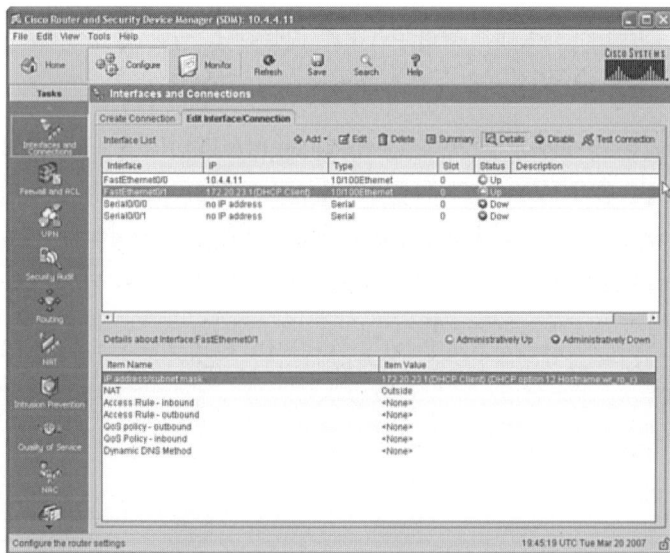

◀ 그림 5-24 설정 검증

> **NOTE***
> 클라이언트 IP 주소가 창에 바로 나타나지 않을 수 있다. 이때는 창을 새로고침하면 된다.

NAT 설정과 PAT 설정 검증

show ip nat translation 명령어로 NAT 설정과 PAT 설정을 검증할 수 있다. 이 명령어의 실행 예는 다음과 같다.

```
RouterX# show ip nat translations

      Pro Inside global    Inside local     Outside local    Outside global
      ---                  172.16.131.1     10.10.10.1       ---
```

[표 5-2]는 변환 정보를 표시하고 관리하기 위해서 실행 모드에서 사용할 수 있는 명령어들을 정리한 것이다.

▼ 표 5-2 NAT 관리 관련 명령어

명령어	설명
show ip nat translations	적용 중인 변환 정보를 표시한다.
clear ip nat translation *	NAT 변환 테이블에 있는 모든 동적 주소 변환 엔트리를 삭제한다.

NAT를 설정한 후에 NAT가 예상대로 운용되는지를 검증한다. 이를 위해서 **show** 명령어와 **clear** 명령어를 사용할 수 있다.

기본적으로 사용되지 않은 상태에서 일정한 시간이 지나면 NAT와 PAT 변환 테이블에서의 동적 주소 변환이 종료된다. 포트 변환이 설정되지 않으면 변환 엔트리는 24시간 후에 타임아웃된다. 24시간이 지나기 전에 **ip nat translation** 명령어로 재설정해야 한다. 타임아웃 전에 엔트리를 삭제할 수 있으며, 이를 위해 **clear** 명령어를 사용하면 된다.

이 외에 **show run** 명령어를 사용해서 NAT, ACL, 인터페이스 정보를 볼 수도 있다.

인터넷 연결 활성화 요약

이번 절에서 논의한 내용을 다음과 같이 요약할 수 있다.

- 패킷 교환 네트워크는 전송업체가 소유한 공개 네트워크의 여러 경로(이 경로들은 동일한 목적지에 도달)에서 데이터 패킷을 전송한다. 그러나 패킷이 목적지에 도달하기 위해 사용하는 경로는 변한다.

- DSL의 종류는 다양하며, ADSL, SDSL, HDSL, IDSL, CDSL 등이 있다. DSL에는 장점(속도나 상시 사용 등)도 있고 단점(가용성)도 있다.

- 1960년대에 미 국방성은 명령을 하고 통제할 수 있는 네트워크를 만들 계획을 세웠고, 이것이 성장하여 지금은 전 세계에서 가장 큰 WAN인 인터넷이 됐다. 기업이나 개인은 여러 방법으로 인터넷에 접근하며, 통신, 연구, 상업적인 목적을 이루기 위해 인터넷을 사용한다.

- 인터페이스는 DHCP 서버로부터 IP 주소를 받을 수 있다.

- 공인되지 않은 사설 IP 주소를 사용해서 인터넷에 연결하기 위해 NAT를 사용할 수 있다.

- 네트워크 외부와 통신할 때 IP 주소를 전 세계에서 고유한 IP 주소로 변환할 수 있다.

- 등록되지 않은 여러 개의 IP 주소를 하나의 등록된 IP 주소(다 대 일)로 매핑하는 동적 NAT의 일종으로 오버로딩이 있다. 이를 PAT라고도 한다.

- NAT가 설정된 후에 예상대로 운용되는지 검증하기 위해서 clear 명령어와 show 명령어를 사용할 수 있다.

정적 라우팅 활성화

라우팅은 로컬 네트워크 외부에 있는 목적지 주소로 데이터 패킷을 보내기 위해서 어떤 경로를 거칠 것인지를 결정하는 과정이다. 라우터는 데이터 패킷의 전송과 수신을 위해 라우팅 정보를 수집하고 관리한다.

개념상으로 라우팅 정보는 라우팅 테이블에 엔트리의 형태로 들어 있으며, 한 경로에 대해 하나의 엔트리가 있다. 라우팅 테이블의 엔트리를 관리자가 직접 설정할 수 있으며, 아니면 라우팅 프로토콜을 사용해서 네트워크 변경에 적절하게 라우팅 테이블을 동적으로 생성하고 관리할 수 있다.

IP 네트워크를 효과적으로 관리하려면 정적 라우팅과 동적 라우팅이 어떻게 운용되는지를 이해해야 하고, 라우팅이 IP 네트워크에서 어떤 영향을 미치는지를 알아야 한다. 이번 절에서는 IP 정적 라우팅을 소개한다.

라우팅 개요

라우터가 라우팅을 수행하려면 다음에 제시된 작업을 처리해야 한다.

- **목적지 주소 확인**: 라우팅될 패킷의 목적지(혹은 주소)를 파악한다.
- **라우팅 정보의 소스 파악**: 목적지로 가는 경로를 라우터가 어디(예: 다른 라우터)에서 학습할 수 있는지를 결정한다.
- **경로 파악**: 지정된 목적지로 가기 위한 초기 경로를 결정한다.
- **경로 선택**: 지정된 목적지로 가는 최상의 경로를 선택한다.
- **라우팅 정보 유지 및 검증**: 목적지로 가는 경로들 중에서 알려진 경로가 현재 사용 가능한지를 결정한다.

라우터는 다른 라우터로부터 획득한 라우팅 정보를 라우팅 테이블에 저장한다. 라우터는 목적지 주소가 있는 패킷을 전달할 때 어떤 인터페이스를 사용할 것인지 파악하기 위해 라우팅 테이블을 사용한다. [그림 5-25]에서 왼쪽에 있는 라우터가 S0/0/0 인터페이스를 사용해서 172.16.1.0 서브넷으로 패킷을 전달한다는 사실을 알 수 있다.

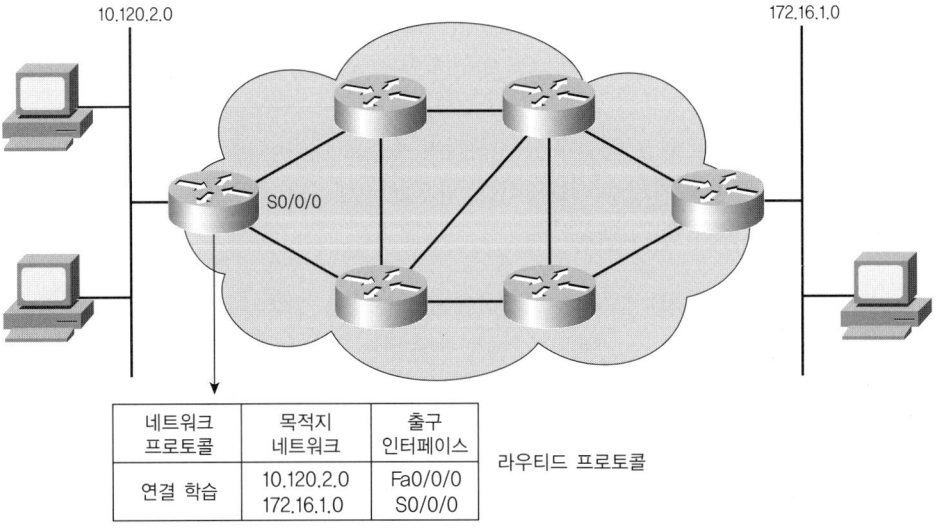

▲ 그림 5-25 목적지까지 가는 경로

목적지 네트워크가 직접 연결되어 있는 상태에서는 패킷을 전달할 때 어떤 인터페이스를 사용할 것인지 이미 안다. 목적지 네트워크가 직접 연결되어 있지 않으면 라우터는 패킷 전달 시 사용할 최상의 경로를 학습해야 한다.

목적지 정보를 학습하는 방법은 두 가지다.

- 라우팅 정보를 직접 입력할 수 있다.
- 라우터에서 사용되는 동적 라우팅 과정을 통해 라우팅 정보를 수집할 수 있다.

정적 경로와 동적 경로의 비교

라우터가 어떻게 설정되어 있느냐에 따라 라우터는 패킷을 정적 경로로 전달하거나 동적 경로로 전달할 수 있다. 직접 연결되어 있지 않은 목적지 네트워크로 패킷을 전달하기 위해 어떤 경로를 사용할 것인지 라우터에게 알리는 방법에는 다음 두 가지가 있다.

- **정적 경로(static route)**: 라우터는 관리자가 직접 설정한 정적 경로를 학습한다. 관리자는 업데이트 등으로 인해 인터네트워크 토폴로지를 변경해야 할 때마다 정적 경로를 직접 업데이트해야 한다. 정적 경로는 사용자에 의해 정의된 경로로서, 출발지를 떠난 패킷은 정적으로 정의된 이 경로를 따라 목적지까지 이동한다. 관리자가 경로를 직접 정의한다는 것은 IP 인터네트워크의 라우팅을 매우 정교하게 통제할 수 있음을 의미한다.
- **동적 경로(dynamic route)**: 관리자가 경로 결정에 도움이 되는 라우팅 프로토콜을 설정한 후에 라우터는 경로를 동적으로 학습한다. 정적 경로와 달리 네트워크 관리자가 동적 라우팅을 활성화한 후에 새로운 토폴로지 정보가 수신될 때마다 라우팅 과정에 의해 경로가 자동으로 업데이트된다. 라우터는 인터네트워크의 다른 라우터들과 라우팅 업데이트를 교환함으로써 원격 목적지에 대한 경로를 학습하고 관리한다.

정적 경로 설정

정적 경로는 대개 한 네트워크에서 스텁 네트워크로 라우팅할 때 사용된다. 스텁 네트워크(stub network)는 접근 경로가 하나인 네트워크를 이르는 말이다. 또한 정적 경로는 알려지지 않은 목적지 주소가 있는 모든 패킷이 전송되는 최후 수단 경로(gateway of last resort)를 명시할 때 유용할 수 있다. 정적 경로를 설정하는 구문은 다음과 같다.

RouterX(config)# **ip route** network [mask] {address | interface}[distance] [**permanent**]

예: 정적 경로 이해

[그림 5-26]에서 A 라우터는 시리얼 인터페이스를 통해서 172.16.1.0 서브넷에 이르는 정적 경로로 설정되어 있다. B 라우터는 시리얼 인터페이스를 통해서 A 라우터 뒤의 네트워크에 이르는 정적 혹은 기본 경로로 설정되어 있다.

> **NOTE***
> 정적 경로는 라우터에 직접 연결되어 있지 않은 원격 네트워크에 연결하기 위해 설정된다. 종단 대 종단 연결을 위해서는 양쪽 모두에서 정적 경로가 설정돼야 한다.

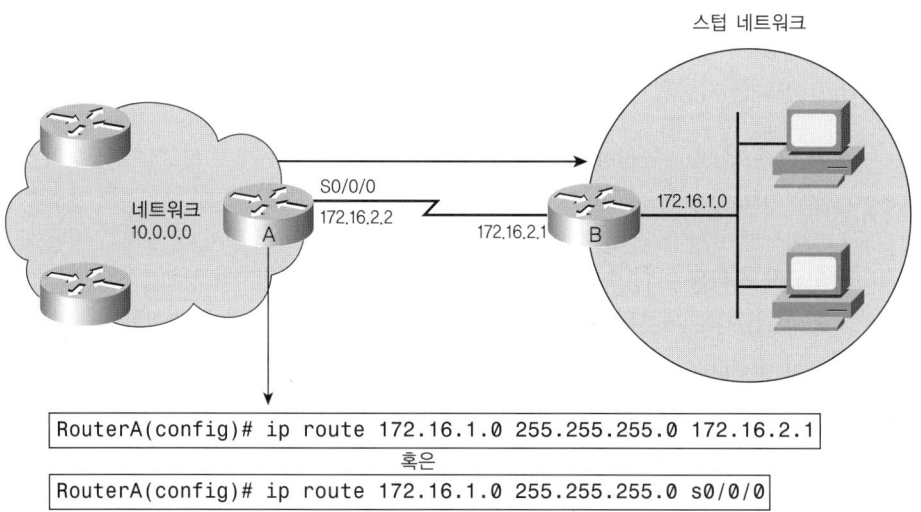

▲ 그림 5-26 정적 경로 예

정적 경로를 설정하려면 전역 설정 모드에서 **ip route** 명령어를 입력한다. 정적 경로를 더 자세히 정의할 수 있는 매개변수를 [표 5-3]에 정리해 뒀다. 정적 경로를 사용하면 라우팅 테이블을 직접 설정할 수 있다. 경로가 활성화되어 있는 한 라우팅 테이블 엔트리의 동적 변경은 일어나지 않는다.

[표 5-3]에 **ip route** 명령어의 매개변수와 특징을 설명해 뒀다.

정적 라우팅 활성화

▼ 표 5-3 ip route 매개변수

ip route 명령어의 매개변수	설명
network	목적지 네트워크, 서브네트워크, 호스트
mask	서브넷 마스크
address	다음 홉 라우터의 IP 주소
interface	목적지 네트워크에 가기 위해 사용되는 인터페이스의 이름. 인터페이스는 점 대 점 인터페이스일 수 있다. 인터페이스에서 다중 접속(예: 공유 매체 이더넷 인터 페이스)이 일어날 경우에 명령어는 제대로 기능을 수행하지 못한다.
distance	(옵션) 관리 거리를 정의한다.
permanent	(옵션) 인터페이스가 셧다운되더라도 경로가 제거되지 않을 것임을 나타낸다.

예: 정적 경로 설정

이번 예제에서 정적 경로를 다음과 같이 설정할 수 있다.

Router(config)#**ip route** 172.16.1.0 255.255.255.0 172.16.2.1

혹은

Router(config)#**ip route** 172.16.1.0 255.255.255.0 s0/0/0

[표 5-4]는 이번 예제에 사용한 **ip route** 명령어의 매개변수를 정리한 것이다.

▼ 표 5-4 정적 경로 예제의 매개변수

ip route 명령어의 매개변수	설명
ip route	정적 경로를 나타낸다.
172.16.1.0	목적지 서브네트워크에 대한 정적 경로의 IP 주소다.
255.255.255.0	서브넷 마스크다. 8비트 서브넷팅이다.
172.16.2.1	목적지로 가는 경로에 있는 다음 홉 라우터의 IP 주소다.
s0/0/0	옵션: 다음 홉 주소가 사용되지 않을 경우에 패킷을 전송하는 인터페이스가 대신 사용될 수 있다.

스텁 네트워크인 172.16.1.0에 도달하기 위해 정적 경로를 할당하는 것이 A 라우터에서는 적절하다. 왜냐하면 해당 네트워크에 도달하는 경로가 한 개만 있기 때문이다.

기본 경로 전달 설정

출발지에서 목적지로 가는 경로가 열려 있지 않거나 라우터가 라우팅 테이블에 많은 경로를 유지하기에 적합하지 않은 경우(예: [그림 5-27]의 상황)에 기본 경로를 사용할 수 있다.

기본 경로 전달을 설정하려면 **ip route** 명령어를 사용한다. [그림 5-27]에서 B 라우터는 B 라우터의 라우팅 테이블에 목적지 네트워크가 없는 모든 패킷을 A 라우터로 전달하도록 설정한다.

기본 경로 예제에서 기본 경로는 다음과 같이 설정된다.

Router(config)# **ip route** 0.0.0.0 0.0.0.0 172.16.2.2

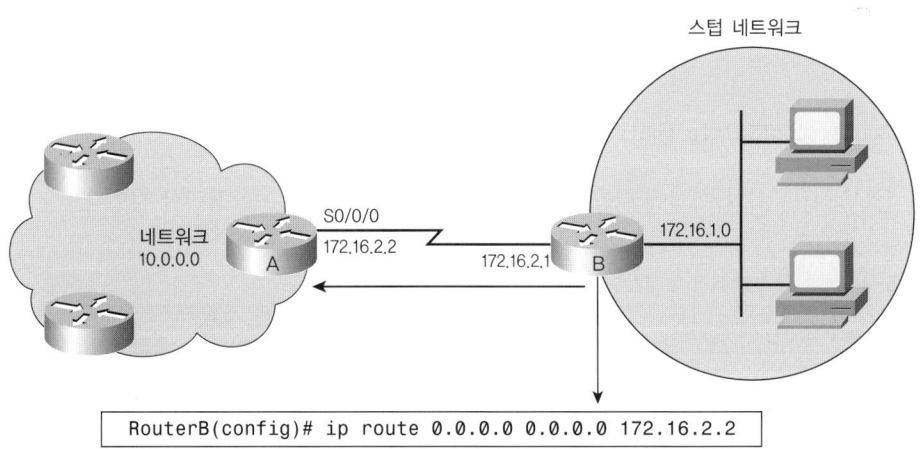

▲ 그림 5-27 기본 경로 사용

[표 5-5]는 이번 예제에 사용된 **ip route** 명령어의 매개변수를 정리한 것이다.

▼ 표 5-5 기본 경로 예제의 매개변수

ip route 명령어의 매개변수	설명
ip route	정적 경로를 나타낸다.
0.0.0.0	라우팅 테이블에 없는 네트워크에 대한 경로다.
0.0.0.0	기본 경로를 나타내는 특수한 마스크다.
172.16.2.2	패킷 전달의 기본 값으로 사용되는 다음 홉 라우터의 IP 주소다.

정적 경로 설정 검증

정적 경로를 제대로 설정했는지를 검증하려면 **show ip route** 명령어를 실행하고 'S'가 붙은 정적 경로를 살펴본다. 검증에 필요한 결과가 다음과 같이 나올 것이다.

```
RouterA# show ip route
Codes: C - connected, S - static, I - IGRP, R - RIP, M - mobile, B - BGP
       D - EIGRP, EX - EIGRP external, O - OSPF, IA - OSPF inter area
       E1 - OSPF external type 1, E2 - OSPF external type 2, E - EGP
       i - IS-IS, L1 - IS-IS level-1, L2 - IS-IS level-2, * - candidate default
       U - per-user static route

Gateway of last resort is 0.0.0.0 to network 0.0.0.0

     10.0.0.0/8 is subnetted, 1 subnets
C       10.1.1.0 is directly connected, Serial0/0/0
S*   0.0.0.0/0 is directly connected, Serial0
```

정적 라우팅 활성화 요약

이번 절에서 배운 내용을 정리하면 다음과 같다.

- 라우팅은 무언가를 한 곳에서 다른 곳으로 보내는 과정이다. 네트워킹에서 라우터는 트래픽의 경로를 지정하는 장비다. 라우터가 어떻게 설정됐는지에 따라 정적 경로나 동적 경로 상에서 패킷을 전달할 수 있다.
- 정적 라우터는 네트워크 관리자가 라우터에 수동으로 입력한 경로를 사용한다. 동적 라우터는 토폴로지나 트래픽 변경에 대해서 네트워크 라우팅 프로토콜이 자동으로 적용한 경로를 사용한다.
- 스텁 네트워크에서의 통신을 위해서는 단방향 정적 경로가 설정돼야 한다.

Chapter 5 _ WAN 연결

- 기본 경로 전달을 설정하기 위해서 ip route 명령어를 사용할 수 있다.
- 정적 라우팅이 적절하게 설정됐는지를 검증하기 위해서 show ip route 명령어를 사용할 수 있다. 명령어의 실행 결과에서 정적 경로 앞에는 'S'가 붙는다.

시리얼 캡슐화 설정

시리얼 점 대 점 연결을 사용해서 LAN을 서비스 제공업체의 WAN에 연결시킬 수 있다. 네트워크 내부나 네트워크 서비스 제공업체 사이에 시리얼 점 대 점 연결이 있을 것이다. 이러한 연결에서 시리얼 포트를 설정하는 방법을 알아야 한다.

회선 교환 WAN은 원격 사이트를 연결하는 가장 일반적인 방법이다. 최근에 나온 애플리케이션은 많은 대역폭을 요구하기 때문에 회선 교환 기술은 백업 솔루션으로 격하되거나 소규모 홈 오피스에서 사용된다. 이러한 이유 때문에 이번 절에서는 회선 교환 기술을 개략적으로 살펴보기만 한다.

가장 일반적인 WAN 연결 방식은 점 대 점 연결이다. 점 대 점 연결을 시리얼 연결 혹은 임대 회선 연결이라고도 한다. 왜냐하면 전송업체(일반적으로 전화 회사)로부터 회선을 임대해서 회선을 임대한 회사가 전용으로 사용하기 때문이다. 기업은 안정된 회선으로 두 원격 사이트를 항상 연결시켜 주는 것에 대한 대가로 그에 적합한 비용을 지불한다. WAN 접속을 위해서 점 대 점 통신 링크가 어떻게 기능을 수행하는지 이해하는 것은 WAN이 전체적으로 어떻게 작동하는지 파악하는 데 있어 중요하다.

프레임 릴레이와 ATM은 사이트 연결에 사용되는 패킷 교환 기술이다. 두 기술은 복잡하기 때문에 이번 절에서는 기본적인 내용만 설명한다. 2권에서 패킷 교환 기술을 자세히 다루므로 참고하기 바란다.

이번 절에서는 시리얼 링크상에서 데이터 링크 계층 정보와 네트워크 계층 정보를 캡슐화하는 프로토콜을 설명하고, 이들 링크의 설정 방법을 논의한다.

회선 교환 통신 링크

교환 방식의 회선에서는 송신이 필요할 때 연결을 시작하고 송신이 완료됐을 때 연결을 종료시킨다. 회선 교환 방식의 WAN 연결을 [그림 5-28]에서 확인할 수 있다.

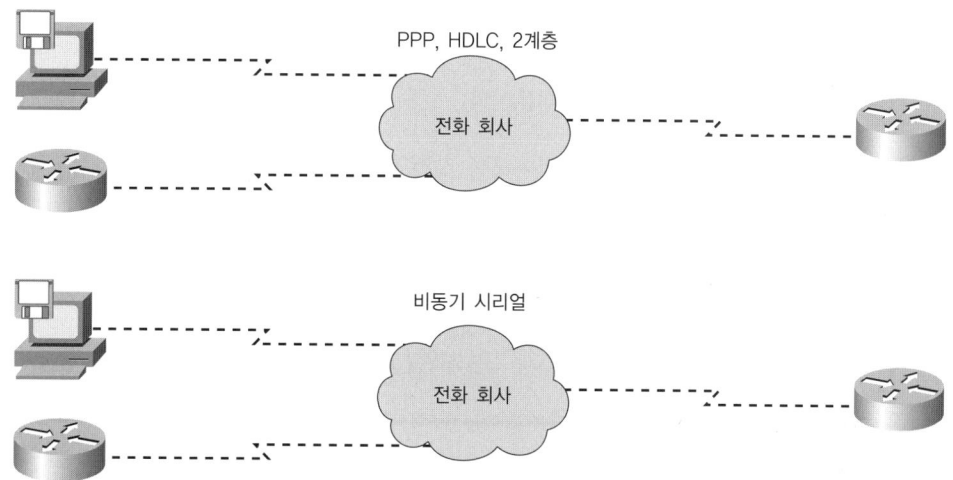

▲ 그림 5-28 회선 교환 통신

회선 교환 방식에서는 각 통신 세션에 대한 전용 경로가 수집, 유지, 종료된다. 접속 경로만이 전용의 물리적 회선이며, 네트워크는 여러 형식의 멀티플렉싱 기술을 사용한다.

회선 교환 방식은 다이얼업 전화 통화와 매우 비슷하게 운영되며, 전화 회사 네트워크에서 널리 사용된다. 회선 교환 방식에서는 송신자와 수신자 사이에서 음성이나 데이터를 위한 전용의 물리적 연결을 수립한다. 통신이 시작되려면 다이얼업을 통한 스위치 세팅으로 연결을 수립해야 한다. 점 대 점 통신 링크가 하나의 연결에 있는 두 사이트만 처리할 수 있는 데 반해, 회선 교환 방식의 경우에는 전송업체의 교환 네트워크에 여러 사이트가 연결돼서 서로 통신할 수 있도록 한다.

회선 교환 연결의 예로 PSTN(public switched telephone network)을 들 수 있다.

PSTN

가장 공통된 회선 교환 통신으로 PSTN이 있다. 이를 다른 말로 POTS(plain old telephone service)라고도 한다.

간헐적으로 일어나는 적은 용량의 데이터 전송이 필요할 때 비동기 모뎀과 아날로그 다이얼 회선을 이용하면 전용의 저용량 교환 연결을 이룰 수 있다. 전통적인 전화기는 가입자

Chapter 5 _ WAN 연결

댁내의 전화 핸드셋을 전화 네트워크에 연결하기 위해서 로컬 루프라고 하는 구리선을 사용한다. 통화 중에 로컬 루프의 신호는 계속해서 변하는 전기 신호다. 계속해서 변하는 이유는 가입자의 음성을 변환하기 때문이다.

로컬 루프가 2진수로 된 컴퓨터 데이터를 직접 전송하는 것은 적절하지 않다. 그러나 모뎀을 사용하면 음성 전화 네트워크를 통해서 컴퓨터 데이터를 전송할 수 있다. 모뎀은 출발지에서 2진 데이터를 아날로그 신호로 변조하고 목적지에서 아날로그 신호를 2진 데이터로 복조한다.

로컬 루프의 물리적 특징과 PSTN에 로컬 루프를 연결하면 신호 속도가 제한된다. 상한선은 53kbps다.

소규모 기업의 경우에 판매 현황, 가격, 일상적인 보고서, 이메일 교환에 PSTN이 적절할 수 있다. 대용량 파일 전송 및 데이터 백업을 위해 야간이나 주말에 자동 다이얼업을 사용하면 오프피크 요금제를 이용해서 비용을 절감할 수 있다. 요금은 종점 사이의 거리, 시각, 통화 지속 시간에 따라 결정된다.

PSTN을 사용하면 많은 이점이 있으며, 정리하면 다음과 같다.

- **간편성**: 모뎀에 비해서 추가 장비가 필요치 않으며, 아날로그 모뎀의 설정 작업이 쉽다.
- **가용성**: 공중 전화망을 실질적으로 모든 곳에서 사용할 수 있으므로 외진 곳이더라도 전화 서비스 제공업체를 선택해서 높은 품질의 유지보수 서비스를 받을 수 있다.
- **비용**: WAN을 위한 PSTN 연결 링크의 구현과 관련된 비용은 비교적 낮으며, 회선 비용과 모뎀 비용이 대부분의 비용을 차지한다.

PSTN을 사용함에 있어서 단점도 있다. 정리하면 다음과 같다.

- **느린 데이터 속도**: 전화 시스템은 음성 데이터를 전송하기 위해 설계됐기 때문에 대용량 데이터 파일을 전송하면 속도가 매우 느려진다.
- **비교적 긴 연결 셋업 시간**: PSTN을 연결하려면 다이얼업이 진행돼야 하므로 WAN을 통해 연결하는 데 필요한 시간이 다른 연결 종류와 비교해서 매우 느리다.

점 대 점 통신 링크

점 대 점 혹은 시리얼 통신 링크에서는 단일의 WAN 통신 경로가 만들어진다. 이 경로에서 가입자 단말은 전화 회사와 같은 전송업체의 망을 통해서 원격 네트워크로 연결된다. [그림 5-29]는 임대 회선을 사용해서 두 사무실을 연결한 예를 보여준다.

▲ 그림 5-29 임대 회선

점 대 점 혹은 시리얼 회선은 지리적으로 떨어져 있는 두 개의 사이트를 연결할 수 있다. 즉, 뉴욕에 있는 사무실과 런던에 있는 사무실을 연결할 수 있다. 점 대 점 회선은 일반적으로 전송업체로부터 임대되므로 이를 임대 회선이라고도 한다. 전송업체는 점 대 점 회선에서 전송 용량과 하드웨어 설비를 회선 임대 고객에 맞게 정해서 전용으로 제공한다. 그러나 전송업체는 망 내부에서 멀티플렉싱 기술을 사용한다.

기본 네트워크가 T-캐리어나 E-캐리어 기술을 기반으로 한 경우에 임대 회선은 DSU/CSU를 통해서 전송업체의 네트워크로 연결된다. DSU/CSU의 목적은 DSU에서 고객 단말 인터페이스로 클록 신호를 보내고, 전송업체의 채널형 전송 매체를 CSU에서 끝내는 것이다. CSU는 루프백 테스트와 같은 전달 기능도 제공한다. 라우터에 있는 대부분의 T1이나 E1 TDM 인터페이스는 DSU/CSU 기능을 제공한다.

임대 회선은 자주 사용되는 WAN 접속 유형이며, 대역폭과 두 연결 지점의 거리에 따라 가격이 결정된다.

대역폭

대역폭은 통신 링크에서 데이터가 전송되는 속도를 이르는 말이다. 캐리어 기술에 따라 가용 대역폭이 다르다. 즉, 북미에서 사용되는 T-캐리어 명세와 유럽에서 사용되는 E-캐리어 명세에 제시되어 있는 대역폭이 다르다. T-캐리어와 E-캐리어는 네트워크에서 지원되는 PDH(plesiochronous digital hierarchy)를 기반으로 한다. 광 네트워크도 다른 대역폭 계층을 사용하며, 이 역시 북미와 유럽이 다르다. 미국의 경우에 OC(Optical Carrier)가 대역폭을 정의하고, 유럽의 경우에 SDH(Synchronous Digital Hierarchy)가 대역폭을 정의한다.

북미에서는 대역폭을 표현할 때 디지털 서비스 레벨 번호(DS0, DS1 등)를 사용하며, 이 번호는 신호의 속도와 형식을 나타낸다. 가장 기본적인 회선 속도는 64kbps, 즉 DS0이다. 이는 압축되지 않은 디지털 전화 통화에 필요한 대역폭이다.

더 빠른 전송이 요구되면서 시리얼 연결 대역폭이 크게 증가됐다. 예를 들어, 1.544Mbps의 속도를 내는 DS1 라인(T1 라인이라고 함)을 얻기 위해 24개의 DS0을 묶을 수 있다. 또한 28개의 DS1을 묶어서 43.736Mbps의 속도를 내는 DS3 라인(T3 라인이라고 함)을 만들 수 있다. [그림 5-30]은 여러 대역폭을 비교해서 설명한 것이다.

```
1개의 DS0   ——————————  DS0         = 64kbps
24개의 DS0  ——————————  DS1 혹은 T1  = 1.544Mbps
672개의 DS0 ——————————  DS3 혹은 T3  = 43.736Mbps
```

▲ 그림 5-30 WAN 대역폭

> NOTE*
> E1(2.048Mbps)과 E3(34.368Mbps)은 유럽 표준으로서 T1이나 T3과 비슷하다. 그러나 대역폭이나 프레임 구조는 다르다.

시리얼 인터페이스를 설정하는 과정을 단계별로 정리하면 다음과 같다.

- 1단계 전역 설정 모드로 들어간다(configure terminal 명령어).
- 2단계 전역 설정 모드에서 인터페이스 설정 모드로 들어간다. 이번 예제에서는 interface serial 0/0 명령어를 실행하면 된다.
- 3단계 DCE 케이블이 연결되어 있을 경우에 clock rate *bps* 인터페이스 설정 명령어를 사용해서 시리얼 인터페이스에 하드웨어를 연결하기 위한 클록 속도를 설정한다. 관련

하드웨어로는 NIM(network interface module)과 인터페이스 프로세서가 있다.

클록 속도를 입력할 때 숫자 전체를 입력해야 한다. 가령 64000인데 줄여서 64만 입력하면 안 된다.

시리얼 링크에서 링크의 한쪽은 DCE로서 기능을 수행하고 다른 쪽은 DTE로서 기능을 수행한다. 기본적으로 시스코 라우터는 DTE 장비다. 그러나 DCE 장비로 설정될 수 있다. 모뎀이 사용되지 않는 백투백 라우터 설정에서 인터페이스 중 하나는 클로킹 신호를 제공하기 위해 DCE로서 설정돼야 한다. 이러한 환경에서 설정되는 각 DCE 인터페이스에 대해 클록 속도를 명시해야 한다. 그 단위가 bps인 클록 속도로는 1200, 2400, 4800, 9600, 19200, 38400, 56000, 64000, 72000, 125000, 148000, 500000, 800000, 1000000, 1300000, 2000000, 4000000이 있다.

4단계 인터페이스에 대해 지정된 대역폭을 입력한다. show interfaces 명령어로 기본 대역폭을 볼 수 있으며 EIGRP 같은 일부 라우팅 프로토콜에서 기본 대역폭이 라우팅 메트릭 계산에 사용된다. bandwidth 명령어는 이러한 기본 대역폭에 우선한다. 또한 라우터는 다른 종류의 계산에 대역폭을 사용하기도 하며, 가령 RSVP(Resource Reservation Protocol)에서 필요한 어떤 계산에 대역폭이 사용된다. 시리얼 회선에 대한 기본 대역폭은 T1(1.544Mbps)이다. 입력된 대역폭은 회선의 실제 속도에 영향을 미치지 않는다.

> **NOTE***
> 연결된 시리얼 케이블은 시스코 라우터의 DTE나 DCE 모드를 결정한다. 네트워크 요구 조건에 맞는 케이블을 선택하기 바란다.

show controller 명령어는 물리적 인터페이스 자체에 관한 정보를 보여준다. 케이블 자체를 물리적으로 조사하지 않고도 연결되어 있는 케이블의 종류를 파악해야 할 때 이 명령어를 사용하면 된다.

표시되는 정보는 라우터가 처음에 시작할 때 결정되며, 라우터가 시작할 때 연결되어 있는 케이블의 종류만 나타낸다. 라우터 시작 후 케이블 종류가 바뀐 경우에는 **show controller** 명령어를 실행해도 새로운 케이블의 종류를 볼 수 없다.

점 대 점 통신 시 고려사항

점 대 점 링크는 전통적인 연결 방식으로서, 다음과 같은 장점이 있다.

- **간편성**: 점 대 점 통신 링크의 설치 및 유지보수에는 최소한의 전문가가 필요하다.
- **품질**: 적절한 대역폭이 확보되어 있는 경우에 점 대 점 통신 링크는 고품질의 서비스를 제공한다. 전용 대역폭이 제공되므로 종점 사이의 지연이나 지터(jitter)는 없다.
- **가용성**: 전자상거래 같은 일부 애플리케이션에서 지속적인 가용성은 필수다. 점 대 점 통신 링크는 항상 사용 가능한 영구적인 전용 대역폭을 제공한다.

점 대 점 통신 링크에는 몇 가지 단점도 있다.

- **비용**: 점 대 점 링크는 일반적으로 가장 비싼 WAN 접속 방식이며, 연결해야 할 사이트가 많은 경우에 그 비용이 커질 수 있다. 이 외에도 각 종점에 라우터 인터페이스가 필요할 수 있으며, 이렇게 되면 장비 비용이 증가한다.
- **제한된 유연성**: WAN 트래픽은 흔히 가변적이지만 임대 회선의 용량은 고정되어 있다. 사실 회선 대역폭이 얼마나 필요한지 정확히 알기가 어렵다. 임대 회선의 용량을 변경하려면 ISP나 전송업체 담당자가 직접 방문해서 용량을 조정해야 한다.

HDLC 프로토콜

HDLC(High-Level Data Link Control) 프로토콜은 점 대 점 WAN 연결에 주로 사용되는 두 개의 데이터 링크 프로토콜 중 하나다.

HDLC는 동기 시리얼 데이터 링크에서의 데이터 캡슐화 방법을 명시하며, 이때 프레임 특징과 체크섬을 사용한다. HDLC는 점 대 점 설정과 다중 점 설정을 모두 지원하며, 인증 수단도 제공한다. 그러나 HDLC는 여러 벤더의 장비 사이에서는 호환될 수 없다. 왜냐하면 벤더마다 HDLC의 구현 방법이 다를 수 있기 때문이다.

시스코 HDLC가 있으며, 이는 시리얼 라인의 기본 캡슐화 방법이다. 시스코 HDLC에는 윈도잉이나 흐름 제어가 없으며, 점 대 점 연결만 허용한다. [그림 5-31]을 보면 시스코 HDLC의 '데이터' 필드 앞에 '전용(proprietary)' 필드가 있음을 알 수 있다. 이에 의해 PPP 이전에 멀티프로토콜을 지원할 수 있었다. 이와 같이 변경됐기 때문에 시스코 HDLC는 다른 HDLC와 호환되지 못한다. HDLC 캡슐화는 변한다. 그러나 호환이 요구될 때 PPP가 사용될 수 있다. [그림 5-31]은 HDLC와 시스코 HDLC의 차이점을 보여준다.

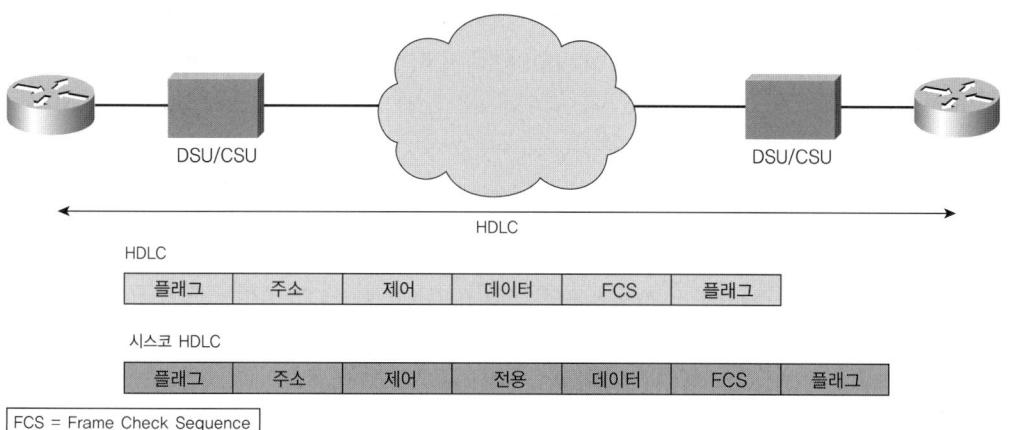

▲ 그림 5-31 HDLC와 시스코 HDLC

HDLC 캡슐화 설정

기본적으로 시스코 장비는 동기 시리얼 라인에서 시스코 HDLC 시리얼 캡슐화 방법을 사용한다. 그러나 시리얼 인터페이스가 다른 캡슐화 프로토콜로 설정되어 있고 캡슐화를 HDLC로 다시 변경하고 싶으면 변경하려는 인터페이스의 인터페이스 설정 모드로 들어간다. 해당 인터페이스에서 **encapsulation hdlc** 인터페이스 설정 명령어를 사용해서 HDLC 캡슐화를 명시한다.

```
RouterA(config-if)# encapsulation hdlc
```

시스코 HDLC는 두 개의 시스코 장비 사이에 있는 임대 회선에서 사용될 수 있는 PPP다. 다른 벤더의 장비와 통신해야 할 때 동기 PPP가 더 좋은 옵션이다.

PPP 프로토콜

PPP는 원래 점 대 점 링크에서 IP 트래픽을 전송하는 캡슐화 프로토콜로 개발됐다. 또한 PPP는 IP 주소 할당 및 관리, 비동기(시작/정비 비트) 및 비트 중심의 동기 캡슐화, 네트워크 프로토콜 멀티플렉싱, 링크 설정, 링크 품질 테스팅, 에러 검출, 옵션 협상(네트워크 계층 주소 협상 및 데이터 압축 협상)에 대한 표준을 수립했다.

동기 회선과 비동기 회선에서 라우터-라우터 연결과 호스트-네트워크 연결에 PPP를 사

Chapter 5 _ WAN 연결

용할 수 있다. 비동기 연결의 예로 다이얼업 연결이 있고, 동기 연결의 예로 임대 회선이 있다. [그림 5-32]는 임대 회선에서 HDLC 대신 PPP를 사용한 경우를 보여준다.

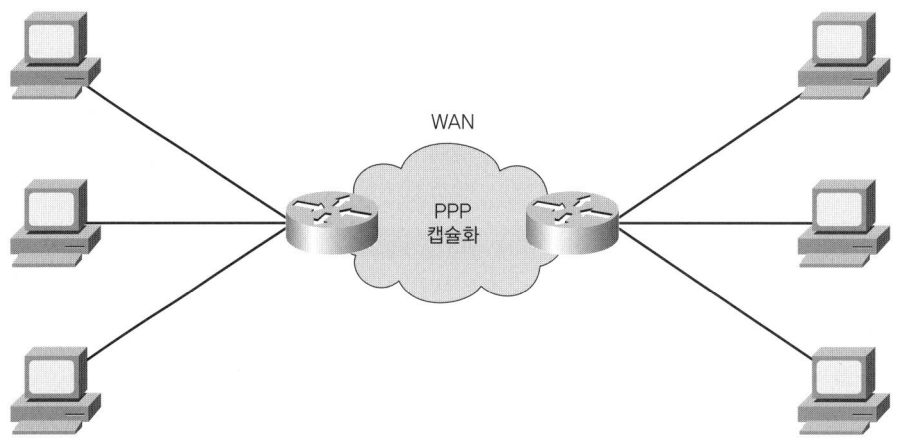

▲ 그림 5-32 PPP

PPP는 PPP 링크에서 멀티프로토콜 데이터그램(패킷)을 전송하는 데 필요한 표준을 제공한다. PPP의 주요 구성요소로 다음 세 가지를 들 수 있다.

- 멀티프로토콜 데이터그램을 캡슐화하는 방법
- 데이터 링크 연결을 수립, 설정, 테스트하기 위한 LCP(link control protocol)
- 다른 네트워크 계층 프로토콜을 수립하고 설정하기 위한 NCP(Network Control Program)

PPP에 의해 LCP는 다양한 환경에서의 다목적성과 이식성을 확보할 수 있게 됐다. LCP를 사용하면 캡슐화 형식 옵션을 결정하고, 제한적인 패킷 크기를 처리하고, 루프백 정보를 발견하고, 링크를 종료시킬 수 있다. 또 다른 옵션으로서 링크의 상대편을 확인하고 인증하는 기능과 링크가 제대로 작동하거나 오류가 발생하는 경우 그 시점을 파악할 수 있는 기능이 있다.

PPP 세션의 인증 단계는 옵션이다. 링크가 수립되고 인증 프로토콜이 선택된 후에 상대방에 대한 인증이 완료된다. 인증 옵션이 사용되는 경우에 네트워크 계층 프로토콜 설정 단계가 시작되기 전에 인증이 일어난다.

링크에서 호출한 쪽이 인증 정보를 입력해야 하며, 이렇게 해서 사용자가 네트워크 관리자로부터 권한을 승인받아서 통신할 수 있다. 양쪽에 있는 상대 라우터는 인증 메시지를 교환한다. PPP 기본 프레임을 [그림 5-33]에 제시해 뒀다.

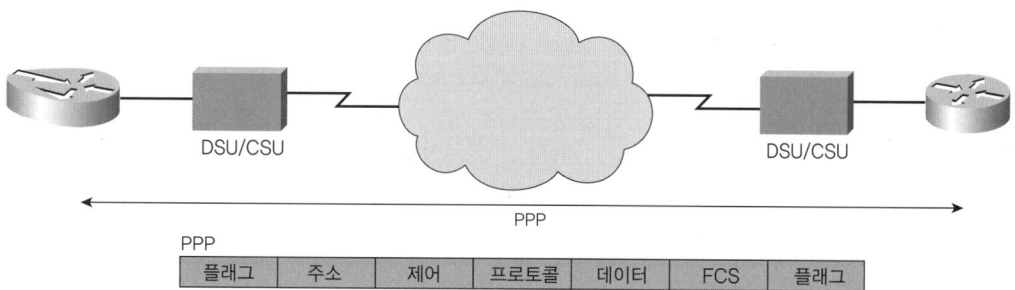

▲ 그림 5-33　PPP 프레임

PPP 계층형 아키텍처

개발자들은 점 대 점 링크의 연결을 이루기 위해서 PPP를 설계했다. RFC 1661과 RFC 1332에 설명되어 있는 PPP는 점 대 점 링크상에서 네트워크 계층 프로토콜 정보를 캡슐화한다. RFC 1661은 RFC 2153, 'PPP Vender Extensions'로 업데이트됐다.

다음에 제시된 물리적 인터페이스에서 PPP를 설정할 수 있다.

- 비동기 시리얼
- 동기 시리얼
- BRI(Basic Rate Interface)
- HSSI(High-Speed Serial Interface)

PPP는 여러 개의 네트워크 계층 프로토콜에 대한 옵션을 캡슐화하고 협상하기 위해 NCP를 사용한다.

PPP는 WAN 데이터 링크에서 제어 옵션을 협상하고 지정하기 위해 LCP를 사용한다.

PPP 캡슐화를 활성화하려면 인터페이스 설정 모드로 들어간다. **encapsulation ppp** 인터페이스 설정 명령어를 사용해서 인터페이스의 PPP 캡슐화를 검증한다.

Chapter 5 _ WAN 연결

```
RouterA(config-if)# encapsulation ppp
```

> **NOTE***
>
> 비동기 시리얼 인터페이스에서 PPP를 활성화하기 위해서 추가 설정 단계가 필요하다. 이 단계들을 이 번에 설명하지는 않는다. 비동기 시리얼 인터페이스에서 PPP를 설정하는 방법에 대해 알고 싶으면 『CCNP ISCW Official Exam Certification Guide』를 참고하기 바란다.

예: PPP 설정

[그림 5-34]는 PPP 설정의 전형적인 사례를 보여준다.

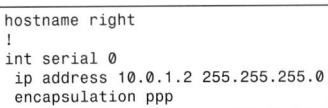

```
hostname left
!
int serial 0
 ip address 10.0.1.1 255.255.255.0
 encapsulation ppp
```

```
hostname right
!
int serial 0
 ip address 10.0.1.2 255.255.255.0
 encapsulation ppp
```

▲ **그림 5-34** PPP 설정

시리얼 인터페이스를 설정한 후에 **show interface serial** 명령어를 사용해서 변경사항을 검증한다.

```
RouterA# show interface s0/0/0
Serial0/0/0 is up, line protocol is up
  Hardware is HD64570
  Internet address is 10.140.1.2/24
  MTU 1500 bytes, BW 1544 Kbit, DLY 20000 usec, rely 255/255, load 1/255
  Encapsulation PPP, loopback not set, keepalive set (10 sec)
  LCP Open
  Open: IPCP, CDPCP
  Last input 00:00:05, output 00:00:05, output hang never
  Last clearing of "show interface" counters never
  Queueing strategy: fifo
  Output queue 0/40, 0 drops; input queue 0/75, 0 drops
  5 minute input rate 0 bits/sec, 0 packets/sec
```

```
5 minute output rate 0 bits/sec, 0 packets/sec
   38021 packets input, 5656110 bytes, 0 no buffer
   Received 23488 broadcasts, 0 runts, 0 giants, 0 throttles
   0 input errors, 0 CRC, 0 frame, 0 overrun, 0 ignored, 0 abort
   38097 packets output, 2135697 bytes, 0 underruns
   0 output errors, 0 collisions, 6045 interface resets
   0 output buffer failures, 0 output buffers swapped out
   482 carrier transitions
   DCD=up   DSR=up   DTR=up   RTS=up   CTS=up
```

NOTE*

이번 예제에서 회선 상태는 '업'이고 대역폭이 1544kbps라는 점에 유의하기 바란다.

시리얼 캡슐화 설정 검증

WAN 연결 설정 시 캡슐화의 종류를 확인할 필요가 있다. 점 대 점 링크의 어느 한쪽에서 캡슐화가 일관되지 않으면 사이트 사이의 통신이 실패한다.

설정 내용을 확인하기 위해서 **show interface** 명령어를 사용한다. 다음의 예제는 PPP 설정을 보여준다. HDLC가 설정되어 있으면 **show interface** 명령어의 실행 결과에 'Encapsulation HDLC'가 있을 것이다. PPP가 설정되어 있으면 **show interface** 명령어를 실행해서 LCP 상태와 NCP 상태를 점검할 수 있다.

```
RouterA# show interface s0/0/0
Serial0/0/0 is up, line protocol is up
  Hardware is HD64570
  Internet address is 10.140.1.2/24
  MTU 1500 bytes, BW 1544 Kbit, DLY 20000 usec, rely 255/255, load 1/255
  Encapsulation PPP, loopback not set, keepalive set (10 sec)
  LCP Open
  Open: IPCP, CDPCP
  Last input 00:00:05, output 00:00:05, output hang never
  Last clearing of "show interface" counters never
  Queueing strategy: fifo
  Output queue 0/40, 0 drops; input queue 0/75, 0 drops
  5 minute input rate 0 bits/sec, 0 packets/sec
  5 minute output rate 0 bits/sec, 0 packets/sec
     38021 packets input, 5656110 bytes, 0 no buffer
```

```
             Received 23488 broadcasts, 0 runts, 0 giants, 0 throttles
             0 input errors, 0 CRC, 0 frame, 0 overrun, 0 ignored, 0 abort
             38097 packets output, 2135697 bytes, 0 underruns
             0 output errors, 0 collisions, 6045 interface resets
             0 output buffer failures, 0 output buffers swapped out
             482 carrier transitions
             DCD=up    DSR=up    DTR=up    RTS=up    CTS=up
```

프레임 릴레이

프레임 릴레이는 비용 절감 효과 측면에서 큰 인기를 얻고 있는 패킷 교환 방식 프로토콜로서, 기존의 X.25나 임대 회선 기술을 대체하고 있다. [그림 5-35]는 프레임 릴레이 프로토콜이 어디서 운용되는지를 보여준다.

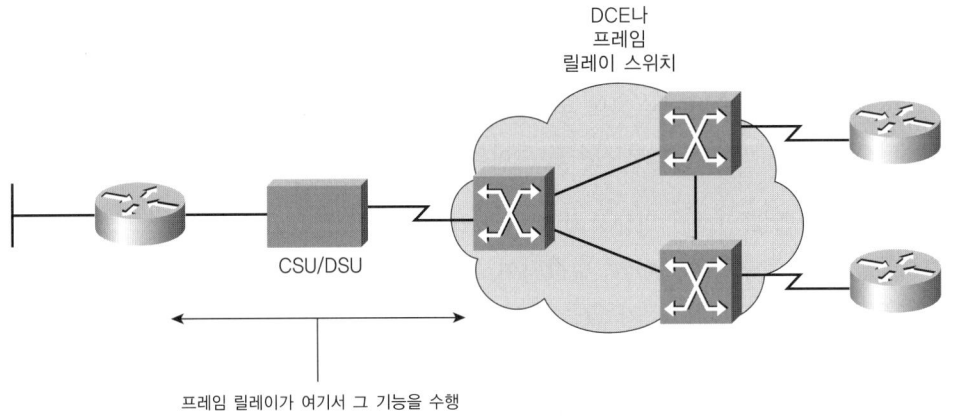

▲ 그림 5-35 프레임 릴레이

높은 대역폭과 지연을 완화한 패킷 교환 방식에 대한 요구가 거세지면서 서비스 제공업체는 프레임 릴레이를 도입했다. 프레임 릴레이는 음성 트래픽과 데이터 트래픽을 모두 전송하는 공유 방식의 매체 대역폭 연결을 사용해서 PVC(permanent virtual circuit) 서비스와 SVC(switched virtual circuit) 서비스를 모두 제공한다. 가용 데이터 속도는 4Mbps까지이며, 일부 제공업체는 더 높은 속도를 제공한다. 이 외에 프레임 릴레이는 네트워크 계층보다는 데이터 링크 계층에서 작동하는 매우 간단한 프로토콜이다.

프레임 릴레이에서는 에러나 흐름 제어를 구현하지 않는다. 프레임 처리가 단순하기 때문에 지연 문제가 거의 없고, 중간에 있는 스위치에서 프레임 준비 작업을 하지 않아도 되므로 지터를 줄이는 데 도움이 된다.

대부분의 프레임 릴레이 연결은 SVC가 아닌 PVC다. 네트워크 말단으로의 연결에는 흔히 임대 회선이 사용되지만, ISDN 회선이나 xDSL 회선을 사용하는 일부 서비스 제공업체의 경우에는 다이얼업 연결을 사용하기도 한다.

엔터프라이즈 LAN 연결에 있어 프레임 릴레이는 이상적이다. 왜냐하면 LAN의 라우터에는 한 개의 WAN 인터페이스만 있으면 되고, 여러 개의 VC(virtual circuit)가 사용될 때도 마찬가지다. 프레임 릴레이 네트워크 말단에 전용 회선을 사용하면 넓게 산재되어 있는 LAN 연결의 비용 효과성을 높일 수 있다.

프레임 릴레이는 가상 회선에서 운용되며, 가상 회선은 논리적인 연결로서 네트워크의 두 원격 장비의 통신을 이룬다. VC를 이용해서 한 DTE 장비와 다른 DTE 장비의 양방향 통신을 이룰 수 있다. 프레임 릴레이 주소 헤더 안에 있는 DLCI(data-link connection identifier)는 가상 회선이 고유한지를 식별한다. DLCI는 DLCI가 설정된 라우터에서만 사용된다. VC는 네트워크에 있는 여러 DCE 장비를 지나갈 수 있다. 네트워크를 가로질러 전송되거나 네트워크에 접근하기 위해서 여러 개의 VC를 하나의 물리적 회선으로 멀티플렉싱할 수 있다. 프레임 릴레이를 VC가 어떻게 지나가는지 그 개념을 [그림 5-36]에 설명해 뒀다.

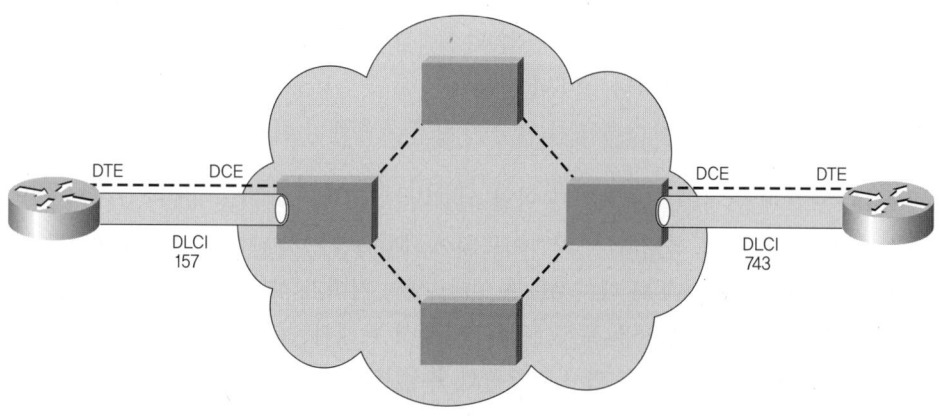

▲ 그림 5-36 프레임 릴레이 VC

ATM과 셀 교환 방식

ATM은 사설 네트워크와 공개 네트워크를 통해서 음성, 비디오, 데이터를 전송할 수 있는 셀 교환 방식 연결이다. ATM은 엔터프라이즈 LAN 백본이나 WAN 링크에서 주로 사용된다. [그림 5-37]에서 ATM 연결을 그림으로 표현했다.

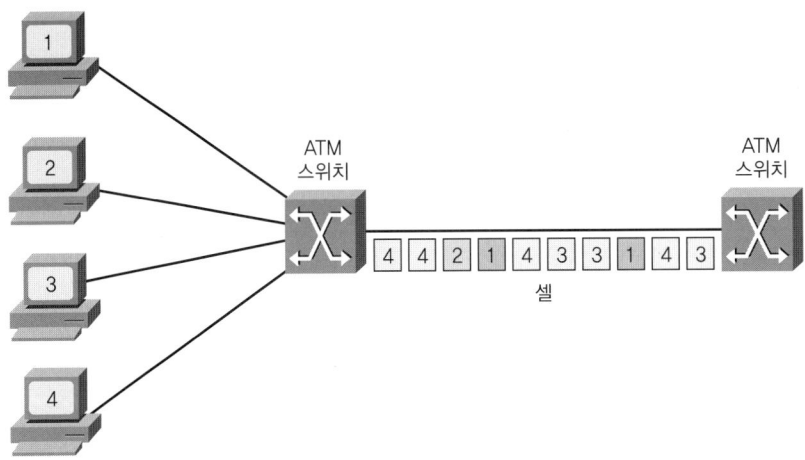

▲ 그림 5-37 ATM 연결

서비스 제공업체는 높은 대역폭과 함께 낮은 지연 및 지터를 제공하는 영구적인 공유 네트워크 기술이 필요했다. 서비스 제공업체는 핵심 네트워크인 ATM에서 사용되는 것과 동일한 기술을 확보해야 했다. ATM의 데이터 속도는 155Mbps 이상이다. ATM WAN의 토폴로지 데이터그램은 다른 공유 기술인 X.25나 프레임 릴레이와 비슷하다.

ATM은 프레임 기반 아키텍처가 아닌 셀 기반 아키텍처로 만들어진다. ATM 셀의 길이는 항상 53바이트로 동일하다. 53바이트의 ATM 셀에는 5바이트의 ATM 헤더가 있고, 그 다음에 48바이트의 ATM 페이로드가 있다. 셀의 길이가 작고 정해져 있어서 지연될 염려가 없기 때문에 ATM 셀은 음성 트래픽과 영상 트래픽 전송에 매우 적합하다. 대규모 데이터 패킷이 전송될 때까지 영상 트래픽과 음성 트래픽이 대기할 필요가 없다.

53바이트의 ATM 셀은 프레임 릴레이나 X.25의 더 큰 프레임 및 패킷보다 덜 효율적이다. 게다가 ATM 셀의 경우에 48바이트의 페이로드마다 최소한 5바이트의 오버헤드가 생긴다. 셀이 네트워크 계층 패킷을 운반할 때 오버헤드가 더 높게 나온다. 왜냐하면 ATM

의 48바이트 데이터 페이로드가 다른 크기의 패킷(예: IP 패킷은 64바이트)과 제대로 매핑되지 않을 것이기 때문이다. 일반적인 ATM 회선은 동일한 양의 네트워크 계층 데이터를 운반함에 있어서 거의 20% 이상의 더 많은 대역폭을 필요로 한다.

프레임 릴레이와 같이 ATM은 VC, 즉 PVC나 SVC를 사용해서 구현된다. ATM에서 데이터는 전송되기 전에 53바이트의 작은 셀로 나뉜다. ATM 셀 헤더에는 VPI/VCI(virtual path identifier/virtual channel identifier)라는 필드가 포함된다. 이는 ATM 셀이 어느 VC에 속하는지를 나타낸다. 물리적 계층에서 ATM은 다양한 물리적 매체에서 실행될 수 있으며, SONET(Synchronous Digital Hierarchy)/SDH(Synchronous Digital Hierarchy) 프레임 구조를 사용하는 광섬유나 DS3을 사용하는 동축 케이블 등에서 실행될 수 있다.

ATM 네트워크에는 ATM 스위치가 포함되며, ATM 스위치는 셀 전달을 맡아서 처리한다. ATM 스위치는 ATM 종점이나 다른 ATM 스위치로부터 들어오는 셀을 수신한다. 그런 다음에 ATM 스위치는 나가는 인터페이스에 매핑하기 위해서 들어오는 VPI/VCI를 사용하고, 새로운 VPI/VCI를 목적지로 가는 다음 링크에 사용한다. ATM 셀 교환 과정은 매우 빠르며, 하드웨어에 프로그래밍될 수 있다.

ATM VC는 ATM 네트워크를 가로지르는 두 ATM 종점 사이에서 만들어진 논리적인 연결이다. ATM VC는 PVC와 SVC로 나뉜다. VC는 하나의 ATM 종점에서 또 다른 종점으로 가는 양방향 통신을 제공한다. ATM 셀 헤더 안에 있는 VPI/VCI는 VC가 고유한지를 식별한다.

VC는 ATM 네트워크의 여러 ATM 스위치를 통과해서 지나갈 수 있다. 네트워크에서의 전송을 위해서 여러 VC를 하나의 물리적 회선으로 멀티플렉싱할 수 있다.

시리얼 캡슐화 설정 요약

이번 절에서 배운 내용을 다음과 같이 정리할 수 있다.

- 점 대 점 회선 혹은 시리얼 회선은 지리적으로 멀리 떨어져 있는 두 사이트를 연결할 수 있다. 이 회선들은 일반적으로 전송업체로부터 임대되므로, 임대 회선이라고도 불린다.
- 통신 링크상에서 데이터가 전송되는 속도를 대역폭이라고 한다. 북아메리카에서 점 대 점 임대 회선 대역폭은 대개 DS 번호(DS0이나 DS1 등)로 표시되며, 기술적으로는 신호의 속도나 형식을 나타낸다.

- HDLC 프로토콜은 점 대 점 WAN 연결에 주로 사용되는 두 개의 데이터 링크 계층 프로토콜 중 하나다. HDLC는 점 대 점 설정과 다중 점 설정을 모두 지원한다.

- encapsulation hdlc 인터페이스 설정 명령어를 사용해서 특정 인터페이스에서 시스코 HDLC 캡슐화를 지정할 수 있다.

- PPP 하위 레벨 기능에서는 동기 및 비동기 물리적 매체를 사용한다. PPP 상위 레벨 기능에서는 NCP를 사용해서 여러 네트워크 계층 프로토콜에서 온 패킷을 전송한다.

- encapsulation ppp 인터페이스 설정 명령어를 사용해서 특정 인터페이스에서 PPP 캡슐화를 명시할 수 있다.

- show interface 명령어를 사용해서 PPP나 HDLC 캡슐화가 제대로 설정되어 있는지를 확인할 수 있다.

- 프레임 릴레이 데이터 속도는 최대 4Mbps까지이며, 일부 제공업체에서는 더 높은 속도를 제공한다. 프레임 릴레이는 네트워크 계층이 아닌 데이터 링크 계층에서 작동되는 단순한 프로토콜이다.

- ATM은 셀 교환 방식 연결 기술로서 사설 네트워크와 공개 네트워크에서 음성, 영상, 데이터를 전송할 수 있다. ATM은 서비스 제공업체 네트워크와 엔터프라이즈 LAN 백본에서 주로 사용된다.

- ATM과 프레임 릴레이 VC는 PVC 혹은 SVC일 수 있다.

RIP 활성화

정적 경로를 사용하면 네트워크가 어디에 있는지 알 수 있으며, 이 정보를 이용해서 패킷의 경로를 지정할 수 있다. 그러나 확장성과는 전혀 무관하다. 정적 경로가 아닌 동적 라우팅 프로토콜을 사용해서 경로 지정에 필요한 정보를 얻을 수 있다. 많은 라우팅 프로토콜이 있지만 거리 벡터 라우팅 프로토콜인 RIP가 가장 많이 사용된다. RIP가 비교적 오래됐지만 소규모의 동종 네트워크에서 여전히 많이 사용되고 있다. RIP를 알면 동적 라우팅 프로토콜이 어떻게 운영되는지 이해할 수 있다. 이번 절에서는 RIP의 기본 특징과 운영 방식을 설명하고, IP 네트워크에서 RIP를 어떻게 활성화할 수 있는지도 설명한다.

동적 라우팅 프로토콜 개요

라우터가 이웃한 다른 라우터와 통신할 때 라우팅 프로토콜에 정의된 규칙을 사용한다. 동적 라우팅에서 라우팅 프로토콜은 정보를 퍼뜨린다. 반대로, 정적 라우팅에서는 서식을 정의하고 패킷 안에 있는 필드를 사용한다. 일반적으로 패킷은 종단 시스템에서 종단 시스템으로 전달된다. [그림 5-38]은 다른 네트워크의 위치를 학습하기 위해서 라우터가 라우팅 프로토콜을 어떻게 사용하는지 그 방법을 보여준다.

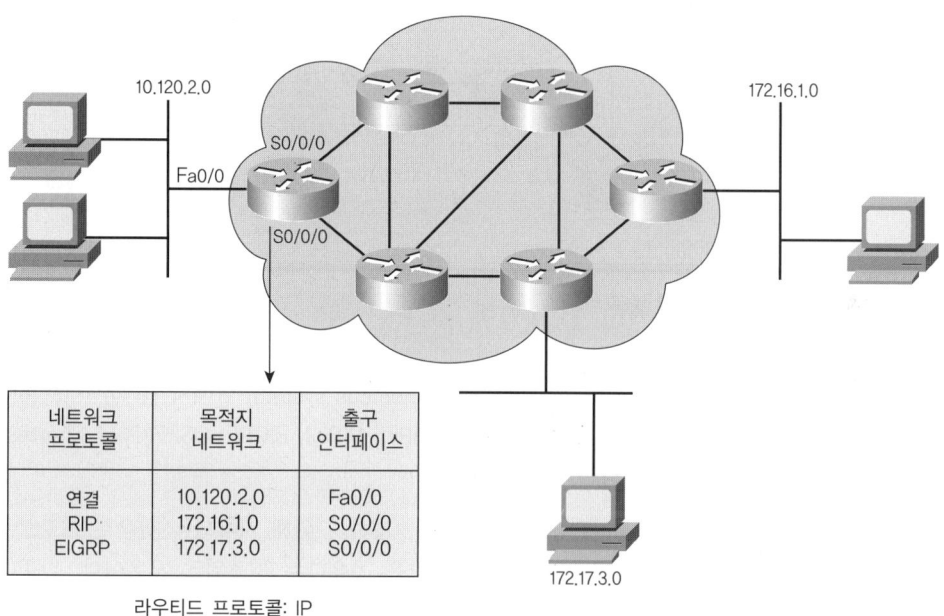

▲ **그림 5-38** 라우팅 프로토콜이 네트워크에 관해 학습

라우팅 프로토콜에서 제시하는 정보를 정리하면 다음과 같다.

- 업데이트 정보의 전달 방법
- 전달되는 정보의 종류
- 정보의 전달 시점
- 업데이트 정보를 받는 수신자의 위치 확인 방법

[그림 5-39]는 두 개의 라우팅 프로토콜, 즉 IGP(Interior Gateway Protocol)와 EGP(Exterior Gateway Protocol)를 보여준다.

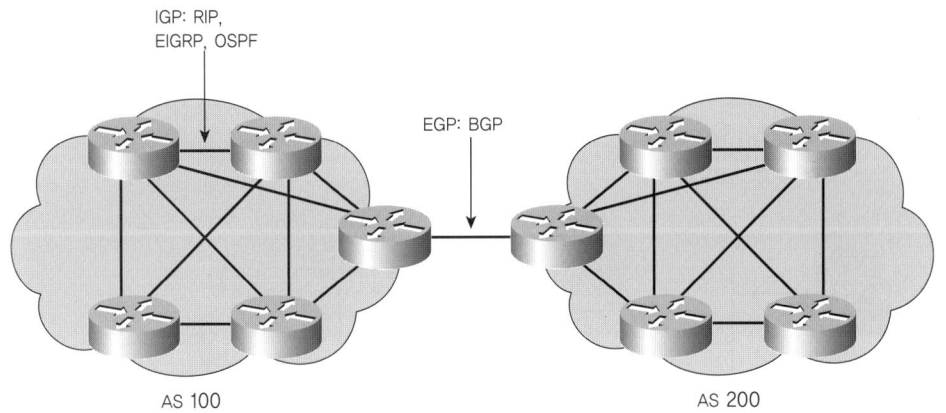

▲ 그림 5-39 라우팅 프로토콜의 종류

- IGP(Interior Gateway Protocol): AS(autonomous system) 안에서 라우팅 정보를 교환하기 위해 사용되는 라우팅 프로토콜이다. RIPv1, RIPv2, EIGRP, OSPF(Open Shortest Path First)가 IGP에 해당된다.
- EGP(Exterior Gateway Protocol): AS를 연결하기 위해 사용되는 라우팅 프로토콜이다. AS는 함께 관리되고 공통의 라우팅 전략을 공유하는 네트워크 모음이다. BGP(Border Gateway Protocol)가 EGP에 해당된다.

NOTE*

IANA(Internet Assigned Numbers Authority)는 많은 기관에게 AS 번호를 할당한다. BGP와 같은 EGP를 사용해야 한다면 IANA의 번호 체계를 사용해야 한다. 그러나 사설 및 공개 AS 번호 체계도 알아둘 필요가 있다.

RIP나 OSPF와 같이 종류별로 라우팅 프로토콜을 분류할 수 있지만 [그림 5-40]에서 볼 수 있듯이 운영 방법에 따라 라우팅 프로토콜을 분류할 수 있다.

AS에서 대부분의 IGP 라우팅 알고리즘은 다음에 제시된 것 중 하나에 속한다.

- 거리 벡터(distance vector): 거리 벡터 라우팅 방법에서는 인터네트워크의 모든 링크에 대한 방향(벡터)과 거리(홉)를 결정한다.

- **밸런스드 하이브리드(balanced hybrid)**: 밸런스드 하이브리드 방법에서는 링크 상태와 거리 벡터 알고리즘을 결합한다.
- **링크 상태(link state)**: SPF(shortest path first) 알고리즘이라고도 하는 링크 상태 방법에서는 전체 인터네트워크를 축약한 토폴로지를 만든다. 여기에는 특정 라우터가 위치한 부분이 들어간다.

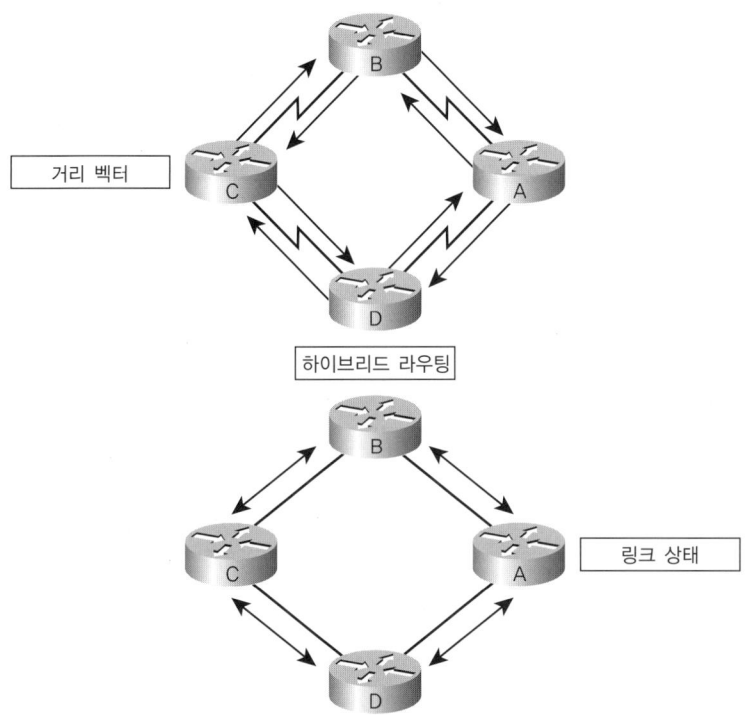

▲ 그림 5-40 라우팅 프로토콜 알고리즘

하나의 라우팅 알고리즘이 모든 인터네트워크를 처리하지는 못한다. 각 라우팅 프로토콜은 정보를 다른 방식으로 제공한다.

동적 라우팅 프로토콜의 특징

여러 개의 라우팅 프로토콜과 정적 경로를 동시에 사용할 수 있다. 라우팅 정보의 소스가 여러 개일 경우에 관리 거리 값을 이용해서 각 라우팅 정보 소스의 등급을 매길 수 있다.

시스코 IOS 소프트웨어는 관리 거리 값을 명시함으로써 라우팅 정보의 소스를 구별한다.

예: 관리 거리

관리 거리의 값으로 0부터 255까지의 정수가 사용된다. 라우팅 프로토콜의 관리 거리 값이 작을수록 더 좋은 것으로 여겨진다. [그림 5-41]에서 A 라우터가 E 네트워크에 대한 경로를 EIGRP와 RIP로부터 동시에 수신하면 A 라우터는 두 프로토콜의 관리 거리를 사용해서 EIGRP 경로가 더 좋다고 결정한다. 그런 다음에 A 라우터는 라우팅 테이블에 EIGRP를 추가할 것이다.

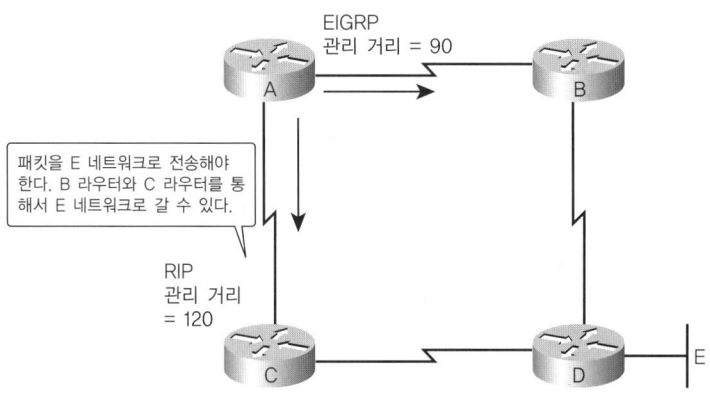

▲ 그림 5-41 관리 거리

[표 5-6]은 선택된 라우팅 정보 소스에 대한 기본 관리 거리를 정리한 것이다.

▼ 표 5-6 기본 관리 거리

경로 소스	기본 거리
직접 연결 인터페이스	0
정적 경로 주소	1
EIGRP	90
OSPF	110
RIPv1, RIPv2	120
외부 EIGRP	170
알려지지 않은 혹은 신뢰할 수 없는	255(트래픽 전달에 사용될 수 없음)

기본 관리 거리 값이 필요치 않으면 시스코 IOS 소프트웨어로 관리 거리 값을 설정할 수 있다. 라우터별로, 프로토콜별로, 혹은 경로별로 관리 거리 값을 지정할 수 있다.

클래스풀 라우팅 프로토콜과 클래스리스 라우팅 프로토콜

IP 주소 공간을 처리하는 방법에 따라 라우팅 프로토콜을 구별할 수 있다. RIPv1은 클래스풀 라우팅 프로토콜이다. 클래스풀 라우팅의 경우에 대부분의 거리 벡터 라우팅 프로토콜에서 생성된 라우팅 광고에서 서브넷 마스크는 광고되지 않는다.

클래스풀 라우팅 프로토콜이 사용될 때 같은 메이저 네트워크(A, B, C 클래스)의 모든 서브 네트워크는 동일한 서브넷 마스크를 사용해야 한다. 클래스풀 라우팅 프로토콜에서 실행되는 라우터는 네트워크에서 경로 요약을 자동으로 수행한다.

클래스풀 라우팅 프로토콜이 실행되는 라우터가 라우팅 업데이트 정보를 수신할 때 경로의 네트워크 부분을 파악하기 위해서 다음에 제시된 것 중 한 가지를 수행한다.

- 라우팅 업데이트 정보가 수신 인터페이스에 설정되어 있는 것과 동일한 메이저 네트워크를 포함하고 있는 경우에 라우터는 수신 인터페이스에 설정되어 있는 서브넷 마스크를 적용한다.
- 라우팅 업데이트 정보가 수신 인터페이스에 설정되어 있는 것과 다른 메이저 네트워크를 포함하고 있는 경우에 라우터는 기본 클래스풀 마스크(주소 클래스에 의해)를 다음과 같이 적용한다.
    - A 클래스 주소의 경우에 기본 클래스풀 마스크는 255.0.0.0이다.
    - B 클래스 주소의 경우에 기본 클래스풀 마스크는 255.255.0.0이다.
    - C 클래스 주소의 경우에 기본 클래스풀 마스크는 255.255.255.0이다.

RIPv2는 클래스리스 라우팅 프로토콜이다. 클래스리스 라우팅 프로토콜은 2세대 프로토콜이다. 왜냐하면 RIPv2는 이전의 클래스풀 라우팅 프로토콜의 몇 가지 한계를 극복하기 위해 설계됐기 때문이다. 클래스풀 네트워크 환경의 가장 심각한 한계 중 하나는 라우팅 업데이트 과정 중에 서브넷 마스크가 교환되지 않는다는 것이었으며, 이로 인해 같은 메이저 네트워크 안에 있는 모든 서브네트워크에 동일한 서브넷 마스크가 사용돼야 한다는 것이었다.

클래스풀 네트워크의 또 다른 한계는 클래스풀 네트워크 범위에 대한 요약을 메이저 네트워크 범위에서 자동으로 처리해야 한다는 점이다.

클래스리스 환경에서 요약 과정은 수동으로 제어되며, 주소의 비트 자리에서 처리될 수 있다. 서브넷 경로가 라우팅 도메인 전체에서 전파되기 때문에 라우팅 테이블의 규모를 관리할 수 있는 수준으로 유지하기 위해서 수동 요약이 요구된다. 클래스리스 라우팅 프로토콜로는 RIPv2, EIGRP, OSPF, IS-IS가 있다.

거리 벡터 경로 선택

클래스풀 라우팅과 클래스리스 라우팅을 지원하는 것 외에 RIP는 거리 벡터 라우팅 프로토콜의 특징을 갖는다. 대부분의 거리 벡터 라우팅 프로토콜에서 생성되는 주기적인 라우팅 업데이트 정보는 직접 연결된 라우팅 장비로만 어드레싱된다. 가장 널리 사용되는 어드레싱 체계는 논리적인 브로드캐스팅이다. 거리 벡터 라우팅 프로토콜이 실행되는 라우터는 주기적인 업데이트 정보를 전송하며, 네트워크에 변경 이벤트가 생기지 않더라도 그렇게 한다.

순수한 거리 벡터 환경에서 주기적인 라우팅 업데이트는 라우팅 테이블 전체에 대해 진행된다. 네이버 라우터로부터 라우팅 테이블 전체를 수신할 때 라우터는 알려진 모든 경로를 검증하고 업데이트된 정보를 기반으로 로컬 라우팅 테이블을 변경할 수 있다. 이 과정을 '루머에 의한 라우팅(routing by rumor)'이라고 하는데, 그 이유는 라우터가 네트워크 정보를 파악함에 있어서 네이버 라우터에서 제공한 정보를 근거로 하기 때문이다. 거리 벡터 프로토콜이 어떻게 운용되는지 [그림 5-42]에서 설명하고 있다.

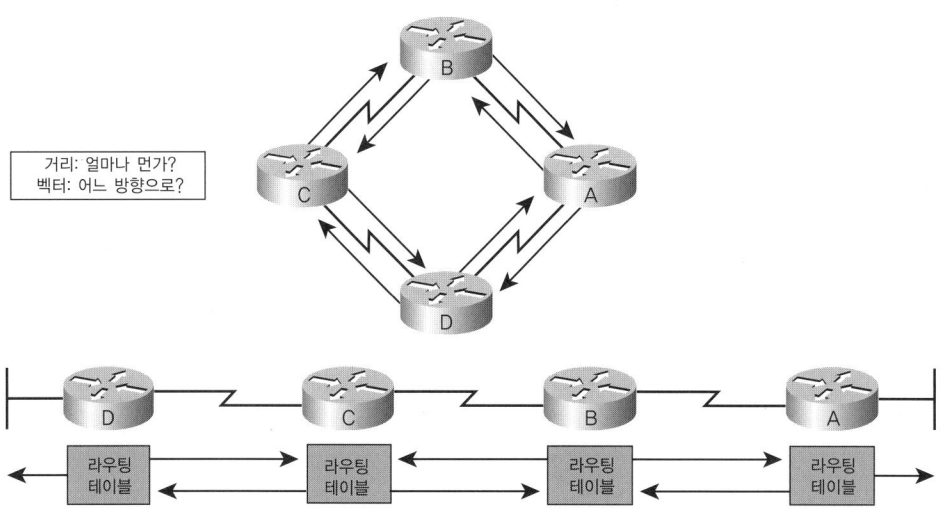

▲ 그림 5-42 거리 벡터 프로토콜

예: 거리 벡터 라우팅 프로토콜

B 라우터는 A 라우터로부터 라우팅 업데이트를 주기적으로 수신한다. B 라우터는 A 라우터에서 학습한 각 경로에 거리 메트릭(예: 홉 카운트)을 추가하며, 이로 인해 거리 벡터가 증가한다. 그런 다음에 B 라우터는 자신의 라우팅 테이블을 네이버인 C 라우터로 넘긴다. 이러한 단계별 과정은 직접 연결되어 있는 네이버 라우터들 사이에서 일어난다.

전통적으로 거리 벡터 프로토콜은 클래스풀 프로토콜이었다. 그러나 RIPv2와 EIGRP는 클래스리스 특징도 보여주는 향상된 거리 벡터 프로토콜이다. 또한 EIGRP는 링크 상태의 특징도 보여준다.

[그림 5-43]에서 직접 연결된 네트워크에 대한 인터페이스의 거리는 0이다.

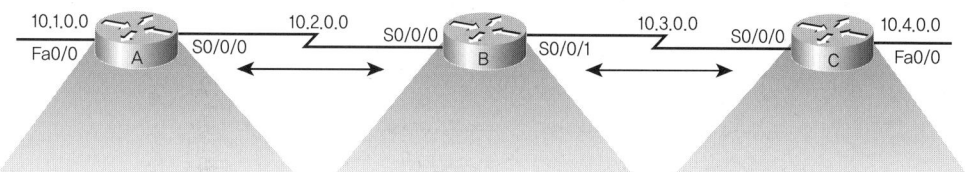

▲ 그림 5-43 거리 벡터 예

거리 벡터 네트워크 발견 과정이 계속되면서 라우터는 각 네이버에서 받아서 누적된 메트릭을 근거로 직접 연결되어 있지 않은 목적지 네트워크에 대한 최상의 경로를 발견한다. 네이버 라우터는 직접 연결되어 있지 않은 경로에 대한 정보를 제공한다.

예: 정보 소스와 경로 발견

A 라우터는 B 라우터로부터 수신한 정보를 기반으로 직접 연결되어 있지 않은 네트워크인 10.3.0.0과 10.4.0.0에 관해 학습한다. 라우팅 테이블의 각 네트워크 엔트리에는 누적된 거리 벡터가 있으며, 이는 정해진 방향에서 해당 네트워크가 얼마나 멀리 떨어져 있는지를 보여준다.

RIP의 특징

RIP의 주요 특징을 정리하면 다음과 같다.

- RIP는 거리 벡터 라우팅 프로토콜이다.
- 홉 카운트는 경로 선택을 위한 메트릭으로서 사용된다.
- 최대 홉 카운트는 15다.
- 라우팅 업데이트는 기본적으로 30초마다 브로드캐스팅된다.
- RIP에서 로드 밸런싱할 수 있는 동등 코스트 경로는 16개(기본은 4개)다.

RIP는 홉 카운트가 가장 작은 경로를 선택한다. 그러나 이것이 항상 최상의 경로이지는 않다. 이를 [그림 5-44]에서 알 수 있다.

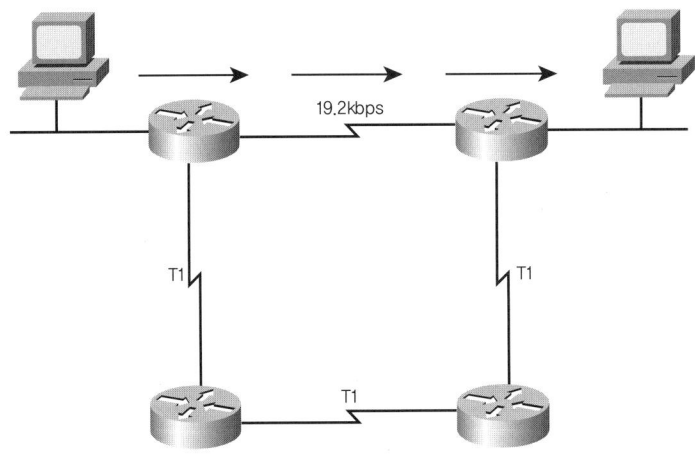

▲ 그림 5-44 RIP는 홉 카운트를 사용

RIPv1과 RIPv2의 비교

RIP가 오랫동안 사용됐지만 어드레싱 유연성을 확보하기 위해서 RIPv2가 만들어졌다. 두 라우팅 프로토콜은 거리 벡터이며, 버전에 따라 몇 가지 차이점이 있다. 그 차이점을 [표 5-7]에 설명해 뒀다.

▼ 표 5-7 RIPv1과 RIPv2의 비교

특징	RIPv1	RIPv2
클래스 지원	클래스풀	클래스리스
VLSM(variable-length subnet mask) 지원	아니오	예
라우팅 업데이트와 함께 서브넷 마스크 전송	아니오	예
다음의 주소 형식을 사용해서 다른 RIP 라우터와 통신	브로드캐스트	멀티캐스트
RFC 정의	RFC 1058	RFC 1721, 1722, 2453
수동 경로 요약 지원	아니오	예
인증 지원	아니오	예

라우팅 테이블에서 허용할 수 있는 병렬 경로의 최대 개수를 정의해서 RIP 로드 밸런싱을 활성화할 수 있다. RIP에서 경로의 코스트는 동일해야 한다. 경로의 최대 개수가 1로 지정되면 로드 밸런싱이 비활성화된다.

> NOTE*
> 시스코 라우터는 RIPv1과 RIPv2를 지원한다. 여기서는 RIPv2의 설정에 대해서만 다룬다.

동적 라우팅 설정 작업

동적 라우팅 프로토콜을 활성화하는 과정은 다음과 같다.

1단계   라우팅 프로토콜(RIP, EIGRP, OSPF)을 선택한다.
2단계   서브넷 값을 지정하지 않고 IP 네트워크 번호를 할당한다(OSPF는 제외).

인터페이스에 적절한 서브넷 마스크와 네트워크나 서브넷 주소를 할당해야 한다.

RIP 설정

router rip 명령어를 사용해서 라우팅 프로토콜로 RIP를 선택한다.

라우터가 직접 연결되는 메이저 네트워크 번호를 할당하려면 **network** 명령어를 사용한다. RIP 라우팅 과정에서는 광고된 네트워크 번호에 인터페이스 주소를 결합한다. 그리고 명시된 인터페이스에서 RIP 패킷 처리 과정을 시작한다.

[그림 5-45]에서 세 대의 라우터는 RIP를 통해서 네트워크와 통신하도록 설정되어 있다.

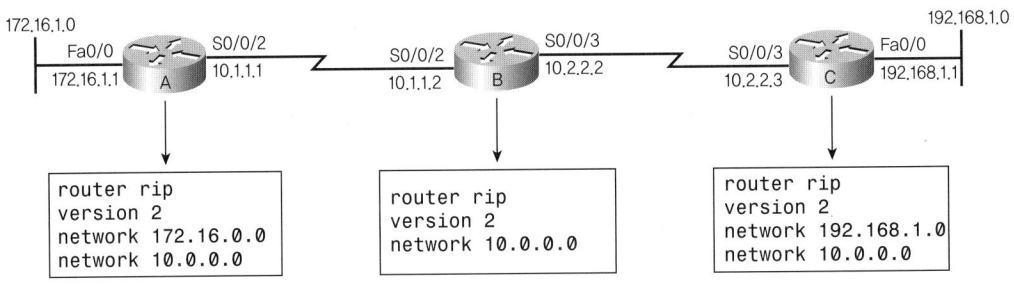

▲ 그림 5-45 RIP 설정

A 라우터의 설정 내용을 정리하면 다음과 같다.

- **router rip**: 라우팅 프로토콜로 RIP를 선택한다.
- **version 2**: RIPv2를 활성화한다.
- **network 172.16.0.0**: 직접 연결된 네트워크를 나타낸다.
- **network 10.0.0.0**: 직접 연결된 네트워크를 나타낸다.

172.16.0.0 네트워크와 10.0.0.0 네트워크에 연결되어 있는 A 라우터의 인터페이스들은 RIP 업데이트를 수신하고 송신한다. 라우터는 라우팅 업데이트를 통해서 네트워크 토폴로지를 학습한다.

B 라우터와 C 라우터의 RIP 설정은 비슷하다. 그러나 지정된 네트워크 번호는 다르다.

RIP 설정 검증

라우팅 프로토콜에 관한 값과 라우터에 관련된 라우팅 프로토콜 타이머 정보를 보려면 **show ip protocols** 명령어를 사용한다.

다음의 예제에서 [그림 5-46]의 A 라우터가 RIP로 설정되어 있고 업데이트된 라우팅 테이블 정보를 30초(이 값은 수정 가능)마다 전송하는지를 알기 위해서 **show ip protocols** 명령어를 사용한다.

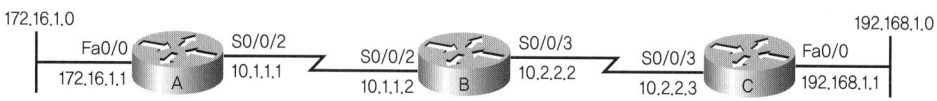

▲ 그림 5-46 단순한 RIP 네트워크

RIP가 실행되는 라우터가 180초 혹은 그 이상 동안 다른 라우터로부터 업데이트를 수신하지 못하면 해당 라우터에서 사용되는 경로는 부적합한 것으로 표시된다. 또한 아래의 결과에서 홀드다운 타임이 180초로 설정되어 있음을 알 수 있다. 결과적으로 다운됐다가 업 상태가 된 경로에 대한 업데이트는 180초가 지나기 전까지 홀드다운(아마 다운) 상태에 머무른다. 240초(플러시 타이머) 후에도 업데이트가 일어나지 않을 경우에 라우터는 라우팅 테이블 엔트리를 삭제한다. 라우터는 'Routing for Networks' 다음에 있는 네트워크로 경로를 보낸다. 라우터는 'Routing Information Sources' 라인 다음에 있는 이웃한 RIP 라우터들로부터 경로를 수신한다. 거리 값 120은 RIP 경로에 대한 관리 거리를 이른다.

```
RouterA# show ip protocols
Routing Protocol is "rip"
  Sending updates every 30 seconds, next due in 6 seconds
  Invalid after 180 seconds, hold down 180, flushed after 240
  Outgoing update filter list for all interfaces is not set
  Incoming update filter list for all interfaces is not set
  Redistributing: rip
  Default version control: send version 2, receive version 2
    Interface          Send  Recv  Triggered RIP Key-chain
    FastEthernet0/0     2     2
    Serial0/0/2         2     2
  Automatic network summarization is in effect
  Maximum path: 4
  Routing for Networks:
    10.0.0.0
    172.16.0.0
  Routing Information Sources:
    Gateway         Distance       Last Update
    10.1.1.2          120          00:00:25
  Distance: (default is 120)

RouterA#
```

[표 5-8]에서 주요 필드를 설명하고 있다.

▼ 표 5-8 RIP 검증 필드

필드	설명
Routing Protocol is "rip"	무슨 라우팅 프로토콜이 사용됐는지를 나타낸다.
Sending updates every 30 seconds	30초마다 업데이트 정보를 전송한다.
next due in 6 seconds	다음 업데이트의 전송 시점을 나타낸다.
Invalid after 180 seconds	invalid 매개변수의 값을 나타낸다.
hold down 180	hold-down 매개변수의 현재 값을 나타낸다.
flushed after 240	라우팅 정보가 플러싱되는 시간(단위: 초)을 나타낸다.
Outgoing update	나가는 필터링 목록의 지정 여부를 나타낸다.
Incoming update	들어오는 필터링의 지정 여부를 나타낸다.
Redistributing	재분배되는 프로토콜을 나열한다.
Default version control	송수신되는 RIP 패킷의 버전을 나타낸다.
Routing for Networks	라우팅 과정이 현재 경로를 삽입하고 있는 네트워크를 나타낸다.
Routing Information Sources	시스코 IOS 소프트웨어가 라우팅 테이블을 만들기 위해서 사용하고 있는 모든 라우팅 소스를 나열한다. 각 소스에 대해 다음의 정보를 볼 수 있다. • IP 주소 • 관리 거리 • 소스로부터 마지막 업데이트가 수신된 시간

show ip protocols 명령어 외에 **show ip route** 명령어를 사용해서 A 라우터에 의해 알려진 경로와 A 라우터가 경로를 학습한 방법, 그리고 업데이트 정보를 마지막으로 수신한 시간을 알 수 있다. 이와 관련된 예제는 다음과 같다.

```
RouterA# show ip route
Codes: C - connected, S - static, I - IGRP, R - RIP, M - mobile, B - BGP
       D - EIGRP, EX - EIGRP external, O - OSPF, IA - OSPF inter area
       N1 - OSPF NSSA external type 1, N2 - OSPF NSSA external type 2
       E1 - OSPF external type 1, E2 - OSPF external type 2, E - EGP
       i - IS-IS, L1 - IS-IS level-1, L2 - IS-IS level-2, * - candidate default
       U - per-user static route, o - ODR
       T - traffic engineered route

Gateway of last resort is not set

     172.16.0.0/24 is subnetted, 1 subnets
```

```
C       172.16.1.0 is directly connected, fastethernet0/0
     10.0.0.0/24 is subnetted, 2 subnets
R       10.2.2.0 [120/1] via 10.1.1.2, 00:00:07, Serial0/0/2
C       10.1.1.0 is directly connected, Serial0/0/2
R       192.168.1.0/24 [120/2] via 10.1.1.2, 00:00:07, Serial0/0/2
```

라우팅 테이블에는 알려진 모든 네트워크와 서브네트워크에 대한 엔트리가 들어 있으며, 정보의 학습 방법을 나타내는 코드가 있다. show ip route 명령어의 주요 필드를 [표 5-9]에서 설명하고 있다.

▼ 표 5-9 show ip route 명령어의 실행 결과

결과 내용	설명
R이나 C	경로의 소스를 나타낸다. 가령 'C'는 경로가 라우터 인터페이스에 직접 연결되어 있다는 것을 나타내고, 'R'은 경로를 결정한 프로토콜이 RIP라는 것을 나타낸다.
192.168.1.0 10.2.2.0	원격지 네트워크의 주소를 나타낸다.
120/1	첫 번째 숫자는 정보 소스의 관리 거리다. 그리고 두 번째 숫자는 경로의 메트릭으로서 여기서는 1홉을 나타낸다.
via 10.1.1.2	원격지 네트워크로 가는 다음 홉 라우터의 주소다.
00:00:07	경로가 업데이트된 이후의 시간을 나타낸다. 여기서는 7초다.
Serial0/0/2	지정된 네트워크가 어떤 인터페이스를 통해 도달할 수 있는지를 나타낸다.

라우팅 정보가 교환되지 않은 경우(즉, show ip route 명령어의 실행 결과에 라우팅 프로토콜로부터 학습된 엔트리가 없는 경우) show running-config나 show ip protocols 특권 실행 명령어를 사용해서 잘못 설정된 라우팅 프로토콜이 있는지를 점검한다.

RIP 설정 장애처리

송수신된 RIP 라우팅 업데이트를 보려면 debug ip rip 명령어를 사용한다. 모든 디버깅을 오프시키려면 no debug all 명령어를 사용한다.

```
RouterA# debug ip rip
RIP protocol debugging is on
RouterA#
00:06:24: RIP: received v1 update from 10.1.1.2 on Serial0/0/2
00:06:24:     10.2.2.0 in 1 hops
```

```
00:06:24:        192.168.1.0 in 2 hops
00:06:33: RIP: sending v1 update to 255.255.255.255 via FastEthernet0/0 (172.16.1.1)
00:06:34:        network 10.0.0.0, metric 1
00:06:34:        network 192.168.1.0, metric 3
00:06:34: RIP: sending v1 update to 255.255.255.255 via Serial0/0/2 (10.1.1.1)
00:06:34:        network 172.16.0.0, metric 1
```

다음 실행 결과는 업데이트 정보가 수신된 출발지 주소다.

```
RIP: received v1 update from 10.1.1.2 on Serial0/0/2
```

다음 실행 결과는 업데이트 정보가 전송된 목적지 주소다.

```
RIP: sending v1 update to 255.255.255.255 via FastEthernet0/0 (172.16.1.1)
RIP: sending v1 update to 255.255.255.255 via Serial0/0/2 (10.1.1.1)
```

예: debug ip rip 명령어

이번 예제에서는 디버깅되고 있는 라우터가 업데이트 정보를 출발지 주소 10.1.1.2의 한 라우터로부터 수신했음을 보여준다. 라우터는 두 개의 목적지에 관한 정보를 라우팅 테이블 업데이트에 넣어서 전송했다. 디버깅되고 있는 라우터는 브로드캐스트 주소인 255.255.255.255를 목적지로 해서 업데이트 정보를 전송했다. 괄호 안에 있는 숫자는 IP 헤더로 캡슐화된 출발지 주소다.

debug ip rip 명령어를 실행하면 다음과 같은 엔트리를 볼 수도 있다.

```
RIP: broadcasting general request on FastEthernet0/0
RIP: broadcasting general request on FastEthernet1/0
```

이와 같은 엔트리는 시작할 때 생기거나, 사용자가 라우팅 테이블을 수동으로 삭제하는 것과 같은 이벤트가 일어날 때 생긴다. 전송 측에서 잘못된 형식의 패킷을 보내면 다음과 같은 엔트리가 생긴다.

```
RIP: bad version 128 from 160.89.80.43
```

RIP 활성화 요약

이번 절에서 설명한 내용을 정리하면 다음과 같다.

- 라우팅은 어떤 것을 한 곳에서 다른 곳으로 보내는 과정이다.

- 동적 라우팅 프로토콜에서는 업데이트의 전달 방법, 전달할 정보, 정보의 전달 시점, 업데이트 수신자의 위치 확인 방법을 결정한다.
- 관리 거리 값이 더 높은 프로토콜보다 관리 거리 값이 더 작은 라우팅 프로토콜이 우선적으로 선택된다.
- 거리 벡터, 링크 상태, 밸런스드 하이브리드라는 세 종류의 라우팅 프로토콜이 있다.
- RIP는 거리 벡터 라우팅 프로토콜로서 경로 선택을 위한 메트릭으로 홉 카운트를 사용하며, 업데이트 정보를 30초마다 브로드캐스팅한다.
- RIPv1은 클래스풀 라우팅 프로토콜을 사용하며, RIPv2는 클래스리스 라우팅 프로토콜을 사용한다. RIPv2는 VLSM, 수동 경로 요약, 인증을 지원하지만 RIPv1은 그렇게 하지 않는다.
- 동적 라우팅 프로토콜을 활성화하기 위해서 먼저 라우팅 프로토콜을 선택하고 IP 네트워크 번호를 할당한다. 이때 값을 지정하지는 않는다(OSPF 예외).
- router 명령어에 의해 라우팅 과정이 시작한다. 라우팅 과정에서 network 명령어를 사용해서 라우팅 업데이트 정보의 송신 및 수신에 참여하는 인터페이스를 결정해야 한다.

이 장의 요약

이 장에서 논의한 핵심 내용을 정리하면 다음과 같다.

- 지리적으로 멀리 떨어져 있는 곳으로 데이터를 전송하려면 WAN을 사용해야 한다. WAN을 구현함에 있어 많은 기술이 사용된다. 라우터, 통신 서버, 모뎀 등의 하드웨어 장비도 필요하며, 소프트웨어도 사용된다.
- 일반적인 WAN 연결 종류로 점 대 점 연결이 있다. 이를 시리얼 혹은 임대 회선 연결이라고도 하는데, 그 이유는 회선이 전송업체(일반적으로 전화 회사)로부터 임대돼서 회선을 임대한 회사 전용으로 사용되기 때문이다.
- 회선 교환 방식을 이용해서 여러 개의 사이트를 전송업체의 스위치 네트워크에 연결시켜서 각 사이트가 통신하도록 만들 수 있다. 이 기술을 이용하면 적은 비용으로 WAN 연결을 이룰 수 있다. PSTN이 여기에 해당된다.
- NAT와 PAT는 사설 내부 네트워크에 있는 IP 주소를 인터넷과 같은 공개 외부 네트워크로 전송할 수 있는 합법적인 IP 주소로 변환한다. 이때 등록된 서브넷 주소가 필요치 않다.
- 라우터는 DHCP 서버로부터 인터페이스 주소를 얻을 수 있다.

- 라우팅 정보는 라우팅 테이블에 엔트리 형식으로 들어 있으며, 각 경로는 하나의 엔트리를 구성한다. 네트워크가 변경될 때 라우팅 테이블을 수동으로 혹은 자동으로 업데이트할 수 있다.
- 거리 벡터 라우팅 알고리즘에서 라우터는 라우팅 테이블의 일부 혹은 전부를 네이버로 전송할 수 있다.
- 링크 상태 라우팅 알고리즘은 복잡한 토폴로지 정보 데이터베이스 정보를 갖고 있으며, 라우터는 이 정보를 이용해 원격지에 있는 라우터에 대한 지식을 얻는다.
- 밸런스드 하이브리드 알고리즘은 거리 벡터 라우팅과 링크 상태 라우팅의 특징을 결합한 것이다.
- 소규모의 동종 네트워크에 RIP를 사용한다.

복습문제

여기에 제시된 문제를 풀면서 5장에서 배운 내용을 복습할 수 있다. 정답은 부록 '복습문제 정답'에 정리되어 있다.

1. WAN을 적절하게 설명한 것은 무엇인가? (세 개 선택)
   a. WAN이 구현되어 있는 기업이 해당 WAN을 소유한다.
   b. WAN은 지리적으로 멀리 떨어진 지역에 있는 장비들을 연결한다.
   c. WAN은 전화 회사, 케이블 회사, 위성 시스템, 네트워크 제공업체 같은 전송업체의 서비스를 사용한다.
   d. WAN은 일반적으로 제한된 종류의 데이터를 빠른 속도로 전송한다.
   e. WAN은 여러 종류의 시리얼 연결을 사용해서 대역폭에 접근할 수 있도록 한다.
   f. WAN은 좁은 지역에 있는 장비들을 연결한다.

2. WAN 통신이 필요한 상황은 다음 중 무엇인가? (세 개 선택)
   a. 소규모 사업장에 있는 직원들이 서로 통신하고 데이터를 공유할 수 있어야 한다.
   b. 학교의 행정 직원이 선생님들과 일정 정보를 공유해야 한다.
   c. 조직은 멀리 떨어져 있는 다른 조직과 정보를 공유하기를 원한다.
   d. 어떤 부서에서 대용량 데이터 파일을 신속하게 공유할 필요가 있다.
   e. 학생들은 자기 나라의 다른 지역이나 다른 나라의 어떤 지역에 있는 도서관 인덱스나 출판물에 접근해서 수업에 필요한 조사를 진행해야 한다.
   f. 대기업의 어떤 지사에서 근무하는 직원들이 서로 프로젝트 데이터를 공유해야 한다.

3. LAN과 WAN의 차이점을 정확하게 설명한 것은 무엇인가? (두 개 선택)
   a. WAN은 LAN보다 데이터를 더 빨리 전송한다.
   b. LAN은 WAN보다 데이터를 더 빨리 전송한다.
   c. LAN은 한 건물이나 소규모 지역에 있는 컴퓨터, 주변장치, 기타 장비를 연결하는 반면에 WAN은 지리적으로 멀리 떨어져 있는 지역을 가로질러서 데이터를 전송한다.
   d. 회사나 조직은 WAN 통신에 필요한 하드웨어나 소프트웨어를 직접 소유한다.
   e. LAN 관리자가 LAN을 적절하게 설정만 한다면 LAN을 더 넓은 지역으로 확장할 수 있다.

4. WAN에서 통신 서비스 제공업체의 서비스 연결과 관련된 전기, 기계, 운영, 기능적인 내용을 설명하는 OSI 계층은 몇 계층인가?
   a. 1계층
   b. 2계층
   c. 3계층
   d. 4계층

5. WAN에서 원격지로의 전송을 위한 데이터 캡슐화 방법과 프레임의 전송 메커니즘을 정의하는 OSI 계층은 몇 계층인가?
   a. 1계층
   b. 2계층
   c. 3계층
   d. 4계층

6. WAN 장비와 그 기능을 연결하라.
   ___ 아날로그 회선에서 전송하기 위해서 송신 장비의 디지털 신호를 아날로그 신호로 변환하고, 수신 장비가 수신하고 처리할 수 있도록 아날로그 신호를 다시 디지털 신호로 변환한다.
   ___ 다이얼인 통신과 다이얼아웃 통신이 이곳으로 모인다.
   ___ 인터네트워킹과 WAN 접속 인터페이스 포트를 제공한다.
   ___ WAN은 이 장비들을 사용해서 접속을 이룬다.

   a. 라우터
   b. 통신 서버
   c. 모뎀
   d. 기타 네트워킹 장비

Chapter 5 _ WAN 연결

7. 아래에 제시된 라우터의 연결 종류와 그 기능을 연결하라.

___ 토큰 링이나 ATM 같은 LAN 기술 혹은 이더넷을 통해서 LAN 매체와 라우터를 연결한다.
___ 서비스 제공업체, 원격지에 있는 다른 사이트, 인터넷으로 연결한다.
___ 텍스트 기반 연결로서 라우터 설정과 장애처리에 사용된다.

a. 관리 포트
b. LAN 인터페이스
c. WAN 인터페이스

8. WAN의 데이터 링크 프로토콜을 정확하게 설명한 것은 무엇인가? (두 개 선택)
   a. 많은 데이터 링크 계층 프로토콜이 HDLC와 비슷한 프레임 구성 메커니즘을 사용한다.
   b. 데이터 링크 계층 프로토콜은 WAN에 사용될 케이블 종류를 결정한다.
   c. ICMP는 데이터 링크 프로토콜에 해당된다.
   d. 데이터 링크 계층 프로토콜은 원격지로의 전송을 위해서 데이터를 캡슐화하는 방법을 정의한다. 그리고 송신 장비와 수신 장비의 연결을 이루기 위해서 프레임의 전송 메커니즘도 정의한다.
   e. RIP가 데이터 링크 프로토콜에 속한다.

9. 아래에 제시된 멀티플렉싱의 종류와 그 기능을 연결하라.

___ 시분할 멀티플렉싱
___ 주파수 분할 멀티플렉싱
___ 통계 멀티플렉싱

a. 한 개의 회선에 여러 개의 채널을 생성하고 결합한다. 트래픽의 신호 주파수를 기반으로 각 데이터 채널에서 온 정보에 대해 대역폭이 할당된다.
b. 데이터의 송신 여부에 상관없이 미리 할당되어 있는 짧은 타임 슬롯을 기반으로 대역폭이 각 데이터 채널에서 온 정보에 할당된다.
c. 정보를 송신하는 모든 데이터 채널에 대역폭이 동적으로 할당된다.

10. 아래에 제시된 WAN 통신 링크 종류와 그 기능을 연결하라.

___ 전용 통신 링크
___ 회선 교환 통신 링크
___ 패킷 교환 통신 링크

a. 라벨이 붙은 셀, 프레임, 패킷에 데이터를 넣어서 전송한다.
b. 고객 댁내에서 원격 목적지까지 제공업체의 네트워크를 통해서 지나가는 WAN 통신 경로가 사전에 수립되어 있다.
c. 송신자와 수신자 사이에서 전송될 음성이나 데이터에 대한 전용의 가상 연결이 동적으로 수립된다.

11. 패킷 교환 방식 WAN 통신 링크의 기능을 적절하게 설명한 것은 무엇인가? (세 개 선택)
    a. 패킷 교환 방식은 출발지 종점과 목적지 종점 사이에 사용자의 전용 경로가 있는 통신 방법이다.
    b. 목적지 사이트에 도달하기 위해서 패킷이 갖는 경로가 변한다.
    c. 패킷 교환 방식에서는 전송업체가 소유한 공개 네트워크의 여러 경로로 데이터 패킷을 전송하며, 이 경로들의 목적지는 동일하다.
    d. 패킷 교환 방식에서 각 고객은 가상 회선의 대역폭 전체를 사용한다.
    e. PSTN은 패킷 교환 방식을 사용한다.
    f. 일반적으로 패킷 교환 네트워크의 비용이 점 대 점 임대 회선보다 낮다.

12. DSL을 정확하게 설명한 것은 무엇인가? (세 개 선택)
    a. DSL을 통해 엔터프라이즈 사용자를 연결하는 데 ISP는 필요치 않다.
    b. 현재의 DSL 기술은 정교한 코딩 및 변조 기술을 사용하고 있으며, 이를 통해 10Mbps까지의 데이터 전송 속도를 제공할 수 있다.
    c. 가입자는 DSL 엔터프라이즈 네트워크에 직접 연결할 수 있다.
    d. DSL 기술은 기존의 TP 전화선을 사용하는 회선 교환 연결 기술로서, 멀티미디어나 영상 등 높은 대역폭이 요구되는 데이터를 서비스 가입자에게 전송할 수 있다.
    e. 로컬 루프 회선을 사용하는 DSL 기술을 이용해서 전화 음성 연결과 상시 네트워크 연결을 즉시 이룰 수 있다.
    f. DSL 기술은 4kHz 이상에서 데이터의 업로드(업스트림)와 다운로드(다운스트림)를 처리하며, 이를 통해 음성과 데이터를 동시에 전송할 수 있다.

13. DSL의 종류에 해당하는 것은 무엇인가? (두 개 선택)
    a. ADSL
    b. IDSL
    c. LDSL
    d. D-lite
    e. GDSL

14. DSL을 적절하게 설명한 것은 무엇인가? (세 개 선택)
    a. DSL은 아날로그 음성 연결과 후방 호환되지 않는다.
    b. DSL 서비스를 모든 지역에 무제한으로 추가할 수 있다.
    c. 가입자는 제공업체의 CO에서 10,000피트 안에 있어야 한다.
    d. DSL에는 거리 제한이 있다.
    e. 업스트림(업로드) 속도가 다운스트림(다운로드) 속도보다 더 빠르다.
    f. DSL을 모든 지역에서 사용할 수는 없다.

15. 케이블 연결을 적절하게 설명한 것은 무엇인가?
    a. 케이블은 원래 브로드캐스트 디지털 비디오 채널을 고객(혹은 가입자)에게 전달하기 위해 설계된 단방향 매체였다.
    b. 일부 케이블 서비스 제공업체는 T1 임대 회선보다 20배 더 높은 데이터 속도를 보장한다.
    c. MCNS가 결성된 원래 목적은 CATV에서 데이터와 서비스를 제공할 수 있는 제품과 시스템 표준을 정의하는 것이었다.
    d. 케이블 모뎀은 양방향의 고속 데이터 전송을 지원하며, 이를 위해서 CATV에 사용되는 것과 동일한 동축 회선을 사용한다.
    e. 속도, 비용, 설치에 있어서 케이블 모뎀이 임대 회선보다 좋다.
    f. 케이블 모뎀은 텔레비전 시스템 인프라를 사용하므로 로컬 루프 비용이 적용된다.

16. 인터넷의 역사를 적절하게 설명한 것은 무엇인가? (세 개 선택)
    a. 1993년에 GUI 방식의 사용하기 쉬운 내비게이터라는 브라우저가 나오면서 웹이 대중화됐다.
    b. 미 국방성의 연구원들은 메시지를 여러 조각으로 나눈 다음에 각 조각을 하나씩 목적지로 보내고, 목적지에서 조각을 다시 조립해서 메시지를 만드는 방법을 개발했다. 오늘날 이러한 데이터 전송 방법을 패킷 시스템이라고 한다.
    c. 미 국방성에서 개발한 패킷 시스템에 최초의 컴퓨터를 설치한 대학은 남부 캘리포니아 대학이었다.
    d. 미 국방성은 미국 내 여러 곳에 있는 전산 설비들을 연결하는 재고 관리 네트워크가 필요해서 이를 개발하기 시작했으며, 이것이 인터넷의 기원이 됐다.
    e. 1972년에 ARPANET 개발자들은 프로젝트에서 통신과 의견 조정을 더 쉽게 처리하기 위해서 최초의 이메일 메시징 소프트웨어를 만들었다.
    f. 1984년에 DNS가 소개되면서 도메인 접미사(.edu, .com, .gov, .org)와 일련의 국가 코드가 나왔다.

17. 아래의 NAT 용어와 그에 맞는 정의를 연결하라.

　　 ___ 정적 NAT
　　 ___ 동적 NAT
　　 ___ 내부 네트워크
　　 ___ 외부 전역 IP 주소

　　 a. NAT를 사용해서 변환될 네트워크다.
　　 b. 내부 호스트의 IP 주소로서 외부 네트워크에서 보인다(변환된 IP 주소).
　　 c. 등록되지 않은 IP 주소를 등록된 IP 주소로 일대일로 매핑하는 NAT다.
　　 d. 등록되지 않은 IP 주소를 등록된 IP 주소(등록된 IP 주소 그룹에 있음)로 매핑하는 NAT다.

18. NAT를 설정할 때 동시에 진행될 수 있는 NAT 변환의 수를 결정하는 것은 무엇인가?
　　 a. NAT 메모리 큐의 크기
　　 b. NAT 풀에 있는 주소의 수
　　 c. 사용되지 않는 TCP 포트 번호의 수
　　 d. UDP 세션 수와 TCP 세션 수 사이의 비율

19. NAT를 설정할 때 인터넷 인터페이스가 되는 것은 무엇인가?
　　 a. NAT 지역 인터페이스
　　 b. NAT 내부 인터페이스
　　 c. NAT 전역 인터페이스
　　 d. NAT 외부 인터페이스

20. NAT 변환 테이블의 실제 변환 내용을 보여주는 명령어는 무엇인가?
　　 a. show ip nat statistics
　　 b. show ip nat translations
　　 c. clear ip nat translation *
　　 d. clear ip nat translation outside

21. 시스코 라우터에서 NAT 연결 문제를 처리하고 있다. 변환 테이블에 적절한 변환 정보가 들어 있지 않은 상태에서 무엇을 해야 하는가? (세 개 선택)
    a. NAT 풀에 충분한 주소가 있는지를 본다.
    b. 문제의 출처를 파악하기 위해서 debug ip nat detailed 명령어를 실행한다.
    c. 선택된 경로가 존재하는지를 파악하기 위해서 show ip route 명령어를 사용한다.
    d. 라우터 인터페이스들이 NAT 내부 혹은 NAT 외부로서 적절하게 정의되어 있는지를 확인한다.
    e. NAT 명령어에 의해 참조된 ACL이 필요한 내부 지역 IP 주소를 모두 허용하고 있는지를 확인한다.

22. 정적 경로와 동적 경로를 가장 적절하게 설명한 것은 무엇인가?
    a. 동적 경로는 네트워크 관리자에 의해 수동으로 설정되는 반면에, 정적 경로는 라우팅 프로토콜에 의해 자동으로 학습되고 조정된다.
    b. 정적 경로는 네트워크 관리자에 의해 수동으로 설정되는 반면에, 동적 경로는 라우팅 프로토콜에 의해 자동으로 학습되고 조정된다.
    c. 라우터는 정적 경로를 통해서 직접 연결되어 있지 않은 네트워크로 패킷을 전달하는 방법을 알고, 동적 경로를 통해서 직접 연결된 네트워크로 패킷을 전달하는 방법을 안다.
    d. 라우터는 동적 경로를 통해서 직접 연결되어 있지 않은 네트워크로 패킷을 전달하는 방법을 알고, 정적 경로를 통해서 직접 연결된 네트워크로 패킷을 전달하는 방법을 안다.

23. ip route 186.157.5.0 255.255.255.0 10.1.1.3 명령어에 대해 제대로 설명한 것은 무엇인가?
    a. 186.157.5.0과 10.1.1.3은 마스크로 255.255.255.0을 사용한다.
    b. 라우터는 10.1.1.3 주소를 얻기 위해서 186.157.5.0 네트워크를 사용한다.
    c. 10.1.1.3을 경유해서 186.157.5.0 네트워크에 대한 경로를 추적한다.
    d. 라우터는 186.157.5.0 네트워크에 있는 장비와 연결하기 위해서 10.1.1.3 주소를 사용한다.

24. 시스코 라우터에서 정적 경로 설정에 관한 정보를 보여주는 명령어는 무엇인가?
    a. show route ip
    b. show ip route
    c. show ip route static
    d. show route ip static

25. EIGRP에 해당하는 프로토콜은 무엇인가?
    a. RIP
    b. BGP
    c. IGRP
    d. EIGRP

26. 관리 거리가 요구되는 상황은 다음 중 무엇인가?
    a. 정적 경로가 정의될 때
    b. 동적 라우팅이 활성화될 때
    c. 여러 라우팅 프로토콜을 통해서 동일한 경로가 학습될 때
    d. 동일한 목적지에 대해서 여러 개의 경로가 사용 가능하고, 모든 경로가 동일한 라우팅 프로토콜을 통해서 학습될 때

27. 라우터가 수신한 패킷의 목적지 주소가 직접 붙어 있는 네트워크의 알려지지 않은 서브네트워크에 있고, ip classless 명령어가 활성화되어 있지 않으면 어떤 일이 발생하는가?
    a. 패킷이 삭제된다.
    b. 패킷을 기본 경로로 전달한다.
    c. 직접 연결되어 있는 네트워크의 다음 홉으로 패킷을 전달한다.
    d. 패킷이 수신된 인터페이스를 제외한 다른 모든 인터페이스로 패킷을 브로드캐스팅한다.

28. 회선 교환 방식 네트워크의 특징과 기능을 정확하게 설명한 것은 무엇인가?
    a. 회선 교환 방식에서는 각 통신 세션에 대해서 전용의 물리적 회선이 전송업체 네트워크를 통해 수립, 유지, 종료된다.
    b. 회선 교환 방식에서는 여러 개의 사이트가 전송업체의 스위치 네트워크에 연결되고 서로 통신할 수 있다.
    c. 회선 교환 방식에서 단일로 연결되는 두 사이트에서만 통신 링크가 적용될 수 있다.
    d. ATM은 회선 교환 방식 기술이다.
    e. ISDN은 회선 교환 네트워크다.
    f. 프레임 릴레이는 회선 교환 방식 기술이다.

29. 통신 링크로서 PSTN을 적절하게 설명한 것은 무엇인가? (세 개 선택)
    a. 모뎀 외에 추가 장비가 필요치 않다.
    b. 대용량 파일의 전송 속도가 빠르다.
    c. WAN용 PSTN 연결 링크를 만드는 데 들어가는 비용이 비교적 작다.
    d. 공중 전화망의 유지보수와 관련해서 가용 회선의 인스턴스가 적어서 매우 높은 품질을 확보할 수 있다.
    e. WAN 연결에 소요되는 시간이 빠르다.
    f. PSTN 연결의 신호 속도에 제한이 없다.

Chapter 5 _ WAN 연결

30. 점 대 점 통신 링크를 정확하게 설명한 것은 무엇인가? (세 개 선택)
    a. 점 대 점 혹은 시리얼 통신 링크에서는 단일의 WAN 통신 경로가 만들어진다. 이 경로에서 가입자 단말은 전화 회사와 같은 전송업체의 망을 통해서 원격 네트워크로 연결된다.
    b. 전송업체는 일반적으로 점 대 점 회선을 임대하며, 이에 점 대 점 회선을 임대 회선이라고 한다.
    c. 점 대 점(혹은 시리얼) 회선은 비교적 인접한 두 사이트를 연결한다.
    d. 점 대 점 회선의 경우에 전송업체는 고객에게 정해진 전송 용량과 하드웨어 설비를 전용으로 제공한다.
    e. 점 대 점 통신 링크에서 DSU/CSU의 목적은 데이터 패킷 전달의 신뢰성을 확보하는 것이다.
    f. 점 대 점 통신에서 멀티플렉싱 기술이 사용되지는 않는다.

31. WAN 연결에 사용할 수 있는 대역폭을 적절하게 설명한 것은 무엇인가? (세 개 선택)
    a. 북미에서 대역폭은 DS 번호(예: DS0, DS1)로 표현되며, 이는 기술적으로 신호의 속도와 형식을 나타낸다.
    b. DS1 회선(T1 회선이라고도 함)을 얻기 위해서 12개의 DS0을 묶어야 하며, 이렇게 하면 1.544Mbps의 속도를 얻을 수 있다.
    c. 더 빠른 전송에 대한 요구를 충족시키기 위해서 시리얼 연결의 대역폭을 그만큼 증가시킬 수 있다.
    d. 가장 기본적인 회선 속도는 1.544Mbps(DS1)이며, 이는 압축되지 않은 디지털 전화 신호에 필요한 대역폭이다.
    e. 북미와 유럽에서는 사용하는 광 네트워크의 대역폭 계층이 다르다. 유럽에서 OC가 대역폭 지점을 정의하고, 북미에서는 SDH가 대역폭 지점을 정의한다.
    f. 대역폭은 통신 링크에서 데이터가 전송되는 속도를 이르는 말이다.

32. HDLC의 기능을 적절하게 설명한 것은 무엇인가? (세 개 선택)
    a. HDLC는 점 대 점 설정과 다중 점 설정을 지원한다.
    b. HDLC에는 인증 방법이 있다.
    c. 여러 벤더의 장비에서 HDLC 호환이 가능하다.
    d. HDLC는 동기 시리얼 데이터 링크에서 데이터의 캡슐화 방법을 명시하며, 이에 프레임 특징과 체크섬을 사용한다.
    e. HDLC는 다중 점 설정만 지원한다.
    f. 시스코 HDLC에는 윈도잉과 흐름 제어가 포함된다.

33. PPP 기능을 적절하게 설명한 것은 무엇인가? (세 개 선택)
    a. PPP 세션에서 인증 단계가 필요하다.
    b. PPP는 비동기 회선에서 라우터-라우터 연결과 호스트-네트워크 연결을 제공한다.
    c. PPP는 원래 점 대 점 링크에서 IP 트래픽을 전송하기 위해 캡슐화 프로토콜로 개발됐다.
    d. PPP는 TCP 세션 관리에 대한 표준을 수립한다.
    e. PPP는 동기 회선과 비동기 회선에서 라우터-라우터 연결과 호스트-네트워크 연결을 제공한다.
    f. PPP의 LCP는 데이터 링크 연결의 수립, 설정, 테스트에 사용된다.

34. 점 대 점 통신 링크에 대한 설명으로 맞는 것은 무엇인가? (세 개 선택)
    a. 점 대 점 통신 링크의 설치와 유지보수를 위해서는 최소 능력의 전문가가 필요하다.
    b. 점 대 점 통신 링크는 고품질의 서비스를 제공한다.
    c. 점 대 점 통신 링크는 항상 사용 가능한 영구적인 전용 용량을 제공한다.
    d. 임대 회선에서 회선의 대역폭은 통신에 필요한 것이다.
    e. 점 대 점 통신 링크는 공유 기반에서 사용 가능하다.
    f. 점 대 점 통신 링크에서 종점들은 라우터의 인터페이스를 공유하며, 이는 장비 비용 절감으로 이어진다.

35. HDLC를 활성화하는 명령어는 무엇인가?
    a. Router(config)#hdlc encapsulation
    b. Router(config)#encapsulation hdlc
    c. Router(config-if)#hdlc encapsulation
    d. Router(config-if)#encapsulation hdlc

36. 시스코 전용 HDLC에서 여러 개의 네트워크 계층 프로토콜이 동일한 시리얼 링크를 공유할 수 있도록 하려면 어떻게 해야 하는가?
    a. 새로운 종류 필드를 추가한다.
    b. 제어 필드를 나눈다.
    c. FCS 필드에 추가로 값을 넣는다.
    d. 데이터 필드에 프로토콜 정보를 포함시킨다.

37. PPP 인증을 명시하기 위한 명령어를 입력하는 시스코 CLI 모드는 무엇인가?
    a. 사용자 모드   b. ROM 모니터 모드
    c. 전역 설정 모드   d. 인터페이스 설정 모드

Chapter 5 _ WAN 연결

38. show interface 명령어의 실행 결과에서 PPP가 제대로 설정되어 있음을 나타내는 것은 무엇인가?

 a. Encaps = PPP
 b. PPP encapsulation
 c. Encapsulation PPP
 d. Encapsulation HDLC using PPP

39. 프레임 릴레이를 적절하게 설명한 것은 무엇인가? (세 개 선택)

 a. 프레임 릴레이는 애플리케이션 계층에서 작동한다.
 b. 네트워크 말단 연결은 주로 임대 회선으로 처리된다. 그러나 ISDN이나 xDSL 회선을 사용하는 일부 서비스 제공업체의 경우에 다이얼업 연결로 처리될 수 있다.
 c. 프레임 릴레이에서는 에러나 흐름 제어를 지원하지 않는다.
 d. 프레임 릴레이의 가용 데이터 속도는 10Mbps까지다.
 e. 대부분의 프레임 릴레이 연결은 PVC보다는 SVC다.
 f. 프레임 릴레이는 음성과 데이터 트래픽을 전달하는 공유형의 매체 대역폭 연결을 사용해서 PVC와 SVC 서비스를 둘 다 제공한다.

40. ATM을 제대로 설명한 것은 무엇인가? (세 개 선택)

 a. ATM 구현에 가상 회선이 사용된다.
 b. ATM 네트워크에는 ATM 라우터가 사용되며, ATM 라우터는 셀과 패킷을 전달한다.
 c. 가상 회선은 한 ATM 종점에서 또 다른 종점으로의 양방향 통신 경로를 제공한다.
 d. ATM 가상 회선은 ATM 네트워크를 가로질러서 두 컴퓨터 종점 사이에 만들어진 물리적 회선 교환 연결이다.
 e. ATM은 DS3을 사용하는 동축 케이블에서만 실행될 수 있다.
 f. ATM은 일종의 셀 교환 연결 기술로서, 사설 네트워크와 공개 네트워크에서 음성, 비디오, 데이터를 전송한다.

41. 거리 벡터 라우터는 직접 연결되어 있지 않은 네트워크의 경로를 어떻게 학습하는가?

 a. 출발지 라우터로부터 학습한다.
 b. 이웃한 라우터들로부터 학습한다.
 c. 목적지 라우터로부터 학습한다.
 d. 거리 벡터 라우터는 직접 연결된 네트워크에 관해서만 학습한다.

42. 거리 벡터 라우터는 주기적인 라우팅 테이블 업데이트의 일부로서 이웃한 라우터들에게 무엇을 보내는가?

    a. 라우팅 테이블 전체

    b. 새로운 경로에 관한 정보

    c. 변경된 경로에 관한 정보

    d. 더 이상 존재하지 않는 경로에 관한 정보

43. RIP에서 허용 가능한 최대 홉 카운트는 얼마인가?

    a. 6

    b. 15

    c. 30

    d. 60

44. RIP의 경우에 여러 경로에서 수행되는 로드 밸런싱에는 어떤 특징이 있는가?

    a. 동등한 코스트

    b. 동등한 무게

    c. 동등한 거리

    d. 동등한 대역폭

45. 라우팅 프로토콜로 RIP를 지정하는 명령어는 무엇인가?

    a. Router(config)#rip

    b. Router(config)#router rip

    c. Router(config-router)#rip {AS no.}

    d. Router(config-router)#router rip {AS no.}

46. RIP 홀드다운 타이머의 기본 값은 얼마인가?

    a. 30초

    b. 60초

    c. 90초

    d. 180초

이 장에서 배울 내용은 다음과 같다.

- 이 장의 학습 목표
- 네트워크에서 네이버 찾기
- 시스코 라우터 시작과 설정 관리
- 시스코 장비 관리
- 이 장의 요약
- 복습문제

CHAPTER **6**

네트워크 환경 관리

네트워크 관리자에게는 기본 통신 인프라가 사업 목적과 관련 애플리케이션을 지원할 수 있도록 만반의 준비를 갖춰야 할 책임이 있다. 또한 네트워크 관리자는 업계에서 운용되고 있는 최상의 프렉티스에 따라 네트워크의 각 장비를 관리하고, 장비 고장을 줄일 책임도 있다. 이번 장에서는 네트워크 운영 상태를 파악하고, 네트워크 장비 관련 정보를 수집하고, 시스코 IOS 이미지, 설정 파일, 장비를 관리하는 명령어와 과정을 설명한다.

이 장의 학습 목표

이 장을 다 읽고 나면 네트워크의 장비를 관리할 수 있을 것이다. 이를 달성하기 위해 다음과 같은 능력을 갖추고 있어야 한다.

- CLI를 사용해서 네트워크의 네이버를 발견한다.
- 라우터 시작 및 설정을 관리한다.
- 시스코 IOS 이미지, 설정 파일, 네트워크의 장비를 관리한다.

네트워크에서 네이버 찾기

정의상 대부분의 네트워크 장비는 고립되어 있지 않다. 네트워크에서 시스코 장비의 네이버로 다른 시스코 장비가 있을 수 있으며, 이 경우에 네트워크를 설계하고, 장애를 처리하고, 장비 변경사항에 대처하기 위해서 다른 장비에 관한 정보를 획득하는 일은 중요하다. 다음 절에서는 네트워크의 시스코 장비에 관한 정보를 어떻게 수집하고, 이 정보를 사용해서 네트워크 환경 맵을 어떻게 생성하는지를 살펴본다.

CDP

네트워크 관리자는 정보 수집 툴인 CDP(Cisco Discovery Protocol)를 사용해서 직접 연결되어 있는 시스코 장비에 관한 정보를 획득한다.

시스코 전용 툴인 CDP를 사용하면 CDP 명령어가 실행되는 시스코 장비에 직접 연결되어 있는 다른 시스코 장비 관련 주소 정보와 프로토콜의 요약 정보를 얻을 수 있다.

CDP는 ULP(upper-layer protocols)로 물리적 매체를 연결하는 데이터 링크 계층에서 실행된다. CDP가 데이터 링크 계층에서 운영되기 때문에 다른 네트워크 계층 프로토콜(예: IP와 노벨 IPX)을 지원하는 라우터와 같은 두 개 혹은 그 이상의 시스코 네트워크 장비는 서로에 관해 학습할 수 있다.

CDP 장비를 연결하는 물리적 매체는 SNAP(Subnetwork Access Protocol) 캡슐화를 지원해야 한다. 여기에는 모든 LAN, 프레임 릴레이, 다른 WAN, ATM 네트워크가 포함될 수 있다. 이를 [그림 6-1]에서 설명하고 있다.

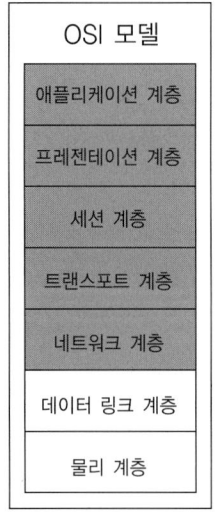

▲ **그림 6-1** CDP가 2계층에서 실행

시스코 장비가 부팅될 때 기본적으로 CDP가 시작되며, CDP를 실행하는 이웃한 시스코 장비를 자동으로 찾는다. 이때 어떤 프로토콜 스위트가 실행되고 있는지는 상관이 없다.

CDP에서 획득되는 정보

[그림 6-2]는 CDP가 직접 연결된 네이버와 정보를 어떻게 교환하는지를 예로 보여주고 있다. 정보 교환 결과를 콘솔에 표시할 수 있으며, 콘솔은 CDP를 실행하도록 설정된 네트워크 장비에 연결되어 있다.

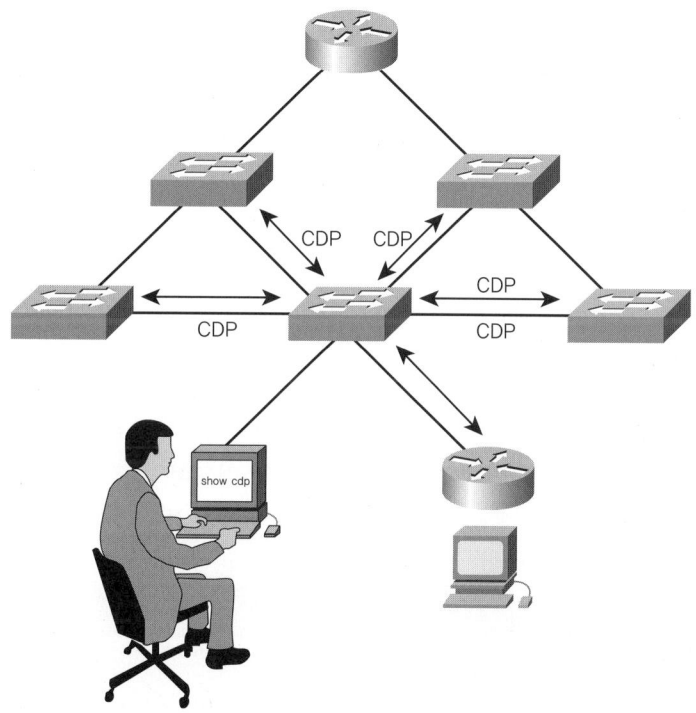

▲ 그림 6-2 네이버 장비 사이에서 작동하는 CDP

CDP는 이웃한 각 장비에 관해서 다음의 정보를 제공한다.

- 장비 식별자: 가령, 스위치의 설정된 호스트 이름
- 주소 목록: 지원되는 각 프로토콜에 대해서 최대 한 개의 네트워크 계층 주소

- **포트 식별자**: 로컬 포트와 원격 포트의 이름. 형식은 ethernet0과 같은 ASCII 문자 스트링 형식
- **특성 목록**: 지원되는 특성. 예를 들어, 출발지 경로 브리지 또는 라우터로서 작동하는 장비
- **플랫폼**: 장비의 하드웨어 플랫폼. 예를 들어, 시스코 7200 시리즈 라우터

[그림 6-2]에서 위쪽에 있는 라우터는 관리자의 콘솔에 직접 연결되어 있지 않다는 점에 주목하기 바란다. 관리자의 콘솔에서 상위 라우터에 관한 CDP 정보를 획득하기 위해서 네트워크 관리자는 텔넷을 사용해 대상 장비에 바로 연결되어 있는 스위치로 연결할 것이다.

CDP 버전 2는 가장 최근에 나온 프로토콜로서 더 향상된 장비 추적 기능을 제공한다. 대표적으로 보고 메커니즘이 있는데, 이 메커니즘으로 에러를 더 신속하게 추적할 수 있으며, 이를 통해 시스템의 다운 시간을 줄인다. 보고된 에러 메시지는 콘솔이나 로깅 서버로 전송될 수 있다.

CDP 구현

라우터에서 전체적으로 혹은 포트별로 CDP를 활성화하거나 비활성화할 수 있다.

show cdp 명령어로 CDP 정보를 볼 수 있다. CDP의 여러 키워드를 사용해서 여러 종류의 상세 정보를 다양한 수준으로 볼 수 있다. CDP는 매우 간단하면서 오버헤드가 낮은 프로토콜로서 설계되고 구현된다. CDP 패킷의 크기는 80옥텟 정도며, 주로 정보를 나타내는 ASCII 스트링으로 구성된다. [예제 6-1]은 **show cdp**의 여러 옵션을 보여준다.

예제 6-1 ▶ show cdp 옵션

```
RouterA# show cdp ?

  entry       Information for specific neighbor entry
  interface   CDP interface status and configuration
  neighbors   CDP neighbor entries
  traffic     CDP statistics
```

CDP 기능은 모든 인터페이스(프레임 릴레이 멀티포인트 하위 인터페이스 제외)에서 기본적으로 활성화되지만, 장비 수준에서 비활성화될 수 있다. 그러나 ATM 인터페이스와 같은 일

부 인터페이스는 CDP를 지원하지 않는다. CDP 가능 장비가 특정 장비 관련 정보에 접근하지 못하도록 하기 위해 **no cdp run** 전역 설정 명령어가 사용된다. 인터페이스에서 CDP를 비활성화하기 위해 **no cdp enable** 명령어를 사용한다. 인터페이스에서 CDP를 활성화하려면 **cdp enable** 명령어를 사용한다. [예제 6-2]는 CDP를 전역적으로 그리고 인터페이스에서 어떻게 비활성화하는지를 보여준다.

예제 6-2 ▶ 인터페이스에서 CDP 비활성화

```
RouterA(config)# no cdp run

! Disable CDP Globally
RouterA(config)#interface serial0/0/0
RouterA(config-if)#no cdp enable
! Disable CDP on just this interface
```

show cdp neighbors 명령어 사용

show cdp neighbors 명령어는 CDP 네이버에 관한 정보를 보여준다. [예제 6-3]은 [그림 6-3]의 A 라우터에 대한 CDP 결과다.

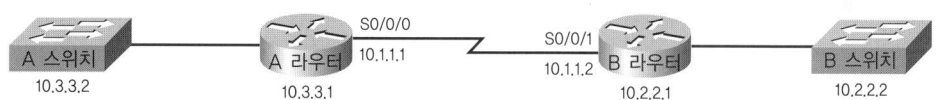

▲ 그림 6-3 CDP 네이버 정보

예제 6-3 ▶ A 라우터의 CDP 결과

```
RouterA# show cdp neighbors

Capability Codes: R - Router, T - Trans Bridge, B - Source Route Bridge
                  S - Switch, H - Host, I - IGMP, r - Repeater

Device ID   Local Intrfce   Holdtme   Capability   Platform      Port ID
SwitchA     fa0/0           122       S I          WS-C2960-fa0/2
RouterB     s0/0/0          177       R S I        2811          s0/0/1
```

각 CDP 네이버에 대해 다음의 정보가 표시된다.

- 장비 ID
- 로컬 인터페이스
- 대기 시간 값(단위: 초)
- 장비 특성 코드
- 하드웨어 플랫폼
- 원격 포트 ID

대기 시간은 수신 장비가 CDP 패킷을 버리기 전에 이를 잡고 있는 시간이 얼마인지를 나타낸다.

show cdp neighbors 실행 결과의 형식은 장비 종류마다 달라진다. 그러나 가용 정보는 일반적으로 거의 모든 장비에서 위와 비슷하다.

show cdp neighbors 명령어를 시스코 카탈리스트 스위치에 사용해서 로컬 인터페이스에서 수신된 CDP 업데이트 정보를 표시할 수 있다. 스위치에서 로컬 인터페이스를 로컬 포트라고 한다는 점에 유의하기 바란다.

show cdp neighbors 명령어에 *detail* 인수를 추가하면, 이웃한 장비의 네트워크 계층 주소 같은 추가 정보가 표시된다. **show cdp neighbors detail** 명령어의 실행 결과는 **show cdp entry *** 명령어의 실행 결과와 동일하다.

CDP 모니터링 및 관리

show cdp entry 명령어, **show cdp traffic** 명령어, **show cdp interface** 명령어를 사용해서 CDP 상세 정보를 볼 수 있다.

show cdp entry 명령어는 네이버 장비의 세부 정보를 보여준다. [그림 6-3]의 A 라우터에 대해 이 명령어를 실행시킨 결과를 [예제 6-4]에 제시해 뒀다.

예제 6-4 ▶ show cdp entry 명령어의 실행 결과

```
Device ID: RouterB
Entry address(es):
  IP address: 10.1.1.2
Platform: Cisco 2811, Capabilities: Router Switch IGMP
Interface: Serial0/0/0, Port ID (outgoing port): Serial0/0/1
Holdtime : 155 sec

Version :
Cisco IOS Software, 2800 Software (C2800NM-ADVIPSERVICESK9-M), Version
12.4(12), RELEASE SOFTWARE (fc1)
Technical Support: http://www.cisco.com/techsupport
Copyright (c) 1986-2006 by Cisco Systems, Inc.
Compiled Fri 17-Nov-06 12:02 by prod_rel_team
```

특정 네이버의 정보를 보려면 명령어에 네이버의 IP 주소나 장비 ID를 넣으면 된다. 모든 네이버를 포함시키려면 애스터리스크(*)를 사용한다. **show cdp entry** 명령어로 확인할 수 있는 정보는 다음과 같다.

- 네이버의 장비 ID
- 3계층 프로토콜 정보(예: IP 주소)
- 장비의 플랫폼
- 장비의 성능
- 로컬 인터페이스 종류와 나가는 원격 포트 ID
- 홀드타임 값(단위: 초)
- 시스코 IOS 소프트웨어 종류와 릴리즈

show cdp entry 명령어를 실행시키면 네이버 장비 인터페이스의 3계층 주소를 모두 볼 수 있다(프로토콜당 한 개까지의 3계층 주소).

show cdp traffic 명령어는 인터페이스 트래픽 관련 정보를 보여준다. 이 명령어는 송수신된 CDP 패킷의 수도 보여준다. [예제 6-5]는 [그림 6-3]에 있는 A 라우터에서 **show cdp traffic** 명령어를 실행시킨 결과다.

예제 6-5 ▶ show cdp traffic 명령어의 실행 결과

```
RouterA# show cdp traffic

CDP counters :
        Total packets output: 8680, Input: 8678
        Hdr syntax: 0, Chksum error: 0, Encaps failed: 5
        No memory: 0, Invalid packet: 0, Fragmented: 0
        CDP version 1 advertisements output: 0, Input: 0
        CDP version 2 advertisements output: 8680, Input: 8678

RouterA# show cdp interface s0/0/0

Serial0/0/0 is up, line protocol is up
  Encapsulation PPP
  Sending CDP packets every 60 seconds
  Holdtime is 180 seconds
```

위의 실행 결과에서는 다음에 제시된 상황에서의 에러 수도 표시한다.

- 구문 에러
- 체크섬 에러
- 실패한 캡슐화
- 부족한 메모리
- 유효하지 않은 패킷
- 단편화된 패킷
- 전송된 CDP 버전 1 패킷 수
- 전송된 CDP 버전 2 패킷 수

show cdp interface 명령어는 로컬 장비에 관한 다음의 인터페이스 상태 및 설정 정보를 보여준다.

- 인터페이스의 라인 및 데이터 링크 상태
- 인터페이스의 캡슐화 종류
- CDP 패킷이 전송되는 빈도(기본 값: 60초)
- 대기 시간 값(단위: 초, 기본 값: 180초)

CDP는 직접 연결된 시스코 네이버에 관한 정보만 수집한다. 텔넷 등의 툴을 사용해서 직접 연결되어 있지 않은 원격 장비에 관한 정보를 수집할 수 있다.

환경의 네트워크 맵 생성

인터네트워크의 모든 장비를 찾은 후에 즉시 지원될 수 있도록 네트워크 문서화 작업을 진행하는 것이 중요하다.

토폴로지 문서화는 설계 가이드라인을 검증하고 향후의 설계, 변경, 장애처리를 지원하는 데 사용된다. 토폴로지 문서화는 다음의 구성요소에 대한 논리적 문서화와 물리적 문서화로 이뤄진다.

- 연결
- 어드레싱
- 매체 종류
- 장비
- 랙 레이아웃
- 카드 할당
- 케이블 라우팅
- 케이블 식별
- 종료 지점
- 전원 정보
- 회선 ID 정보

[그림 6-4]는 CDP를 사용해서 수집할 수 있는 정보의 예다.

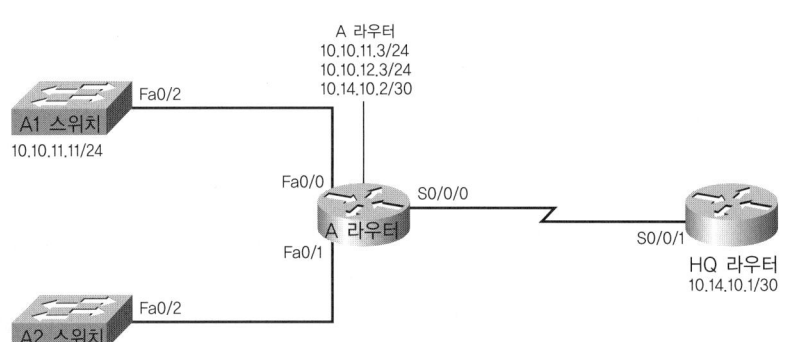

▲ 그림 6-4 CDP를 사용한 문서화

설정을 성공적으로 관리하기 위한 관건은 네트워크 토폴로지 문서화를 정확하게 유지하는 것이다. 토폴로지 문서화를 유지할 수 있으려면 정보를 업데이트할 수 있어야 한다. 시스코는 네트워크 환경이 변경될 때마다 토폴로지 문서화를 업데이트할 것을 권장한다.

네트워크에서 네이버 찾기 요약

이번 절에서 배운 핵심 내용을 요약하면 다음과 같다.

- CDP는 직접 연결된 장비에 관한 정보를 얻기 위해 네트워크 관리자가 사용하는 정보 수집 툴이다.
- CDP는 직접 연결된 네이버와 하드웨어 및 소프트웨어 장비 정보를 교환한다.
- 라우터에서 CDP는 전체에 대해서 혹은 포트별로 활성화되거나 비활성화될 수 있다.
- show cdp neighbors 명령어는 라우터의 CDP 네이버에 관한 정보를 보여준다.
- show cdp entry 명령어, show cdp traffic 명령어, show cdp interface 명령어는 시스코 장비의 세부 CDP 정보를 보여준다.
- show cdp 명령어의 실행 결과에서 얻은 정보를 사용해서 네트워크 토폴로지 맵을 생성할 수 있으며, 이는 장애처리에 도움이 된다.

시스코 라우터 시작과 설정 관리

시스코 라우터가 부팅될 때 정해진 순서대로 일련의 과정이 단계별로 진행된다. 이 과정이 진행되는 동안에 라우터는 다음 단계에 일어날 일을 결정한다. 시스코 라우터를 장애처리 하거나 설정 내용을 조정해야 할 때 부트 순서를 알면 큰 도움이 된다. 다음 절에서는 라우터의 부팅 절차를 하나씩 단계별로 설명한다.

라우터의 부팅 단계

라우터가 부팅될 때 그 과정이 단계별로 진행된다. 먼저 테스트가 이뤄지고, 시스코 IOS 소프트웨어 찾기 및 로딩이 진행되고, 설정 찾기 및 로딩이 이뤄지고, 마지막으로 시스코 IOS 소프트웨어가 실행된다.

라우터의 파워업(부트) 과정 중에 일어나는 일련의 이벤트는 중요하다. 그 과정을 알면 운영 작업을 수행하고 라우터 문제를 해결할 때 도움이 된다.

라우터에 전원이 처음 공급될 때 다음의 순서대로 이벤트가 일어난다.

- **1단계** POST(power-on self test)가 수행된다. 이는 시스코 라우터의 모든 구성요소가 제대로 기능하고 있는지를 검증하는 일련의 하드웨어 테스트다. 이 테스트가 진행되는 동안에 라우터는 하드웨어가 있는지 어떤지를 파악한다. POST는 시스템의 ROM에 있는 마이크로코드에서 실행된다.

- **2단계** 부트스트랩 코드가 로딩되고 실행된다. 부트스트랩 코드는 시스코 IOS 소프트웨어 위치 지정, 로딩, 실행 같은 그 다음에 이어질 이벤트를 수행한다. 시스코 IOS 소프트웨어가 한 번 로딩돼서 실행되고 나면 라우터가 다음에 다시 로딩되거나 전원이 꺼졌다가 다시 켜지기 전까지는 부트스트랩 코드가 사용되지 않는다.

- **3단계** 부트스트랩 코드는 실행될 시스코 IOS 소프트웨어 위치가 어디인지를 파악한다. 일반적으로 시스코 IOS 소프트웨어 이미지는 플래시 메모리에 있다. 설정 레지스터와 설정 파일은 시스코 IOS 소프트웨어 이미지가 어디에 있으며 어떤 이미지 파일을 사용할 것인지를 결정한다.

- **4단계** 적절한 이미지를 찾은 부트스트랩 코드는 이미지를 RAM으로 로딩하고 시스코 IOS 소프트웨어를 시작한다. 일부 라우터는 시스코 IOS 소프트웨어 이미지를 RAM으로 로딩하지 않는다. 그러나 플래시 메모리로부터 그것을 직접 실행한다.

5단계   저장되어 있는 유효한 설정 파일, 즉 startup-config 파일을 NVRAM에서 찾는 것이 기본이다.

6단계   라우터에 알맞은 설정이 로딩되고 실행된다. 적절한 설정이 없을 경우에 라우터는 셋업 유틸리티로 들어가거나 AutoInstall을 시도해서 TFTP 서버로부터 설정을 찾는다.

라우터의 내부 구성요소

시스코 라우터의 주요한 내부 구성요소로 인터페이스, RAM, ROM, 플래시 메모리, NVRAM, 설정 레지스터가 있다.

라우터의 주요 구성요소를 [그림 6-5]에서 확인할 수 있다.

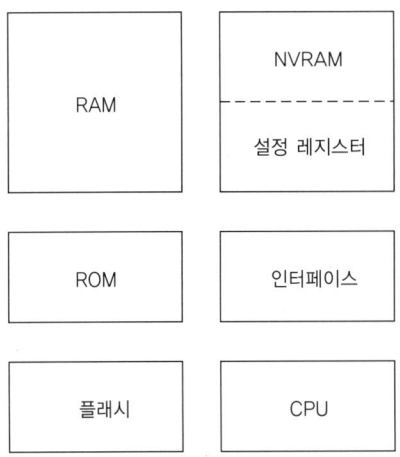

▲ 그림 6-5 라우터 구성요소

대부분의 구성요소는 하드웨어로서, 잠깐 살펴보면 다음과 같다.

- **CPU**: 시스코 IOS를 실행하고 경로 프로세싱 같은 작업을 처리하는 프로세서다.
- **RAM**: 읽기/쓰기 메모리로서 라우터 기능을 수행하는 소프트웨어와 데이터 구조가 들어간다. RAM에서 실행되는 주요 소프트웨어로 시스코 IOS 소프트웨어 이미지와 실행 설정 파일이 있다. 또한 RAM에는 라우팅 테이블과 패킷 버퍼가 들어간다. RAM은 휘발성으로서, 전원이 내려가면 메모리에 들어 있던 내용이 사라진다.

- **ROM**: 부트스트랩이나 POST 같은 라우터의 기본적인 시작과 유지에 필요한 마이크로코드가 들어 있는 메모리다. ROM에는 패스워드 복구와 같은 라우터 재해 복구 기능에 사용되는 ROMMON(ROM Monitor)이 들어간다. 또한 ROM에는 플래시 메모리의 시스코 IOS 이미지 파일이 삭제될 때를 대비해서 시스코 IOS 이미지 파일 복구에 사용되는 시스코 IOS 서브셋도 들어간다. ROM은 비휘발성이므로 전원이 나가도 메모리 내용을 유지한다.

- **플래시 메모리**: 플래시 읽기/쓰기 메모리는 주로 시스코 IOS 소프트웨어 이미지의 저장에 사용된다. 일부 라우터는 시스코 IOS 소프트웨어 이미지를 RAM으로 전송하지 않고 플래시 메모리로부터 직접 실행한다. 일부 라우터는 시스코 IOS 소프트웨어 서브셋을 ROM이 아닌 플래시 메모리에 저장한다. 플래시 메모리는 비휘발성이므로 전원이 꺼져도 메모리 내용이 그대로 남는다.

- **NVRAM**: 이 읽기/쓰기 메모리는 startup-config 파일이라고 하는 저장된 설정 파일을 저장하는 데 주로 사용된다. NVRAM은 내장 전지를 사용해서 라우터에 전원이 들어오지 않을 때도 데이터를 저장한다.

- **설정 레지스터**: 설정 레지스터는 라우터의 부팅 방법을 제어한다. 설정 레지스터는 NVRAM의 일부다.

- **인터페이스**: 인터페이스는 라우터와 외부를 물리적으로 연결한다. 그 종류는 다음과 같다.
    - 이더넷, 패스트 이더넷, 기가비트 이더넷
    - 비동기 시리얼과 동기 시리얼
    - 토큰 링
    - FDDI
    - ATM
    - 콘솔과 보조 포트

[그림 6-6]에서 알 수 있듯이 마이크로코드의 주요 세 영역은 일반적으로 ROM에 있다.

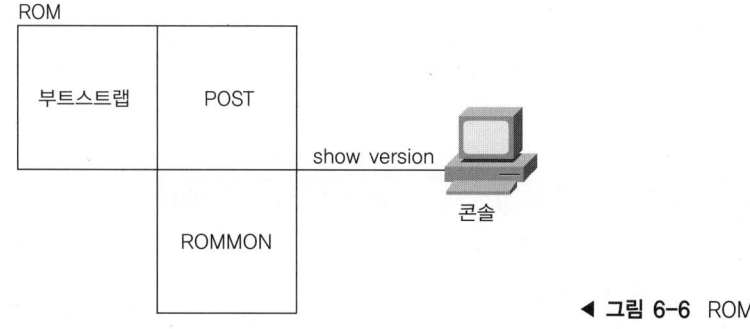

◀ **그림 6-6** ROM의 기능

ROM의 기능을 하나씩 살펴보면 다음과 같다.

- **부트스트랩 코드**: 부트스트랩 코드는 라우터 초기화 중에 라우터를 가동시킨다. 이는 설정 레지스터를 읽어서 부팅 방법을 결정하고, 그런 다음에 부팅해도 좋다는 명령을 받으면 시스코 IOS 소프트웨어를 로딩한다.
- **POST**: POST는 라우터 하드웨어의 기본 기능을 테스트하고 어떤 구성요소가 있는지를 파악하는 마이크로코드다.
- **ROMMON**: 하위 레벨의 운영체제로서, 제조, 테스트, 장애처리, 패스워드 복구에 사용된다. ROMMON 모드에서 라우터는 라우팅이나 IP 기능을 수행하지 않는다.

> NOTE*
> 시스코 라우터 플랫폼이 무엇이냐에 따라서 위에 제시된 구성요소가 플래시 메모리나 부트스트랩 메모리에 저장될 수 있으며, 이렇게 함으로써 필드에서 차후의 버전으로 업그레이드할 수 있도록 한다.

시스코 IOS 이미지와 설정 파일의 위치 지정 및 로딩 방법

부팅될 때 시스코 라우터는 순서상 특정 단계에서 시스코 IOS 이미지를 검색하며, 이미지 위치는 설정 레지스터, 플래시 메모리, TFTP 서버, ROM에 명시된다.

부트스트랩 코드는 시스코 IOS 소프트웨어의 위치를 지정한다. 이미지 검색은 다음의 순서에 따라 진행된다.

1. 부트스트랩 코드는 설정 레지스터의 부트(boot) 필드를 검사한다. 부트 필드는 설정 레지스터의 하위 4비트로서 라우터의 부팅 방법을 명시한다. 이 비트들은 시스코 IOS 이미지, 즉 라우터의 부팅 방법을 알려주는 명령어가 있는 startup-config 파일이 플래시 메모리에 있는지 원격 TFTP 서버에 있는지를 명시할 수 있다. 또한 이 비트들은 시스코 IOS 이미지가 로딩되지 않고 ROM에 있는 시스코 IOS 서브넷 이미지가 바로 시작된다는 것을 명시할 수도 있다. 설정 레지스터 비트는 다른 기능도 수행하는데, 콘솔 보 속도(baud rate)를 선택하거나 NVRAM에 저장된 설정 파일(startup-config)을 사용할 것인지 여부를 결정할 수도 있다.

   예를 들어, 설정 레지스터 값 0x2102(0x는 뒤에 있는 숫자가 16진수 표기법임을 나타냄)에서 부트 필드 값은 0x2(레지스터 값의 가장 오른쪽에 있는 수는 2며, 레지스터의 하위 4비트를 나타냄)다.

설정 레지스터의 부트 필드 값이 0x2에서 0xF까지일 경우에 부트스트랩 코드는 NVRAM에 있는 startup-config 파일을 분석하며, 여기에 있는 boot system 명령어는 로딩할 시스코 IOS 소프트웨어 이미지의 이름과 위치를 나타낸다. 부팅 장애에 대비해 여러 개의 boot system 명령어가 들어 있을 수 있다.

boot system 명령어는 전역 설정 명령어로서 시스코 IOS 소프트웨어 이미지를 어디서 로딩할 것인지를 명시할 수 있다. 구문에 사용할 수 있는 옵션은 다음과 같다.

- boot system flash [파일명]

- boot system tftp [파일명][서버 주소]

- boot system rom

2. 설정에 boot system 명령어가 없으면 라우터는 플래시 메모리에 있는 첫 번째의 유효한 시스코 IOS 이미지를 로딩하고 이를 실행시킨다.

3. 유효한 시스코 IOS 이미지가 플래시 메모리에 없으면 라우터는 네트워크 TFTP 서버로부터 부팅을 시도한다. 이때 시스코 IOS 이미지 파일명의 일부로서 부트 필드 값을 사용한다.

> **NOTE***
> 시스코 IOS 소프트웨어 이미지를 네트워크 TFTP 서버에서 부팅하는 일은 거의 없다.
> 모든 라우터에 부트 헬퍼 이미지가 있는 것은 아니다. 이 경우 4단계와 5단계는 진행되지 않는다.

4. 기본적으로 네트워크 TFTP 서버에서의 부팅이 5번 실패하면 라우터는 ROM으로부터 부트 헬퍼 이미지(시스코 IOS 서브셋)를 부팅할 것이다. 그런데 설정 레지스터의 13번 비트를 0으로 설정하면 TFTP 서버에서의 부팅이 5번 실패하더라도 ROM에서 시스코 IOS 서브셋을 부팅하지 않고 계속해서 TFTP 서버에서 부팅한다.

5. 부트 헬퍼 이미지가 없거나 이것이 손상됐을 경우에 라우터는 ROM으로부터 ROMMON을 부팅할 것이다.

유효한 시스코 IOS 이미지 파일이 플래시 메모리에 있을 경우에 시스코 IOS 이미지는 RAM으로 로딩되며, 이를 [그림 6-7]에서 확인할 수 있다. 시스코 2500 시리즈 라우터를 포함해서 일부 라우터의 RAM은 시스코 이미지를 저장할 정도로 충분히 크지 않아서 시스코 IOS 이미지를 플래시 메모리로부터 직접 실행한다.

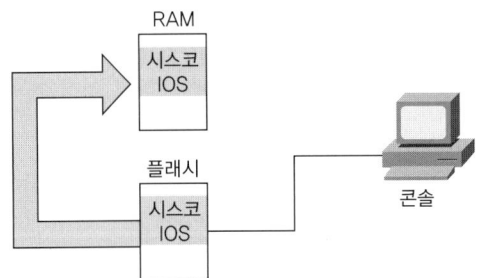

▲ **그림 6-7** IOS가 RAM으로 로딩

플래시 메모리로부터 RAM으로 로딩된 이미지의 압축이 먼저 해제돼야 한다. RAM에서 압축이 해제된 후에 이미지 파일이 시작된다. 플래시 메모리에서 실행되는 시스코 IOS 이미지는 압축되지 않는다.

시스코 IOS 소프트웨어 이미지가 로딩돼서 시작된 후에 라우터는 사용될 수 있도록 설정돼야 한다. NVRAM에 기존에 저장된 설정 파일(startup-config)이 있을 경우에 이 파일이 실행된다. NVRAM에 저장된 설정 파일이 없을 경우에 라우터는 AutoInstall을 시작하거나 셋업 유틸리티로 들어간다.

AutoInstall은 TFTP 서버로부터 설정 파일을 다운로드한다. AutoInstall은 다운로드 요청에 응답하기 위해서 네트워크와 사전에 설정된 TFTP 서버에 연결돼야 한다.

셋업 유틸리티는 초기의 기본 설정 생성에 관한 설정 정보를 콘솔에 제시한다. [그림 6-8]은 셋업 유틸리티가 설정 파일을 NVRAM이나 실행 메모리로 복사하는 방법을 보여준다.

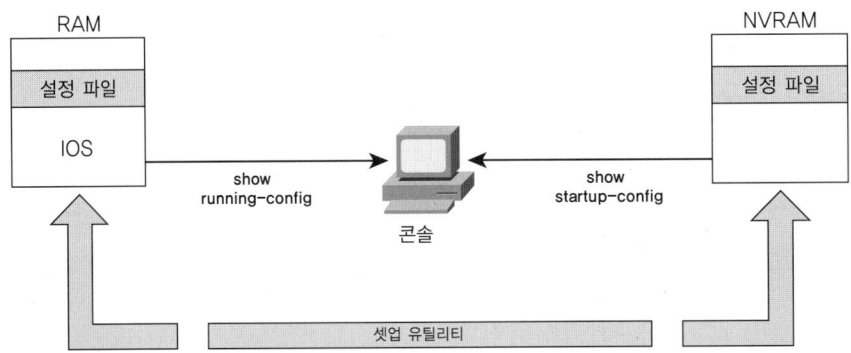

▲ **그림 6-8** 설정 파일을 RAM과 NVRAM으로 복사하는 과정

시스코 IOS 소프트웨어의 실행 명령어 중에서 **show running-config** 명령어와 **show startup-config** 명령어는 가장 많이 사용되는 명령어다. 이 명령어들을 사용해서 라우터의 RAM에 있는 현재의 실행 설정을 보거나 NVRAM에 있는 startup-config 파일의 시작 설정 명령어를 볼 수 있다.

'Current configuration' 이라는 말이 있으면 RAM에 있는 실행 설정이 표시된다.

비휘발성 메모리가 얼마나 많이 사용되고 있는지를 보여주는 메시지가 상단에 있으면 NVRAM의 시작 설정 파일이 표시된다. 이를 [그림 6-9]에서 확인할 수 있다.

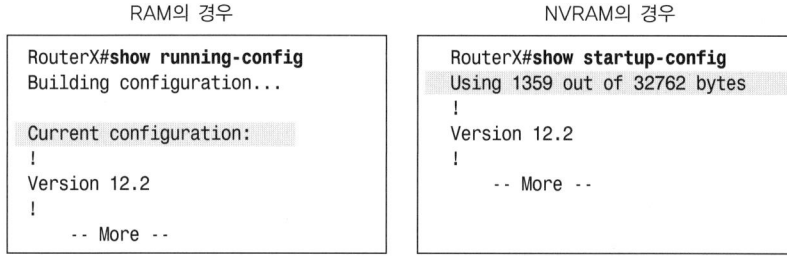

▲ **그림 6-9** 실행 설정과 시작 설정

설정 레지스터

설정 레지스터에는 시스코 IOS 소프트웨어 이미지가 어디에 있는지를 알려주는 정보가 들어 있다. **show** 명령어로 레지스터를 살펴볼 수 있으며, **config-register** 전역 설정 명령어로 레지스터 값을 변경할 수 있다. 이번 절에서는 설정 레지스터의 부트 정보를 어떻게 표시하고 변경하는지를 설명한다.

설정 레지스터를 변경하기 전에 라우터가 현재 소프트웨어 이미지를 어떻게 로딩하고 있는지를 파악해야 한다. **show version** 명령어를 사용하면 현재 설정 레지스터 값을 얻을 수 있다. 표시 결과의 마지막 줄에는 설정 레지스터 값이 들어 있다. 이를 [예제 6-6]에서 확인할 수 있다.

예제 6-6 ▶ show version 명령어의 실행 결과

```
Cisco IOS Software, 2800 Software (C2800NM-IPBASE-M), Version 12.4(5a), RELEASE
SOFTWARE (fc3)
Technical Support: http://www.cisco.com/techsupport
Copyright (c) 1986-2006 by Cisco Systems, Inc.
Compiled Sat 14-Jan-06 03:19 by alnguyen

ROM: System Bootstrap, Version 12.4(1r) [hqluong 1r], RELEASE SOFTWARE (fc1)

RouterX uptime is 1 week, 5 days, 21 hours, 30 minutes
System returned to ROM by reload at 23:04:40 UTC Tue Mar 13 2007
System image file is "flash:c2800nm-ipbase-mz.124-5a.bin"

Cisco 2811 (revision 53.51) with 251904K/10240K bytes of memory.
Processor board ID FTX1013A1DJ
2 FastEthernet interfaces
2 Serial(sync/async) interfaces
DRAM configuration is 64 bits wide with parity enabled.
239K bytes of non-volatile configuration memory.
62720K bytes of ATA CompactFlash (Read/Write)

Configuration register is 0x2102
```

[예제 6-7]에서와 같이 **config-register** 전역 설정 명령어로 설정 레지스터 기본 설정 값을 변경할 수 있다.

예제 6-7 ▶ config-register 명령어의 사용 예

```
RouterA# configure terminal
RouterA(config)# config-register 0x2100
RouterA(config)# end

RouterA#
```

설정 레지스터는 16비트다. 설정 레지스터의 최하위 4비트(3, 2, 1, 0비트)는 부트 필드가 된다. 16진수는 설정 레지스터의 값을 지정하는 인수가 된다. 설정 레지스터의 기본 값은

0x2102다. 부트 필드는 16진수 레지스터의 마지막 숫자다. 부트 필드의 설정 값은 장비 부팅 방법을 결정한다. 이를 [표 6-1]에 설명해 뒀다.

▼ 표 6-1 설정 레지스터 값

설정 레지스터 부트 필드 값	의미
0x0	ROMMON 모드 사용(boot 명령어를 사용해서 수동으로 부팅)
0x1	ROM에서 자동으로 부팅(시스코 IOS 소프트웨어 서브넷)
0x2~0xF	NVRAM의 부트 시스템 명령어 조사(플래시가 있으면 0x2가 기본 값)

부트 필드 변경 가이드라인은 다음과 같다.

- 부트 필드가 0으로 설정되어 있으면 ROMMON 모드로 자동으로 들어간다. 이 값은 부트 필드 비트를 0-0-0-0으로 지정한다. ROMMON 모드에서 라우터 프롬프트는 '>'나 'rommon>'으로 표시되며, 어떻게 표시되는지는 라우터 프로세서 종류에 따라 달라진다. ROMMON 모드에서 boot 명령어를 사용해서 라우터를 수동으로 부팅시킬 수 있다.

- 부트 필드가 1로 설정되면 시스템은 ROM에서 시스코 IOS 서브넷을 자동으로 부팅시킨다. 이 값은 부트 필드 비트를 0-0-0-1로 지정한다. 이 모드에서 라우터의 프롬프트는 'Router(boot)>'로 표시된다.

- 부트 필드가 0x2~0xF 사이의 어떤 값으로 지정되면 시스템은 NVRAM의 startup-config 파일에 있는 boot system 명령어를 사용한다. 기본 값은 0x2다. 여기서 부트 필드 비트는 0-0-1-0 ~ 1-1-1-1로 지정된다.

설정 레지스터 설정 값의 변경 내역을 확인하기 위해 **show version** 명령어를 사용할 수 있다. 새로운 설정 레지스터 값은 라우터가 다시 로딩될 때 영향을 미친다.

[예제 6-6]에서 **show version** 명령어는 다음에 라우터가 다시 로딩될 때 설정 레지스터 값이 0x2104가 사용될 것임을 나타낸다.

> **NOTE***
>
> **config-register** 명령어를 사용하면 설정 레지스터의 16비트 모두 설정된다. 변경하려는 비트(예: 부트 필드)만 수정되고 나머지 비트는 그대로 있도록 주의하기 바란다. 설정 레지스터의 다른 비트들도 별도의 기능을 수행한다. 가령, 콘솔 보 속도를 선택하거나 NVRAM에 있는 설정의 사용 여부를 결정하는 데 사용된다.

show flash 명령어는 플래시 메모리의 내용을 보여준다. 여기에는 이미지 파일 이름과 크기도 해당된다. 이를 [예제 6-8]에 설명해 뒀다.

예제 6-8 ▶ show flash 명령어

```
RouterX# sh flash

-#- --length--     -----date/time------ path
1     14951648    Feb 22 2007 21:38:56 +00:00 c2800nm-ipbase-mz.124-5a.bin
2         1823    Dec 14 2006 08:24:54 +00:00 sdmconfig-2811.cfg
3      4734464    Dec 14 2006 08:25:24 +00:00 sdm.tar
4       833024    Dec 14 2006 08:25:38 +00:00 es.tar
5      1052160    Dec 14 2006 08:25:54 +00:00 common.tar
6         1038    Dec 14 2006 08:26:08 +00:00 home.shtml
7       102400    Dec 14 2006 08:26:22 +00:00 home.tar
8       491213    Dec 14 2006 08:26:40 +00:00 128MB.sdf

41836544 bytes available (22179840 bytes used)
```

위의 예제에서 하단의 라인에는 플래시 메모리의 사용 가능 양이 표시되어 있다. 이 중에서 일부는 이미 사용 중일 수도 있다. 플래시 메모리는 읽기 전용이다.

시스코 라우터 시작과 설정 관리 요약

이번 절에서 배운 핵심 내용을 요약하면 다음과 같다.

- 라우터가 부팅될 때 라우터는 테스트를 수행하고, 소프트웨어를 찾아서 로딩하며, 설정을 찾아서 로딩하고, 마지막으로 소프트웨어를 실행한다.

- 라우터 내부의 주요 구성요소로 CPU, RAM, ROM, 플래시 메모리, NVRAM, 설정 레지스터가 있다.

- 라우터가 부팅될 때 라우터는 설정 레지스터, 플래시 메모리, TFTP 서버, ROM에서 시스코 IOS 소프트웨어 이미지를 찾는다.

- 설정 레지스터에는 부트 정보가 들어 있으며, 이 정보에서는 시스코 IOS 소프트웨어 이미지가 어디에 있는지가 명시되어 있다. 레지스터를 확인하려면 **show version** 명령어를 실행하면 되고, **config-register** 전역 설정 명령어로 레지스터 값을 변경할 수 있다.

시스코 장비 관리

시스코 IOS 이미지와 설정 파일을 잘 관리하면 장비의 다운 시간을 줄이고 베스트 프렉티스를 유지할 수 있다. 시스코 IOS 이미지 파일에는 시스코 IOS 소프트웨어가 포함되어 있으며, 이는 시스코 장비가 운용되는 데 필요한 소프트웨어다. 장비 설정 파일에는 사용자가 정의한 설정 명령어가 있으며, 이 명령어들에 의해 시스코 장비의 기능을 조정할 수 있다.

시스코 IOS 파일 시스템과 장비

시스코 IFS(IOS File System)는 라우터가 사용하는 모든 파일 시스템에 대한 단일 인터페이스를 제공한다. 이번 절에서는 시스코 라우터에서 사용되는 파일 시스템을 설명한다. [그림 6-10]에서 IOS 장비의 다양한 파일 시스템을 보여준다.

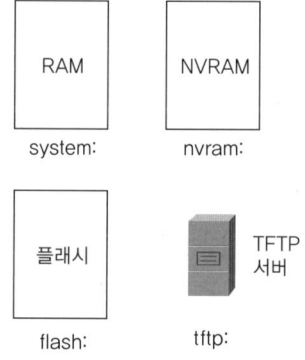

▲ 그림 6-10 IOS 파일 시스템 장비

시스코 라우터가 사용하는 파일 시스템은 다음과 같다.

- 플래시 메모리 파일 시스템

- 네트워크 파일 시스템: TFTP, RCP(Remote Copy Protocol), FTP(이번 절에서는 TFTP 서버로부터 혹은 TFTP 서버로 시스코 IOS 이미지와 설정 파일을 전송하는 데 사용된 명령어만 논의한다.)

- 데이터를 읽거나 쓰는 다른 모든 종점(예: NVRAM, RAM의 실행 설정 등)

시스코 IFS의 한 가지 주요 특징은 네트워크 장비와 네트워크의 파일을 명시하기 위해 URL 규약을 사용한다는 것이다.

[표 6-2]에는 시스코 파일 장비에 일반적으로 사용되는 URL 프리픽스 몇 가지를 정리해 뒀다.

▼ 표 6-2 IOS 파일 장비에 대한 공통 URL

프리픽스	설명
bootflash:	부트플래시 메모리
flash:	플래시 메모리. 이 프리픽스는 모든 플랫폼에서 사용 가능하다. 플래시라는 이름의 장비가 없는 플랫폼의 경우에 flash: 프리픽스는 slot0으로 된다. 따라서 flash: 프리픽스는 모든 플랫폼에서 메인 플래시 메모리 저장 영역을 이르는 데 사용될 수 있다.
flh:	플래시 로드 헬퍼 로그 파일
ftp:	FTP 네트워크 서버
nvram:	NVRAM
rcp:	RCP 네트워크 서버
slot0:	첫 번째의 PCMCIA(Personal Computer Memory Card International Association) 플래시 메모리 카드
slot1:	두 번째 PCMCIA 플래시 메모리 카드
system:	현재 실행 설정을 포함해서 시스템 메모리를 포함한다.
tftp:	TFTP 네트워크 서버

시스코 IOS 릴리즈 12.0에서는 설정과 시스템 파일을 복사하고 전송하는 명령어는 시스코 IFS 명세를 포함하도록 변경됐다.

[표 6-3]에는 설정 파일 이동 및 관리에 사용된 이전의 시스코 IOS 릴리즈 12.0 명령어와 새로운 시스코 IOS 릴리즈 12.x 명령어가 정리되어 있다. 시스코 IOS 릴리즈 12.x 명령어에서 설정 파일의 위치 다음에 콜론이 나오고, 필요할 경우에 [[[//위치]/디렉토리]/파일명]이 나온다.

▼ 표 6-3 IFS 관리 파일

이전의 시스코 IOS 릴리즈 12.0 명령어	시스코 IOS 릴리즈 12.x 명령어
configure network(시스코 IOS 릴리즈 10.3 이전)	copy ftp: system:running-config
copy rcp running-config	copy rcp: system:running-config
copy tftp running-config	copy tftp: system:running-config
configure overwrite-network(시스코 IOS 릴리즈 10.3 이전)	copy ftp: nvram:startup-config
copy rcp startup-config	copy rcp: nvram:startup-config
copy tftp startup-config	copy tftp: nvram:startup-config
show configuration(시스코 IOS 릴리즈 10.3 이전) show startup-config	more nvram:startup-config
write erase(시스코 IOS 릴리즈 10.3 이전) erase startup-config	erase nvram:
write memory(시스코 IOS 릴리즈 10.3 이전) copy running-config startup-config	copy system:running-config nvram:startup-config
write network(시스코 IOS 릴리즈 10.3 이전)	copy system:running-config ftp:
copy running-config rcp	copy system:running-config rcp:
copy running-config tftp	copy system:running-config tftp:
write terminal(시스코 IOS 릴리즈 10.3 이전) show running-config	more system:running-config

시스코 IOS 이미지 관리

모든 네트워크가 성장하면서 중앙 TFTP 서버에 있는 시스코 IOS 이미지와 설정 파일의 스토리지는 시스코 IOS 이미지와 설정 파일의 수와 개정 수준을 통제한다.

일반적으로 실제 인터네트워크는 계속 확장돼서 여러 대의 라우터가 포함된다. 모든 네트워크에서 라우터의 시스템 이미지가 손실되거나 사고로 삭제되는 경우를 대비해 시스코 IOS 소프트웨어 이미지의 백업 복사본을 별도로 저장한다.

또한 넓은 지역에 분포되어 있는 라우터는 시스코 IOS 소프트웨어 이미지의 원본과 백업본을 여러 곳에 둘 필요가 있다. 네트워크 TFTP 서버를 사용하면 네트워크에서 이미지와 설정을 업로드하고 다운로드할 수 있다. 네트워크 TFTP 서버는 또 다른 라우터, 워크스테이션, 호스트 시스템일 수 있다. [그림 6-11]은 네트워크 서버로부터 혹은 네트워크 서버로 파일을 복사하는 과정을 보여주고 있다.

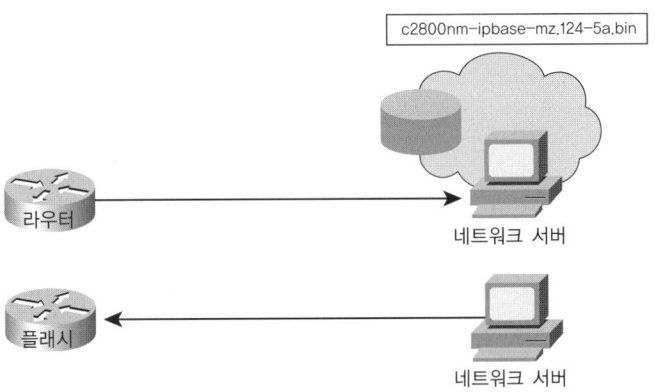

▲ 그림 6-11 IOS 이미지를 네트워크 서버로 복사

시스코 IOS 이미지를 라우터의 플래시 메모리로부터 네트워크 TFTP 서버로 복사하려면 다음에 제시된 단계를 밟으면 된다.

1단계   네트워크 TFTP 서버로 접속한다. 연결 여부를 테스트하기 위해 TFTP 서버로 ping을 보낼 수 있다.

2단계   시스코 IOS 소프트웨어 이미지가 들어갈 충분한 디스크 공간이 TFTP 서버에 있는지 파악한다. 라우터에서 show flash 명령어를 사용해서 시스코 IOS 이미지 파일의 크기를 확인한다.

3단계   TFTP 서버의 파일명 요구사항을 점검한다. 이는 서버가 어떤 운영체제(예: 윈도우, 유닉스)를 사용하고 있는지에 따라 달라질 수 있다.

4단계   필요할 경우에 업로드를 수신할 목적지 파일을 생성한다. 이 단계는 네트워크 서버 운영체제에 따라 달라진다.

앞에서 살펴본 **show flash** 명령어는 라우터 메모리와 이미지 파일에 관한 정보를 수집하는 중요한 수단이다. **show flash** 명령어로 다음에 제시된 내용을 확인할 수 있다.

- 라우터의 플래시 메모리 전체 크기
- 플래시 메모리의 사용 가능 크기
- 플래시 메모리에 저장되어 있는 모든 파일의 이름

시스코 IOS 이미지 파일의 이름은 여러 부분으로 나뉘며, 각 부분에는 특수한 의미가 있다. 예를 들어, 앞의 [그림 6-11]에 있는 파일명 c2800nm-ipbase-mz.124-5a.bin에는 다음과 같은 정보가 들어 있다.

- 이미지 이름의 첫 번째 부분은 이미지가 실행될 플랫폼을 나타낸다. 여기서 플랫폼은 c2800이다.
- 이름의 두 번째 부분은 이미지가 어디서 실행되고, 파일의 압축 여부를 나타낸다. 이번 예제에서 mz는 파일이 RAM에서 실행되고 압축되어 있음을 나타낸다.
- 이름의 세 번째 부분은 버전 이름이다. 여기서 124-5a가 버전 이름에 해당된다.
- 마지막 부분은 파일 확장자다. .bin 확장자는 이 파일이 이진 실행 파일임을 나타낸다.

시스코 IOS 소프트웨어 명명 규약, 필드의 의미, 이미지 내용, 기타 세부사항은 변경된다. 업데이트 정보에 대해서는 시스코 영업 회사나 배포 채널에 문의하거나, Cisco.com 사이트를 참고하기 바란다.

라우터로부터 네트워크 TFTP 서버로 이미지 파일을 복사하면 소프트웨어 백업 이미지 파일이 만들어진다. 라우터로부터 현재의 시스템 이미지 파일을 네트워크 TFTP 서버로 복사하려면 특권 실행 모드에서 다음의 명령어를 실행한다.

`Router# copy flash tftp:`

copy flash tftp 명령어를 사용하려면 원격 호스트의 IP 주소와 출발지 및 목적지 시스템 이미지 파일의 이름을 알아야 한다. 이 명령어의 실행 결과는 [예제 6-9]와 같다.

Chapter 6 _ 네트워크 환경 관리

예제 6-9 ▶ copy flash tftp 명령어의 실행 결과

```
RouterA# copy flash tftp:

Source filename []? c2800nm-ipbase-mz.124-5a.binAddress or name of remote host []?
10.1.1.1
Destination filename [c2800nm-ipbase-mz.124-5a.bin]
!!!!!!!!!!!!!!!!!!!!!!!!!!!!!!!!!!!!!!!!!!!!!!!!!!!!!!!!!<output omitted>
12094416 bytes copied in 98.858 secs (122341 bytes/sec)
RouterA#
```

느낌표(!!!)는 라우터의 플래시 메모리로부터 TFTP 서버로 복사가 진행되고 있다는 것을 나타낸다. 느낌표 하나는 한 개의 UDP 세그먼트가 성공적으로 전송됐음을 나타낸다.

새로운 시스코 IOS 이미지로 플래시 메모리를 업데이트하기 전에 현재의 시스코 IOS 이미지를 TFTP 서버로 백업해야 한다. 백업을 하는 이유는 플래시 메모리에 이미지를 저장할 충분한 공간이 남아 있지 않은 경우를 대비하기 위해서다.

시스템을 새로운 소프트웨어 버전으로 업그레이드하려면 라우터에 다른 시스템 이미지 파일이 로딩돼야 한다. 네트워크 TFTP 서버로부터 새로운 이미지를 다운로드하는 명령어는 다음과 같다.

```
Router# copy tftp flash:
```

이 명령어를 실행하면 원격 호스트의 IP 주소와 출발지 및 목적지 시스템 이미지 파일의 이름을 넣으라는 프롬프트가 뜬다. 적절한 업데이트 이미지 파일명을 입력하면 된다. 이 명령어의 실행 결과를 [예제 6-10]에서 확인할 수 있다.

예제 6-10 ▶ copy tftp flash 명령어의 실행 결과

```
RouterA# copy tftp flash:

Address or name of remote host [10.1.1.1]?
Source filename []? c2800nm-ipbase-mz.124-5a.bin
Destination filename [c2800nm-ipbase-mz.124-5a.bin]
Accessing tftp://10.1.1.1/c2600-js-mz.122-21a.bin...
Erase flash: before copying? [confirm]
```

```
Erasing the flash filesystem will remove all files! Continue? [confirm]
Erasing device... eeeeeeeeee (output omitted) ...erased
Erase of flash: complete
Loading c2800nm-ipbase-mz.124-5a.bin from 10.1.1.1 (via Ethernet0/0): !!!!!!!!!!!!!!!
(output omited)
[OK - 12094416 bytes]
Verifying checksum... OK (0x45E2)
12094416 bytes copied in 120.465 secs (100398 bytes/sec)
RouterA#
```

앞에서 제시된 내용을 모두 입력하고 나면 플래시를 삭제하라는 프롬프트가 뜬다. 플래시 메모리를 삭제하면 새로운 이미지를 넣을 공간이 생긴다. 시스코 IOS 이미지를 넣을 만한 공간이 플래시 메모리에 남아 있지 않다면 플래시 메모리를 삭제한다. 사용할 수 있는 플래시 메모리 공간이 없다면 새로운 파일을 복사하기 전에 플래시 메모리를 삭제해야 할 것이다. 시스템은 이와 관련된 조건을 알리고 프롬프트를 띄워서 적절한 응답이 이뤄지도록 한다.

> **NOTE***
>
> 로딩된 시스코 IOS 이미지가 라우터 플랫폼에 적절한지 확인하기 바란다. 잘못된 시스코 IOS 이미지가 로딩된 경우에 라우터는 부팅되지 않을 것이고, 이 경우에는 ROMMON을 활용해야 할 것이다.

장비 설정 파일 관리

장비 설정 파일에는 사용자 정의 설정 명령어가 들어 있으며, 사용자는 이 설정 명령어로 시스코 장비의 기능을 정의할 수 있다.

설정 파일에는 시스코 IOS 소프트웨어 명령어가 들어 있으며, 사용자는 이 명령어로 라우터, 액세스 서버, 스위치 같은 시스코 라우팅 장비의 기능을 다양하게 조정할 수 있다. 즉, 시작 설정 파일로부터 시스템이 부팅되거나 설정 모드의 CLI에서 명령어를 입력할 때 시스코 IOS 소프트웨어가 이 명령어들을 분석, 번역, 실행한다.

설정 파일이 저장되는 곳은 다음과 같다.

- 실행 설정은 RAM에 저장된다.
- 시작 설정은 NVRAM에 저장된다.

라우터로부터 설정 파일을 파일 서버로 복사할 수 있으며, 이를 위해 FTP, RCP, TFTP를 사용할 수 있다. 예를 들어, 내용을 변경하기 전에 현재 설정 파일을 백업하기 위해 설정 파일을 서버로 복사할 수 있다. 이렇게 하면 어떤 문제가 발생했을 때 원래의 설정 파일을 복구할 수 있다. 어떤 프로토콜이 사용될 것인지는 서버의 종류에 따라 달라진다. [그림 6-12]는 설정 파일이 저장될 수 있는 다양한 위치를 보여준다.

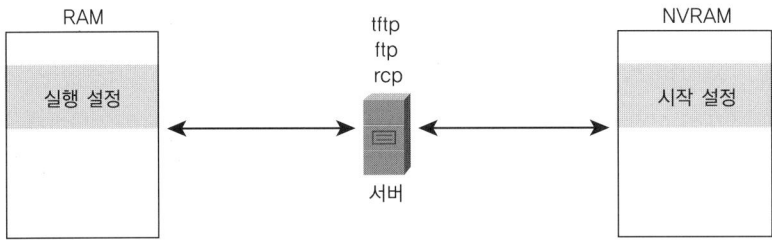

▲ 그림 6-12 파일 위치 설정

TFTP, RCP, FTP 서버에 있는 설정 파일을 RAM에 있는 실행 설정으로 복사하거나 NVRAM에 있는 startup-config 파일로 복사할 수 있으며, 다음에 제시된 이유들 중 하나 때문에 이러한 복사 작업을 수행한다.

- 백업된 설정 파일을 복구하기 위해서다.
- 다른 라우터를 위해 설정 파일을 사용하기 위해서다. 예를 들어, 네트워크에 다른 라우터를 추가할 수 있으며, 이 라우터가 원래의 라우터와 비슷한 설정을 갖기를 원할 수 있다. 파일을 네트워크 서버로 복사하고 새로운 라우터에 필요한 설정을 반영하기 위해 변경 작업을 수행함으로써 전체 파일을 다시 만들지 않을 수 있으며 이렇게 해서 시간을 줄일 수 있다.
- 동일한 설정 명령어를 네트워크의 모든 라우터로 로딩하기 위해서다. 이렇게 하면 모든 라우터의 설정이 비슷해진다.

시스코 장비 관리

시스코 IOS 복사 명령어

시스코 IOS 소프트웨어의 **copy** 명령어를 사용해서 한 구성요소나 장비의 설정을 RAM, NVRAM, TFTP 서버 등으로 옮길 수 있다.

설정 로딩 혹은 생성과 관련하여 AutoInstall, 셋업 유틸리티, CLI 외의 설정에 활용할 수 있는 다른 것들도 있다. [그림 6-13]에 다양한 **copy** 명령어가 있으며, 이 명령어를 설정 파일과 함께 사용할 수 있다.

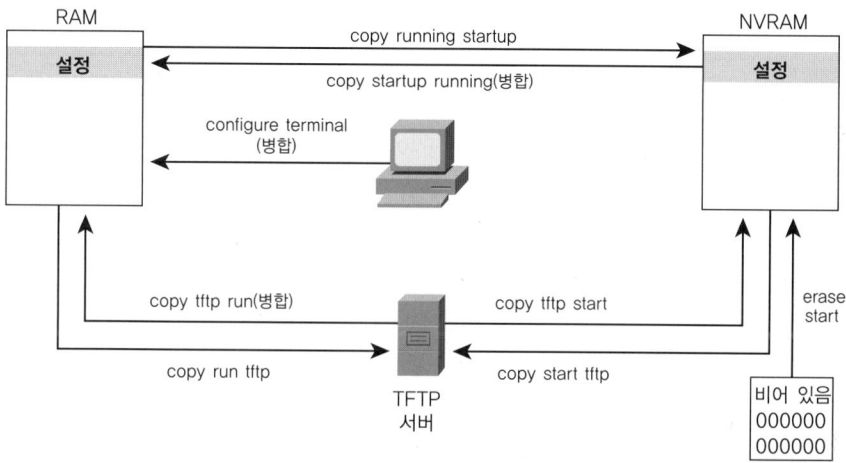

▲ 그림 6-13 설정 파일 복사

한 구성요소나 장비로부터 다른 구성요소나 장비로 설정을 이동시키기 위해서 시스코 IOS 소프트웨어 **copy** 명령어를 사용할 수 있다. **copy** 명령어에는 '원래의 설정 파일이 있는 곳(source)'과 '설정 파일이 복사될 곳(destination)'이 있다. 예를 들어, **copy running-config tftp** 명령어에서 RAM에 있는 실행 설정 파일이 TFTP 서버로 복사된다.

RAM에서 설정이 변경된 후에 **copy running-config startup-config** 명령어를 사용해서 NVRAM의 startup-config 파일로 저장해야 한다. 이와 유사하게 NVRAM의 startup-config 파일을 RAM으로 다시 복사해야 하며, 이를 위해서 **copy startup running** 명령어를 사용한다. 지금처럼 명령어를 축약해서 사용할 수 있다는 점에 유의하기 바란다.

NVRAM이나 RAM과 TFTP 서버 사이에서 복사를 할 수 있는 명령어는 여러 가지가 있다.

콘솔이나 원격 터미널에서 RAM에 설정을 상호대화식으로 만들려면 **configure terminal** 명령어를 사용한다.

NVRAM에 저장되어 있는 startup-config 파일을 삭제하려면 **erase startup-config** 명령어를 사용한다.

[그림 6-14]는 RAM의 실행 설정과 TFTP 서버에 저장되어 있는 설정 파일을 병합하기 위해서 **copy tftp run** 명령어를 어떻게 사용하는지를 보여준다.

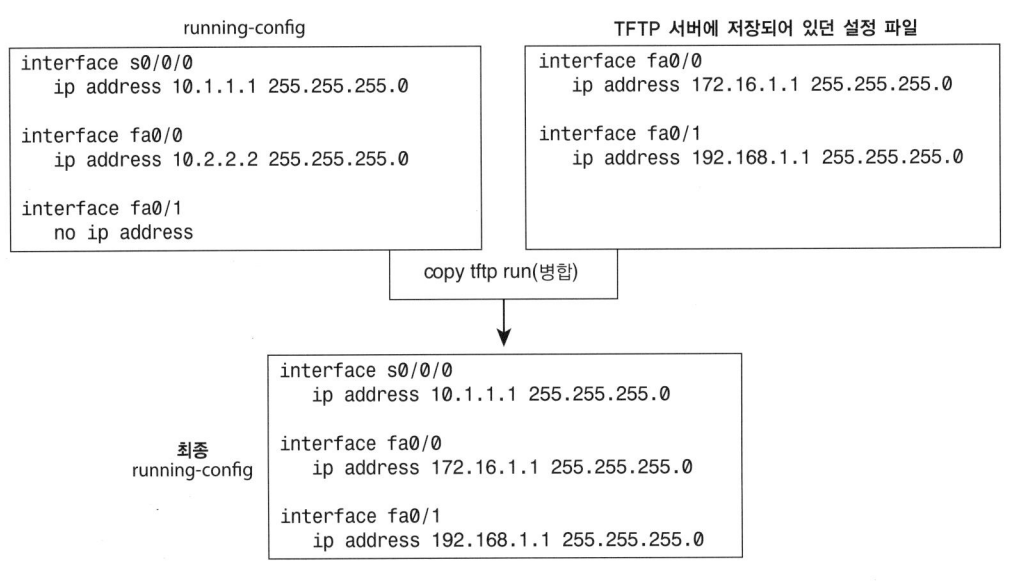

▲ 그림 6-14 설정 파일 병합

> NOTE*
> 어떤 소스에서 RAM으로 복사될 때 설정 파일은 RAM에 있는 기존의 설정 파일을 덮어쓰기보다는 병합되거나 겹쳐진다. 새로운 설정 매개변수가 추가되며, 기존의 매개변수에 대한 변경사항은 예전의 매개변수를 덮어쓴다. NVRAM에 대응하는 명령어가 없는 경우에 RAM에 있는 설정 명령어는 영향을 받지 않고 그대로 유지된다. RAM의 실행 설정을 NVRAM의 startup-config 파일로 복사하면 NVRAM의 startup-config를 덮어쓸 것이다.

시스코 장비 관리

설정 파일을 중앙의 한곳에 저장하기 위해 TFTP 서버를 사용할 수 있으며, 이렇게 함으로써 관리와 업데이트를 중앙집중식으로 처리할 수 있다. 네트워크의 규모에 상관없이 현재의 실행 설정 파일의 복사본이 항상 백업되어 있을 것이다. [예제 6-11]은 설정 파일의 전송, 백업, 복구 방법을 보여준다.

예제 6-11 ▶ 설정 파일 조작 예

```
RouterA# copy running-config: tftp:

Address or name of remote host []? 10.1.1.1
Destination filename [running-config]? wgroa.cfg
.!!
1684 bytes copied in 13.300 secs (129 bytes/sec)

RouterA# copy tftp: running-config:

Address or name of remote host []? 10.1.1.1
Source filename []? wgroa.cfg
Destination filename [running-config]?
Accessing tftp://10.1.1.1/wgroa.cfg...
Loading wgroa.cfg from 10.1.1.1 (via Ethernet0): !
[OK - 1684/3072 bytes]

1684 bytes copied in 17.692 secs (99 bytes/sec)
```

copy running-config tftp 명령어를 사용하면 현재 설정을 TFTP 서버로 업로드하고 저장할 수 있다. TFTP 서버의 IP 주소나 이름과 목적지 파일명이 제공돼야 한다. 출력 화면에 있는 느낌표는 업로드가 진행되고 있다는 것을 나타낸다.

copy tftp running-config 명령어를 실행하면 TFTP 서버의 설정 파일이 RAM의 실행 설정으로 다운로드된다. 여기서도 TFTP 서버의 주소나 이름과 출발지 및 목적지 파일명이 있어야 한다. 이 경우에 파일을 실행 설정으로 복사하기 때문에 목적지 파일명은 running-config일 것이다. 이것은 병합 과정이며, 덮어쓰기 과정이 아니다.

시스코 장비에서 show 명령어와 debug 명령어 사용

시스코 장비에는 장애처리를 위해서 show 명령어와 debug 명령어를 사용할 수 있다. show 명령어는 정적 정보를 보여주고, debug 명령어는 동적인 데이터와 이벤트를 보여준다. [표 6-4]는 두 명령어의 주요 차이점을 보여준다.

▼ 표 6-4 show 명령어와 debug 명령어 비교

	show 명령어	debug 명령어
처리 특성	정적	동적
처리로 인한 부하	낮음	높음
주된 용도	일반적인 사실 수집	진행상황 관찰

show 명령어와 debug 명령어의 기능을 정리하면 다음과 같다.

- show 명령어: 인터페이스, 매체, 네트워크 성능에 관련된 문제를 볼 수 있다.
- debug 명령어: 문제, 프로토콜 버그, 잘못된 설정을 찾기 위해서 프로토콜 트래픽의 흐름을 점검한다.

[표 6-5]는 show 명령어와 debug 명령어의 주요 차이점을 설명한다.

▼ 표 6-5 show 명령어와 debug 명령어의 차이점

명령어	설명
show	네트워크 장비, 이웃한 장비, 네트워크 성능에 관한 정적인 정보를 보여준다. 인터페이스, 노드, 매체, 서버, 클라이언트, 애플리케이션에 관련된 문제를 포함해서 인터네트워크의 문제를 파악하는 데 필요한 문제를 수집할 때 show 명령어를 사용하면 된다.
debug	인터페이스에서 보이는(혹은 보이지 않는) 트래픽에 관한 정보 흐름, 네트워크의 노드에서 만들어진 에러 메시지, 프로토콜에 특정된 진단 패킷, 기타 유용한 장애처리 데이터를 제공한다. 이벤트나 패킷이 제대로 작동하는지 여부를 파악하기 위해서 라우터나 네트워크의 운용 상태를 봐야 할 경우에 debug 명령어를 사용한다.

debug 명령어는 네트워크의 일상적인 운영 상태를 모니터링하기 위해서가 아니라 문제를 분리해서 찾아내기 위한 명령어다. debug 명령어는 많은 자원을 소모하므로 특정 유형의 트래픽이나 문제를 찾을 때와 이들 문제가 몇 가지 원인으로 좁혀질 때만 사용하는 것이 좋다.

debug 명령어를 사용할 때 고려해야 하는 몇 가지 사항을 정리하면 다음과 같다.

- debug 명령어는 매우 많은 데이터를 만들어내며, 이들 데이터가 어떤 문제에는 그다지 유용하지 않다. debug 명령어의 실행 결과를 제대로 해석하려면 프로토콜이나 디버그된 프로토콜에 대한 지식을 갖추고 있어야 한다.

- debug 명령어는 CPU 자원을 많이 소모해서 네트워크 장비 운용에 영향을 미칠 수 있으므로 특정 유형의 트래픽이나 문제를 찾거나 이들 문제가 몇 가지 원인으로 좁혀질 때만 debug 명령어를 사용하는 것이 좋다.

- debug 장애처리 툴을 사용할 때 프로토콜에 따라 출력 형식이 달라지는 점에 유의하기 바란다. 패킷당 한 줄씩 결과를 보여주는 프로토콜도 있고, 패킷당 여러 줄에 걸쳐서 결과를 보여주는 프로토콜도 있다.

- 일부 debug 명령어는 너무 많은 양의 결과를 보여준다. 또 어떤 debug 명령어는 간략 정보만 만들어낸다. 텍스트로 된 정보를 보여주는 debug 명령어도 있고, 필드 형식으로 정보를 보여주는 debug 명령어도 있다.

- 네트워크 트래픽과 라우터 상태에 관한 정보를 얻고자 할 때 debug 명령어를 사용하기 바라며, debug 명령어를 사용할 때 많은 주의를 기울이는 것이 좋다.

- debug 명령어를 실행했을 때 어떤 영향이 미칠 것인지 확실히 알지 못하면 http://www.cisco.com에서 세부 설명을 살펴보거나 기술 지원 요원에게 조언을 구하기 바란다.

디버그 작업 수행에 유용한 IOS 명령어가 많이 있다. [표 6-6]에 **debug** 명령어와 함께 사용할 수 있는 명령어를 설명해 뒀다.

▼ 표 6-6 debug 명령어와 함께 사용할 수 있는 명령어

명령어	설명
service timestamps	debug 명령어나 로그 메시지에 타임스탬프를 추가하려면 이 명령어를 사용한다. 디버그 요소가 일어나는 시점이나 이벤트 사이의 지속 시간에 관한 정보를 제공한다.
show processes	각 프로세스에 대한 CPU 활용 정보를 보여준다. debug 명령어를 추가해서 사용하기에 시스템 자원이 너무 많이 사용되고 있다는 판단이 서면 debug 명령어 사용을 자제할 수 있다.
no debug all	모든 debug 명령어를 비활성화한다. 디버그를 모두 사용한 경우에 이 명령어를 실행하면 사용되던 시스템 자원이 유휴 자원으로 남는다.
terminal monitor	현재 터미널과 세션에 대한 debug 명령어의 실행 결과와 시스템 에러 메시지를 보여준다.

Chapter 6 _ 네트워크 환경 관리

문제가 발생했다는 것은 상황이 비정상적이라는 이야기이므로 문제의 신속한 진단과 수정을 위해 효율성을 다소 손해 봐야 할 수도 있다. 디버깅 툴을 효과적으로 사용하려면 다음에 제시된 내용을 고려해야 한다.

- 장애처리 툴이 라우터 성능에 미치는 영향
- 꼭 필요한 진단 툴을 특정 문제에 특화해서 집중적으로 사용
- 네트워크 장비의 자원을 절감하기 위해서 다른 프로세스의 장애처리에 미치는 영향을 최소화하는 방법
- 라우터의 효율적인 스위칭을 최대화하기 위해서 진단이 완료됐을 때 장애처리 툴을 중단시키는 방법

최종 사용자 애플리케이션 트래픽이 적은 랩 네트워크의 장애를 처리하는 데 **debug** 명령어를 사용할 수 있다. 사용자 데이터 흐름이 많은 실제 네트워크에서 **debug** 명령어를 사용하는 것은 또 다른 이야기다. 적절한 사전 주의 없이 **debug** 명령어를 포괄적으로 사용하면 예기치 않은 문제를 야기할 수 있다.

debug 명령어를 적절하게, 선택적으로, 일시적으로 사용한다면 프로토콜 분석기나 기타 서드파티 툴을 사용하지 않고도 어느 정도 유용한 정보를 쉽게 얻을 수 있다.

debug 명령어를 사용할 때 고려해야 할 또 다른 사항은 다음과 같다.

- 네트워크 트래픽이 적고 사용자가 별로 없는 동안에 debug 명령어를 사용하는 것이 가장 좋다. 트래픽이나 사용자가 적을 때 디버깅하면 다른 사용자에게 미치는 악영향을 줄일 수 있다.
- debug 명령어로 필요로 하는 정보를 파악은 했지만 디버그(있을 경우에, 관련된 다른 설정)가 실제로 진행되지 않은 상태에서 라우터는 더 빠른 스위칭을 다시 진행할 수도 있다. 문제 해결이 다시 진행될 수 있고, 문제 해결에 필요한 실행 계획이 만들어질 수 있으며, 이로 인해 네트워크 문제가 해결될 수 있다.

모든 **debug** 명령어는 특권 실행 모드에서 입력되고, 대부분의 **debug** 명령어에는 인수가 없다.

> **CAUTION***
> 시스템 충돌을 일으킬 여지가 있으므로 debug all 명령어를 사용하지 않기 바란다.

디버깅에 관련된 모든 명령어 옵션에 대한 간략 정보를 목록으로 표시해서 보려면 특권 실행 모드에서 **debug ?** 명령어를 입력한다.

기본적으로 네트워크 서버는 **debug** 명령어의 실행 결과와 시스템 에러 메시지를 콘솔로 전송한다. 이 경우에 콘솔 포트가 아닌 가상 단말 연결을 사용해서 디버깅 결과를 모니터링할 수 있다. 디버깅 결과를 다른 곳으로 보내기 위해서 설정 모드에서 **logging** 명령어 옵션을 사용할 수 있다. 가능한 목적지로는 콘솔, vty, 내부 버퍼, syslog 서버를 실행하는 UNIX 호스트가 있다. syslog 형식은 4.3 BSD(4.3 Berkeley Software Distribution) UNIX 및 이의 파생 버전과 호환된다.

> **NOTE***
> 장애처리를 완료했으면 디버깅을 해제하는 것이 중요하다.

시스코 장비 관리 요약

이번 절에서 설명한 내용을 요약하면 다음과 같다.

- 시스코 IFS는 라우터가 사용하는 모든 파일 시스템(NVRAM, RAM, TFTP, 플래시)에 단일 인터페이스를 제공한다.
- 네트워크가 성장하면서 시스코 IOS 소프트웨어와 설정 파일을 중앙 서버에 두면 관리 대상에 해당되는 소프트웨어 이미지와 설정 파일의 수와 개정 수준을 통제할 수 있다.
- TFTP 서버에 저장되어 있는 현재 장비 설정을 적절하게 백업하면 장비 다운 시간을 줄이는 데 도움이 될 수 있다.
- 시스코 IOS 소프트웨어의 copy 명령어를 사용해서 한 구성요소나 장비에 있는 설정을 RAM, NVRAM, 파일 서버 등의 구성요소나 장비로 옮길 수 있다.
- 네트워크 장비는 흔히 한 장소에서 다른 장소로 옮겨지거나 네트워크에서 제거되기도 하며, 설정이 변경될 수도 있다. 이러한 과정을 추가, 이동, 변경이라고 한다.

- show 명령어와 debug 명령어는 장애처리용으로 라우터에 내장되어 있는 명령어다. show 명령어는 정적 정보 표시에 사용되고, debug 명령어는 동적 데이터 표시에 사용된다.

이 장의 요약

이 장에서 논의한 핵심 내용은 다음과 같다.

- 네트워크 관리자는 정보 수집 툴인 CDP를 사용해서 직접 연결되어 있는 시스코 장비에 관한 정보를 얻을 수 있다. 여기에는 각 장비의 ID, 주소 목록, 포트 ID, 특성 목록, 플랫폼 등이 있다. 이 정보를 보려면 show cdp 명령어를 사용하면 된다.
- 라우터가 부팅될 때의 단계별 과정은 테스트 수행, 시스코 IOS 소프트웨어 검색 및 로딩, 설정 발견 및 로딩, 시스코 IOS 소프트웨어 실행이다.
- 시스코 IFS는 라우터가 사용하는 모든 파일 시스템에 대한 단일 인터페이스를 제공한다. 네트워크 규모가 커지면서 중앙의 TFTP 서버에 있는 시스코 IOS 이미지와 설정 파일의 스토리지를 사용해서 관리 대상인 설정 파일과 시스코 IOS 이미지의 수와 개정 수준을 제어할 수 있다.

복습문제

여기에 제시된 문제를 풀면서 6장에서 배운 내용을 복습할 수 있다. 정답은 부록 '복습문제 정답'에 정리되어 있다.

1. CDP에 대해 적절하게 설명한 것은 무엇인가? (두 개 선택)
   a. CDP는 시스코 전용 프로토콜이다.
   b. CDP는 개방형 프로토콜 표준이다.
   c. CDP는 직접 연결된 시스코 장비에 관한 정보를 보여준다.
   d. CDP는 네트워크의 모든 장비에 관한 정보를 보여준다.
   e. CDP는 네트워크 계층에서 실행된다.

복습문제

2. 직접 연결되어 있지 않은 원격 장비에 관한 CDP 정보를 얻으려면 어떻게 해야 하는가?
   a. **show cdp neighbors** *address* 명령어를 사용한다.
   b. **show cdp neighbors** *hostname* 명령어를 사용한다.
   c. 대상 장비에 연결된 시스코 장비에 접근하기 위해서 SSH나 텔넷을 사용한다.
   d. 원격 장비에 관한 CDP 정보를 얻는 것은 불가능하다.

3. CDP 업데이트 패킷에 포함되는 정보는 무엇인가? (두 개 선택)
   a. 플랫폼
   b. 라우팅 업데이트
   c. 장비 식별자
   d. MAC 주소 목록
   e. 링크 속도

4. 장비에서 CDP를 전체적으로 비활성화하는 명령어는 무엇인가?
   a. **no run cdp**
   b. **no cdp run**
   c. **no cdp enable**
   d. **no cdp execute**

5. **cdp enable** 명령어의 기능은 무엇인가?
   a. 특정 인터페이스에서 CDP를 비활성화한다.
   b. 장비 전체에서 CDP를 활성화한다.
   c. 개별 인터페이스에서 CDP를 활성화한다.
   d. 특정 유형의 인터페이스에서 CDP를 활성화한다.

6. **show cdp neighbors detail** 명령어와 동일한 결과를 내는 시스코 IOS 명령어는 무엇인가?
   a. **show cdp traffic**
   b. **show cdp entry** *
   c. **show cdp neighbors**
   d. **show cdp interface all**

Chapter 6 _ 네트워크 환경 관리

7. 출력 결과에서 추가 정보를 얻기 위해서 **show cdp neighbors** 명령어에 추가해야 하는 키워드는 무엇인가?
    a. full
    b. detail
    c. verbose
    d. complete

8. 다음 중 패킷의 전송 빈도를 보여주는 시스코 IOS 명령어는 무엇인가?
    a. show cdp entry
    b. show cdp traffic
    c. show cdp interface
    d. show cdp neighbors

9. **show cdp interface** 명령어의 실행 결과에 들어가는 정보는 무엇인가?
    a. 원격 포트 ID
    b. 원격 장비 ID
    c. 캡슐화 종류
    d. 전송된 CDP 패킷의 수

10. 직접 연결된 장비의 플랫폼을 보여주는 명령어는 무엇인가?
    a. show cdp entry
    b. show cdp traffic
    c. show cdp interface
    d. show cdp platform

11. CDP 패킷 체크섬 에러를 보여주는 명령어는 무엇인가?
    a. show cdp entry
    b. show cdp traffic
    c. show cdp interface
    d. show cdp neighbors

12. 네트워크 맵의 주요 용도는 무엇인가? (세 개 선택)
    a. 네트워크 설계의 수정사항을 추적한다.
    b. 소프트웨어 재고를 생성한다.
    c. 토폴로지 변경 내역을 추적한다.
    d. 네트워크 문제를 처리한다.
    e. 프로토콜 설정 변경사항을 추적한다.
    f. 새로운 설정을 만든다.

13. 시스코 라우터 부트업 과정 중 가장 마지막 단계는 무엇인가?
    a. POST
    b. 시스코 IOS 소프트웨어 검색 및 로딩
    c. 부트스트랩 검색 및 로딩
    d. 설정 검색 및 로딩

14. 시스코 라우터 부트업 과정 중에서 라우터의 모든 구성요소가 운용 중인지를 검증하는 단계는 무엇인가?
    a. POST
    b. 시스코 IOS 소프트웨어 검색
    c. 부트스트랩 검색
    d. 설정 검색

15. startup-config 파일 저장에 사용되는 시스코 라우터 구성요소는 무엇인가?
    a. RAM
    b. ROM
    c. NVRAM
    d. 플래시 메모리
    e. 설정 레지스터

16. 다음 중 제조업체 테스트와 장애처리를 담당하는 하위 레벨 운영체제는 무엇인가?
    a. POST
    b. 부트스트랩
    c. 미니 시스코 IOS
    d. ROMMON

17. 시스코 라우터 부트업 과정이 진행되는 동안에 부트 필드 값이 0x2인 경우에 라우터는 무엇을 하는가?

    a. ROM 모니터를 실행한다.

    b. 플래시 메모리로부터 시스코 IOS 이미지를 로딩한다.

    c. ROM으로부터 시스코 IOS 이미지 서브넷을 로딩한다.

    d. **boot system** 명령어를 위해서 startup-config 파일을 검사한다.

18. 라우터 부트업 중에 라우터가 NVRAM에서 유효한 시작 설정 파일을 찾을 수 없으면 어떻게 되는가?

    a. 라우터가 셋업 모드로 들어간다.

    b. 라우터가 다시 시작된다.

    c. 라우터가 ROM 모니터를 실행한다.

    d. 라우터가 셧다운된다.

19. 대부분의 라우터에서 시스코 IOS 소프트웨어는 _____에 로딩되어 실행지만 일부 라우터에서는 _____로부터 직접 실행된다.

    a. RAM, NVRAM

    b. RAM, 플래시 메모리

    c. 플래시 메모리, RAM

    d. NVRAM, 플래시 메모리

20. **show startup-config** 명령어는 어디에 있는 설정을 표시하는가?

    a. ROM

    b. RAM

    c. NVRAM

    d. 플래시 메모리

21. 설정 레지스터 값 중에서 부트 필드에 해당되는 비트는 무엇인가?

    a. 최하위 옥텟

    b. 최상위 옥텟

    c. 최하위 4비트

    d. 최상위 4비트

22. 다음 중 TFTP 서버로부터 시스코 IOS 이미지 파일의 복사본을 다운로드하는 시스코 IOS 명령어는 무엇인가?
    a. copy IOS tftp
    b. copy tftp flash
    c. copy flash tftp
    d. backup flash tftp

23. 시스템 이미지 파일이 c2600-js-mz.122-21a.bin인 경우에, 여기서 플랫폼은 무엇인가?
    a. mz
    b. js
    c. 122-21a
    d. c2600

24. 다음 중 시스코 IOS 이미지의 저장에 사용할 수 있는 메모리 양을 보여주는 명령어는 무엇인가?
    a. show flash
    b. show nvram
    c. show memory
    d. show running-config

25. 라우터의 실행 설정은 주로 어디에 저장되는가?
    a. BIOS
    b. RAM
    c. NVRAM
    d. 부트플래시

26. 다음 중 NVRAM의 설정 파일을 RAM의 설정으로 병합하는 시스코 IOS 명령어는 무엇인가?
    a. copy startup running
    b. copy running-config tftp
    c. copy startup-config RAM
    d. copy NVRAM running-config

27. **copy tftp startup** 명령어의 기능은 무엇인가?
    a. NVRAM에 있는 설정을 TFTP 서버로 복사한다.
    b. TFTP 서버의 설정 파일을 RAM으로 다운로드한다.
    c. TFTP 서버의 설정 파일을 NVRAM으로 다운로드한다.
    d. RAM에 있는 설정을 TFTP의 설정 파일과 병합한다.

28. 다른 곳에 있는 설정을 RAM으로 복사할 때 이전 설정은 어떻게 되는가?
    a. 덮어쓰인다.
    b. 현재 상태를 유지한다.
    c. 새로운 설정과 병합되며, 기존 설정이 앞에 간다.
    d. 새로운 설정과 병합되며, 새로운 설정이 앞에 간다.

29. 네트워크의 정상적인 운영 상태를 모니터링하기 위해서가 아니라 문제를 _____하기 위해서 **debug** 명령어를 사용할 수 있다.
    a. 테스트
    b. 수리
    c. 분리
    d. 복제

30. **debug** 명령어를 사용할 때 주의해야 하는 이유는 무엇인가?
    a. 자원을 소모시킨다.
    b. 보안 취약점이 생긴다.
    c. 정상적인 트래픽 프로세싱을 막는다.
    d. 성능에 부정적인 영향을 미친다.

31. 다음 중 디버그나 로그 메시지에 타임스탬프를 추가하는 명령어는 무엇인가?
    a. timestamps debug
    b. debug timestamps
    c. service timestamps
    d. service debug timestamps

32. 다음에 제시된 내용 중에서 시스코 장비에서 소프트웨어를 다시 로딩시키는 것은 무엇인가?
    a. 사용량이 많은 실제 라우터에서 **debug** 특권 실행 명령어 비활성화
    b. 사용량이 많은 실제 라우터에서 **debug** 특권 실행 명령어 활성화
    c. 사용량이 많지 않은 실제 라우터에서 **debug** 특권 실행 명령어 활성화
    d. 사용량이 많지 않은 실제 라우터에서 **debug** 특권 실행 명령어 비활성화

33. 다음 중 콘솔 메시지를 수신하기 위해서 텔넷 세션을 활성화하는 시스코 IOS 명령어는 무엇인가?
    a. terminal monitor
    b. terminal debug monitor
    c. terminal debug messages
    d. terminal console messages

34. 네트워크 트래픽이 _____고 사용자가 _____ 때 **debug** 명령어를 사용하는 것이 가장 좋다.
    a. 더 작아지, 더 많을
    b. 더 작아지, 더 적을
    c. 더 높아지, 더 많을
    d. 더 높아지, 더 적을

35. 사용자가 많은 실제 라우터에서 **debug** 특권 실행 명령어를 사용하는 것은 _____.
    a. 유용하다
    b. 도움이 된다
    c. 해가 된다
    d. 어렵다

APPENDIX

복습문제 정답

1장 ▶ 복습문제

1. A, B, C
2. A
3. C
4. D
5. A
6. A, B, D
7. <u>D</u> 1. 속도
   <u>G</u> 2. 비용
   <u>C</u> 3. 보안
   <u>A</u> 4. 가용성
   <u>E</u> 5. 확장성
   <u>B</u> 6. 신뢰성
   <u>F</u> 7. 토폴로지
8. A, B
9. C

Appendix _ 복습문제 정답

10. __B__ 1. 모든 네트워크 장비는 선형 방식으로 서로 직접 연결된다.
    __A__ 2. 모든 네트워크 장비는 중앙 지점으로 직접 연결되며, 이 장비들 사이에 다른 연결은 없다.
    __D__ 3. 네트워크의 모든 장비는 원형으로 연결된다.
    __C__ 4. 각 장비가 다른 모든 장비에 연결된다.
    __E__ 5. 한 장비가 다른 장비에 다중으로 연결된다.
    __F__ 6. 네트워크의 이중화를 이룰 수 있다.

11. A, B

12. D

13. B, D

14. A, C

15. A, B

16. __E__ 1. 물리
    __C__ 2. 데이터 링크
    __A__ 3. 네트워크
    __D__ 4. 트랜스포트
    __G__ 5. 세션
    __B__ 6. 프레젠테이션
    __F__ 7. 애플리케이션

17. __F__ 1. 1단계
    __C__ 2. 2단계
    __A__ 3. 3단계
    __B__ 4. 4단계
    __E__ 5. 5단계
    __D__ 6. 6단계

G　7. 7단계

　　　H　8. 8단계

18. B

19. B　1. 네트워크 계층

　　　A　2. 데이터 링크 계층

　　　C　3. 물리 계층

20. A

21. D　1. 파일 전송, 네트워크 장애처리, 인터넷 활성화를 제공하고, 네트워크를 지원한다.

　　　B　2. 데이터의 전송용 서식 지정 방법 및 네트워크 접근 통제 방법을 정의한다.

　　　A　3. 종단 시스템 사이의 물리적 링크 활성화, 관리, 비활성화를 위한 전기적, 기계적, 절차적, 기능적 명세를 정의한다.

　　　C　4. 패킷과 어드레싱 체계를 정의하고, 데이터 링크 계층과 트랜스포트 계층 사이에서 데이터를 이동시키고, 데이터 패킷을 원격 호스트로 라우팅하고, 단편화와 데이터 패킷의 재조립을 수행함으로써 출발지에서 목적지로 데이터를 라우팅한다.

　　　E　5. 다른 네트워크 호스트에서 실행되는 애플리케이션 프로세스로의 직접 통신 서비스를 제공한다.

22. B

23. B

24. D

25. B

26. C

27. A, B

28. A, B, F

29. B, D, F
30. A
31. B
32. A, C
33. A, C, D
34. C, D
35. C
36. A
37. D
38. B
39. C
40. A
41. D
42. B
43. B
44. A, C, E
45. D
46. A
47. B
48. D
49. _D_ 1. 카테고리 1
    _F_ 2. 카테고리 2
    _G_ 3. 카테고리 3

복습문제 정답

    __E__ 4. 카테고리 4

    __A__ 5. 카테고리 5

    __B__ 6. 카테고리 5e

    __C__ 7. 카테고리 6

50. B, C, D

2장 ▶ 복습문제

1. A, E
2. A, C, E
3. C
4. B
5. A, C, E
6. B, D, E
7. A, E
8. __B__ 프레임의 목적지 MAC 주소가 출발지와 동일한 네트워크 세그먼트에 있을 경우에 스위치가 프레임을 전달하지 않는다.

    __C__ 프레임의 목적지 MAC 주소가 출발지와 동일한 네트워크에 있지 않을 경우에 스위치가 프레임을 적절한 세그먼트로 전송한다.

    __A__ 목적지 주소에 대한 엔트리가 없을 경우에 스위치는 프레임을 수신한 포트를 제외한 모든 포트로 프레임을 전송할 것이다.

9. A, B, D
10. A, C, D
11. A, C, E

Appendix _ 복습문제 정답

12. B, C, D

13. _B_ 네트워크가 데이터 프레임을 한 번에 하나씩 송수신하고 동시에 하지 않는다.

_A_ 장비 사이의 대역폭 양을 두 배로 확보한다.

_A_ 네트워크에서 데이터 프레임의 송신과 수신이 동시에 이뤄진다.

14. _B_ 최종 사용자 레벨에서 PC 워크스테이션이 서버에 100Mbps로 접근할 수 있다.

_C_ 일반적으로 최종 사용자 레벨에서 사용되지 않는다.

_A_ 워크그룹 레벨에서 최종 사용자와 워크스테이션 사이를 연결한다.

_B_ 백본 레벨에서 중소규모 애플리케이션을 위해 스위치 사이를 연결한다.

_B_ 워크그룹 레벨에서 엔터프라이즈 서버를 고성능으로 연결한다.

_C_ 백본 레벨에서 백본과 스위치 사이를 연결한다.

_A_ 최종 사용자 레벨에서 최종 사용자와 사용자 레벨 스위치 사이를 연결한다.

_C_ 중소규모 애플리케이션을 위해 스위치 사이를 연결한다.

15. C

16. B

17. B

18. D

19. D

20. B

21. A

22. A

23. _A_ 1단계

_B_ 2단계

_C_ 3단계

24. D

25. A
26. A
27. B
28. D
29. C
30. C
31. C
32. B
33. B, C
34. A, B, C, E
35. B
36. C
37. B
38. A
39. B
40. A
41. A
42. C
43. C
44. B, C, D

3장 ▶ 복습문제

1. A

2. A

3. __B__ RF 파장이 금속 혹은 유리 표면에 반사될 때 일어나는 현상

   __A__ RF 파장이 벽에 의해 흡수될 때 일어나는 현상

   __C__ RF 파장이 표면이 일정하지 않은 곳에 부딪히고 다양한 방향으로 반사될 때 일어나는 현상

4. B

5. A

6. C, D

7. B, E

8. B

9. C

10. C

11. A, B, D

12. D

13. D

14. C

15. D

16. __A__ 모바일 클라이언트는 액세스 포인트로의 중계 없이 바로 연결된다.

    __B__ 통신 장비들은 단일 액세스 포인트를 이용해 서로 연결하거나 유선 네트워크 자원에 접속한다.

    __C__ 무선 토폴로지는 DS(distribution system)나 유선 인프라스트럭처에 연결된 둘 이상의 일련의 서비스다.

17. B

18. B

19. A

20. A, B, E

21. D

22. _C_ 유선 및 무선 클라이언트에 제공되는 모든 기능을 사용함

_A_ 윈도우 운영체제에서 제공하는 기본 무선 클라이언트 기능을 사용함

_B_ 기존의 운영체제에서 제공하는 수준보다 향상된 더 많은 무선 클라이언트 기능을 사용함

4장 ▶ 복습문제

1. A, B, C

2. B, C

3. A, B

4. A, B, D

5. _E_ 1단계

   _A_ 2단계

   _C_ 3단계

   _B_ 4단계

   _D_ 5단계

6. A, B, C

7. B, C, E

Appendix _ **복습문제 정답**

8. <u>D</u> 이 요소는 네트워크 세그먼트에 연결된 인터페이스로부터 발생한다. 이것은 가장 확실한 값이다. 만약 인터페이스에 문제가 발생하거나 관리자가 임의로 셧다운을 할 경우에 라우팅 테이블에서 삭제된다.

   <u>C</u> 이것은 선택적인 요소로 라우팅 테이블에서 검색되지 않은 경로들을 위해 사용된다. 이 요소는 수동으로 삽입되거나 동적 라우팅 프로토콜에 의해 생성될 수 있다.

   <u>A</u> 이 경로들은 시스템 관리자에 의해 라우터에 직접 설정되어 입력된 것이다.

   <u>B</u> 이 경로들은 라우터에 의해 학습되며, 이 정보들은 라우터가 끊임없이 업데이트하기 위해 네트워크의 변경사항들을 반영한다.

9. A, B, C
10. B, C, E
11. B, D, E
12. D
13. B
14. C
15. A
16. C
17. D
18. A
19. B
20. D
21. A
22. A
23. C

24. B
25. C
26. D
27. D
28. D
29. A, C
30. C
31. C
32. D
33. B
34. C
35. C
36. A
37. C
38. <u>A</u> 문구 감지 도구
    <u>C</u> 콘솔 에러 메시지
    <u>B</u> 명령어 입력 기록 버퍼
39. A
40. A
41. <u>B</u> 라인
    <u>D</u> 라우터
    <u>A</u> 인터페이스
    <u>E</u> 컨트롤러
    <u>C</u> 서브인터페이스

42. D

43. B

44. A

45. D

46. C

47. C

48. D, E

49. B, C

50. A, B, C, E

51. B

52. C

53. B

54. B

55. B, C

56. A

57. A, B, G, H

58. D

59. A

60. A

61. C

5장 ▶ 복습문제

1. C, D, F

2. D, F

3. B, C

4. A

5. B

6. __C__ 아날로그 회선에서 전송하기 위해서 송신 장비의 디지털 신호를 아날로그 신호로 변환하고, 수신 장비가 수신하고 처리할 수 있도록 아날로그 신호를 다시 디지털 신호로 변환한다.

   __B__ 다이얼인 통신과 다이얼아웃 통신이 이곳으로 모인다.

   __A__ 인터네트워킹과 WAN 접속 인터페이스 포트를 제공한다.

   __D__ WAN은 이 장비들을 사용해서 접속을 이룬다.

7. __B__ 토큰 링이나 ATM 같은 LAN 기술 혹은 이더넷을 통해서 LAN 매체와 라우터를 연결한다.

   __C__ 서비스 제공업체, 원격지에 있는 다른 사이트, 인터넷으로 연결한다.

   __A__ 텍스트 기반 연결로서 라우터 설정과 장애처리에 사용된다.

8. A, D

9. __B__ 시분할 멀티플렉싱

   __A__ 주파수 분할 멀티플렉싱

   __C__ 통계 멀티플렉싱

10. __B__ 전용 통신 링크

    __C__ 회선 교환 통신 링크

    __A__ 패킷 교환 통신 링크

11. B, C, F

Appendix _ 복습문제 정답

12. D, E, F
13. A, B
14. B, D, F
15. C, D, E
16. B, E, F
17. C 정적 NAT
    D 동적 NAT
    A 내부 네트워크
    B 외부 전역 IP 주소
18. B
19. D
20. B
21. A, D, E
22. B
23. D
24. B
25. B
26. C
27. A
28. A, B, E
29. A, C, D
30. A, B, D
31. A, C, F

32. A, B, D

33. C, E, F

34. A, B, C

35. D

36. A

37. D

38. C

39. B, C, F

40. A, C, F

41. B

42. A

43. B

44. A

45. B

46. D

6장 ▶ 복습문제

1. A, C
2. C
3. A, C
4. B
5. C

Appendix _ 복습문제 정답

6. C
7. B
8. C
9. C
10. A
11. B
12. A, C, D
13. D
14. A
15. C
16. D
17. D
18. A
19. B
20. C
21. C
22. B
23. D
24. A
25. B
26. A
27. C
28. D

복습문제 정답

29. C
30. D
31. C
32. B
33. A
34. B
35. C

찾아보기

ㄱ

가상 회선 …… 96
가용 호스트 주소 …… 82
거리 벡터 …… 460
거리 벡터 경로 …… 464
거리 벡터 라우팅 …… 291
거리 벡터 라우팅 프로토콜 …… 465
경계 지점 …… 412
경로 결정 …… 285
계층적 접근 방법 …… 234
계층화 …… 61
고정 윈도잉 …… 113
공개 IP 주소 …… 83
공격 …… 54
공유 LAN …… 175
관리 거리 …… 462
기본 게이트웨이 …… 133
기본 경로 …… 289
기본 경로 전달 설정 …… 440
기본 라우팅 …… 286
기저 2 변환 시스템 …… 296

ㄴ

내부 네트워크 …… 424
내부자 공격 …… 54
내부 전역 주소 …… 425
내부 전역 주소 오버로딩 …… 428
내부 지역 주소 …… 425
내부 출발지 주소 변환 …… 426
네트워크 …… 30
네트워크 계층 …… 63
네트워크 구성도 …… 32
네트워크 맵 …… 495
네트워크 보안 …… 48
네트워크 액세스 계층 …… 70
네트워크 장비 설정 …… 189
네트워크 주소 …… 78
네트워크 ID …… 80
논리적 토폴로지 …… 40
능동 공격 …… 54

ㄷ

다이렉티드 브로드캐스트 …… 80

찾아보기

다중 접속 ·················· 147
단일 링 토폴로지 ·············· 44
단편화 ····················· 110
대역폭 ················ 290, 445
데이터그램 ·················· 100
데이터 링크 계층 ·············· 63
도움말 ····················· 195
동등 계층 ··················· 64
동적 경로 ··············· 289, 437
동적 라우팅 ················· 286
동적 라우팅 설정 ·············· 467
동적 라우팅 프로토콜 ······ 289, 458
동적 주소 ··················· 212
동적 할당 ··················· 373
듀플렉스 인터페이스 설정 ······· 227
듀플렉스 통신 ················ 224
등록 포트 ··················· 105
디스트리뷰션 레벨 ············· 229

ㄹ

라스트 마일 ·················· 409
라우터 ······················ 284
라우터 로그인 ················ 330
라우터의 내부 구성요소 ········· 498
라우터 초기 설정 상태 ········· 333
라우팅 ················ 284, 436
라우팅 메트릭 ················ 289
라우팅 테이블 ················ 287
로그 AP ····················· 260
로그인 배너 ············· 217, 361
로밍 ······················· 263

로컬 루프 ·············· 409, 444
로컬 브로드캐스트 ·············· 80
루머에 의한 라우팅 ············ 464
루프 ······················· 231
루프백 테스팅 ················· 76
리피터 ····················· 177
링크 상태 ··················· 461
링크 상태 라우팅 ·············· 292
링 토폴로지 ·················· 44

ㅁ

마이크로단편화 ··············· 223
매핑 ······················· 121
멀티캐스트 ·················· 149
메시지 ····················· 100
메이저 명령어 ················ 337
메트릭 ····················· 290
명령어 히스토리 ··············· 199
모뎀 ······················· 409
무선 네트워크 ················ 249
무선 네트워크 구축 ············ 273
무선 네트워크 문제 해결 ········ 274
무선 주파수 ·················· 252
무선 클라이언트 ·········· 263, 273
무선 토폴로지 데이터 전송률 ···· 270
무선 LAN ··················· 249
무선 LAN 보안 ··············· 259
무차별 대입 공격 ··············· 57
문맥형 도움말 ················ 194
물리 계층 ···················· 63
물리적 구성요소 ················ 31

549

찾아보기

물리적 위협 ………………………………… 215, 360
물리적 이중화 ……………………………………… 229
물리적 토폴로지 …………………………………… 39
미사용 포트 보호 ………………………………… 222

ㅂ

바이트 ……………………………………………… 74
반사 ……………………………………………… 253
반송파 감지 ……………………………………… 146
반이중 통신 ……………………………………… 226
배포 공격 ………………………………………… 55
백본 레벨 ………………………………………… 229
밸런스드 하이브리드 …………………………… 461
버스 토폴로지 …………………………………… 41
보안의 필요성 …………………………………… 49
부분 메시 토폴로지 ……………………………… 46
부트스트랩 코드 ………………………………… 500
부트업 결과 ……………………………………… 205
부팅 ……………………………………………… 497
브로드캐스트 …………………………………… 149
브로드캐스트 주소 ……………………………… 78
브로드캐스트 폭풍 ……………………………… 232
비용 ……………………………………………… 290

ㅅ

사설 IP 주소 ……………………………………… 83
사용자 모드 ………………………………… 207, 330
사용자 실행 모드 ………………………………… 193
사용자 애플리케이션 …………………………… 36

상태 보기 ………………………………………… 209
서브네트워크 …………………………………… 299
서브넷 마스크 …………………………………… 308
선형 버스 ………………………………………… 41
설정 레지스터 ……………………………… 499, 503
설정 파일 ………………………………………… 500
설정 파일 관리 …………………………………… 513
세그먼트 ………………………………… 68, 100, 176, 182
세션 계층 ………………………………………… 62
세션 멀티플렉싱 ………………………………… 109
셀 교환 …………………………………………… 455
셋업 모드 ………………………………………… 322
수동 공격 ………………………………………… 54
수동 할당 ………………………………………… 373
수렴 시간 ………………………………………… 289
슈퍼네팅 ………………………………………… 87
스위치 설정 ……………………………………… 208
스위치 시작 ……………………………………… 202
스위치 이슈 ……………………………………… 234
스타 토폴로지 …………………………………… 42
스텁 네트워크 …………………………………… 437
스트레이트 케이블 ……………………………… 158
스티키 학습 ……………………………………… 220
슬라이딩 윈도잉 ………………………………… 115
시리얼 캡슐화 …………………………………… 442
시스코 라우터 보안 ……………………………… 359
시스코 라우터 설정 ………………………… 335, 341
시스코 라우터 인터페이스 설정 ………………… 339
시스코 자동 보안 ………………………………… 326
시스코 장비 관리 ………………………………… 507
시스코 IFS ……………………………………… 507
시스코 IOS 소프트웨어 ………………………… 188
시스코 KIP ……………………………………… 262

550

찾아보기

시스코 LEAP ···································· 262
시스코 SDM ···································· 363
시스코 SDM 마법사 ························ 371
시퀀싱 ·· 96
신뢰성 ·· 95
실시간 애플리케이션 ······················ 37
실행 세션 ·· 189
씩 이더넷 ·· 143

ㅇ

애드 혹 모드 ·································· 267
애플리케이션 계층 ············ 62, 69, 94
애플리케이션 상호작용 ··················· 37
액세스 레벨 ···································· 229
액세스 포인트 ································ 260
어드레싱 ································ 119, 120
어드레싱 계획 ································ 313
에러 점검 ·· 96
엔터프라이즈 ·································· 142
엔터프라이즈 모드 ························ 265
연결 매체 ·· 152
연결형 ··· 96
영구 주소 ·· 212
오버로드 ·· 425
옥텟 ·· 74, 296
완전 메시 토폴로지 ························ 45
외부 네트워크 ································ 424
외부 전역 주소 ······························ 425
외부 지역 주소 ······························ 425
워 드라이빙 ···································· 259
원격 장비 접속 ······························ 379

윈도잉 ·· 113
유니캐스트 ······································ 148
이더넷 ···································· 139, 143
이더넷 설정 ···································· 226
이더넷 주소 ···································· 149
이미지 관리 ···································· 509
이중 링 토폴로지 ···························· 45
인에이블 모드 ································ 193
인접 공격 ·· 54
인터넷 ·· 421
인터넷 계층 ······························ 70, 72
인터넷 연결 ······································ 47
인터페이스 ······································ 499
인프라스트럭처 모드 ···················· 268
임대 회선 ·· 445

ㅈ

자동 할당 ·· 373
자원 공유 ·· 34
잠복 ·· 113
전방 참조 확인응답 ······················ 112
전역 동기화 ···································· 116
전역 명령어 ···································· 337
전용 통신 링크 ······························ 414
전이중 운용 ······································ 96
전이중 통신 ···································· 226
점 대 점 통신 링크 ······················ 445
접속 공격 ·· 57
정적 경로 ······························ 289, 437
정적 경로 설정 ······························ 441
정적 라우팅 ···································· 286

551

찾아보기

정적 주소 ·· 212
정적 PAT ··· 425
정찰 공격 ··· 56
주소 고갈 ··· 84
주소 클래스 ·· 75
주소 해석 ··· 122
지연 ·· 290
직접 연결된 네트워크 ································ 288

ㅊ

최대 노력 세션 ··· 110
충돌 ·· 178
충돌 검출 ··· 147
충돌 도메인 ·· 179

ㅋ

캡슐화 ··· 64, 99
캡슐화 해제 ·· 66
케이블 ··· 420
코어 레벨 ··· 229
크로스 케이블 ·· 158
클래스 ··· 75
클래스리스 라우팅 프로토콜 ····················· 463
클래스풀 라우팅 프로토콜 ························· 463
클래스풀 어드레싱 ···································· 76
키보드 도움말 ·· 195

ㅌ

텔넷 ·································· 98, 218, 362, 380
텔넷 세션 ··· 382
텔넷 연결 ··· 381
토폴로지 ·· 39
트랜스포트 계층 ······························· 62, 70, 94
특권 모드 ··· 207, 330
특권 실행 모드 ··· 193
팀 버너스 리 ·· 422

ㅍ

패스워드 ·· 57
패스워드 보안 설정 ····························· 215, 360
패킷 ·· 100, 182
패킷 교환 통신 링크 ··························· 414, 416
패킷 배달 ··· 123
패킷 복구 서비스 ······································· 96
패킷 전달 ······································ 118, 181, 348
패킷 전달 과정 ··· 348
퍼스널 모드 ··· 265
편집 명령어 ··· 197
포트 번호 ··· 105
포트 보안 ··· 219
포트 LED ··· 204
프레임 ·· 100, 147, 182
프레임 릴레이 ·· 454
프레젠테이션 계층 ···································· 62
프로토콜 ·· 59

플래시 ·· 200
플래시 메모리 ··· 499
피어 대 피어 통신 ·· 67
피어 통신 ··· 67

ㅎ

하이퍼텍스트 ··· 422
해킹 스킬 메트릭스 ·· 52
허브 ·· 178
헤더 형식 ··· 101
호스트 개수 계산 ·· 303
호스트 통신 모델 ······································· 59, 71
호환성 ·· 257
혼잡 제어 윈도 ·· 111
홉 수 ·· 290
확산 ·· 253
확인응답 ··· 96, 112
확장 스타 토폴로지 ·· 43
확장된 네트워크 프리픽스 ···························· 302
환경적 위협 ··· 215, 360
회선 교환 통신 링크 ······························ 414, 442
흐름 제어 ····································· 95, 96, 110
흡수 ·· 253

기타

1계층 장비 ··· 118
10진수 시스템 ··· 294
10진수 표기법 ··· 75

10진수에서 2진수로 변환 ······························ 297
2계층 어드레싱 ·· 181, 348
2계층 장비 ··· 119
2단계 주소 ··· 302
2진수 계산 ··· 294
2진수 시스템 ··· 294
2진수에서 10진수로 변환 ······························ 298
3계층 어드레싱 ·· 181, 348
3계층 장비 ··· 120
3단계 주소 ··· 302
3단계 핸드셰이크 ·· 106
802.1x ··· 264

A

A 클래스 ·· 76, 322
AAA 서버 ··· 218
ACK ·· 107
acknowledgment ··· 96
active attack ··· 54
AD ··· 287
ad hoc mode ··· 267
address resolution ·· 122
ADSL ·· 418
AES ··· 262
AP ··· 260
AP 설정 ·· 272
ARIN ··· 76
ARP ·· 121
arp 명령어 ··· 136
ARP 캐시 ··· 122

553

찾아보기

ARP 테이블	122
ARP cache	122
ARP table	122
ARPANET	421
ATM	455

B

B 클래스	76, 319
balanced hybrid	461
bandwidth	290
banner login 명령어	217, 372
best-effort session	110
BIA	149
BOOTP	90
broadcast	149
broadcast address	78
brute-force attack	57
BSA	268
BSS	268
burned-in address	149
byte	74

C

C 클래스	318
carrier sense	146
CCK	257
CDP	488
CDP 구현	490
CIDR	84, 86

Cisco AutoSecure	335
class	75
classful addressing	76
clear 명령어	394
CLI	189
close-in attack	54
CO	409
collision	178
collision detection	147
collision domain	179
congestion control window	111
connection-oriented	96
context-sensitive help	194
copy 명령어	515
copy flash tftp 명령어	511
cost	290
CPE	409
CPU	498
CSMA/CA	251
CSMA/CD	144, 145
CSU	409
CTS	252

D

datagram	100
DCE	409
de-encapsulation	64
debug 명령어	518
debug ip rip 명령어	472
default routing	286
delay	290

554

demarcation point	412
description 명령어	350
DHCP	88, 383
DHCP 서버	383
directed broadcast	80
disconnect 명령어	394
distance vector	460
distributed attack	55
DIX 이더넷	143
DLCI	455
DNS	421
dotted decimal notation	75
DSL	47, 417
DSLAM	418
DSSS	256
DSU	409
DTE	409
dynamic address	212
dynamic route	437
dynamic routing	286

E

E 클래스	77
EGP	460
EIGRP	293
EIRP	255
enable 명령어	207
encapsulation	64
Enterprise Mode	265
error checking	96
ESA	269

ESS	268
Ethernet	144
Ethernet II	143
ETSI	253
EXEC	207
EXEC session	189
exec-timeout 명령어	349
exit 명령어	347, 394

F

FCC	253
FCS	65
flow control	96
frame	100, 147, 182
FTP	98
full-duplex operation	96

G

GARP	390
GBIC	153
global synchronization	117

H

HDLC 캡슐화 설정	449
HDLC 프로토콜	448
hop count	290

찾아보기

I

IANA	83, 460
IBSS	267
IEEE	143, 253
IETF	77
IGP	460
inside global address	425
inside local address	425
inside network	424
insider attack	54
interface 명령어	350
InterNIC	83
IOS File System	507
IP 어드레싱	74
IP 주소	73
IP 헤더	73
IP address	73
IP header	73
ip route 명령어	439
ipconfig 명령어	91
IPv4	84
IPv6	86
IS-IS	293
ISM	253
ISN	106
ISP	83

L

LAN	139, 175
LAN 세그먼트 확장	177
LAN 표준	144
last mile	409
latency	113
layering	61
LED	203
linear bus	41
link state	461
LLC 하위 계층	144
local broadcast	80
local loop	409
logout 명령어	394
LSB	296

M

MAC 주소	149
MAC 주소 테이블 관리	212
MAC 하위 계층	145
MCNS	420
message	100
MIC	262
microsegmentation	223
MSB	296, 314
MTU	110
multicast	149
multiple access	147

N

| NAT | 84, 423 |
| network address | 78 |

NIC 151
NPCS 255
NSAP 120
NVRAM 200, 499

O

octet 74, 297
OFDM 257
OSI 참조 모델 60
OSPF 293
OUI 149
outside global address 425
outside local address 425
outside network 424
overload 425

P

packet 100, 182
packet recovery service 96
passive attack 54
PAT 423
PDU 67
peer layer 64
peer-to-peer communication 67
permanent address 212
Personal Mode 265
ping 명령어 368, 395
PMTU 135

POST 190, 330, 497, 500
POTS 443
PPP 설정 452
PPP 프로토콜 449
privileged EXEC mode 193
privileged mode 207, 330
protocol 59
protocol data unit 67
PSTN 443
PVC 454

R

RADIUS 218
RAM 200, 498
registered port 105
RF 254
RIP 291, 458
RIP 설정 467
RIPv1 466
RIPv2 466
RJ-45 커넥터 156
ROM 200, 498
ROMMON 500
routing by rumor 464
RSA 372
RTS 252
RTT 113

S

SDM	373, 429
SDSL	418
segment	68, 100
sequencing	96
session multiplexing	110
setup mode	322
show 명령어	518
show cdp 명령어	490
show cdp entry 명령어	492
show cdp interface 명령어	494
show cdp neighbors 명령어	491
show controller 명령어	447
show interface 명령어	453
show interfaces 명령어	211, 353
show interfaces type slot 명령어	353
show ip arp 명령어	367
show ip dhcp conflict 명령어	378
show ip nat translation 명령어	434
show ip route 명령어	441
show mac-address-table 명령어	212
show port-security 명령어	221
show running-config 명령어	200, 210
show sessions 명령어	392
show ssh 명령어	393
show startup-config 명령어	200
show users 명령어	392
show version 명령어	210, 341, 505
shutdown 명령어	223
SMTP	98
SOHO	142
SSH	195, 218, 372, 392
ssh 명령어	392
SSID	261
startup-config 파일	503
static address	212
static route	437
static routing	286
sticky learning	220
STP	154, 232
stub network	437
supernetting	87
SVC	454
switchport port-security 명령어	219
SYN	106

T

TACACS+	218
TCP	95, 97
TCP 윈도잉	111
TCP 헤더	102
TCP/IP	94
TCP/IP 애플리케이션	98
TCP/IP 프로토콜 스택	69
TDM	418
telnet 명령어	380
terminal editing 명령어	197
terminal history 명령어	199
TFTP	98
thick Ethernet	143
TKIP	262

TP	154
traceroute 명령어	369, 397
tracert 명령어	138

U

UDP	95, 97
UDP 헤더	104
unicast	148
UNII	254
user EXEC mode	193
user mode	207, 339
UTP 케이블	154

V

VC	455
virtual circuit	96, 455
VTY 포트	216

W

WAN	404
WAN 접근	408
WAN 케이블링	410
war driving	259
WEP	259
Wi-Fi 연합	254
Wi-Fi 인증	257
WLAN	251
WLAN 보안	259
WPA 모드	265
WPA2 모드	264
WZC	273